MINERVA
人文・社会科学叢書
226

〈抑制と均衡〉のアメリカ政治外交

―歴史・構造・プロセス―

島村直幸著

ミネルヴァ書房

〈抑制と均衡〉のアメリカ政治外交——歴史・構造・プロセス

目　次

第Ⅱ部　構造

第Ⅲ部　プロセス

序章 〈抑制と均衡〉のアメリカ政治外交——問題の所在と分析枠組み

憲法案に規定されているように、政府各部門の間に権力を配分することは不可欠であるが、それを実際に維持してゆくためには、いったいいかなる手段方法に訴えればよいのであろうか。およそ外部からの抑制方策は不適当であることが判明した以上、これに対して与えうる唯一の回答としては、政府を構成する各部門が、その相互関係によって互いにそのしかるべき領域を守らざるを得ないように、政府の内部構造を構成することによって、欠陥を補う以外に手段はないと言わざるを得ない。……野望には、野望をもって対抗させなければならない（ハミルトン、ジェイ、マディソン、一九九九、二三六〜二三八頁）。

ジェイムズ・マディソン『ザ・フェデラリスト』第五一編「抑制均衡の理論」

手短に言えば、われわれは、安易な、あるいは手っとり早い、あるいは永久の解釈など望み得ない問題に直面しなければならないのです。アメリカは、万能でもないし、全能でもないという事実を直視しなければならないのです。……世界の問題すべてについて、アメリカによる一つの解釈などはあり得ないのです。この事実をわれわれは認識しなければならないのです（斎藤、一九九五、二三八〜二三九頁）。

ジョン・ケネディ、ワシントン大学演説（一九六一年一一月）

本書では、『〈抑制と均衡〉のアメリカ政治外交』として、国内政治の論理と同盟内政治の論理、そして帝国（と脱植民地化〔decolonization〕）の論理から、アメリカ外交がいかに形成され遂行されていくのかを論じる。三つのレベルで〝抑制〟され、制約を受けるアメリカ外交の姿を探求したい。いわば「アメリカ外交の政治学」を分析する知的作業である。さてなぜ、これら三つのレベルに注目するのか、である。

なぜアメリカ外交はいつも、かくも国内政治要因に〝抑制〟されるのか――。またなぜ、圧倒的なパワーを有するアメリカが同盟国に意外と拘束され〝抑制〟されるのか――。そして、アメリカの帝国（と脱植民地化）に対する姿勢はなぜ、これほどまでにアンビヴァレント（対立するものが並存する、矛盾と緊張の）でわかりづらいのか――。これら三つの問いが、筆者の頭の隅に常に存在していたからである。

以下、それぞれの論理における問題の所在と先行研究をまず手短に踏まえた上で、本書の分析枠組みを明らかにする。

一 アメリカ外交と国内政治の論理

第一に、アメリカ外交における国内政治の論理だが、特にアメリカ議会を中心とした国内政治要因である。大統領とアメリカ議会は、憲法上、内政や経済、外交と安全保障の権限を〝分立〟ないし〝共有〟させている。たしかに二〇世紀に入り、特に対外政策における大統領の権限は拡大してきた。ヴェトナム戦争の時期には、「帝国的共和国（imperial republic）」の「帝王的大統領制（imperial presidency）」まで指摘された（Aron, 1974 : Schlesinger, 1973）。その後、対外政策の分野で、一九七三年一一月七日の戦争権限決議（War Powers Resolution）に象徴される議会の復権（congressional resurgence）の動きが起こったが、この政策分野における大統領の権限と影響力はなお大きなままである。しかし、「財布の紐（purse strings）」と言うべき予算編成の権限を握っているのは、憲法上、大統領ではなく、議会である。特に一九七四年七月の議会予算執行統制法（Congressional Budget and Impoundment Act）以降、議会は憲法上の権限をほぼ取り戻している。それにともない、上院だけではなく、下院も対外政策で影響力を行使し始めた。対外政策の問題領域でも、「抑制と均衡（check and balance）」の機能が働くのである。そのため大統領は、国内政治上、対外政策を立案し遂行していくにあたり、特に議会を説得し、自らの政策を正当化しなくてはならない。外交では強力な指導力を発揮する一方で、内政では脆弱な立場に立たされる、という「二つの大統領制（two presidency）」の論理は、もはや議論されなくなりつつあると言ってよい（Wildavsky, 1980 : Shull, ed., 1991）。

問題は、アメリカ議会の役割は見えにくく、その影響力は評価することが難しいということである。これまで国際関係論（ＩＲ）では、対外政策における大統領の権力の強さが強調される一方で、議会の役割と影響力は「受動的かつ消極的な」ものとして過小評価されてきた経緯がある。これに対して、議会をはじめとして国内政治を分析する立場からは、議会の役割の大きさと影響力の強さがむしろ強調され、大統領の権力は制限されたものとして描かれてきた。ここでは、議会の権力が過大評価され、大統領の権力が過小評価されるという問題点が存在した。こうして、大統領と議会の役割と影響力をバランスよく評価する分析のアプローチが必要とされるのである。議会とアメリカ外交については、議会の復権後、膨大な先行研究が存在するが、残念ながら、バランスのとれた研究は少ない。大統領か議会か、どちらかの権力を強調（あるいは軽視）し過ぎてしまっているのである。

こうしたなか、バランスのとれた先行研究としては、リンゼイの『議会とアメリカ対外政策の政治学』が存在する（Lindsay, 1994）。本書とほぼ同じ問題意識である。しかし、本書の独自性の一つは、国内政治要因だけでなく、同時に同盟内政治の論理と帝国（と脱植民地化）とのかかわりからも考察し、より複眼的な分析を試みることにある。ただし、リンゼイの研究は、その後の議会とアメリカ外交についての研究に大きな影響を及ぼした。しかし、それは一九九四年一一月中間選挙以降のアメリカ政治の歴史的な変化、すなわち、下院での共和党多数議会の成立、民主党と共和党の勢力伯仲、保守とリベラルの「イデオロギーのさらなる分極化」などの動向を踏まえたものではない。それでも、「政策のタイプによって、議会の影響力は大きくもなり小さくもなる」というバランスのとれた視角は、ハンティントンの忘れられた古典、『共同防衛』での分析に再び、光をあてた点で評価できる（Huntington, 1961）。

リンゼイは、政治科学に支配的な懐疑派（Skeptics）と実務経験者に多い非妥協派（Irreconcilables）に大別される先行研究のアンバランスを指摘している。非妥協派とは、対外政策は大統領の管轄領域であるとみなし、議会の介入を嫌う立場であり、換言するならば、「帝王的議会（imperial congress）」による微視運営（micro-management）を批判し、警戒する（Lindsay, 1994：1-3）。

また、「手続き立法（procedural legislation）」や「立法府拒否権（legislative veto）」、「予測反応（anticipated reaction）」、「枠組み

表序－1　議会の影響力の諸手段

	直接的	間接的
法　的	特定のイシューでの法律 条約（上院のみ） 戦争権限 （宣戦布告，戦争権限決議など） 予算編成 対外通商規制	決議など（拘束力のない法律） 任命（上院のみ） 「手続き立法」
法以外	非公式の助言・書簡 協議 監視・公聴会 司法的手段	世論への働きかけ 対外接触（議員外交など）

出典：Wittkopf, Kegley & Scott, eds.（2003：406）より作成。

設定（framing）」など、議会の影響力の手段を概念化した功績も大きい。こうして、リンゼイは特に、直接的な影響力の手段だけでなく、間接的な影響力の手段にも注目する必要性を説いた（Lindsay, 1994：chaps. 5, 6：2017：222：2012：225-226：2008：201：2004：201-202）。同じ一九九四年には、スパニアーとウズラナーが『アメリカ対外政策形成と民主主義のディレンマ』を残し、アメリカ議会に限らない視角から、より包括的な分析を試みた（Spanier & Uslaner, 1994）。ブリッグスは『アメリカ対外政策の形成』で、第二次世界大戦期から冷戦後までの一〇の事例を大統領と議会との視角から分析した（Briggs, 1994）。モットとラエの論文「第一〇四議会とその後の共和党議会と対外政策」は、リンゼイのやり残した研究を敷衍した（Mott & Rae, 2003）。その後、リンゼイらの先行業績を踏まえつつ、ウィットコフとケグレイ、スコットは、議会の影響力の手段を、表序－1の通り、法的か法以外か、また直接的か間接的かで区別し、図式化してみせた。

リンゼイ後の研究として、ロサティとスコットの『アメリカ対外政策の政治学』が特に注目される。アメリカ議会をはじめとして、さまざまな国内政治要因から、アメリカの対外政策を最も包括的に分析する研究書の一つであり、第六版まで改定されている（Rosati & Scott, 2014）。時代は下るが、類書として、ジェームズ・マコーミックの『アメリカ対外政策とプロセス』やロサティの『アメリカ対外政策の政治学』もある（McCormick, 1998：Rosati, 1993）。グリースは、『アメリカ対外政策の政治学』で、アメリカの対外政策をめぐる保守とリベラルのイデオロギー上の相克を明らかにしている（Gries, 2014）。また、ウィルソン流のリベラルな国際主義が依然として重要であると説くスミス（Smith, 2017）に対して、デュエックは「保守的なアメリカ現実主義」(Dueck, 2017)、ナウは「保守的な国際主義」(Nau, 2017)の必要性を説く。「リンゼイ後」と言ったが、リンゼイは、今でも対外政策におけるアメリカ議会の影響力を精力的に分析している(たとえば、Lindsay, 2017)。

アメリカ議会と冷戦については、ロバート・ジョンソンの『議会と冷戦』が、豊富な一次資料と二次史料に基づき、精緻な議論を展開している。ジョンソンは、ヴェトナム戦争に対するアメリカ議会の批判が予想以上に早く始まっていたことを明らかにした(Johnson, 2006)。他方で、リンゼイは、一九六九年六月二五日に可決された国家コミットメント決議(National Commitment Resolution)に、議会の復権の起源を求めている(Lindsay, 1994 : 83-84)。たしかに議会の復権が上院の本会議レベルで本格化したのは、一九六九年以降であった。しかも、上院はその動きをにわかに強めたが、下院ではなかなか復権の動きは顕在化しなかった。議会に限らず、国内政治要因をまとめたものとして、たとえば、マコーミック編の論文集が存在する(McCormick, ed., 2017)。またエヴァンゲリスタは、一九九七年の時点で、国際関係論の視角から国内要因を分析し、本書も注目する国際システムの変化とのかかわりを明らかにした(Evangelista, 1997)。

ネオクラシカル・リアリズムを自称するレインは、『幻想の平和』で、国内政治経済要因を重視しつつ、「門戸開放(open door)」の大戦略(grand strategy)の歴史的な展開を大きく俯瞰し、二一世紀の対外政策として、「オフショア・バランシング(offshore balancing)」を政策提言している(Layne, 2006 : 18, 23-28, 159, 160)。この国内要因を重視する分析枠組みから、本書は、多くの示唆を得ている。また、アメリカ外交史の分野で国内政治要因を重視した先行研究としては、モーガンとネルソン編の論文集(Mogan & Nelson, eds., 2000)に加えて、たとえば、佐々木卓也の『冷戦』や五十嵐武士の『覇権国アメリカの再編』、斎藤眞と古矢旬の『アメリカ政治外交史〔第二版〕』がある(佐々木、二〇一一:五十嵐、二〇〇一:斎藤・古矢、二〇一二)。

本書では、第Ⅰ部の「歴史」で、基本的な流れを踏まえ、第Ⅱ部の「構造」で、大統領とアメリカ議会の憲法上の権限や、きわめて複雑なアメリカ外交の政策決定過程、一九七〇年代以降の現代二大政党の変容を整理し、第Ⅲ部の「プロセス」で、議会の復権や議会がアメリカ外交に大きく〝抑制〟や制約を加えた事例をいくつか取り上げる。

二　アメリカ外交と同盟内政治の論理

第二に、アメリカ外交における同盟内政治の論理だが、国内政治で大統領が議会に〝抑制〟され制約されるように、同盟内政治ではアメリカは同盟国の政策に〝抑制〟され制約されることがしばしば見られる。先行研究としては、大統領研究で知られるニュースタッドの『同盟政治』という古典がある。ニュースタッドによれば、国内政治で大統領が議会に対して「説得する権限」しか持たないように、同盟内政治ではアメリカは同盟要因に予想以上に〝抑制〟され、制約を受けるという（Neustadt, 1970：石川、一九九九、八七～九四頁で紹介された）。

冷戦の終結後、主要国での一次資料の公開を受けて、特に同盟内政治や同盟要因に注目した冷戦史研究が蓄積されてきた。日本でも先行研究は豊富である。

しかし、同盟そのものについての先行研究は、リスカの古典である『同盟する国々』やマンデルバウムの『核革命』、バーネットの『同盟』、ウォルトの『同盟の起源』、グレン・スナイダーの『同盟政治』、ウォルトの『アメリカのパワーを飼いならせ』、フェンビーの『同盟』などに限られる（Liska, 1962：Mandelbaum, 1981：Barnet, 1983：Walt, 1987：Snyder, 1997：Walt, 2005：Fenby, 2006）。しかも、同盟の定義も広義と狭義のものがあるが、決して精緻なものとは言えず、勢力均衡（ＢＯＰ）の政策概念もあいまいなままである（Nye & Welch, 2016：chap. 3：田中、一九八九、六六～六九頁）。現実主義（リアリズム）による安全保障研究でも、同盟の研究は意外と少ない。同盟内政治に注目し豊富な冷戦史研究を取り入れた理論研究は、ほぼ皆無である。ただし、同盟内政治のディレンマについては、一定の研究の蓄積がある（土山、二〇一四）。

問題は、冷戦の終結後、ウォルツやミアシャイマーをはじめとした、特にネオリアリストたちが、冷戦型同盟の終焉論を展開したにもかかわらず（Waltz, 1993：75-76：Mearshimer, 1993：188）、冷戦後も（また二一世紀初頭も）、ヨーロッパ地域の北大西洋条約機構（ＮＡＴＯ）やアジア太平洋地域の日米同盟など、冷戦型同盟は〝変貌〟を遂げつつ、〝生き延びた〟ということである。こうした現実の事態は、リアリズムやネオリアリズムの視角からは予測できない事態である。またリアリズムが予測した本格的なバランシング行動も、圧倒的なアメリカのパワーに対して起こっていない。こうした同盟の現実とリアリズム（特にネオリアリズム）の分析との齟齬については、ネオリベラル制度論やコンストラクティヴィズム（構成主義、構築主義）の観点から批判がある。土山実男の『安全保障の政治学〔第二版〕』は、ネオリベラル制度論とコンストラクティヴィズムからも同盟分析を行い、（ネオ）リアリズムの議論の足りない部分を補足している（土山、二〇一四、第九章）。

アメリカが中心になって形成したNATOや日米同盟など冷戦型同盟は、高度に制度化されており、かつ「理念の同盟」となっている。つまり、アメリカの冷戦型同盟は、冷戦の終結にともない、その役割と機能を再定義しつつ、従来の同盟を超えて、新たな国際制度として残存しているのではないか――。ネオリベラル制度論は、同盟を国際制度として捉え、アメリカの冷戦型同盟が長続きする〝しぶとさ〟を明らかにしている（たとえば、McCalla, 1996）。コンストラクティヴィズムは、システム・レベルに収斂しがちなネオリアリズムやネオリベラル制度論に対して、ユニット・レベルから、同盟を支える規範やアイデンティティ、脅威認識などについて分析する。コンストラクティヴィズムの視角からも、国際システムが大きな変化を遂げても国内規範に大きな変化がない限り、同盟は存在する、と示唆される（たとえば、Katzenstein, 1996）。

一九八〇年代後半以降、国際関係論で注目されてきたコンストラクティヴィズムは、冷戦の終結をネオリアリズムやネオリベラル制度論がうまく予測できなかったことから、一九九〇年代以降、批判理論としての存在価値を高めてきた。コンストラクティヴィズムは、ネオリアリズムが分析しないユニット・レベルから議論を展開し、特に規範やアイデンティティ、アイディア、思想などに注目する。とりわけ〝間主観的な（inter-subjective）〟規範のあり方が問われる。これまで国際関係論であまり分析されてこなかった〝目に見えない〟部分に注目するのである。〝目に見えない〟部分に注目するという点では、自由民主主義を近代最後のイデオロギー形態とみなしたフクヤマの「歴史の終わり？」や、ハンティントンの「文明の衝突？」の議論、ナイの「ソフト・パワー」の概念も想起されてよいかもしれない（Fukuyama, 1992 ; Huntington, 1996 ; Nye, 1990 : chap. 6 : 2004）。特にフクヤマとハンティントンの論文と本は、きちんと読まれることがなく、ごく単純な言説がまかり通っている、と感じる。一般に理解されるよりも、複雑で慎重な議論を展開しているからである（軍事と経済、トランスナショナルの三つの次元から国際システムを捉える必要性を説くナイの議論も、決して単純ではない。Nye, 2002）。

コンストラクティヴィズムの議論は、静的ではなく、ダイナミックなものである。国際システムの構造とそれを構成するユニットとの間の〝リフレクティブな〟相互作用により、国際システムは絶えず再構築されていく、と想定される（たとえば、Wendt, 1999）。コンストラクティヴィズムの視角から、アメリカ外交を分析した稀有な先行研究として、ナウの『アメリカの対外関与』が存在する。ナウによれば、冷戦後のアメリカ外交は、自由や民主主義、資本主義、法の支配といったリベラルな価値観や規範、アイデンティティを共有する国家との同盟や提携を重視すべきであるという（Nau, 2002）。

レボウとリッセ・カーペンらの論文集は、ネオリアリズムとネオリベラリズムの合理主義の理論とモデルが冷戦の終結を予測できず、かつうまく説明できない点を厳しく批判し、コンストラクティヴィズムの視角から、冷戦の終結の変化とダイナミズムを説明しようとした。たとえば、ソ連のゴルバチョフ政権に、西ヨーロッパ諸国のリベラリズムや軍備管理の規範・政策概念が影響を与えた可能性について、ポジティブな議論を展開する（Lebow & Risse-Kappen, eds., 1995：Risse-Kappen, 1995）。また第二次世界大戦直後、東ヨーロッパ諸国が、ソ連の赤軍の軍事的な圧力の下で、共産主義の政治体制をとることを強要され、共産主義のイデオロギーが、二度の世界大戦によって経済的に疲弊していた西ヨーロッパ地域にまで波及してくるのではないか、という脅威が冷戦をもたらしたと一般に理解されている。こうした見方に対して、コンストラクティヴィズムの立場から、冷戦の開始を論じたリッセ・カーペンは、ソ連が東ヨーロッパ地域を抑圧されたリジッドな勢力圏とせずに、より緩やかに「フィンランド化」していれば、冷戦は起こらなかったのではないか、と問題提起する（Risse-Kappen, 1996：373）。

リアリズムとリベラリズムについては、本書では、以下の通り捉えている。

リアリズムとは、国際システムを構成するアクター（行為主体）やユニットを第一義的に主権国家に求め、無政府状態（アナーキー）なシステム原理を重視する分析枠組みである。ここでは、国家としての〝生き残り〟、つまり安全保障が第一義的な価値として主権国家によって追求される。国際システムは、リアリズムにとって「自助（self help）」のシステムなのである。主権国家の政策手段として、軍事力の行使や戦争は、政治や政策の延長である。戦争は、「最後の手段」だけではなく、「最初の手段」としても行使されうる。ただし、リアリズムは、核兵器の存在から、大国間関係ではお互いに抑止（deterrence）が強く効くことは見逃さない。またリアリズムは、古典的なアプローチでも、ネオリアリズムでも、国際協力の可能性については懐疑的である。無政府状態に置かれた主権国家は、絶対的利得（absolute gain）ではなく、相対的利得（relative gain）をより重視する、と想定されるからである。リベラリズムと比較した場合、リアリズムは、より対立的なイメージ、世界観、思想を土台としている。リアリズムは、国際システムの〝時代によって変化しない〟本質的な要素を切り取ろうとする。リアリズムの思想的なルーツは、トゥーキュディデースやマキャベリ、ホッブス、クラウゼヴィッツなどである（Carr, 1939 : Morgenthau, 1978 : Schuman, 1933 : Kissinger, 1957 : Kennan, 1951 : 高坂、一九六六 : Waltz, 1979 : Gilpin, 1981 : ホフマン、二〇一一、第五章）。

これに対して、リベラリズムとは、リアリズムのように、主権国家を統一的で合理的なアクターとしては捉えない。多元主義的なアプローチをとる。つまり、主権国家を政府と首脳だけでなく、官僚組織や議会、利益集団に加えて、市民社会や非政府組織（NGO）、多国籍企業などトランスナショナルな主体、マスメディアなどに〝分解〟して、分析するのである。またマクロなレベルでは、国際システムを構成する主権国家だけではなく、国際連合（国連）など国際機関、国際経済などの国際制度や国際レジームなどの重要性を強調する。そのため、リベラリズムは、国際協力は可能であると結論づける。またリベラリズムは、リアリズムと違い、伝統的な安全保障や軍事力の重要性は、かつてと比較すれば相対的に重要性がより低下し、経済や環境、人権・民主化などの問題領域（issue area）の重要性がより高まってきたことを強調する。そのため、相対的利得の差異が生じる事態に対して、リアリズムほど悲観的ではない。リベラリズムは、リアリズムと比較した場合、より協調的なイメージ、世界観、思想を土台としている。こうして、リベラリズムは、国際システムの〝時代によって変化してきた（している）〟新しい要素を切り取ろうとする（Keohane & Nye, 2011）。

ただし、リベラリズムの議論は多種多様である。たとえば、政治的なレベルでは、民主主義国家が増えれば戦争が起こる蓋然性はより低下するという「民主主義による平和（democratic peace）」の議論がある（たとえば、Russett, 1993 : Doyle, 1983a : 1983b）。経済的なレベルでも、国境を越えた相互依存が深化し、グローバリゼーションが進展すれば、やはり戦争が起こる蓋然性はより低下すると想定する（田中、一九九六、第五章と第六章）。いずれも、第一次世界大戦期のウィルソンのリベラルな国際秩序構想（さらにはカントの政治思想）に思想的なルーツがある。また、国際秩序がより制度化されていけば、戦争が起こる蓋然性はやはりより低下すると想定される（田所、二〇〇三）。話し合う機会が増え、信頼醸成措置（ＣＢＭ）が高まるからである。国内体制の民主化と相互依存の深化、国際秩序の制度化がそれぞれ進めば、戦争が起こる蓋然性は著しく低下するという「リベラル・ピース」の議論も可能である（Russett & Oneal, 2001：大芝、二〇一六、一六二～一六五頁）。冷戦後は、国際連合や市民社会のレベルなど国家以外のアクターの役割を重視して国際レベルの秩序のあり方を規範的に論じるグローバル・ガヴァナンスのアプローチも注目される（Rosenau & Czempiel, eds., 1993：Young, 1994：Bevir, 2012：渡辺・土山編、二〇〇一：納家・ウェッセルズ編、一九九七：山本、二〇〇八：猪口、二〇一二）。

著者はこれまで、リアリズムのパラダイムを第一義的に意識してアメリカ政治外交や国際関係を論じてきたが、アメリカ議会など国内政治要因を分析する本書は、主権国家を多元的に捉える点で、リベラリズムの影響を強く受けているとも言える。一方で、同盟要因に注目する点は、リアリズムのパラダイムを踏襲していると言えよう。ただし、アメリカの同盟を国際制度、あるいは国際システムのサブシステムとして捉える視角は、ネオリベラリズムの議論から多くの示唆を得ている。リアリズムとリベラリズムのパラダイムは、決して排他的な関係ではなく、相互補完的に使い分ける必要があるのではないか、と強く感じる。

これらリアリズムとリベラリズム、コンストラクティヴィズム以外にも、アナーキーな国際政治であっても国際レベルなりの秩序と社会性があると論じる英国学派の「国際社会」論がある。思想的なルーツは、グロティウスである（Carr, 1939：Butterfield & Wight, eds., 1966：Bull, 1977：Wight, 1991：1995：Bull & Watson 1984：Watson, 1992：Mayall, 2000：Buzan, 2014：Clark, 2005：Linklater & Suganami, 2006：Hurrell, 2007：Brown, 2015：Stern, 1995：ホフマン、二〇一一、第七章と第八章：細谷、一九九八：スガナミ、二〇〇一：山中、二〇一七Ａ：二〇一七Ｂ）。マルクス主義の影響を受けつつも、資本主義システムの生成と展開を分析するウォーラーステインらの「世界システム」論も存在する（ウォーラーステイン、二〇一三：二〇〇六）。英国学派のブルは『国際社会論』を一九七七年に残したが、「政府なき統治（governance without government）」を論じるグローバル・ガヴァナンス論との親和性が高いと思われる（Buzan, 1993）。また、勢力均衡や大国間政治、戦争などを国際制度として捉えるブルのアプローチから、本書は多くの示唆を得ている。

議論が国際関係の理論に逸れたが、同盟内政治に議論を戻せば、同盟をめぐる議論は主にリアリズムの視角から展開されてきた。リアリズムは、ネオリアリズムも含めて主権国家の〝生き残り〟、安全保障を重視するからである。経済や環境、人権・民主化などを相対的により重視するリベラリズムが同盟を論じることは、一部の例外を除き、ほとんどなかった。しかし、リアリズムは国家中心的なパラダイムであるが故に、主権国家から構成される同盟が国際システムのなかでいかなる機能と役割を果たすのか、自明のもの、所与のものとされ、深く掘り下げて分析することが妨げられてきたのではないか――。

本書では、第Ⅰ部の「歴史」でまず、「同盟とアメリカ外交の伝統」について考察する。次いで、第Ⅱ部の「構造」で同盟の概念やディレンマ、同盟内政治の冷戦史研究などを整理しつつ、第Ⅲ部の「プロセス」で、英米の「特別な関係」の変遷を中心に、いくつかの事例を取り上げる。

三　アメリカ外交と帝国（と脱植民地化）の論理

第三に帝国の論理だが、アメリカ外交は伝統的にヨーロッパの大国の帝国に忌避感を抱いてきた。しかし同時に、アメリカは「自由の帝国（empire of liberty）」や「統合された帝国（integrated empire）」を目指してきた側面もある（Reynolds, 2009）。つまり、アメリカの帝国に対する姿勢は、きわめてアンビヴァレントなのである。したがって、帝国とアメリカ外交との関係を考察するだけではなく、「帝国」としてのアメリカも分析しなければならない（山本、二〇〇六：山本編、二〇〇三：藤原、二〇〇二：島村、二〇一七e）。

ただし、帝国の論理は、第一と第二の論理、すなわち国内政治と同盟内政治の論理とは違った形で、アメリカ外交を規定してきた。国内政治の論理がユニット・レベルの議論であり、同盟内政治の論理がサブシステム・レベルのような位置づけであり、それぞれの分析レベルから、アメリカ外交を〝抑制〟し制約を加えるのに対して、帝国（と脱植民地化）の論理は、ネオリアリズムが国際システム・レベルの構造（主に「力の分布〔distribution of capabilities〕」）を想定する時に見過ごしたシステム・レベルの趨勢やトレンドである。近代以降、ヨーロッパの帝国は、非ヨーロッパ地域に植民地を求めてそれぞれ帝国を形成していくが、われわれがまずイメージする帝国支配は、一八七〇年代から二度の世界大戦までの「帝国主義の時代」の産物である（「帝国主義世界体制」と呼ばれる）。この時代に世界はほぼ一体化した。ヨーロッパ地域と非ヨーロッパ地域で非対称的な関係であったが、相互依存が深化し、グローバル化が進展したのである（近代グローバリゼーション）。またその後、第二次世界大戦後にイギリスやフランスの「公式の帝国（formal empire）」の植民地は、脱植民地化を遂げていく（木畑、二〇一四）。反植民地主義の伝統があるアメリカ外交は、こうした脱植民地化を促進する働きを担った。また同時に、冷戦期には急激な脱植民地化が地域秩序の安定を揺るがす可能性を懸念する場合もあった。

こうして本書では、帝国から脱植民地化へのプロセスを国際システム・レベルの趨勢やトレンドとして捉える。またもう一つの趨勢ないしトレンドとして、特に一九七〇年代以降に、国境を越えて、相互依存がハイスピードで深化してきたこと（現代グローバリゼーション）も忘れてはならない。田中明彦は、この趨勢的な変化によって先進工業諸国の間の国際関係は、「新しい中世圏」へと向かうと予測した。ただし、「近代圏」や「混沌圏」は残る。二一世紀の国際システムは三層構造であると想定されるのである（田中、一九九六、特に第七章）。古典的なリアリズムとネオリアリズムは、近代以降のヨーロッパ地域を中心とした国際システムを、「西欧国家体系」の多極から米ソ冷戦の双極へ、そして冷戦後の単極から二一世紀の多極化へ、という流れで捉える。ネオリアリズムの一人、ギルピンは覇権安定理論を展開したので、近代以降の国際システムは経済的な要因を相対的により重視し、単極の覇権秩序がほぼ一〇〇年のサイクルで交代してきた（サイクル的な変化）と議論した（Gilpin, 1981）。ネオリアリズムは双極安定論であれ単極安定論であれ、いずれの議論もヨーロッパ地域を中心とした国際システムの構造、特に「力の分布」に注目しているのである。ところが、注目すべきことには、近代以降のヨーロッパの大国は同時に帝国でもあった。すなわち、国際システムはヨーロッパ地域と非ヨーロッパ地域の二重構造なのであった（納家、二〇一七：山影編著、二〇一二：木畑、二〇一四：田中、一九九四：一九九五：二〇〇八：一九九八：藤原、一九九八a：一九九二：山本、二〇一八）。

表序－2　本書の分析レベル

国際システムのレベル	国際システムの構造，特に「力の分布」（多極か双極かなど）
国際システムのトレンド	帝国の論理（帝国から脱植民地化へ），相互依存の深化（グローバリゼーションの進展）
国際システムのサブシステム・レベル	同盟内政治の論理
国際システムのユニット・レベル	国内政治の論理（特にアメリカ議会）
人間のレベル	主要な個人の要因
認知のレベル	主要な個人の認知（心理）の要因

四　本書の分析枠組み

以上のような問題意識から、本書の分析レベルは、以下の通り、図式化できる。

もっとも、広く知られている分析レベルはまず、ウォルツによる三つの分析レベルがある。すなわち、第一イメージが個人のレベル、第二イメージがユニット・レベル、第三イメージが国際システム・レベルである。これら三つの分析レベルから、戦争の原因を分析したのが、ウォルツの古典、『人間、国家、戦争』であった（Waltz, 1954：納家、二〇〇二）。核抑止を重視するウォルツは、核兵器の存在と影響の取り扱いにはかなり悩んだようで、『国際政治の理論』以降の論文で、核兵器はユニット・レベルの問題だが、「システム上のエフェクトを持つ」と説明し直された（Waltz, 1986：327-328, 343：セーガン、ウォルツ、二〇一七：Craig, 2013）。また、国際システム・レベルの構造に焦点を絞った議論を展開したウォルツだが、構造とユニット、〝全体〟と〝個〟との間の相互作用を見過ごしていたわけではなく（Waltz, 1979：40）、『対外政策と民主主義の政治』も残している（Waltz, 1967）。ほぼ同じ時期には、ローズノー編の『国際政治と対外政策』の改訂版が出版され、国内政治と対外政策の連関・連結（linkage）がいつ、どのように起こるのかを明らかにしようと試みていることは無視できない（Rosenau ed., 1969：織、一九八二）。

こうしたウォルツの三つの分析レベルを部分修正したのが、ナイとウェルチの『国際紛争〔第一〇版〕』である。ナイとウェルチは、国際システム・レベルに手を加えて、システム・レベルの「プロセス」を想定している。たとえば、同じ多極構造であっても、ナポレオン戦争後のウィーン体制のように柔軟性に富んだ緩やかな多極なのか、第一次世界大戦直前のように膠着した多極なのかで戦争が起こる蓋然性は大きく違ってくるというのである（Nye & Welch, 2016, chap. 3）。カプラ

表序－3　政策決定論の4つのモデルの相互関連性

	第1モデル	第2モデル	第3モデル	第4モデル
決定の主体	国家または政府	政府内組織	個人的アクター	人間の認識（知覚）機能
決定のタイプ	純粋に合理性に基づいた決定	純粋に SOP に基づいた決定	純粋に政治の産物としての決定	純粋に人間の認識（心理）に基づいた決定
決定過程	知的プロセス	機械的プロセス	社会的プロセス	認識プロセス

出典：佐藤（1989：49）。

ンが国際システム論の古典で、緩やかな双極とリジッドな双極を区別していたことを想起させる（Kaplan, 1968）。ナイらの分析枠組みの捉え方は、議論を複雑にしたが、現実をより正確に説明できる。

ネオリアリストのウォルツが国際政治の理論から切り離した政策決定理論では、アリソンの三つのモデルが存在する。すなわち、第一に合理的選択モデル、第二に組織過程モデル、第三に官僚政治モデルである。第一の合理的選択モデルは、古典的なリアリストの議論を単純化したものにほぼ等しい。主権国家は合理的かつ統一的なアクターであり、国益（national interest）を合理的に計算して、対外政策の決定を行うとされた。第二の組織過程モデルは、たとえばアメリカの場合、大統領府と国務省、国防総省など官僚組織の縄張り争いのなかで、それぞれの組織の標準手続き（SOP）に純粋に基づいた機械的な意思決定がなされると想定される。日本政治外交のように官僚組織の力が相対的により強い国家の場合は、比較的に有効なモデルかもしれない。アリソンが最も重視したのが、官僚政治モデルであった。それは、またアメリカの場合であれば、大統領をはじめとして大統領補佐官など側近、国務長官や国防長官、そしてその下の副長官や次官、次官補のレベルでの政治的な駆け引きから、〝妥協の産物〟として政策が生まれてくると想定された。重要な点は、それぞれのモデルは相互補完的に使用されるべきであるとされたことである（Allison & Zelikow, 1999：Halperin & Clapp, 2006：佐藤、一九八九、四八頁）。政策決定理論の日本での先駆者である佐藤英夫は、心理学的なアプローチを第四のモデルと位置づけ、表序－3の通り整理した。

アリソンの三つのモデルの問題点は、第三モデルの官僚政治モデルの重要性が特に強調されたが、アメリカ外交の最終決定権を握る大統領の役割が他のプレイヤーとの違いであいまいな点が残されていたこと、またアメリカ議会の役割と影響力が想定されていないことであった（進藤、二〇〇一、九二～九四頁）。

表序－4　国際システムの変化についての３つのレベル

システムそのものの変化（systems change）	アクターの変化（帝国，国民国家など）
システム上の変化（systemic change）	システムの統治（governance）
相互作用の変化（interaction change）	国家間（interstate）のプロセス

出典：Gilpin（1981：40）.

またその後の政策決定理論では、パットナムの「二レベル・ゲームズ」のモデルが一九八〇年代後半に登場した。パットナムは、国際交渉と国内交渉の二つの交渉テーブルを想定したのである。国内交渉で合意できる範囲で（つまり特に議会が承認し得る範囲で）、国家の指導者たちは国際交渉に関与しなくてはならない。国内交渉で合意できない範囲では（つまり特に議会が承認できない範囲では）、国際交渉の実現は最終的に不可能であると想定された。こうして、パットナムのモデルでは議会の影響力の要因が組み込まれているのである。パットナムは、国内交渉の合意の範囲を「勝利連合（win-set）」と呼んでいる。パットナムのモデルの注目すべき点は、この勝利連合の範囲が大きくなったり、小さくなったりすること、また国家は他国の国内政治でロビー活動（lobbying）を展開し、議会や世論に働きかけができることを想定したことである。少ない変数で（「パーシモニアス」と言う）、ダイナミックな政策決定理論のモデルを提示したのである（Putnam, 1993：石田、一九九七、四五頁）。

ウォーラーステインの世界システム論は、資本主義システムの三層構造を想定している。すなわち、先進工業国の「中心」と発展途上国の「周辺」との間に、「準中心（半周辺）」を想定したのである。注目すべきことには、この構造主義は変化を説明できるダイナミックなものであった。つまり、三層構造そのものは不変だが、中心と準中心、周辺のそれぞれを構成する国家は、時代とともに変化すると想定されたのである。特に中心では、ほぼ一〇〇年のサイクルで覇権国（hegemon）が入れ替わり、新たな覇権秩序が形成されるという（ウォーラーステイン、二〇一三）。

似たような議論を展開する上で、国際政治の変化について三つの分析レベルを提示したのが、覇権安定理論のギルピンである。彼によれば、国際政治上の変化には三つのレベルがあるという。すなわち、第一にシステムそのものの変化（systems change）、第二にシステム上の変化（systemic change）、そして第三にユニット・レベルの相互作用の変化（interaction change）である。システムそのものの変化とは、国際システムを構成する単位が変わるような根本的な変化であり、具体的には古代のローマ帝国から中世のキリスト教共同

表序－5　支配のメカニズム（システムの構成要素）

国　　内	国　　際
政府（government）	大国の支配（dominance of great power）
権威（authority）	威信のヒエラルキー（hierarchy of prestige）
所有権（property rights）	領土の分割（division of territory）
法（law）	国際システムのルール（rules of the system）
国内経済（domestic economy）	国際経済（international economy）

出典：Gilpin（1981：28）.

表序－6　国内変化と国際変化の比較

	国　　内	国　　際
漸進的変化の主要な手段	集団・階級間のバーゲニング	国家間のバーゲニング
革命的変化の主要な手段	革命と内戦	覇権戦争
漸進的変化の主要な目的	国内変化の微調整	国際システムの微調整
革命的変化の主要な目的	憲法	国際システムの統治

出典：Gilpin（1981：47）.

体へ、そして近代以降の主権国家システムへ、というパラダイム・シフトを意味する。これに対して、システム上の変化とは、システム・レベルの構造が変化することであり、ギルピンの場合は近代以降の覇権国の交代である（Gilpin, 1981：40）。国際システムの秩序が比較的に安定するのは、覇権秩序が安定している時であると想定されるのである。ウォルツらの議論では、システム上の変化とは国際システム・レベルの構造（特に「力の分布」）の変化ということになろう。多極から双極へ、そして単極から多極化へ、という変化に相当する。たとえば、第二次世界大戦の終結時とその直後や冷戦の終結を事例として取り上げるということは、国際システム上の変化を明らかにするということになる。

またギルピンは、国内システムとの比較で、国際システムの構成要素を表序－5の通り、捉えている。

その上で、ギルピンは、国内と国際の変化の比較を表序－6の通り、整理している。

本書は、こうしたさまざまな分析レベルの議論を踏まえつつ、国際システムのシステム・レベル、トレンドとしての帝国と脱植民地化の論理、サブシステムとしての同盟内政治の論理、ユニット・レベルの国内政治の論理から、アメリカ外交の政治学を分析する。目次構成は、大きく捉えて第Ⅰ部歴史、第Ⅱ部構造、第Ⅲ部プロセスに分類する。それぞれの章で、歴史的に重要な政策やエピソード、演説などは違った角度から繰り返し議論される。あえて繰り返しをいとわない。それだけ重要であるということの証左だからである。

たとえば、特にワシントン大統領の告別演説や「モンロー・ドクトリン」、ウィルソンの一四カ条の平和原則、フランクリン・ローズヴェルトとチャーチルの大西洋憲章、冷戦の開始と激化（と軍事化と世界化）、NATOの形成、冷戦の常態化と緊張緩和（détente）、冷戦の終結などに加えて、比較的に最近の政策概念としては、「アジア旋回（pivot to Asia）」ないし「再均衡（rebalancing）」、「牽制と抱擁（hedge and embrace）」「統合と牽制（integrate, but hedge）」などである。また、二レベル・ゲームズのモデルや大統領とアメリカ議会の憲法上の権限なども繰り返し検討する。

第Ⅰ部歴史では、アメリカ政治外交とそれを取り巻く国際秩序について、世紀を超えた歴史の文脈を探る。やや遠回りの議論になるが、アメリカ政治外交の〝特殊性〟を理解する上では、実は欠かせない知的作業であると考えている。たとえば、アイケンベリー編の『世界政治におけるパワーと秩序、そして変化』は、二〇一四年の時点で、この知的作業にほぼ成功している（Ikenberry. ed., 2014）。ただし本書では、紙幅の都合で古代から中世へ、中世から近代へ、という国際システムそのものの変化についてては取り上げず、今後の研究課題とする。

第Ⅱ部構造では、アメリカ政治外交をめぐる構造や理論的枠組みを考察し、特に一九七〇年代以降の歴史的な変化を強調する。たとえば、相互依存の深化によって、国際政治と国内政治が連関・連結するようになったのも、安全保障と経済がリンケージするようになったのも、特に一九七〇年代以降である。国内政治では、一九七〇年代以降、二大政党が大きく変容している。利益集団がアメリカ外交にロビイングし始めたのも、特に一九七〇年代以降である。また、保守とリベラルのシンクタンクが政策の現場で台頭するのも、特に一九七〇年代以降である（宮田、二〇一七）。

第Ⅲ部プロセスでは、冷戦期と冷戦後、そして二一世紀はじめのアメリカ政治外交の展開をできる限り具体的かつ詳細に振り返る。建国期からの歴史は第Ⅰ部で振り返るので、第二次世界大戦期と冷戦期、冷戦後の事例が中心となる。またアメリカが、国際秩序で超大国（super power）ないし覇権国として振る舞うのは、第二次世界大戦後だからである。こうした知的作業を通じてはじめて、トランプ以後のアメリカ政治外交を語ることができると思われる。第十六章および終章では、まだ始まったばかりで、現在進行形のトランプ政権の政治外交についてごく簡単なコメントを試みる。

第Ⅰ部　歴　史

第一章　「民主主義のディレンマ」とアメリカ政治外交

民主主義国家に特有の性質は数多くあるが、およそ外交政策はそうした特質をほとんど必要としない。むしろ逆に、外交政策は民主主義国家の苦手とするような特質を十分に行使することを必要としている。

アレクシス・ド・トクヴィル『アメリカの民主主義』（一八三五／一八三九年）

一　トクヴィルの「民主主義のディレンマ」

一九世紀前半、フランスの政治思想家トクヴィルは将来、国際経済が相互依存の時代となり、アメリカ本土が脅威にさらされた時にはアメリカが対外政策で深刻なディレンマに直面すると予測していた。トクヴィルは、アメリカが抱える対外政策上のディレンマは、国際システムの中心であるヨーロッパから大西洋で隔てられた特殊な地政学的な位置であるが故に、十分に克服できると考えていた。しかし同時に、世界がアメリカとロシアに二分される可能性を予測していたトクヴィルは、将来、アメリカが国内で「権力の分立（separation of powers）」と「抑制と均衡」の非効率な政治制度に悩まされる可能性を指摘することも忘れてはいなかった。国内で自由と平等を保障する自由民主主義の政治制度は、対外政策をスムーズに遂行していく上では甚大な障害をもたらすというわけである（Tocqueville, 1996：226-230, 412：Lindsay, 2017：223：2012：226-227：2008：202：2004：186：1999：178）。

一七八八年六月二一日に効力を発揮したアメリカ合衆国憲法は、立法府と行政府（アメリカ議会と大統領）との間で、内政と外交の権限をほぼ等しく〝分立〟させ、〝共有〟させた。たとえば、予算編成や通商規制、宣戦布告などの権限は憲法上、大統領ではなく、アメリカ議会にある。こうした「権力の分立」ないし「権力の共有（share of powers）」によって、アメリカの政治制度は、アメリカ議会と大統領との間で「抑制と均衡」が働くように企図されている（Neustadt, 1990：29：Lindsay, 2017：222：2012：226：2008：200-201：Davidson, 1988：9-21：Fisher, 1988：149-155）。「建国の父」の一人で、強力な行政権限を主張していたアレクザンダー・ハミルトンでさえ、『ザ・フェデラリスト』のなかで、大統領の権限は限定的なものであると論じている（Hamilton, Madison & Jay, 1991：No. 70）。

そのため大統領は、対外政策をスムーズに遂行していく上で、恒常的にアメリカ議会を説得し、コンセンサスの形成を目指す必要がある。戦争や条約の問題は、リー・ハミルトン元下院議員によれば、議会と大統領との間で「創造的な緊張（creative tension）」関係を保ちつつ、お互いの協力を必要としている（Hamilton, 2002）。また大統領制の研究で著名な政治学者ニュースタッドによれば、大統領の権力はあくまでも「説得する権限」に過ぎない。さらに、大統領と議会の諸権限は「分立された」ものというよりも「共有された」ものであると指摘される（Neustadt, 1990：29-49, 191-199）。

トクヴィルが指摘したアメリカが抱える対外政策上のディレンマを、マスタンデューノやスパニアー、ウズラナーは、「民主主義のディレンマ」と呼んでいる（Mastanduno, 2005：Spanier & Uslaner, 1994：Hoffmann, 1968：Deibel, 2007）。民主主義のディレンマを克服するためには、建国から第一次世界大戦までにアメリカ外交が伝統的に採用したように、孤立主義で国際社会から自らを隔離するか、第二次世界大戦期やその後の米ソ冷戦が開始され激化した時期に見られたように、超党派のコンセンサスに基づいて、大統領とアメリカ議会との協力を持続させるしか手立てはない。反共のコンセンサスが存在した冷戦の前期は、歴史的に、アメリカ外交が民主主義のディレンマを比較的に免れていた時期だと理解できる（Johnson, 2006：1-34：Crabb, Antizzo & Sarieddine, 2000：81-101）。

しかし、一九七〇年代初頭、ヴェトナム戦争の敗北とウォーターゲート事件を背景として、「帝王的大統領制」に対し、対外政策でアメリカ議会が「復権」の動きを見せた。これ以降、超党派の反共のコンセンサスが、次第に〝溶解〟していった。一九七三年一一月七日の戦争権限決議と一九七四年七月の議会予算執行統制法は、憲法上、議会に付与された本来の権限を取り戻す、象徴的な動きであった。戦争権限決議は、ニクソン大統領の拒否権（veto）を〝乗り越え（override）〟、事実上、法律となった。そのため、「戦争権限法」とも呼ばれる（Lindsay, 1994：24–32：Crabb, Antizzo & Sarieddine, 2000：39–50：宮脇、二〇〇四、特に一五九～一九六頁）。また、一九七〇年代は、さまざまな利益集団が内政だけではなく、対外政策の分野でも活発なロビイングを展開し始めた時期でもある（Tierney, 1993：89–111）。背景には、国際的な相互依存の深化と、それにともなう国際問題の国内政治化ないし国内問題の国際政治化があった。安全保障問題と経済問題も、ますます連関・連結するようになった。保守とリベラルのシンクタンクが政策の現場で台頭したのも一九七〇年代であった。

こうして、民主主義のディレンマが、アメリカ政治外交を鋭く〝抑制〟し制約する時代に突入した。ヴェトナム戦争後の冷戦後期にも、大統領がアメリカ議会を説得し国内である程度の指導力を行使できたのは、マスタンデューノによれば、国際的な指導力を行使する〝責務〟が、大統領と議会との間でまだ緩やかに共有されていたからであった（Mastanduno, 2005：257–265：松岡、二〇〇三）。議会の行動主義がアメリカの国益（national interest）やアメリカ外交の信頼性（credibility）を損なう可能性が認識されたこともあった（Lindsay, 2017：225：2012：229：2008：204）。このため、冷戦の終結は、アメリカ外交がより一層、民主主義のディレンマに直面する時代に突入することを予感させた。政治学者のカーターによれば、冷戦期の一九四六～八二年から冷戦後の一九九二～九五年にかけて、アメリカ議会が大統領の政策を「黙認」した事例は三四％から二四％に低下し、逆に「抵抗」した事例は三一％から三九％まで上昇した。「独立」した事例も二四％から二八％まで上昇した（Carter, 1998：111）。リンゼイは、冷戦後に議会は再び「復権」したと論じる（Lindsay, 2017：226）。他方で、「冷戦後の議会の行動主義を過度に強調すべきではない」という意見もある。たとえば、クラウトサマーは、冷戦後の議会の復権は「歴史の休日（holiday from history）」に過ぎない、と指摘する（Krauthammer, 2001）。

二　議会による「抑制と均衡」の限界

（1）冷戦後のアメリカ政治状況

一九八九年秋の東欧革命とベルリンの壁崩壊、そして冷戦の終結は、アメリカの国内政治では、特に共和党保守派にとって、

「レーガン主義」が神格化されていく契機となった（Gingrich & Penley, 2011）。レーガン主義の下、国内政治では「小さな政府」路線が基調となり、対外政策では「強いアメリカ」と「力による平和（peace through strength）」のアプローチが重視されていくこととなった（Reagan, 1990：Shultz, 1993：Haig, 1984：Mann, 2009：アロン、一九八六、第X章：村田、二〇一一、特に第七章：石井、二〇〇〇、第七章）。財政保守と社会保守とで分裂しがちであった共和党は、レーガン主義に基づき、党内で大同団結を目指すことが可能となっていく（Anderson, 1988：Wallison, 2004）。こうして、一九九四年一一月の中間選挙での共和党多数議会の成立と、二〇〇〇年一一月の大統領選挙・議会選挙での共和党による「統一政府（unified government）」の実現へとつながる保守の流れが醸成された（Nush, 2006：Foner, 1998：320-332）。

また冷戦後、民主党のクリントン政権の下でも「小さな政府」路線は基本的に継承され、一九九〇年代半ばまでにアメリカ経済が再生された。一九九六年一一月の大統領選挙で再選を目指すクリントン大統領は、一九九五年一月二三日の一般教書演説で「大きな政府の時代は終わった」と指摘した（Laffer, Moore & Tanous, 2008：118）。保守とリベラルの間で「第三の道」をとる「三角測量（triangulation）」戦略で、議会共和党の保守政策の〝取り込み〟を図った（Morris, 1998）。問題は、クリントン政権下では、内政だけではなく外交と安全保障の政策でも、「三角測量」のアプローチが模索されたことである。詳しくは第十三章で論じる。また、特に一九九〇年代後半以降には、二期目のクリントン政権の下で、グローバリゼーションが加速し、アメリカ経済は「新自由主義」の時代へと本格的に突入した（納家、二〇〇九ａ）。

（２）「抑制と均衡が機能していない」政治状況

「九・一一」同時多発テロの後、帝王的大統領制が復活したが、アメリカ議会は対外政策で「復権」の動きをほとんど見せていない。二〇〇四年一一月の大統領選挙では、イラク問題が争点となったが、現職のＷ・ブッシュ大統領が再選された。二〇〇六年一一月の中間選挙では、民主党が一二年ぶりに上下両院で多数党となった（細野、二〇〇七）。しかし、第一一〇議会（二〇〇七～〇八年）では、二〇〇八年一一月の大統領選挙と議会選挙を控えて、民主党のリベラル派の勢力と議会指導部は戦略的に自制した（安井、二〇〇八）。また第一一一議会（二〇〇九～一〇年）では、「一〇〇年に一度の金融危機」とも指摘される世界金融危機と世界同時不況に直面して、議会は、オバマ大統領の指導力に対して、「最初の一〇〇日間」とその後、本格的な抵抗は差し控えた。しかし、二〇一〇年一一月の中間選挙では、特にオバマ政権の「大きな政府」路線に反発した「茶会（tea party）」運動が盛り上がりを見せた（Mead, 2012：55–66：中山、二〇一一a、一七〜二四頁：久保・東京財団「現代アメリカ」プロジェクト編著、二〇一二に所収の論文も参照）。そのため、政権与党で議会多数党であった民主党は、下院で敗北し、少数党へと転落した。上院ではかろうじて民主党多数議会が維持されたが、下院ではこうして共和党多数議会が成立した（細野、二〇一二）。その後、二〇一四年中間選挙では上院でも共和党多数議会となる。二〇一六年一一月の議会選挙では、上下両院の共和党多数議会が維持された。

オバマ政権下では、イラク戦争とアフガニスタン戦争からの撤退を推し進めたが、アフガニスタンやパキスタンでは「テロとの戦い」が事実上まだ継続していた。まだ戦時なのである。そのため、下院と上院では共和党多数議会になったが、アメリカ議会は、オバマ政権の対外政策に対して、意義のある「抑制と均衡」を働かせることはなかった。二〇一一年三月一九日以降のリビア空爆をめぐっては、たしかに慎重派の議員たちが存在したが（Lindsay, 2017：230：2012：234）、議会共和党の保守派は地上軍投入に慎重なオバマ政権よりもむしろ強硬な姿勢を見せていた（他方で、ブレジンスキー元国家安全保障問題担当大統領補佐官は、オバマ外交を「W・ブッシュ外交から大きな改善が見られた」として肯定的に評価していた）。また五月一日のビン・ラディン暗殺劇をめぐっては、共和党もオバマ政権の政策を基本的に賞賛していた（オバマ政権の「テロとの戦い」は、「W・ブッシュ政権の対外政策と区別がつかない」「W・ブッシュ＝オバマ・コンセンサスだ」と批判する意見もあった）。

こうして、「抑制と均衡が機能していない（unchecked and unbalanced）」政治状況は、はたして、いつまで持続するのか――（Schwarz & Hug, 2007：1–9：Lindsay, 2017：227–228：Weinberger, 2009：Lindsay, 2012：2008：2004：Irons, 2005：Milton, ed. 2010：Sanders ed. 2010：Auerswald & Campbell, 2012：Johnson, 2012：Olezek & Oleszek, 2012）。トランプ政権下で、議会は大統領の対外政策に対して、どこまで「抑制と均衡」を働かせるのか――。「九・一一」同時多発テロの衝撃が次第に希薄化していくなかで、こうした反古典的な政治状況が比較的に長く継続するとは思えない。アメリカ政治外交はいつ、いかなる問題をめぐって、民主主義のディレンマに再び直面するのか――。以下、まず冷戦後のアメリカ政治外交での共和党と民主党、保守とリベラルとのせめぎ合いの比較的に最近の歴史的な経緯を踏まえ、次いで一九七〇年代以降のアメリカ政治外交の「変革」についてより長い歴史的な文脈から分析を深めたい。

三　「保守の時代」から「リベラルの時代」へ？

(1)「ニュー・デモクラット」と『アメリカとの契約』

二〇〇八年一一月の大統領選挙でオバマ大統領候補が訴えた〝change〟が「変化」ではなく、「変革」と訳されたことは、歴史的な転換が期待されていたからではないかと思われる。ただしここでは、「変革」を二〇〇八年一一月の大統領選挙にのみ限定せずに、冷戦後のアメリカ国内政治の歴史的な変遷の文脈のなかで位置づけてみる。レーガン政権で「保守の時代」へ、オバマ政権で「リベラルの時代」へという単純な構図ではない、ということを明らかにしたい。

冷戦後はじめての大統領選挙となった一九九二年一一月の大統領選挙では、「ニュー・デモクラット」として民主党の再生を掲げ、「変化」を訴えた民主党のクリントンが勝利した（Clinton & Gore, 1992）。上下両院とも民主党が多数党を維持したため、第一〇三議会（一九九三～九四年）は、民主党による統一政府の政治状況となった。医療保険制度改革など、リベラルな重要法案をアメリカ議会で可決する歴史的な機会と受け止められた（Clinton, 2004）。だが、クリントン政権初期の統一政府は二年間しか継続しなかった。また、ヒラリー・クリントンが中心になって推進した医療保険制度改革での民主党の攻勢とつまづきは、共和党保守派から大きな政府に対する批判を強め、共和党を大同団結させる契機となった（二〇一〇年一一月中間選挙をめぐるアメリカ政治状況と酷似している）。

議会共和党は、一九九四年一一月の中間選挙に向けて、一〇項目の政策綱領『アメリカとの契約（*Contract with America*）』を掲げ、大幅減税や財政均衡など「小さな政府」路線の内政の指針と「強いアメリカ」を目指す外交方針を提示した（Gingrich, Armey & the House Republicans to Change the Nation, 1994 : 7-13 : Gingrich, 1995 : Norquist, 1995）。具体的な対外政策としては、第一に国際連合（国連）での平和維持活動（ＰＫＯ）の指揮下に米軍を配置しないこと、第二に本土ミサイル防衛（Ｎ

MD）を積極的に推進すること、第三にNATOを東方拡大させることが政策提言されていた。ここでは、冷戦後にアメリカ議会が大統領に対して、対外政策の分野で議題設定（agenda setting）する役割を担ったことが特に注目される（吉原・島村、二〇〇〇、二〇〇～二〇二頁）。

一九九四年一一月の中間選挙は「歴史的な」議会選挙となり、下院で四〇年ぶりに民主党が敗北し、共和党が多数党となった。一九五五年から九五年まで下院では、民主党多数議会が維持され（「アメリカ版五五年体制」）、共和党は「永遠の野党」であった。これ以降、第一〇四議会（一九九五～九六年）から第一〇六議会（一九九九～二〇〇〇年）までの六年間、〈民主党のクリントン大統領と共和党多数議会〉という組み合わせで、「分割政府（divided government）」の政治状況となった。分割政府では、統一政府の政治状況に比べて、内政と外交で重要な法案や政策の実現が相対的により困難となる（Conley, 2003）。

このことは、アメリカ外交が民主主義のディレンマにより直面するということを意味する。現実に、アメリカ議会は第一〇五議会（一九九七～九八年）で、「ファスト・トラック」と呼ばれる多国間の通商権限を大統領に付与せず、上院では包括的核実験禁止条約（CTBT）の批准が否決されてしまった。「議会の復権」と呼ぶほど深刻な挑戦ではなかったが、民主主義のディレンマは現出したと言うことができる（Destler, 2001 : 322-327 ; Lindsay, 2017 : 226 ; 2012 : 229-230 ; 2008 : 205）。

（2）W・ブッシュ政権の時代――統一政府から分割政府へ

二〇〇〇年一一月の大統領選挙は、共和党のW・ブッシュと民主党のゴアとの間で「四九対四九」の〝大接戦（neck & neck）〟となり、「赤と青」に分断された保守とリベラルの対立を浮き彫りとした。W・ブッシュは大統領候補として、「思いやりのある保守（compassionate conservative）」を提唱していた（Bush, 1999 : 選挙参謀ロヴの役割については、Moore & Slater, 2003を参照）。上院の選挙結果も「五〇対五〇」で引き分けであったことは、二大政党の「勢力伯仲」の政治状況をまさに象徴していた。こうした選挙の結果、共和党による統一政府の政治状況が実現した（久保、二〇〇一 : 吉原、二〇〇二）。二〇〇一年五月共和党のジェフォース上院議員の離党劇で、選挙を経ずに上院が一時的に民主党多数議会となった。しかし、「九・一一」同時多発テロ後の二〇〇二年一一月の中間選挙では、共和党が再び上下両院で多数党の地位を獲得し、第一〇八議会（二〇〇三〜〇四年）では、統一政府の政治状況が復元された。中間選挙直前に上下両院がイラクでの武力容認決議を可決していたため、共和党は選挙の結果、イラク開戦に対して有権者の信任を得たと解釈できた。

二〇〇三年三月にイラク戦争が開戦され、戦後復興が行き詰まりを見せていたが（Menon, 2007）、二〇〇四年一一月の大統領選挙と議会選挙でも共和党が勝利した。W・ブッシュ大統領が再選され、議会では共和党多数議会が維持された。イラク戦争が選挙の争点となったが、二〇〇四年の時点では民主党は共和党を論破することができなかった（吉原、二〇〇五、三一〜三三頁：細野、二〇〇五）。第一〇九議会（二〇〇五〜〇六年）では、共和党の統一政府が継続された。

ところが二〇〇六年一一月の中間選挙では、議会選挙であるにもかかわらず、イラク問題が再び選挙の争点となり、アメリカ議会の上下両院で民主党が一二年ぶりに多数党となった。こうして第一一〇議会（二〇〇七〜〇八年）は、〈共和党のW・ブッシュ大統領と民主党多数議会〉という組み合わせで、分割政府の政治状況となった（中山、二〇〇六b）。W・ブッシュ大統領は、ラムズフェルド国防長官を事実上更迭し、共和党穏健派で現実主義の外交を主張するゲーツを新しい国防長官に任命して、イラク政策の見直しに着手した。イラクに米軍を増派し、治安を回復した上で、段階的に撤退を図る構想が打ち出された。このイラクへの米軍増派に対しては、アメリカ議会で批判が出たが、大統領の拒否権を〝乗り越える〟ほどではなかった。また、強硬路線をとってきた北朝鮮政策も、「テロ支援国家」の指定を解除するなど、対話路線へと大きく変更された（Lindsay, 2012：233：Woodward, 2008）。こうした現実主義と対話路線の対外政策は、民主党のオバマ政権との継続性が観察できることが特に注目される。

（3）オバマ政権の成立

二〇〇八年一一月の大統領選挙では、民主党の上院議員だったオバマが共和党のマケイン上院議員に勝利した。二〇〇八年大統領選挙は、イラク問題が争点となり、二〇〇七年の時点から前倒しで異例の盛り上がりを見せていた。しかし、大統領選挙直前の二〇〇八年九月一五日にリーマン・ショックが起こり、イラク問題は決定的な争点とはならなかった（細野、二〇〇九：前嶋、二〇〇九、六一〜六三頁）。リーマン・ショックの当日に、「アメリカ経済のファンダメンタルズは強力だ」と失言した共和党のマケインには不利に働き（しかもマケインは、「経済や金融は苦手だが、外交と安全保障政策は得意である」と公言していた）、「アメリカの再生」を前面に掲げていた民主党のオバマに有利に働く形となった（Obama, 2006：chap. 5：大津留、二〇一一、二二八～二六〇頁も参照）。

また、議会選挙でも民主党が多数党を維持し、第一一一議会では、民主党による統一政府の政治状況が実現した。上下両院で議席を伸ばした民主党は、オバマ大統領誕生の「コートテール効果」の恩恵を受けた形の選挙結果となった。特に上院では、二〇〇九年六月に未確定であったミネソタ州上院議員が民主党の勝利となり、民主党系無所属の一名を加えて「六〇議席」の安定多数を確保することになった。「フィリバスター（filibuster）」と呼ばれる議事進行妨害を阻止することがいつでも可能となり、オバマ政権の議会対策はより大胆な見通しを立てることができるようになった。そのため、内政の最優先課題として医療保険制度改革を位置づけ、二〇〇九年以内の法案成立を目指し、同時に金融規制改革や気候変動（climate change）、つまり、地球温暖化防止の関連法案も同じく年内の成立が期待された。

しかし、こうしたシナリオは早くも、八月二五日のエドワード・ケネディ上院議員の死去で見直しを迫られることとなった。マサチューセッツ州の補欠選挙が五カ月後に実施されるまで、民主党は上院で「六〇議席」に一議席足りないまま、重要法案の審議を進行させていかなくてはならない、より困難な政治状況に直面したのである。そのため、医療保険制度改革法案など重要法案の可決は、オバマ政権が目標とした二〇〇九年内には実現せず、二〇一〇年の議会まで持ち越されることになった。また、「キャップ・アンド・トレード」システムを導入することを企図した気候変動の関連法は、上院で食い止められ、最終的に実現しなかった（Lindsay, 2017：229-230：2012：233-234：砂田、二〇〇九：長谷川、二〇一〇）。

（4）二〇一〇年中間選挙――再び分割政府へ

二〇一〇年一一月二日の中間選挙では、先に見た通り下院で民主党が敗北し、共和党多数議会となった。上院では民主党多数議会がかろうじて維持された。背景には第一に、オバマ政権が「一〇〇年に一度の金融危機」に直面する経済状況下で、二〇〇九年二月以降に大規模な財政出動を断行したこと、第二に同年三月以降にアメリカン・インターナショナル・グループ

（ＡＩＧ）やジェネラル・モーターズ（ＧＭ）など大企業救済のため公的資金を投入したこと、第三に二〇一〇年三月二一日に歴史的な医療保険制度改革法案をアメリカ議会の下院で可決させ（三月二三日に署名。「オバマケア」と呼ばれる）、リベラルな政策革新を成し遂げたこと、さらに第四にこうしたオバマ政権の「大きな政府」路線に反発した有権者たちが草の根（grassroots）の「茶会」運動を全国レベルで展開し、「小さな政府」路線を掲げる共和党保守派を勢いづかせ、議会民主党を窮地に追い込んだということがあった（足立、二〇一〇：西川、二〇一〇：森、二〇一〇）。

さらに外交では、二〇〇九年四月五日にプラハ演説で「核兵器なき世界」を訴え（三浦、二〇一〇、第六章）、二〇一〇年四月一二～一三日に核安全保障サミットをワシントンD.C.で開催して核不拡散体制の再構築を目指した。特に二〇一〇年四月八日には米露間で第一次戦略兵器削減条約（ＳＴＡＲＴＩ）後継条約が調印されている（高橋、二〇一〇ａ：秋山、二〇一一：二〇〇七）。同年一二月二二日に、上院で批准された（議会には、反対派の議員が少なからず存在していた。Linsay, 2017：230：2012：234）。政権一期目、こうしたオバマ政権の一連の歴史的な政策の成果は、有権者に正当に評価されていたかどうかは議論の余地がある（Clinton, 2014：39-100：Gates, 2014：Panetta, 2014：Steinberg & O'Hanlon, 2014：Campbell, 2016：Bader, 2012：Singh, 2012：Indyk, Lieberthal & O'Hanlon, 2012：Renshon, 2010：Woodward, 2012：Woodward, 2010：Dueck, 2015：Obama, 2006：char. 8も参照）。

こうして、オバマ政権一期目の中間で、アメリカ政治は〈民主党大統領と（下院での）共和党多数議会〉という部分的な分割政府の相対的により困難な政治状況となったのである。二〇一二年一一月の大統領選挙後のアメリカ政治状況については、本章の最終節で改めて論じよう。

四　「変革」の歴史的な文脈——イデオロギーの分極化

（１）「政党再編成」と保守とリベラルのサイクル

次に、こうしたアメリカ国内政治の「変革」の軌跡を、一九七〇年代以降の二大政党の変容を中心とした、より長い歴史的な文脈のなかにさらに位置づけてみたい。

表1-1　アメリカの政党制の再編成——第1次政党制から第6次政党制まで

政党制	時　期	多 数 党	少 数 党	主要な争点
第1次政党制	1800-28年	リパブリカンズ	フェデラリスツ	連邦政府の統括権
第2次政党制	1828-60年	民主党	ホイッグ	連邦政府の権力増大
第3次政党制	1860-96年	勢力伯仲の時期		奴隷制の西部拡大
第4次政党制	1896-1932年	共和党	民主党	産業資本主義への対応
第5次政党制	1932-68年？	民主党	共和党	大恐慌への対策
第6次政党制	1968年？-現在	勢力伯仲の時期		（イデオロギー対立）

出典：岡山（2005：119）を参照し，若干修正した。

一九七〇年代以降のアメリカ政治は、「政党再編成（party realignment）」の議論によれば、一九三〇年代から六〇年代までの「リベラルの時代」から、六八年以降の「勢力伯仲」の時代に突入した、と大きく理解することができる。一九世紀半ばの南北戦争以降、アメリカ政治では共和党と民主党の二大政党制が定着し、三〇年強のサイクルで保守とリベラルの時代が繰返されてきた。

一九世紀後半の一八六〇〜九六年までは第三次政党制で「勢力伯仲の時代」、一八九六〜一九三二年までは第四次政党制で「保守の時代」、一九三二〜六八年までは第五次政党制で「リベラルの時代」、一九六八年以降は第六次政党制で「勢力伯仲の時代」という流れである。保守とリベラルの歴史の〝振り子〟が大きく揺れ動く大統領選挙を「決定的選挙（critical election）」と呼ぶ。一九三二年大統領選挙は、それまでの保守の時代からリベラルの時代へと政党再編成が実現した典型的な決定的選挙となった。フランクリン・ローズヴェルト大統領が「最初の一〇〇日間」でアメリカ議会を説得し、ニューディール政策の関連立法を可決させたことにより、「ニューディール連合」が形成された。決定的選挙と政党再編成がいつ起こったのか、政党制の時期区分については諸説がある。また、何が決定的選挙と政党再編成を引き起こす要因となるのかについても議論がある。キーは社会集団の役割を重視したが（Key, 1955）、サンドクィストは国家が取り組むべき重要な争点の浮上に焦点を絞った（Sundquist, 1983）。

一九六八年一一月の大統領選挙では、共和党のニクソンが「南部戦略」を展開し、ヴェトナム戦争については撤退の「秘密のプラン」があると示唆して勝利を収めた。だが、議会選挙では民主党多数議会が維持され、第九一議会（一九六九〜七〇年）は、〈共和党大統領と民主党多数議会〉という組み合わせで分割政府となった。こうして、「決定的選挙」と呼ぶほど、〝決定的な〟歴史の分水嶺とはなっていない。これ以降、一九九四年一一月の中間選挙まで、議会では民主党多数議会が基本的に維持されたため、ニューディール連合は歴史的に緩やかに〝溶解〟していく形となった。

また冷戦後期は、一九七〇年代後半の民主党のカーター大統領を例外として、共和党大統領が継続したが、「保守の時代」になったわけではない。この間、下院を中心に民主党多数議会が維持されたため、〈共和党大統領と民主党多数議会〉という組み合わせの分割政府の政治状況が〝ほぼ〟常態化した。分割政府の常態化の時代が政治学者の間で指摘されたが、冷戦後とテロ後に分割政府と統一政府の政治状況がほぼ等しく存在することから、そう断言はできない。「ほぼ常態化」したと言うことはできるが、二〇〇〇年一一月の大統領選挙と議会選挙で象徴的に見られたように、「勢力伯仲の時代に突入した」と理解した方がより現実に即している（一九世紀後半のアメリカ政治状況に酷似している）。実際に、一九九四年一一月の中間選挙で共和党が下院で四〇年ぶりに多数党となった後も、上下両院での共和党と民主党の議席差はごく僅差のままであった。そのため、二年ごとの議会選挙のたびに、共和党と民主党が多数党を熾烈に争い合うようになり、アメリカ議会での重要法案の審議にも党派対立が鋭く投影されるようになっていく（Ginsberg & Shefter, 1999 : chap. 1）。

（2）現代の二大政党の変容と「イデオロギーの分極化」

「アメリカの政党は、合衆国憲法が分離するものをまとめはしない」（Neustadt, 1990 : 29）。ニュースタッドは、権力分散型のアメリカの政党の特徴について、いみじくもこう指摘している。歴史的にアメリカの二大政党は、それぞれ内部に保守派とリベラル派（ないし穏健派）を抱え込む形で、緩やかな組織にとどまってきた。政策とイデオロギーの上で、二大政党は基本的に「中道」で重なり合う。議院内閣制の下での政党と違い、党議拘束が弱く、規律が緩いアメリカの二大政党は、重要な法案をめぐってでも、党内で議員は賛成と反対に分かれてしまう。そのため、超党派で協調するか、党派ラインを超えた「交差投票（cross voting）」によって法案と政策の実現が図られることになる。

特に一九七〇年代までは、民主党の主流派は、南部を中心とした保守派であり、共和党の主流派は、北東部を中心とした穏健派であった。民主党のリベラル派と共和党の保守派はそれぞれ党内で少数派であったということになる。しかし、一九七〇年代以降、共和党の主流派は南部を中心とした保守派となり、民主党の主流派は沿岸部の大都市を基盤としたリベラル派となった。その結果、共和党がますます保守の政党となり、民主党がますますリベラルの政党となった（共和党と民主党の内部の諸勢力については、以下の論文集に所収の論文を参照。久保編、二〇〇三：二〇〇五：二〇〇七）。

こうして、共和党と民主党が、政策とイデオロギーの上で「分極化」し、中道でなかなか重なり合わなくなった（Hopkins & Sides, eds., 2015：McCarty, 2007：廣瀬、二〇〇九：島村、二〇一一a、七五三～七八五頁）。実際に、二〇一〇年代の間に、民主党で最も保守的な議員の投票行動よりも、共和党の最もリベラルな議員の方がより保守的であるという政治状況が生じた。このことは、内政と外交の両面で、中道の立場からの超党派の合意や協力がますます困難になったということを意味した。国内政治上、アメリカ外交が「民主主義のディレンマ」にますます直面する政治環境となったと言うことができる。

こうした「イデオロギーの分極化」は、アメリカ政治全体がやや保守化する中で進行してきた。待鳥聡史は、「現代アメリカ政治を理解するための鍵概念の一つは、『保守化』ないしはイデオロギー的『分極化』であろう」と指摘する（待鳥、二〇〇八、七六頁）。筆者もまったく同感である。大雑把に捉えて、一九七〇年代以降のアメリカの有権者はほぼ三分の一ずつ、共和党支持者と民主党支持者、そして無党派層にそれぞれ分かれてきた。ただし、世論調査の結果を見る限り、選挙で投票するであろう有権者（likely voters）の間では、自分自身のことを「保守」と認識する有権者が、「リベラル」を自任する有権者に比べてやや上回っている。この背景には、特に一九八〇年代以降、アメリカ政治で「リベラル」の言葉が増税を招く大きな政府を連想させ、ネガティブな意味合いを付与されてきた経緯がある。リベラルのレッテルを貼られると選挙でなかなか勝利できない。

だが他方で、「保守」を自任することは必ずしも選挙でマイナスに働かない。このため、アメリカ政治の座標軸が小さな政府路線にシフトし、全体的にやや保守化の傾向を見せていると理解できる。二大政党は互いに「イデオロギーの一体化」を強め、内部の凝集性を高めた。こうした傾向は、保守化で内部の結束を強化した共和党側に特に顕著に見られる（Zelizer, 2007）。こうして、二大政党がイデオロギーの分極化という形で変容しながら、アメリカ政治全体はやや保守化してきたのである。二〇一〇年以降、オバマ政権の四年ないし八年間で、リベラルがどこまで伸長し、保守が再生するかは、終わってみなければわからなかった。その後、二〇一六年一一月の大統領選挙後は、保守とリベラルのいずれもがいかに再生するのかが課題となった。「トランプ旋風」と「サンダース旋風」の後に、二大政党はいかなる方向性を指し示すのか――。また、トランプ政権以後のアメリカ政治外交をいかに捉えるべきか――。こうして、アメリカ政治上の「変革」の変遷をできる限り踏まえた上で、アメリカ政治外交の歴史と現状を分析し、また将来の展望を描く必要がある。

五　「保守とリベラル」を超えて

（1）「オバマ後」のアメリカ政治？

「リベラルなアメリカも保守のアメリカも存在しない。あるのはアメリカ合衆国である。黒人のアメリカ、白人のアメリカ、ヒスパニック系のアメリカ、アジア系のアメリカというものは存在しない。あるのはアメリカ合衆国である」、「共和党大統領でもなく、民主党大統領でもない。アメリカ合衆国の大統領を選ぼう」という二〇〇八年一一月の大統領選挙でオバマ大統領候補が繰り返した言説がアメリカの有権者の心を大きく揺さぶった理由は、逆説的だが、一九七〇年代以降の現代アメリカ政治が保守とリベラルでイデオロギーの分極化を見せ、「赤と青」「五〇対五〇」「四九対四九」に分断されてきた現実への不満が背景にあったと思われる。オバマのメッセージは、「分断されたアメリカ」に危機意識を持つ中道の立場の有権者に、特に効果的に届いた。

二〇〇〇年一一月の大統領選挙でW・ブッシュ大統領候補が「思いやりのある保守」を訴え、保守的な議会共和党と距離を置く姿勢を見せたことも、同じ論理に基づいた行動であった。いずれのアプローチも、保守とリベラルの中間で「第三の道」を模索するという点で、大統領選挙で「三角測量」の戦略を描いていたと理解できる。二〇一六年一一月大統領選挙のトランプの勝利で注目すべき点は、こうした三角測量の選挙戦略をとらなかったことである。

議論をオバマ政権の時期に戻す。二〇一二年一一月大統領選挙を控えたアメリカ政治にとっての問題は、オバマ大統領の支持率が四〇％台（二〇〇九年七月以降）まで低下していたこと、また二〇一〇年一一月二日の中間選挙での特に「茶会」運動の台頭と民主党の敗北を受け、保守とリベラルの相克がいかに再構築されるのかであった。アメリカ経済の景気はたしかに徐々に回復していたが、「雇用なき回復」というシナリオであった。二〇一一年に入り、失業率は九％台から八％台へと下落したものの、依然として高止まりしていた。こうした高い失業率を背景に、二〇一二年一一月の大統領選挙で、オバマ大統領ははたして再選されるのか――。また議会選挙で、下院と上院の多数党は共和党と民主党のどちらが多数党となるのか――。さらに、分割政府が継続するのか、統一政府の政治状況へと戻るのか、という問題もあった（前嶋、二〇一二b：細野、二〇一二）。

その後、二〇一二年一一月の大統領選挙では、オバマ大統領が再選された。また同時に実施された議会選挙では、繰り返しになるが上院で民主党多数党議会が維持され、下院では共和党多数議会が維持された。大統領と下院で、分割政治の政治状況となった（細野、二〇一三：中山、二〇一三a：吉野・前嶋編著、二〇一四所収の論文も参照）。しかしその後、二〇一四年一一月の中間選挙では、上院でも共和多数議会が成立してしまう。大統領と上下両院で、分割政府の政治状況となった（佐藤、二〇一五）。民主党と共和党の勢力伯仲や保守とリベラルのイデオロギーの分極化などが背景となって、第一一四議会（二〇一五～一六年）では、議会での政策実現はますます難しくなった。こうした結果、皮肉なことに、八年間のオバマ政権の下で、民主党と共和党の党派対立とイデオロギーの分極化がますます深刻になってしまったのである（西川、二〇一六b）。

二〇一六年一一月の大統領選挙で、トランプ旋風とサンダース旋風が強く支持された背景には、こうして機能不全に陥った既存の政治への有権者の不満があった。アメリカ経済が数字の上では堅調で、失業率も完全雇用にほぼ等しい五％台まで低下していたにもかかわらず、民主党のヒラリー・クリントンは、共和党のトランプに敗北した。有権者たちは、〝現状維持〟や〝継続〟よりも〝変化〟を望んだのである。二〇一六年議会選挙の結果、再選率が高い議会では上下両院とも共和党多数議会が維持された。第一一五議会（二〇一七～一八年）では、大統領と上下両院で、統一政府の政治状況となったのである。ただし、トランプ政権は「最初の一〇〇日間」と「最初の半年間」で、政策実現のため、議会共和党の主流派やエスタブリッシュメントたちとうまく協調できていない。大型減税の実現には、一年近くかかった。詳しくは第十六章以降で論じる。

（2）アメリカ政治外交の〝立体的な〟把握に向けて

こうして、現実のアメリカ政治外交の動向を立体的に把握するためには、大統領選挙だけでなく、少なくとも議会選挙の結果にも注目し、複眼的に現状分析を試みる必要がある（中林、二〇一七：待鳥、二〇一六）。さらに歴史的な背景をできるだけ踏まえつつ、過去と現在を〝対話〟させる姿勢が求められるであろう（古矢、二〇〇四、序章）。しかも、共和党と民主党が保守とリベラルでイデオロギーの分極化を見せる現代アメリカ政治の本質と全体像を把握するためには、保守とリベラルのイデオロギーないし思想についても再検証する必要が生じているのである（Tocqueville, 1996：Nush, 2006：Foner, 1998：ハーツ、一九九四：古矢、二〇〇二：中山、二〇一三B：二〇〇九：二〇〇六a：二〇一二：会田、二〇一六A：二〇一六B：二〇一六a：二〇一七A：二〇一七a：中山・会田、二〇一六：会田・久保・細谷、二〇一六：佐々木毅、一九九三：一九九五：古矢、二〇〇二：佐伯、一九九三：仲正、二〇〇八：茶谷、二〇〇五a：二〇〇五b）。

特に二〇一一年に入り、「アラブの春」に加えて、日本では「三・一一」の東日本大震災、そして東京電力福島第一原子力発電所事故に直面し、二〇一四年以降は、ロシアによるクリミア併合や中国の海洋進出の活発化などを受けて、地政学が復活しつつあり、国際秩序が歴史的な変動を見せつつあるように思われる。こうした国際秩序の下で、オバマ政権下のアメリカ外交は、本章で明らかにした現代アメリカ政治の変容や、特に予算上の問題（財政赤字が深刻なレベルまで膨らんでしまっている）によって大きく〝抑制〟され、制約されてしまっていた。つまり、アメリカ外交が持つ選択肢の幅は意外と広くはないのである。こうして、二一世紀はじめの二〇一一年春の時点で、アメリカ政治外交はトクヴィルの「民主主義のディレンマ」にますます直面しつつあった。トクヴィルの将来への予測と警告はまさに正鵠を得たものであったと言えよう。

しかしながら、国際関係論（ＩＲ）や国際関係史、外交史の学問領域では、一部の例外を除き、国内政治のダイナミズムや要因をあまり分析しない。これに対して、政治学やアメリカ政治研究では、外交ないし対外政策の事例は原則的にそもそも取り上げられない。したがって、国際関係論やアメリカ外交史と政治学やアメリカ政治研究との間を架橋する〝学際的な（inter-discipline）〟試みが求められよう。なぜならば、現実のアメリカ政治外交は、内政と外政が鋭く影響し合い、密接に連関・連結するからである。建国独立の経緯やアメリカ合衆国憲法による「権力の分立（ないし共有）」と「抑制と均衡」の政治原則の厳格な適用、そして国際秩序で民主主義を促進してきた歴史的な経緯などから、アメリカ政治外交はますますトクヴィルの「民主主義のディレンマ」に直面し、これからはいつの時代も、その克服を常に模索していかなくてはならないのである。

第二章　アメリカ政治外交の歴史

私の見るところでは、われわれが過去において政策樹立にあたって犯した最も重大な過誤は、いわゆる国際問題に対する「法律家的・道徳家的アプローチ」と呼ばれるもののうちに求められる。……われわれは、一つの共通な法律的・司法的体制を受諾することによって、当初の一三の植民地相互の利益と野望の衝突を、無害の程度まで制御することができ、その上、かれらを全部、秩序ある平和的相互関係のうちに包容することができたという記憶を持っている。こういう記憶を持っているので、ある特定の状況の下で一三の植民地にとって可能であったことが、さらに広い国際的分野において可能でないはずはないと考えるわけなのである（Kennan, 1984：95-96）。

ジョージ・ケナン『アメリカ外交五〇年』（一九五一年）

一　伝統としての現実主義

（1）アメリカ外交の現実主義の伝統

一九世紀の前半にアメリカを訪れたフランスの思想家トクヴィルは、やがて世界は、「アメリカ人とロシア人によって二分されるであろう」と述べ、一世紀以上後のヨーロッパ国際秩序の変動と米ソ冷戦を正しく予測していた。また同時に、第一章の冒頭で見た「民主主義のディレンマ」だが、自由民主主義のアメリカが、対外政策の分野では迅速な意思決定を妨げる深刻なディレンマに直面するであろうことも鋭く認識していた。スピードが要求される対外政策の分野において、時間がかかり、深慮さをより優先する自由民主主義の政治システムは、大きな矛盾を抱えている（Tocqueville, 1996：226-230, 412：Hamilton,

Madison & Jay, 1999 : No. 70)。

第二次世界大戦後、米ソ冷戦の到来を受け、ソ連の共産主義の「封じ込め（containment）」政策を中心になって立案した外交官のケナンも、アメリカ議会や世論など、国内政治要因が思慮深い対外政策の立案に及ぼすであろう障害には懐疑的な見方を示していた（Kennan, 1984 : chap. 6)。同じくリアリズムの立場から、キッシンジャーも、特に官僚機構への不信感を抱き、大統領とホワイトハウス中心の意思決定の必要性を認識していた（Kissinger, 1977 : chap. 1)。一九六九年一月以降、ヴェトナム戦争の泥沼化から抜け出すために、キッシンジャーは国家安全保障問題担当大統領補佐官として、ニクソン大統領と二人三脚で、米中和解とソ連とのデタント（détente）を戦略的に推進し、アメリカに有利な米中ソの三角関係を再構築することに成功した（そのために、国務省も排除した〝裏チャンネル〟を多用した）。自国と相手国との国益（national interest）を見据えた現実主義の外交アプローチは、理念外交を展開しがちな自由民主主義の共和国アメリカでは、むしろ例外であった（Kissinger, 1994 : chaps. 2, 28, 29)。

現実主義の外交アプローチをとったもう一つの政権は、ブッシュ・シニア大統領の時代であった。実務外交を展開したブッシュ・シニア外交は、冷戦の終結という国際システムの変動をソフト・ランディングさせる上で、きわめて有益であった（Bush & Scowcroft, 1988 : Baker : chap. 5 : ゴルバチョフ、一九九六 : Garthoff, 1994B : Guyatt, 2013 : Brown, 2012 : ブラウン、二〇〇八 : ホフマン、二〇一六 : 塩川、一九九六 : 上村、二〇一七、一七七〜一九八頁)。しかし、湾岸戦争で決定的な勝利も収めたブッシュ・シニア大統領であったが（世論調査での支持率は一時、九〇％を超えた)、冷戦後にはじめて実施された一九九二年一一月の大統領選挙では、「変化」を掲げた民主党のクリントンに敗れ、再選されなかった。外交の大きな成果が評価されないまでに、当時のアメリカ経済は不調に見舞われていたのであった（谷口・須藤編、二〇一七)。

（2）第四の現実主義の季節

オバマ政権の外交は、イラク戦争とアフガニスタン戦争からの撤退を模索する上で、第二次世界大戦後、第四の現実主義の季節を迎えていた。国家財政の赤字が膨らむ〝緊縮（austerity）〟の時代に直面して、きわめてプラグマティックな対外政策のアプローチを展開した。世論調査の結果を見る限り、二〇一二年一一月の大統領選挙まで、こうしたオバマ外交に対する評価は、民主党大統領としては相対的に高かった（Kupchan, 2012）。他方で、特に共和党系の外交と安全保障の専門家やマスメディアの間では、理念が欠如したオバマ外交に対する批判がないわけでもなかった（Singh, 2012 : Indyk, Lieberthal & O'Hanlon, 2012 : Renshon, 2010 : Woodward, 2012 : 2010 : Mann, 2012）。

一八世紀後半の建国期に、当時イギリスの植民地であったアメリカは、イギリスのライバル国であったフランスと同盟関係に入り、建国独立を実現した。「建国の父たち」は、ヨーロッパ中心の国際政治の現実を正しく認識していたのであった（有賀、一九八二）。初代大統領のワシントンが告別演説で、ヨーロッパの大国との間で軍事同盟を締結せず、〝孤立〟する必要性を説いたのも、当時まだ小国であったアメリカがヨーロッパの紛争に〝巻き込まれ〟ることを回避するという現実的な要請からであった（有賀、一九九八、二、三、三九頁：佐々木、二〇一七a、二～六頁：二〇一一、一二頁）。こうして、理念外交を展開しがちなアメリカ外交にも、現実主義の伝統がないわけではなかったのである。ただし、二〇世紀はじめには、セオドア・ローズヴェルト大統領が、ヨーロッパ流の権力外交を展開するが、キッシンジャーが『外交』で論じたように、アメリカ外交では、権力外交はたしかに〝例外〟であった。しかし、現実主義のアプローチとまったく無縁であるわけでもないのである（Kissinger, 1994 : chaps. 2, 28, 29）。

二　理念外交と権力外交のハイブリッド

（1）理念外交と権力外交

建国独立後のアメリカ外交は、ワシントンの勧告にしたがい、国際システムの中心であるヨーロッパ地域から孤立する外交のアプローチを伝統的にとった。一八二三年一二月二日にはモンロー大統領がヨーロッパ大陸と西半球との間で相互不干渉を説き、反植民地主義の姿勢を見せ、孤立主義の伝統が定式化された（中嶋、二〇〇〇：二〇〇二：西崎、二〇〇四、第一章）。また同時に、一九世紀前半からヨーロッパは、封建制が残り権力外交が渦巻く「旧世界」であり、身分制を経験せず権力外交に距離を置くアメリカは「新世界」であるという二分論で、複雑な国際政治の現実を単純視する傾向が生まれ、孤立主義の伝統は〝道徳的な〟色彩を帯びていくことになった（有賀、一九九八a、一五頁；佐々木、二〇一一A、一二～一四頁；二〇一七、二～八頁）。アメリカは特別な存在であるという認識が強まり、「例外主義（exceptionalism）」の発想がアメリカ外交に投影されるようになっていく（Hirsh, 2002 : 30 ; Lipset, 1996）。

ここでもう一つ注目すべきは、アメリカ外交が孤立主義のアプローチをとることを可能とした背景には、ナポレオン戦争後のヨーロッパの国際秩序が「ウィーン体制」の下で、五つの大国の間で勢力均衡（ＢＯＰ）が安定していたことに加えて、イギリスの海軍力と「無償の安全保障（free security）」としての大西洋によって、ヨーロッパの大国が西半球に対して植民地主義のアプローチをとることを差し控えたということがあったことである。つまり、アメリカ外交は、自らの力で、孤立主義の伝統を守ることができていたわけではなかったのである（有賀、一九九八a、六～七頁）。しかしながら、こうしたごく恵まれた歴史的な環境を享受したアメリカ外交は、「例外主義」の発想をより強く抱くようになっていく。そのため、歴史的に理念外交を展開しがちとなる（Kennan, 1984 : 95）。だが注意すべきは、キッシンジャーが『外交』でいみじくも論じたように、現実には、歴代の政権の対外政策は、理念外交と権力外交のブレンドであるということである。理念外交か権力外交かは、二者択一なのではなく、それぞれの時期、それぞれのエピソードで、どちらかの要素がアメリカ外交に相対的により強く反映されてきた（Kissinger, 1994 : chap. 2）。

（2）理想主義とプラグマティズム、単独主義と多国間主義

「理念外交対権力外交」という対立軸だけでなく、理想主義とプラグマティズムもそれぞれアメリカ外交の伝統であり、現実の対外政策のアプローチは、両者のブレンドとなるのである。また、「モンロー・ドクトリン」や「門戸開放」通牒を一方的に宣言したように、単独主義（unilateralism）もアメリカ外交の伝統である。しかし他方で、第二次世界大戦の終結時には、多国間主義（multilateralism）のアプローチで戦後秩序を再構築した。これ以降、歴代政権のアメリカ外交は、単独主義と多国間主義のバランスで成り立っていると言えよう。実際のところ、冷戦後も民主党のクリントン政権は、多国間主義を掲げてい

たが、単独主義とまったく無関係であったわけではなかった。これとは逆のパターンだが、「九・一一」同時多発テロ後に単独主義を強調したW・ブッシュ政権も、多国間主義と無関係ではなかった（Gaddis, 2005A：Patrick & Forman eds., 2002：Malone & Khong, eds., 2003：佐々木、二〇〇五：滝田、二〇〇三、一二～二七頁）。

アメリカ外交の歴史上の趨勢的な変化を見る上では、建国から第一次世界大戦までの一世紀以上にわたり、孤立主義の伝統が堅持されたことはよく知られている。しかし、あくまでもヨーロッパ地域への〝孤立〟であって、西半球や中国などアジア地域に対してはむしろ〝膨張・拡大〟する二面性を持っていたことは看過されてはならない側面である（有賀、一九九八a、五～六頁）。たとえば、一九世紀末には、アメリカ外交は中国に対して二度の「門戸開放」通牒で、通商・貿易の自由と領土的保全をヨーロッパの大国と日本に呼びかけている。繰り返しになるが、この一方的な宣言は単独主義の一例である（大下・有賀・志邨・平野編、一九八九、一三九～一四一頁：松田、一九九八、六八～七四頁）。しかし当時、アメリカは戦争に訴えてまで、門戸開放の原則を貫徹する意思と能力はまだなかった（有賀、一九九八a、一一～一二頁：松田、一九九八、七一～七四頁）。

第一次世界大戦では、ウィルソン大統領が「勝利なき平和」と「一四カ条の平和原則」の演説で、リベラルな諸原則を打ち出し、国際主義の新しい伝統をアメリカ外交に持ち込んだ（大下・有賀・志邨・平野編、一九八九、一五七～一六一頁）。勢力均衡や秘密外交など権力外交で国際秩序の安定を模索してきたヨーロッパ流の「旧外交」に対して、アメリカ外交の理念外交は「新外交」と呼ばれることがある（細谷、二〇〇七、特に第二章と第三章）。

しかしウィルソン主義は、アメリカ外交にすぐに定着したわけではなかった。戦間期のアメリカ外交は、完全にではなかったが、孤立主義の伝統に再び回帰してしまった（麻田、一九九八、一〇二～一〇四頁）。アメリカ外交が国際主義と多国間主義のアプローチを本格的にとっていくことになるのは、第二次世界大戦期のフランクリン・ローズヴェルト大統領の時代である。第二次世界大戦後のアメリカ外交は再び孤立主義に立ち戻ることはなかった。なぜならば、国際システムの中心であるヨーロッパ地域で米ソ冷戦の対立が本格化したからである（Gaddis, 1998：2007：2005B, chaps. esp. 2, 3：1993：1972）。

三　国際システムの変遷とアメリカ外交

(1)「西欧国家体系」とアメリカ外交

アメリカ外交の歴史をより立体的に理解するためには、国際システムの変遷との関連を意識することが有益である。

アメリカ外交が一八世紀後半の建国から二〇世紀はじめの第一次世界大戦まで孤立主義のアプローチをとることを可能とした背景には、ヨーロッパ地域の秩序が安定していたことはすでに述べた。当時、ヨーロッパの国際秩序は、オーストリア、フランス、イギリス、プロシア（ドイツ）、ロシアの五つの大国の間で、勢力均衡がほぼ等しく保たれていた。また同時に、強力な海軍力を有する島国のイギリスが、ヨーロッパ大陸に領土的な野心を持たず、「バランサー」の役割を担ったことも決定的に重要であった。さらに、宗教戦争を経験したヨーロッパの大陸は、戦争を徹底的に最後まで戦うことを差し控えた。つまり、戦争の目的とダメージは限定されていたのである。また、キリスト教という宗教、多様性を重んじる啓蒙主義思想など共通の価値観や規範を共有していたヨーロッパの大国間では、外交でコミュニケーションをとることが比較的に容易であった。王族や貴族の間で血縁関係がトランスナショナルに入り乱れていたことも、コミュニケーションを容易にし、壊滅的な戦争を抑止する効果を持ったと考えられる。加えて、ヨーロッパ以外の地域にヨーロッパの大国が植民地を求めて拡大していく空間が残されていたことも、ヨーロッパ地域の国際秩序の安定に大きく貢献することとなった。狭いヨーロッパ大陸で、わざわざ戦う必要もなかったのである。一七世紀半ばの一六四八年のウェストファリア講和条約から、二〇世紀はじめの第一次世界大戦までの約二七〇年間、ヨーロッパ地域ではナポレオン戦争を例外として、大国間戦争は回避され、国際秩序は比較的に安定していた。「西欧国家体系」もしくは「勢力均衡体系」と呼ばれる（高坂、一九六六：一九七八：武者小路、一九七七：君塚、二〇一〇）。繰り返しになるが、この間、建国後のアメリカ外交は基本的に孤立主義のアプローチをとった。

（2）冷戦とその後のアメリカ外交

二度の世界大戦を経験した国際システムは、二〇世紀の後半、米ソ冷戦の時代へと突入した。国際システムは、ヨーロッパの大国がせめぎ合った多極から、米ソの二つの超大国が対立する双極の国際システムへと大きく変遷した。米ソ冷戦の時代、歴代のアメリカ外交は、国際主義のアプローチをとり、特にソ連の共産主義の脅威の「封じ込め」を図ることを戦略的に決定した（Kennan, 1984：119；佐々木、二〇一一、六五頁）。封じ込めの政策概念を生み出した人物は、すでに見た通り、外交官のケナンであった。ケナンは、国務省政策企画室（ＰＰＳ）の初代室長として、欧州復興援助計画（「マーシャル・プラン」）や西ドイツと日本の占領政策の「逆コース」などで主導的な役割を果たした（Gaddis, 2011：佐々木、一九九三、特に第三章：ルカーチ、二〇一一：石井、二〇〇〇、第四章：佐々木、二〇一一、六三～七一頁：西崎、二〇一七a、四三～五〇頁：高松、一九九八、一四三～一四六頁）。

しかし、一九四八年の二月二五日からのチェコスロヴァキア政変や六月二四日以降のベルリン封鎖など冷戦の激化を受けて、ソ連の共産主義のイデオロギーの脅威に対して、経済援助など限定的な手段（ケナンは「対抗力〔counter force〕」と呼んだ）で、アメリカの死活的な（vita）国益にかかわる地域でのみ封じ込めを図る、控え目で限定的なアプローチは、早くも限界を見せていくことになる（佐々木、一九九三、特に第四章と第五章：石井、二〇〇〇、一六六～一八一頁：佐々木、二〇一一、七一～七六頁：西崎、二〇一七a、五〇～五一頁：高松、一九九八、一四六～一五〇頁）。一九五〇年六月二五日に勃発した朝鮮戦争後は、米ソ冷戦の対立が軍事化され世界化された。同じくアメリカ外交の封じ込め政策も軍事化され、世界化されていくこととなった（神谷、一九九〇、一九七～二一二頁：佐々木、一九九三、第六章：石井、二〇〇〇、一八一～二一二頁：佐々木、二〇一一、七六～八六頁：西崎、二〇一七a、六六～七二頁）。

一九五二年一一月の大統領選挙では、共和党のアイゼンハワー候補の陣営は、封じ込めでは「受け身で消極的」であるとして、「囚われた民族（captured nations）」に対して「巻き返し（roll back）」をとる必要性を強調したが、アイゼンハワー政権は、巻き返しの動きをヨーロッパ地域でとることはなかった。相手の勢力圏には介入せず、戦略的に〝自制〟したのである。こうして、一九五〇年代半ばまでには、米ソ冷戦の対立は常態化、長期化した。お互いの勢力圏が確定した後、ヨーロッパ地域の国際秩序は安定し、ヨーロッパ以外の地域へと冷戦は〝拡散〟していくこととなった（石井、二〇〇〇、第五章：佐々木、二〇一一、九二～九八頁：二〇一七b、七九～八一頁）。

一九六二年一〇月一六日からの「一三日間」のキューバ・ミサイル危機後は、米ソ両国は緊張緩和を模索していく。ヴェトナム戦争の泥沼化から「名誉ある撤退」を企図するニクソン政権は、一九七二年二月二一日から二八日にかけての訪中による米中和解を足がかりに、三カ月後の五月二二日に訪ソし、二六日に米ソ・デタントを成立させ、戦略的な安定を実現した（Kissinger, 1994：chaps. 2, 28, 29：Stevenson, 2014：chap. 6：Hanhimaki, 2013：chaps. 3, 4：Isaacson, 1992：chaps. 15, 16：石井、二〇一五 ： 二〇〇〇、第六章：佐々木、二〇一一、一二四～一三八頁：二〇一七c、一一六～一二八頁：大嶽、二〇一三）。

しかし、米ソ冷戦の対立が歴史的にすぐに終結したわけではなかった。米ソ間のデタントは、ソ連による核ミサイル分野での軍拡と第三世界でのイデオロギー闘争のため、一九七〇年代後半には早くも後退し、一九七九年一二月二四日からのソ連軍のアフガニスタン侵攻後は「新冷戦」の時代へと突入した。冷戦が終結するのは、ソ連でゴルバチョフが書記長となり、ペレストロイカ（刷新）とグラスノスチ（情報公開）を断行し、新思考外交を展開して、「ブレジネフ・ドクトリン（制限主権論）」を放棄したからである。むしろ、一九八八年には、東ヨーロッパ諸国に対して、「ともにペレストロイカをしよう」と繰り返し呼びかけた。こうした結果、翌一九八九年の秋には東欧革命が起き、一一月九日にはベルリンの壁が崩壊した。一二月二日から三日にかけてのマルタ島での米ソ首脳会談では、ブッシュ・シニア大統領とゴルバチョフ書記長が冷戦の終結を宣言した（Bush & Scowcroft, 1988：Baker, 1995：chap. 5：ゴルバチョフ、一九九六：Garthoff, 1994B：Guvatt, 2013：Brown, 2012：ブラウン、二〇〇八：ホフマン、二〇一六：塩川、一九九六）。

冷戦後の国際システムは、アメリカ中心の単極構造となった。近代以降の歴史で、はじめての事態である。現実主義の国際関係論の予測に反して、アメリカの圧倒的なパワーに対して、勢力均衡のメカニズムは本格的に機能することはなかった。アメリカ以外の大国は、アメリカ中心の拡大するリベラルな国際秩序に対抗するのではなく、むしろ「勝ち馬に乗る（band-wagon）」行動をとり続けることを戦略的に選択した（Ikenberry, 2001：chap. 1：Ikenberry, ed., 2002：Kapstein & Mastanduno, eds., 1999）。アメリカ外交は孤立主義に回帰することはなく、国際主義のアプローチをより強化した。共和党のブッシュ・シニア政権と民主党のクリントン政権は、冷戦の終結という国際システムの変動期に多国間主義のアプローチをとった（Patrick & Forman eds. 2002：村田、二〇〇九、第二章）。その後、W・ブッシュ政権の単独主義のアプローチは、内外で激しい批判を浴びることとなった。しかし、二一世紀の国際秩序は、新興国の台頭を受け、アメリカ中心の単極構造から多極化へと向かいつつある。オバマ外交はいかなる展開を見せてきたのか――。

四　オバマ外交の理想と現実主義

（1）オバマ外交の始動

二〇〇九年一月二〇日に発足した民主党のオバマ政権は、「最初の一〇〇日間」で、二〇〇八年九月一五日のリーマン・ショックで深刻化した世界金融危機と世界同時不況への対応を最優先課題とした。外交では、オバマ大統領はイラクからの撤退を掲げていたが、不安定化するアフガニスタンへは三月二七日にまず増派を決定した。核開発を進めるイランに対しては、対話の姿勢を見せた。四月五日のプラハでの演説では、（「自分の世代のうちには実現不可能であろう」としつつも）「核兵器なき世界」の理想を示した。（中国で天安門事件が起こった日である）六月四日にはカイロ演説で「イスラーム世界との共生」を訴えた（西崎、二〇一七b：梅本、二〇〇九：高橋、二〇〇九：高畑、二〇〇九：渡辺、二〇〇九：島村、二〇一一b、六二頁）。

政権発足当初から、オバマ政権は外交で、多国間主義のアプローチをとる姿勢を明らかにしていた。軍事力と経済力のハード・パワーだけでなく、ソフト・パワーも駆使するスマート・パワーの概念を重視する姿勢も注目された（Nye, 2011）。

二〇〇九年七月一五日にはクリントン国務長官が「マルチ・パートナーの世界」演説を行い、オバマ外交の方向性を明らかにした。その直後の七月二七日から二八日にかけて、オバマ政権は中国との間で第一回戦略・経済対話（ＳＥＤ）を開催し、安全保障と経済・金融、環境の問題を広範囲にわたり協議した。だが、温暖化防止など地球環境問題への取り組みを重視し、特に米中間での合意を目指していたオバマ政権であったが、二〇〇九年一二月の七日から一九日までのコペンハーゲンでの第一五回国連気候変動枠組み条約締約国会議（ＣＯＰ15）で米中両国は激しく対立した。その後、米中関係はさまざまな分野で対立を深めた（島村、二〇一六ａ）。
二〇一〇年四月八日に、オバマ大統領は、ロシアとの間でさらなる核軍縮を目指す第一次戦略兵器削減条約（ＳＴＡＲＴＩ）後継条約に調印した（同年一二月二二日に上院で批准された）。ＳＴＡＲＴＩ後継条約は、発効後七年以内に、米露両国の核弾頭数を現状の約三分の一（一五五〇発）以下にまで削減することを定めた。上院では、少数党院内総務のマコーネルや少数党院内幹事のカイルがＳＴＡＲＴＩ後継条約の批准に反対していたが、民主党多数議会はかろうじて批准に成功した（Lindsay, 2017：230：2012：234）。ただし注目すべきことに、こうした結果、議会ではより論争的な軍備管理や軍縮の政策実現、たとえばＣＴＢＴの批准は難しいということが明らかになったのである（Lindsay, 2012：235）。こうして、議会の影響力を測定することはきわめて難しい。

またオバマ政権の一期目に、アジア地域で北朝鮮に核保有を放棄させ、中東地域でイランに核開発を断念させることはできなかった。大統領選挙を間近に控えた二〇一二年八月に、もともと穏健派だが、レーガン流の「力による平和」のアプローチを標榜する共和党のロムニー大統領候補は、イランの核開発を食い止めることに失敗したことを「オバマ外交の最大の失策」と批判していた（島村、二〇一四ａ）。

一期目のオバマ政権は、イラクとアフガニスタンなど中東地域からの撤退を推し進める一方で、特に二〇一一年一一月以降、中国の脅威の台頭を念頭に置き、「アジア旋回」への政策転換を図った。「再均衡」や「アジア回帰」とも呼ばれる（森、二〇一三：辰巳、二〇一四：渡部、二〇一三：山口、二〇一二：川上、二〇一二：島村、二〇一四ａ）。背景には、財政赤字の拡大で、軍事予算が縮小されていく国内政治経済の事情もある。そのため、ＮＡＴＯの同盟国との間では、さらなる変革（transformation）と再編（realignment）を目指す「スマート防衛」がキーワードとなりつつあった（渡部、二〇一二：石川、二〇一七も参照）。

こうして、アメリカ外交は、〝緊縮〟の時代に相応しい外交と安全保障政策を再構築する必要性に直面してきた（高橋、二〇一三：川上、二〇一一：島村、二〇一四ｄ）。中国をはじめＢＲＩＣＳなど新興国の台頭は、中長期的に国際システムをアメリカ中心の単極構造から多極化へと向かわせると想定される。オバマ外交は、政権一期目から早くも「アメリカ後」「覇権後」の新しい国際秩序に備えて、現実主義かつプラグマティズムの観点から、アメリカの「例外主義」を超える外交の新しい方向性を模索し始めていたように思われる。

(2) オバマ大統領の無気力外交?

二〇一二年一一月の大統領選挙で、オバマ大統領は再選を果たした。これまでアジア政策に精力的であったクリントン国務長官に代わり、特にヨーロッパ政策や中東政策に精通したケリーが新しい国務長官に指名された。クリントン国務長官を支えたスタインバーグ国務副長官やキャンベル国務次官補(東アジア・太平洋担当)らも、政権を去った(Clinton, 2014 : Gates, 2014 : Panetta, 2014 : Steinberg & O'Hanlon, 2014 : Campbell, 2016 : Gates, 2014 : Bader, 2012)。「アジア旋回」と「再均衡」の路線から大きな逸脱はないと思われたが、ケリー国務長官がいかなるアジア政策を遂行するのかは未知数であった(川上、二〇一七b)。

二期目の大統領は、特に外交で成果を収め、「歴史に名前を残したい」と考えるものである。だが、二〇一三年一月一二日の一般教書演説で、オバマ大統領は、移民や銃規制、同性愛者の権利などリベラルで野心的な内政の課題を強調し、「外交よりも内政」という姿勢を明らかにした。アフガニスタン戦争からの撤退を急ぎ、新たな軍事介入はしない。国際危機を回避しつつ、内政に集中する――。注目すべきことに、演説の前日に断行された北朝鮮の三度目の核実験にも強いメッセージは発せられなかった(西崎、二〇一二:梅本、二〇一三)。トランプの勝利は、オバマのリベラル政治への反動でもあった。

一般教書演説から窺い知ることができるオバマ政権二期目の外交の課題は、大きく以下の三つであった。第一に、リベラルな国際主義を重視する。多国間主義に基づき、国際機関による紛争の解決を志向し、単独主義はできるだけ控える。第二に、対話と妥協である。アメリカが適切な譲歩をすれば、相手が権威主義体制など非民主主義国家であっても交渉は可能と考える。国益に基づいた現実主義のアプローチに近い発想であると理解することができるかもしれない。第三に、財政赤字の削減にともなう「オフショア・バランシング」の重視である。伝統的な前方展開を縮小し、オフショア型の均衡戦略を志向する。クリントン政権の軍事革命(RMA)と、W・ブッシュ政権の米軍の「変革」と米軍基地の「再編」の延長線上で、こうしたオフショア・バランシングへの歴史的な回帰が可能となるものと思われる(Layne, 2006 : 18, 23-28, 159, 160 : Walt, 2005 : 12, 14, 125, 222-223, 234, 236, 240-243 : 今井、二〇一七、二一一～二三〇頁)。

（3）オバマ外交の遺産

繰り返しになるが、アメリカの歴代大統領は、「歴史に名前を残したい」と考えるものである。政権一期目は特に再選されることに注力するが、特に二期目に入った大統領には、こうした心理が強く働く。オバマ大統領も、その例外ではない。以下、これまでの議論を繰り返す箇所もあるが、時間を少しさかのぼり、オバマ大統領の外交の遺産（legacy）づくりを見てみたい。トランプ大統領が、前任のオバマ大統領への対抗心がとりわけ強く、オバマの遺産を覆すことに特にこだわりを見せているためである。トランプの狙いはもちろん、反オバマの自らのコアな支持層を固めることにある。また、トランプ政権に限らず、いかなる政権も、その対外政策は前政権からの〝変化〟と〝継続〟のブレンドとなる。

政権一期目には、オバマ大統領は第一に、米露関係を「リセット」し、ＳＴＡＲＴＩ後継条約を二〇一〇年四月八日に調印し、核軍縮を推し進めた（同年一二月二二日に、上院で批准された）。二〇〇九年四月五日のプラハ演説で明らかにした「核兵器なき世界」に向けて、実質的な成果を残した形であった（しかしその後、ウクライナ情勢をめぐる混迷を受けて、核軍縮は進展していない）。第二に、オバマ大統領は二〇一一年五月二日にビン・ラディンを、隠れていたパキスタンで暗殺した。テロとの戦いで（オバマ大統領は、「テロとの戦い」という言葉は使わなかったが）、一定の成果を上げたことになる（オバマ政権下では、無人戦闘機によるテロリストの殺害が粛々と行われていた）。第三に、オバマ大統領は、中国の台頭に対して、「アジア旋回」ないし「再均衡」の戦略を打ち出した。中国の海洋進出も強く牽制し〝抑制〟するようになった。ただしその後、ウクライナ情勢の混迷化と中東情勢の流動化を受けて、アジア旋回と再均衡は後退を余儀なくされていく（島村、二〇一四c）。

また政権二期目には、第一に、二〇一五年七月一四日のイランとの核合意である。オバマ政権は、イランとの間で核開発を最長二五年間、制限することを約束させた（最初の一〇年間は特に厳しい制約が課される）。イランはその見返りに、経済制裁の解除の約束を取りつけた。アメリカや欧州連合（ＥＵ）諸国、日本としても、イランでのビジネスの機会が見込めるのである。ただし、議会にはイランとの核合意に批判的な勢力が少なからず存在していた（いる）（Lindsay, 2017 : 230–231）。第二に、キューバとの間で二〇一五年七月二〇日、国交を正常化した。五四年ぶりの快挙であった。一九五九年一月一日には、キューバ革命が起こり、その後キューバは、米ソ冷戦下で共産主義国のソ連に接近していった。特に一九六二年一〇月一六日以降の

「一三日間」のキューバ・ミサイル危機で、米ソ両国は核戦争の瀬戸際まで危機を高めていた。第三に、二〇一五年一〇月五日の環太平洋経済連携協定（TPP）での基本合意である。日米両国を中心とした一二カ国によるメガFTA（自由貿易協定）である（フクシマ、二〇一六）。ただし、二〇一六年一一月の大統領選挙を控えて、共和党のトランプ大統領候補は「とんでもない協定だ」と批判し、民主党のクリントン大統領候補も「現時点では賛成できない」と批判的であった。クリントンは、オバマ政権一期目の国務長官の時代、TPPを推進する立場にいたが（TPPを「黄金律〔golden standard〕」と呼んでいた）、予備選挙で労働組合の支持を必要とした。本選挙に向けて大統領選挙が本格化する九月上旬の段階でも、クリントンはTPPに反対の立場を崩していなかった。そのため、TPPの国内批准は、アメリカとしても次の政権まで持ち越せなかった。大統領選挙直後に、オバマ政権がアメリカ議会に審議を諮るのではないかと推測されたが、多数党の共和党がどこまでオバマ政権の成果に協力するかが注目されていた（しかしトランプの勝利でTPPの国内批准は断念される）。第四に、二〇一五年一二月一二日に、第二一回国連気候変動枠組み条約締約国会議（COP21）で二〇二〇年以降、すべての国が協調して地球温暖化問題に取り組むための仕組みを示した新しい国際条約として、パリ協定が採択された。特に米中両国が協調し、世界の気温上昇を二度未満に抑えるための取り組みに合意したのである。ただし終章でも見る通り、トランプ大統領は、二〇一七年六月一日にパリ協定からの離脱を表明する（中山、二〇一七a；久保、二〇一六a；小濱、二〇一六；中山、二〇一三A；久保・中山・渡辺、二〇一二；滝田、二〇一五b。オバマ外交の政策決定スタイルについては、Kaplan, 2017を参照）。

内政面では、オバマ大統領は、政権一期目に、大型の景気刺激策を打ち出し、リーマン・ショックでダメージを受けた金融機関を救済した。また、医療保険制度改革（オバマケア）を導入した。いずれも、「大きな政府」路線であるとして、共和党保守派が批判的であった。二〇一〇年一一月の中間選挙までには、第一章でも見た通り、「小さな政府」路線を説く「茶会」運動が全米で盛り上がりを見せ（久保・東京財団「現代アメリカ」プロジェクト編著、二〇一二に所収の論文を参照）、下院で共和党多数議会が成立した（二〇一四年一一月の中間選挙では、上院でも共和党が多数党となった）。これ以降、民主党のオバマ政権と共和党多数議会の間の対立はますます激化した。

政権二期目には、オバマ政権は失業率を五％まで回復させた。アメリカでは完全雇用に近い。ただし予備選挙が始まる二〇一六年二月まで、オバマ大統領の支持率は低迷し続けた。トランプが予備選挙で勝ち続けると、オバマ大統領の支持率が上昇した。「オバマ大統領の方がましである」という有権者の心理が働いたのではないかと思われる。

五　トランプ勝利の背景としての病理とリスク

(1) 世界で〝連動する〟病理とリスク——貧富の格差のさらなる拡大

ではなぜ、トランプは旋風を起こすことができたのか——。またなぜ、サンダースは、クリントン相手にあれだけ健闘できたのか——。両者の思想や政策はまったく異なるが、その根底には共通の病理があった。

第一に、貧富の格差のさらなる拡大である。これはグローバリゼーションの進展の結果である。特に若者が貧困に陥っている。少子高齢化の結果でもある。特にアメリカ社会は、富裕層と貧困層で極端に二極化してきた。〝縦の二極化〟である。貧困層に転落する中間層や貯蓄に余裕がない中間層など、中間層が縮小しつつある（安井、二〇一六：ライシュ、二〇一四、七五～八四頁：二〇一一、第Ⅱ部：二〇〇八、特に第四章）。こうした貧富の格差は、アメリカやヨーロッパ諸国、日本の先進国だけではなく、急速な経済成長を遂げてきた新興国の中国などでも観察できる。特に中国は、「一人っ子」政策をとってきたため、世代間の人口の比率がいびつになっている。年寄り世代を支える社会保障のセーフティネットを性急に張り巡らさなければならない。そのためのコストは若い就労者にかかる。これに対して同じＢＲＩＣＳのインドは、世代間で若い層がより大きく、より長期の経済成長が期待できる（Friedman & Mandelbaum, 2011：part 1：ボワイエ、二〇一六、特に第三章：ヴァンス、二〇一七：ピケティ、二〇一四）。貧富の格差が広がる先進国とは違い、新興国では概して中産階級が爆発的に増大すると予測されている（マブバニ、二〇一五、第一章）。

貧富の格差は、日本とアメリカ、中国に限らず、世界の各地でさまざまな問題を生んでいる。たとえば西洋では、ポピュリズムやラディカリズム、排外思想（xenophobia）、レイシズム、ナショナリズムが跋扈している。つまり、主要国は二〇一〇年代半ばの現時点で、ある程度、〝連動する〟共通の病理やリスクを抱えているのである（Zakaria, 2016：西川、二〇一六ｂ：木村、

二〇一三、三三〜四〇頁：会田、二〇一六A、第一章と第三章：国松、二〇一六、第四章と第五章）。

（2）国家財政赤字の拡大

第二の病理は、国家財政赤字の拡大である。そのため、国家財政赤字を解消すべく、厳しい財政規律が求められる。〝緊縮〟の時代である。オバマ政権以降のアメリカでは、中国の台頭に対応しなければならないという歴史のタイミングで、国防費も削減されることになる（ただし、二〇一七年一二月にトランプ政権は、軍拡を打ち出した）。また、大きな国家財政赤字を抱え続けるということは、その問題解決を将来の世代へ先延ばしすることを意味する。国家財政赤字の問題が最も深刻なのは、ギリシャのソブリン危機である。また、この問題はギリシャに限ったことではなく、ＰＩＩＧＳという言葉がヨーロッパで流布している。ＰＩＩＧＳとは、国家財政赤字の危機に直面しているヨーロッパ諸国、つまり、ポルトガル、イタリア、アイスランド、ギリシャ、スペインである。アイスランド以外は、主に南ヨーロッパ地域に位置する国家群である。ギリシャよりも日本の方が、国家財政赤字の対ＧＤＰの比率が高いことをつけ加えておきたい。日本は、いつまでも消費増税を先延ばしすることはできない。

（3）政治の劣化と政治家の劣化

第三の病理は、政治の劣化と政治家の劣化である。特にアメリカでは保守とリベラルで「イデオロギーの分極化」が深刻化してきた。共和党と民主党の二大政党も、保守とリベラルで、両極端な立場になってきている。共和党はますます保守の政党になり、民主党はますますリベラルな政党になりつつある。〝横の二極化〟である。皮肉なことに、共和党と民主党、保守とリベラルの融和を説いて大統領になったオバマ政権の下で、イデオロギーの分極化はより深刻化し、政治は停滞した。第一章で見た通りである。特に二〇一〇年一一月の中間選挙後は、下院が共和党多数議会となり、民主党のオバマ政権との間で、「分割政府」の政治状況となり、議会での政策過程はより膠着化した。貧富の格差や国家財政赤字の膨張に対して、何ら有効な政策を講じられない既存の政治への不満や怒りが、有権者にくすぶっていた（いる）。こうした有権者の不満や怒りは、反エリートや反エスタブリッシュメントという形で、既存の政治への批判につながるのである（Zakaria, 2016：キング、二〇〇二）。また、政治家の質も悪化してきたと指摘されている。大統領出馬表明から予備選挙と党員集会、そして本選挙までのマラソン・レースとなる大統領選挙では、候補者たちは、マスメディアの詮索にさらされる。過去の失態は、スキャンダルに発展しかねない。そうならずとも、家族を含めたプライベートが周知の事実となってしまう。こうした問題が、優秀な人材に大統領選挙に出馬することを躊躇させる要因になっている。

トランプという〝怪物〟を生んだのは、共和党主流派ないしエスタブリッシュメントがトランプを過小評価していたことに加えて、彼らの慢心のせいでもあった。加えて、民主党主流派やマスメディアの慢心もあった。

（4）怒れる有権者

第四の病理は、不満を一気に吐き出し始めた怒れる有権者たちである。これまで見てきた貧富の格差のさらなる拡大、国家財政赤字の拡大、政治（家）の劣化に対して、不満を持ち、怒りを露わにしているのである。数年前までは、こうした深刻な問題が存在するにもかかわらず、危機意識の欠如した有権者たちが問題であった。しかし近年では、怒れる有権者たちは、ポピュリズムやラディカリズム、排外思想、レイシズム、ナショナリズムなどの形で極端な政治の声を発し始めた。自分たちの税金が大企業やお金持ち、貧しい人々に無駄に使われているのではないかという怒りである。

重要な点は、有権者の怒りの原因が貧富の格差や国家財政赤字に対する経済的不満だけではないということである。機能不全の政治にも不満がある。彼らの声が、両極端なトランプ旋風とサンダース旋風を生み出した。「茶会」運動や「ウォール・ストリートを占拠せよ（Occupy Wall Street）」運動も、同じような論理を土台として盛り上がりを見せた。逆に考えれば、茶会運動とウォール・ストリートを占拠せよ運動が、トランプ旋風とサンダース旋風を生み出す土壌を形成していたとも言える。

こうした怒れる有権者たちの政治運動は、インターネットやメール、ソーシャル・ネットワーキング・サービス（SNS）で瞬時につながる。この点で、中東地域での「アラブの春」との共通点を指摘する意見もある（アラブの春でも、高い失業率が重要な背景の一つであった）。ヨーロッパ諸国でも、移民や難民に対する非寛容な立場は広がりを見せていて、ラディカリズムや極右勢力が勢いを増している。「民主主義の終わり」も指摘されるほどである（会田、二〇一六A、第一章と第三章：二〇一六、六七～九六頁：二〇一七）。ザカリアは、西洋では特にリーマン・ショック後に経済政策が保守とリベラルで収斂しており、政治の焦点は、経済的な争点（たとえば景気や成長率、雇用など）から文化的な争点（たとえば妊娠中絶や同性愛婚、移民、環境など）へのシフトが起こりつつあるという（Zakaria, 2016：12-14）。移民や難民をほとんど受け入れていない日本では、ポピュリズムや排外思想は、西洋のようには盛り上がりを見せていない。少子高齢化が急速に進む日本は、移民や難民をどこまで受け入れるのか、それとも、このままほとんど受け入れないのか、二一世紀の大きな課題の一つである（Zakaria, 2016：14）。

二〇四〇年代にはアメリカが白人国家ではなくなると予測される状況下で、特に白人の中間層の下は、自分たちが没落していく階層なのだという焦燥感がある。白人の中年層（四五～五五歳）の死亡率が上昇している状況もある。原因は、アルコール中毒や肝臓病、麻薬、自殺である。とりわけ中間層の下の白人男性たちが〝絶望〟しているのである（いっそのこと、貧困層に転落してしまえば、政府から補助金を受給できるのだが）。トランプ現象とアメリカ保守主義思想を分析した会田弘嗣によれば、「死にとり憑かれた集団が彼（トランプ）を支持している。それがいま起きている核心だ」という。トランプ支持者たちは、怒りだけでなく、現状と将来に対して絶望しているのである（会田、二〇一六A、二六～三一頁）。他方で、若者を中心としたサンダース支持者たちも、年間五五〇万円近い大学の授業料とそのためのローンに苦しみ、怒りだけでなく、トランプ支持者たちとは違う理由で、現状と将来に対して絶望していた（している）と言えよう。

六 「トランプ・ドクトリン」？

（1）大統領と「ドクトリン」

「オバマ・ドクトリン」は提示されなかった、と言ってよい。アメリカ外交は、孤立主義を定式化した「モンロー・ドクトリン」以降、ドクトリンを掲げて理念外交を展開する傾向が歴史的にたしかにあるが、歴代の政権、すべての大統領がドクトリンを掲げるわけではない。特にオバマ政権の場合、「核兵器なき世界」など理念を語ったが、他方で、現実主義とプラグマティズムのアプローチが鮮明であった（Dueck, 2015）。

　モンロー・ドクトリンと並ぶ大統領のドクトリンとしては、米ソ冷戦の宣戦布告に等しい内容であった「トルーマン・ドクトリン」をまず指摘することができる。トルーマン・ドクトリンは、複雑な国際政治を自由民主主義と全体主義の「二つの生活様式」に分け、自由な諸国民を支援する必要性を強く説いた（*Public Papers of the Presidents of the United States*, 1948：178-180）。「アイゼンハワー・ドクトリン」は、一九五六年秋のスエズ危機後の中東地域へのコミットメントを説いたものであった（Takeyh, 2000）。「ケネディ・ドクトリン」は発動されないままであったが、暗殺される直前には、アメリカン大学での演説で、ケネディ大統領は、冷戦思考からの脱却を説いていた（大下・有賀・志邨・平野編、一九八九、二二一～二二三頁）。序章の冒頭で引用した通りである。「ジョンソン・ドクトリン」は打ち出されることがないまま、ヴェトナム戦争が拡大され、泥沼化にはまり込んでいった（松岡、二〇〇一：二〇〇三）。

　「ニクソン・ドクトリン」は、アジアとヴェトナムからの段階的な撤退を模索し、米中和解の足がかりをもたらした（大下・有賀・志邨・平野編、一九八九、二四四～二四七頁）。「フォード・ドクトリン」はないが、「ゾンネンフェルト・ドクトリン」で、ヨーロッパの船を揺らさぬよう、東ヨーロッパのソ連の勢力圏への介入は戦略的に〝自制〟されるべきである、と指摘された（Aron, 1977：163：Kovrig, 1991：124：Garnet, 1986：210-213：Stevenson, 1985：173：石井、一九九二、八七頁）。ソ連のアフガニスタン侵攻後は、中東地域に関連して「カーター・ドクトリン」が発動された（室山、二〇〇二、第一章）。またカーター政権の人権外交は、ドクトリンに近かった（Schmitz, 2004：Mitchell, 2012：アロン、一九八六、第Ⅸ章：村田、一九九八、特に序章：佐々木、二〇一七c、一四〇～一五四頁：石井、二〇〇〇、二六八～二八一頁：有賀編、一九九二）。「レーガン・ドクトリン」はあまり指摘されないが、「ワインバーガー・ドクトリン」と「パウエル・ドクトリン」で、「第二のヴェトナム戦争」を繰り返さないことがアメリカ外交の至上命題となった（Powell, 1995）。また、レーガン政権による「力による平和」のアプローチを「レーガン・ドクトリン」と位置づける研究者はいるかもしれない（Reagan, 1990：Shultz, 1993：Haig, 1984：Mann, 2009：Fischer, 2012：アロン、一九八六、第Ⅹ章：村田、二〇一一、特に第七章：二〇〇九、第一章：石井、二〇〇〇、第七章：佐々木、二〇一一、第四章：上村、二〇一七）。ブッシュ・シニア外交は、「新世界秩序（new world order）」を語ったが、一貫して実務外交であった（Bush &

Scowcroft, 1998：Baker, 1995)。湾岸戦争では、国内の議会とのやりとりに一苦労した（Briggs, 1994, chap. 10：会田、一九九四）。結果としては、戦争目的を明らかにし、同盟国に負担の分担を求め、国連の役割を強調するなど、議会も一定の役割を果たし、大統領と議会で〝役割分担〟をしたという解釈もできる（Crabb, Antizzo & Sarieddine, 2000：chap. 4）。

冷戦後、「クリントン・ドクトリン」は発動されていないが、「封じ込め」に代わり、「関与と拡大（engagement and enlargement）」のアプローチをとることが打ち出された（Clinton, 2004：Christopher, 1998：Lake, 2000：Albright, 2003：Holbrooke, 1998：Hyland, 1999：Boys, 2015：大津留、二〇一七：梅本、二〇一〇）。「九・一一」同時多発テロ後には、「ブッシュ・ドクトリン」で「先制（pre-emption）」の新しいアプローチが示された（The White House, 2002A：2002B：Bush, 1999：2010：Cheney, 2011：Rice, 2011：Rumsfeld, 2011：Gates, 2014）。繰り返しになるが、「オバマ・ドクトリン」は発動されなかった。現実主義とプラグマティズムの政策方針から言って、発動されることはなかったのである（佐藤、二〇一六：川上、二〇一七b：梅本、二〇一三）。「後方からの指導（leading from behind）」のアプローチを「オバマ・ドクトリン」と見て、批判する立場も存在した。

オバマ後のアメリカ外交がいかなる方向性を指し示すのかが、大いに注目される。

オバマ政権を引き継いだのは、二〇一六年一一月の大統領選挙に勝利した共和党のトランプである。筆者は、比較的早い段階から、予想以上に接戦となるが、クリントンがかろうじて勝利すると間違って予測していた。クリントン大統領が、上下両院の共和党多数議会とはたしてうまく渡り合っていけるのか、懸念していた。大統領選挙直後の時点では、異形のトランプ大統領が議会共和党とはたしてうまく連携していけるのか、同じぐらい危惧するようになった。はたして、「トランプ・ドクトリン」は発動されるのか――（Trump, 2015：chap. 4：佐藤、二〇一七：川上、二〇一七a、二一〜二三頁）。トランプ政権は二〇一七年一二月一八日に『国家安全保障戦略（NSS）』を発表し、レーガン流の「力による平和」のアプローチを打ち出した。

（2）TPPと米中関係

最後に、やや蛇足のきらいがあるが、TPPと米中関係について、改めて補足しておきたい。

アメリカと日本が中心となって基本合意を二〇一五年一〇月五日にまとめたTPPは、「アジアの国際経済秩序を形成するのはアメリカである」ということを明らかにした形であった。通商面では、このTPPに対抗して中国は地域包括的経済連携（RCEP）を推進してきたが、インドの消極的姿勢などがあり、思うように進展していない。しかし金融面で、中国は二〇一五年六月二九日にアジア・インフラ投資銀行（AIIB）を立ち上げ、アメリカと日本が主導してきたアジア開発銀行（ADB）や世界銀行、国際通貨基金（IMF）に対抗する動きを見せた。AIIBには、イギリスをはじめとしたアメリカの西ヨーロッパの同盟国も参加することになった。こうして中国が主導したAIIBが予想以上の成果を上げた背景には、IMF改革がアメリカ議会の反対でまったく進展していないことへの反発や不満があった。アメリカと日本は、「ガヴァナンスが不透明である」として、AIIBへの参加を見送った（島村、二〇一六a）。

ただし、二〇一六年一一月の大統領選挙まで、TPPの国内の議会での批准の見通しは不透明なままであった。トランプばかりではなく、国務長官時代にTPPを推進していたクリントンまでTPPに反対の姿勢を見せていた。クリントンは国務長官として少なくとも四五回、TPPを強く推進する言葉を発していた。クリントンが大統領候補としてTPPに反対せざるを得なかったのは、繰り返しになるが、労働組合の支持を失いたくないからであった。クリントンは、二〇一六年八月一一日の経済政策演説で、TPP反対を改めて明言した。クリントンにとっては、大統領選挙後の政権移行期に、オバマ政権が議会でTPPを批准してくれることが望ましいシナリオであった。オバマ大統領としても、TPP批准で外交の遺産としたいところであった。また、トランプよりもクリントンに大統領職を引き継いでほしい、と切に願っていたはずである（たとえば二〇一六年七月二七日に、オバマ大統領はクリントンの応援演説を行っている）。しかし、大統領選挙でのトランプの勝利で、TPPの批准は諦められた。

米中関係であるが、中国は、米中間で「新型の大国関係」を結ぶことを提案してきた。二〇〇九年七月下旬にワシントンで開催された第一回戦略・経済対話で、胡錦濤政権下の戴秉国国務主席がはじめて、「相互尊重、和諧相処、合作共赢（相互に尊重し、調和的に共存し、協力的でウィン・ウィン）」と、新型の大国関係の模索を問題提起した。オバマ政権が中国の脅威の台頭に対して、「アジア旋回」ないし「再均衡」の政策を強く打ち出したのは、二〇一一年一一月であった。これに対して、胡錦濤国家主席は、二〇一二年五月三日から四日にかけての第四回米中戦略・経済対話での冒頭挨拶を、「相互に尊重し、協力的でウィン・ウィンの新型の大国関係の道を歩もう」と締めくくった。二〇一三年三月一四日に国家主席に就任した習近平は、その三カ月後の六月七日から八日にかけて、カリフォルニア州パームスプリングス郊外のサニーランズで開催された米中首脳会談で、「不衝突、不対抗（衝突せず、対抗しない）」という新たな定義を加えた新型の大国関係を提唱した（添谷、二〇一六、二二八〜二三〇頁）。

こうした中国からの提案に対して、アメリカのオバマ政権は消極的であった。「経済面のみならば、そうした関係を模索してもよい」という趣旨の発言をスーザン・ライス国家安全保障問題担当大統領補佐官が繰り返していたが、米中間で新型の大国関係が構築される動きは、まったく見られなかった。アメリカ中心の国際システムの単極構造から、中国の台頭により相対化ないし多極化が進み、かつ中国の国内政治体制に民主化に向けた変化がまったく見られない現状では、「ポスト・オバマ」政権になっても、米中間で新型の大国関係を構築して、たとえば「アジア太平洋の海を分割して、米中両国で共存し合う」というシナリオを描くことはただちにできないと思われる。

第二次世界大戦後にアメリカが中心となって形成したリベラルな国際経済秩序と同盟のネットワークは、二一世紀の中国の台頭という現実に、うまく対応できない。中国やロシア、イランなどは、アメリカ中心のリベラルな国際秩序をそのまま受け容れる意思がない。現状変革勢力であり、現状維持勢力ではないのである。「ポスト・オバマ」の次期政権は、これまでのリベラルな国際秩序を維持していくのか、中国などとの交渉と妥協によって、既存のリベラルな国際秩序をいかに再編成していくのか、難しい課題に直面することになる。しかも国内では、〝連動する〟病理とリスク、すなわち貧富の格差の拡大、膨張する国家財政赤字、政治の劣化、怒れる（かつ絶望する）有権者を抱えながら、である。ポピュリズムやラディカリズム、排外思想、レイシズム、ナショナリズムの高まりは、これから移民や難民の受け入れが不可避となるであろう日本にとっても、他人事ではない。

第三章　同盟とアメリカ外交の伝統

わが国、あるいは相手国が、永遠の同盟国や永遠の敵国としてみなされることは、視野の狭い政策だと言いたい。イギリスには永遠の同盟国もなければ永遠の敵対国もない。イギリスの利益こそが永遠であって、不滅なのだ（細谷、二〇〇五ａ、九頁）。

イギリスの外相パーマストン卿（一八四八年）

外国勢力の陰謀に対して（同胞のみなさん、信じてほしい）自由な人民は絶えず警戒を怠ってはなりません。なぜなら、歴史と経験に照らして外国勢力が共和政府の最も有害な敵であることは明らかです。しかし、その警戒が有効であるには、中立でなければなりません（大下・有賀・志邨・平野編、一九八九、六四頁）。

ジョージ・ワシントン大統領「告別演説」（一七九六年）

一　錯綜した同盟への忌避感

（1）バランサーとしてのイギリス

歴史的に、イギリスはそもそも固定した同盟関係を結ばず、「光栄ある孤立」の政策を推進してきた。ヨーロッパ大陸で戦争になった時にだけ、勢力均衡（ＢＯＰ）の観点からあえてより弱い国家もしくは同盟に見方をするバランシング行動を意図的にとっていた。より優越した国家や同盟がヨーロッパ地域で帝国的な国際秩序を形成することを防ぐためである。ただし第二次世界大戦後のイギリス外交は、「三つのサークル」という発想の下で、帝国＝コモンウェルスの関係とヨーロッパとの関係にも留意しながら、アメリカとの間で「特別な関係（the special relationship）」と呼ばれる同盟関係を維持してきた（橋口、二〇一六、序章：細谷、二〇〇五a、一五～二〇頁：Hanrieder & Auton, 1980 : 181-185）。光栄ある孤立の時代は、一九〇二年一月三〇日の日英同盟の締結で、すでに終結していたのである（平間、二〇一五：関、二〇〇三）。

一七世紀半ばの一六四八年のウェストファリア条約は、ヨーロッパ地域で最後で最大の宗教戦争となった三〇年戦争を終結させた（イギリスは国内の市民革命で不参加であったが）。ヨーロッパ地域の大国同士がお互いに主権国家として認め合い、外交交渉を行った意義は大きかった。もちろん、この時点で、アメリカはまだ存在していない（Morgenthau, 1948 : 210 : Mayall, 2000 : chap. 1 : Schuman, 1933 : 川田、一九八〇、四二～四四頁。モーゲンソーの『国際政治』第一版にも、ウォルツの『国際政治の理論』にも、ウェストファリア条約への言及は一カ所しかない。シュミット、二〇一六、一四七～一四八頁。ただし、シューマンの『国際政治』の副題は、「西欧国家体系と世界共同体」である）。一八世紀のはじめ、七年戦争・アン女王戦争を終結させた一七一三年四月のユトレヒト条約では、イギリスが勢力均衡の観点から、戦後の国際秩序を形成する上で、主導権を発揮した（川田、一九八〇、五二頁）。特に島国のイギリスは、ヨーロッパ大陸に領土的野心を持たず、繰り返しになるが、ヨーロッパ地域に戦争が起こると、優越した国家もしくは同盟に「勝ち馬に乗る」動きをとるのではなく、バランサーとしてより弱い勢力にあえて味方するバランシング行動を意図的にとった（高坂、一九六六、二二一～二三六頁）。

こうして、近代（特に一八世紀）のヨーロッパ地域では、同盟関係が〝柔軟〟に組み替えられた（近代国家が「国民国家」となり、ナショナリズムが広がった一九世紀の重要性を看過してはならないという指摘もある。Buzan & Lawson, 2015 : 3-4）。一八世紀の後半、一七八三年九月三日のパリ条約で、イギリスの植民地から建国独立したアメリカは（独立宣言は一七七六年七月四日）、米仏同盟を解消してから第二次世界大戦後まで、「孤立主義」のアプローチで、平時には同盟を組まない伝統を踏襲し続けた。はたして、アメリカは歴史的に、ヨーロッパ流の勢力均衡や同盟にいかなる姿勢を見せてきたのか――。本章では、以上の点を詳しく分析する。議論を建国期までさかのぼる。

（2）建国期アメリカの同盟への忌避感

アメリカは歴史上、他国と同盟を結ぶことを、伝統的に忌避してきた。岩間陽子の表現を借りれば、「そもそもアメリカは、旧大陸（ヨーロッパ、特にイギリス）における生活に何らかの理由で見切りをつけ、新天地を求めてやってきた人々がつくった共和国である。しかもその建国の過程において、理想社会を建設しようとの動機を強く内在させるようになった」（岩間、二〇一三、九五頁）のである。イギリスをはじめとしたヨーロッパ諸国は、アメリカにとって、勢力均衡や同盟、秘密外交、常備軍などの特有の属性から、戦争が常態である旧世界である。アメリカは、新世界に「腐敗した君主制の外交、秘密同盟、王朝同士の争いと勢力均衡」を必要としない政治体制の構築を求めた（佐々木、二〇一三、三一～三二頁：岩間、二〇一三、九五頁）。

こうしたヨーロッパとアメリカを対比させる「戦争を惹起する君主制」と「平和的な共和制」という図式は、ペインの『コモン・センス』（一七七六年一月）に早くも見い出すことができる。

ヨーロッパの共和国を見ると、どこでも（そしていつでもと言ってよい）平和である。……しかし君主制では平和は永続しないというのは本当だ。……共和国は自然の原理に基づいてできているので、過ちを犯さない（ペイン、一九七六：佐々木、二〇一三、三二頁に引用された：歴史学研究会、一九九六A）。

初代大統領ワシントンは一七九六年九月一七日の、いわゆる告別演説で、フランス革命に揺れるヨーロッパ地域の紛争に巻き込まれることを戒め、連邦主義や立憲主義の擁護を訴えた。また、アメリカ外交の伝統となる孤立主義の源流をつくった。ワシントン大統領は、「諸外国に関するわれわれの一般原則は、通商関係を拡大するにあたり、できる限り、政治的結びつきを持たないようにすることであります。すでに結んでしまった約束に限り、全面的に信義をもって果たさなければなりませんが、それだけで止めておくべきです」（大下・有賀・志邨・平野編、一九八九、六四頁）と述べ、以下の通り語っている。

隔離されたわれわれの位置は、異なったコースをとるように向かわせ、またそれを可能とするのです。もし、われわれが有能な政府の下で、一国民として存続するなら、外部の禍からくる重大な挑戦に対抗し、……戦争か平和かを選ぶ、そうした時が、そう遠くない時期に到来するでありましょう。……どうして、われわれの運命をヨーロッパのどこかの運命と織り合わせ、われわれの平和と繁栄とを、ヨーロッパの野心、敵対、利害、気紛れの網のなかに絡ませることがありましょうか（大下・有賀・志邨・平野編、一九八九、六四頁）。

ヨーロッパとの経済関係は密接に維持すべきだが、勢力均衡に〝巻き込まれる〟べきではない、平時から軍事同盟は締結すべきではない、という勧告である。

第三代大統領ジェファソンも同じく、ヨーロッパ流の勢力均衡や同盟にアメリカが巻き込まれることを戒めている。

ヨーロッパの政治上の利害は、われわれの利害とはまったく別個のものである。ヨーロッパ諸国間の嫉妬、勢力均衡、錯綜した同盟、諸国の政治の形態と原理、これらはみなわが国とは関係のないものである。ヨーロッパ諸国は永遠に戦う国である。諸国の勢力はもっぱら人民の労働、財産、生命の破壊に費やされている（有賀、一九七六、二九頁：佐々木、二〇一三、三二一〜三二三頁に引用された）。

こうして、ジェファソン大統領は、ヨーロッパ地域の国際政治のあり方を批判した。ジェファソンは、一八〇一年三月四日の就任演説でも、アメリカは「あらゆる国との平和、通商、誠実な友好」を希求しながら、「いかなる国とも錯綜する同盟を結ばない」と言明していた（Herring, 2008：83, 95-96：佐々木、二〇一三、三二一頁：細谷、二〇一三a、一二三頁：岩間、二〇一三、九五〜九六頁）。

こうして建国直後から、アメリカ外交の伝統として、勢力均衡や錯綜とした同盟への忌避感を土台に孤立主義のアプローチが確立されていく。また同時に、「行動の自由」を重視する「単独主義」のアプローチだが、単独行動の余地を残しておくことも、アメリカ外交の伝統となっていく（佐々木、二〇〇五）。アメリカ外交の伝統となる孤立主義と単独主義は、双子の関係にあった。またその底流には、アメリカの「例外主義」が流れていた（Hirsh, 2002：30：Lipset, 1996）。

たしかに、アメリカは建国独立戦争を勝ち抜くために、一七七八年三月一七日にフランスと同盟条約を締結したが、それは独立を達成するための便宜的手段であった。アメリカはフランスから多額の支援を受けながら、一度独立を獲得すると、米仏同盟条約を事実上死文化させたのである。こうしたフランスとの同盟は、一八〇〇年九月のモルトフォンテーヌ条約で正式に、米仏両国の合意の下に破棄された。これ以降、アメリカは長い間（第二次世界大戦後まで）、平時にどの国とも同盟を締結することはなかった（有賀、一九八二、三三～六二頁：佐々木、二〇一三、三三頁）。

二　孤立主義と単独主義の伝統——一九世紀のアメリカ外交

（1）単独主義の伝統と「モンロー・ドクトリン」

こうして、新興の共和国としてのアメリカは一九世紀の間、第二章で見た通り、ヨーロッパ地域の国際政治から距離を置く孤立主義と単独主義を実践していく。例外は、ナポレオン戦争期の一八一二年六月一八日から一八一四年一二月二四日の米英戦争である。この米英戦争は、明確な勝敗がつかず、両国にとってお互いに戦争する虚しさを感じさせる結果となった。ただし、新興国のアメリカとしては、ヨーロッパの大国であるイギリスとの戦争で善戦したことでナショナリズムが高まり、自信をつけた。また、北部の産業が発展する契機にもなったのである（LaFeber, 1994：58-63：中嶋、二〇一六、六〇～六二頁）。

一八二三年一二月二日の「モンロー・ドクトリン」で、モンロー大統領は、「南北アメリカ大陸は、これまでとり続け維持してきた自由と独立の状態によって、今後、ヨーロッパ列強のいかなる国によっても将来の植民の対象とみなされてはならない」と述べ、「ヨーロッパ諸国自体に関連した問題をめぐる諸国間の戦争には、わが国はいまだかつていかなる役割をも演じたことはありませんし、それはわが国の政策に合致しません。われわれが侵害行為に怒り、あるいはわが国の防衛に備えるのは、われわれの権利が侵されるか、著しく脅かされる場合に限ります」と述べている。

さらにモンロー大統領は、以下の通り、指摘した。

われわれは、ヨーロッパの政治組織をこの西半球に拡張しようとするヨーロッパ諸国側の企ては、それが西半球のいかなる部分であれ、われわれの平和と安全にとって危険なものとみなさねばならない（大下・有賀・志邨・平野編、一九八九、六九頁：LaFeber, 1994：83-88：より詳細については、中嶋、二〇〇二を参照）。

こうして、モンロー大統領は、アメリカとヨーロッパの相互不干渉と反植民地主義の立場を示した。この宣言は、孤立主義の伝統を再確認するものであったと同時に、単独主義の伝統をも体現していた。共同で文書をまとめるというイギリスからの提案を退け、アメリカ単独で同ドクトリンを発表したからである。しかしイギリスは、このことをさほど問題視しなかった。

（2）「イギリス嫌い」の世論

たしかに、このモンロー・ドクトリン以降も、カリブ海や中南米諸国をめぐって、英米間では対立や緊張関係が残った。アメリカ国内では一九世紀の間、「イギリス嫌い（Anglophobia）」の世論も根強く残っていく（中嶋、二〇一六、六四～六六頁）。しかし、モンロー・ドクトリン以降、「西半球をヨーロッパ諸国の植民地の対象としない」という点で、英米の利害と関心はほぼ一致しており、ジャーナリストのリップマンが指摘したように、英米両国は「暗黙の同盟」にあったと解釈することも可能である（Lippmann, 1943：59：佐々木、二〇一三、四九頁）。実際アメリカは、モンロー・ドクトリンをヨーロッパ諸国に遵守させるほどの海軍力を有していたわけではなかった。モンロー・ドクトリンが守られたのは、「無償の安全保障」としての大西洋と、イギリスの海軍力のおかげであった（Gaddis, 2005A：7-33：有賀、一九九八b、四五頁）。

佐々木卓也によれば、一八九二年一一月の大統領選挙において、民主党は選挙綱領で「他国との、とりわけアメリカ大陸の隣国との友好的な関係」を求めながら、「錯綜する同盟を避ける」ことを公約していた。他方で、共和党も選挙綱領で「あらゆる海外諸国との最も友好的な関係を維持し、いかなる国とも錯綜する同盟を結ばない」ことを公約していた（佐々木、二〇一三、三三～三四頁）。また中嶋啓雄によれば、一八九六年一一月の大統領選挙では、民主党が共和党を親英的であると攻撃した。これに対して共和党は、「マッキンレー（同党の大統領候補）がどのようにイギリスで嫌われているか」と題する小冊子を印刷して対抗し、マッキンレーを大統領に当選させた。「だが、この選挙はアメリカ政治で『イギリス嫌い』が票に結びついた最終局面であった」という（中嶋、二〇一六、八四頁）。

（3）「アングロ＝サクソン主義」

一九世紀後半には、人種主義的な論理からアメリカとイギリスの結束を語る考え方が広がっていく。「アングロ＝サクソン主義（the Anglo-Saxonism）」の言説である。たとえば、ソールズベリ保守党内閣の植民相であったジョセフ・チェンバレンは、「私はアメリカが外国だと述べることも、考えることも、拒否する」と述べ、「彼らはわれわれの血であり、肉であるからだ」（Dimbleby & Reynolds, 1988：31：細谷、二〇一三a、一二六頁に引用された）と指摘している。米西戦争に興奮したチェンバレンは、「アングロ＝サクソン同盟のために、星条旗とユニオン・ジャックが並んではためくべきだ」（Dimbleby & Reynolds, 1988：31：細谷、二〇一三a、一二六頁に引用された）と語ったという。

こうした論理は、ダーウィンの進化論に基づいた「適者生存」の理論から演繹されたものであると言えよう。アメリカの国内でも次第に、アングロ＝サクソン主義の言説が浸透していく。背景には、経済大国になったアメリカ国民の優越意識がある。またハントによれば、ドイツやイタリアからの移民が増え、イギリス出身者たちのアングロ＝サクソン意識が高まったという側面もあった（Hunt, 2009：77-78：細谷、二〇一三a、一二六～一二七頁）。注目すべきことに、アングロ＝サクソン主義者であったセオドア・ローズヴェルト大統領は、「英語諸国民（the English-Speaking People）」について語っている（細谷、二〇一三a、一二七頁）。

一九世紀末から二〇世紀初頭にかけて、アメリカは依然として、国際政治の中心であるヨーロッパ地域への孤立主義を堅持していた。他方で、アメリカは、一八九五年七月二〇日の「オルニー系論（コロラリー）」や、一九〇四年一二月六日の「ローズヴェルト系論」でカリブ海と中南米諸国への軍事介入の権利を主張し、西半球での「地域覇権（regional hegemony）」を確立する（大下・有賀・志邨・平野編、一九八九、一四二～一四三頁）。この間、アメリカはイギリスの脅威をまだ強く感じていたが、イギリスがやがて政策転換し、アメリカの地域覇権を容認する立場をとるようになった。英米間の「偉大なる和解」である（細谷、二〇一三b、一一九～一四七頁：中嶋、二〇一六、特に八四頁：君塚、二〇一六、四七～四九頁）。

たとえば一九〇一年一一月一八日には、ヘイ＝ポンスフット条約で、イギリスはアメリカに運河建設の権利を認めた（Dimbleby & Reynolds, 1988 : 29）。この当時、イギリスはドイツとの海軍の軍拡競争に突入し、かつ世界の勢力圏でロシアの南下政策に対処しなければならず（朝鮮半島をめぐっては、一九〇二年一月三〇日に日英同盟を締結し、「光栄ある孤立」の立場から政策転換している。君塚、二〇一六、四九～五一頁）、南アフリカでは、一八九九年一〇月一一日から一九〇二年五月三一日まで第二次ボーア戦争を戦っていた。こうしてイギリスは、西半球でアメリカと対立する外交的な余裕を失っていたのである（LaFeber, 1995 : 121-126 : 細谷、二〇一三a、一二四～一二五頁：中嶋、二〇一六、八〇～八五頁：君塚、二〇一六、四二～四九頁）。

国務長官を辞任したオルニーは、一八九八年二月に、「われわれがいかなる国家と協力すべきか問われれば、疑問などはない。イングランドである。それはわれわれの最も恐るべきライバルであると同時に、われわれの最も自明な友でもある。国家に対しての愛国主義があると同時に、人種に対する愛国主義もあるのだ」（細谷、二〇一三a、一二六頁に引用された）と語っている。これも、アングロ＝サクソン主義の言説である。

マッキンレー政権のヘイ国務長官は特に、イギリス大使も務めた親英派であった。ヘイは、「われわれの対外政策に不可欠な一つの特徴としては、イングランドとの友好的な諒解をつくることであるべきだ」と語っている（Dimbleby & Reynolds, 1988 : 41 : 細谷、二〇一三a、一二五頁に引用された）。中国をめぐって、ヘイ国務長官は、世紀転換期にヨーロッパ諸国と日本に対して、「門戸開放」通牒を二度にわたり一方的に宣言し、機会均等（一八九九年九月六日）と領土的・行政的保全（一九〇〇年七月三日）を提唱した（単独主義の一例）。その後、アメリカの門戸開放の原則は、大陸進出を目論む日本の権益と衝突していくことになる（大下・有賀・志邨・平野編、一九九八、一三九～一四一頁：北岡、二〇一五）。日本は、一九〇四年二月八日に勃発した日露戦争で一九〇五年九月五日に勝利し、朝鮮半島と満州での権益を獲得した。一九〇二年一月三〇日に締結された日英同盟のおかげである。イギリスにロシアとの代理戦争を戦わされたという側面もあった（横手、二〇〇五、特に終章）。

三　ウィルソンのリベラルな国際秩序構想

（1）第一次世界大戦で中立するアメリカ

第一次世界大戦に対しては、アメリカは当初、孤立主義の伝統から中立の立場を保っていた。しかし、潜水艦無制限攻撃を仕掛けるドイツとの対立を次第に深めていく。民主党のウィルソン大統領はやがて孤立主義の伝統を乗り越えて、リベラルな国際主義の原則を提唱するようになっていく。つまり彼は、勢力均衡や同盟、秘密条約を軸とするヨーロッパ国際政治が悲惨な戦争をもたらしたと確信し、それを超えるリベラルな国際秩序の構想を提唱するのである。それまで孤立主義の伝統を堅持してきたアメリカは、「旧世界」のヨーロッパの国際秩序の崩壊に対して、「変革者」として参画する必要があった（Manela, 2007 : Mead, 2002 : chap. 5 : 草間、一九九〇：高原、二〇〇六）。

特に一九一七年一月二二日の上院での「勝利なき平和」演説でウィルソン大統領は、「今後すべての国々が錯綜する同盟を回避すべきである、同盟はこれらの国々を力の競争に引きずり込み、陰謀と利己的な対立の軸に絡めとり、外から侵入する影響によって国内問題を乱すからである。力の協調には錯綜する同盟はない」と語り、ヨーロッパ諸国の同盟外交を改めて批判したのである。こうした主張の前には、以下の通り語っている。

現在の戦争は正当で確かな平和のための闘争であるのか、あるいは単に新たな力の均衡のための闘争であるのか。もしそれが単に新たな力の均衡のための闘争であるならば、誰が新たな取り決めの安定した均衡を保証するのであろうか、保証できるのであろうか。静穏なヨーロッパだけが安定したヨーロッパになりうる。力の均衡ではなく、力の共同体が、組織化された闘争ではなく、組織化された共通の平和がなければならない（佐々木、二〇一三、三四頁）。

またウィルソンは、恒久平和の基礎が、被統治者の合意に基づく政府の形成、国際機構の設置、軍縮、航行の自由にあると訴えた。

（2）第一次世界大戦に参戦するアメリカ

ウィルソン大統領は、一九一七年四月二日のドイツに対する宣戦布告を求めた議会演説で、以下の通り述べている。

われわれの目的は、世界の暮らしのなかで、利己的で専制的な権力に反対する平和と正義の原則を立証し、今後これらの原則の順守を保障するための目的と行動の協調を、世界の真に自由かつ自治の諸国民の間に樹立することであります。……われわれは、犯された悪に関して、文明国の個々の市民の間で守られているのと同一の基準が、国家間、政府間でも守られねばならぬと主張される時代の始まりに立っております（大下・有賀・志邨・平野編、一九八九、一五八頁）。

こうしたウィルソンの言説には、国内類推（domestic analogy）の論理を垣間見ることができる。

さらにウィルソンは、「平和の堅固な協調は民主主義国家群の協力によって以外に維持され得ません。いかなる専制的な政府も約束を守ったり、規約を遵守することを期待することはできません」と述べた上で、「世界は民主主義のために安全にされねばなりません。世界の平和は、政治的自由の検証済みの基盤の上に築かれねばなりません」と主張した。こうして、国内体制の民主化が最終的には国際的な平和と安定の要諦である、というウィルソンの信念が披露された。ウィルソンは、民主主義体制の平和志向に対して確信があったのである。また自由貿易の拡大も、国際的な平和と安定にとってプラスに働く、という確信もあった（大下・有賀・志邨・平野編、一九八九、一五九頁：佐々木、二〇一三、三五頁）。

その後、上院は賛成八二、反対六、下院は賛成三七五、反対五〇の表決で、第一次世界大戦への参戦を決議した。ちなみに、アメリカの宣戦布告の権限は、憲法上、大統領ではなく、アメリカ議会にある。

（3）「一四カ条の平和原則」と国際主義の伝統

ウィルソンは、一九一八年一月八日の「一四カ条の平和原則」演説で、第一次世界大戦の帝国主義的な決着を阻止し、平和でリベラルな新しい国際秩序を形成することを目指した。また、ロシアに出現したレーニンの革命政権に対応する必要性もあった。一四カ条の平和原則の内容は、たとえば、秘密外交の廃止、航行の自由、通商障壁の撤廃（自由貿易の拡大）、軍縮、民族自決（「民族自決（national/ racial self-determination）」という表現を使用しなかったが）、国際機構の設立などを骨子とするリベラルな国際秩序構想であった。特にウィルソンの戦後国際秩序構想の中核を占めたのが、国際機構の設立であった。

一四　大国と小国を問わず、政治的独立と領土保全の相互的保障を与え合うことを目的として、明確に規定された協約の下に、諸国家の全体的な連合組織が結成されなければならない。

これは、それまでの同盟や勢力均衡に代わる集団安全保障の原則により、加盟国が協力して相互の安全を守ることを目指す国際機構であった。これが、人類はじめての国際組織、国際連盟の創設につながっていくことになる（大下・有賀・志邨・平野編、一九八九、一五九〜一六一頁；佐々木、二〇一三、三四〜三五頁；篠原、二〇一〇；マゾワー、二〇一五B、第五章）。

しかし、アメリカ議会の上院が、ウィルソンの戦後国際秩序構想に反対し、一九一九年一一月一九日に、国際連盟の創設を盛り込んだ対独講和のヴェルサイユ条約の批准を否決する。反対に回ったのは、徹底した孤立主義者たちばかりではなかった。むしろ、反対に回った多くの議員たちは、ロッジ上院外交委員長を中心とした国際主義者たちであった。彼らはアメリカが戦後、相応の国際的責務を果たすことに、実は異論がなかったのである（佐々木、二〇一三、三五頁；大下・有賀・志邨・平野編、一九八九、一六二〜一六五頁も参照）。

ただし、彼らは、行動の自由を重視する単独主義の姿勢の持ち主であった。ロッジらは、加盟国の領土保全と政治的独立の尊重、外部からの侵略に対する協力を謳う連盟規約第一〇条について、議会の事前の承認を求めるよう留保をつけたのである。これに対して、体調不良でもあったウィルソン大統領の対応は、柔軟性に欠ける頑固な態度であった。妥協を拒否するウィルソンは、原案通りの議会承認を求め、最終的に三分の二の賛成を獲得することに失敗してしまったのである（佐々木、二〇一三、三三五頁）。

しかし、再び佐々木の表現を借りれば、「ウィルソン大統領の蹉跌にもかかわらず、彼の思想的影響は甚大であった。伝統的なヨーロッパ国際秩序に代わり、国際協調主義、軍縮、民族自決、集団安全保障、開放的な国際経済体制などを基本とするウィルソンのリベラルな構想は、その後の二〇世紀アメリカ外交の基調を形成するのである」（佐々木、二〇一三、三六頁）。たとえば、しばらく年月を経た冷戦の終結後に、ウィルソン主義は、大いに見直され、民主党のクリントン政権で、対中「関与」とともに、民主主義の「拡大」が政策目標となっていく（吉原・島村、二〇〇〇、一九八頁）。

(4) アメリカの対日政策――「コミットメントなき国際参加」

議論の時期を少しさかのぼる。第一次世界大戦がヨーロッパ地域で一九一四年七月二八日に勃発すると、日本は日英同盟を口実に中国への干渉を深めた。中国におけるドイツの租借地を奪いつつ、中国に対しては「対華二一カ条の要求」を突きつけた。また、日米合意を無視したシベリア出兵増派は、日米関係を悪化させた。さらにパリ講和会議で、日本がドイツ山東省権益の継承に固執したことも、アメリカの対日不信を一層募らせることとなった。アメリカは、日本との戦争を回避しつつも、その拡張する動きを牽制し〝抑制〟する道を探っていく（佐々木、二〇一三、三六頁）。

一九二一年三月四日に成立した共和党のハーディング政権は、対日関係の調整と改善に乗り出す。その前提は、ヒューズ国務長官によれば、「アメリカは中国問題をめぐって日本と戦争をしない」ということであった。アメリカは、一九二一年一一月一二日から二二年二月六日にかけてワシントン軍縮会議を主催し、イギリスや日本との間で海軍軍縮条約を締結し、中国に関する九カ国条約では日本の満蒙特殊権益を事実上容認し、さらに四カ国条約では太平洋の現状維持を約束した。こうして、日本を牽制し〝抑制〟しつつも、日本に相当配慮したのである。ただし、日英同盟は、四カ国条約で破棄されることとなった（麻田、一九九三、第二章；佐々木、二〇一三、三六頁）。

ハーディング政権は共和党政権であったが、佐々木がいみじくも指摘する通り、民主党のウィルソン大統領のリベラルな国際主義の影響を受けていたのである。つまり、海軍の「軍縮」条約、中国での「勢力範囲の創設」を否定する九カ国条約、日英「同盟」を破棄する四カ国条約は、「ヨーロッパ流の外交理念を拒否し、ウィルソン的理念が反映されたものであった」（佐々木、二〇一三、三七頁）。ハーディング大統領は、ワシントン諸条約に対する上院の同意を求めた際、アメリカは「旧世界」の権力政治に関わることはない、と強調したのである。アメリカの国務長官ケロッグとフランスの外務大臣ブリアンが提案し実現した一九二八年八月二七日の不戦条約も、戦争の違法化を宣言する点でウィルソン的理念の産物であったと言ってよいかもしれない（三牧、二〇一四、第四章）。しかもこれらの条約には、軍事力に対するコミットメントや同盟はなく、防衛に参加する書面での、あるいは道義的な義務もなかった。再び佐々木によれば、これは「もう一つの伝統である単独主義の影響である」（佐々木、二〇一三、三七頁）。「コミットメントなき国際参加」ないし「アメリカ独自の国際主義」とも指摘される（松田、一九九八、一〇三頁）。

四　ローズヴェルトの戦後国際秩序構想

（1）アメリカのイギリスへの肩入れ

一九三九年九月一日に第二次世界大戦後が勃発すると、アメリカは中立を保ちつつも、イギリスやフランスに対する経済的かつ軍事的な支援に乗り出した。このことは、第一次世界大戦期のアメリカの中立姿勢とは対照的である（Dobson, 1995：76）。民主党のフランクリン・ローズヴェルト政権は、一九三七年以降、日本の中国侵攻に対抗して、国民党政権への経済的かつ財政的な支援を行っていた。また、ローズヴェルト大統領は、一九三七年一〇月五日にシカゴで、日本を牽制し〝抑制〟するために、「隔離（quarantine）」演説を行っている。この演説は、世論の反応を見るためのアドバルーンでもあった（LaFeber, 1994：388-389）。日本が一九四〇年九月二七日にドイツとイタリアと軍事同盟を締結すると、これに激しく反発した。

比較的早い段階から、ヨーロッパ地域とアジア地域でのファシズムないしナチズム、軍国主義の勢力の伸長に危機意識を持っていたローズヴェルト大統領であったが、国内政治上、孤立主義の世論、議会での孤立主義の勢力、特に一九三七年五月一日に修正された中立法による法的な制約に直面していた。しかし、ローズヴェルト政権は一九四一年三月一一日、議会での孤立主義の勢力の強い抵抗を押し切り、武器貸与法を成立させる。これにより、イギリスをはじめとした連合国に対する莫大な経済的かつ軍事的な支援が可能になったのである（Dobson, 1995：73）。詳しくは、第九章で改めて見よう。

再び佐々木によれば、孤立主義者であった共和党のヴァンデンバーグ上院議員は、「武器貸与法の成立は、アメリカが孤立主義の伝統を捨て去り、ヨーロッパの戦争のみならず、世界の紛争に関与することになる」と予測したという。「われわれは、ワシントンの告別演説を放擲し、ヨーロッパ、アジアとアフリカの権力政治と権力戦争に身を投げてしまった。われわれはいまや、後戻りできない進路への第一歩を記したのである」（Reynolds, 2001：106-107；佐々木、二〇一三、三八頁に引用された）。

時期は少しさかのぼるが、一九四一年一月六日の一般教書演説で、ローズヴェルト大統領は、「四つの自由」（言論と表現の自由、信仰の自由、欠乏からの自由、恐怖からの自由）に立脚する戦後世界を求めると語っただけではなく、「徹底的な軍備縮小」も提唱した（佐々木、二〇一三、三八頁）。このことは、第一次世界大戦期に参戦に先駆けて、ウィルソン大統領が「勝利なき平和」演説を行ったことを想起させる。

（2）「大西洋憲章」と「連合国宣言」

さらにローズヴェルトは、一九四一年八月九日から一二日にかけて、イギリスのチャーチル首相とニューファンドランドの大西洋上で会談し、「大西洋憲章」をまとめる。この声明は、英米両首脳が合意した戦後に樹立されるべき国際秩序について、八項目の基本原則をまとめたものである。たとえば、領土の不拡大・不変更、強制的な領土変更への反対、統治形態選択の自由（「民族自決」。チャーチルは大英帝国には適用されないように画策したが）、自由な政府、通商と天然資源獲得の機会均等（チャーチルはここでも大英帝国には適用されないように画策した）、航行の自由、社会的正義、武力行使の放棄、軍縮、「一般的安全保障のための広域的で常設的な体制の成立」（ローズヴェルトはまだ戦後国際機構の構想がまとまっておらず、こうしたあいまいな表現になった）など、リベラルな戦後国際秩序構想が発表された（大下・有賀・志邨・平野編、一九八九、一九四～一九五頁；Marsh, 2017：Brinkley & Facey-Crowther, eds., 1994；Ruggie, 1996：32；Ikenberry, 2001：165, 173-175, 179, 210；八丁、二〇〇五、三四～三七頁）。この時、アメリカはまだ中立国であった。ただし、この時までにすでに、イギリスへの支援を本格化させていた。「アメリカは思想面でも行動の面でも、もはや中立ではなかった」のである（Dobson, 1995：73）。

他方で、イギリスのチャーチルは大西洋憲章で、アメリカの参戦とアジア地域で日本を牽制し〝抑制〟することに関しての言質をとることを目指していたが、この点ではローズヴェルトはまだ慎重であった。この点で、チャーチルはひどく落胆した。ただし英米両国が、第二次世界大戦の連合国側の戦争目的と戦後のリベラルな国際秩序構想を掲げた意義はきわめて大きかったと言ってよい（細谷、二〇一六a、一二五頁）。また、大西洋憲章が共同声明としてまとめられたのは、ローズヴェルトが、枢軸国打倒のためにイギリスと共同して戦う前提として、英米両国の目的の共通性を国民に印象づける共同宣言が必要である、と考えたためと思われる（大下・有賀・志邨・平野編、一九八九、一九四頁）。

ローズヴェルト政権は、大西洋憲章の八項目の諸原則をソ連も含めた連合国共通のものにしようとして、参戦後の一九四二年一月一日の「連合国宣言」において、それらを連合国共通の原則とすることを確認した。そしてその後、ローズヴェルト政権はその後、戦後の国際秩序の再建に際して、これらの原則を実現しようとして、特にソ連に対してその尊重を求めていくことになる。

連合国宣言以降、連合国はアメリカとイギリスが軸となって、戦後の安全保障秩序として国際連合（国連）の創設を目指す。戦後の国際経済秩序としては、ＩＭＦと国際復興開発銀行（ＩＢＲＤ：後の世界銀行）、国際貿易機構（ＩＴＯ：ただし、第二次世界大戦後、「関税及び貿易に関する一般協定〔ＧＡＴＴ〕」のみ成立）の形成を目指していく（Reynolds, 1986 : 30-38 : Steil, 2014 : 加藤、二〇〇〇：紀平、一九九六：今井、二〇一四a、八七～一〇五頁）。

（3）ウィルソン流のレトリックによる正当化

ローズヴェルト政権が国際主義的な外交を展開する過程でも、ヨーロッパ的な外交理念に対する拒否感情は依然として根強いものがあった。たとえば、徹底的な自由貿易の拡大にこだわりを見せていたウィルソン主義者のハル国務長官は、一九四三年一〇月の一九日から三〇日にかけて開催されたモスクワ外相会談に出席した後の議会報告で、「（四大国外相が戦後の安全保障機構の設立で合意した）四カ国宣言が履行されるにともない、もはや勢力範囲や同盟や勢力均衡、あるいはいかなる特殊な取り決めも――不幸にも過去において諸国家がそれらを通じて自国の安全保障を守ったり、国益を増進してきた――不要になろう」と保証した（佐々木、二〇一三、三九頁）。

注目すべきことには、ハル国務長官と違って、純粋なウィルソン主義から卒業し、権力外交の論理をも併せ持つローズヴェルト大統領でさえも、国内向けには、ウィルソン流のレトリックで戦後国際秩序構想について説明している。彼は、国連の創設を交渉した一九四四年八月二一日から一〇月七日にかけて開催されたダンバートン・オークス会議について、「われわれは戦争から解放される世界の構築を試みている」と語った。さらに彼は、一九四五年二月四日から一一日にかけて開催されたヤルタ会談から帰国後、以下の通り、国民に説明している。

クリミア会談（ヤルタ会談）は、一方的な行為、排他的な同盟、勢力圏、勢力均衡、何世紀にもわたって試みられ、失敗してきた他の手段に終止符を打つべきものである。われわれはすべてのこれらに代わり、あらゆる平和愛好国がついに参加する機会を得た普遍的な機構を提案する（佐々木、二〇〇四、二七四～二七五頁）。

こうして、「アメリカは国際連盟と同様に、国際連合の創出によって同盟や権力政治を超越する国際秩序の出現を期待した」のである（佐々木、二〇一三、三九頁）。「多国間主義」の新しい伝統も、ようやく本格的に生まれた（Gaddis, 2005A）。

最後に、少し細かいが、きわめて重要な点を踏まえよう。国連憲章は、連盟規約第一〇条に対応する集団安全保障に関する規定を第三九条に盛り込み、さらに第五一条で、武力攻撃に対する加盟国固有の「個別的及び集団的自衛権」を確認した。また第五二条では、国連の目的と原則に一致することを条件に、国際平和と安全の維持のために、「地域的取り極めまたは地域的機関」の存立を容認した。こうして、国連憲章の下では、普遍的国際機構と地域的な取り極めの併存が可能なのである。西崎文子の表現を借りれば、「かくしてアメリカは国連憲章を通じて、安全保障理事会の常任理事国としての拒否権に加えて、第五一条と第五二条に基づく自衛権によって、対外行動に関して非常に大きな裁量を得たのである」（西崎、一九九二、七～三八頁：佐々木、二〇一三、三九～四〇頁）。

五　冷戦とアメリカの同盟

（1）薄れる同盟への忌避感

第二次世界大戦後まもなくして、一九四七年春に、ヨーロッパ地域で冷戦が始まった。トルーマン大統領は、一九四七年三月一二日にアメリカ議会で演説し、米ソ間の闘争を「二つの生活様式」をめぐる争いとして描いた（「トルーマン・ドクトリン」）。つまり、異なる政治体制をめぐる争いとして、冷戦を捉えたのである。資本主義と共産主義のイデオロギーは、お互いに相容れないものであると了解された（*Public Papers of the Presidents of the United States*, 1948：178-180：石井、二〇〇〇、一六〇～一六一頁：佐々木、二〇一一、六三～六四頁：西崎、二〇一七a、四五～四七頁）。

一九四七年六月五日には、ハーバード大学での卒業式で、マーシャル国務長官が、「マーシャル・プラン」を発表する。翌年の一九四八年四月に経済協力法が制定されて以降、一九五〇年代初頭までに、アメリカから西ヨーロッパ諸国に対して約一三〇億ドルもの大規模な経済支援が注がれていく。あくまでも経済援助だが、その立案過程で中心的な役割を演じたケナンにとっては、これはソ連の共産主義のイデオロギーを封じ込めるための戦略的な手段（ケナンは「対抗力」と呼んだ）なのであった。ヨーロッパ地域は早くも、政治的かつ経済的に東西に〝分断〟されていく（U. S. Department of State, *Bulletin*, 16：1160：Gadzey, 1994：chap. 4：石井、二〇〇〇、一六五～一六六頁：佐々木、二〇一一、六六頁：西崎、二〇一七a、四八～四九頁：滝田、二〇一四：永田、一九九〇）。

一九四八年になると、冷戦はさらに激化する。二月二五日から三月一〇日にかけてのチェコスロヴァキアでの政変を受けて、イギリスのアトリー政権は、フランスとベネルクス三カ国との間でブリュッセル条約を締結する。ここにアメリカは参加していない（細谷、二〇〇八a、九二～九三頁）。しかしこれ以降、アトリー政権のベヴィン外相は、アメリカをヨーロッパ地域に「巻き込む（entangle, pull in）」戦略を練り上げていく（Best, 1986：chap. 6）。ベヴィンは、アメリカ外交の同盟への忌避感にも敏感であった（Barnet, 1983：129：Perkins, 1986：57）。詳しくは第十章で見よう。

他方でアメリカ自身も、六月一一日の議会上院でのヴァンデンバーグ決議で、国連憲章の下で、「継続的かつ効果的な自助及び相互援助」の条件を満たすならば、平時でも軍事同盟を締結することが国内政治上、可能となった。こうしてアメリカ外交が、伝統的な孤立主義を乗り越えたのである（西崎、一九九二、一一四～一二四、一二三七頁）。最終的には、一九四九年四月四日に、北大西洋条約が締結される（Ireland, 1981：Cook, 1989：Kaplan, 1994A：chap. 2：細谷、二〇〇一A、第六章：金子、二〇〇八、第一章：佐瀬、一九九九、第二章：谷口、二〇〇〇、第一章）。アジア地域では、一九五〇年六月二五日に勃発した朝鮮戦争を契機に対日講和が急がれ、一九五一年九月八日のサンフランシスコ講和会議で、平和条約が締結されると同時に、日米間では安全保障条約が締結された。日米同盟の誕生である（細谷、一九八四：五十嵐、一九九五）。

再び岩間の表現を借りれば、「二〇世紀前半における二つの世界大戦は、アメリカが決して世界から隔絶されて生きていけるわけではないこと、むしろ、アメリカ抜きでは解決し得ないほど情勢が悪化してから介入したのでは、コストが膨大になることを教えた。この結果アメリカは、普段からユーラシア大陸やアジア太平洋地域における安定を自らの国益と考える習性を身につけ、基本的な外交政策の変更を行い、海外に大規模な米軍部隊を駐留させておく態勢をとるようになった」（岩間、二〇一三、九六頁）のである。

一九五〇〜六〇年代になると、アメリカの西ヨーロッパの同盟国に対する拡大抑止ないし「核の傘」の信頼性（credibility）をめぐって論争となり、かつ大西洋同盟はフランスのド・ゴール大統領の挑戦を受けて、その存在意義を問われるようになる（Paxton & Wahl, eds., 1994に所収の論文に加えて、齋藤、二〇〇六を参照）。日米安全保障条約は、一九六〇年一月一九日に改定され（六月に発効）、非対称性はかなり残ったが、より同盟らしくなった（坂本、二〇〇〇、特に第四章と第五章）。佐々木は、一九六〇年代に伝統的にヨーロッパ流の同盟を忌避してきたアメリカが、注目すべきことに「同盟」という概念を躊躇なく容認していくようになったと示唆しつつ、同盟とアメリカ外交についての論文を以下の通り締めくくっている。

アメリカは伝統的に、同盟をヨーロッパ的国際秩序の属性として拒否してきた。第二次世界大戦が終わり、冷戦が始まると、アメリカは西ヨーロッパ諸国や日本と安保条約を結んだが、これらを普遍的な組織である国連の集団安全保障と何らかの形で結びつけることで、旧来の同盟条約ではないという体裁を取った。さらにこれらの安全保障条約によっても、アメリカの単独主義の伝統は健在であった（佐々木、二〇一三、四八頁）。

（2）永続する同盟？

NATOにせよ、日米同盟にせよ、「（冷戦期の）アメリカの同盟の特徴は、ヨーロッパ諸国のかつての同盟とは異なり、単なる軍事協力に留まるものではなく、経済・文化協力を含む総合的な協力関係を構築することにあった。そこには、米ソ冷戦を『二つの生活様式をめぐる争い』と把握し、ソ連に対抗するアメリカの冷戦観が反映されていた」とも、佐々木は指摘する（佐々木、二〇一三、四八〜四九頁）。また冷戦後には、NATOにせよ、日米同盟にせよ、消滅することなく、むしろ拡大され強化されていくこととなった（細谷、二〇〇一a：吉原・島村、二〇〇〇、一九五〜二〇九頁：島村、二〇一六a、二〇一一〜二一一頁）。

中山俊宏によれば、「共和国の国家」としてのアメリカは、国益に基づいた戦略的発想からのみ同盟を捉えるのではなく、同時に「価値の同盟」を求めると指摘される。

（同盟に関して）アメリカが繰り返し価値に言及するのは、……より踏み込んで言えば、アメリカ固有の国際政治観の表出と見ることができるのではないか。アメリカが価値に固執するのは、純粋系のパワー・ポリティクス、もしくは地政学を受容し切れないアメリカ固有の反応だろう。純粋系のパワー・ポリティクス、もしくは地政学は、国際政治に目的論的な意味があることを拒否する志向である。……歴史的使命を帯びた国家にとって、他の国と関係を取り結ぶということは、単なる力のバランスの表象ではなく、ある種の価値の実現に向けての同盟でなければならない。いわば、リベラル・デモクラシーを守り、可能な場合にはそれを拡散させ、歴史の完成を目指す。そしてこの単線的に進行していく歴史物語を共有し、その実現に向けて共同歩調をとれる国こそがアメリカにとって最も安心して関係を取り結べる同盟国ということになる。その意味で、アメリカにはほかの国以上に、政治的イデオロギーの次元で「価値同盟」に傾斜しがちな思考が内在している（中山、二〇一三b、八三頁）。

長い引用になったが、筆者もまったく同意見である。さらに中山は、孤立主義の伝統と現在の「価値の同盟」について重要な指摘をしている。

孤立主義は、「価値の同盟」的潮流の追概念として説明し得るのではないか。つまり、孤立主義を、アメリカが価値の共有を軸に諸外国との関係を構築していくことに限界を感じていることの外交的表現とみなすことができれば、「孤立主義」

と「価値の同盟」は、必ずしも相容れないものではなく、むしろ同じ現象が異なった文脈において、異なった形で現れたと考えることができるのではないか（中山、二〇一三b、七八～七九頁）。

まったく同じことが、孤立主義とウィルソン流の国際主義に関して、指摘することができるのではないか――。孤立主義が、弱小の新興国アメリカがヨーロッパ大陸の錯綜とした同盟に〝巻き込まれる〟ことで共和国としての徳性が損なわれることを避ける行動パターンであったとすれば、ウィルソン流の国際主義はアメリカ流のリベラルな価値に基づいて、崩壊したヨーロッパの国際秩序を再構築しようとする試みである（Jervis, 1999）。両者の根底には、アメリカの「例外主義」、すなわちアメリカが掲げる自由民主主義の価値観こそが正しい、という信条が共通して観察できるのである。孤立主義から国際主義への大転換や断絶、あるいはサイクル的な変化がしばしば指摘されることがあるが、政策思想としては、孤立主義も国際主義も、「例外主義」という鎖でつながっているのである。こうして、孤立主義と国際主義は、必ずしも相容れないものではなく、むしろ同じ現象が異なった文脈において、異なった形で現れたと理解することができるのである。

第四章　アメリカと帝国、「帝国」としてのアメリカ

「自由の帝国」を拡大することにより、われわれはそこに居住する者の数を幾倍にも増すことができます。この帝国の原則が（古い地域で）腐敗・堕落していたとしても……われわれは再生の新しい力を見い出すことができるのです（明石、一九九三、二頁）。

トマス・ジェファソン大統領

一　「帝国的共和国」としてのアメリカ

（1）「帝国的共和国」

「アメリカは、帝国的共和国（imperial republic）である」。共和国に「帝国的」という修飾語をつけることは、アンビヴァレンス（対立するものの並存、矛盾と緊張）を如実に示す行為である。「帝国的共和国」としてのアメリカについて、フランスの国際政治学者のアロンや政治学者のジェームズ・ウィルソンが本をまとめている（Aron, 1974：May, 1961：LaFeber, 1963：Herring, 2008：Ikenberry, 2011：chap. 7）。「デモクラシーの帝国」や「リベラルな帝国」、「市民社会の帝国」という議論もある（Rosenberg, 1994：藤原、二〇〇二：ヴァラダン、二〇〇〇：山本、二〇〇六：菅、二〇一六）。いずれも、自由民主主義的ないしリベラルなアメリカが、対外的には帝国としての振る舞いをしてしまっている、という逆説を指摘しているのである。こうした主張によれば、アメリカはきわめてアンビヴァレントな存在ということになる。実際、ジェファソンをはじめとした「建国の父たち」は、「自由の帝国（empire of liberty）」の実現を夢見ていた。自由の帝国のテーゼはその後、時代を超えて、意味やニュ

アンスを変えながらアメリカの歴史を規定していくことになる（Reynolds, 2009：ルー、二〇〇九、三九頁：明石、一九九三、五頁：安武、二〇一一、二七頁：西崎、二〇〇四、第一章）。

アメリカは、一八世紀後半にヨーロッパの大国であるイギリスの植民地から、独立戦争を戦い建国独立した。当時のアメリカはイギリスの帝国にとって、要諦としての地位を占めていた。イギリスの「第一帝国」である。その後、アメリカを失ったイギリスは、帝国の要諦として、インドの植民地化を本格化していく。イギリスの「第二帝国」である。一九世紀のアメリカは、国内で自由民主主義の共和国を実現していくという歴史的な実験をしながら、他方では、神に与えられた「明白なる天命（manifest destiny）」を感じつつ、西へ西へフロンティア（辺境、開拓の前線、未開の地）を求めて、その領土を急速に拡大していった。建国独立当初、大西洋岸の東部の一三邦（州）に過ぎなかったアメリカの領土は、一九世紀半ばには太平洋にまで達した（野村、一九九六）。

国際政治の中心である西ヨーロッパ地域からは「無償の安全保障」としての大西洋で隔てられ、アメリカ大陸には大国が存在しないという状況の下で、アメリカは大きな戦争やさしたる外交努力を必要とせずに、広大な領土を獲得してくことができた。こうして、きわめて恵まれた国際環境の下で、国内では共和主義ないし自由民主主義に基づいた共和国の実験を進めつつ、対外的には大西洋から太平洋まで領土を拡大し、大陸国家となった。一九世紀後半には、工業生産力ではイギリスをも凌ぐ経済大国となっていた。そのためアメリカでは、「世界でアメリカは特別な存在である」という例外主義の考え方が強まっていくことになる。この例外主義の発想は、一九世紀から二〇世紀、そして二一世紀の二〇一〇年代までのアメリカ政治外交を大きく規定していくことになる（Lipset, 1996：17-52：Nau, 2002：chap. 3）。

（2）「帝国主義の時代」と「帝国主義世界体制」

アメリカは、一八九八年四月二五日に勃発した米西戦争で、スペインの植民地であったフィリピン、グアム、プエルトルコを領有することになった。ほぼ同じ時期にハワイも併合され、キューバはやがて保護国化される。アメリカは、「陸の帝国」から「海の帝国」になったのである（Howe, 2002：57-59：木畑、二〇一二a、二四～二五頁：Burbank & Cooper, 2010：251-286）。

ほぼ同じ時期、正確にはやや早く、明治維新後の日本が朝鮮半島を足がかりに帝国主義の道を歩み始めていく。一八九四年七月二五日に勃発した日清戦争で日本に敗北した清帝国は、ヨーロッパの大国と日本に急速に半植民地化されていった。清帝国が「眠れる獅子」ではないことが明らかになったからである（大谷、二〇一四、第六章）。

この当時、国際秩序は「帝国主義の時代」に突入していた。帝国主義の時代とは、一八七〇年代から二〇世紀はじめの第一次世界大戦までの、ヨーロッパ地域の大国とアメリカ、日本による植民地獲得が熾烈化した時期を指す。背景には、一九世紀後半にヨーロッパ地域とアメリカ、日本で、第二次産業革命により重化学工業を軸に工業化が急速に進展し、原材料の供給地と工業製品の市場の獲得が至上命題となっていたことがある（木畑、二〇一二a、一三～三九頁：Hobsbawm, 1989：秋田、二〇一二：竹内、二〇〇四）。

こうした帝国主義の時代の国際秩序を、歴史上、「帝国主義世界体制」（ないし「帝国世界」）と呼ぶ（木畑、二〇一四、一七～二四頁：江口、二〇一三：木畑、一九九七）。この時期、一方でヨーロッパの大国やアメリカ、日本は、アジアやアフリカといった非ヨーロッパ地域を植民地化していくが、他方で帝国を持つこれらの国々は、それぞれの地域で「国民国家」を成立させ、その一体化を強化していった（木畑、二〇一二a、三四～三六頁：谷川、一九九九）。そのため「国民帝国」と呼ばれることがある（山室、二〇〇三）。さらに同時に、帝国主義の時代には、ヒトとモノ、カネ、情報が国境を超えて、近代グローバリゼーションが進展していた（木畑、二〇一二a：秋田・桃木、二〇一三：木谷、一九九七、三一～四一頁）。

アメリカは、イギリスやフランス、ドイツ、ロシア、スペイン、ポルトガルなどのヨーロッパ地域の大国と日本が世界で持つ帝国にいかに対応していったのか――。また、「帝国」としてのアメリカは、いかなる経緯を辿ったのか――。本章では以上の点を明らかにする。冷戦期の「脱植民地化（decolonization）」の動きも踏まえる。

（3）「非公式帝国」としてのアメリカ

まず、「帝国」と「帝国主義」の定義を踏まえよう。

「帝国（empire）」とは、歴史家のハウによれば、「広大で、複合的で、複数のエスニック集団、もしくは複数の民族を内包する政治単位であって、征服によってつくられるのが通例であり、支配する中央と、従属し、時として地理的にひどく離れた周縁とに分かれる」ものである（Howe, 2002：30）。また帝国は、植民地を直接に支配する「公式の帝国（formal empire）」と「非公式の帝国（informal empire）」、すなわち「植民地なき帝国」とに分かれる（Gallagher & Robinson, 1953：Westad, 2007：chap. 1：Howe, 2002：25：木畑、二〇一二a、三一～三三頁：毛利、一九七八、特に第一章：半澤、二〇一〇）。たとえば、特にヴィクトリア時代のイギリス帝国は、「可能であれば非公式に、必要であれば公式に」植民地を統治した（Reynolds, 1986：27）。「帝国主義（imperialism）」は、同じくハウによれば、「そのような（帝国の）巨大な政治単位をつくり、保持する行為なり姿勢を指すことに用いられるが、同時に、一つの国民なり国家が、他を、それほど明確でも直接的でもない形でコントロールないし支配する意味でも用いられる」（Howe, 2002：30：Porter, 1994：chap. 1：川北、二〇〇七：木谷、一九九七、一～三〇頁）。

アメリカは原則的に、「非公式の帝国」ないし「植民地なき帝国」であり（その例外はフィリピンとグアム、プエルトリコの領有）、その帝国主義的な振る舞いや対外政策が内外で批判されることがしばしばある。しかし同時に、自由民主主義の共和国としてのアメリカは、ヨーロッパ地域の大国とアジア地域の日本による帝国と帝国主義に対しては常に批判的であり続け、第二次世界大戦後の「脱植民地化」の動きに対しては、もう一つの超大国であるソ連とともに、その促進要因となった（木畑、二〇一四、一〇四頁）。

他方でアメリカは、たとえば、一九六〇年代後半のイギリスのスエズ以東からの撤退などに対しては、東南アジア地域の国際秩序がより不安定化し、アメリカの負担が増大することを懸念する側面も持っていた。米ソ冷戦下にあっては、ヨーロッパの帝国の急速な解体や崩壊は、かえって共産主義勢力の拡張をもたらしかねず、地域の国際秩序を揺さぶる可能性があったのである（Dobson, 1995：131-139：木畑、二〇〇六、二九七～三〇三頁：吉川、二〇一五、一九二～二〇五頁）。そのため、結論を先取りするならば、ヨーロッパの帝国と脱植民地化に対するアメリカの姿勢は、きわめてアンビヴァレントなものとならざるを得なかった。

二　「自由の帝国」と反植民地主義

（1）現実主義と孤立主義の伝統

建国独立直前の植民地アメリカでは、特にイギリスからの入植者たちの多くは、「われわれはイギリス国民である」あるいは「英帝国の一員である」、「英帝国の擁護者である」というアイデンティティと誇りを強く持っていた（安武、二〇一一、二七～二八頁）。こうしたイギリス人入植者たちの自己認識が変化したのは、イギリス本国から印紙法（一七六五年三月）や茶法（一七七三年五月）など重税を課され、「代表なくして課税なし」という意識が広がったからである。これに加えて、一七七三年一二月一六日のボストン茶会事件を経て、イギリス軍との小競り合いが続く状況下で、ペインの『コモン・センス』が一七七六年一月に刊行されるにともない、その内容に大いに刺激され、「アメリカ人」としてのアイデンティティがにわかに醸成されたからである（ペイン、一九七六；杉山、一九九六）。一七七六年七月四日には、ジェファソンらがまとめた「独立宣言」が掲げられる（大下・有賀・志邨・平野編、一九八九、三五～三八頁）。

アメリカの植民地が独立戦争の時に見せた注目すべき動きは、植民地のアメリカが、宗主国イギリスのライバル国であったフランスとの間で、同盟を締結したことである。フランスからの経済的かつ軍事的な支援がなければ、アメリカの建国独立はなかった。国内で後に自由民主主義の制度設計をする建国の父たちは、対外的にはリアリストの視角を持っていたことになる（有賀、一九九八b、三二～三五頁；一九八二、三三～六二頁）。「彼ら（北アメリカの東部沿岸の白人入植者）は『植民者（colonists）（少し後の語法では「植民地主義者（colonialists）」）』だったが、同時に世界で最初の反植民地革命に勝利した」のである（Howe, 2002：11）。

アメリカの初代大統領ワシントンは、二期八年間で大統領職を潔く辞めるが、周知の通り、また第三章でも見た通り、一七九六年九月一七日の告別演説で、ヨーロッパの大国との政治的な結びつきを持つことを強く戒めている。

諸外国に関するわれわれの行動の一般原則は、通商関係を拡大するにあたり、できる限り、政治的結びつきを持たないようにすることであります。すでに結んでしまった約束に限り、全面的に信義をもって果たさねばなりませんが、それだけで止めておくべきであります。

「どうして、われわれの運命をヨーロッパのどこかの運命と織り合わせ、われわれの平和と繁栄とを、ヨーロッパの野心、敵対、利害、気分、気紛れの網のなかに絡ませることがありましょうか」（大下・有賀・志邨・平野編、一九八九、六四頁）とも述べている。第三章で見た通りである。

ここで留意すべきことは、第一に、政治的な結びつきが平時における軍事同盟となり、いざ戦争になった時に、アメリカが戦争に巻き込まれることを回避すべきである、という勧告であるということである。行動の自由を確保すべきである、と言ってもいい。単独主義のアプローチである。第二に、特にヨーロッパ地域の大国との政治的かつ軍事的な結びつきは回避すべきであるが、経済的な結びつきを強化することは回避すべきものではないということである。第三に、ワシントン大統領の告別演説が、二〇世紀はじめの第一次世界大戦まで続く「孤立主義」のアメリカ外交の伝統を形成したことである。

(2)「自由の帝国」という夢

しかし、こうしたワシントンをはじめ、建国の父たちは、「アメリカはやがて、帝国になるべきである」と夢見ていた。とりわけ、初代国務長官と第三代大統領を歴任したジェファソンは、「自由の帝国」の構築について、しばしば言及している。たとえば、以下の通りである。

一七八〇年一二月二五日付――われわれは、イギリス領カナダの危険な拡張を阻止すべく全邦の連合を結成し、危険な敵を価値ある友に変えることにより、さらに広大にして肥沃な領土を「自由の帝国」に加えることができるようになるでありましょう（明石、一九九三、一頁）。

注目すべきことに、ジェファソンと思想面と実践面で対照的で、お互いに比較されることも多い第二代大統領のジョン・アダムズも、「自由の帝国」について語っている。

（そこに）「自由の帝国」が興り、一人の国王も一人の貴族もなく、二億ないし三億の自由人がそこに居住するようになるのを思い浮かべるのは、長い間私の揺り馬（慰み）でありました。あなた（アダムズのイギリスの知人）はそのようなことは可能ではないと言われます。もし私があなたのご意見に同意したとしましても、私はあえて言いましょう、そのための実験を試みようではありませんか（明石、一九九三、二頁）。

「自由の帝国」とは、そもそもアパラチア山脈以西の地域へ領土を拡大し、植民活動を活性化させ、自由民主主義の適用領域を拡大する国家プロジェクトを指していた。本来、時代限定的な概念であった。しかしその後、本章の冒頭で述べた通り、時代によってその意味とニュアンスを変えて、アメリカ政治外交の文脈で使用されていくことになる（イギリスの外交史家レイノルズは、アメリカの歴史を重厚な著作としてまとめ、そのタイトルを『アメリカ、自由の帝国』とした）。「帝国」や「帝国主義」という概念が頻繁に使用されることになるのは、一八七〇年代から二〇世紀はじめの第一次世界大戦までの帝国主義の時代においてである。この点において、一八世紀後半から一九世紀はじめという比較的早い時期に共和国のアメリカで、大統領のジェファソンやアダムズが、「自由の帝国」について繰り返し言及していたことは注目に値する。しかもその際、帝国の概念は、必ずしもネガティブな意味合いではなかった（Reynolds, 2009；和田、二〇〇六）。

一八世紀後半から一九世紀はじめにかけてのヨーロッパ地域でのフランス革命の広がりに対して、ワシントン政権は中立を保持した。ジェファソン国務長官は親仏派であり、アレクザンダー・ハミルトン財務長官は親英派であった。ワシントン大統領は、その中間の立場を選択したのである。ワシントン大統領は、さまざまな側面を持った人物であったが、特に〝中庸さ〟を保つバランス感覚に優れていた（LaFeber, 1994：45-47）。その後、ジェファソン大統領は、フランスの皇帝ナポレオンから、ミシシッピ河以西の広大なルイジアナの領土を購入し、一八〇三年一二月二〇日にはアメリカの主権が確立した。自由の帝国の実現を夢見ていたジェファソン大統領は、ルイジアナ購入に関する教書で一〇月一七日に、以下の通り語っている。

ミシシッピ河とその支流の流域地方の財産と主権を確保すれば、諸外国との衝突やわが国の平和に対する水源地方（のイギリス勢力）からの危険に憂いのない西部諸州の生産物の独自の出口と、上流から河口までの自由な航行とが保障されますし、この地方の肥沃さ、気候と広さは、時節がくれば、わが国庫への重要な税収入と、子孫のための豊富な食糧供給と、自由と平等な法の祝福を及ぼす広大な広がりとを約束します（大下・有賀・志邨・平野編、一九八九、六六頁）。

対外政策で大統領が強い影響力を行使するようになるのは、皮肉にも議会政治を信奉していたジェファソンのルイジアナ購入を契機としている。

ヨーロッパ地域でのナポレオン戦争（一七九六年四月〜一八一五年六月）による混乱に乗じて、西半球の南側に横たわっていたスペインとポルトガルの植民地の多くが建国独立した。共和国のアメリカは、こうした中南米諸国の独立を強く支持した（LaFeber, 1994：80-83）。また、米英戦争が一八一二年六月に勃発し、アメリカは北アメリカに残されたイギリスの植民地カナダの領有を試みるが、この試みは挫折した。しかし、イギリスとの戦争を再び経験したアメリカは、戦争を北部の産業が発展していく契機とした。自国の産業を発展させ、保護する必要性を強く認識するにいたったのである（LaFeber, 1994：58-67）。

（3）「モンロー・ドクトリン」と「新世界」

一九世紀前半の一八二三年一二月二日にモンロー大統領は、アメリカ議会への教書という形で、「モンロー・ドクトリン」を掲げて、ヨーロッパ地域の大国に対して、西半球とヨーロッパ地域との相互不干渉と反植民地主義の姿勢を訴えた。第三章でも見た通りである。主な内容は大きく三つであった。すなわち、第一に、アメリカ大陸は将来、ヨーロッパの大国による植民の対象と考えられるべきではないこと、第二に、アメリカはヨーロッパの政治に介入しないこと、第三に、ヨーロッパの大国の圧迫その他の方法による西半球の諸政府に対するいかなる干渉も、アメリカへの非友好的意向の表明とみなすことである（大下・有賀・志邨・平野編、一九八九、六八〜七〇頁：中嶋、二〇〇二、特に第四頁：二〇〇〇、一六一〜一七四頁）。

ここで留意すべきことは、第一に、モンロー・ドクトリンの宣言は、当初はイギリスとの共同文書として発表されることがイギリス側から提案され、この機会をとらえてアメリカ単独でモンロー・ドクトリンを発表したことである。こうした動きは、単独主義の古い事例である。これは、ジョン・クインシー・アダムズ国務長官（後の大統領）による勧告にしたがったものであった（LaFeber, 1994：85）。しかし第二に、建国間もない弱小国のアメリカは、自らの意志と力で、モンロー・ドクトリンをヨーロッパ地域の大国に守らせることができなかったことである。西半球とヨーロッパ地域との間の相互不干渉を実現させたのは、「無償の安全保障」としてお互いの間に広がる大西洋であり、イギリスの強大な海軍力であった。当時の技術レベルでは、地政学的に、アメリカとヨーロッパはまだ遠過ぎたということである。これらの点は、第二章と第三章でも見た（有賀、一九九八a、四～五頁）。第三に、歴史家のギャディスによれば、この当時アダムズ国務長官は、特に西半球において単独主義と地域覇権、先制のドクトリンからなる大戦略を描いていたことである（Gaddis, 2005A：7-33）。ただし、アダムズ国務長官は、次のようにも語っている。

自由と独立の旗がはためいてきたところ、あるいはこれからはためくところであればどこであれ、アメリカは心を傾け、祝福し、祈りを唱えることであろう。しかし、アメリカは倒すべき怪物を求めて海外に出ることはない。アメリカはすべての人々の自由と独立を願うが、自らのためにのみ戦い擁護するのである（Westad, 2007：14）。

第四に、この時期を契機として、アメリカとヨーロッパ地域とが「新世界」と「旧世界」との対比で捉えられ、かつその相違を強調する議論が〝道徳的な〟色彩を帯び始めたことである。アメリカの新世界は、アメリカ人によれば、封建制や身分制を経験しておらず、自由民主主義の共和国としての歴史的な実験をしている。そのためアメリカ人は、腐敗や堕落とは無関係であり続ける。政治学者リップセットは、こうしたアメリカ人を「最初の新しい国民（first new nation）」と指摘している（Lipset, 1996：18）。また新世界は、対外的には、ヨーロッパ流の軍事同盟や秘密外交とは無縁な世界であると描かれた。

これに対して、ヨーロッパの旧世界は、封建制や身分制がまだ残り、宗派の違いで迫害される人々もいる。政治体制の違いも強調された。アメリカでは、立法と行政、司法を三権分立で権力を分立させ、それぞれの制度間で「抑制と均衡」が働くことが期待されていた。王政や帝政を否定して、大統領制が導入された。高度な地方自治を認めた連邦制も導入されている（阿部、二〇〇二a)。しかし、ヨーロッパでは、まだ王政や帝政が残り、自由民主主義は、イギリスを例外として未発達である。また対外的には、ヨーロッパの大国は、軍事同盟や秘密外交、勢力均衡(BOP)などを駆使した古典外交を展開し、大国間ではまだ戦争も起こりうる(Burk, 2007)。

こうして腐敗し堕落した古い世界として描かれたヨーロッパ地域に対して、新世界のアメリカは、その共和国としての政治的かつ道徳的な徳性と純粋さを保持するためにも、一定の距離を保つべきである。自らの徳性と純粋さが汚されないためにも、ヨーロッパ地域にかかわるべきではない、とされたのである(有賀、一九九八a、二~四頁;グールド、二〇一六、第六章)。

(4)「明白なる天命」と西半球での拡張主義

アメリカは、こうした一九世紀前半に領土を大幅に西へ拡張した。特にオサリバンが一八四五年夏に発表した「テキサス併合論」で用いられた「明白なる天命」は、当時の時代精神を的確に表現したものであるばかりでなく、一地域一時代を超えて、領土の併合や勢力の拡張を正当化するイデオロギーとして用いられた。ここでは早くも、モンロー・ドクトリンでは明文化されていなかった西半球への干渉主義ないし拡張主義が、「一般法則」や「明白な神意」として正当化されている。

すなわち諸外国は、われわれに敵対的な干渉の精神をもって、われわれの政策に横槍を入れ、われわれの勢力を妨害し、われわれの広大さに制限をつけ、そして年々増加する何百万人ものわが国民の自由な発展のために神が割り当て給うたこの大陸を覆って拡大していくという、われわれの「明白なる天命」の達成を拒むという公然たる目的のために、われわれとこの問題の適正な当事者との間に無理やり割り込もうと企てたのである。……テキサスは、わが国の住民を西へと押し動かしていく「一般法則」の不可避的な実現の過程で、連邦へと吸収されたのである。そしてこの一般法則と、一〇〇年以内に二億五〇〇〇万人(それ以上でないとして)という巨大な人口にまでわが国の人口数を増大させることを運命づけられている人口増加率との関係はあまりにも明らかであって、この大陸の占有に関する「明白な神意」について、われわれに何の疑いも残さない(大下・有賀・志邨・平野編、一九八九、八八~八九頁)。

（5）南北戦争とその後

ほぼ同じ時期の一九世紀半ばには、カリフォルニアで大量の金が発見され、「ゴールド・ラッシュ」となる。この結果、西部への移住は加速された。この時期までに国家レベルで問題になっていたことは、西部の新しい州を合衆国へ組み込むにあたり、自由州とするか奴隷州とするかをめぐる北部と南部との対立の激化であった。次第にこの対立は、にわかに熾烈化し、一八六一年二月四日に南部諸州が「アメリカ連合国」を立ち上げ、同年四月一二日には南北戦争が勃発する。

ここで注目すべきことは、共和党のリンカーン大統領が、南北戦争中の一八六二年九月一七日に奴隷解放宣言を発表し、南部に同情的なイギリスをはじめとしたヨーロッパの大国による帝国主義的な動きや軍事介入を牽制し〝抑制〟したことである（大下・有賀・志邨・平野編、一九八九、一〇六〜一〇八頁；LaFeber, 1994 : 149–153）。イギリスの国内では、奴隷制の廃止に対する世論が強く、一八三〇年代にすでに、英帝国内で奴隷制が廃止されていた。フランスは、ナポレオン三世が西半球の特にメキシコに介入しようとするが、アメリカによる反対などもあり、結局はうまくいかなかった（ただしナポレオン三世は、「帝国主義」という概念を広めることに貢献した）。

南北戦争後のアメリカは、国内の北部と南部の再統合に没頭していくが、次節で見る「帝国主義の時代」には、特に中南米諸国に対して、帝国主義的な振る舞いを次第に繰り返していくことになる。一九世紀の孤立主義はあくまでも、国際システムの中心であるヨーロッパ地域に対する〝孤立・隔離〟であって、中南米諸国やアジア地域に対しては、〝膨張・拡大〟していくという二面性があった。第二章で見た通りである。

たとえば、アメリカと中国との貿易は、すでに建国当初から始まっている。東北部沿岸の商人たちが広東貿易に従事し、ハワイ諸島を拠点に太平洋をまたにかけて通商的膨張を進めた。また北部の工業が成長するにともない、一八三〇年代頃から商工業者たちはラテン・アメリカ市場への進出を強めた。南北戦争後に海外市場への依存度を急速に高めた西部の農業関係者たちが、農産物の販路を求めて海外膨張主義を推進するようになったという説もある（高橋、一九九九、六頁）。

(6) シュアードの「統合された帝国」「海洋帝国」の構想

また何よりも、リンカーン政権のシュアード国務長官が、南北戦争以前に「統合された帝国(integrated empire)」ないし「海洋帝国」の構想を描いていたことが知られている。シュアード国務長官は、アメリカがアジアへの陸橋であるとする観念に基づき、「四〇〇年間にわたるヨーロッパの膨張の大目標、つまりあらゆる文明の座であるアジアへ到着するため」の条件として、まず大陸帝国の建設(内陸開発、工業・農業の発展、連邦の統一の維持と中央集権化、大陸横断鉄道建設など)を重視しつつ、カリブ海から地峡運河、そして太平洋の拠点の支配を主張し、自らこの構想の実現に尽力した。このシュアード国務長官の「統合された帝国」ないし「海洋帝国」の構想は、一九世紀後半を通じて、グラント大統領や歴代の国務長官に受け継がれていった(高橋、一九九九、九頁)。またシュアード国務長官は一八六七年三月三〇日に、アジアへの架け橋としてアラスカをロシアから購入し、ミッドウェー島を占領しただけでなく、カリブ海進出と、早くもハワイ獲得を画策した。これ以降、ラテン・アメリカやアジア太平洋方面への海外進出が不断に試みられた(Valone, 1995:高橋、一九九九、五頁)。

南北戦争以前のアメリカは、日本にも一八五三年六月三日、マシュー・ペリー率いる黒船を派遣し、鎖国下にあった日本に対して開国を迫っている。アメリカは、中国との通商のための補給地を必要としていたのである。日本にとっては、鎖国から開国し、徳川幕府の江戸時代から明治維新を経て、天皇を中心とした新しい政体へと〝政権交代〟をもたらす歴史的な分水嶺となった。ただしその後、南北戦争により日本に対するアメリカのアプローチはしばらく停止した(LaFeber, 1994:135-138)。この間、日本は近代国家として富国強兵の道を突き進んでいくこととなる(鵜飼、二〇一四)。

三 帝国主義世界体制の成立

(1) 世紀転換期の反帝国主義運動

すでに見た通り、「帝国主義の時代」とされる一八七〇年頃から二〇世紀はじめの第一次世界大戦までの国際秩序を「帝国主義世界体制」(ないし「帝国世界」)と呼ぶ。帝国主義世界体制は、後述する通り二度の世界大戦を経て、米ソ冷戦期に次第に崩壊していった。つまり、第一次世界大戦で一気に崩壊したわけではなかったということである。こうした帝国主義世界体制に、アメリカは他の主要国と比べて、比較的遅れて参画していった。また次第にアメリカは、アンビヴァレントな政策対応であったが、帝国主義世界体制を突き崩す勢力として振る舞うようになっていくのである。

米西戦争が一九世紀末の一八九八年四月二五日に勃発し、アメリカはすでに見た通り、フィリピンとグアム、プエルトリコを植民地化した（ほぼ同じ時期、ハワイも併合される。キューバはやがて保護国化される）。アメリカは、特にフィリピンやグアムの領有により、アジア地域、特に中国への足がかりを獲得した。こうしてアメリカは、陸の帝国から海の帝国へ転換したのである。一八九〇年代末には、共和国としてのアメリカが帝国となっていいのか、という議論が繰り広げられた。

自らの自由を強固に守ろうとするアメリカ人が、統治することができるのというのか？……アメリカ人が自由でありさえすれば、アメリカが示した約束は守られたことになるのか？　それともアメリカの自由は、世界を舞台とするものなのか？アメリカの使命はその沿岸までしか及ばないというのなら、アメリカは長期的に自らの利益をいかにして守ることができるというのか？　もしその使命は無限に広がるものだというなら、アメリカはどうすれば自らの力で合衆国を防衛し、同時に、グローバルな自由を構築できるのか？

これらの問いは、ウェスタッドの『グローバル冷戦史』の冒頭で問いかけられたものである（Westad, 2007 : 8）。一九〇〇年夏、民主党大統領候補指名の受諾に際し、ウィリアム・ジェニングス・ブライアンは、こうした問いかけでアメリカによるフィリピンの植民地化を激しく批判した。そうした政策は、共和主義の根幹を脅かすものであると断言した。ブライアンは、「われわれの歴史全体は、フィリピン人に限らず、自分の国のなかで発言権を封じられてきたすべての人々を勇気づけるものであったのだ」と論じ、次のようにも語った。

われわれの活動領域は西半球に限定されてきたが、われわれの思いは海によって隔てられてきたわけではない。独立以来、われわれは次のように考えてきた。われわれが人権と恣意的な権力との間のあらゆる対立に対して抱いてきた関心を明白にすることは、われわれ自身と世界全体に対する、そして自らを統治する権利を求めて逃走する人々に対する責務であると（Westad, 2007：8：Kennan, 1984：18：高橋、一九九九、四四～四七頁）。

アメリカ国内での反帝国主義運動は、このブライアンをはじめとして、カクストン・クラブ会長のグーキンやホアー上院議員、作家のトウェイン、実業家のカーネギーなどによって展開された。たとえば、グーキンは次のように問うた。「わが国民が熟慮すべき重大な問題は、もし帝国主義的政策の確立を許すならば、それがわれわれ自身に対していかなる結果をもたらすであろうかということである」。共和国による多民族の植民地支配は、国内で専制政治や腐敗を生み、自由を脅かす、と考えられたのである（Kennan, 1984：18）。ホアー上院議員は、「外国の領土を併合し、これをその住民の同意なくして統治することは、独立宣言の神聖な諸原則にまったく背馳しており、また憲法の諸原則を推進するものではない以上、違憲である」と述べた（Kennan, 1984：15–16）。

これらに対して、膨張論を唱える帝国主義者たち、マハンやセオドア・ローズヴェルト、デューイ、リードなどは、「これらの領土獲得はわれわれの明白なる天命である」と論じた。また、「われわれがいろいろの理由からこれらの領土に対して優越的な利益を持っている」とも論じた。さらに、「われわれは文明国およびキリスト強国として、これら無知にして迷える住民たちを更生させる義務がある」という議論もあった。また別の議論によれば、「これらの領土は、わが大陸領域の防衛上必要である」というものであった。商業を重視する人たちの言い分によれば、「偉大な将来を持つと思われた東洋貿易において、分相応な分け前を確保するために、われわれは、これらの領土、特にハワイおよびフィリピンを獲得しなければならない」というのであった。しかし、帝国主義者たちの最も強力な議論は、「われわれがこれらの領土を獲得しなければ、誰か他の国が獲得するであろうし、それではもっと具合の悪いことになる」というものであった。「予防的必要」と呼ばれる議論である（Kennan, 1984：15, 16–17：高橋、一九九九、四六～四七頁）。

（2）二度の「門戸開放」通牒

ただし、米西戦争後にアメリカがアジア地域、特に中国に眼を向けた時には、清帝国は日清戦争での敗北の結果、ヨーロッパの大国と日本により、まさに半植民地化されていた。こうした中国をめぐる国際情勢に対して、アメリカのマッキンレー政権は、第三章でも見た通り、ヘイ国務長官が二つの「門戸開放」通牒を、ヨーロッパの大国と日本に対して一方的に通告する。一八九九年九月六日の第一次門戸開放通牒は、それぞれの勢力圏における門戸開放と商業上の機会均等を訴え、翌一九〇〇年七月三日の第二次門戸開放通牒では、政治的に中国での領土保全と中国全土に関する通商の機会均等をアメリカのアジア政策としてヨーロッパの大国と日本に一方的に通告した。繰り返しになるが、単独主義の一例である。

合衆国政府の政策は、中国に恒久的な安全と平和をもたらし、中国の領土的・行政的独立性を維持し、条約ないし国際法によって友好国に保証されているすべての権利を保護し、かつ中国帝国の全部分と平等にして公平な貿易を行う原則を世界のために保障しうるような解決を追求することにある（大下・有賀・志邨・平野編、一九八九、一三九〜一四一頁：高橋、一九九九、第二章）。

門戸開放通牒の背景には、「夢の中国市場」への強い関心や反植民地主義の伝統もあったが、より重要な側面として「少なくとも、中国の半植民地化のペースを遅らせたい」という現実的な要請もあった（松田、一九九八、七三頁）。マッキンレー大統領とヘイ国務長官は、主要国からあいまいな返答を受け取ることで、「決定的な」同意を得たと解釈すると主張して、アメリカ外交の大きな成果と位置づけた。注目すべき点は、「門戸開放」の政策が、国内向けのアピールにとどまらず、その後のアメリカのアジア政策の指針となったことである。明らかに矛盾するけれども、東南アジア地域でフィリピンを領有していたアメリカであったが、他方で中国をはじめとした東アジア地域では反植民地主義の姿勢を貫いたのである。やがて、こうしたアメリカの門戸開放政策は、東アジア地域で、日本の帝国主義政策と衝突していくことになる（北岡、二〇一五）。しかし、一九四一年一二月七日の太平洋戦争の勃発まで、アメリカには日本と戦争を戦う意志と覚悟はなかった。

世紀転換点のアメリカの門戸開放政策に議論を戻そう。

この当時、イギリスを抜き、すでに世界一の工業国となっていたアメリカの論理では、中国が植民地化されてしまうと、スムーズに貿易や通商、ビジネスができなくなってしまう。いつの時代も、自由貿易で最も利益を享受できるのは、最も工業化が進んだ経済大国である（Carr, 1964：63-88）。日清戦争や米西戦争が勃発した一九世紀末を挟んで、それまではイギリス、これからはアメリカであった。一八七〇年代からの帝国主義の時代は、イギリスからアメリカへの覇権（hegemony）の交替期の始まりでもあった（高橋、一九九九、一九頁）。世紀転換点の中国でイギリスは従来の門戸開放の政策から後退し始め、フランスやドイツ、ロシア、日本と同じように租借地の獲得に乗り出し、〝面〟としての植民地支配を固めつつあった（Kennan, 1984：chap. 2）。

ただし、工業生産力でアメリカに抜かれたイギリスであったが、世界経済においては依然として金融の中心であり、通貨ポンドを軸としたスターリング圏は広大で、なお健在であった。何よりもイギリスは、ヨーロッパ地域ではヨーロッパ大陸に領土的野心を持たないバランサーの一島国であったが、世界全体では七つの海にまたがる大英帝国を維持していた。

(3)「オルニー系論」と「ローズヴェルト系論」

こうした大英帝国との間で、アメリカはお膝元の中南米諸国をめぐって、一九世紀後半まで深刻な対立を抱えていた。たとえば、一八八九年から九三年の共和党のハリソン政権が汎米会議（Pan-America Conference）の開催と汎米同盟の創設、互恵通商協定の締結など、海外市場進出のための対外政策を推進し、ラテン・アメリカ市場をめぐる米英抗争を激化させた。その後、自由貿易や反植民地主義を唱えた民主党のクリーヴランド政権も、西半球では積極的な対外政策を展開し、イギリスの「非公式の帝国」の観があった中南米地域でイギリスの通商覇権に挑戦し始め、チリ、ブラジル、カリブ海地域などで米英両国の対立が表面化した。

とりわけベネズエラ問題では、クリーヴランド政権は、一八九五年七月二〇日に国境紛争をめぐってイギリスに対して強硬な覚書を送り、西半球でのアメリカの事実上の支配権を主張した。オルニー国務長官が、モンロー主義を拡大解釈し、「今日、合衆国はこの大陸では実際上の主権者であり、合衆国の命令は法律である」と述べたのである。「オルニー系論（コロラリー）」

である。この覚書をイギリス首相のソールズベリ候が黙認して、アメリカによる調停を受け入れたことは、その後のイギリスの対米接近を予感させた。実際、一八九八年四月二五日に勃発した米西戦争では、イギリスはアメリカを大いに支援し、英米友好関係の回復を劇的な形でアピールしたのである（高橋、一九九九、二三、六二頁）。

一八九八年九月末には、親英派のヘイが国務長官に就任する。この当時、米英間にはいくつかの重大な係争問題が存在した。たとえば、アラスカ国境問題、ベーリング海あざらし猟問題、ニューファンドランド漁業権問題などのカナダ問題である。米英加三カ国代表から成る合同調停委員会を通じて交渉が進められ、結局カナダを犠牲にする形で米英の妥協により解決された。もう一つの争点であった地峡運河問題でも、単独で運河を建設し、それを独占的に支配することを要求したアメリカの主張をイギリスが認めて、一九〇一年一一月一八日にヘイ＝ポンスフット条約が成立した。こうして西半球においては、イギリスがアメリカにほぼ全面的に譲歩することにより、米英の友好関係がしばらく保持されたのである（高橋、一九九九、六二～六三頁）。ところが、ベネズエラが一九〇三年に、債務不履行のために、英独伊三カ国の武力干渉を受ける事件が勃発した。パナマ共和国を独立させ、中米地域での覇権を追求したセオドア・ローズヴェルト大統領は、一九〇四年一二月六日の年次教書で、モンロー・ドクトリンから派生する権限として、カリブ海諸国に対するアメリカの干渉権を主張した。「ローズヴェルト系論」である。「オルニー系論」よりも、モンロー主義を拡大解釈した内容であった。

文明社会の絆に全般的な弛緩を生じさせる慢性的な非行ないし無能力は、アメリカ大陸であれ、他のいずこであれ、最終的には、いずれかの文明国による干渉を必要ならしめるであろう。そして西半球においては、モンロー主義を信奉する合衆国としては、そのような非行ないし無能力のはなはだしい事例に際して、ためらいつつではあるが、国際警察力の行使を余儀なくされるであろう（大下・有賀・志邨・平野編、一九八九、一四二頁）。

このローズヴェルト系論は、一九〇五年に早くもドミニカに適用された。これ以降、西半球ではイギリスがアメリカに妥協を重ね、アメリカがやがてイギリスから通商覇権を奪い取っていく。この当時には、「白人の責務」や「文明化の使命」だけではなく、第三章でも見た通り、「アングロ＝サクソンの優位」という考えも生まれ、このことが帝国支配や植民地支配の正当化の動きへとつながっていく。

（4）世紀転換期の日露戦争と英独対立

世紀転換期における大英帝国は、衰退の局面に突入した。工業生産力では、アメリカとドイツに後れをとるようになった。イギリスがアメリカとの友好関係を演出したのはそのためでもある。ところが、イギリスの外交力はなお健在であった。イギリスは、平時に同盟を締結しない「光栄なる孤立」を脱し、一九〇二年一月三〇日にアジアの島国の日本との間で、日英同盟を締結する（小林、二〇〇四：後藤、二〇〇六）。これは、朝鮮半島で南下政策をとるロシアを牽制し〝抑制〟する動きであった。こうして、一九〇四年二月八日に勃発した日露戦争は、二〇世紀はじめての近代戦争となるが、第三章でも見た通り、英露両国の代理戦争の側面を有していた。日本帝国とロシア帝国による帝国同士の戦いでもあった（横手、二〇〇五、特に終章）。

アメリカのセオドア・ローズヴェルト大統領は、日露間の調停に乗り出して、停戦を引き出し、一九〇五年九月五日のポーツマス条約による和平交渉に尽力した。ローズヴェルト大統領が、日本の勝利で講和条約を締結する努力を行ったのは、決して親日派であったためではなく、勢力均衡の論理から行動したまでである。またローズヴェルト大統領は、戦艦を世界一周させ、アメリカの海軍力を世界に見せつけた。二〇世紀初頭のローズヴェルト大統領は、アメリカの大統領にしては珍しく、ヨーロッパ流の権力外交のセンスを有していた（もう一人の例外は、ニクソン大統領である。Kissinger, 1994：chap. 6）。

一八七〇年代以降の帝国主義世界体制ではやがて、特にイギリスとドイツの植民地政策が、中東地域やアフリカ大陸で衝突した。世紀転換期の出来事である。また、ドイツの海軍増強政策により、英独間の軍拡競争は「安全保障のディレンマ」に陥った。陸軍の軍拡競争も起こった。さらに、特に日露戦争後、イギリスを中心とした三国協商とドイツを中心とした三国同盟とに分かれ、国際システムのプロセスは膠着化した（Nye & Welch, 2016：chap. 3）。

またそれまで、帝国主義の時代に熾烈化した植民地獲得競争を通じて主要国間の対立と競合を非ヨーロッパ地域で発散する形で、ヨーロッパ地域の大国はヨーロッパ地域での国際秩序の平和と安定を享受していた。華やかな文化も花開いた。「ベルエポック」の時代である（君塚、二〇一二）。しかし同時に帝国主義世界体制の下、特に帝国内で、急速に進展した近代グローバル化によって、ヨーロッパ地域での戦争が非ヨーロッパ地域へとグローバルに拡大する土壌が形成されてしまっていたのである。興味深いことに、山室信一によれば、「世界が一体化しつつあるがゆえに戦争は世界化せざるを得ないし、戦争が逆にまた世界の連関性をさらに強めていく」という認識が当時、第一世界大戦勃発直後の日本にもあったという（木畑、二〇一四、四三、六〇〜六一頁：長谷川、二〇一六：酒井、二〇〇七：細谷、二〇一五）。

四　帝国主義世界体制の揺らぎ

（1）第一次世界大戦と「民族自決」の原則

第一次世界大戦は、バルカン半島での小競り合いをきっかけに勃発し、ヨーロッパ全土へとエスカレートしたが（「バルカン・モデル」）、戦争を始めた主要国は、戦争は比較的早期に終結すると想定していた。しかし、『西部戦線異状なし』という小説と映画がある通り、予想に反して長期戦となった。そのため「国民国家の総力戦」となり、同時に「帝国の総力戦」にもなった。たとえば、インドのガンディーは、第一次世界大戦後のインドの自立を求めて、宗主国イギリスの戦争に協力する姿勢を見せていた。その期待は裏切られ、戦間期に独立運動を強めていくことになる。

アメリカは当初、第一次世界大戦には中立を保っていたが、ドイツによる無制限潜水艦作戦でアメリカ人の被害者が出る事態に直面し、かつイギリスがドイツに敗北することを防ぐために、遅れて参戦した。一九一七年四月二日の両院合同会議に臨んだウィルソン大統領は、第三章でも見た通り、次のように強調した。

世界は民主主義のために安全にされねばなりません。世界の平和は、政治的自由の検証済みの基盤の上に築かれねばなりません（大下・有賀・志邨・平野編、一九八九、一五九頁）。

第一次世界大戦の戦争目的が明らかにされたのは、比較的遅い。一九一八年一月五日のイギリスのロイド・ジョージ首相の演説と、一月八日のアメリカのウィルソン大統領の演説である。ロイド・ジョージは、ベルギーの独立回復をはじめとする各地域の将来構想や賠償問題、紛争解決のための国際機関の創設などを訴えた。ウィルソンは、秘密外交の廃止や航行の自由、紛争解決のための国際機関の設立など「一四カ条の平和原則」を掲げた。ここで注目すべき点は、第一次世界大戦後の国際連盟の設立は、アメリカのウィルソン大統領の一四カ条の平和原則にルーツがあると見なされることが多いが、イギリスのロイド・ジョージ首相が三日早く、紛争解決のための国際機関の設立を訴えているということである。また、これらの戦争目的表明は、ロシアでの一九一七年の一一月革命後に、「無併合・無賠償の即時講和」を訴えた「平和に関する布告」が出されたことに対抗するものであった（木畑、二〇一四、六三頁：草間、一九九〇：西崎、二〇〇四、第三章）。

さらに注目すべきことには、「民族自決」という概念は、アメリカのウィルソン大統領の一四カ条の平和原則と結びつけて論じられることが多いが、第三章でも見た通り、一四カ条の平和原則には、「民族自決」という表現自体は実は含まれていない。ウィルソン大統領が「民族自決」という言葉をはじめて用いたのは、一九一八年二月に行った演説であった。とは言え、たしかに一四カ条の平和原則には、民族自決論として解釈できる文言が含まれていた。

植民地に関するすべての要求は、自由にかつ偏見なく、そして絶対的な公正さをもって調整されなければならない。その際に厳密に守られるべき原則は、主権をめぐるすべての問題の決定に際し、当事者たる住民の利害が、権限の決定を待つ政府の正当な要求と平等に等しい重みを持つということである（木畑、二〇一四、九〇頁）。

ただし、こうしたウィルソン大統領の「民族自決」は、ハプスブルク帝国支配下の人々などヨーロッパ地域のみを想定し、非ヨーロッパ世界の問題を重視していたわけではなかった。「ヨーロッパ人が文明化の使命に失敗していたために、植民地に真の独立を与えることはさらなる不安定と苦難をもたらすのではないかと危惧された」のである（Westad, 2007：17）。またウィルソン政権の下で、第一次世界大戦期にメキシコ、ハイチ、ドミニカ、キューバと頻繁に軍事介入していたことを忘れてならない（木畑、二〇一四、六七頁）。

この当時、「民族自決」という概念を表明していたのは、アメリカのウィルソン大統領だけではなかった。ロシアでの一一月革命後に出された「平和に関する布告」は、「無併合・無賠償の即時講和」を唱えていただけではなく、「自由な投票により、また併合を望む国家や強大な国家の軍隊がまったく存在しないような状況下で、国家の形を決める権利」をあらゆる民族に保証することを求めていた。またイギリスのロイド・ジョージ首相も、一九一七年一二月末のイギリス議会で、ドイツ領植民地の将来について「これら植民地の将来は住民自身の望みを尊重するという原則に基づいて決められる」と語っていた。さらにその上で、ロイド・ジョージは、先に見た一九一八年一月五日の労働運動家たちに向けて戦争目的を明らかにした演説で、「自決、言い換えれば統治されるものの同意による統治」について言及している（木畑、二〇一四、九〇～九一頁）。

（2）「ヴェルサイユ体制」と「ワシントン体制」

こうした「民族自決」という規範・概念は、帝国主義世界体制の下で支配される立場に置かれた植民地の人々の自立への希望と合致した。とりわけアメリカのウィルソン大統領の一四カ条の平和原則は、植民地の民族運動家たちを鼓舞する力を持った。彼らは、第一次世界大戦が終結し、新たな戦後秩序が作り上げられるなかで、こうした民族自決の考え方が実行に移されることを強く期待した。特にウィルソン大統領の政策の姿勢が注目されたのは、第一次世界大戦終結時の一九一八年一一月に国際連盟の下での植民地統治の信託構想を語り始めたからである（木畑、二〇一四、九九頁）。

しかし、世界各地の民族運動家たちの期待は、一九一九年一月一八日からのパリ講和会議の推移によって完全に裏切られていく。同年六月二八日のドイツに対するヴェルサイユ講和条約で形成された戦後の国際秩序である「ヴェルサイユ体制」は、植民地支配の形を再編しつつ、基本的に帝国主義世界体制を維持するものとなり、植民地や従属地域の自決や独立はまったく実現しなかったからである。たとえば、中国の半植民地化の状態そのものについての根本的な手直しはなされなかった。一九二一年一一月一二日から二二年二月六日にかけて開催されたワシントン軍縮会議の結果、アジア太平洋地域で形成された「ワシントン体制」も、帝国主義世界体制の部分的手直しという性格を強く帯びた体制であった（麻田、一九九三：有賀、一九六九）。戦勝国による植民地支配が事実上継続したのである。

敗戦国の帝国、すなわちハプスブルク朝のオーストリア＝ハンガリー二重帝国、ドイツ帝国、オスマン・トルコ帝国は解体された。これら帝国の領土や植民地は、国際連盟の委任統治制度の下で、戦勝国により統治されていくことになる（木畑、二〇一四、九七、一〇三頁)。ただし、ロシア革命で成立したソ連は、フィンランドやバルト三カ国、旧ポーランド領を失ったが、ロシア帝国の版図をほぼ継承した(木畑、二〇一四、一〇四〜一〇五頁:池田、二〇一四)。

大英帝国は、第一次世界大戦後、その植民地の領土が最大となった。世界の陸地のほぼ四分の一を占めた。ただし、イギリスは戦勝国ではあったが、国内の経済は疲弊した。フランスも同じであった。そのため英仏両国は、敗戦国ドイツに天文学的な賠償金を課すことになる。アメリカのウィルソンの一四カ条の平和原則は、その精神の実現が大きく後退した。

注目すべきことは、国民国家の総力戦と帝国の総力戦の様相を呈した第一次世界大戦の終結後、帝国にとって植民地統治のコストは、大きなものになったことである。植民地支配の正統性が疑われ始め、表立った植民地支配は公言できなくなりつつあったのである(木畑、二〇一四、一〇二頁:佐々木、二〇〇六:亀井、二〇〇六)。また、すぐに適用されたのはヨーロッパ地域のみであったが、「民族自決」という考え方が国際政治の規範・概念として登場した意味は大きかった。ヨーロッパ以外の地域の植民地で、建国独立の機運を刺激したからである。やがて、第二次世界大戦を経験して植民地支配の正統性は、さらに大きく揺らぐことになる。

(3)「大西洋憲章」とイギリスの帝国特恵関税制度

第二次世界大戦が勃発してから約二年後の一九四一年八月九日から一二日にかけての米英首脳会談の結果調印された「大西洋憲章」は、第二次世界大戦後の戦後構想をはじめて打ち出した。この声明は、第三章でも見た通り、米英の両首脳が合意した戦後に樹立されるべき国際秩序について、八項目の基本原則をまとめたものである。注目すべきことには、第一次世界大戦時のウィルソン大統領による一四カ条の平和原則とは異なり、平和と安全保障のための国際組織を創設することについて、まったく言及がないことである。フランクリン・ローズヴェルトの考え方が、新しい国際組織の設立についてまだ定まっていなかったからである。ローズヴェルト政権は、大西洋憲章の諸原則を連合国共通のものにしようとして、参戦後の一九四二年一月一日の「連合国宣言」で、それらを連合国共通の原則とすることを確認した。これ以降、アメリカは戦後国際秩序の再建に際し、これらの原則を実現しようとしてソ連に対してその尊重を求めていくことになる。

大西洋憲章に議論を戻す。特に第四項は、「通商と原材料への均等なアクセス」という原則を掲げ、閉鎖的な経済ブロック化からの決別と自由貿易の拡大を謳った。この第四項はアメリカが提案した。しかし、これに対して、イギリスのチャーチル首相は、一九三二年七月二一日から八月二〇日にかけてオタワで開催されたイギリス帝国経済会議で締結されたオタワ協定以降、植民地・自治領を含む大英帝国で適用されてきた排他的な帝国特恵関税制度の存続を求めて、強硬に反対した。そのため第四項は、「既存の協定上の義務を尊重する（with due respect for their existing obligations）」という表現で帝国特恵関税制度の存続を認めることとなった。

こうして、通商差別を廃止して自由貿易を拡大するというアメリカの主張は、トーンダウンしてしまった。第四項は、戦後の国際通商体制の具体的な構想を述べたものではなかったが、国際社会は、米英両国が国際経済政策を転換したと受け止めた。アメリカがそれまでの孤立主義の立場を改め、無差別と自由化を柱として第二次世界大戦後の国際通商体制づくりを主導すると宣言したからである。イギリスも、帝国特恵関税制度は維持するものの、アメリカとともにこの国際経済体制づくりを進めると宣言した形であった（大下・有賀・志邨・平野編、一九八九、一九四～一九五頁；Marsh, 2017 : Brinkley & Facey-Crowther, eds., 1994 : Ruggie, 1996 : 32 : Ikenberry, 2001 : 165, 173-175, 179, 210 : Dobson, 1995 : 85 : 中川、二〇一三、六～七頁：八丁、二〇〇三、三四～三七頁：細谷、二〇一六a、一二二～一二三頁）。

大西洋憲章をきっかけにして、アメリカとイギリスは第二次世界大戦後の国際通商体制の具体化に向けて協議を重ねた。その最初の成果が、アメリカの対日参戦後の一九四二年二月に締結された米英相互援助協定の第七条であった。第七条は、アメリカがイギリスに武器貸与などの支援を与える見返りとして、米英両国が「適切な国際措置および国内措置を通じて、すべての人民の自由と福利の本質的な基礎である生産、雇用および製品の交換と消費の拡大を達成すること、国際通商におけるあらゆる形態の差別を撤廃すること、そして関税その他の通商障壁を削除すること」という目的のために共同で行動すると謳い、そのためにとるべき具体的な手段について米英両国ができるだけ早く協議を始めることを約束した。第七条は、「国際通商におけるあらゆる形態の差別」の撤廃を謳っているので、帝国特恵関税制度も撤廃されるように解釈できる。しかし、イギリスのチャーチル首相が再び、この解釈に強く抵抗したため、ローズヴェルト大統領が帝国特恵関税制度の撤廃は求めないことをチャーチル首相に非公式に保障して、ようやくこの表現に落ち着いた。無差別の貿易自由化を主張するアメリカと、帝国特恵関税制度の存続で譲らないイギリスの対立は、その後も続くことになる（Dobson, 1995：85-86；中川、二〇一三、七～八頁；益田、二〇〇六）。

第二次世界大戦は、ファシズムとの戦いのために英米両国は「特別な関係」を構築するが、経済的には戦間期から第二次世界大戦、そして第二次世界大戦後まで、ライバルの関係にあったのである。戦後の大英帝国のあり方をめぐって対立していたと言ってもよい。またアメリカにとっては（ある程度イギリスにとっても）、戦間期の歴史の教訓の一つとして、「世界経済をブロック化しては戦争を招きかねない」という考え方も背景にあった。もう一つの歴史の教訓は、現状変革勢力の国家には「宥和（appeasement）」政策をとってはならないというものであった。

五　冷戦期の脱植民地化

(1) 脱植民地化と国際社会の拡大

第二次世界大戦後の時代は、アメリカはソ連とともに核兵器とその運搬手段（ミサイル）を実質的に独占する超大国となった。国際秩序は、米ソ両国を中心に東西に大きく二分された。国際システムの中心であるヨーロッパ地域も、東西に〝分断〟された。米ソ冷戦の時代である。米ソ両国は、力の対立だけでなく、イデオロギーの対立も深めた。同時に第二次世界大戦後は、アメリカの覇権の時代でもあった。ただしアメリカの覇権は、米ソ冷戦のため、西側陣営側にとどまった。しかしながら、アメリカのリベラルな覇権秩序は、自由貿易の促進を志向し、西側諸国の経済成長を大いに促した。こうして第二次世界大戦後、アメリカは、米ソ冷戦の超大国であり、同時に覇権国（hegemon）であった（ソ連は「挑戦国〔challenger〕」と位置づけられる）。

再び、「国民国家の総力戦」と「帝国の総力戦」となった第二次世界大戦の後、アジアやアフリカ、中東の非ヨーロッパ地域の植民地が宗主国から独立していく。「脱植民地化」していったのである（北川、二〇〇九）。独立した国々は、西ヨーロッパ型の主権国家もしくは国民国家の建設を志向した。ただし政治的には主権を獲得したが、経済的に低開発のレベルにとどまる国家は多かった。しかし、かつて宗主国によって恣意的に引かれた境界線や国境線も多かったものの、主権国家ないし国民国家の広がりという形で、国際社会は拡大していくのである（Bull & Watson eds., 1984）。

（2）脱植民地化のプロセス

狭義の「脱植民地化」の波は、一九四六年七月四日のフィリピンを皮切りとして、一九四七年八月一五日のインド・パキスタン分離独立と一九四八年五月一四日のイスラエル建国を経て、一九五〇年代後半から脱植民地化の機運はさらに高まった。特に一九六〇年は一七カ国が独立する「アフリカの年」となった。ここで注目すべき点は、一九六〇年二月三日に南アフリカのケープタウンを訪問したマクミラン首相が、アフリカの民族意識に強烈な印象を受けつつ、「この（アフリカ）大陸に吹いている変化の風」を承認せざるを得ない、と声明したことである。「われわれがそれを好むかどうかにかかわらず、このナショナリズムの高まりは政治的な事実である。われわれはそのことを事実としてすべて受け容れなければならないし、国の政策においても考慮に入れていかなければならない」とまで指摘した（Louis, 1986：佐々木、一九九八、三八四頁：歴史学研究会編、一九九六B：前川、二〇一三）。

植民地の維持が経済的にも政治的にも困難であることを自覚したイギリスは、植民地独立の促進を比較的に早い段階で基本方針とした。たとえば、ケニアや中央アフリカ、南ローデシアなどイギリス人入植者が少数者ながら支配層を形成していた地域や、キプロスやマルタなど戦略的な重要地域と目された地域では複雑で困難な経緯を辿ったが、一九五七年三月のガーナ、同年八月のマラヤに続いて、六〇年から六四年までにアフリカ、西インド、太平洋の一三の植民地が相次いで独立した。冷戦が深まるにつれて、アメリカがイギリスの帝国を容認するようになっていたにもかかわらず、である（Perkins, 1986：48-49：Reynolds, 1986：30：2000：chap. 3：Smith, 2012：Irvin, 2014：Orde, 1996：chap. 6：Bradley, 2012：Hanrieder & Auton, 1980：chaps. 7, 11：Fraser, 2013：Duara, 2013：モリス、二〇一〇：永野、二〇〇一：佐々木、一九九八、三八四〜三八五頁：半澤、二〇〇五：二〇〇一：細谷、二〇〇六：半澤、二〇〇七：篠崎、二〇一一）。他方で、イギリスは一九六〇年代後半まで、グローバルな大国であったことを忘れてはならない（Reynolds, 1986：30, 40）。

一九六〇年代のヴェトナム戦争の時代には、修正主義（revisionism）や「ニューレフト」のアメリカ外交史家たちが、アメリカの資本主義システムの膨張、アメリカ外交の帝国主義的拡張を問題視したことがある。彼らは、東アジア地域に限定せずに、「門戸開放（open door）」という概念をネガティブな意味で使った（これに対して、正統学派のアメリカ外交史家たちは、ソ連帝国の膨張を問題視した）。ポスト修正主義のギャディスも、冷戦後の一九九七年の『歴史としての冷戦』で、米ソ冷戦を米ソ二つの「帝国」の相克として描いた（Gaddis, 1998）。冷戦が終結し、ソ連が崩壊した結果、ソ連が「公式の帝国」で「陸の帝国」であったことが改めて再認識され、他方でアメリカについても、「非公式の帝国」ないし「植民地なき帝国」という側面に注目が集まったからであろう（Barkey & Hagen eds., 1997）。しかし帝国主義世界体制やヴェトナム戦争の時期を除いて、アメリカを「帝国」と呼ぶことは稀であった。

その後も、植民地支配に固執していたポルトガルの植民地が、一九七〇年代半ばに独立した。こうして一九七〇年代半ばまでに、ヨーロッパの「海の帝国」は解体していった。先に見たウェスタッドによれば、七〇年代半ばにはほぼ完了していた脱植民地化の流れは、アメリカのイデオロギーという観点からは二つの異なる方向を示すものであったという。

一方では、アメリカのエリートは、ヨーロッパ植民地帝国の解体をアメリカの政治的、経済的自由の理念を拡張する機会を与えるものとして歓迎した。それはまた、二つの大戦を経てその地位を大きく衰退させたヨーロッパのエリートが、国内社会の改良と共産主義に対する防衛に専念できることをも意味した。……脱植民地化によって、第三世界の将来の進路はヨーロッパではなくアメリカの責任となりつつあった。しかし、他方では、脱植民地化によって第三世界で集団主義的イデオロギーが優位に立つという脅威も増大していた。中国共産主義革命、アメリカ支援の下に戦われたヴェトナム、マラヤ、フィリピンでの対共産ゲリラ戦争、独立後のインドネシア、インド、エジプト各政権の急進性、さらにはグァテマラやイランにおける介入の成功でさえ、アイゼンハワー政権に、第三世界は民主主義を受け容れる準備ができていないと確信させた（Westad, 2007：26-27）。

その後、一九八〇年四月一八日には、ローデシアがジンバブエとして独立した。八九年秋の東欧革命は、ソ連の勢力圏であった東ヨーロッパ諸国の共産主義政権が市民の手で倒され、ソ連の「非公式の帝国」が事実上、崩壊した（軍事同盟のワルシャワ条約機構は、一九九一年七月に解体した）。九〇年三月二一日には、ナミビアが独立している。九一年一二月二五日にはロシア帝国の版図をほぼ継承していた「陸の帝国」としてのソ連が崩壊し、「公式の帝国の時代」はほぼ終焉したのである（木畑、二〇一二a、四三頁；小川、二〇〇九；ホワイト、二〇〇六）。

（3）米ソ冷戦の論理と脱植民地化の論理

特に注目すべきことには、第二次世界大戦後までヨーロッパや日本の宗主国に支配されていた植民地にとっては、米ソ冷戦の論理よりも、「脱植民地化」の論理の方がより重要であったということである。ただしアメリカやイギリス、フランスにとっては、脱植民地化のダイナミズムを時に見誤り、米ソ冷戦の論理でのみ政策対応し、失敗することもあった。たとえば、その典型的な事例が一九五六年一〇月二九日に勃発したスエズ戦争である。エジプトのナショナリズムと英仏両国の植民地主義、米ソ冷戦のそれぞれの論理が鋭く交錯した（佐々木、一九九七；島村、二〇一六c、一六六～一六七頁）。もう一つの典型的な事例は、一九六一年一一月から七三年一月までのヴェトナム戦争であろう。「特別な関係」にあったはずの米英両国は、深刻な同盟の相剋に陥った（水本、二〇〇九）。中東地域や東南アジア地域に限らず、東アジア地域や南アジア地域、アフリカ大陸の脱植民地化も、米ソ冷戦の論理だけから眺めると、全体像を見失うことになりかねない（木畑、一九九六；宮城、二〇〇一；菅、二〇〇九；渡辺編、二〇〇六；Costigliola & Hogan eds., 2014）。

こうして、米ソ冷戦期の本格的な脱植民地化によって、帝国主義世界体制は次第に崩壊していった。植民地は、ヨーロッパ流の主権国家ないし国民国家として独立し、国際社会に参加した。また同時に、国民国家を相対化させる動きとして、グローバル化が急速に進展している。歴史に規定される帝国の時代は終焉したのである。こうして、帝国の時代の終わりは、注目すべきことに米ソ冷戦の終わりと重なり合っていた。

六 「帝国」としてのアメリカ?

(1) アメリカ中心の単極構造とリベラルな覇権秩序

ジェファソン大統領をはじめとした建国の父たちは、国内で自由民主主義の共和国の実験を試みながら、アメリカが将来、「自由の帝国」となることを夢見ていた。その後、アメリカは、一八二三年一二月のモンロー・ドクトリンで、ヨーロッパ大陸と西半球の間の相互不干渉と反植民地主義を打ち出す一方で、一九世紀後半のアメリカは、「統合された帝国」や「海洋帝国」を模索した。アメリカは、単純な反植民地主義の国家ではないのである。一八七〇年代から第一次世界大戦までの「帝国主義の時代」の国際秩序を特に「帝国主義世界体制」と呼ぶが、この時期、アメリカもフィリピンを植民地化している。国内では、反帝国主義運動が展開された。

第一次世界大戦では、アメリカのウィルソン大統領などが戦後構想の文脈で、「民族自決」の概念を打ち出した。また、「国民国家の総力戦」だけではなく「帝国の総力戦」となった第一次世界大戦後は、植民地独立の動きを刺激した。同じく「国民国家の総力戦」だけではなく「帝国の総力戦」となった第二次世界大戦の後は、脱植民地化の動きは不可避の趨勢となった。この時期、米ソ冷戦の文脈で、反植民地主義のアメリカは脱植民地化の促進要因となったが、同時に、それぞれの地域の国際秩序が不安定になることを懸念する側面も持っていた。

冷戦後の国際秩序は、アメリカ中心の単極構造となった。第一に、押しも押されぬアメリカの圧倒的な覇権がその特徴であった。第二に、アメリカが掲げる自由や民主主義、資本主義、法の支配が国際的に普遍的な規範として広がった。第三に、アメリカ中心に、グローバリゼーションが拡大した。ブレジンスキーは、一九九七年の地政学の本で、「アメリカは、歴史上はじめての、そして最後のグローバルな覇権国になった」と指摘した。地政学的にシー・パワー（海洋国家）である国家が、ユーラシア大陸でも覇権秩序を確立したのである。この僥倖とも言うべき機会を活かし、「もう一世代、アメリカのグローバルな覇権秩序を維持すべきである」とも指摘された（Brzezinski, 1997 : 3–29）。

（2）二一世紀の国際秩序の行方？

二一世紀の国際秩序は、一般的に、以下の四つのシナリオが描かれる。第一に、アメリカ中心の単極が予想以上に頑丈で、しばらく継続するという見方である。逆に、中国による覇権秩序を予見する研究者も少なくない。第二に、米中による双極システムへ移行するという見方である。第三に、国際秩序が意外と早く多極化に向かうという見方である。第四に、国際秩序が無極化し、近代の時代が終わるという見方である。問題は、「単極」か「双極」か「多極」か、という国際システム上の変化でとどまるのか、それとも国際システムそのものが大きく変化するのか、という点である。もし国際システムそのものが大きく変化するのであれば、近代の主権国家システム（政治）と資本主義システム（経済）の〝結婚〟が終わることになる（田中、一九九六：Cooper, 2003：水野、二〇〇七：二〇一一）。

以上の四つのシナリオで抜け落ちている点がある。それは、かつてのような「帝国の時代」になるというシナリオである。アメリカは大陸国家でありながら、非公式ではあるが「海の帝国」であり、「空の帝国」である。「基地の帝国」でもある。また、BRICSのうち、中国とロシア、インドは、かつては帝国であった。中東地域では、イランとトルコが帝国であった。そしてこうした国家群が、新興国として高度経済成長を遂げているのである。また、ソ連を「最後の陸の帝国」と見るか、二一世紀の中国を「残された最後の陸の帝国」とみなすかについては、議論が分かれる。

二一世紀はじめには、「九・一一」同時多発テロ後、特にイラク戦争の前後に、アメリカを「帝国」とみなす説や（島村、二〇一七e）、アメリカを中心としたグローバリゼーションが急速に進展し、国際的なパワーが拡散して、一定のネットワークが構築される状況を〈帝国〉と位置づける言説などが登場した（Hardt & Negri, 2001：3-21：山下、二〇〇八、特に第一章：芝崎、二〇〇六、一六七～二〇八頁）。しかし後者の体系的な言説は、傾聴に値するが、歴史的な帝国の概念で新しい事象を説明することで没歴史的な議論に陥ってしまいかねない（木畑、二〇一二a、四～五、四七～五〇頁）。前者のアメリカ帝国論については、帝国の中心たるアメリカが周辺の国々の外交と内政の両面で影響力を強く行使できる力を欠いていることを指摘できる。この点は、アフガニスタン戦争やイラク戦争の戦後統治を見れば、明らかである（木畑、二〇一二a、四八～四九頁）。

こうして、第二次世界大戦後の米ソ冷戦期の本格的な脱植民地化によって、帝国主義世界体制は次第に崩壊していった。にもかかわらず、「帝国の遺産」は、全地球的規模で人々の生活の全領域を形づくっている（Howe, 2002：6：納家・永野編、二〇一七：島村、二〇一七e）。他方で、「帝国の時代」が再来するのかについては、いまだ未来予想図の選択肢の一つにとどまっているといってよい。

第Ⅱ部　構造

第五章　アメリカ外交に見る「権力の共有」

外交は大統領の専管機能である。憲法が議会に与えている条約批准権限や宣戦布告権限は、単に例外として大統領が付与しているに過ぎない。

パシフィカス、一七九三年

大統領は外交の全権を握る君主とは違う。宣戦布告権限と条約批准権限はアメリカでは大統領の特権下にはない。

ヘルビディアス、一七九三年

一　パシフィカス対ヘルビディアスの論争

アメリカ外交における大統領の権力をめぐる問題は、ワシントン大統領の時代にすでに大論争となっていた。フランス革命への中立宣言をめぐる問題である。フランスがイギリスに宣戦した一七九三年の四月二二日、イギリスの報復を恐れて、ワシントン大統領はナポレオン戦争に対して、アメリカの「中立」を宣言した。親仏派が多い議会は、これに憤慨した。議会側は、「一七七八年二月六日に調印された米仏同盟条約の不履行であり、そもそも条約権限を持つ議会を無視した大統領の権力乱用だ」とワシントン政権に詰め寄った。

ワシントン政権のアレクザンダー・ハミルトン財務長官は、一七九三年に「パシフィカス」の匿名で弁解論を発表し、冒頭で引用した通り、「外交は大統領の専管機能である。憲法が議会に与えている条約批准権限や宣戦布告権限は、単に例外として大統領が付与しているに過ぎない」と主張した。これに対して、ハミルトンと共著でアメリカ合衆国憲法を擁護する『ザ・フェデラリスト』をまとめたマディソンが「ヘルビディアス」の匿名で論戦を展開し、これも冒頭で引用した通り、「大統領は外交の全権を握る君主とは違う。宣戦布告権限と条約批准権限はアメリカでは大統領の特権下にはない」と反論した（Lindsay, 2012：226；2002：202；Fisher, 2013：chap. 1；山田、一九七五、三八頁；チャーナウ、二〇〇五）。

こうして、二人がお互いに隅々まで熟知しているはずの新しい憲法の解釈をめぐって、中立宣言論争は大統領権限の違憲・合憲問題にまで発展した。この大論争は、今日の大統領と議会との間の権限問題をめぐる論争のはしりであったと言えよう。

本章では、アメリカ外交における大統領とアメリカ議会の「権力の共有」について考察する。次いで、冷戦期でさえも、大統領と議会との間では「創造的な緊張」が存在していたことを明らかにする。最後に、「議会の復権」について分析する。

二　アメリカ合衆国憲法による「権力の共有」

（1）「特権を奪い合うことへの誘因」

一七八七年五～九月に制定されたアメリカ合衆国憲法は、第一条でアメリカ議会の権限をまず詳しく規定し、第二条で大統領の権限をより簡潔に規定している。合衆国憲法では原則的に、立法府と行政府はそれぞれ独立の機関としてみなされている。その上でアメリカ議会と大統領との間で、内政と外交の権限をほぼ等しく〝分立〟ないし〝共有〟させることによって、相互に〝抑制〟し合うことが期待されているのである（議会も二院制で上院と下院とに分けられた）。

しかしながら合衆国憲法では、外交、通商、安全保障の各分野における大統領とアメリカ議会の権限は、驚くほど簡潔に列挙されているに過ぎない。しかも、その適用領域はあいまいである（Henkin, 1987/1988：287；Sundquist, 1982：16–17）。合衆国憲法は「アメリカの対外政策を指揮する特権を奪い合うことへの誘因（invitation to struggle）である」（Corwin, 1957：171）と憲法学者のコーウィンがかつて指摘していたように、合衆国憲法では、特に大統領の権限は多くが逐一成文化されておらず、これらの権限は憲法上、アメリカ議会と大統領とで〝共有〟する形をとっているのである（Neustadt, 1990：29；Lindsay, 2017：

222：2012：226：Davidson, 1988：9–21：Fisher, 1988：149–155）。

たとえば合衆国憲法では、「最高司令官」は大統領であると規定する一方で、戦争の「宣戦布告権」は議会側に与えている。さらにアメリカ議会は、「陸軍及び海軍を募集編成し、維持する」上に、「共同の防衛に備え」、「諸外国との通商を管理する」ことになっている。こうしたアメリカ議会の権限は、他の公共政策と同様、立法を通じて行使され、「行政首長」である大統領の拒否権と執行とに服するのである。

また合衆国憲法では、条約を締結する権限を大統領に与えながら、上院で出席議員三分の二以上の「助言と同意」を必要とすると規定している。換言すれば、上院では三分の一の票さえ集めれば、大統領の指導力に打撃を加えることができるということを意味している。同様に、外国政府の承認や大使の接受と派遣、大使任命についても、上院の承認を必要としている。

さらに憲法上、「財布の紐」とも言うべき予算編成の権限は、大統領ではなく、アメリカ議会に付与されているのである。このことは、対外政策の領域においても、大統領は原則的には、議会側の意向を無視することはできず、アメリカ議会を絶えず説得していく必要性があることを意味している（Lindsay, 2017：221：1994：12–14：Henkin, 1972：chap. 3：Spitzer, 1993：139–142）。

（2） 大統領とアメリカ議会の「権力の共有」

このように合衆国憲法では、アメリカ議会と大統領とを一つの相互依存関係とみなしている。こうした「権力の共有」の政治制度の下では、大統領とアメリカ議会は自らが推し進める政策実現のためには相互に〝抑制〟しつつ、同時に〝協調〟していくことが前提となる。大統領は、国内での議会からの支持または同意なしに、対外政策を成功裏に策定し、遂行していくことができない。戦争や条約など対外政策の問題は、リー・ハミルトン元下院議員が言うように、両者で「創造的な緊張」関係を保ちつつ、お互いの協力を必要としているのである（Hamilton, 2002：Hamilton & Dusen, 1987：28：Cooper, 2017）。こうして、対外政策上の問題は、大統領とアメリカ議会との権力をめぐる法的問題というよりはむしろ現実政治の問題であると言ってよい。政治学者が、法的側面よりも実際の政治的なプロセスに注目するのはそのためである（Lindsay, 2017：221–223：2012：

225–226：2008：200–202）。ニュースタッドによれば、大統領の権力はあくまで「説得する権限」に過ぎず、さらに大統領とアメリカ議会との権限は、「分立された」ものというよりも「共有されている」ものであると指摘される（Neustadt, 1990：29–49, 191–199, esp. 29）。建国期に強力な行政権を主張していたアレクザンダー・ハミルトンでさえ、『ザ・フェデラリスト』のなかで、大統領権限は限定的なものであると指摘しているのである。ハミルトンは、『ザ・フェデラリスト』第六九編で、大統領の軍の最高司令官としての役割について論じて、「それは陸海軍の総司令官というだけのものであって、それを超えるものではない。戦時において大統領は軍隊の指揮を執るが、そこに至る戦争を宣言する権限は議会が持っている」と述べている（Hamilton, Madison & Jay, 1999：No. 69）。

アメリカの政治制度は、権力の集中による効率性を犠牲にしてまでも、「権力の共有」によってもたらされる〝政治的な深慮さ〟に期待していたと言えよう。こうした点が合衆国憲法に明確に規定されていないところにむしろアメリカ政治の特徴がある。こうしたグレー・ゾーンとも言うべき領域は、現実政治のプロセスにおいて将来、大統領とアメリカ議会との協調もしくは調整によって克服されることを期待し、建国期の憲法制定者たちがあえて不明確なまま残したとも考えられる（Zoellick, 1999/2000：24–26：松田、一九九七、二〇〇七頁）。しかし、下院と上院との二院制をはじめとして、合衆国憲法の枠組みはほとんど、建国当時のむしろ妥協の産物なのであった。このため、合衆国憲法は「妥協の束（bundle of compromises）」と呼ばれるが、こうした妥協の背景には、大きな州と小さな州、債権者と債務者、奴隷州と非奴隷州というようにいくつか大きな対立の構図が横たわっていたのである。

マディソンは、憲法制定会議で次のように述べて、立法権、行政権、司法権が混同されているという批判に対して、彼が起草した憲法草案を擁護しなければならなかった。

抑制と均衡の原理をとり入れたために、政府の重要な機関が権力を〝共有〟することとなった。このことは権力の分散の原理を補強するのに役立つので、政府の各部門に対する価値ある追加手段となっている。

こうした論理は、マディソンが採用したロックやモンテスキューの啓蒙主義の政治思想を例証するものであった（阿部、二〇〇二、五四〜五五頁)。

三　超党派構造と「創造的緊張」

(1)「超党派構造」「強い大統領」の嚆矢としてのローズヴェルト政権期

第一次世界大戦の終結にともなう対独ベルサイユ講和条約批准案をアメリカ議会の上院が一九二〇年三月一九日に否決した。その後、一九二〇年代のアメリカは、ワシントン軍縮会議や国際金融問題などで一定のイニシアティブを発揮したものの、一九二九年一〇月二四日以降の世界大恐慌を経た一九三〇年代には、議会側のイニシアティブで一連の中立法を打ち出していった。第二次大戦勃発前後のフランクリン・ローズヴェルト大統領の参戦外交は、この中立法に象徴された国内での孤立主義をいかにして克服していくのかという〝内交〟が大きな課題であった(Linsay, 2017 : 224 : 2012 : 228 : 2008 : 203 : Kinsella, 1981 : 152 : 斎藤、一九六二、一八九頁)。

さらにローズヴェルトは、第二次世界大戦後の国際秩序構想を構築していく上でも、かつてのウィルソン大統領の失敗を繰り返さないよう心がけた。戦後国際秩序の要となる国際連合を創設するための国際会議には、民主党のコナリー上院議員に加えて、ヴァンデンバーグなど共和党の上院議員も同行させて超党派の合意形成をつくり上げようとした。一方で、第二次世界大戦中のローズヴェルト大統領は、政策決定では上院の任命同意を必要としない私的顧問としてホプキンズなどのいわゆる「ブレーン・トラスト」を多数活用し(シャーウッド、二〇一五)、外国との交渉では上院の三分の二以上の「同意と承認」を必要としない行政協定を頻繁に活用した。第二次世界大戦後の冷戦期の「強い大統領」の原型をここに求めることができる。冷戦期の大統領も同様に、国家安全保障会議(NSC)といった大統領執行部の拡充や条約批准を必要としない行政協定などによって、その権限を大幅に拡大させていくこととなった。

第二次世界大戦と冷戦という厳しい国際環境は、「ニューディール」以降の大統領権限の拡大傾向をさらに決定的なものとした。冷戦期には戦時と平時との区別が明確ではなかったために、議会側の戦争権限(宣戦布告の権限)は形骸化した。たとえば、一九四八年六月二四日からのベルリン封鎖への対応や五〇年六月二五日に勃発した朝鮮戦争への参戦、六二年一〇月一四日からの「一三日間」のキューバ・ミサイル危機での海上封鎖など、第二次世界大戦後の対外政策の重大な決定は、議会側とほとんど協議されることがなく、大統領が単独で決定している。冷戦期に締結された一連の国際条約と同盟関係が、大統領の権限をさらに強化してきた点も看過されてはならない（Lindsay, 2017：224-225；高橋、二〇一〇b、二〇九～二三八頁；Shenkman, 1999：chaps. 16-18）。

国内に眼を向けるならば、「強い大統領」の嚆矢は、世界大恐慌後のフランクリン・ローズヴェルト大統領のニューディール政策にまでさかのぼる（マッキンレーやセオドア・ローズヴェルトまでさかのぼる議論があるが、彼らの後は「強い大統領」が続いていない）。経済体制の再編成による失業の救済と経済の再生を目的としたニューディール政策は、連邦政府、特に大統領の役割と権限を〝革命的に〟拡大した。ローズヴェルト大統領の「最初の一〇〇日間」では、ニューディール関連の諸法案が大統領府で作成されたばかりでなく、印刷はもとより、読み上げられることさえないうちにアメリカ議会で可決されてしまった。さらに、通商・貿易と予算編成の分野での権限をアメリカ議会は大統領に大きく委譲していくようになった。こうした一九三〇年代以降の議会側の消極的な姿勢の背景には、通商・貿易と安全保障をめぐるアメリカ議会の政策が大恐慌とその後の混乱と破滅を招来した、という歴史の教訓があったのである（Zoellick, 1999/2000：28, 32；サンドクイスト、一九八二、五、一五頁）。

（2）大統領府の制度化

大統領府の制度化が急速に進展したのも、ローズヴェルト政権期であった。一九三九年の行政再組織法（Reorganization Act of 1939）によって大統領執行部の体制が整備されることとなった。この行政再組織法で大統領直轄となった予算局は、ニクソン時代に行政管理予算局（ＯＭＢ）として拡充改組され、行政各部門の調整の役割も担うようになった。また、一九四七年七月二六日の国家安全保障法（National Security Act of 1947）によって成立されたＮＳＣは大統領執行部に属し、「国家の安全保障に関連する対内的・対外的・軍事的政策の統合」について、大統領に助言することを役割とした機関である。さらに一九四六年四月の雇用法（Employment Act of 1946）で、経済諮問委員会（ＣＥＡ）が設置された。

これに対して、一九四六年の議会再組織法に基づいて組織された冷戦期のアメリカ議会は、大統領がリーダーシップを発揮しやすい政治状況を作り上げることに協力してきた。特に対外政策の分野では、少なくとも一九六九年以降の「議会の復権」までのアメリカ議会はあくまでも「消極的かつ受動的な役割」にとどまってきたのである。この点、「議会の役割は、……行政府が発案した提案を修正し、拒否し、あるいはそれを正当化する役割となってきている」(Robinson, 1962：8：斎藤・深谷編、一九六五、八頁に引用された)という政治学者のロビンソンによる指摘は的を射たものであった。

(3) 大統領補佐官と行政協定の意義

また冷戦期には、歴代の大統領が対外政策の重要な決定をNSCなど大統領執行部で行うことによって、国務省の権限は相対的に低下していった。特にケネディ、ジョンソンからニクソンの時代にかけてこの傾向は強まり、NSCと国家安全保障問題担当の大統領補佐官の影響力が増大した。特にニクソン政権のキッシンジャー国家安全保障問題担当の大統領補佐官は、対外政策の決定で国務長官を凌ぐ大きな影響力を行使した。この結果、アメリカ議会が対外政策を統制することはますます困難になっていった。大統領はホワイトハウスのスタッフの任命に際して上院での「同意と助言」を得る必要がなく、彼らは上院の証言台に立つ義務もない。したがって大統領は、議会側の顔色をうかがいながらホワイトハウスのスタッフを任命する必要がないのである。これらの結果、大統領執行部による対議会対策が疎かとなり、大統領は議会側との調整能力を次第に失っていくようになった(Rosati, 1993：85-103：Spanier & Uslaner, 1994：47-55)。

さらに、大統領府がアメリカ議会との対立を迂回するための常套手段となっている行政協定であるが、行政協定の数は条約の数よりも圧倒的に多い。リンゼイによれば、一七八九年から一九九〇年までに、一五一〇の条約が成立したのに対して、行政協定は一万三五三五も締結されており、この間の両者の比率はほぼ九対一となっている。第二次世界大戦から冷戦期にかけて、表5-1の通り、この行政協定の比率は急速に増加した。アメリカが国際政治に関与する度合いが高まるにつれて、大統領が行政協定に依存する比率も高まっていったことが理解できる。

表 5-1　条約と行政協定の数（1789-1990年）

年	条約の数	行政協定の数	行政協定の比率（%）
1798-1839	60	27	31
1840-1889	215	238	57
1890-1939	524	907	63
1940-1949	116	919	89
1950-1959	138	2,229	94
1960-1969	114	2,324	95
1970-1979	173	3,040	95
1980-1990	170	3,851	96
合　計	1,510	13,535	90

出典：Lindsay（1994：82）.

（4）「超党派構造」と反共のコンセンサス

冷戦期のアメリカの対外政策においては、一九四七年三月一二日の「トルーマン・ドクトリン」以降、少なくとも一九六〇年代後半にベトナム戦争が泥沼化するまでは、国内に反共のコンセンサスが存在していた（Cox, 1995：10-11：Henkin, 1987/1988：287）。特に冷戦前期の国際秩序の形成期には、対外政策では大統領のリーダーシップにアメリカ議会がしたがうという、いわゆる「超党派構造」が一般的であった（Jentleson, 1990：147-148：Schlesinger, 1973：127-128）。ＮＡＴＯの創設には、第二次世界大戦中の国際連合の創設と同様、当時政権野党であった共和党のヴァンデンバーグや民主党のコナリーなどの有力議員が、超党派の立場からその政策形成に深く関与していた（Briggs, 1994：31-45：Kaplan, 1994A：20-25）。

一方で、政権にとって優先順位が高かったヨーロッパ地域とは違って、このような超党派外交が見られなかったアジア政策においては、一九五二年一一月の大統領選挙で、共和党が民主党政権と国務省の中国政策を激しく批判するに至った（Mann, 1990：10-11）。超党派外交の欠如が議会からの批判を招いたこの中国政策のケースは、冷戦後の（特に米中関係をめぐる）大統領とアメリカ議会との関係を考える上でもきわめて示唆に富むものである。また同じアジア政策でも、対日講和条約締結に向けて共和党の上院議員であったダレスが、国務省特別顧問としてトルーマン政権で起用され、成果を上げていることは興味深い事実である（細谷、一九八四、特に第五、七、九、一一章：五十嵐、一九九二、二四三〜二四八頁）。すべての内外の政策が超党派で実現される必要はないであろうが、これらの歴史の教訓から、政策形成のプロセスにおいて決定の事前から議会側を関与させておく仕組みを制度的に整えていくことがこれまでも提言されてきた。

（5）「創造的な緊張」

さらに注目すべきことは、「超党派構造」が成立していた冷戦前期の時期でさえも、大統領とアメリカ議会との間には「創造的な緊張」の関係が存在していたという事実である。たとえば、戦後の国際貿易機構（ＩＴＯ）は議会での支持を得られなかったため、やむなくその代替物としてＧＡＴＴを条約でなく行政協定で成立させた経緯は有名である（中川、二〇一三、一〇〜一一頁）。歴代の国務長官、たとえばアチソンの回顧録やダレスの伝記には、冷戦期のアメリカ外交において、政府が対外交渉の相手以上に、国内でいかに議会との調整に取り組まざるを得なかったかが克明に綴られている（Acheson, 1968 : Nelson, 1987 : 64）。モーゲンソーも冷戦外交について、「行政府は説得・圧力・取り引きという伝統的な外交手段を、外国に対してよりも議会との関係において行使しなくてはならなかった」（Morgenthau, 1950 : 107 : 斎藤、一九六二、一九四〜一九五頁に引用された）という逆説を指摘している。

とりわけ一九五〇年代のアイゼンハワー大統領は、対外政策の決定における大統領とアメリカ議会との協調関係の必要性を強く認識していた。たとえば、第一次インドシナ戦争への単独介入を検討した一九五四年四月三日には、事前協議のためにジョンソン院内総務など議会の指導部と会談しており、議会側の反対を見て単独介入を断念し、同盟国との共同介入に政策転換した。さらにこの共同介入は、同盟国のイギリスに拒否されてしまう（Fisher, 1995 : 103-104 : Ambrose, 1991/1992 : 125 : Divine, 1981 : 43-44 : 田中、一九九五）。また一九六〇年代後半、民主党のマンスフィールド上院議員の中国演説は、やがて大統領となるニクソンに米中和解のインスピレーションを与えたと言われている。またその後、秘密外交で知られるニクソン大統領は対中政策を遂行していく上で、党派の垣根を越えて、多数党院内総務であったマンスフィールド議員との意見交換の機会をしばしば持ったのである（マンスフィールド、一九九九、五五〜五八、一三一〜一三四頁）。

四　議会の復権

（1）国家コミットメント決議と行政協定法

一九六〇年代後半にヴェトナム戦争が泥沼化するにともない、反共のコンセンサスが崩壊していった結果、対外政策の領域でアメリカ議会は、行き過ぎた大統領の権力に対して「復権」の動きを強めていくこととなった。上院の外交委員会委員長のフルブライトが中心となり、ヴェトナム戦争に関する公聴会を開催するなど、ジョンソン政権のヴェトナム戦争を批判する姿勢をまず強めた。これ以降、対外政策では大統領のリーダーシップにアメリカ議会がしたがうという超党派構造が次第に瓦解していくこととなった。

一九六九年六月二五日には上院が、国家コミットメント決議を可決し、大統領に対してアメリカ軍の海外派遣には議会の同意を求めるよう要求した。これはあくまでも上院決議であったが、序章でも見た通り、ヴェトナム戦争に反対する外交委員会の動きが、上院全体に波及し始めたことを意味した。また、この国家コミットメント決議以降、「議会の復権」の動きが本格化していくこととなった。上院は、さまざまな形で大統領の海外派遣に〝歯止め〟をかけようと試みたが、特に軍事や対外援助の予算に制限を加えることによって、間接的に大統領による戦争拡大を〝抑制〟し制約する動きをまず強化していった。ただし「議会の復権」とは言っても、下院はより保守的であり、一九七三年一一月七日の戦争権限決議までは、ヴェトナム戦争に反対する姿勢を明確にしたわけではなかったことは注目に値する。

しかしこの間、一九七二年の行政協定法により、上下両院は、あらゆる条約と行政協定を六〇日以内にアメリカ議会に報告する義務を定めた。大統領が行政協定に依存する形でアメリカ議会による「抑制と均衡」を迂回しようとする動きに〝歯止め〟をかける狙いが込められていた。

表5－2 「議会の復権」の主な内容

大統領の行動	議会の反応	大統領へのインプリケーション
海外派遣	国家コミットメント決議（1969年）	上院決議により大統領に海外派遣するには議会の同意を求めるよう要求した。
戦争開始	戦争権限決議（1973年）	議会への報告を義務づけた。議会が宣戦布告しない場合は、60日以内に撤退しなければならない。ただし30日の延長が可能。また90日以降、議会は共同決議で大統領の行動を止めることができる。
非常事態権限	国家非常事態法（1976年）	議会への事前報告を義務づけた。国家非常事態は6カ月に限定されることとなった。また議会はいつでも法で国家非常事態を終了させることができる。
条約としての行政協定	行政協定法（ケース法）（1972年）	国務長官は60日以内に行政協定を議会に報告しなくてならないと定めた。
予算執行	議会予算執行統制法（1974年）	大統領は予算執行の遅れを議会に報告しなければならないと定めた。また議会は議会予算局（CBO）を設立した。
隠密活動	両院での情報調査委員会の設置	中央情報局（CIA）をはじめとした情報共同体への両院の予算統制が強化された。
プログラム変更	「立法府拒否権」の増加	上下両院の共同決議で行政府の行動により厳しい抑制を加えていくこととなった。

出典：LeLoup & Shull（2003：49）を参照し作成した。

（2）戦争権限決議と予算執行統制法

さらに一九七三年の戦争権限決議は、ニクソン大統領の拒否権を〝乗り越えて（overrided）〟成立し、議会の復権を象徴する動きとなった。大統領の戦争に対して、アメリカ議会への報告を義務づけた上で、議会側が宣戦を布告しない場合は、六〇日以内に撤退しなければならないと定めたのである。ただし、六〇日の撤退期限は三〇日の延長が可能とされたが、九〇日以降、アメリカ議会は上下両院の共同決議（Concurrent Resolution）で大統領の行動を止めることができる、と規定された。こうして、大統領の派兵命令を撤回する権限を議会側に付与せんとした戦争権限決議に関しては、歴代大統領がこれに〝抑制〟され、拘束されることを潔しとせず、また一九八三年に最高裁判所が違憲判決を下したこともあって、その意義はまさに〝象徴的な〟ものにとどまった。議会側もそれ以上、行政府に挑戦する姿勢をあえて示さなかった（Fisher, 1995：128-33；Adler, 1988；Sundquist, 1982：254-260；宮脇、二〇〇四、特に一五九～一九六頁）。しかし戦争権限決議は、行政協定法と同様、行政府の行動をより慎重にさせる〝歯止め〟として一定の効果があったことも事実である（Fisher, 1997：252-255）。「ヴェトナム戦争後」の戦争は、いずれも短期間で終結させられているからである。

一九七四年七月に成立した議会予算執行統制法は、大統領は予算執行の遅れをアメリカ議会に報告しなければならないと定め、内政と外交の両面で、議会側の政策実現能力を強化することに成功した。また議会予算局（ＣＢＯ）の設置も盛り込む内容であった（Davidson & Oleszek, 1988：364-366：Oleszek, 1996：67-83：Thuber, 1997：325-328）。ニクソン大統領は国家予算を削減するための手段としてではなく、戦略的に議会をコントロールする手段として予算不執行（impoundment）を利用していた（鈴木、一九九九、七六頁）。だからこそ、上下両院の議員たちは怒ったのであり、当時マスメディアが論じたように、ニクソンはこうして「議会を眠りから目を覚まさせてしまった」のである。

（3）議会の復権のインパクト

さらに、上下両院に情報調査委員会が設立され、中央情報局（ＣＩＡ）をはじめとした「情報共同体」の隠密活動に対して、上下両院が監視するようになったことも重要な動きであった。特にサイミントン委員会の動きが注目される（Johnson, 2006：chap. 5）。それまで、大統領の冷戦外交の推進を阻害しないように、議会側は冷戦前期、情報共同体の隠密活動にはほとんど口出しをしてこなかったからである。

こうして「議会の復権」は、憲法上規定された本来の権限を取り戻すことを目的とし、その結果、対外政策におけるアメリカ議会の役割を「より詳細かつ実質的に」変えた。議会側は対外政策での自己主張を強め、大統領の政策に対抗していくようになった。たとえば、一九七四年のジャクソン＝ヴァニック修正条項では、ソ連との通商協定において、ソ連からのユダヤ系移民の出国の枠を拡大することを要求する修正案が付加された。その結果、ソ連は既存の通商協定を放棄してしまった。当時のニクソンとキッシンジャーは、デタント政策の成否はインセンティブと懲罰、〝アメとムチ〟のバランスをいかにとっていくのかにかかっていると考えていた。アメリカ議会はこうしたデタント政策の要諦を突き崩したのである。

また議会は、デタント政策が持つ人道的側面への配慮の欠如を指摘したのであった。この点は、カーター政権期に人権外交として展開される行政府の政策を先取りしていたと言えよう。さらに、ジャクソン＝ヴァニック修正条項には、アメリカ議会が大統領の署名を要しない両院共同決議によって、最恵国待遇（ＭＦＮ）もしくは輸出信用供与の制限撤回を無効にできるという「解除条項」が含まれていた。アメリカ議会がこうした「立法府拒否権」を行使することで、大統領は議会側の要求を十分に配慮せざるを得なくなっていく（Zoellick, 1999/2000：20-21；Sundquist, 1982：281-299；Lindsay, 2017：222-223；2012：225-226；2008：201-202）。

五　上院から下院へのパワー・シフト？

第二次世界大戦後、冷戦前期の対外政策の形成プロセスにおいて、「超党派構造」を支えて、かつ「創造的な緊張」の担い手となっていた議会側の主体はもっぱら上院であった。下院が対外政策で果たす主要な役割は、対外援助の予算を編成するための授権法案を成立させることであったが、反共のコンセンサスも背景にあって、実際にはこうした予算編成の手段を最大限に活用していたとは言えなかった。「下院の国際関係委員会は、下院のなかで重要な影響力を行使しているとは思えない」（Fenno, 1973：225：Mott & Rae, 2003：140に引用された）と当時のある下院議員は発言している。

しかし、一九六九年以降の議会の復権の結果、下院が外交と安全保障の政策プロセスにおいて、上院と並ぶ重要なプレーヤーとして自己主張を始めた。上院と下院との勢力バランスに大きな変化がもたらされたことは歴史的に重要な変化を意味していた。この背景には、対外政策の形成プロセスにおいて議会側にとって有効な手段が、条約批准の同意権ではなく、むしろ予算編成に歴史的に移行してきたということがあった。予算編成でより影響力を行使できるのは、下院である。下院は、大統領の対外政策に反対する場合には、「財布の紐」を握ることでその政策をより効果的に〝抑制〟するようになった（Mott & Rae, 2003：140-141）。

また一九六四年八月八日のトンキン湾決議を契機に、上下両院の共同決議で行政府の活動を無効にできるとした解除条項による「立法府拒否権」が制度化されてきたことも看過されてはならない点である。特に一九七〇年代以降、戦争権限決議やジャクソン＝ヴァニック修正条項をはじめとして、アメリカ議会の上下両院は、立法府拒否権を影響力行使の手段として大統領にちらつかせるようになった。このことも対外政策の形成プロセスにおいて下院と上院を〝ほぼ対等な〟地位へと均衡させる一つの要因となったのである。

下院が対外政策において上院とほぼ対等な地位を占めるようになった結果、両院協議会（conference committee）の役割と重要性がより大きくなったことは、特に注目される政治現象である。ただし、両院協議会での審議は非公開のため、その力学を正確に測定することはできない。アメリカ議会研究の大きな課題の一つであると言ってよい。

こうして、議会の復権の後、大統領は、対外政策を立案し推進していく上で、ますます自己主張を強めたアメリカ議会の上下両院をそれぞれ説得していかなくてはならなくなった。また上院と下院とは、重要な対外政策をめぐって、意見が食い違うことも珍しくない。しかし、大統領とアメリカ議会が相互に「抑制と均衡」を働かせながら、かつ二院制で上下両院でも〝抑制〟し合うという政治状況は、民主主義国家の政策実現のあるべき姿として、アメリカ合衆国憲法がまさに企図していたものであったと言うことができよう。

第六章　アメリカ外交の政策決定過程――大統領と議会のせめぎ合い

（合衆国憲法の規定は）アメリカの対外政策を指揮する特権を奪い合うことへの誘因（invitation to struggle）である（Corwin, 1957：171）。

エドワード・コーウィン『大統領』（一九五七年）

行政府は、説得・圧力・取り引きという伝統的な外交手段を、外国に対してよりも議会との関係において行使しなくてはならなかった（Morgenthau, 1950：107：斎藤、一九六二、一九四～一九五頁に引用された）。

ハンス・モーゲンソー「対外政策の行動」（一九五〇年）

一　「二レベル・ゲームズ」という視角と政策タイプ

(1)「分割政府」か「統一政府」か

アメリカ大統領は、外交政策の立案と遂行のために外国と交渉するだけでなく、国内で議会とも交渉しなければならない。特にアメリカの場合、大統領は対外交渉よりも議会との交渉の方がむしろ困難であるといってよい。大統領がいかに議会操縦術に長けているかということは外交政策の分野でも重要な点である。この点は、冷戦期においても実は例外ではなかった。

アメリカ大統領が議会での支持を得られるという制度的保障はまったくない。現代のアメリカ政治では、大統領と議会とが別の政党に統治される「分割政府」がほぼ常態となっており、サンドクィストやリンゼイ、コンレイ、メイフューらによれば、分割政府の下では概して、制度間対立が党派的となり、政治の停滞と外交の行き詰まりをもたらすことになるという（Sundquist, 1992 : 94-97, 322 : Lindsay, 2017 : 224 : Conley, 2003 : Mayhew, 2005）。特に一九八〇年代には、分割政府は財政赤字をさらに悪化させる一因とみなされていた。二〇一〇年代のオバマ政権でも、二〇一一年以降の分割政府の下で、議会ではほとんど目立った成果が生まれなかった。世論調査では、「議会は仕事をしていない」という批判の声が多く見られた（Lindsay, 2017 : esp. 224 : Dodd & Oppenheimer, eds., 2017 : Davidson, Oleszek, Lee & Schickler, 2017 : Oleszek, Oleszek, Rycki, & Heniff, 2015 : Sinclair, 2016）。

ただし、アメリカ議会では政党の垣根を超えた「交差投票」が日常化しており、議院内閣制のような党議拘束はほとんど見られない。したがって、たとえ「統一政府」であっても、大統領は自分の政党からの支持を無条件で得られるわけではない。冷戦後、クリントン政権下の統一政府（一九九三〜九四年）でも、クリントン大統領は、北米自由貿易協定（ＮＡＦＴＡ）の承認とそれにともなう国内法整備（HR 3450 : PL 103-182）をめぐって、経済ナショナリズムの強い議会民主党からの全面的な支持は得られず、共和党議員を取り込んでいく超党派の説得工作を展開しなければならなかった（中本、一九九九、一五九〜一六四頁：Mayer, 1998）。

さらに注目すべきことには、民主党多数議会が一九五五年以降恒常化していた冷戦期においても、民主党大統領は統一政府にありながら、議会との政策調整に苦労したのであった。一九七〇年代後半、州知事出身のカーター大統領がその典型的な例である（Jones, 1988 : 71-79）。また、上院議員としての経歴が短かったケネディ大統領よりも、上院の多数党院内総務としての長い経歴を持つジョンソン大統領の方が対議会説得では長けていたこともよく指摘される。たとえば、黒人差別を撤廃する一九六四年七月二日の公民権法（Civil Right Act）の成立は、ジョンソン政権まで待たなければならなかった（Giglio, 1992 : 37-38 : Brands, 1995 : 17-19）。より最近の事例としては、統一政府の政治状況下で、トランプ政権が「最初の一〇〇日間」の公約に掲げていた医療保険制度改革（「オバマケア」）の撤廃で、議会共和党とうまく政策調整できなかった（山岸、二〇一六）。逆に考えれば、たとえ分割政府のより難しい政治状況にあっても、大統領がアメリカ議会に効果的なロビイングを展開するならば、交差投票で重要法案も可決されるのである（久保、二〇〇二ａ、五九頁）。

(2)「二レベル・ゲームズ」の視角

パットナムは、序章で見た通り、「二レベル・ゲームズ」の視角を常に意識しながら、大統領は外交政策を策定し遂行していかなくてはならないと指摘している。二レベル・ゲームズとは、「国際」と「国内」の双方に交渉テーブルを想定し、特に国内政治上の批准過程(レベルⅡ)において諸勢力のコンセンサスが得られる枠内で、交渉者間の国際的なバーゲニング過程(レベルⅠ)が規定されることを示したものである。この場合、国際交渉に参加する両側に国内の交渉テーブルが想定されるため、国際交渉は双方向からの国内要因に規定されることになる。国際交渉での最終的な合意点を規定する、国内交渉での合意形成の範囲を「勝利連合(win-set)」と呼ぶが、この勝利連合は政府の働きかけ次第で、大きくなることもあれば、小さくなることもある、と想定される。外国から働きかけること(ロビイング)も可能である。勝利連合は振幅するのである(Putnam, 1993)。アメリカ政治では、議会こそが国内での利害調整と合意調達とを図る主要な舞台となることは言うまでもない。このきわめて常識的な分析枠組みが注目されたのは、現代のアメリカ外交政策の決定過程が直面する問題の核心を突いていたからに他ならない。

この二レベル・ゲームズは、冷戦後の大統領と議会との関係を説明する上できわめて重要な点を喚起していると言えよう。二レベル・ゲームズが問題提起された一九八八年当時、パットナムらは、GATTの多国間交渉であるウルグアイ・ラウンドや、日米経済摩擦といった経済・通商問題を主たる事例と想定していた。経済・通商問題において、議会の影響力といった国内要因が相対的により重要であることは改めて指摘するまでもない(Evans, Jacobson & Putnam, eds., 1993に所収の論文を参照)。リンゼイも、国内での「価値の配分」をともなう予算編成など、いわゆる「構造的政策」では議会の影響力は大きい一方で、国益への深刻な脅威に対処するための「危機的政策」や、外交・安全保障政策の目標と戦術を決定する「戦略的政策」では大統領の影響力が優越すると指摘している(Lindsay, 1994: chap. 7; Huntington, 1961)。二レベル・ゲームズは、構造的政策で説明能力がより高いモデルであると言える。

しかし、一九九四年一一月の中間選挙で共和党多数議会が成立した後のアメリカ政治では、議会が経済・通商政策だけでなく、外交と安全保障政策でも重要な役割を演じてきたことはもっと注目されてよい。外交・安全保障政策の分野でも、議会の影響力はもはや無視し得ない重要性を持つに至った。たとえば、一九九〇年代後半の国際政治で中心的な課題となった本土ミサイル防衛（NMD）の推進やNATOの東方拡大といった問題では、議会の動向を考察することなしに、その全体像を把握することはできないのである。包括的核実験禁止条約（CTBT）の批准は、上院で否決されてしまった（吉原・島村、二〇〇〇、一九五～二三四頁）。現代のアメリカ外交政策を捉える上で、「二レベル・ゲームズ」という視角はきわめて有効であると思われる（ただし、国内に「勝利連合」が想定されるためには、お互いに国内政治要因が重要となる民主主義国家でなければならない。権威主義体制の国際交渉では、国内交渉のテーブルをうまく想定できないからである）。

二　政策決定過程の見取り図

（1）国際危機が権力を集中させる

「外交政策は大統領が決定する」と、かつてトルーマン大統領は言った（浅川、二〇〇一、i頁）。大統領は国家元首、軍の最高司令官、行政首長としてさまざまな権限を持っている。一九二九年一〇月二四日以降の世界大恐慌という国家非常事態は、行政府の権力をにわかに拡大させたが、その後も第二次大戦から冷戦へと国際危機が継続した。この間、伝統的な孤立主義が放棄され、同盟関係が結ばれたことによって、条約上の義務が大統領の権限をさらに強化することになった。詳しくは、第五章で見た通りである（Lindsay, 2017 : 224-225 : 高橋、二〇一〇b、二〇九～二三八頁 : Shenkman, 1999 : chaps. 16-18）。

このように強力な大統領の権力を〝抑制〟する存在としては、まずアメリカ議会がある。たとえば条約の批准には、上院で三分の二以上の同意を必要とする。憲法上、大統領と議会とは、第一章と第五章で見た通り、外交と安全保障政策の権限を〝分立〟ないし〝共有〟させている。とりわけ通商・貿易や援助の問題では、通商・貿易や政府の歳入と歳出の権限を持つ議会の影響力はより大きくなる。しかし、経済的考慮の少ない安全保障問題や、特に危機に直面し決定の時間が限られているような場合には、大統領は議会や世論に十分に〝抑制〟されることなく、柔軟に指導力を発揮することができる（Lindsay, 2017 : 2004）。

大統領の決定を補佐する機関としては、NSCをはじめとした大統領府と、国務省や国防総省など閣議を構成する一四の省および独立行政機関がある。こうして、大統領に情報が集中するように制度的な仕組みが整備されている（阿部、二〇〇二b、四六～四八頁）。最終的な決定権はあくまでも大統領ただ一人にあり、閣議の了承も必要としない。大統領が誰かによって外交政策は大きく変化することになる。またリーダーシップの強弱や部下をいかに統率するかなど、大統領の個性とスタイルによって政策決定過程も違ったものとなってくる（Preston & Hermann, 2004：183-195；宮里、一九九八、二一六～二二〇頁）。

政策の決定と調整の中心となるのはNSCである。第五章でも見た通り、一九四七年七月二六日の国家安全保障法に基づき設立された。NSCの役割は、内外の安全保障政策を統合・調整し、大統領に助言することである。その正式構成メンバーは、大統領と副大統領、国務長官や国防長官などで、大統領は必要に応じて他の閣僚を参加させることができる（Rothkopf, 2004；Daalder & Destler, 2009）。このNSCを統轄する国家安全保障問題担当大統領補佐官の影響力は、ケネディ政権以降にわかに増大し、ニクソン政権下でキッシンジャーが国務長官と国防長官を脇において劇的な米中和解を推進してから、この役割が特に注目されるようになった（Daalder & Destler, 2017；Kissinger, 1977；1979；1982；1994；2001；Isaacson, 1992；Destler, 2012a）。

このようにNSCの影響力が増大するにともない、元来ならば第一義的に助言を求められるべき国務長官と国務省の地位は、相対的に低下してきた。NSCと国務省のどちらが政策決定過程でより影響力を行使できるのかは、ひとえに大統領がどこに、また誰に信任を置くかにかかっている。冷戦の間、国際危機をいくつか経験するうちに、決定と調整の中心は国務省からNSCへと移行してきた（宮里、一九九八、二二〇～二二四頁）。

国家安全保障問題担当大統領補佐官と国務長官とは、政治的影響力をめぐってしばしば対立する。大統領執務室から至近距離にいて、議会に出頭する義務もない大統領補佐官は、より有利な立場にある。通常、大統領に毎朝ブリーフィングも行う。カーター大統領以来、州知事出身の大統領が多いため、国家安全保障問題担当補佐官をはじめとした大統領側近の役割は、ますます重要なものとなってきたと言える（花井・木村、一九九三、第二章）。

国務長官は国防長官とも競合関係にある。国防総省と国防長官は、国防予算案の作成で特に大きな役割を果たす。またケネディ政権以来、安全保障問題における国際安全保障問題局（ISA）の役割も小さくない。クリントン政権下で、ナイ国防次官補（国際安全保障問題担当）は、日米安保の再定義でイニシアティブを発揮した。さらに一九八六年の国防再編成法以降、統合参謀本部（ＪＣＳ）議長の権限が大幅に強化されたことも注目される（花井・木村、一九九三、第三章・第四章；船橋、一九九七）。

大統領は憲法によって外国と条約を締結する権限を付与されているが、慣例的に行政首長ないし最高司令官として行政協定を結ぶことができる。条約の批准には出席する上院議員のうち三分の二以上の同意を必要とするため、第五章で見た通り、大統領は行政協定で処理することを好む傾向がある（Lindsay, 1994：82）。

議定書は、国際会議の結論概要や条約の詳細規則を規定するなど、条約を補足する形で作成されることが多い。また合意は、条約や協定にいたる前段階の意志表示として活用される場合が多いが、たとえば、一九七二年五月二六日の米ソ間の「関係の基本原則に関する米ソ宣言（基本原則合意）」のように重要なものも含まれる（石井、二〇〇〇、二五三頁）。覚書は、署名を必要としない点で正式公文とは区別される。広義の条約にはこれら以外にも規約や規則、憲章、取り極め、宣言、通牒などがある。国際法上の効力に差はなく、どの名称を用いるかは便宜の問題である。狭義の条約は、〝treaty〟〝covention〟の名称で呼ばれるものを指す。

（2）国内政治過程とつながる通商・貿易政策

アメリカの通商・貿易政策では、議会の影響力が強い。合衆国憲法第一条によって、議会に州際および国際の通商・貿易権限は、そもそも議会にある。課税や関税などの歳入、政府支出、予算編成も議会の立法によらなければならない。議会は文字通り、「財布の紐」を握っている。大統領を中心とした行政府と議会との間の微妙な権限のせめぎ合いのなかで政策が決定されていくことになる。

また憲法の規定により、上下両院で可決された法案は大統領の署名により法律となる。大統領は可決済みの法案に署名せず、異議を付して議会に送り返すことができる。これを「拒否権（veto）」と言う。議会は第五章でも見た通り、両院で三分の二以上の再可決によって拒否権の発動を「乗り越える（override）」ことができる。ただし、この乗り越えは、一会期に数度しか実現しない。そのため、大統領の拒否権は強力な武器である。

立法府としての議会には法を執行する領域では限界があるため、特に一九三四年六月一二日の互恵通商協定法（RTAA）以降、通商・貿易交渉の権限を時限的に大統領ないし行政府に委任させてきた。議会側はさまざまな条件をつけた上で、大統領府に国際交渉を行わせる。通常、通商法が改正される際に、このための授権法が含まれることが多い。たとえば、一九七四年通商法は、通商協定実施のための国内法改正で、議会での審議期間を六〇日以内に一括して、かつ無修正の単純多数決で可否を採決する方式を大統領に認めた。この特別の議会審議手続きを「ファスト・トラック」と言う。一九九四年に失効していたが、二〇〇二年八月に大統領に授権された。GATTや世界貿易機関（WTO）の下で実施されたラウンドなど多国間交渉は、このような授権法に基づき、議会側から大統領府に交渉権限が委任されて、はじめて本格的な交渉が可能となるのである（佐々木、一九九七、七七〜九二頁）。TPPをめぐる国際交渉も、アメリカ国内でオバマ政権が貿易促進権限（TPA）を議会から付与されてから本格化した。ただしその後、オバマ政権は、議会の説得の見通しが立たず、大筋合意に至ったTPPの議会批准をあきらめた（Lindsay, 2017：231）。クリントン政権に至っては、一九九七年に議会から、「ファスト・トラック」権限を獲得することに失敗している（Destler, 1999：27-30：2005：218-228：Hyland, 1999：73-76：*CQ Guide*, 1998：111-113：佐々木、一九九七、八七、一〇八、一四一頁）。クリントン大統領は、「これまで以上に、経済安全保障が国家安全保障の土台を形成している」ために、ファスト・トラック権限は必要なのである、と不満をこぼしていた（Lindsay, 2017：226：2012：230：1999：175-176）。

通商・貿易問題の場合、安全保障問題と比較して、議会は政策決定過程でより強い影響力を行使できる。一九七〇年代以降、議会は通商法を通じて、保護主義的な手続きを立法化してきた。この背景には、国際的相互依存が深化し、国際問題と国内問題との境界があいまいになるにつれて、労働組合をはじめとした国内の利益集団の多くが国際主義から保護主義へと転換したという事情があった。議会は特に一九八〇年代後半になってから、自由貿易の原則に背馳する政策をとった。特定国との通商・貿易関係を重視するバイの二国間主義と、自国市場の開放度を相手国の開放度に応じて調整する相互主義への傾斜を強めていったのである。これらは、GATTの基本原則である「多角主義」と「無差別主義」とも食い違う内容であった（デスラー、一九八七：デスラー、佐藤編、一九八二：デスラー、ヘニング、一九九〇：ボバード、一九九二：バグワディ、一九八九：バグワディ、パトリック、一九九一：佐藤、一九九一：中戸、二〇〇三：伊藤・伊藤研究室、二〇〇〇：佐藤、一九八七：草野、一九九一：一九八三：

佐々木、一九九七、第三章）。アメリカ経済外交では、バイやマルチのアプローチが、戦略的に使い分けられる。またアメリカ経済が再び深刻な不況となれば、議会を通じる圧力がかなりの影響力を発揮するようになると思われる。

たとえば、一九九五年まで継続した日米自動車摩擦のように、通商・貿易問題で外交の必要性が高まると、アメリカ側の交渉の窓口として米国通商代表部（ＵＳＴＲ）の役割が注目される。日米構造協議（ＳＩＩ）や包括経済協議（U. S. -Japan Framework for a New Economic Partnership）でも、ＵＳＴＲは政策決定と交渉の中心となった。またＮＡＦＴＡやＷＴＯなど多国間交渉にもあたる（宮里、一九八九：ドライデン、一九九六：小尾、二〇〇九）。

このような外国との通商交渉では、商務省や国務省など複数の省担当者から構成される交渉団の団長ないし共同団長をＵＳＴＲの担当官が務めることが多い。国内の政策決定過程では、ＵＳＴＲは大統領の代理として、通商に関連する省庁間の調整役を担っている。アメリカには、日本の旧通産省のように、通商交渉を一括して統轄する強力な省庁が存在していない。かつて冷戦初期には、国務省が通商問題の決定と交渉にもあたっていた（Destler, 2017：2012b：2005：Part II：Gibson, 2000：Cohen, Stephen D., 2000：Part III：Paarlberg, 1995：安井、二〇一〇、二三九〜二七九頁。グローバリゼーションとアメリカ政治については、Cohen, 2001を参照）。

ＵＳＴＲはそもそも、議会側の要請で生まれた。一九六二年一〇月の通商拡大法（Trade Expansion Act of 1962）と一九六三年一月の大統領行政命令に基づいて創設された通商代表部（ＳＴＲ）がその前身である。その後、通商法改正のたびにその権限強化が図られ、特に一九八八年八月二三日の包括通商・競争力法（Omnibus Foreign Trade and Competitiveness Act）によって、不公正貿易相手国に対する報復決議、「三〇一条」の発動権限が大統領からＵＳＴＲへと委譲された。他方、ＵＳＴＲは外国政府との対外交渉だけではなく、国内でも議会、さらに民間の利益集団との交渉にもあたる必要がある（宮里、一九九八、二二六〜二二八頁）。

クリントン政権はさらに、国内経済再生を最優先する政権の立場を反映し、国内と国際の経済政策の調整・統合を図るために国家経済会議（ＮＥＣ）を創設した（宮里、一九九四、一一〜一三頁）。このＮＥＣとＵＳＴＲとの間でいかなる役割分担がなされるのか――。これは政権ごと、争点ごとによってまだ流動的な段階にあると言ってよい（宮里、一九九八、二二四〜二二八頁）。トランプ政権はさらに、国家通商会議（NTC）を新設し、国際交渉特別代表のポストも設置した（島村、二〇一六b、五八〜五九頁）。NSCや行政管理予算局（OMB）、CEAなどの大統領府も、補佐的ないし諮問的な役割を担う。日本ではあまり注目されないが、特にOMBの局長は、内外の公共政策全般に助言を求められる立場にある（阿部、二〇〇二b、四七頁）。

また一九九〇年代半ば以降は、グローバリゼーションの進展とアジア通貨危機を背景として、通商・貿易というよりも金融の重要性が経済政策において相対的により高まり、財務長官の存在感がとみに増した（Geithner, 2014；Paulson, 2010；Rubin & Weisberg, 2003）。またグリーンスパンやバーナンキ、イエレンなど、歴代の連邦準備理事会（FRB）議長の発言が、国際金融の動向をも左右するものとして注目されてきた（Bernanke, 2015；Greenspan, 2007）。二〇一七年一一月二日、トランプ大統領は、次期FRB議長にジェローム・パウエルを指名した。

（3）アメリカ議会をロビイングせよ

ロビイングは、建国当初から多元的な市民社会として出発したアメリカにおいて、とりわけ特徴的な政治現象である。議会の分権的構造と規律の弱い政党制、全国的政党組織の欠如、政策の違いがあまりない二大政党制といったアメリカ政治の主要な特徴はすべて、このような圧力政治を活発にさせる構造的な背景となっている（信田、一九八九；山田、一九八二；小尾、一九九二）。しかし、対外政策の領域でロビイングが盛んに議論されるようになったのは一九七〇年代以降で、比較的新しい現象である。なぜなら、外交政策は大統領を中心とした行政府が遂行するが、ロビイングは働きかけの対象をもっぱら議会に置いてきたからである（Tierney, 1993；Nathan & Oliver, 1994：chap. 11；上林、一九七六、五七〜六七頁；飯坂・堀江編、一九七九、一四八〜一五三頁）。

ところが一九七〇年代以降、特に通商・貿易政策における議会の役割が増大した。国際的相互依存の深化にともない、国際と国内の問題はリンクし、経済問題が政治化の様相をますます強めてきた。特に通商・貿易問題は国内の利益集団と所轄省庁の利害とが結びつきやすく、しばしば争点が〝過剰政治化〟する。特定の利益集団の特殊利益を反映した〝擬似国益化〟のレベルまで引き上げられて、外交当局の交渉能力では手に負えなくなってしまうのである（内田・内山編、一九七六、一五五頁）。

リー・ハミルトン元下院議員は、「多くの人々が国益よりも有権者の利益をより重視してしまう。彼らは、高速道路のためのロビイングと特定の利益集団のために対外政策でロビイングすることの大きな違いを理解できていない」と批判する（Lindsay, 2004：189）。

憲法修正第一条は、国民が政府に「請願する権利」を認めている。利益集団は、その特殊利益の擁護・増進のために政治に働きかけ、政策決定に影響力を行使しようとする。ロビイストは、利益集団の代理人として、こうしたロビイングを専門的に行う。政治家でさえ理解が難しい法案や規制に関する情報を提供することが最たる機能である。一九四六年の連邦ロビイング規制法（Federal Regulation of Lobbying Act of 1946）以来、ロビイスト登録や活動収支報告の情報公開が義務づけられてきた。政府高官や議員、新聞記者などの出身者か弁護士が多い。政権を辞職してすぐにロビイストに転じるケースも多く、ロビイストが逆に政権入りすることもめずらしくない（小池、一九九九：小尾、一九九一、特に第二章）。W・ブッシュ政権とエネルギー業界のように、政権と特定業界とのつながりが問題視されることも少なからずあった。

外交政策でロビイングを展開する利益集団としては、経済（企業、労働組合、農協など）や防衛、宗教の団体やエスニック集団などが典型的である。また外国政府ないし外国企業でさえ、アメリカ国内でロビイングができる。一九八〇年代後半には、「ジャパン・ロビー」の資金力が注目された。ただし外国に雇われたロビイストは、一九三八年の外国代理人登録法により司法省に登録しなければならず、政治家への献金はできない（信田、一九八九：小尾、一九九一、特に第五章）。

新しい利益集団のタイプとして、環境保護や人権など一般的な利益の擁護を目指す公共利益集団がある。また、「反グローバリゼーション」を掲げてＩＭＦや主要七カ国首脳会議（Ｇ7）、二〇カ国財務省・中央銀行総裁会議（Ｇ20）とそのサミットなどの国際経済会議に集う非政府組織（ＮＧＯ）の存在がクローズアップされてきた。民主党の支持基盤である労働組合が同じく反グローバリゼーションの立場をとるため、アメリカ政府としても（特に民主党政権の場合）、こうしたＮＧＯの主張をまったく無視することができないのである（リュアノ＝ボルバラン・アルマン、二〇〇四、第八章：前嶋、二〇一〇ａ）。

利益集団の政治力では資金力や規模の大きさがものを言うが、たとえ少数であっても、よくまとまって組織されていれば、大きな発言力を持つことができる（飯坂・堀江編、一九七九、一五一頁）。他方で、外交政策における利益集団の影響力をあまり過大評価してはいけないという見方もある。ある利益集団による活発なロビー攻勢は、その動きに脅威を感じた別の利益集団の台頭を促すからである。このような利益集団の相互増殖的な政治力学があるため、互いの政治的影響力が相殺されてしまう。エスニック集団のロビイングにも、同様の論理があてはまる（Lindsay, 1994 : 28）。

利益集団によるロビイングの形態として、議員や政府高官に直接アクセスするのではなく、世論に働きかける間接的な手法もあるが、これは「グラスルーツ（草の根）・ロビイング」と呼ばれる。マスメディアを通じた世論形成をはじめ、手紙や電話、電子メールによる情報提供や動員活動を行う（吉原・中村、二〇〇〇、一二五〜一二九頁；吉原、二〇〇五）。

さらに、一九七三年の選挙資金改革法によって、「政治活動委員会（ＰＡＣ）」を通じた政治献金ができるようになった。アメリカでは企業や利益集団などが政党や政治家に直接献金を行うことは禁止されているため、政治献金の受け皿となるＰＡＣを設立して個人から資金を集め、選挙運動への資金援助などを行う。利益集団はＰＡＣを組織し、政治家への献金を通じて、従来のロビイングとは違った形で、影響力を行使することが可能となったのである。ＰＡＣを経由した政治献金は増大傾向にあり、特に一九九四年一一月の中間選挙以降、二大政党の勢力があらゆる政治レベルで伯仲する状況となり、その政治的意義が無視できなくなっている（吉原・中村、二〇〇〇）。

さらに二〇一〇年以降のアメリカ政治では、「スーパーＰＡＣ（特別政治活動委員会）」も登場し、アメリカ大統領選挙と議会選挙で集められる政治献金は、より膨大なものとなってきた。従来のＰＡＣでは個人献金に一人年間五〇〇〇ドルまでという上限が定められていた。しかし、二〇一〇年一月の最高裁判決、「シチズンズ・ユナイテッド判決」で、上限なく献金を集めることが可能になり、「スーパーＰＡＣ」と呼ばれるようになった。二〇一二年一一月のアメリカ大統領選挙では、有力候補についたスーパーＰＡＣがテレビＣＭを通じて他候補を中傷するネガティブ・キャンペーンに巨額の資金を投入し、大きな影響力を行使した。西川賢によれば、スーパーＰＡＣとは、「特定の裕福な献金者から無尽蔵に資金を受け取り、候補者から独立した広告活動を制限なく行う政治組織」である（西川、二〇一六ａ）。

二〇一六年一一月の大統領選挙では、トランプは、利益集団からの政治献金にほとんど頼ることなく、ほぼ自前で選挙を戦ったことが注目される。そのため、トランプは、ワシントン政治の〝アウトサイダー〟として振る舞い、「大統領になっても、特定の利益集団の利害に縛られることはない。自分ならば、変革が可能である」と主張することができた（Trump, 2015）。

（4）世論が合意の範囲を、マスメディアが議題を設定する

外交政策は、政治家や外交官など専門家が大局的な見地から合理的かつ現実的に国益を計算し、決定すべきである――。このように考える立場からは、外交政策が世論の変化によって揺らぐことは避けるべき事態である。建国以来、移民国家として理念で国民統合を図ってきたアメリカの場合、外交政策は理念外交ないしイデオロギー外交に傾斜しがちであった。アメリカ外交の「法律家的かつ道徳家的なアプローチ」を批判した外交官のケナンや、一九世紀の古典外交のような勢力均衡（ＢＯＰ）を重視した歴史家で外交官のキッシンジャーなど、なかでも外交の実務経験者は世論の影響に特に批判的であった（Kennan, 1984：chap. 6：Kissinger, 1977：chap. 1）。

たしかに世論は、一般に対外的な知識や情報を不十分にしか持っておらず、たとえ持ったとしても目先の利害や感情に左右されやすい。もっとも世論と外交政策との関係については、さまざまな考え方が存在してきた。世論の判断力に強く反発する立場もあれば、他方で外交政策が失敗した場合、逆に「民衆の英知」にしたがわなかったためだという考え方もなされる（Sobel, 2001：Kriner, 1997：Nathan & Oliver, 1994：chap. 9：Graham, 1994：Shapiro & Page, 1994：216-235：宮里、一九九八、二四一頁：岡部、一九九二、九一～九二頁）。

ヴェトナム戦争は、大統領が無知な世論を無視して外交政策を遂行していれば、国益にかなうとの考え方に深刻な疑問を投げかけた。また世論は、従来考えられてきたほど情緒的や移り気ではなく、まったく一貫性に欠けるというわけでもない、という新しい見方も出てきた（宮里、一九九八、二四一～二四三頁：Holsti, 2006：1996：Kull & Destler, 1999）。ともかく、ヴェトナム戦争後のアメリカ世論は、海外派兵にきわめて慎重になった。冷戦後はこの傾向がさらに強まり、湾岸戦争を一つのモデルとして、ハイテク兵器による短期決戦で、敵国の市民をも含めて死傷者を最小にする戦争形態が模索されてきた。クリントン大統領の「トマホーク外交」や、「戦争」とは呼べなかったコソヴォ空爆もこうした文脈で捉えることができる。この一九九九年春のコソヴォ空爆では、上院を通過した空爆支持決議（S Con Res 21）が、下院で賛成二一三、反対二一三の同数で否決さ

れてしまった（Lindsay, 2017：226：2012：229：2008：205：吉原・島村、二〇〇〇、一九二頁：松岡、二〇〇三、特に第六章）。

概して、世論は外交政策を導く有力な指針とはならない。特に死活的な国益にかかわるような差し迫った危機に直面した場合、また世論と政策決定者との間に妥協困難な対立がある場合に、世論は無視される。しかし唯一の機能として、世論は政策決定者が活動する範囲の〝外枠〟を設定する。たとえば冷戦期ならば、共産主義への「宥和」政策をとりにくくする。この政策に触れない限り、一般大衆は政策決定者の行動には関心が低いままである（岡部、一九九二、九一～九七頁：飯坂・堀江編、一九七九、二一六～二一九頁）。

ところが、国際的事件が勃発するか、大統領が対外的なイニシアティブを発揮した場合、大統領の支持率は上昇し、高揚した世論が「国旗の下に集結する（rally around flags）」現象が見られる。ただし、この政治的効果は短期的なものであるため、W・ブッシュ政権の「テロとの戦い」も長期戦となっていくにつれて、世論の支持をいかに確保していくかが大きな課題とならざるを得なかった。たとえば、二〇〇七年一月にW・ブッシュ政権がイラクへの米軍増派を打ち出すと、民主党のファインゴールド上院議員は、「われわれの国家の歴史でおそらくもっとも大きな対外政策の誤りだ」と批判し、共和党のヘーゲル上院議員も、「危険な対外政策の大失敗」と批判した（Lindsay, 2017：219-220, 228-229：2012：223-224, 227, 233：2008：200：Entman, 2017：Berinsky, 2017：Fisher, 2017：Woodward, 2008：2006：Conley, ed., 2005：Daalder & Lindsay, 2005：Mann, 2004：Clarke, 2004：Woodward, 2004：2002）。

湾岸危機・戦争では、アメリカを中心とした多国籍軍による厳格な報道管制とマスメディア対策が功を奏した。たとえば、イラク兵による虐待を証言する少女や、ペルシャ湾で油まみれになった水鳥、パトリオット・ミサイルによる迎撃などの映像が、内外の世論形成で決定的な役割を果たした（西谷、二〇〇一：高橋、二〇一三、第一章：Serfaty, ed., 1991）。

他方で、「CNN効果」と呼ばれるマスメディアによる議題設定の機能が注目されてきた。特にテレビで繰り返し報道された問題が政治問題化され、外交政策の争点となる現象である。問題は、必ずしも国益上最優先されるべき課題がとり上げられるわけではないという点である。たとえば、一九九二年にソマリアの飢餓が連日テレビ報道されると、ソマリア救援の世論が高まり、ブッシュ・シニア政権は米軍を派遣した。ところが、翌一九九三年一〇月三日に「ソマリアの悲劇」が起こると、世論の反発を恐れたクリントン政権は即座に米軍を撤退させた（Strobel, 1999）。共和党のW・ブッシュは、大統領選挙でクリントン政権八年間の世論動向重視の場当たり的な対応を批判し、一貫した外交戦略を展開する必要性を繰り返し主張していた（吉原・島村、二〇〇〇、二一八～二一九頁）。

マスメディアは、最大の機能として、世論の対外イメージの形成に役割を果たす。マスメディアは、独自の選好から伝えるべき情報を取捨選択する。そして今何が重要な争点なのか、という世論の認識に影響を与える。ひいては、政策決定者たちの優先順位をも規定していく（Nathan & Oliver, 1994 : chap. 10 : Bennett, 1994 : 168-188 : 飯坂・堀江編、一九七九、一九六～一九七頁）。二〇世紀半ば以降、速効性をもって直接視覚に訴えるテレビの影響が特に大きい。また新聞は、何も媒介せずに大統領の眼に直接届くという意味で、依然として無視できない影響力を行使していると言える（W・ブッシュ大統領は、新聞を読まなかったが）。代表的な新聞論調は、政策決定者に時に世論とみなされる。

さらに今後は、インターネットやSNSの影響力がますます見逃せない（前嶋、二〇一一、二七～四九頁：前嶋、二〇一〇b、六七～九〇頁：大柴、二〇〇九）。トランプは、二〇一六年一一月の大統領選挙で、ツイッターでのつぶやきを効果的に使った。彼の〝政治的正しさ〟、いわゆるPC（political correctness）を無視した過激な発言を、マスメディアが面白おかしく取り上げたからである。無駄に政治献金を使う必要がなかった。

また注目すべきは、アメリカ政治における保守とリベラルの「イデオロギーの分極化」を反映して、マスメディアも保守とリベラルで分極化してきたことである。保守の有権者は、保守のマスメディアにしかアクセスしない（たとえば、FOX）。逆にリベラルな有権者は、リベラルなマスメディアにしかアクセスしない（たとえば、CNN）。こうして、アメリカ政治のイデオロギーの分極化は、ますます深刻なものとならざるを得ない（前嶋、二〇一一：二〇一二a、一三〇～一四七頁：飯山、二〇〇八、七九～九九頁）。

（5）エスニック集団とアメリカ外交

かつて第一次大戦後のヴェルサイユ講和条約の批准否決にアイルランド系とドイツ系が果たした役割は大きかった。冷戦期には、反共で知られた東欧系が対ソ政策に、またユダヤ系が中東政策にそれぞれ強い影響力を行使してきたことがよく指摘される（岡部、一九九二、八九頁：McCormick, 2012：67-87：Ambrosio, ed., 2002：Deconde, 1992）。また一九七〇年代以降、アメリカ政府が人権外交の一環として「反アパルトヘイト」の姿勢を鮮明にした背景には、アフリカ系の地位向上と政治的影響力の増大が無関係ではなかった。特にアメリカ議会は、一九八六年にアパルトヘイトに反対して経済制裁を科す法案を可決した（Lindsay, 2012：225：有賀、一九九二）。

さらにアジア政策では、中国の国連加盟阻止と台湾防衛を目指した「チャイナ・ロビー」が、朝鮮戦争後の約二〇年間にわたって、アメリカの外交姿勢を硬直させた。米中国交正常化にともなうアメリカと台湾との国交断絶後も、「台湾ロビー」は、アメリカ議会と行政府に対して、活発なロビイングを展開してきた。他方、中国政府はしばらく、ロビイングにあまり熱心ではなかった。このことが、天安門事件後の米中関係が特に政治問題化しやすい原因の一つとなってきたと言える（Bernstein & Munro, 1999：85-93：入江、一九八三、一五四〜一七一頁：小尾、一九九一、一九五〜一九八頁）。他方で、天安門事件前後に亡命してきた中国人知識人や学生が反体制化し、彼らの発言力が注目された（岡部、一九九二、八九頁：西山、二〇一六、第四章）。二一世紀に入り、中国政府はようやく、アメリカ政治でのロビイングの重要性により関心を寄せてきた（カルダー、二〇一四：一五六〜一七三）。

このように、国内のエスニック集団は、時に移民出身国の政府とも結びつきながら、外交政策に直接的な影響を与えてきた。これらエスニック集団の影響力を過大評価してはならないが、なかでもユダヤ系の影響力は国内で最大のロビー団体であるという見方がなされるほどである（Mearsheimer & Walt, 2017：2006：油井、一九九八、二八七〜二八八頁）。

エスニック集団が、外交政策に間接的に影響を与える側面も見逃せない。一九二四年七月一日の移民法のようなアメリカ国内における移民排斥の動きは、特定の移民出身国との外交関係を悪化させ、結局は関係改善のために国内差別の是正を迫らせることになる。こうして移民大国アメリカでは、外交と内政を切り離せないという特徴がある（ガバッチア、二〇一五）。たとえば、一九六〇年の「アフリカの年」をピークとしてアフリカ諸国が独立を果たすなかで、アメリカ南部に残存していた人種隔離制（「ジム・クロウ」）は、ソ連との冷戦を戦うアメリカにとって自らが標榜する自由民主主義の原則と相矛盾するものとして強く認識されたのであった（油井、一九九八、二九三〜二九四頁）。

アメリカ合衆国は、その起源からして、移民によって建国された国家である。そして「アメリカ国民」という民族的差異を超えた高次の理念によって統合されてきた。ただし、「アメリカ国民」とは白人のうちでも、アングロ＝サクソン系のプロテスタント信仰者（つまりＷＡＳＰ）の価値観を背景に創り上げられたものに過ぎなかった。一九世紀後半以降、東・南欧からのカトリック系やユダヤ系の「新移民」が増加するとともに、数の上でＷＡＳＰの優位はすでに崩れていた。しかしその後も、政財界の指導者にはＷＡＳＰが多く、アメリカ社会の支配層を構成しているとみなされてきた（越智、一九九八：油井、一九九八、二八五〜二八九、二九四〜三〇四頁）。

ところが二一世紀に入り、アメリカ社会が大きな変容を迫られている。一〇年ごとに実施される最近の国勢調査（二〇〇〇年）によると、白人は七五・一％、ヒスパニック系が一二・五％で、アフリカ系が一二・九％であった。二〇一〇年には、白人は七二・四％、ヒスパニック系が一六・三％、アフリカ系が一二・六％となった。ヒスパニック系とは、中南米出身のスペイン語を話す米国人とその子孫を指す。カトリック系の彼らは出生率がきわだって高く（妊娠中絶の問題では「プロライフ」の立場）、二〇〇五年前後には黒人を越えて、白人に次ぐ二位になった。商務省の予測によれば、遅くとも二〇五〇年には白人の比率が五〇％を下回ると予想されている。二〇四〇年前後という予測もある。

二一世紀半ばまでには、アメリカは白人国家ではなくなるわけである。このような急激な人口動態の変化が外交政策にもたらす影響は必ずしも定かではない（Huntington, 2004：1981）。すでに冷戦の時代、ユダヤ系のキッシンジャーやブレジンスキーが国家安全保障担当大統領補佐官という政策決定の要諦を占めてきた（Kissinger, 1979：1982：1994：chaps. 2, 28, 29：Brzezinski, 1983）。またテロ後のＷ・ブッシュ政権では、コンドレッサ・ライス国家安全保障問題担当大統領補佐官とコリン・パウエル国務長官が黒人であった（Powell, 1995：Rice, 2011）。周知の通り、民主党のオバマはアメリカ史上はじめて、黒人の大統領となっている（Heilemann & Halperin, 2010：渡辺、二〇〇八：古矢、二〇〇九：上杉、二〇一三）。スーザン・ライス国家安全保障問題担当大統領補佐官も黒人であった。オバマ政権の八年間で目立った混乱はなかった。ただし、「トランプ革命」とも言うべきトランプ政権の誕生は、黒人大統領のオバマ政権のリベラルな統治への反動でもあったのか――。

二〇〇〇年一一月の大統領選挙では、ヒスパニック系が選挙結果を左右する有権者層として注目された。またW・ブッシュ大統領は、政権発足当初から「中南米主義」を掲げ、最初の外国訪問国にメキシコを選んだ。ヒスパニック系が多く占める州ではヒスパニック系の議員がすでに多数選出され、その政治力は急速に拡大している。ヒスパニック系と同じく一九六五年一〇月三日の移民法の改正（Immigration and Nationality Act Amendments of 1965）以来、移民が急増してきたアジア系も、閣僚や議員が少なからず存在している。

政治的には一般的に、ヒスパニック系も含めた少数派のエスニック集団はリベラルに傾く傾向が強く、民主党支持者がより多い。そのため中長期的には、民主党に有利で、共和党に不利なトレンドが続くと見られている。他方で、経済的に成功した層は次第に保守的になっていくものと思われる（油井、一九九八、三〇二〜三〇四頁）。二〇一六年一一月の大統領選挙で、一つ注目すべき点は、トランプ大統領候補が、メキシコからの不法移民を問題視し、メキシコとの国境線上に「万里の長城」を築くことを公約していたにもかかわらず（「壁建設の費用をメキシコ政府に負担させる」とも言っていた）、一定のヒスパニック票（二九％。二〇一二年大統領選挙では二七％であった）がトランプに流れたということである（島村、二〇一六b、六〇〜六二頁）。

三　議会と対外政策プロセス——議会の役割とタイポロジー分析

（1）対外政策における議会——二つのイメージ

対外政策プロセスでは、大統領のイニシアティブと決定権に対してアメリカ議会の役割は「受動的かつ消極的な」ものである。政治科学（political science）では伝統的にこう論じられてきた（Fisher, 2013 : chap. 6 : Schier, 2000 : Hinckley, 1994 : Spitzer, 1993 : Koh, 1990 : Warburg, 1989 : Crabb, Antizzo & Sarieddine, 2000 : Crabb & Holt, 1992 : Dahl, 1950 : Robinson, 1962）。この視角からは、議会の影響力の限界が強調され、「なぜ対外政策では大統領が（ほぼ）いつも勝利するのか」（Koh, 1988）という問いが提起される。この立場は、対外政策の分野では強力な大統領の権力も、国内政策では意外と脆弱な側面を残すという「二つの大統領制」（Wildavsky, 1980 : Shull, ed., 1991）の論理は一九七〇年代の議会の復権後も依然として妥当であるとみなしている。

他方、対外政策の分野でも議会の役割を重視し、議会の影響力増大を主張する「議会の復権」論者もいないわけではなかった。この立場は、議会が果たす（べき）役割について評価の度合いは異なるにせよ、基本的な姿勢としては、ヴェトナム戦争後、さらに冷戦終結後に議会の役割がますます増大してきたと主張する（Carter, 1998：Tierney, 1994：Rohde, 1994：Jones & Marini, 1988：Ripley & Lindsay, eds., 1993：Lindsay, 1994：Sundquist, 1982：Mann, 1990：Scott & Crothers, 1998：Bennet, 2002：Mott & Rae, 2003）。

こうした議会の役割についての相反する視角は、その根底でまったく異なるイメージを前提としている。前者の視角は大統領を中心とした同心円のイメージに基づき、その周辺に位置づけられる議会の黙従（ないし受動性）を常態とみなす。後者はいわば二つの円が「せめぎ合う」イメージであり、制度間で協調と対立が繰り広げられると想定する（Scott & Crothers, 1998：8）。要するに、特に対外政策では憲法上の「抑制と均衡」の範囲を逸脱してしまうほど大統領制は制度化されてしまっていると見るのか、あるいは対外政策プロセスでも「抑制と均衡」のメカニズムが機能していると捉えるのかで両者の立場は大きく相容れないのである。何らかの抽象的な枠組みで議会行動やその役割を捉えようとしても、このようなイメージとは無関係ではいられないと思われる。

第三の視角として、両者のイメージを政策別に使い分ける見方もある。すなわち、戦争権限・武力介入の問題では大統領の決定に議会が黙従するパターンが冷戦後も継続して見られるが、他方で対外政策であっても国内問題と重なり合う、いわゆる「インターメスティックな（国際－内的〔inter-mestic〕）」争点では議会が無視できない役割を主張するという。この点はハンティントンやリンゼイらによる政策タイプの類型化の業績を手がかりにしている。加えて、冷戦後の議会は特に象徴的な次元で自己主張をますます強めている点もしばしば指摘される。以上のような見方が、冷戦後アメリカ対外政策の議会の役割についての緩やかなコンセンサスであろう（Bennet, 2002：49-50：Mott & Rae, 2003：139）。

以上のような研究動向と問題意識を踏まえつつ、以下では、対外政策における議会の役割を類型化する二冊の研究業績を取り上げる（類型化の先行研究として、Jentleson, 1990：Bax, 1977を参照）。そしてタイポロジー分析の意義と限界を考察する作業を手がかりに、捉え難い議会の影響力について一考察を試みる。議会の役割のタイポロジー分析は、大統領との相互作用のなかでダイナミズムを解明することを目的としている。このことは、本章で取り上げる二冊ともほぼ同じ前提から議論を出発させているということによく反映されている。すなわち第一に、政策プロセス上、大統領と議会との関係を特徴づける単一のパターンはない。第二に両者の相互関係のパターンはすぐに変化しうるし、また近年、大統領と議会の制度間関係はますます流動的になってきている。そして第三に、同時期でまったく同じ政治環境下であっても、政策領域が違えば異なるパターンが同時に起こりうる、ということである。

問題は、このような現実の動的でダイナミックな変化をタイポロジーという静的な枠組みでいかに、どこまで捉えることができるのかということである。

(2) 議会行動の諸形態

クラブとアンティーゾ、サリエディンによる共著は、これまでの議会と対外政策についての膨大な先行研究を序論で以下のように整理する。すなわち第一に、議会全体（制度としての議会、立法プロセス）、第二に、議会のサブシステム（上下両院の活動、委員会の役割）、第三に、議会の特権（戦争権限や予算編成、通商・貿易、行政監視、条約批准と対外コミットメント、任命同意、決議など）、第四に、政策領域／地域政策ごと（人権、対外援助、通商・貿易、軍備管理／中南米、中東、中国・台湾など）、第五に、超党派外交をめぐる大統領と議会との関係など、第六に、議員個人の役割（議会指導部、ヴァンデンバーグやフルブライトの上院外交委員会委員長など）である（Crabb, Antizzo & Sarieddine, 2000：1-10）。

クラブらの共著はここで、対外政策プロセスにおける議会の役割を考察するには大統領の役割も理解することが不可欠であること、下院が上院と対等な地位を占めるようになったのは（せいぜい）第二次世界大戦後であること、議会にとって最も有効な手段となりうる予算編成権限も最大限にフル活用されていないことなどを指摘する。以上の概観には基準がないが、さまざまなアクターがかかわり（機会でもあるがむしろ制約となりうる）、さまざまな影響力の手段がある（法的な回路か否か、直接か間接か）ということをうかがい知ることができよう。

こうした膨大な先行研究に対して新たな意義のある貢献をすべく、クラブらの共著は、議会行動を以下の四つに類型化して

表6－1　議会と対外政策プロセス——議会行動の諸形態

議会の行動主義（legislative activism）	議会の黙認（congressional acquiescence）	超党派協力（bipartisan collaboration）	役割分担（division of labor）
1789年以前の議会の影響力	ルイジアナ買収（1803）	第二次世界大戦と戦後秩序計画（1939-45）	湾岸危機・湾岸戦争（1990-91）
革命戦争とその後	パナマ運河の獲得（1905）	ヨーロッパ復興プログラム（マーシャル・プラン，1947）	
米英戦争（1812）	武器貸与プログラム（1941）	台湾関係法（1980）	
第二次世界大戦前の孤立主義の時期	トンキン湾決議（1965）		

出典：Crabb, Antizzo & Sarieddine（2000）の目次より筆者が作成。

いる。すなわち、第一に、議会の行動主義（legislative activism）、第二に、議会の黙従（congressional acquiescence）、第三に、超党派の協調（bipartisan collaboration）、第四に、役割分担（division of labor）である。これら議会行動の諸形態は、「アメリカ外交史において周期的に起こる（recurrent）パターンである」と想定されている。ただしそれぞれのパターンが生じる頻度は均等ではなく、第一と第二が通常のパターンであり、第三と第四は例外的なパターンであると捉えられる（Crabb, Antizzo & Sarieddine, 2000：10–14）。

クラブらの共著は、建国期から冷戦終結直後の湾岸戦争までの事例を幅広くとり上げ、包括的かつ詳細な分析を展開している（表6－1）。議会の行動主義の事例として、アメリカ大統領制が創造される以前の、独立戦争前の植民地議会と建国直後の連合規約の時代にまで議論をさかのぼる。対外政策における議会の役割を論じるにあたり、合衆国憲法制定の前後では大きく位相が異なるが、アメリカ政治史の文脈のなかで位置づけ、相対化しようという問題意識が強くうかがわれる。

各タイポロジーの基本的な特徴を、クラブらの共著は以下のように位置づける。

「議会の行動主義」は、クラブらの共著によればアメリカ史上、共和国が対外関係で最初にとった行動パターンであるという意味で、アメリカで「最も古いパターン」である。内政と外政の両面で、議会こそ「政策形成の政府機関（policy making organ of government）」であるべきだという信条は、啓蒙主義思想に強く影響された建国の父祖たちに広く共有されていたと指摘される。対外政策でさえ、議会の両院によって決定された政策を忠実に執行することが行政府の適切な機能である。こうした考え方の系論にしたがえば、大統領の権力肥大化は憲法違反に他ならない（Crabb, Antizzo & Sarieddine, 2000 : chap. 1）。

「議会の黙従」は、大統領による対外政策のリーダーシップとイニシアティブに議会が受動的にしたがうこと、とクラブらの共著は広く定義している。クラブらの共著によれば、近代ヨーロッパの絶対王政下で生まれた外交の伝統にまでさかのぼるという意味では、議会の行動主義以上に「歴史的に古い起源を持つ」という。対外政策プロセスで大統領権力が実質的に強化されていく上では、皮肉にも議会政治の熱烈な擁護者であったはずのジェファソン大統領によるルイジアナ買収（一八〇三年）が歴史のメルクマールとなったという。その後、歴代の大統領はジェファソンによる大統領権限の拡大解釈を援用していく（Crabb, Antizzo & Sarieddine, 2000 : chap. 2）。

クラブらの共著は、対外政策プロセスでは議会の黙従のパターンが「常態」であると指摘する。つまり、議会の行動主義は長続きせず、議会の黙従に取って代わられるのが通常のパターンであるという。大きなアメリカ史の文脈で捉えるならば、周知の通り、まず建国期とその直後経験が合衆国憲法を制定し、大統領制を創造していく上で直接のきっかけとなった。また戦間期の教訓は議会の行動主義が外交上の失策へとつながったという形で強く認識されたため、第二次世界大戦後に超党派外交や議会の黙従のパターンが定着していく上で、コンセンサスの土台になった。議会の行動主義が分析上、「最も重要な」パターンであると位置づけられているが、後述するように、このパターンに構造的に見られる限界にこそ、大統領と議会との役割のパターンが変化していくダイナミズムの原因を解明する鍵がある、と考察されていく。

「超党派協調」は、規範的なパターンであると捉えられている。たとえば、一九八九年初頭のブッシュ・シニア大統領の党派を超えた「新しい関与」の呼びかけのように、歴代の政権によって超党派の精神が提唱されるが、一九五〇年代前半以降は、第二次世界大戦中とその直後の時期と同じ規模で超党派協調が実現されたことはない。事前協議など建設的な協調の枠組みによって特徴づけられるため、こうした「高度な結束」がいかに達成し維持されるかが、形式的で見せかけの協調（つまり黙従）と区別する上で重要な基準となるという。特に一九四〇年代の特殊で複合的な時代背景（国家非常事態と国際危機の継続という内外環境、フランクリン・ローズベルト大統領やヴァンデンバーグ上院議員など個人の存在、権威ある上院外交委員会と委員長など制度要因）

が「超党派構造」をもたらしたのであり、一九七九年四月一〇日の台湾関係法は、このパターンのなかで比較的に新しい事例となっている。こうしてクラブらの共著は、超党派協調を狭く定義し、パターンとしての希少性が強調される（Crabb, Antizzo & Sarieddine, 2000 : chap. 3）。

「役割分担」は、湾岸戦争が唯一の事例であると捉えられている。この事例では大統領が政策決定を強力なリーダーシップで主導したが、他方で議会も異なる役割を果たした。つまり、議会は戦争目的を明確にし、同盟国にバードン・シェアリング（負担の分担）を求め、国連の役割を強調する上で国益上、不可欠な貢献をしたと指摘される。ここには脅威がかなり明確な国際危機という状況下で、ブッシュ・シニア大統領という外交に精通した人物が最高司令官の地位にあり、かつ短期戦で目標が達成された点など複数の背景要因が作用していた。また、「歴史的なパターンと違って、目立った反戦運動も展開されず、かつ戦争後に議会の自己主張もともなわなかった」という点をクラブらの共著は強調する（Crabb, Antizzo & Sarieddine, 2000 : chap. 4）。

ここで以下、クラブらの共著の枠組みにもかかわるであろう問題点をいくつか取り上げておきたい。

第一に、役割分担の形態はこれまでのところ湾岸戦争だけが唯一の事例なのか、という疑問である。また役割分担は国際危機をめぐる政策以外でも起こりうるのか、という疑問である。たとえば、通商・貿易政策や対中政策で、議会側の強硬論が外国政府との対外交渉の段階でバーゲニング上の圧力となるケースは役割分担と呼べるのかどうか――。クラブらの共著でも一応の問題提起がされているが、この点については今後さらに掘り下げた分析が期待される。「二レベル・ゲームズ」など別の分析枠組みと関連づけられる発展性の余地があるのではないかと思われるからである（パットナムは「勝利連合」概念を提示する上で議会研究から少なからず影響を受けている。石田、一九九七、四五頁）。

また第二に、利益集団の役割について第五章としてクラブらの共著は独立して取り扱うが、議会行動の四つの諸形態をはじめとしたクラブらの共著全体の枠組みとの関連は必ずしも明らかではない。役割分担モデルとしての湾岸戦争の事例において利益集団が重要な役割を果たした点や、また近年、議会が影響力を強く行使してきた人権外交で利益集団からのロビイングが重要なインプットである点は指摘されるが、結論を導く上で不可欠な要素とは位置づけられていない。また、議会の行動主義と人権外交の促進にも明確な相関関係があるわけではないと結論づけるが、議会の人権外交への関心に大きなばらつきが生じるのは、たしかに利益集団の政治力に違いがあることが主たる原因であると思われる（Crabb, Antizzo & Sarieddine, 2000：chap. 5）。

第三に、四つの諸形態に適応する現実が、個々の政策や法案なのか、あるいは複数の事例を含んだ一定の時期なのか、取り上げられる事例の基準はクラブらの共著の分析でまったく統一されていない。

第四に、クラブらの共著は、冷戦終結以降の事例を湾岸戦争以外に取り上げていない。特に一九七〇年代の議会の行動主義は「レーガン（大統領）の登場によって終焉した」と指摘するだけで、クラブらの共著では一九八〇年代以降の位相、また冷戦終結後をいかに把握するかについては明示されない。しかし、このどこで分析を終えるのかという点にこそ、クラブらの共著のスタンスが明瞭に表れているのではないかと思われる。クラブらの共著は特に結論部分で、議会行動の構造的な限界を強調する。特定の研究者は名指しされないが、彼らが「極大主義者（maximalist）」と呼ぶ、議会の役割を積極的に評価する立場にはきわめて批判的である。クラブらの共著によれば、大統領はいざとなれば対外政策プロセスで議会を迂回できる（たとえば、イスラエルとの同盟は行政協定で維持されてきた）。また、議会の行動主義で法律が成立しても象徴的な成果にとどまるか、執行面での「抜け道」が残されるケースが珍しくないという。議会の行動主義が介入を差し控えさせるのかというと、明確な相関関係はないとも指摘される。ただし、このような保守的なイメージや視角が問題であると、ここで言いたいわけではない。

クラブらの共著は一つの結論として、「黙従のパターンが七五～八〇％を占めるのではないか」とも指摘する。本節の冒頭でも触れた「なぜ対外政策では大統領が（ほぼ）いつも勝利するのか」と、これまでも繰り返されてきた疑問を読者に強く想起させたままクラブらの共著は、分析を終えてしまう。議会行動の限界について、クラブらの共著は以下の点を結論づける。第一に議会の行動主義が外交の失敗と結びつくこと、第二に世論の期待が大統領に収斂し、議会には向かわないこと、第三に議会側も大統領に取って代わるだけの意識もなく、政策の成果も象徴的なものになりがちなこと、第四に大統領中心の政策プロセスも根本的に変化がなく、たとえば、一九七三年一一月七日の戦争権限決議をその後も大統領は遵守せず、議会側も行使する気がないことである。しかし、なぜ八割も議会は黙従するのかをさらに掘り下げて分析してほしいという読後の印象はやはりどうしても否めない。序論での前提が結論でそのまま繰り返されることも問題なしとは言えない（Crabb, Antizzo & Sarieddine, 2000：157–191）。この問題点とも密接に関連するが、あらかじめ四つのパターンを決定づける要因を設定し、変数間の因果関係を仮説的に明示していればより大きな貢献となったであろう。

（3）政策形成における大統領と議会

次に、対外政策に限定せず、公共政策の形成過程で大統領と議会の関係のタイポロジーを広範な事例に適用する研究を取り上げる。

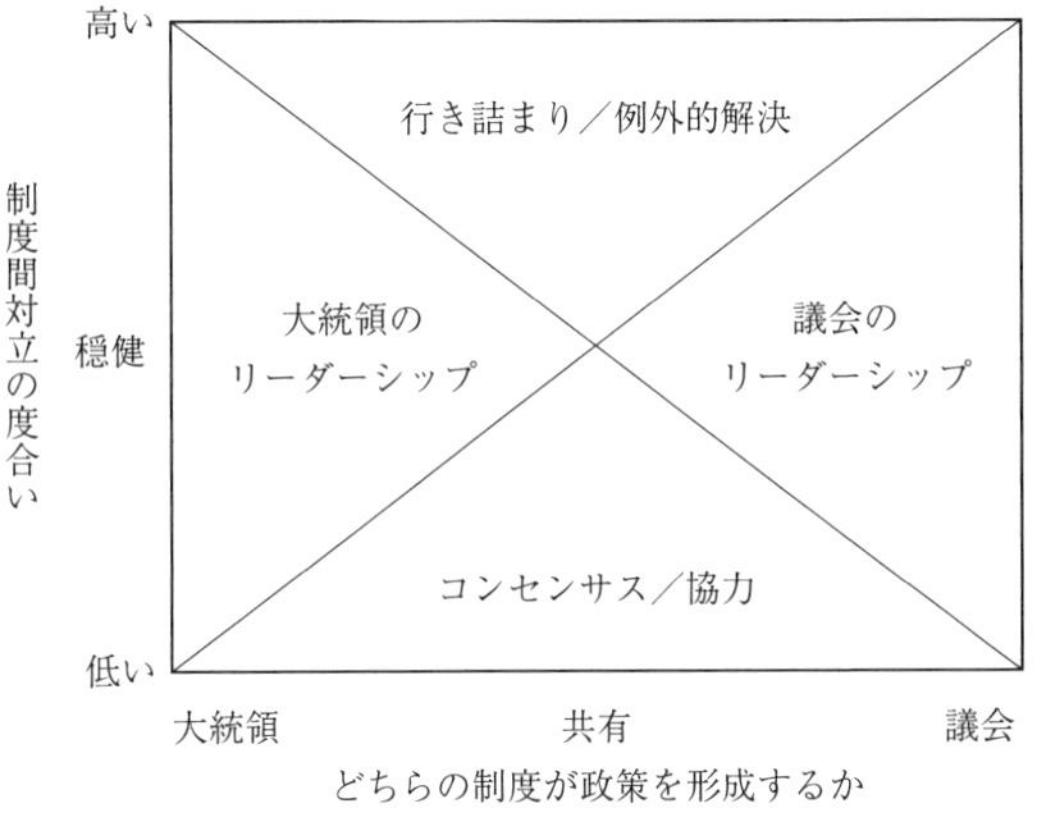

図6－1　〈大統領－議会〉の政策形成のパターン

出典：LeLoup & Shull（2003：14）.

議会研究者のルロープと大統領研究者のシャル、彼ら二人による共著は、第一〇七議会（二〇〇一〜〇二年）までの事例を取り扱い、大幅な加筆・修正が加えられた第二版である。ここでは、対外政策を含めた四つの政策領域（対外政策、社会福祉、公民権、経済政策）でそれぞれ四つのパターンが想定される。すなわち、第一に、大統領のリーダーシップ（presidential leadership）、第二に、議会のリーダーシップ（congressional leadership）、第三に、コンセンサス／協力（consensus/ cooperation）、第四に、行き詰まり／例外的解決（deadlock/ extraordinary resolution）である（LeLoup & Shull, 2003：13-18）。

これら四つの類型は、大統領と議会の「制度間関係が対立的か協調的か」、また「どちらの役割が大きいか」という二つの軸を組み合わせたものである。図6－1に示される通り、縦軸と横軸とも連続体として捉えられており、対角線によって四つに分類されるタイポロジーはあくまでも現実を単純化し、複雑な現実を体系的に捉えるための分析枠組みを提供するものである。利点でもあるが、パターン間の境界線はあいまいにならざるを得ない。たとえば、大統領と議会のリーダーシップの場合であっても、きわめて対立的な関係もあれば協調的な関係もあると留意される。またルロープとシャルによる共著は、制度間の相互作用として、党派（partisanship）、交差党派（cross-partisanship）、超党派（bi-partisanship）、それぞれの解決パターンを補足的に仮定している（LeLoup & Shull, 2003：10-11）。この点はジョーンズの研究業績に多くを依拠している（Jones, 1994：19-23）。ジョーンズ自身は「相互党派（co-partisanship）」の第四のパターンを追加設定し、議論を発展させている（Jones, 1999：esp. p. 38）。

以下、ルロープとシャルによる共著で示される諸類型についていくつか敷衍しておこう。

第一に、大統領と議会の役割が大きいのかという第二の軸は、必ずしもどちらが政策のイニシアティブをとったかということとイコールではないという。たとえば、大統領がたとえイニシアティブをとったとしても、政策形成の全体としては議会が主導的な役割を果たすことを想定しているわけである。第二に、議会のリーダーシップは、大統領の拒否権を〝乗り越える〟場合が典型である。この大統領拒否権の乗り越えは、先に見た通り、頻繁に起こるパターンではないが、議会主導の政策形成は大統領中心のこれまでの研究業績が考える以上に現実化しうると指摘される。第三に、協調のパターンとして、制度間で組織化された反対勢力が存在するか否かで「コンセンサス」と「協力」とを区別している（ルロープとシャルによる共著によれば、「協力」は反対や対立が存在しても、建設的な協調が妥協や取り引きで政治的に協調が実現される相互作用のパターンである。これに対して「コンセンサス」は、一定の合意の下で反対が吸収されるか、そもそも利害対立が存在しない協調型を指す）。

第四に、「行き詰まり」のパターンも、長期間にわたって未解決で放置されると統治リスクが過大にのしかかるような問題（たとえば、予算編成や国家安全保障）では「例外的解決」が追求されると想定している。逆に問題解決の必要性に直面しつつも、議会で大統領拒否権を乗り越えられないといった場合には行き詰まりとなる。「例外的解決」には三つの方法、第一に、大統領と議会のトップ指導者同士の会合（一九八〇年代以降このサミットは増加の傾向）、第二に、超党派委員会の設置（基地縮小プロセスが対外政策の事例）、第三に、自動的措置が想定されている。一九八五年の財政均衡及び緊急赤字統制法（グラム＝ラドマン＝ホリングス法）が典型例とされる。

以上のように実質的に四プラス二のパターンが仮定されるが、大きく捉えるならば、「協調か対立か、（どちらかの）リーダーシップか」ということになろう。

さてルロープとシャルによる共著は序論で、分析の視角と四つのパターンを決定づけるであろう要因をあらかじめ提示している。これまで大統領中心の視角（presidential-centered perspective）が支配的であったが、大統領と議会とが政策形成の権力を共有するパートナーであると捉えて、彼らが言う「共有されたガヴァナンス（shared governance）」（以下では共治と略）という視角から議論が展開されていく。大統領と議会との「共治」は、国際関係論（ＩＲ）のネオリベラル制度論の「グローバル・ガヴァナンス」や、国際援助における「良いガヴァナンス」の概念とは区別される（前者については、「本来政府の存在しない国際社会の秩序の検討においては、ガヴァナンスに『統治』という日本語を当てるのは適当ではない」として、「共和制」と「統治」とを組み合わせた造語の「共治」を提示した業績として、納家、一九九七、二〇一頁を参照。さまざまな専門・政策領域で「ガヴァナンス（統治、共治）」概念が議論されているのは、さまざまな社会現象の次元で「統治能力（governability）」が再検討されているからであろう）。

ルロープとシャルによる共著は、「分離主義者（separationist）」の立場を提唱してきたジョーンズの業績にまた多くを依拠している（Jones, 1994 : 2-3）。ピーターソンは、大統領と議会の制度を「二人乗り自転車（tandem）」に喩えた（Peterson, 2000 : 4）。ニュースタッドらは、第一章や第五章でも見た通り、「権力の分立」というよりも「権力を共有した分立した制度（separated institution of sharing power）」と表現した方が適切だと主張してきた（Neustadt, 1990 : 29-49, 191-199, esp. 29）。

またルロープとシャルによる共著は、「共治」という視角から、以下の二点を前提とする。第一に、一九六九年以降アメリカ政治でほぼ常態化してきた分割政府のインパクトが強調される。メイフュー後の研究動向も加味しつつ、分割政府は、重要法案の量（ないし供給面）にはさしたる影響はないにしても、（予算合意の内容など）重要法案の質（需要面）や政治行動（党派性の増大）にはやはり大きな影響をもたらすと指摘される（LeLoup & Shull, 2003 : 8-11）。第二に、（一）議題設定、（二）公式化、（三）選択、（四）実施・履行、（五）結果という政策形成の各段階で、大統領と議会はそれぞれ不可欠な役割を演じると想定される。これまでの主要な研究はこれに対して、（二）公式化の段階での大統領の指導力と（三）選択段階での議会の役割に焦点が絞られがちで、たとえば、大統領が議題設定・作成した法案の成功スコアを測定するという研究手法がその典型であったという（LeLoup & Shull, 2003 : 11-1）。

表6-2 〈大統領-議会〉の政策形成の事例（相互作用のパターン）

政策領域	大統領のリーダーシップ	議会のリーダーシップ	コンセンサス／協力	行き詰まり／例外的解決
対外政策	湾岸戦争（1996）	キューバ制裁（1978）	パナマ運河条約（1983-1989）	コントラ支援
公民権政策	反テロリズム法（1998）	公民権回復法（1996）	同性愛婚姻法（1991）	公民権法
経済・予算政策	減税（1995）	株主訴訟法（1986）	税制改革法（1995-1996）	財政均衡計画
社会保障	経済機会法（1983）	ヘルスケア保護（1988-1989）	福祉再編法（1996）	社会保障救済措置（1983）

出典：LeLoup & Shull（2003：28）.

四つのパターンを決定づける背景要素としては，「分割政府か統一政府か」という視点を含め，以下，複数の変数をルロープとシャルによる共著は想定している。すなわち，第一に政治（経済）環境（たとえば，世論動向，大統領支持率と景気，利益集団とマスメディア），第二に選挙結果（政党あるいはイデオロギー・政策選好の配置，大統領の信任），第三に制度，第四に（大統領と議会双方の）リーダーシップの資質と政策代替案の規模，政策タイプの違いなどである。複数の変数間で必ずしも明示的な仮説が設定されているわけではないが，これら決定因を独立変数，各パターンを従属変数と捉えれば，分析政府の常態化や政党の変容（イデオロギー分極化や強力な議会指導部）など一九六〇年代後半からのアメリカ政治の変容が媒介変数のように扱われている。このトレンドをいかに把握するかが分析上一つの課題だとも指摘される（LeLoup & Shull, 2003：19-23）。

ルロープとシャルによる共著は，内政・アメリカ議会に関する最新の研究動向の成果を全体の枠組みと変数設定の段階で随所に盛り込む形で，複雑な相関・因果関係を一定の範囲内で推論させている。とりわけ，大統領の拒否権を乗り越えるために必要とされる上下両院での三分の二以上の「超多数」，上院での議事進行妨害（filibuster）を停止させるための五分の三（つまり六〇議席）以上のいわゆる「安定多数」，同一法案の文言の相違を最終調整する場となる両院協議会など制度の重要性が強調される。また議会におけるイデオロギー・選好の配置の重要性を重視しているが，これも最新の研究動向の成果を手がかりにしている。

こうしてルロープとシャルによる共著は，対外政策と内政の各政策領域で合計一六の事例をあえて同じ枠組み，四つのパターンから比較考察する。対外政策では，

（一）湾岸戦争、（二）キューバ制裁、（三）パナマ条約、（四）イラン・コントラが考察される（表6－2）。「共治」の視角から、外政と内政との決定的な相違といった点はむしろ強調されない（逆にルロープとシャルによる共著は、「二つの大統領制」の現象は共和党大統領の場合のみ若干観察されるだけであるという統計結果を紹介している。LeLoup & Shull, 2003：112）。議会中心の政策プロセスを対外政策の政策領域でも想定しているが、事例研究されるキューバ制裁（ヘルムズ＝バートン法）以外は一九八八年八月二三日の包括通商・競争力法だけが指摘されるのみである。

全体の構成としては、以上四つのパターンとそれらをもたらすであろう背景要因を第一章で提示した上で、第二章では憲法制定時の起源、第三・四章で大統領と議会の制度が「共治」との関連から考察される。その上で、各政策領域で政策決定プロセスの基本構造を踏まえ、各パターンの事例を分析している（LeLoup & Shull, 2003：chaps. 5-8）。

実は序章の最後で、それぞれのパターンが「良い政策」をもたらすかどうかを検証するために政策評価の諸基準、すなわち迅速さと即応性、（利益・利害の）代表性、象徴性・具体性、説明能力、利益の性質、一貫性、（政策の）効果をルロープとシャルによる共著はさらに設定しているのである。四つのパターンが四つの政策領域で、特徴と決定要素、政策結果の観点からそれぞれ比較考察されるが、分析結果はルロープとシャルによる共著にまとめの図表結果もあるのでここでは割愛する（LeLoup & Shull, 2003：227）。

対外政策の領域に関しては、結論として、大統領のリーダーシップ（と議会の黙従）がその他の政策領域と比較してきわめて多いとルロープとシャルによる共著は指摘するのみであるが、四つのパターンを通じた分析から、共通した特徴とその背景要因が整理される意義は少なくないと言ってよい（LeLoup & Shull, 2003：227）。

四　議会における政策過程——議会の手段とプロセスの変化

（1）「財布の紐」を握る議会

合衆国憲法は、まず第一条で議会の立法権を規定し、続く第二条で大統領の権限を規定している。第一章と第五章でも見た通りである。ここでは、議会における政策過程に議論を絞り込み分析していく。

議会の権限は、主に立法権から派生したもので、宣戦布告や陸海軍の編成・維持の他にも、対外通商・貿易や帰化（移民）、そして予算編成の権限にまで及んでいる。第二条で議会側に留保された条約批准と大使任命への同意権は上院のみに与えられた権限だが、下院には歳入法案先議権が付与されており、予算案も慣例上、下院に先議権がある。

条約や行政協定は通常国内で立法措置を必要とするし、移民法や中立法のように議会は立法により外交政策に〝抑制〟や制約を加えることもできる。しかし、冷戦期以降の外交政策は対外経済援助や軍事援助のように巨額な財政負担をともなうため、特に一九七〇年代以降だが、議会は主に予算審議を通じて外交政策に影響を及ぼしてきた。対外援助法に一定の条件をつけることで、対外政策の策定と実施に大きな影響を及ぼすこともできるのである。特に一九七〇年代には、下院歳出委員会などは、援助受け入れ国に対して援助額の制限を課すことで間接的に圧力をかけるなど、援助計画を通じて人権外交にも影響を及ぼすようになってきた（Kegley & Wittkopf, 1996：449-459：Dumbrell, 1990：134-138）。

また予算作成過程では、まず第一に条約や行政協定、対外関係法の実施にともなう財政支出にはすべて、「政策立法（legislation）」とは別に、政策を実施するための「歳出立法（appropriation）」が必要であり、ここで最終的な支出予算額が決定される。つまり、「制定法（statute）」は大きく、「政策立法」と「歳出立法」とに分けられる。第二に、「国家からの支出はすべて、法律で作成される歳出にしたがって行われる」という憲法の規定（第一条第九節第七項）にしたがい、支出権限法案および歳出法案は両院の委員会と本会議で可決されなければならない。このように、議会には外交政策を遂行する上で必要な財源の限度額を定めることができるのである。これに対して、大統領にはこうした予算編成の権限がない（Deering & Smith, 1997：39-40：Oleszek, 1996：51-66：Davidson & Oleszek, 1998：360-363, 382-384）。第三に、一九九四年九月二七日の『アメリカとの契約』の政策公約に盛り込まれていた「項目別拒否権（line-item veto）」が大統領に付与されるまでは（S4：HR 2：PL 104-130）、大統領は一三の予算歳出法案を一括して承認するか拒否するという二者択一的な選択肢しかなく、部分的な項目別の承認や拒否は許されてはいなかったのである（*Congressional Quarterly Almanac*, 1997：28-32B：Taylor, 1996：Davis, 1995：310-312）。

予算編成以外では、外交政策に対する議会の影響力は憲法に規定されたフォーマルな権限というよりは、むしろインフォーマルな手段で行使されてきたと言える。こうした議会の実際の影響力としては、たとえば序章と第五章でも見たが、決議（resolution）や国税調査権、「解除条項」による「立法府拒否権」などが挙げられる（Lindsay, 2017：222：2012：225-226：2008：201）。ヴェトナム戦争の泥沼化やウォーターゲート事件などを契機に過熱した、「帝王的大統領制」に対する一九六九年以降の議会の復権後も、対外関係法などの立法活動や立法記録の研究からのみでは、必ずしもその影響力や役割の変化は十分に考察できないことはよく指摘される（Lindsay, 1994）。

たとえば、「予測反応」と呼ばれる現象だが、議会がどう動くかを予測させることで、行政府に無言の圧力をかけることもできるのである。これは選挙民向けのパフォーマンスとして議員個人のスタンドプレーとみなされる場合もあるが、実際に行政府への圧力として、大統領の行動に影響を与える場合もある。また、大統領の政策決定の範囲を事前に設定してしまう「枠組み設定」という手段も無視できない。一九六二年一〇月の通商拡大法による一九六三年一月の通商代表部の設置や一九七三年一一月七日の戦争権限決議などに顕著なように、行政府の政策決定構造や「手続き」に、何らかの変更を加えることも有効な手段となりうるのである（Lindsay, 1994：81, 94, 101-105, 111, 116：2017：222：2012：225-226：2008：201：Burgin, 1997：298-302：Davidson & Oleszek, 1988：385-387：Lindsay, 1992/ 1993：Boylan, 1999：242-246）。

議会の復権は、憲法上規定された本来の権限を取り戻すことを目的とし、その結果、外交政策における議会の役割を「より詳細かつ実質的に」変えた（Haass, 1979：5, 7-10）。キッシンジャーの回顧録でも明らかなように、議会側は、外交政策での自己主張を強め、大統領の政策に対抗してきたのであった（Kissinger, 1979：1982：1994：chaps. 2, 28, 29）。たとえば、第五章でも見た通りだが、一九七四年のジャクソン＝ヴァニック修正条項では、ソ連との通商協定において、ソ連からのユダヤ系移民の出国の枠を拡大することを要求する修正条項が付加された。その結果、ソ連は既存の通商協定を放棄してしまった。当時のニクソンとキッシンジャーは、デタント政策の成否はインセンティブと懲罰、〝アメとムチ〟のバランスをいかにとっていくかにかかっていると考えていた。議会はこうしたデタント政策の要諦を突き崩したのである。また議会は、デタント政策が持つ人道的側面への配慮の欠如を指摘したのであった。この点は、カーター政権期に人権外交として展開される行政府の政策を先取りしていたとも言えよう。

さらに、ジャクソン＝ヴァニック修正条項のなかに、議会が大統領の署名を要しない両院共同決議によって、最恵国待遇（ＭＦＮ）もしくは輸出信用供与の制限撤回を無効にできるという「解除条項」が含まれていた。議会がこうした「立法府拒否権」とも言える権限を行使することで、大統領は議会側の要求を十分に配慮せざるを得なくなった（Lindsay, 1994 : Sundquist, 1982 : Zoellick, 1999/2000 : 21-41）。やがてＭＦＮ供与は人権問題と連関・連結される傾向を強めていくとともに、特に天安門事件後の米中関係で無視できない政治的含意を持つようになるのである。

（2）委員会中心の「教科書的な議会」

冷戦期の大統領が、特に下院で安定した体制を維持してきた民主党多数議会において、主として民主党指導部を中心に政策を調整していきながら、議会内に一定のコンセンサスを形成し、多数派を形成することは必ずしも困難ではなかった。民主党大統領でなくとも、共和党大統領で民主党議会との組み合わせによる分割政府の場合であっても、こうした議会との政策調整は可能であった。議会で少数党の共和党も、議会多数党の民主党における南部の保守勢力、いわゆる「ボール・ウィーブル」との「保保連合」を形成することで政策実現を図ることも不可能ではなかった。しばしば保保連合を形成することで、国防予算の増額を図ったり、また民主党大統領の場合には、大統領がリベラルな政策に行き過ぎないよう阻止することもできたのであった（Stockman, 1986 : 55-57 : Ornstein, Mann & Malbin, 1999 : 204）。

特に冷戦期前期の議会は委員会中心の、いわゆる「教科書的な議会」とも呼べるものであった。議会における立法と行政監視の審議の中心は主に常任委員会で行われる。各委員会は、公聴会（hearing）を開催し、法案文言の確定や予算割当の決定などといったマークアップ（mark up）も行い、審議の結果を本会議に報告（report）するが、この報告が法案の実質的な輪郭とその成否を決する場合が少なくない。この構図は二〇一〇年代の現在でも同様である。特に議員数が多い下院では、委員会で採択されたものはほとんどそのまま本会議を通過してきた。また委員会は調査を行い、行政府の活動を監視する役割を担っている。そして、行政府と議会との間で行われる協議ではその媒介となるのである（Deering & Smith, 1997 : 30-33 : Davidson & Oleszek, 1988 : chap. 7 : Wilson, 1973 : 49-50, 59-64, 181）。

注目すべき点は、上下両院の各常任委員会の委員長ポストは多数党の委員会議員がすべて独占する、ということである。各法案の委員会への振り分けや、実際の審議過程において、「先任者優先のルール（seniority rule）」で選出される委員長の権限は絶大であった。多数党が獲得するこの利点は、「政策面での利権構造」とも言えるものである。このメリットは冷戦期も、また冷戦後も基本的に変わらない（Cohen, 2000：Forerstel, 2000）。一九九四年一一月の中間選挙で共和党多数議会が成立した意義の一つは、下院で万年少数党であった共和党が四〇年ぶりにこの政策過程における権力を握ったことにあった。

さらに、これら常任委員会は地域別・争点別にいくつかの小委員会に分かれており、それぞれ行政府の各省庁の部局ごとに対応した組織となっている（たとえば、上院の外交委員会は、現在では七つの小委員会に分かれており、日米関係に深く関わる東アジア太平洋小委員会もその一つである）。ここでの行政府とのパイプを通じて、「先任者優先のルール」で専門性を高めた議員が政策過程で一定の影響力を行使することができたのである（Deering & Smith, 1997：171-175）。

特に外交政策に深く関わる委員会としては、上下両院それぞれの外交（と国際関係）委員会をはじめ、軍事委員会や歳出委員会、上院の財政委員会と下院の歳入委員会などがある。上院の外交委員会は、歳出、財政、商業、科学運輸と並んで伝統的に威信が最も高く、有力な議員が集まるが、下院の国際関係委員会は、議事運営、歳出、歳入、農業といった影響力の強い他の委員会から政策的に押し切られることも少なくない。一方、予算面での権限がない外交（と国際関係）委員会に対して、特に一九七〇年代以降、「財布の紐」を握る歳出委員会が相対的にその権力を増大させてきたことも事実である。上下両院で採択された法案の食い違いを調整する場の両院協議会も、実質的な妥協も行う「議会における第三の院」として大きな影響力を行使してきた（議会スタッフを「第三院」と呼ぶこともある）。

一九七〇年代以降の経済的相互依存の急速な深化とともに内政と外交が一体化し、国内問題でありながら外交懸案となるケースも多くなってきているため、現在では、ほとんどすべての委員会が対外経済政策に何らかのかかわりを持つようになってきているのが現状である。「選挙区大使」としての議員も、地域利害の観点から外交政策にかかわり合いを持たざるを得なくなってきているのである（Lindsay, 1994：53-75：Spanier & Uslaner, 1994：188-196）。

冷戦期においても議会の政策決定の構図にまったく変化がなかったわけではない。一九七三年一一月七日の戦争権限決議に象徴される議会の復権は、議会をめぐる政策決定過程にいかなるインパクトをもたらしたのであろうか――。第五章でも見たが議論を簡単に繰り返す。議会両院の共同決議で大統領の派兵命令を撤回する権限を議会側に付与せんとした戦争権限決議に関しては、歴代大統領がこれに〝抑制〟されることを潔しとせず、また一九八三年に最高裁が違憲判決を下したこともあって、その意義はまさに〝象徴的な〟ものにとどまった。議会側もそれ以上、行政府に挑戦する姿勢をあえて示さなかった（Fisher, 1995：128-133：Adler, 1988：1-36：Sundquist, 1982：254-260）。しかし戦争権限決議は、あらゆる条約と協定の内容を議会に報告する義務を定めた一九七二年の行政協定法と同様、行政府の行動をより慎重にさせる〝歯止め〟としての効果は多少あったとも評価できる（Fisher, 1997：254-260）。実際に「ヴェトナム戦争後」の戦争は、湾岸戦争をはじめとしていずれも一カ月ほどの短期戦で終結している。

一方で、特に一九八〇年代以降の財政赤字拡大と、毎年繰り返される予算をめぐる大統領と議会との対立劇を見る限り、一九七四年七月に議会予算局の設置などを盛り込んだ議会予算執行統制法が成立したことで、議会側（特に下院）の政策実現能力が強化されたことは注目すべきである（Fisher, 1997：207-211：Davidson & Oleszek, 1988, Sixth Edition：364-366：Oleszek, 1996：67-83：Deering & Smith, 1997：39-40：Thuber, 1997）。

また一九六四年八月八日のトンキン湾決議を契機に、先に見た通り両院共同決議で行政府の活動を無効にできるとした「解除条項」による「立法府拒否権」が制度化されてきたことも看過されてはならない（Lindsay, 1994：105-106：Spitzer, 1993：118-126：Sundquist, 1982：chap. XII）。

さらにこうした特に一九七〇年代の一連の議会の復権のなかで、常任委員会の委員長権限が相対的により縮小されるとともに、小委員会の地位がより強化された。一九七三年に民主党議員総会を通過した「小委員会権利宣言」においては、法案はすべて小委員会に付託されること、小委員会はその管轄範囲に関して全権を持つこと、そして小委員会には適切なスタッフと予算が割り当てられること、などが規定された。この点は、特に小委員会が自立性を増した点を鑑み、「小委員会による統治」と呼ばれることもある（Deering & Smith, 1997：35：Sundquist, 1982：367-414）。同時にこの時期の議会改革では、下院議長の権限強化もなされた。こうして小委員会へと権限委譲がなされた結果、議会の政策決定過程がより分権化されたことにより、その政策決定過程が複雑化したことはたしかである（Rieselbach, 1994：95, 103-105：Sundquist, 1982：chap. XV：Lindsay, 1994：161-184：Mann, 1990：14-18）。しかし、委員会から小委員会へと若干の権限が委譲されたが、「委員会による統治」の構造に根本的な変化はなかったと言ってもよい。

議員個人が主体的に政策決定過程にかかわり始めたことで、さらに多忙となった議員は議会スタッフに立法活動の多くを依存する状況も生まれた。議会スタッフの数は、戦後から一九七〇年代までに五倍以上増加し、（共和党多数議会の成立でまた削減されるのだが）一九九〇年代までにさらに倍増した（Ornstein, Mann & Malbin, 1999：118, 125-132）。このように議会全体がますます〝分権化〟し、また〝民主化〟されて、さまざまな利益集団やロビイストたちが議会の政策過程にさまざまな方面からかかわり合いを持つようになってくるのであった。

五　冷戦後の議会における政策過程の変化

（1）共和党多数議会の成立とそのインパクト

一九九五年以降の共和党多数議会の成立によって、政策決定過程における下院議会指導部のリーダーシップと権限は、アメリカ政治史上でも類を見ないほどに強化された。ギングリッチ下院議長は、第一〇四議会（一九九五〜九六年）において、下院議会の集権化を〝革命的〟に進展させた。「保守革命（conservative revolution）」と呼ばれる。下院議長は、委員長の選任や議員の委員会所属決定の過程における影響力を拡大させた。下院の議事運営は、アーミー院内総務らによって集権的に統括され、委員会システムの整理縮小が断行され、下院では二二の常任委員会を一九に減らし、議会スタッフも大幅に削減された。小委員会委員長の指名権限など委員長権限は一応強化されたものの、委員長の任期は三期六年に制限されたのである。下院議長の任期も四期八年に制限された（Smith & Lawrence, 1997：Deering & Smith, 1997：47-53：Davidson & Oleszek, 1998：215-216：Sinclair, 1997：272-281：久保、一九九八、四五〜四六頁）。

このように第一〇四議会においては、これまで議会の政策過程で中核を占めてきた常任委員会は、その役割と権限が相対的により縮小された。一九九九年の時点で、委員会の機能は、「カオス的なまでに瓦解している」という見方すらあったのである（Cohen, 1999b：1999c）。しかも第一〇四議会以降、ギングリッチ下院議長ら共和党指導部が、委員会の委員長選任の過程において、選任順位が低い議員を委員長ポストに抜擢したことにより、常任委員会の影響力の低下はさらに拍車がかかることになった。特に第一〇四議会の場合、歳出、商業、司法という重要な委員会において、「先任者優先のルール」から逸脱する委員長選任がなされた。一方、上下両院の外交（国際関係）委員会と軍事委員会に関しては、ヘルムズ、ギルマン、サーモンド、スペンスらが「先任者優先のルール」を踏襲して重要職に就いたことで、外交・安全保障面での継続性を重視する姿勢がとられた。しかし、このことは共和党の議会指導部にとって外交・安全保障の優先順位が低いことの証左であるとも考えることができるかもしれない（Kirfeld, 1999e：2875-2876：Hosansky, 1995：1392：Cohen, 1995：531）。

このように議会指導部の指導力が強化され、常任委員会の影響力が相対的により低下している状況のなかで、政策委員会（policy commitee）の役割がクローズアップされてきた。政策委員会は、委員会で審議される法案や本会議に上程される法案について党の態度を決め、各委員会の間で調整にあたる。共和党下院多数議会体制のなかで、議会指導部と密接な関係にある政策委員会の役割と影響力は確実に増大してきた。

特に第一〇四議会以降、共和党政策委員会の委員長は、共和党きっての政策通であるコックス議員であった。たとえばコックスは、一九九六年三月二三日の台湾の総統選挙を控えて、中国側がミサイル発射を含む軍事演習で台湾を威嚇した際、「中国が台湾に武力行使した場合、アメリカは台湾を断固として守る」という内容の決議案（H Con R 148）を提出し、中国側の行動を〝抑制〟した。上下両院において圧倒的多数で可決されたこのコックス決議案の影響力は大きく、当時のクリントン政権は二隻の空母を台湾海峡に派遣し、「戦略的あいまいさ」を一時棚上げするに至った（CQ 50, 1999：44-45）。そもそも台湾危機の発端となった一九九五年六月の李登輝訪米が、ギングリッチら議会共和党のイニシアティブによって実現したことにも注目する必要がある（マン、一九九九、四八一〜四八四頁）。

その後も、コックスが委員長として取りまとめた下院の特別調査委員会、いわゆる「コックス委員会」が、一九九九年一月に中国の核スパイ疑惑に関する報告書を大統領に提出した。この『コックス・レポート』に関しては、コソヴォ空爆中の五月二五日にその内容が一部公表され、米中関係の後退に拍車をかけた（Graffenreid, ed., 1999）。同じ五月二五日には、旧ユーゴスラヴィアの中国大使館が〝誤爆〟されている。『コックス・レポート』を政争の具とみなすことは必ずしも適当ではない。なぜならば、このレポートは超党派で作成され、現実に米中関係の動向や、クリントン政権の政策に大きな影響を与えたからである。『コックス・レポート』が持つ政策的なインプリケーションは、対外的には中国政府へのメッセージであると同時に、国内では安全保障への配慮に欠け、経済に偏り過ぎたクリントン政権の対中関与政策に大きな警鐘を打ち鳴らすものであった（Spratt, 1999：24-25, 34：Stone, 1998）。さらに国内的には、「軍民両用（dual use）」のハイテク機器の輸出に対する規制を十分に考慮することをクリントン政権に対して提言したのである（Stokes, 1999）。

またコックス政策委員長は、政権側の北朝鮮政策の見直しと『ペリー・レポート』（一九九九年九月一四日発表）に対応した下院の北朝鮮問題諮問委員会にも、ギルマン外交委員長とスペンス軍事委員長、ベロイター・アジア太平洋小委員会委員長やウェルドン軍事研究開発小委員会委員長らとともにメンバーとして名前を連ねていた（North Korea Advisory Group, 1999：O'Neill, 1999：3062）。さらに、その守備範囲はアジアだけでなくヨーロッパにまで及び、ＮＡＴＯやロシアの問題も含めた外交政策全般に通暁していた（Frost, ed., 1988：55-56, 73, 79-80）。国内政策においても、インターネット税導入の是非をめぐって、政策の取りまとめで中心的な役割を担った（*The Hill*, February 8, 2000, p. 23）。

（2）共和党多数議会と単独主義

共和党多数議会を外交政策の観点から見ると、特に一九九四年新人議員たちは冷戦期の国際経験などが乏しいため、それまでの議員と比較して、外交および安全保障など国際問題への関心が著しく低かった。彼らの主たる関心はもっぱら、減税や財政均衡といった国内問題であった。これに対して当時、第一〇四議会のギングリッチ下院議長やドール上院多数党院内総務など議会指導部のトップは、クリントン外交に是々非々で臨む国際主義者であった。第一〇六議会（一九九九〜二〇〇〇年）以降には、一九九四年新人議員ばかりでなく共和党の議会指導部も、少なくともギングリッチやドールと比較するならば、明らかに国際主義的ではなくなっている。この点は、一九九八年に共和党の下院多数党院内総務であったアーミーが、「私はヨーロッパに一度行ったことがある。が、二度と行く必要はない」と発言したことからもうかがい知ることができよう（Rae, 1998：203-213：Kirfield, 1999e：2874：*The Hill*, January 5, 2000, p. 10）。

一九九九年一月に新しく下院議長となったハスタートは、第一〇六議会での共和党の四大優先課題として、「減税、社会保障、国防力強化、教育」を掲げることで（二〇〇〇年大統領選挙では、W・ブッシュが教育の問題を争点化した）、「強いアメリカ」を課題の一つに挙げていた（Cohen & Baumann, 1999：3300：Koszczuk, 1999）。しかしコソヴォ空爆の最中には、クリントン弾劾後ということもあってか、「クリントンの戦争」に対抗するディレイ院内幹事の政策方針に異議を唱えることはなかった。下院ではすでに見た通り、上院を通過した空爆支持決議が、賛成二一三、反対二一三という劇的な同じ票数で否決されてしまった。下院の新指導部はこれまでのアメリカ外交の伝統的な慣行とも言うべき、戦時には大統領の政策を支持するというパターンから逸脱してしまったのである。この点は、戦争といった緊急事態の状況下でも大統領の決定を支持しない場合もありうるという議会の姿勢を示したものとして注目される（Banks & Straussman, 1999：214-217）。

こうした姿勢をもたらした背景として、冷戦終結と一九九二年一一月の大統領選挙の結果がある。一九九二年大統領選挙で、湾岸戦争に勝利したブッシュ・シニア大統領が「国内経済の再生」を掲げるクリントンに敗北したという事実は、冷戦終結という現実を目の当たりにしていた共和党の保守主義者たちの安全保障感覚を弛緩させてしまった（Westad, 2017：藤原、一九九八b：Gaddis, 1992：chap. 7：Lindsay, 2017：226-227：2012：229-230：2008：204-205）。この点は、一九九四年新人議員の外交政策への対応において顕著なように、共和党内の世代交代とも密接に関連している問題でもある。

保守派の対外政策観は思想的な転換を遂げてしまったのであろうか――。冷戦期のアイゼンハワー政権期以降、共和党の保守派といえば国際主義者のことであったが、現在の共和党の保守派に共通して見られる傾向は、アメリカの力に対する絶対的な信頼感をベースに、まず自国の防衛に力を注ぎ、国際条約や国際機関はあまり信頼しないという、いわゆる「孤立主義」的なスタンスである。対外援助予算を大幅に削減する傾向や、議員個人がパスポートを所持しないことを公言することなども、共和党保守派が孤立主義的スタンスにある証左としてよく指摘されるところである（Lindsay, 1999：175-176：Kirfield, 1999e：2877：1999/2000：48-55：*Washington Post National Weekly*, December 13, 1999, p. 6-8）。

しかし、この「新孤立主義」とも言うべき傾向は、国際社会への関与をまったく排除しているわけではない。したがって、むしろ「単独主義」と呼ぶべきものである。アメリカが関与すべきか〝否か〟ではなく、〝いかに〟関与すべきかが問われているのである。一九七〇年代以降に進展してきた議会の分権化傾向がこの単独主義をもたらしやすい、とリー・ハミルトン元下院議員は指摘している（Hamilton, 1999 : Huntington 1999/2000 : 31–40）。しかし、上下両院で共和党多数議会が成立した後の単独主義のアプローチへの傾斜は、興味深いことに、国際主義者であったギングリッチ下院議長らの指導部の下で、政党がにわかに権限を集権化した政治状況下で見られたのであった（Lindsay, 1999 : 175–176）。

この単独主義に関連した、議会共和党による外交政策へのコミットメントの特徴の一つとして、彼らがシングル・イシューに固執する傾向が指摘できる。この点は、大統領と議会にとっては深刻な問題となりうる。たとえば対中国政策において、議会側が人権（チベットや宗教）や台湾などのシングル・イシューにこだわる場合には、より広い見地から外交政策を立案し、遂行していくことが困難となるからである。たとえば、一九九八年一一月の中間選挙直前の一〇月には、大統領による制裁も盛り込んだ国際信教自由法案（S 1868/HR 2431）が上下両院の圧倒的多数の超党派で可決された（PL 105–292）。この法案は、一九九八年五月に下院で賛成三七五、反対四一の大差で可決された宗教迫害からの自由法案（HR 3271/3294）の流れを汲むものであり、その法案の内容が中国を意識したものであることは明らかであった（Martin, 1999 : 77–78 : Kirfeld, 1999d : 2736–2737 : Maggs, 1999 : 1042–1045）。

（3）勢力伯仲するアメリカ議会

議会審議において特に注目すべき点は、これまで「交差投票」が常態化してきたアメリカ議会において、議会の審議過程全般でより党派性の強い行動パターンが顕著になったことである。第一〇四議会年以降のギングリッチら共和党の議会指導部は、「首相的下院議長」のようなリーダーシップを発揮してきた（Dodd & Oppenheimer, 1997 : 42–48）。「ギングリッチ後」の第一〇六議会において、ディレイ院内幹事に強く支えられたハスタート新体制は、日本で言えばさしずめ小渕首相＝野中官房長官の体制に似ていた。一九九〇年代に入り、大統領選挙だけでなく議会選挙においても共和党が南部で躍進する傾向が一層顕著になっている。アメリカ政治全体の「保守化」が進行しつつあるなかで（Tilove, 1999）、議会の立法過程は、共和党多数議会の場合は共和党からの保守攻勢に、民主党リベラルが対抗していくという傾向が見受けられる（Beck, 1997 : 301-330 : Cooper & Young, 1997 : Davidson & Oleszek, 1998 : Ornstein, Mann & Malbin, 1999 : 202-203）。

第一〇六議会のように、わずか四、五議席程度の優位議席で下院の多数体制が形成されている政治状況では、そもそも議会の指導部が十分なリーダーシップを発揮することは難しかった。国内問題に優先順位を置く一九九四年新人議員の対外姿勢に、特に顕著に見られる国際関係に対する単独主義の動きに対して、議会指導部はより大局的な見地から指導力を発揮することも難しかった。この根本的な原因の一つとして考えられることは、議会での政党勢力がほぼ拮抗しているという政治状況に求められた。ましてや選挙を控えて、議会側が強硬な姿勢を崩さない状況では、大統領と協調して合意形成を行い、政策を実現させていこうということはほとんど困難であった。

二〇〇〇年一一月の大統領選挙と議会選挙は、大統領選挙が「四九対四九」で、上院は「五〇対五〇」で、ほぼ引き分けとなった。「赤と青」のアメリカ、「分断されたアメリカ」である。下院選挙の結果も、共和党二二一、民主党二一二でごく僅差であった。ただし、共和党による統一政府となった。詳しくは第七章で改めて見るが、これ以降、共和党多数議会が、二〇〇六年一一月の中間選挙での敗北まで継続する。四年後の二〇一〇年一一月の中間選挙では、「茶会」運動に支えられて、下院で共和党多数議会となった。上院は、二〇一二年一一月の議会選挙まで民主党多数議会であった。つまり、第一一四議会（二〇一五〜一六年）以降は、上下両院で共和党多数議会となったのである。

こうして議会の多数党は、共和党と民主党でとったりとられたりという勢力伯仲の政治状況が、基本的に継続してきた。この間、下院議長は第一〇四議会のギングリッチ下院議長ほどの影響力を行使できていないが（特にハスタート下院議長は、ギングリッチ後、低姿勢〔low profile〕のリーダーシップを発揮した）、議会指導部は、共和党と民主党の勢力伯仲の政治状況を受けて、党派性を高めてきた。そのため議会指導部の指導力の発揮の仕方に、第一〇四議会以降、根本的な変化は見られない。問題は、二〇一〇年中間選挙で当選した「茶会」系の議員たちが、政治の妥協を拒否し、統治にまったく興味がない姿勢を見せ続けたことである。しかし、議会共和党の指導部は、こうした茶会系議員たちの声をまったく無視することはできなかった。茶会系る。

の政治勢力は、予備選挙（primary）の段階で強い影響力を行使することができるからである（Mead, 2012：久保・東京財団「現代アメリカ」プロジェクト編著、二〇一二に所収の論文も参照）。このことは、有権者の政党離れをますます進行させたと考えられる。

また対外政策観としては、共和党議員がより単独主義的であり、民主党議員がより多国間主義的である、という構図に大きな変化は見られない。四年ごとの大統領選挙でも、共和党の大統領候補は、より単独主義的であり、民主党の大統領候補はより多国間主義的である（Lindsay, 1999：176）。

問題は、共和党のトランプ政権の誕生を受けて、共和党がいかに再生するのか、である。ヒラリー・クリントンの敗北（とサンダース旋風）を受けて、民主党がいかに再生するのか、という問題もある。トランプは、特に「ラストベルト（錆びついた工業地帯）」の怒れる白人男性層を中心に票を固めれば、大統領選挙に勝利できるということを証明してみせた。メキシコからの不法移民に反対する姿勢を見せていたにもかかわらず、一定のヒスパニック票（二九％）を獲得した。ただし、特にヒスパニック系の人口が増加するなかで、同じ戦略で二〇二〇年一一月の大統領選挙以降も勝利できるかと言えば、かなり難しいかもしれない。あるいは、最後の機会となるのであろうか、それともしばらく続くのか――。

長期的な人口動態のトレンドは、よりリベラルな民主党により有利に働くと考えられる。トランプ大統領が再選されるのかは、政権一期目の政策実現の度合いにかかってくるであろう。「最初の半年間」を迎えた二〇一七年七月の時点では、議会共和党との政策調整にうまく対応できているとは、決して言えない。他方で議会共和党も、二〇一八年一一月の中間選挙後、上下両院で多数党を維持できるのかどうかは、よくわからない。有権者は、共和党の統一政府の政治状況下で、トランプ政権が内外の政策で強力なリーダーシップを発揮できるのか、また議会での仕事がうまく進むのか、厳しい眼で見守っていると言ってよい。二〇一七年一二月二二日、一〇年で一・五兆ドルという大型減税がようやく成立した。二〇一八年一一月の中間選挙へのインパクトが注目される。

第七章　現代アメリカの政党の変容――一九七〇年代以降を中心に

アメリカの政党は、合衆国憲法が分離するものをまとめはしない（Neustadt, 1990：29）。
リチャード・ニュースタッド『大統領の権力と現代大統領』（一九九〇年）

一　アメリカの政党を見る眼

（1）権力分散型組織としてのアメリカの政党

アメリカ政治では、一九世紀半ばの南北戦争以来、民主党と共和党の二大政党制が強固に定着してきた。たとえば、一八五二年以降の大統領はすべて民主党か共和党から選出された。中央政府を構成する大統領とアメリカ議会だけではなく、州レベルの州知事と州議会でも選挙に勝利し、それぞれの公職を統治するのはたいてい二大政党のうちのどちらかの政党である。他方で、アメリカの政党は規律が弱く、緩やかな組織である。このためアメリカ政治における政党の役割はきわめて捉え難い。アメリカの政党をいかに見るのかは、政治学者たちをこれまでも悩ませてきた。政党衰退論もあるが（Wattenberg, 1998：Coleman, 1996）、それへの反駁や（Maisel, ed., 2002：1998：Pomper, 1998）、政党復活論もある（Campbell, 2007：Smith & Gamm, 1997：岡山、二〇〇七：阿南、二〇〇七）。

アメリカの政党は、「権力の分立（ないし共有）」と「抑制と均衡」の原則が厳格に適用された政治システムで機能するために、歴史上きわめて権力分散型の性質を有してきた（Brady & Buckley, 1998：Mason, 2003：98：Jones, 1994：9-11）。サンドクィストは、「部門間の協力を促進する」ために、「権力分立制の改革」と「政党の強化」を提言している（サンドクィスト、一九九

一、二〇六～二五五頁)。この「権力の分立・共有」と「抑制と均衡」以外にも、アメリカの政党を権力分散型にしてきた要因として、同じく建国以来の「連邦制」と、二〇世紀以降の予備選挙(primary)の導入などが指摘できる。こうしたアメリカに特有の政治システム(特に権力のあり方)と選挙の仕組みは、アメリカの政党に集権化や組織化を図る誘因をほとんど感じさせない。むしろアメリカの政党は、たいていが「中道」の政策的立場に位置する有権者の支持を選挙で幅広く獲得するため、あえて権力分散型の組織として機能してきた(Brady & Buckley, 1998:294-297:Pomper, 1998:14-19:Mayhew, 1974:11-78:ビアード、一九六八、一～二八頁:ロシター、一九六四、五七～九六頁)。

(2) いかにアメリカの政党は権力分散型なのか?

次に、アメリカの政党がいかに権力分散型なのかをまとめてみたい。

第一に、アメリカの政党は互いに、政策やイデオロギー面で多種多様な議員たちから構成される。民主党と共和党にはそれぞれ、保守派とリベラル派(ないし穏健派)が内部に存在するのである。こうしてアメリカの政党は、政党内部のまとまりが比較的弱く、イデオロギーや一連の政策目標の厳守という点に欠けるのが第一の特徴である。一九五〇年にアメリカ政治学会が組織した専門家委員会は、二大政党に明確な政策的立場の違いがないことを批判し、それぞれが政策方針を掲げ、支持者に対してその実現の責任を負う責任政党へとより近づくべきだと提言した(Committee on Political Parties, 1950)。これに対して、その五〇周年の論文集は皮肉にも、近年の二大政党がイデオロギーの一体化を見せる形で内部の凝集性を高めてきた現状にむしろ懐疑的な内容であった(Green & Herrnson, eds., 2002)。この点については、詳しく後述する。

第二に、アメリカの政党は規律が弱く、重要法案をめぐっても党議拘束が厳しくかからない。このためアメリカ議会では、一人ひとりの議員は賛成するか反対するかを自らの判断で比較的に自由に決断できる。こうしてアメリカ議会では、重要な法案をめぐって、民主党と共和党はどちらも、賛成する議員たちと反対する議員たちを内部に抱え込むことになる。結果として、党派ラインを越えた形で「交差投票」が日常的に行われる(Binder, 1997:189-206:Davidson & Oleszek, 2002:274-277:久保、二〇〇二a、五九頁)。この点は規律が強く、特に重要法案では党議拘束が厳しくかかる議院内閣制下のイギリスや日本の政党とは決定的に異なる。

以上の点を肯定的に評価するならば、アメリカの政党は政策に対する柔軟性が高く、原理原則に拘泥しないアプローチをとると言うことができる。このため、民主党と共和党は内部の広範な多様性に対して寛容でいられるのだと思われる。また、第三政党や抗議運動が発生した場合、それらを吸収することを可能としてきたのは、こうした政党の〝多様性〟と政策の〝柔軟さ〟であった（Lowi & Ginsberg, 2002：287-289：Farah, 2004：117-124：久保、二〇〇二b、一二四～一二六頁）。

第三に、アメリカの政党の支持基盤は多くの階級からなり、かつ広範である。民主党と共和党はいずれも、アメリカ社会のほとんどすべての主要な社会経済層から相当数の支持を得ている。たとえば、労働組合員は一般に民主党支持と考えられているが、たいていの選挙において共和党は少なくとも三分の一の労働組合票を獲得することができる。一九八四年一一月の大統領選挙にはこの数字は四六％にも達した（Bibby, 2004）。レーガン・デモクラットの一翼を担った。また、特に金融業界やIT産業、保険業界やユダヤ系集団などは、民主党と共和党の双方にほぼ等しく政治資金を提供し、政権がどちらになっても、自らの利害を擁護してくれる政策を追求するように「保険をかける（hedge）」傾向がある。

第四に、アメリカの政党は緩やかな組織である。政党の組織内部を見ても、民主党と共和党の上下両院の選挙運動対策委員会は、大統領寄りの党の全国委員会とは切り離され、自主的に運営されている。党の全国組織は、全国党大会への代議員の選考手続きに対する限られた範囲の権限を除き、各州の党内問題にはほとんど干渉しない。ただし、二大政党の勢力伯仲と「イデオロギーの分極化」を背景として、特に一九九〇年代以降の政党の組織は、候補者のリクルートや訓練、選挙資金などの分野で選挙を〝後方支援〟する能力を高め、全国組織の集権化やその地方組織との連繫も強化されつつある（Bibby, 2002：37-43：Herrnson, 2002：54-62：Sorauf, 1998：Geer, 1998：White & Shea, 2000：84-107：久保、二〇〇二b、一一七～一二一頁：岡山、二〇〇七、九八～一〇二頁：二〇〇五、一二九頁）。

（3）「イデオロギーの分極化」

このような権力分散型のアメリカの政党のあり方は、アメリカ議会の立法過程をきわめて分散的なものとしてきた。また、大統領を統治する政党が交代しても、内政と外交で政権の政策があまりに大きく振幅することがない、という利点が生じる。特に外交では、内政での党派政治が「水際でとまる」ことがこれまで期待されてきた（McCormick, 1998：472-474）。さらに、第一章と第六章でも見た通り、大統領と議会を異なる政党が統治する政治状況を「分割政府」と呼ぶが、こうした政策実現が比較的により困難な政治状況であっても、大統領とアメリカ議会との間で党派を超えた政策協調が可能なのは、アメリカの政党が権力分散型であるからこそである。

問題は、一九七〇年代以降の現代アメリカ政治で、二大政党が歴史的に例のないほどに、イデオロギーの一体化を見せ、内部の結束を強めてきたことである。権力分散型のアメリカの政党のあり方が、根本から修正を迫られたわけではないが、こうした二大政党の「イデオロギーの分極化」をいかに捉えるべきなのか――。政治学者たちはさらに頭を悩ませることとなった。

本章では、一九七〇年代以降にアメリカの二大政党がいかに変容したのかを考察する。第一に、政党制の歴史的な変遷を取り上げ、一九七〇年代以降の二大政党がアメリカ史の文脈でいかに位置づけられるのかを検討する。第二に、政党と権力の関係だが、分割政府の政治状況がほぼ常態化してきた一九七〇年代以降のアメリカ政治を考察する。第三に、一九七〇年代以降の二大政党の変容を取り上げ、民主党と共和党ともにイデオロギーの分極化を顕著に見せてきた政治状況を分析する。

二　政党制の再編成――決定的選挙なき「第六次政党制」

(1)「政党再編成」と「決定的選挙」

建国以来のアメリカ政治史を大きく概観すると、第一章でも見た通り、保守とリベラルの時代が三〇年強のサイクルで繰り返し切り替わってきたことがわかる。「政党再編成」の議論である。特に南北戦争後は、民主党と共和党の二大政党制が確立し、今日まで続いてきた。政党再編成とは何か――。どちらかの政党が圧倒的に優位を維持する時代がちょうど三〇年強も続き、やがて国家にとって決定的に重要な争点をめぐって二大政党が対立し、次の新しい政党制の時代へと大きく変遷する、と想定する議論である。また、政党制が歴史的に大きく転換するきっかけとなった大統領選挙を「決定的選挙」と呼ぶ。これを契機に、大統領とアメリカ議会を統治する政党をどちらにするのか、有権者のパターン化された選好が歴史的に大きく切り替わってきたと想定される。決定的選挙と政党再編成がいつ起こったのか、政党制の時期区分については諸説がある。また、何が決定的選挙と政党再編成を引き起こす要因となるのかについても議論がある。たとえば、第一章でも見た通り、キーは社会集団の役割を重視したが、サンドクィストは国家が取り組むべき重要な争点の浮上に焦点を絞った（Key, 1955；1959；Sundquist, 1983；Mason, 2003：105-106；Lowi & Ginsberg, 2002：284-287；Miller, 2002；Stone & Rapoport, 1998：85-86；Schlesinger, 1999：23-58；川人、一九九一；五十嵐、二〇〇一）。

この決定的選挙を基準に政党制の歴史的な変遷を見ると、アメリカ政治史は五つ、六つの政党制が存在してきたことがわかる。第一章の表1-1にまとめたが、「第一次政党制」は、一八〇〇～二八年のリパブリカンズが優位の時代である。連邦政府の統括権をどこまで拡大するかをめぐる問題が主要な争点であった。また「第二次政党制」は、一八二八～六〇年の民主党が優位の時代である。主要な争点は引き続き、連邦政府の権力増大をめぐる問題であった。そして「第三次政党制」は、一八六〇～九六年の共和党と民主党の勢力が伯仲した時代である。奴隷制の西部への拡大が主要な争点であった。建国期にマイナーな争点であった奴隷制の問題は、領土拡張にともない一九世紀半ばまでに国家を二分する主要な争点となっていた。この問題をめぐって国家が分裂し、アメリカは南北戦争を経験しなければならなかった。この時期に今日まで続く二大政党制が確立されたが、他方で一九世紀後半は共和党と民主党の勢力伯仲の政治状況が長期間継続したのであった。

次いで「第四次政党制」は、一八九六～一九三二年の共和党が優位の保守の時代である。主要な争点は、産業資本主義への対応であった。「第五次政党制」は、一九三二～六八年の民主党が優位のリベラルの時代である。大恐慌への対策が主要な争点であった。フランクリン・ローズヴェルト大統領が「最初の一〇〇日間」で、「ニューディール」関連立法を議会に提出し、大統領の強力なリーダーシップを発揮した。これ以降、大恐慌の経済的なダメージが長引いただけではなく、第二次世界大戦と米ソ冷戦という国際的な危機が続いたため、大統領の権力は急速に拡大していく。こうしてアメリカ政治は、一九世紀の「議会の時代」から二〇世紀の「大統領の時代」へと本格的に移行した。

問題は、一九七〇年代以降の現代のアメリカ政治をこうした歴史の大きなサイクルのなかでいかに位置づけることができるのかである。なぜなら、「一九六八年」という第五次政党制の終わりはまったく明確ではない。タイミング上、決定的選挙が起こるはずであった一九六八年は、明確な決定的選挙とはなっていない。またこれ以降も、「決定的選挙」と呼べるほどの歴史的な転換点は訪れていない（Shafer, ed., 1991 : Miller, 1998 : 116-127 : 2002 : 81-97 : Coleman, 2000 : 145-166 : White & Shea, 2000 : 152-173 : 飯山、二〇一三 : 西川、二〇一五 : 二〇一六 : ミラー、一九九二 : 久保、二〇〇二b、一三二～一三四頁 : 岡山、二〇〇五、一二七～一三二頁 : 岡沢、一九九四、九三～九六頁）。たとえば、一九八四年一一月の大統領選挙では、共和党のレーガン大統領が圧勝で再選されたが、アメリカ議会の下院は民主党が多数党を維持した（Miller, 1998 : 122-127 : 2002 : 92-97 : Wattenberg, 1998 : 132-167）。また一九六八年一一月の大統領選挙以降、共和党大統領が出現する傾向が強いが、他方でアメリカ議会では、一九九〇年代半ばまで民主党多数議会の時期がしばらく続いた。

このため、一九三二年から少なくとも六〇年代まで継続した第五次政党制は、六八年一一月の大統領選挙で一気に瓦解したわけではなく、七〇年代以降、緩やかに〝溶解〟していったと評価できる。一九六八年以降のアメリカ政治を現時点まで、仮に「第六次政党制」と呼ぶならば、それは民主党と共和党の勢力伯仲を第一の特徴としている。一九九四年一一月の中間選挙は、下院で四〇年ぶりに共和党が多数党となったため、「歴史的な」議会選挙となった。これ以降、二〇〇六年一一月の中間選挙までの一二年間、上下両院で共和党多数議会が基本的に継続したが、他方で二年ごとの議会選挙のたびに、共和党と民主党の勢力は伯仲していた。特に二〇〇〇年一一月選挙の結果は、「四九対四九」で大接戦となった大統領選挙だけではなく、議会選挙も州レベルの選挙も大接戦となった。特に上院選挙の結果は「五〇対五〇」となり、アメリカを「赤と青」で分断した大統領選挙とともに、勢力伯仲するアメリカ政治の現実を象徴的に反映していた（Lowi, Ginsberg, Shepsle & Ansolabehere, 2017 : 528-529）。

（2）決定的選挙なき「第六次政党制」

こうして、一九九〇年代半ばから二一世紀のはじめにかけての二〇年間あまり、四年ごとの大統領選挙と二年ごとの議会選挙のどちらでも、共和党と民主党のいずれが勝ってもおかしくないという接戦、大接戦が展開され、本選挙の投票日まで結果がわからなくなってきた。二〇〇六年一一月の中間選挙まで、こうした大接戦の選挙で共和党がかろうじて勝利する傾向が見られたが、これは共和党の方が民主党よりも、イデオロギーの一体化をより強めて、政党内部のまとまりをより見せていた（いる）こと、またグラスルーツの利益集団の支持を組織化し、選挙で活用する上で相対的により優位に立っていた（いる）ことが指摘されてきた。

また二〇〇八年一一月の議会選挙では民主党多数議会が継続されたが、第一章でも見た通り、二〇一〇年一一月の中間選挙では下院で共和党多数議会が成立した（上院では二〇一四年一一月の中間選挙まで、民主党多数議会が継続した。二〇一六年一一月議会選挙では、上下両院で共和党多数議会が維持された）。こうして、全国レベルでの得票率や議席数を見る限り（特に「激戦洲［battleground states］」でそうだが）、「五一対四九」ないし「五二対四八」、「五三対四七」で、二大政党の勢力がほぼ伯仲している現実を見逃してはならない。このため、二年ごとの議会選挙は、熾烈を極めるようになった。また次の選挙で勝利することをより強く意識し、アメリカ議会での投票行動も日常的に党派対立が高まりがちとなる。選挙で決定的な勝敗がつかないため、政治的にあらゆる手段が総動員されるようになった（Ginsberg & Shefter, 1999：15-46）。

もちろん、政党制の再編成の歴史的なサイクルから逸脱してしまったとあまり誇張して認識してはいけないであろう。なぜなら、勢力伯仲の第三次政党制から共和党優位の第四次政党制へと移行した一八九六年一一月の決定的選挙が印象深く、この典型的な事例を手がかりにしてさらに過去の歴史をさかのぼってみると、保守とリベラルの間で三〇年強のサイクルがたまたま発見されたという側面が少なからずあるからである（Mayhew, 2000：152［fn. 32］）。一八九〇年代は未曾有の経済危機に見舞われ、ポピュリスト党など第三党が一時台頭し、民主党も経済政策でポピュリストの立場を強めたが、共和党はレッセ・フェールの経済政策を堅持しつつ、「革新主義」の改革を推進し、一九二九年一〇月二四日以降の世界大恐慌の時期までアメリカ政治で支配的な地位を占めた。予備選挙や有権者登録制度などの導入で、一九世紀の「政党の時代」から、二〇世紀の「政党の衰退」へとアメリカ政治構造の歴史的な変化ももたらされた。またアメリカは、「海の帝国」となった。

また、共和党優位の第四次政党制から民主党優位の第五次政党制へと移行した一九三二年一一月の決定的選挙も同じく〝革命的〟であった。この第四次政党制から第五次政党制への変遷では、有権者の政党支持のパターンが劇的に変化しただけでなく、政党の分断線がそれまでの地理的な隔絶から社会・経済層の隔絶へと大きく変化した（岡沢、一九九四、九三頁）。「大きな政府」と「大統領の時代」への移行とも重なる歴史的な分水嶺であった。さらに、民主党と共和党の二大政党制が確立した一九世紀後半の第三次政党制では、長い間、勢力伯仲の時期が続いていた。このため勢力伯仲は、アメリカ政治史で必ずしも珍しい現象ではないのである。

ところが、第六次政党制へと緩やかに移行してきたと想定せざるを得ない一九六八年以降の現代アメリカ政治には、注目すべき変化がさらに二つある。

第一に、決定的選挙と政党再編成を引き起こすだけの〝決定的に〟重要な争点がたしかに見当たらないということである。他方で、内政では社会や文化の問題（妊娠中絶や同性愛、移民など）をめぐって、イデオロギーの対立を深めている。この傾向は、たとえば人権・民主化や宗教の問題などをめぐり、対外政策の分野でも観察できることが注目される。

第二に、一九六八年代以降の現代アメリカ政治の特徴は、分割政府がほぼ常態化してきたことである。このことは、第六次政党制が共和党と民主党で勢力が伯仲していることと密接に関連していると思われる。ただし、その原因はそれだけではない。分割政府の常態化については、「政党と権力」を検討する次節で詳しく考察する。

三　政党と権力――「分割政府」の常態化？

(1)「自前の大統領制」

アメリカの二大政党は、選挙に勝利し、政府を構成する人事を掌握することを最優先課題としてきた。二大政党は権力に対して、これ以上の深いかかわりを基本的に持たないのである（岡沢、一九九四、八七～八八頁）。この点は、議院内閣制下のより強い政党の場合とは決定的に違うので注目される。アメリカでは、大統領選挙でも議会選挙でも、予備選挙が導入されており、候補者指名や選挙資金で政党が決定的に重要な役割を果たすわけではない。候補者は政党から強力な支援を期待できない状況下で、「自前で」資金を調達しなければならない。そのため、大統領もアメリカ議会の議員も選挙に勝利した後に、政策実現のレベルで政党の支持に従う誘因をそれほど感じない。アメリカ議会では、議員たちが一人ひとり、政党からほとんど拘束されることなく、重要な法案をめぐっても、賛成するか反対するかの立場を決断できる。

歴代の大統領も、自らの政党とは一定の距離を置いて、自らの政権を運営してきた。大統領は逆に当選後も、政党や同じ政党の所属議員からの支持を自動的には期待できない。ロウイは、「自前の大統領制（personal presidency）」と呼んだ（Lowi, 1985：20, 67-96）。

そもそもアメリカ政治の場合、権力の分立・共有と抑制と均衡の政治原則が厳格に適用されているため、中央政府の権力そのものが高度に分権化されている。このため、二大政党と権力とのつながりは、他の主要国と比較すればより緩やかなものとなる。しかもアメリカ政治では、選挙結果次第で、大統領とアメリカ議会を統治する政党がいつも同じとは限らないのである。

大統領とアメリカ議会を異なる政党が統治する政治状況を「分割政府」と呼ぶ。これに対して、大統領とアメリカ議会を同じ政党が統治する政治状況を「統一政府」と呼ぶ。第一章や第六章でも見た通り、分割政府では、大統領とアメリカ議会との関係がより複雑となり、重要な法案を可決することが比較的により困難になる。これに対し統一政府では、それが比較的により容易になると想定される。ただし、アメリカの二大政党はどちらも規律が弱く、党議拘束が強くかからないため、たとえ分割政府の政治状況であっても、アメリカ議会での投票行動は交差投票の形で政策実現が十分に可能である。逆に、たとえ統一政府の政治状況であっても、自らの政党の支持を無条件で期待できるわけではないため、大統領が自ら支持する重要法案をめぐりロビイングによる議会対策を怠ったり、多数党の議会指導部が強力な指導力を発揮できなかったりした場合には、しばしば政策実現が困難となる（Conley, 2003：Quirk & Nesmith, 2000：570-594：Mayhew, 2005：ジョーンズ、一九九一：メイゼル、一九九二：武田、一九九二）。

（2）「分割政府」の常態化か

こうして、「分割政府」では概して、重要な法案をめぐって政策実現が相対的により困難になる。法案の数（量）ではあまり大差がないが、法案の内容（質）で大きな差が出るという指摘もある。問題は、一九六八年以降の現代アメリカ政治で、分割政府の政治状況がほぼ常態化してきたということである。

一九六八年以降の冷戦後期、一九七〇年代後半のカーター大統領を例外として、共和党大統領が選出される強い傾向が見られた。他方でアメリカ議会では、一九八〇年代の六年間に上院が共和党多数になったことを例外として、一九五五年から九五年まで四〇年間、上下両院とも民主党多数議会が継続した。こうして、特に冷戦の後期、〈共和党大統領と民主党多数議会〉という分割政府のパターンが長く続いた。冷戦後には「強い大統領」を選ぶ必要がなくなったからか、一九九二年一一月の大統領選挙では、「国内経済の再生にビームのように焦点を絞る」ことを公約に掲げ、「変化」を訴えた民主党のクリントンが選出され、民主党の統一政府となった。しかし、一九九四年一一月の中間選挙では、上下両院で共和党が多数党となり、再び分割政府の政治状況となって、これがその後六年間続いた。〈民主党大統領と共和党多数議会〉の組み合わせで、冷戦後期のパターンとは逆のパターンであった。ただし二〇〇一年以降は、W・ブッシュ政権の下で、共和党大統領と共和党議会という統一政府がほぼ六年間続いた。この時期は、九・一一同時多発テロ攻撃と「テロとの戦い」という例外的な状況が背景にあった。だが二〇〇六年一一月の中間選挙で、イラク問題が選挙の争点となり、民主党が上下両院で一二年ぶりに多数党となり、再び分割政府となった。

さらに、二〇〇八年一一月の大統領選挙と議会選挙の結果、民主党による統一政府となったが、一〇年一一月の中間選挙の結果、下院で共和党多数議会が成立し、分割政府の政治状況に戻ることとなった。二〇一四年一一月の中間選挙まで、上院では民主党多数議会が継続したが、第一一四議会（二〇一五〜一六年）以降は、上下両院で共和党多数議会となっている。二〇一六年一一月選挙の結果、共和党による統一政府となった。オバマ政権は、最初の二年間は、統一政府であったが、残りの六年間は分割政府であった。トランプ政権は、統一政府の政治状況下で始まった。

こうして、分割政府はほぼ常態化してきた。「分割政府が常態化した」とは言い切れないが、分割政府が「ほぼ常態化した」と言っても十分な程度、分割政府になる可能性は高いと言ってよい。

表7-1 「分割政府」か「統一政府」か――アメリカ議会の勢力と大統領との関係

アメリカ議会の会期	下院の多数党 (民主-共和-無所属)	上院の多数党 (民主-共和)	大統領 (所属政党)	政府の状態
第91議会(1969-70年) 第92議会(1971-72年) 第93議会(1973-74年8月)	民主党(243-192) 民主党(254-180) 民主党(239-192-1)	共和党(57-43) 共和党(54-44-2) 共和党(46-53-1)	ニクソン ニクソン ニクソン (共和党)	分割政府 分割政府 分割政府
同上(1974年8-12月) 第94議会(1975-76年)	民主党(同上) 民主党(291-144)	共和党(同上) 共和党(60-37-2)	フォード フォード (共和党)	分割政府 分割政府
第95議会(1977-78年) 第96議会(1979-80年)	民主党(292-143) 民主党(276-157)	民主党(61-38-1) 民主党(58-41-1)	カーター カーター (民主党)	統一政府 統一政府
第97議会(1981-82年) 第98議会(1983-84年) 第99議会(1985-86年) 第100議会(1987-88年)	民主党(243-192) 民主党(267-168) 民主党(252-183) 民主党(258-177)	共和党(46-53-1) 共和党(45-55) 共和党(47-53) 民主党(55-45)	レーガン (共和党)	分割政府 分割政府 分割政府 分割政府
第101議会(1989-90年) 第102議会(1991-92年)	民主党(260-175) 民主党(268-166-1)	民主党(55-45) 民主党(57-43)	ブッシュ(父) (共和党)	分割政府 分割政府
第103議会(1993-94年) 第104議会(1995-96年) 第105議会(1997-98年) 第106議会(1999-2000年)	民主党(258-176-1) 共和党(204-230-1) 共和党(207-227-1) 共和党(211-223-1)	民主党(56-44) 共和党(47-53) 共和党(45-55) 共和党(45-55)	クリントン (民主党)	統一政府 分割政府 分割政府 分割政府
第107議会(2001年1-6月) 同上(2001年6月-02年) 第108議会(2003-04年) 第109議会(2005-06年) 第110議会(2007-08年)	共和党(210-222-3) 共和党(同上) 共和党(205-229-1) 共和党(202-232-1) 民主党(232-202-1)	共和党(50-50) 民主党(50-49-1) 民主党(48-51-1) 共和党(44-55-1) 民主党(49-49-2)	ブッシュ(子) (共和党)	統一政府 分割政府 統一政府 統一政府 分割政府
第111議会(2009-10年) 第112議会(2011-12年) 第113議会(2013-14年) 第114議会(2015-16年)	民主党(257-178) 共和党(193-242) 共和党(201-234) 共和党(188-247)	民主党(58-40-2) 民主党(51-47-2) 民主党(51-47) 共和党(46-54)	オバマ (民主党)	統一政府 分割政府 分割政府 分割政府
第115議会(2017-18年)	共和党(193-239)	共和党(44-54-2)	トランプ (共和党)	統一政府

出典:Davidson, Oleszek & Lee(2012:A2-3)に加筆修正した。

（3）常態化の原因

ではなぜ、一九六八年以降の現代アメリカ政治で、分割政府がほぼ常態化してきたのであろうか。

第一に、一九六八年以降の共和党と民主党の勢力が伯仲した政治状況がある。そのため、大統領選挙と議会選挙でそれぞれ、別の政党が僅差で勝利することは起こりうる。さらにこの二大政党の勢力伯仲は、以下二つの要因と密接に結びついて、分割政府をもたらす傾向を強めてきた。

第二に、無党派層（independents）の増大がある。これは、二大政党への有権者のかかわりが希薄になってきたことの一つの現れであった。無党派層は政党で単純に投票するのではなく、候補者の特に政策を見極めて投票する傾向がある（Wattenberg, 1998：36-49）。このため、無党派層の増大は、アメリカの選挙で「政党中心」から「候補者中心」への変化と政策志向の傾向を後押ししてきたと考えられる（Wattenberg, 1998：158-162）。問題は、共和党と民主党の勢力が伯仲しているため、アメリカの有権者のうち三分の一を占める無党派層の存在が選挙の結果を大きく左右しうることである。無党派層は選挙のたびに二大政党のどちらに投票するのかを決めかねているため、「スウィング・ボーター（swing voters）」とも呼ばれる。

第三に、分裂投票（sprit-ticket voting）の影響がある。政治的な意識が高い一部の有権者（特に無党派層）は、大統領選挙と議会選挙でわざわざ別の政党に投票する。これも、二大政党への有権者のかかわりが希薄になってきたことの一つの現れである（Wattenberg, 1998：17-23, 162-167）。分裂投票を行う有権者はせいぜい一〇〜二〇％だが、接戦や大接戦となりがちな近年の選挙では、分割政府をもたらす無視できない要因となりうる。結果は統一政府となったが、二〇〇〇年選挙では有権者の二〇％が大統領と連邦下院議会の選挙で、それぞれに異なる政党の候補者に投票した（Bibby, 2004）。

以上の無党派層の増大と分裂投票の傾向が、分割政府の常態化に影響してきた点を政治学者のビビーは、以下のように指摘している。「選挙の際に有権者が行う選択に対する政党の影響力の低下や無党派と自認しているかなりの数となる有権者の存在が、分裂投票を増加させ、この結果アメリカの政治は、『政党中心』から『候補者中心』となっている。これは、連邦政府と五〇州の政府のいずれにおいても、行政府と立法府で支配政党が異なる分割政府が当たり前になったことを意味する」（Bibby, 2004）。

四　政党の変容――イデオロギーの重なり合いから分極化へ

（1）二大政党の変容と「イデオロギーの分極化」

アメリカの二大政党はたしかに、歴史上、民主党がよりリベラルな政党であり、共和党がより保守の政党であった。だが、どちらの政党も基本的に「中道」の立場に立ち、保守かリベラルかという点は両者を比較した場合の相対的な相違に過ぎなかった。このことは、特に一九七〇年代までの二大政党に当てはまる。一九七〇年代までの民主党と共和党は、どちらの党も保守派とリベラル派（共和党内では「穏健派」と呼ばれる）を内部に抱え、互いに中道の立場で重なり合っていた。単純化を恐れずに言えば、民主党の内部で主流派はどちらかと言うと南部の保守派であり、他方で共和党の内部で主流派はどちらかと言うと穏健派であった。このことは、二大政党間の政策協調を比較的により容易としていたのである（Binder, 2005：152–153：Brady & Buckley, 2002：241–244：1998：294–297）。

一九三〇年代から六〇年代までの民主党優位のリベラルな時代にあって、民主党の南部の保守派は、東部労働者や黒人などマイノリティとともに「ニューディール連合」を構成する重要な要素であり、内政では「ニューディール」政策の推進で党内のリベラル派と歩調を合わせつつ、外交ではトルーマン大統領以降の強硬な冷戦政策を強く支持した。これに対し、共和党の穏健派は内政では民主党のニューディール路線を基本的に踏襲する一方で、外交でも現実主義の立場をとり、政策実現のために超党派主義を重視した（久保、二〇〇三：二〇一五a：二〇〇七）。このため、特に外交では冷戦の反共コンセンサスの下で、二大政党が超党派外交を展開することが比較的により容易な時代であった（McCormick, 1998：71–108, 472–474）。

ところが一九七〇年代以降、アメリカの政党は大きく変容を遂げてきた。再び単純化を恐れずに言えば、民主党内の主流派は北部のリベラル派へ、共和党内の主流派は南部の保守派へと移行した。換言すれば、民主党はますますリベラルな政党になり、これに対して、共和党はますます保守の政党となった。こうして、民主党と共和党は、政策やイデオロギー面でますます重なり合わなくなってきた。むしろ、保守かリベラルかで、両極端にイデオロギーが「分極化」してしまっている。二大政党

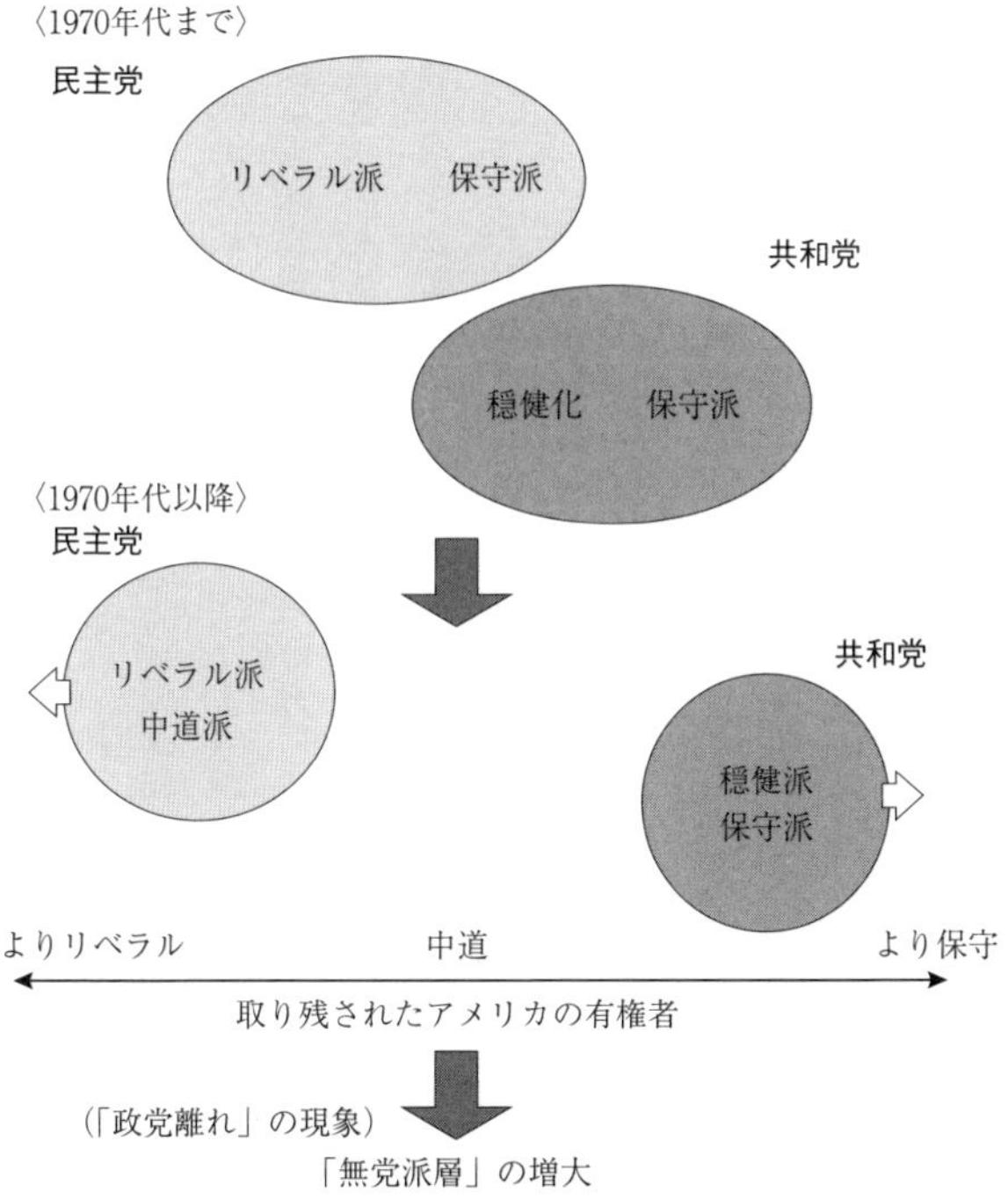

図７－１　1970年代以降の二大政党の変容

は互いにイデオロギーの一体化を強め、内部の凝集性を高めたのである（Hopkins & Sides, eds., 2015 : Deibel, 2007 : 100-106 : McCarty, 2007 : Campbell, 2007 : Miller, 2002 : 83-92 : Abramowitz & Saunders, 1998 : Miller, 1998 : 112-116 : Brady & Buckley, 1998 : 297-315 : Pomper, 1998 : 19-36 : Binder, 2005 : 154-156, 164-167 : Mason, 2003 : 96-97 : Wattenberg, 1998 : 158-162）。この傾向は、保守化で内部の結束を強化した共和党側に特に顕著に見られる（Zelizer, 2007 : 105-134 : Sinclair, 1998 : 263-285 : 中山、二〇〇八：廣瀬、二〇〇九）。他方で、民主党も同じく左傾化でイデオロギーの一体性を強めたため、リベラル派と中道派との間で分裂しがちである（砂田、二〇〇五）。

（2）「イデオロギーの分極化」の原因

こうして、「イデオロギーの分極化」を深める形で二大政党の変容がもたらされたのはなぜか――。その主な背景には、第一に南部の変容があったと思われる。一九世紀半ばの南北戦争から二〇世紀の一九六〇年代後半までのほぼ一〇〇年間、南部は民主党を強く支持していた。特に一九三〇年代のニューディール連合の成立以来、南部は民主党にとって強固な支持基盤となっていた。しかし、一九六四年七月二日に民主党のジョンソン政権下で公民権法が成立したことを大きな契機として、南部の保守的な白人層は民主党から離反し始めたのである。彼らは、大統領選挙で（一九九〇年代以降は議会選挙でも）、民主党ではなく共和党に投票するようになっていく。ジョンソン大統領は公民権法案に署名した後、「私の考えではわれわれは今、南部を長期にわたって共和党の手に渡したところだ」と述べたという（佐々木毅、一九九三、一七～一八頁）。

たしかに一九六四年一一月の大統領選挙では、現職のジョンソン大統領が圧勝で再選されたが、保守主義のシンボル的存在であった共和党のゴールドウォーター大統領候補はそれまで民主党の地盤であった南部に進出できたのである。これ以降共和党は、南部に積極的に働きかけていき、ニューディール連合を切り崩していった。一九六八年一一月の大統領選挙では共和党のニクソン大統領候補が、泥沼化したヴェトナム戦争から撤退する「秘密のプラン」があると語りつつ、特に南部の「声なき多数（silent majority）」に「法と秩序の回復」をアピールし（「南部戦略」）、民主党の現職副大統領のハンフリーに勝利した。一九七二年一一月の大統領選挙では、民主党がマクガヴァンを大統領候補に指名し、リベラルと保守で内部が分裂したのに対し、ニクソン大統領は南部戦略をさらに徹底させ、圧勝で再選された。

こうした結果、南部で選挙に勝てなくなった民主党は、北部と東部の大都市を抱える大きな州を基盤として、ますますリベラルな立場を強めていく。これに対して、共和党は地方色の強い南部を基盤として、ますます保守の立場を強めていくこととなった。特に一九八〇年代以降の大統領選挙では、南部の大きな州で共和党が大統領選挙人を獲得する傾向がある。また議会選挙でも、一九九〇年代以降は、共和党保守派が勝利することが珍しくなくなった。こうして七〇年代以降、南部は民主党ではなく、むしろ共和党の地盤となっていった。

さらに一九七〇年代以降の南部の変容は、アメリカ経済の上でも同時に進行していた。「サンベルト」と呼ばれた地域が中心となったが、南部のハイテク業界を中心とした経済発展があり、これにともなう人口移動・増加により、アメリカ政治全体での発言力を強めてきた。大統領選挙の大統領選挙人と下院の議席数はいずれも、一〇年ごとの国勢調査（センサス）に基づき、人口に比例して州ごとに配分される。したがって人口が多い州は、政治的な影響力を強く行使することができることになる。

第二に、南部の変容と同時進行で、ヴェトナム戦争の敗北が民主党の左傾化を急激に促進した。またヴェトナム戦争の敗北以来、民主党（特にリベラル派）は、戦争や介入の問題で共和党よりもどうしても消極的になってしまうか、明確な政策を打ち出せないでいる。有権者はこれに対して、イデオロギー的に左傾化しすぎた民主党に大統領職を任せることを躊躇する傾向を見せてきた。このため、「民主党は外交と安全保障の政策に弱い」という有権者のイメージが、大統領選挙で常に民主党に不利に働き、結果として共和党大統領が出現する傾向を強めてきた。対外政策で民主党に対する有権者の「信頼度」が低いのである（Lindsay, 2012：232；2008：207；Daalder & Lindsay, 2005：92）。二〇一二年大統領選挙は例外であった。

第三に、一九七〇年代以降に宗教保守が台頭し、共和党の内部で保守主義を底辺から支える勢力となったことは、他方で共和党の保守化を大きく促進した。さらに、一九八〇年代から九〇年代にかけて、経済的保守と社会的保守は、大統領選挙だけでなく議会選挙でも勝利し、議会で多数党となるために、保守主義の共通のイデオロギーの下で結集し、大同団結を図るようになった。また一九九四年一一月の中間選挙で勝利し、上下両院で共和党が多数党となると、経済的保守と社会的保守、また利益集団を含めた諸勢力は、それぞれの保守的な政策実現のために積極的に〝連繫〟を図った。こうした「保守連合」の形成は、共和党の保守化と内部の結束を強めてきた。

第四に、二〇世紀のアメリカ政治の歴史的な構造変化が、一九七〇年代以降の二大政党のイデオロギーの分極化の無視できない要因となっている。アメリカ政治は、一九世紀の「政党の時代」から、二〇世紀の「政党の衰退」と利益集団の台頭の時代へと大きく構造変化を遂げた。一九世紀末に政党による叙任権（パトロネジ）が禁止され、二〇世紀初頭から予備選挙や有権者登録制度が導入された結果、アメリカの政党は政治的な影響力を大きく後退させ、組織として弱体化し、有権者とのつながりも弱めたのである。アメリカの政党は、長期的に「衰退」の局面に入った。

（3）「グラスルーツ・ポリティクス」——利益集団の役割増大

こうした「政党の衰退」に対して、二〇世紀半ばの一九五〇年代までに利益集団は、アメリカ政治ですでに政策実現にかかせない存在となっていた。一九七〇年代までに利益集団は、政策実現のためにデータとロジックをさらに高度に駆使するようになっていく。また一九七〇年代には、内政と外交にかかわるシンクタンクが多数設立されていった。さまざまな利益集団が、内政だけではなく、対外政策でもロビイングを積極化させたのも一九七〇年代以降であった（Tierney, 1993：島村、二〇〇三a）。この新しい現象の背景には、上で述べた利益集団そのものの変化に加えて、議会の「復権」の動きや内政と外交のリンケージの傾向増大もあった。さらに一九七〇年代以降は、利益集団が政策実現のレベルだけではなく、選挙でも政党への働きかけを強めていった。こうした政党の衰退と利益集団の台頭は、アメリカの選挙で「政党中心」から「候補者中心」への変化をもたらし、政策志向を強めた。利益集団そのものが、特定の利害の実現を目的とした政策志向の強い自発的な政治結社である。

注目すべき点は、さまざまな利益集団がそれぞれの政策をパッケージとしてまとめて、議会や大統領に働きかける動きを見せたことである。たとえば、一九九四年一一月の中間選挙に際して、共和党は一〇項目からなる『アメリカとの契約』という政策綱領を掲げた（Gingrich, Armey & the House Republicans to Change the Nation, 1994：7-13）。グラスルーツのさまざまな利益集団が、『アメリカとの契約』のとりまとめにかかわった（Norquist, 1995）。さらに、共和党は選挙で勝利し、議会で多数党となると、特に下院で『アメリカとの契約』に掲げられていた政策課題を「最初の一〇〇日間」で立法化する動きを見せた。また保守系の利益集団は連合を組み、議会での投票行動を背後から強力に支援したのである（吉原、二〇〇〇b）。また、ウィリアム・クリストルなどネオコンサーヴァティズム（ネオコン）も、「共和党の未来のためのプロジェクト」を主導し、選挙の戦略形成に携わった。それまでのアメリカ政治史では、特に議会において、政党が選挙の公約通りに、政策実現を図るということはきわめて例外的な現象であった。

こうして、二〇世紀に政党の衰退と利益集団の台頭というアメリカ政治の構造変化が進んだ帰結として、二大政党がイデオロギーの分極化を深めてきた側面が大きい。すなわち、選挙と政策実現の両面で連合を組み、政治への働きかけを強化してきた利益集団の動きに対し、政党が適応した結果、政党は「衰退」から「回復」への道を辿ったのである。二大政党が二〇世紀、争点志向の政治への適応を図ってきたと言ってもよい（岡山、二〇〇七、特に八八〜八九頁）。こうした趨勢は、特に共和党に特に顕著に観察できるが、民主党も共和党に対抗するために、グラスルーツの利益集団の連合化をやや遅れて模索してきた経緯がある。

（4）二大政党の変容のインパクト

以上、政党の変容の背景を考察した上で、次にそれがもたらした結果を分析してみたい。

第一に、二大政党とアメリカの有権者との関係をより希薄なものとしたことである。二大政党は保守とリベラルの両極端にますます分極化の傾向を強めてきたが、アメリカ有権者はその大多数が政策あるいはイデオロギー上、「中道」の立場に位置している。このため、二大政党と有権者との間で、政策・イデオロギーの乖離が生じてしまう。その結果、有権者の間で「政党離れ」の現象をもたらすこととなった。アメリカの有権者はかつて、民主党か共和党のどちらかの政党に強い帰属意識を持ち、選挙のたびに大統領選挙と議会選挙で同じ政党に投票する傾向が比較的強かった。だが一九七〇年代以降、有権者の間で、二大政党への支持率が急速に低下し、代わって無党派層が増大したと理解できる。

第二に、二大政党のイデオロギーの分極化は、有権者の政治不信にも一定の影響を与えていると思われる。特に一九七〇年代のウォーターゲート事件以来、多くの有権者が選挙に足を運ばなくなってしまった。大統領選挙でも投票率は五〇～六〇％台、議会選挙ではわずか三〇％台である。特に若年層が選挙で投票しない傾向がある。これに対して二大政党は、有権者に満遍なく働きかけ、選挙に動員しようとするのではなく、より選挙に足を運ぶであろう比較的高齢の有権者に照準を絞った選挙戦術を展開している。このことが、二大政党のイデオロギーの分極化をさらに深め、その結果、若い世代や穏健な有権者の政党離れと政治不信、選挙離れを促進してきた。

第三に、こうした低投票率の選挙で、無党派層の動向が選挙の結果を大きく左右するようになったことである。この点は前節でも簡単に触れた。一九八〇年代以降すでに、アメリカ有権者の間で、民主党支持者がほぼ三分の一、共和党支持者がほぼ三分の一であり、残りのほぼ三分の一が無党派層となっている。たとえば大統領選挙では、保守的な南部の州で共和党が勝利し、リベラルな東部と西部の州で民主党が勝利する傾向があるため、南部の大票田フロリダとオハイオなど中西部で勝利した

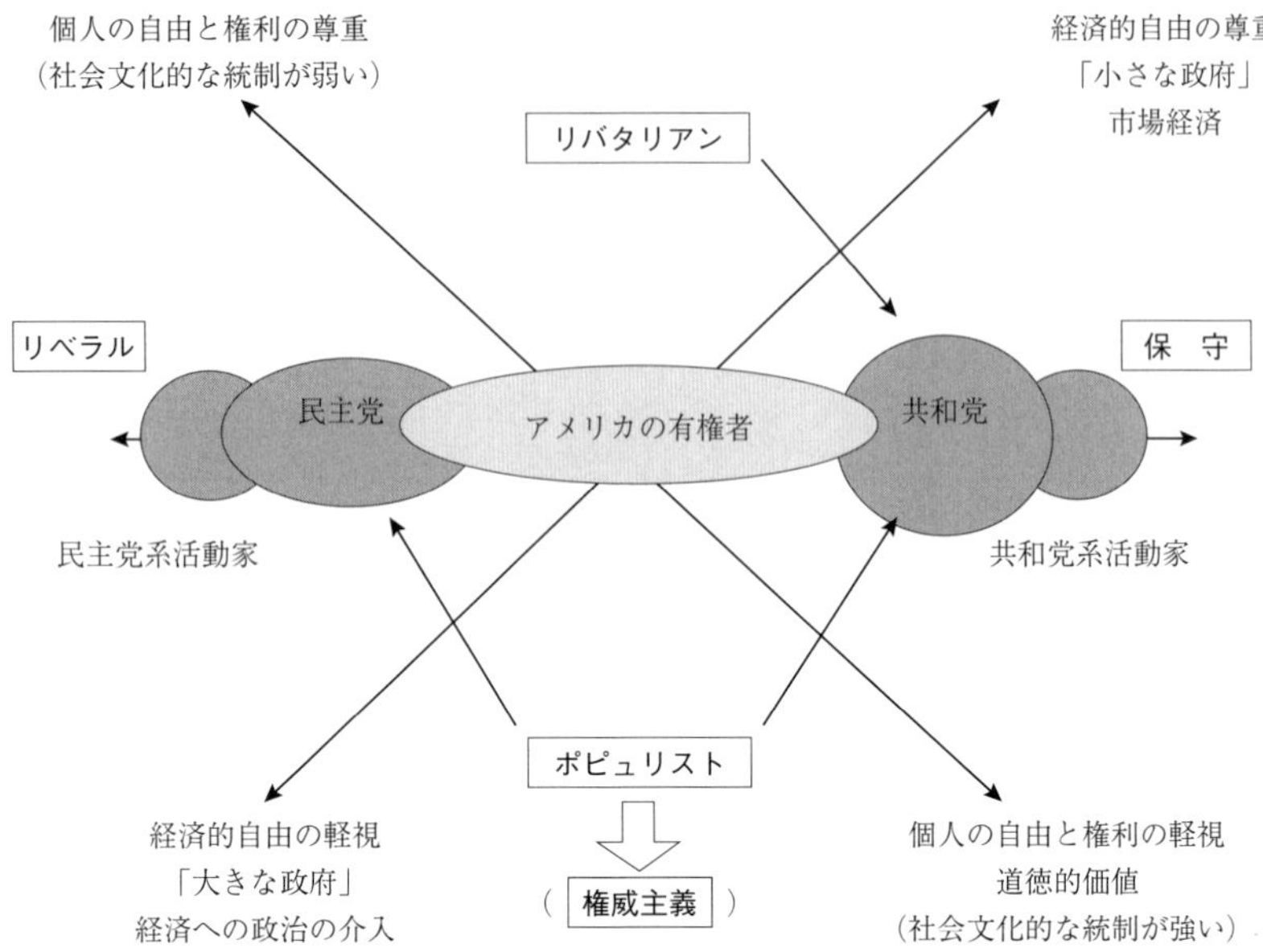

図7-2　保守とリベラル——現代アメリカのイデオロギー分布状況

出典：砂田（2017：224）を参照し，作成した。

候補者が次の大統領となれるということになる。しかも、フロリダと中西部に無党派層が比較的より多く存在している。このためこれらの州は、大統領選挙のたびにどちらの政党に投票するか最後までわからない「スウィング・ステーツ（swing states）」と呼ばれ、選挙の年には「激戦州（battleground states）」と位置づけられる。

第四に、二大政党が互いに中道の立場で重なり合わなくなったため、政策実現の段階で、超党派の協力やコンセンサス形成がますます困難になってきたことが指摘できる。「中道」の立場で重なり合っていたが故に、一九七〇年代までは柔軟な政策実現が比較的に容易であった。だが一九七〇年代以降、二大政党がますますイデオロギーの分極化を見せているため、政策論争はどうしてもイデオロギー対立を深めがちとなってしまう。超党派の協力やコンセンサス形成はむしろ例外となったと言えるかもしれない（Dodd & Schraufuagel, 1997：Volden & Wiseman, 1997）。

たとえばアメリカ議会では、特に重要法案をめぐって、交差投票で政策実現を図ることが日常化しているが、二大政党がイデオロギー対立を深め過ぎてしまうと、法案可決までの審議過程があまりに党派的となってしまう。その結果、投票行動まで党派ラインで分断されることになりかねない。下院で共和党が四〇年ぶりに多数党となり、議会で二大政党の勢力が伯仲した一九九四年一一月の中間選挙以降、党派対立はさらに激化したため、こうした党派的な投票結果は必ずしも珍しくなくなった。

二大政党が保守とリベラルの両極端にイデオロギー的に傾斜した結果、さまざまな利益集団や市民活動家などが政党に代わって、有権者と政治とをつなぐ媒体としての機能を担ってきた側面がたしかにある。ただし、民主党系および共和党系の活動家は一般的に、政策やイデオロギー面では政党の政治家よりもさらに保守かリベラルの立場に立脚している。これに対して、たいていの有権者は中道に存在している（図7－2は、現代アメリカのイデオロギー分布状況を指し示す）。したがって、特に両党の活動家が母体とする利益集団が、政党と有権者のイデオロギーの齟齬を埋める形で補完的な役割を担うわけでは必ずしもない。

もちろん、すべての利益集団がイデオロギー的に極端な立場をとり、党派的であるわけでない。有権者の七〇％近くが何らかの政治団体に所属しているという指摘もある。また、第六章でも指摘した通り、ある特定の争点を支持する利益集団のロビイングは、同じ争点で反対する別の利益集団の活動を誘発してしまう傾向があり、結果として利益集団の政治力は全体で見れば、相殺されてしまうこともしばしばある（島村、二〇〇三a）。したがって、利益集団の影響力をあまり過大評価してはならない。しかしながら、いくつかの利益集団が共通のイデオロギーの下で連合を組み、選挙で特定の政党を支援し、政策実現でも〝パッケージされた〟一連の保守的ないしリベラルな政策を追求する形で、二大政党のイデオロギーの一体化を促進してきた側面が無視できないのである。

五　「イデオロギーの分極化」がもたらすものは何か？

(1)　勢力伯仲する議会と「イデオロギーの分極化」

一九七〇年代以降、アメリカの政党は、南部の変容を受けて、大きく変容してきたと理解できる。一九七〇年代までは、民主党と共和党には双方とも、保守派とリベラル派の勢力が政党内部に存在し、政策的かつイデオロギー的に「中道」の立場でお互いに重なり合っていたのである。そのため、反共のコンセンサスも存在し、重要な対外政策では超党派外交を展開することも比較的容易であった。だが一九七〇年代以降、民主党はますますリベラルな政党となり、共和党はますます保守的な政党となってきた。これに対して、アメリカの有権者の大半は、政策的かつイデオロギー的に中道の立場にまだいる。したがって、こうした二大政党のイデオロギーの分極化が、特に一九九〇年代以降の二大政党間の党派対立のさらなる激化、有権者の政党離れ、とりわけ無党派層の増大、そして第三勢力の高支持率などの根本的な原因になっていると思われる。

一九六八年以降のアメリカ政治を仮に「第六次政党制」の時期と規定するならば、民主党リベラルが圧倒的に優位だった一九三〇年代から六〇年代末までの第五政党制と比較して、共和党も民主党も〝決定的な〟統治を実現できていないと言ってよい。こうして第六政党制は一言で言って、「勢力伯仲の時代」と位置づけられる。また一九六八年以降は、三二年のような決定的選挙が歴史的に観察されていない。政党再編成のタイミングは明らかではないのである。したがって、一九六八年以降の現代アメリカ政治は、第五次政党制が時代とともに緩やかに〝溶解〟してきたと理解できる。

下院で四〇年ぶりに共和党が勝利した一九九四年一一月の中間選挙以降のアメリカ政治も、こうした文脈で捉えることができると思われる。また、二〇〇〇年一一月の大統領選挙と議会選挙の結果は、勢力が伯仲する現代アメリカ政治の現実を如実に反映していたと言ってよい。大統領選挙も「四九対四九」で歴史的な大接戦となったが、上院の選挙結果はまさに「五〇対五〇」であった。そして二〇〇六年一一月の中間選挙で一二年ぶりに上下両院で共和党が敗北し、民主党多数議会となったが、二大政党の勢力が伯仲している政治状況に変わりはない。二〇〇八年選挙では、上下両院で民主党多数議会が維持され、民主党の統一政府となった。二〇一〇年一一月の中間選挙では、下院で共和党多数議会が成立し、分割政府となった（久保編著、二〇一〇：吉野・前嶋編著、二〇一〇）。二〇一四年一一月の中間選挙では、上院でも共和党多数議会が成立した。二〇一六年一一月選挙では、トランプ政権の成立により、共和党の統一政府となった。かつて冷戦後期には、〈共和党大統領と民主党多数議会〉というパターンの「分割政府」の常態化が指摘されたが、一九九〇年代以降のアメリカ政治は、大統領とアメリカ議会との関係で恒常的なパターンは観察しにくい。なぜなら、「五一対四九」あるいは「五二対四八」で、共和党と民主党の勢力は伯仲しているからである。

（2）アメリカ外交へのインパクト？

こうした一九七〇年代以降の二大政党の変容は、アメリカ外交にいかなる影響を及ぼすであろうか――。二大政党がイデオロギー的に「分極化」し、有権者との間でも政策的に乖離してしまっている状況では、重要な対外政策でさえ（だからこそ）、超党派外交の実現は困難となっている。冷戦後ないしテロ後の二一世紀の国際政治において「唯一の超大国」アメリカは、二大政党間で、また有権者の間で外交のコンセンサスを確立しにくい政治状況で、国際的なリーダーシップを発揮しなければならない立場に置かれているのである（Gries, 2014 : Olezek & Oleszek, 2012 : 45–67 : Lindsay, 1999）。

こうしてアメリカ外交の現状と展望は、内政と外政とが鋭く相克する状況下にある。アメリカの政治制度はそもそも、合衆国憲法で、アメリカ議会と大統領との間で権力を〝分立〟ないし〝共有〟させることによって、「抑制と均衡」の政治原則が厳格に適用されることが期待されている。しかしこのことは、対外政策では必ずしも「柔軟かつ迅速な」政策実現を保障するものではなく、むしろ阻害要因となりうる。こうした「民主主義のディレンマ」を踏まえ、アメリカの二大政党の変容とアメリカ外交との関連を再検討する試みが必要であると思われる（Mastanduno, 2005 : 248–249 : Spanier & Uslaner, 1994 : Hoffmann, 1968 : Deibel, 2007 : 106–112 : Gries, 2014）。

二大政党の変容は、特に党派対立が外交と安全保障の分野にも波及する形で、アメリカ外交を説明する要因として重要性を高めた。当然のことながら、政権交代にともない、対外政策でも政策の振幅がより大きくなることが容易に想像される。また、政党の内部で主導権を握る共和党の保守派と民主党のリベラル派は、対外政策ではアメリカ議会や予備選挙でこそ、より直接的に影響力を行使しうる。これに対し、政治の力学では劣勢に立ちがちな共和党の穏健派や民主党の中道派は、外交と安全保障の分野でも優秀な人材を豊富に抱えるため、大統領や政権の対外政策により直接の影響力を行使できる。

このため、歴代政権の対外政策を分析するためには、まず大統領自身がどのような外交観を持っているのか（Nelson, 2017）、また政権の外交と安全保障のチームが、共和党ならば保守派と穏健派、民主党ならばリベラル派と中道派で、どの勢力が優位に立つのか、その構成を見極める必要がある（オバマ政権の人事については、久保編著、二〇〇九：トランプ政権の人事については、島村、二〇一六b、五八～五九頁を参照）。さらにアメリカ議会と利益集団、シンクタンクの動向を見る必要もあるかもしれない。

こうして、政党の変容がアメリカ外交にいかなる影響を及ぼすのか、その全体像を把握するためには、どこまでミクロな分析を積み重ねる必要があるのかという問題が残るが、究極的には、特にアメリカ議会や利益集団など影響力が行使される経路を重層的に捉えた上で、内政のダイナミズムを複眼的に解明する必要があると思われる。

第八章　同盟内政治の論理とアメリカ外交

（同盟とは）特定の状況下における構成国以外の国に対する軍事力の行使（または不行使）のための諸国家の公式の結びつき（である。Snyder, 1997：4：石川、二〇一三、五五頁に引用された）。

グレン・スナイダー『同盟政治』（一九九七年）

同盟に言及することなしに、国際関係を論じることはできない（Liska, 1962：3：石川、二〇一三、五三頁に引用された）。

ジョージ・リスカ『同盟する国々』（一九六二年）

一　冷戦後同盟の変容

（1）地政学の復活か？

二一世紀はじめの二〇一〇年代に、特に中国の海洋進出が目覚ましく、東シナ海の尖閣諸島をめぐっては、日米同盟や米韓同盟のあり方が問われている。民主党のオバマ大統領は、訪日した一四年四月二一日に、「尖閣諸島は日米安全保障条約第五条の適用範囲内である」と明らかにした。また日米韓の三カ国は、連携を密にして地域抑止を強化して、核兵器やミサイルなどの北朝鮮の脅威にも対応しなければならない（島村、二〇一六a、二一〇頁）。この点で、日韓関係の冷却化は問題である。

また日米同盟は、南シナ海の南沙諸島や西沙諸島をめぐる国際対立にも無関心ではいられない。中東地域からの石油の通り道であるシーレーン（海上交通路）の防衛とも抵触するからである。日米両国は、中国と対立するフィリピンやヴェトナムへの支援を次第に強化してきた。同じく南シナ海での領有権を主張する台湾の防衛も強化されていくかもしれない。こうした中国の脅威の台頭に対しては、アメリカと日本、オーストラリア、インドの「民主主義国家によるダイヤモンド」構想で、牽制(hedge)し〝抑制〟していくことも検討されている(島村、二〇一七a、一二〇～一二五頁)。

他方でヨーロッパ地域では、ロシアのプーチン政権が二〇一四年三月二一日に隣国ウクライナのクリミア半島を併合した。NATO諸国と日本は、こうしたロシアの行動に対して、厳しい経済制裁を加えてきた。さらに中東地域では、シリア内戦が国際社会のさまざまな勢力の思惑と結びつき長期化しており、スンニ派武装集団の「イスラーム国(IS)」がシリアとイラクで勢力を拡大してきた(一七年一〇月までに、その脅威は大きく後退したが、脅威は拡散した)。こうして、二〇一〇年代の国際秩序では、地政学が復活したのではないか、という様相を呈している(島村、二〇一七b、五一～七七頁)。

(2) 同盟とリアリズム

第二次世界大戦後の冷戦期、「(モーゲンソーやキッシンジャーなど)ドイツなどからの亡命政治学者は、東西ドイツを境とした国際対立をめぐる力の均衡、勢力均衡に強い関心を持ち、その均衡の形成や維持の担い手として同盟を捉えたから、同盟についてのほとんどの命題は、今日なお彼らのものだといっても過言ではない」と、国際政治学者の土山實男は『安全保障の政治学〔第二版〕』で指摘している(土山、二〇一四、一八三頁)。

「ところが、冷戦が終わると、リアリストの同盟論と同盟の実態との間に齟齬が出てきた。たとえば、もし西側同盟が対ソ勢力均衡の駒だったのなら、ワルシャワ条約機構が解体し、その後まもなくソ連そのものも崩壊したのに、なぜNATOが存続しているのかをリアリストはうまく説明できないではないか、というリアリスト批判が出てきた」(土山、二〇一四、一八三～一八四頁)という。

たしかにリアリストたちは、ワルシャワ条約機構が解体した時に、遠くない将来のNATOの終わりを予測していた。たとえば、ネオリアリストのウォルツは一九九三年秋に、冷戦後のNATOの役割を論じながら、「勝った同盟は勝利のあかつきに崩壊する。その勝利が決定的であるほど、確実に崩壊する」と論文に書いている(Waltz, 1993 : 44-79, esp. 75-76 : 土山、二〇

一四、二八四頁に引用された)。一九九〇年一一月のアメリカ議会上院の公聴会でも、ウォルツは、「NATOは消えゆく存在である。あとどれくらい続くのかが問題だ」とも述べていた(土山、二〇一四、二八四頁に引用された)。

同じくネオリアリストのミアシャイマーも『国際安全保障』誌の一九九〇年夏号の論文「バック・トゥ・ザ・フューチャー」で、「NATOが結束していたのはソ連の脅威があったからで、ソ連が解体すればNATOも解体する」と予言していた(Mearshimer, 1993:188:土山、二〇一四、三〇〇頁に引用された)。彼らの発言には、たとえば、第二次世界大戦直後、平和はすぐには訪れず、冷戦の時代に突入していったからである。第二次世界大戦の米英ソ中を中心とした「大同盟(grand alliance)」たる連合国が念頭にあったのかもしれない。

(3) 冷戦後の同盟の拡大と深化

冷戦終結の直後に、議論を戻そう。

たとえば、古典的リアリストのキッシンジャーもまた、共通の敵を失ったNATOの空洞化にたびたび警告を鳴らしていた(土山、二〇一四、二八四頁)。同時に彼は、東アジア地域では、「日本がいずれ核武装するはずである」とも論じていた。再び土山によれば、日米同盟についても、NATOと同じようなことが言えるという。たとえば、歴史家のカミングスは、冷戦後も「なぜ米軍が日本列島にとどまるのか」と問いかけていたし(Cumings, 1992:97:土山、二〇一四、二八四頁に引用された)、軍事戦略家のマックナウァーは、ソ連の崩壊によって、極東の「米軍事力の役割が長期的に何なのか、そもそもそれらが必要なのかどうかさえ、誰も明確な考えを持っていない」(McNaugher, 1994:186:土山、二〇一四、二八四頁に引用された)と述べていた。現実主義の外交官ケナンでさえ、「特にヨーロッパ大陸の安全保障問題について、NATOが当初の存在理由の大方を失ったのは確かである」(Kennan, 1993:195-196)と書いている。また、日米同盟に批判的だった識者のなかには、日本が共通の敵を喪失した以上、同盟を終わらせるべきではないかという者も現れたのである(土山、二〇一四、二八四頁)。

ところがそれから数年後、こうした懸念や期待が現実になりそうにないことが次第に明らかになる。たとえばNATOは、一九九四年一月の首脳会談で「平和のためのパートナーシップ(PFP)」を採択して、NATO成立五〇周年の一九九九年四月の直前には、ポーランドとチェコ、ハンガリーの三カ国がNATOに加盟した。二〇〇四年三月にはさらにバルト三カ国、スロヴァキア、ブルガリア、スロヴェニア、ルーマニアなど七カ国が加わり、二〇〇九年四月にはクロアチアとアルバニアが加盟した。こうして、NATOは冷戦後、東方拡大し、二八カ国態勢となった。また同時に、その性格も脅威対応型の集団防衛同盟から、「域外（out of area）」活動を念頭に置いた危機管理型の集団安全保障機構へと大きく変貌を遂げてきた（Goldgeier, 2017 : Peterson, 2014 : parts 3-4 : 広瀬、二〇一二b : 金子、二〇〇八、第四章 : 佐瀬、一九九九、一四〇〜一三二頁 : 伊藤、二〇〇四 : 吉原・島村、二〇〇〇、二〇〇〜二〇九頁）。

日米同盟は、一九九六年四月の「日米安全保障共同宣言」以降、九七年九月二三日の日米防衛協力のための指針（ガイドライン）の見直し、九九年五月二四日の国会での周辺事態法の制定、「九・一一」同時多発テロ後の「テロ特措法」による海上自衛隊のインド洋派遣や「イラク特措法」による陸上自衛隊のイラク派遣、二〇一四年七月一日の日本の集団的自衛権の行使容認の閣議決定とその後の一五年七月一六日の安全保障関連法の成立、一六年四月二七日の日米防衛協力のための指針のさらなる見直しなどの動きによって、同盟の再定義と制度化が進展してきた（公益財団法人世界平和研究所編、二〇一六 : 川上、二〇一五 : 猪口・アイケンベリー・佐藤編、二〇一三 : 公益財団法人世界平和研究所編、二〇一一 : 西原・土山監修、二〇一〇 : 長島、二〇〇二 : グリーン、クローニン編、一九九九 : 島村、二〇一六a、二〇一〜二一一頁）。

こうした同盟の拡大と深化の結果、土山がいみじくも指摘する通り、「なぜ『西側』の冷戦同盟が冷戦後も生き残り、かつ拡大されているのか、また、これまでの同盟論の何が正しくて何が間違いなのか、が問われている」（土山、二〇一四、二八五頁）と言えよう。NATOと日米同盟は、従来の同盟の枠を超えて変容してきたのかもしれない——。本章では、同盟と抑止、勢力均衡の定義をまず踏まえる。次いで、冷戦史の動向を「ヨーロッパの次元」もしくはヨーロッパ要因を中心にまとめる。最後に、同盟内政治のディレンマを分析する。

えたい。

二　同盟と抑止・勢力均衡とは何か

(1) 同　盟

同盟とは何か――。抑止とは何か――。勢力均衡と何か――。いずれもきわめて重要な概念なので、ごく簡単に定義を踏まえたい。

リアリストにとって同盟(alliance)とは、再び土山によれば、戦争を予期する国家が単独では対応しきれない自らの弱さを自覚する時、戦争を抑止したり、また実際に戦争に入った場合に備えて、他国と共同防衛することを約束するものである。「将来の安全に共通の不安を持つ国家が共同軍事行動を約束するものが同盟である。共同行動の中心に共同防衛があり、その前後に共同の抑止、危機管理、平和構築、あるいは経済制裁などが入る。このように今日の同盟は安全保障の総合政策となっている」(土山、二〇一四、二八三、二八五頁)。こうした同盟の総合性と包括性、重層性は、アメリカの同盟に顕著な特徴であると言えよう(石川、二〇一五、七〇～七一頁：土山、二〇一四、特に二八三頁：佐々木、二〇一三、四二～四三、四五、四七～四八頁)。ただし、NATOの形成期、第十章で詳しく見る通り、同盟の総合性と包括性は、アメリカの提案ではなくカナダの提案であった。高度な制度化の傾向も、アメリカの同盟の特徴の一つである(石川、二〇一一、二八三～二八五頁：土山、二〇一四、三〇〇～三〇四頁：久保、二〇一三、一八頁：鈴木、二〇〇七、第二章)。

さらにアメリカの冷戦型同盟は、冷戦がイデオロギーの戦いの側面を有していたため、共通の価値や理念を共有するという特徴も併せ持つ。いわゆる「価値の同盟」である。国際政治学者の中山俊宏は、以下の通り指摘する。

(同盟を支える基盤としての)「内容的価値」とは、同盟国間で共有される政治・経済体制、政治的イデオロギー、国際秩序観、さらに人権や人道問題などに関する意識があげられよう。地政学的根拠のみに基礎づけられ、「内容的価値」の共有を一切欠いた同盟は、とりわけアメリカのような民主主義国家では、正当性を欠き、その限りにおいては、同盟のクレディビリティ（信頼性）は低下する。……アメリカには同盟を含め、安全保障問題を価値の次元にひきつけて思考しようとする傾向がある（中山、二〇一三b、七七、九一頁）。

またある意味において、国際社会におけるアメリカの地位が争点となった二〇〇八年一一月の大統領選挙では、内容は微妙に異なるが、民主党系のアイケンベリーやスローター、ダールダー、リンゼイらが「民主主義の協調（Concert of Democracies）」を唱え（Daalder & Lindsay, 2007）、同時に共和党系のケーガンやリンドバーグらが「民主主義の連盟（League of Democracies）」を提唱した。同じような構想として、ダールダーとゴールドガイアーが「グローバルＮＡＴＯ」を、リンドバーグが「民主主義による平和条約」を唱えた。二〇一一年三月二〇日以降のリビア空爆でマケイン上院議員が、国際社会による介入の必要性をいち早く説いたが、このような介入の主体としては、「民主主義の連盟」が想定されていたと思われる（McCain, 2007 : Daalder & Goldgeier, 2006 : 中山、二〇一三b、八七～八八頁）。

日本ではほぼ同じ時期に、第一次安倍政権で日米豪印の「民主主義国家によるダイヤモンド」構想が掲げられた。中国の脅威に対して、ヘッジをかけるためである。また麻生太郎外相は、二〇〇六年一一月三〇日の演説で、「自由と繁栄の弧」を掲げた。これらは価値観外交の実践である。

再び土山によれば、「第一次世界大戦後に現代国際政治学が生まれた時、同盟が列強を戦争に引きずり込んだとの見方が強かったから、同盟は批判の的となった。第二次世界大戦後の国際政治では、同盟に一定の役割が認められている。力を無視して国際政治は考えられないという第二次世界大戦の反省と、また、ある意味で反動からである」（土山、二〇一四、二八三頁）。冷戦後は、繰り返しになるが、リアリストたちによって同盟の終焉論が展開されたが、現実のアメリカの冷戦型同盟は〝延命〟してきた。

同盟研究で知られるグレン・スナイダーは、本章の冒頭での引用で明らかなように、同盟を狭義に定義する。スナイダーは、現実の国際政治や安全保障における同盟の重要性にもかかわらず、「国際関係理論研究のなかで最も開拓されていない分野の一つが同盟理論である」と述べた上で、同盟とは「それが明示化されているか否かにかかわらず、特定の諸国に対する安全保障、あるいはその構成国の増大を企図した、軍事力の行使（または不行使）のための諸国家の公式の結びつき」であると定義した（Snyder, 1990：103-105：石川、二〇一三、五五頁に引用された）。これに対してウォルトは、同盟を広義に定義している。ウォルトは、同盟と提携を区別することなく、同盟とは「複数の主権国家間における安全保障協力のための公式の約束」であると定義する（Walt, 1987：12：石川、二〇一三、五六頁に引用された）。またウォルトは、同盟とは「各構成国のパワー、安全保障、影響力を増大させることを意図した、複数国間における安全保障協力のための公式の約束」である、とも定義している（Walt, 2009：86：石川、二〇一三、五六頁に引用された）。

（2）抑止と勢力均衡

抑止（deterrence）とは、ごく簡単に定義すれば、脅威となる相手国がしたい行動を思いとどまらせる行為もしくは政策である。冷戦期には、米ソ間で核兵器による抑止が効いていた（Lauren, Craig & George, 2007：chap. 9：アロン、一九八三、第四章：アロン、一九八六、第Ⅲ章：鈴木、二〇〇七、第三章）。ネオリアリストのウォルツやミアシャイマーは、核兵器の存在が双極の国際システムの安定に貢献した側面を強調していた（Waltz, 1979：180-188, 210：Mearshimer, 1993：188）。序章でも見た通り、核兵器の存在は、分析レベル上、ユニット・レベルだが、「システム上の効果」を持つと議論された（Waltz, 1986：327-328, 343）。ウォルツ流の双極安定論を取り入れた歴史家のギャディスも、論文「長い平和（long peace）」で、双極や戦略的自制と並んで、核兵器の存在を冷戦期の国際システムの安定要因の一つとして指摘する（Gaddis, 1993）。

また同盟は、力の均衡、勢力均衡と密接に結びつけられて考えられてきた。勢力均衡（ＢＯＰ）とは、国際システム上、優越する一国もしくは一つの同盟の勢力に対抗して、他の勢力が連携し、バランシング行動をとる政策を指す。勢力均衡の概念は、政策ではなく単に国際システム上の「力の分布（distribution of capabilities）」を指す場合もあるから、その使用には注意が必要である（高坂、一九六六、二二一〜二二六頁：田中、一九八九、六八頁：鈴木、二〇〇七、第一章）。

勢力均衡は、特に一七一三年のスペイン継承戦争・アン女王戦争の講和条約であるユトレヒト条約で、ヨーロッパの島国であるイギリスが戦後の国際秩序の形成にあたり、バランサーとして、バランシング行動の政策を意図的に遂行した時点に見い出すことができる（川田、一九八〇、五二頁）。一九世紀はじめのナポレオン戦争の時には、イギリスが中心となり対仏大同盟が形成され、ナポレオンは封じ込められ、ウィーン講和会議で戦後の国際秩序は、五つの大国の勢力がほぼ均衡するように外交的に配慮された（Kissinger, 1957：高坂、一九七八：岡、一九九三）。二〇世紀の二度の世界大戦では、台頭するドイツに対して、イギリスやアメリカを中心とした連合国がその脅威を封じ込めた（Kennan, 1984：55–90）。歴史家のポール・ケネディによれば、勢力均衡の政策に地政学的な理由も重なり、近代ヨーロッパではどの勢力も「大陸全土を制圧するほどに特出した力を獲得することはできなかった」という（Kennedy, 1987：22：土山、二〇一四、二八八頁に引用された）。

（3）国際秩序・正統性・同盟

国際秩序と正統性、同盟について、土山が『安全保障の政治学〔第二版〕』で、重要な指摘をしている。「従来、戦争は力を測る共通の尺度であると同時に、秩序形成の手段でもある。合意ができたところで戦争は終わって、次に力の合意が失われるまでその秩序が続く。戦争の後に続くこのような秩序を、ワイトは勢力均衡の一つに数えている。ただここに言う均衡とは、関係している国の力が均等に配分されていることではない。交渉や戦争の結果にしたがって、ある国の取り分は大きく、ある国の取り分は小さいかもしれない。それでも、そのことに合意と正統性があれば均衡は得られる。だが、それぞれの力と対外公約は変わるから、均衡が維持されるためには調整がいる。こうした調整を行う一つが同盟や連合（coalition）である。したがって、『同盟は勢力均衡の関数』（ハンス・モーゲンソー）という側面を持っている」（土山、二〇一四、二八七頁：Wight, 1966：132–148）という。

こう指摘した上で土山は、次のように述べている。「もっとも、リアリストがそう言う時、あたかも市場で価格が定まるように、たとえ各国が利己的に動いても『見えざる手』が働いて自動的に均衡が得られる――つまり欲（悪）と欲（悪）が相殺して均衡（善）が生まれる――と見る見方と、均衡は均衡を作ろうとする制度や国（バランサー）の計算された政策によって得られるとの見方とがある。前者をとるものには、ウォルツが、後者をとるものにはキッシンジャーがいる」（土山、二〇一四、二八七頁）。ただし、こうしたウォルツとキッシンジャーの見解の相違は、必ずしも明確に問題視されてきたわけではなかった。

同盟の類型には、たとえば平時から存在する同盟か有事の際に形成される同盟か、多国間か二国間か、双務的か片務的か、攻撃的か防衛的か、（基準が難しいが）制度化の度合いがどれほどか、などがある。多国間同盟のNATOについて、アメリカ政治外交を研究する久保文明は、以下の通り指摘している。「NATOにはまさにその名の通り、組織があり、機構がある。きわめて組織化が進み、何より機構軍たるNATO軍を持ち、また事務総長の下に整備された官僚制を擁するに至っている。その結果、組織なりの慣性・惰性も存在する。この点も、他の二国間の同盟と異なる点である。多国間同盟であるが故に、決定過程は複雑になり、迅速な行動はとりにくい。小国も一定の発言権を持つ点で、アメリカにとっては厄介な側面も存在する。さらに多国間同盟であるが故に、フリーライダー（応分の対価を払わず便益のみを享受する国家）が登場しやすい」（久保、二〇一三、一八頁）。同盟内政治による〝抑制〟の問題にかかわる重要な指摘であると言ってよい。

（4）「脅威の均衡」と「相互拘束」

ウォルツの教えを受けたウォルトは、『同盟の起源』で、国家はしばしば、勢力均衡の政策ではなく、「脅威の均衡（balance of threat）」の政策を求めることを中東地域の国際関係を事例に、説得的に論じた（Walt, 1987）。たとえば米ソ冷戦で、経済力と軍事力で他国を圧倒していたアメリカが、ソ連に対して力の均衡を図ったということは、よく考えてみればおかしな議論である。アメリカは、ソ連のイデオロギーの脅威に対して、バランシング行動をとったと理解する方がより正確である。

またアイケンベリーのようなネオリベラル制度論の観点からは、覇権国アメリカであっても、よりパワーが小さい自らの同盟国（ally）と同じく、構造的に拘束ないし〝抑制〟されることがあると議論している。「相互拘束（co-biding）」の概念である。覇権国と言えども、自分勝手な振る舞いばかりでいられるわけではない。同盟国から影響を受けることがあるのである（Ikenberry, 2006 : 2001）。同じような議論は、序章でも見た通り、政治学者のニュースタッドがかつて展開していた。大統領制の研究で知られるニュースタッドだが、同盟内政治についての研究もある。彼はアメリカの国内政治で、大統領がアメリカ議会に対して「説得する権限」しか持たないと指摘したのと同じく、同盟内政治でも、冷戦の時代のアメリカは、とるべき政策をめぐって同盟国を説得する必要がある、と指摘した。超大国アメリカの外交は、同盟国にも拘束ないし〝抑制〟された（される）のである（Neustadt, 1970：石川、一九九九、八七〜九四頁で紹介された）。

二一世紀のアメリカと同盟国との関係においては、アメリカはそれぞれの地域から一歩距離を置き、地域の国際秩序の安定に同盟国の貢献を求めつつ、「オフショア・バランシング」に回帰すべきである、という議論がある。〝緊縮〟の時代には、こうした新しい大戦略が必要であるとウォルトやレインは指摘する（Walt, 2005：12, 14, 125, 222-223, 234, 236, 240-243：Layne, 2006：18, 23-28, 159, 160：今井、二〇一七、二一一〜二三〇頁）。

三　冷戦史研究と同盟内政治の論理

（1）「正統学派」と「修正主義学派」、「ポスト修正主義」

冷戦史研究を振り返れば、冷戦の開始をめぐって、まず一九四〇年代後半から「正統派（orthodox）」の学派が存在した。彼らによれば、ソ連のスターリンが膨張主義的な行動をとり、アメリカが現実主義的に対応した結果、ヨーロッパ地域で冷戦が始まり、世界大（グローバル）に拡大したという。つまり冷戦の開始は、ソ連の野心や膨張主義に歴史的な責任があるということである。正統学派の歴史家としては、たとえばマクニールやファイスなどがいる（McNeill, 1953：Fies, 1957）。

また、ハレーやケナンのような現実主義者たちは、比較的にバランスのとれた論理を展開した。たとえば、ハレーは『歴史としての冷戦』で、米ソ冷戦を二度の世界大戦に続く「疑似第三次世界大戦」と位置づけ、アメリカとソ連を「瓶のなかの蠍と毒蜘蛛」に喩えた。双極の国際システムは、米ソ両国の政策の相互作用によって形成されていったと論じられた。冷戦の開始の歴史的な責任をソ連のみに負わせることはなかった（Halle, 1991：chap. 1）。またケナンは、一九四六年二月二二日の「長文電報」や四七年夏のX論文「ソヴィエトの行動の源泉」で、「ソ連は膨張主義的だが冒険主義的ではない」と論じつつ（Kennan, 1984：114-119）、『アメリカ外交五〇年』では、アメリカ外交の「法律家的かつ道徳家的アプローチ」を厳しく批判している（Kennan, 1984：vii）。

これらに対して、特に一九六〇年代以降、やがて泥沼化していくヴェトナム戦争を背景として、「修正主義（revisionism）」

の学派が登場し、特に正統学派を批判した。彼らによれば、ソ連のスターリンは現実主義の政治家であり、むしろアメリカの資本主義が「門戸開放（open door）」の原則の下で膨張し、ソ連が現実主義的に対応した結果、ヨーロッパ地域で冷戦が始まり、世界大に拡大したという。つまり冷戦の開始はむしろ、アメリカ資本主義の膨張主義に歴史的な責任があるということである。修正主義の学派としては、たとえば、ウィリアムズとその弟子たちである。「ウィスコンシン学派」や「ニュー・レフト」とも呼ばれる。ウィリアムズをはじめとして、ガードナーやラフィーバー、ダレックなどである（Williams, 2009 : Gardner, ed., 1966 : LaFeber, 2006 : 1994 : Dallek, 1983）。彼らの功績の一つは、国内要因と経済要因に注目したところである（ネオクラシカル・リアリズムを掲げるレインは、序章で見た通りアメリカの大戦略を論じる上で、国内要因を重視してウィリアムズらの修正主義学派の「門戸開放」の戦略概念を議論の土台に据えている。Layne, 2016）。また二人のコルコは、冷戦と第三世界との関係を論じた（Kolko & Kolko, 1972）。トマス・マコーミックやカミングスは、ウォーラーステインの「世界システム論」をアメリカ外交史に適用して、ダイナミックな独自の議論を展開した（McCormick, 1995 : Cummings, 1981 : 1990）。日本では、油井大三郎が同じ論理で冷戦の開始を議論した（油井、一九八五）。また、マコーミックとホーガンは、コーポラティスト的な分析枠組みも試みた（たとえば、Hogan, 1987）。

こうして、正統学派と修正主義学派との論争は、主として冷戦の開始の歴史的な責任がアメリカとソ連のどちらにあるのかをめぐって展開された。しかし、アメリカの一次資料はまだ公開されてはいなかった。正統学派の歴史家たちは、比較的にアメリカ政府に近い立場をとり、一次資料にも部分的にアクセスできたため、自分たちの学派こそが正しいと主張したが、修正主義学派からは「お雇い歴史家」と揶揄された。

一九七〇年代以降、四〇年代後半以降のアメリカの一次資料が公開され始め、より実証的な歴史研究が可能となった。「ポスト修正主義」が登場するが、彼らの主張は正統学派の主張にほぼ近かった。歴史家の石井修は、「ポスト修正主義」とは「正統学派プラス・リサーチである」と論じる（石井、一九九二）。「ポスト修正主義」の学派を代表するのが、たとえばギャディスであった（Gaddis, 1972 : 1993 : 1998 : 2005A : 2005B : 2007）。日本では、特に坂本一哉や佐々木卓也がギャディスの指導を受けた（坂本、二〇〇〇：佐々木卓也、一九九三）。石井の冷戦史研究も、ギャディスの分析にほぼ近い（石井、二〇〇〇）。ギャディスは前述の通り、論文「長い平和」を一九八〇年代半ばに執筆するが、その直後に現実の米ソ冷戦はヨーロッパ地域で終結する。国際関係論にも明るいギャディスはこれに対して、冷戦の終結後、「なぜ国際関係論（ＩＲ）は冷戦の終結を予測できなかったのか?」について、論文をまとめている（Gaddis, 1992）。またレフラーは、国際システム・レベルや地政学の要因を重視するギャディスに対して、イデオロギーの重要性をより強調し、論争となった（Leffler, 1992 : Warner, 2013）。

（2）冷戦史研究の新展開――特に「ヨーロッパの次元」をめぐって

冷戦の終結後、冷戦史研究はさまざまな新しい展開を見せていく（Dockrill & Hopkins, 2006 : 1-7 : 益田、二〇一五、一～二四頁 : 青野、二〇一六ａ : 益田、二〇一二 : 清水、二〇一〇）。

まずレイノルズらが中心となって、冷戦史における「ヨーロッパの次元（dimension of Europe）」ないしヨーロッパ要因が強調された。レイノルズによれば、冷戦は米ソ両国のみが〝主体〟なのではなく、ヨーロッパの国々も〝主体〟であったという。つまり、ヨーロッパは単なる冷戦の舞台ではなく、ただの〝客体〟でもないというわけである（Reynolds, 1994 : 125-138）。特にレイノルズは、膨大な研究業績を残している（Reynolds, 2000 : 2001 : 2007A : 2007B : 2009 : 2013）。レイノルズ以外には、たとえば、ハンリーダーやフェンビー、トラクテンバーグ、ルンデスタッド、ヤング、ベイリス、アッシュ、アイルランド、レイド、クック、カプラン、ニンコヴィッチ、ピーターソン、ホーガン、ドックリル、ホプキンズなどがいる（Hanrieder, 1989 : Fenby, 2008 : Lundestad, 2003 : Trachtenberg, 1999 : Lundestad, 1998 : Young, 1991 : Baylis, 1984 : Ash, 1993 : Ireland, 1981 : Reid, 1977 : Cook, 1989 : Kaplan, 1994A : 1994B : Ninkovich, 1995 : Peterson, 2014 : Hogan, 1987 : Dockrill & Hopkins, 2006）。

特に同盟内政治の論理もしくは同盟国の外交政策から、冷戦史を研究したものとして、日本ではたとえば、木畑洋一や佐々木雄太をはじめとして、細谷千博、石井修、太田正登、石川卓、細谷雄一、川嶋周一、益田実、小川浩之、倉科一希、渡邊啓貴、金子讓、水本義彦、森聡、板橋拓己、今田奈穂美、永野隆行、池田亮、吉留公太、小川健一、小野沢透などが存在する（細谷、一九八四 : 石井編、一九九二 : 石川、一九九九 : 川北・木畑編、二〇〇〇 : 細谷、二〇〇一Ａ : 佐々木・木畑編、二〇〇五 : 細谷、二〇〇五Ａ : 二〇〇五Ｂ : 川嶋、二〇〇七 : 益田、二〇〇八 : 小川、二〇〇八 : 倉科、二〇〇八 : 渡邊、二〇〇八 : 渡邊編、二〇〇八 : 金子、二〇〇八：水本、二〇〇九：森、二〇〇九：細谷、二〇〇九：細谷編、二〇〇九：板橋、二〇一〇：菅編著、二〇一〇：小川、二〇一三：今田、二〇一三：池田、二〇一三：益田・小川編著、二〇一三：菅編著、二〇一四：遠藤編、二〇一四：大芝編著、二〇一四年：板橋、二〇一四：益田・池田・青野・齋藤編著、二〇一五、第二部：君塚・細谷・永野編、二〇一六：細谷、二〇一六A：小川、二〇一七：小野沢、二〇一六）。また同盟要因を踏まえたデタント研究としては、たとえば齋藤嘉臣や妹尾哲志、青野利彦、山本健の研究業績がある（齋藤、二〇〇六：山本、二〇一〇：妹尾、二〇一一：青野、二〇一二：橋口、二〇一六）。筆者も比較的早い段階で、西ドイツの東方政策（Ostpolitik）に対するニクソン政権の対応を取り上げている（島村、一九九七a：一九九七b）。

無視できないのは、こうした「ヨーロッパの次元」を強調する研究に先駆けて、イギリス外交史の立場から、帝国や脱植民地化、ナショナリズムにアプローチした研究業績として、木畑洋一や佐々木雄太の研究業績が存在するということである（木畑、一九九六：佐々木、一九九七）。「ヨーロッパの次元」があるということは、「アジアの次元」もあるということである。アジア冷戦については、入江昭や菅英輝、下斗米伸夫、毛利和子らの研究業績がある（入江、一九八三：菅、一九九二：下斗米、二〇〇四：毛利、一九八九）。

ウェスタッドも、冷戦以前から続く第三世界の「脱植民地化」の動きと冷戦との関連について、示唆に富む研究業績を残している（Westad, 2007：Westad, ed., 2000：Westad, 2000）。また近年、レフラーやウェスタッドらは、冷戦についての包括的な論文集をまとめている（Leffler & Westad, eds., 2010：Immerman & Goedde, eds., 2013：Casey, ed., 2013：Kalinovsky & Daigle, eds., 2014）。

英米関係にとどまらず、フランスやドイツの一次資料にも当たり、マルチ・アーカイヴァルな「国際関係史（international history）」の実証研究を志向する歴史家もいる。たとえば、田中孝彦や宮脇昇、山本健である（田中、二〇〇九：二〇〇三：二〇〇一：一九九四：一九九八：宮脇、二〇〇三：山本、二〇〇九：青野、二〇一六a：益田、二〇一五）。また、田中の研究に刺激されて、菅や青野、益田は、〝より立体的な〟冷戦史の全体像を描く必要性を説く（菅、二〇一四、特に一三頁：青野、二〇一六a、特に一五九頁：益田、二〇一五、特に二〜三頁：菅、二〇一〇）。『国際政治史としての二十世紀』で重厚な国際関係史の概観を展開した石井修は、『覇権の翳り』で「ニクソンジャー外交」についての実証研究を早くも残している（石井、二〇〇〇：二〇一五）。

次に、修正主義の学派に影響されて、冷戦の経済要因を徹底的に研究する歴史家たちがいる。たとえば、ドブソンやカンズ、ポラードである。彼らは、特に「ブレトンウッズ体制」の成立過程を土台にして、冷戦期の経済要因を独自の視点から分析している（Dobson, 1988 : 1995 : Kunz, 1997 : Pollard, 1985 : Eichengreen, 2011）。日本では、たとえば貿易だけでなく金融にも精通した田所昌幸や、経済・金融の問題領域でのイギリス外交史に詳しい山口育人、対共産圏輸出統制委員会（ＣＯＣＯＭ）を研究した加藤洋子や佐藤丙午らの研究業績が注目される（田所、二〇〇一：二〇〇八：山口、二〇一六ａ：二〇一六ｂ：加藤、一九九二：佐藤、二〇〇〇：一九九八：飯田、二〇一三）。秋元英一と菅英輝の共著『アメリカ二〇世紀史』は、社会経済史と政治外交史を巧みに融合してみせた（秋元・菅、二〇〇三）。

また、歴史家の入江昭やハント、エンガーマンらは、文化やイデオロギー、アイデンティティの要因に注目する。彼らの分析対象は、冷戦期に限定されない。冷戦後も、射程に入っている（Irie, 2004 : 入江、一九九八：一九八六：Hunt, 2004 : 2009 : Engerman, 2010 : Shibusawa, 2013）。冷戦後には、たとえば「ウィルソン主義」が復活し、現実のアメリカ外交とアメリカ外交史の研究に反映された（Manela, 2007 : Mead, 2002 : chap. 5 : 草間、一九九〇：高原、二〇〇六）。アメリカによる「民主主義の促進」についての論文も多数見られる（Cox, Ikenberry & Inoguchi, eds., 2000）。ミードは、アメリカ外交の思想的伝統の一つとして、「ウィルソニアン」を想定した（Mead, 2002）。またナウは、序章で見た通り、コンストラクティヴィズム（構成主義、構築主義）の視角を導入しつつ、冷戦後のアメリカ外交をアイデンティティとパワーから分析した（Nau, 2002）。

最後に、冷戦の国内政治要因を強調する歴史家や政治学者たちがいる。たとえば、序章でも紹介したロバート・ジョンソンの『議会と冷戦』や、ジェームズ・マコーミックの論文集がある（Johnson, 2006 : McCormick ed., 2017）。特にジョンソンの『議会と冷戦』は、議会の復権の一例として、サイミントン委員会の役割にも注目している（Johnson, 2006 : chap. 5）。比較的早い段階から、ラフィーバーやダレックも国内要因を強調していた（LaFeber, 1994 : Dallek, 1983）。日本では、たとえば、西崎文子の『アメリカ冷戦政策と国連 1945-1950』や佐々木卓也の『冷戦』が、国内政治要因を強調した議論を展開している（西崎、一九九二：佐々木、二〇一一）。特に後者は、冷戦の歴史的な展開をコンパクトにまとめた。アメリカの外交と内政をほぼ等しく研究し続けた五十嵐武士を最後に指摘しておきたい（五十嵐、一九九五：一九九九：二〇〇一）。

四　同盟をめぐるディレンマ

（1）「巻き込まれ」と「見捨てられ」

冷戦期にはソ連の脅威に対して、ＮＡＴＯをはじめとして、アメリカを中心とした西側同盟が形成された。この時期には前述の通り、双極構造の国際システムと核兵器による抑止が密接に結びついていたから、注意が必要である。さらに注意すべきことには、冷戦期のアメリカの同盟政策は、ソ連に対する「力の均衡」というよりも「脅威の均衡」であったということである。「ソ連の重大な脅威があるという共通の認識がなければＮＡＴＯは誕生しなかったであろう。したがって、ソ連がＮＡＴＯを生んだのである」とウォルツは書いている（Waltz, 1993：75-76：土山、二〇一四、二八九頁に引用された）。

他方で、アメリカの同盟国がソ連よりもより強力であったアメリカとの同盟を締結したのは、「勝ち馬に乗る」という論理からである。「国家は軍事的敗北という地獄を避けるためには、たとえ悪魔とでさえ手を結ぶ」とウォルツは書いている（土山、二〇一四、二九〇頁に引用された）。このことは、勢力均衡でも勝ち馬に乗ることでも起こりうる。シュウェラーは歴史上、パワーの弱い国家は、優越した国家もしくは同盟に対して、勢力均衡の政策ではなく、勝ち馬に乗る政策をとることが少なくない、と論じている（Schweller, 1994）。

同盟内政治のディレンマは、特により脆弱な立場にある同盟国が感じるものである。つまり、同盟関係を強化すれば戦争に巻き込まれ、弱めれば見捨てられるという二つの不安の間でディレンマに陥ることがある。たとえば、日本のようなリージョナル・パワーが、イギリスやアメリカのようなグローバル・パワーと同盟を組む場合に、日本はイギリスもしくはアメリカが本当に安全保障のために支援してくれるのだろうかという不安と、イギリスもしくはアメリカの戦争に不本意に使われるのではないかという不安を持つ。日英同盟も（日露戦争という英露の代理戦争を戦う羽目となった）、日米同盟も（冷戦後に日米同盟が〝漂流〟したことがあった）、こうした「巻き込まれ」と「見捨てられ」の同盟内政治のディレンマとは無関係ではない（土山、二〇一四、二八五～二八六頁）。同盟内政治のディレンマについては、トゥーキュディデースやスナイダー、マンデルバウムが議論を展開してきた。たとえば、スナイダーが指摘する通り、同盟を運用する時の問題は、どの程度同盟に与するかである。同盟の組み方は、巻き込まれない程度に弱く、見捨てられない程度に強くなくてはならない。この二つの不安（と恐怖）の均衡するところに同盟の解があるのである（Snyder, 1984 : Mandelbaum, 1981 : 3-47 : トゥーキュディデース、二〇一四）。

こうした同盟内政治の「巻き込まれ」と「見捨てられ」のディレンマは、再び土山によれば、多国間同盟よりも二国間同盟の方がより深刻となる、なぜなら、多国間同盟では各国の利害の不一致、不信、メンバー間の意図をめぐる疑心暗鬼は、複数の相互作用のなかでは焦点がぼけ、また時間的な幅によっても拡散されたり、緩和されたりするため（ラギーが言う「拡散された互恵主義」）、多国間の同盟の場合には同盟内政治のディレンマは必ずしも支配的な問題とはならない（Ruggie, 1993 : 11 : 土山、二〇一四、二九六頁に引用された）。これに対して、日米同盟のような二国間同盟、しかも非対称な同盟では、同盟内政治のディレンマが同盟政策を左右するより大きな要因となるという（土山、二〇一四、二九六頁 : 二〇一五）。

（2）同盟内政治と同盟国・敵対国のディレンマ

さらに注目すべきことに、見捨てられるリスクを減らすために同盟を強化し過ぎると、この動きは巻き込まれるリスクを高めるだけではなく、同盟が想定する敵対国との間で、安全保障のディレンマに陥ってしまう可能性がある。国際システムのシステム原理が、「無政府状態（アナーキー）」であるが故に起こるディレンマである。スナイダーは、「敵対国とのディレンマ」と呼んでいる。特に敵対国が戦略的に脆弱な場合に、強硬な同盟姿勢を示せば、敵対国にとっての戦略状況が悪化し、不安定な状態がもたらされる可能性がある。こうして、同盟内政治のディレンマと、同盟国と敵対国とのディレンマの二つは連動するのである（土山、二〇一四、特に二九七頁 : 伊藤、二〇〇二）。

土山が以下の通り、いみじくも指摘する。

同盟国の戦争に巻き込まれるリスクを減らそうとして公約を弱めれば、敵対国との緊張は緩和されるかもしれないが、同盟の結束が弱まる可能性がある。このように、一方で同盟国間のディレンマを調整するのと同時に、他方で敵対国とのディレンマにも注意を払わなければならない。……同盟はもともと敵対国の抑止や牽制のために組まれるものであるものだから、その意味では敵対国との関係悪化を招くことは賢明な同盟政策ではない。同盟強化は、運営の仕方いかんでは結果的に安全を損なうことがある（土山、二〇一四、二九七頁）。

こうして、同盟内政治のディレンマと同盟国と敵対国とのディレンマは、お互いに相互作用するのである。

再び石川によれば、「非公式な提携は、いわゆる『見捨てられの不安』が生じやすくなるという弱点の一方で、潜在的な敵国とのセキュリティ・ディレンマを抑制し得るという利点を持つと言え、将来的な不確実性に対しヘッジをかけるのに適しているとも考えられる」（石川、二〇一三、五七頁）という。また、「一部で指摘されるように、一極構造の下の超大国にとっては、支援を得られる可能性のある国々を増やしておくことは重要であるものの、自らが過度に拘束されないためにも、比較的緩い構造を持つ同盟の方が好都合であると言えるのかもしれない。……それが潜在敵国を不要に挑発することを避ける術になるとすれば、なおさらである」（石川、二〇一三、六七頁）といみじくも指摘される。これらの指摘は、スナイダーが指摘する「複合的な安全保障ディレンマ（complex security dilemma）」（Snyder, 1997：194-199；石川、二〇一三、七〇頁）に関する重要なポイントである。

五　同盟継続という選択

（1）冷戦後の同盟の継続

冷戦終結直後の同盟不要論や同盟崩壊論は、過去のものとなった。NATOと日米同盟は現実には生き残り、さらに機能と適用範囲を拡大されてきた。予見しうる将来、NATOと日米同盟が解消される見通しはない。制度化も高度に進展している。自由や民主主義、資本主義、法の支配というリベラルな価値観も共有している。「価値の同盟」でもある。NATOや日米同盟は、従来の同盟の枠組みを超えて、大きく変容してきているのではないだろうか――。

ウォルツやミアシャイマーといったネオリアリストたちは、本章で見た通り、冷戦の終結後、冷戦型の同盟はいずれ解消されると予測していた。特にミアシャイマーは、比較的に時が経過した後も、「NATOは勢力均衡の結果であって、NATOそれ自体ではなく、勢力均衡がヨーロッパ大陸に安定をもたらした」と述べ、「制度は国家行動に何の独立した影響を及ぼしていない」と語っている。彼は、国際制度を力の従属変数と見ているのである。独立変数である力の分布に変化が生じた以上、またソ連という共通の脅威が存在しなくなった以上、冷戦型の同盟はその存在意義の大方を失った、と論じられたのである（Mearsheimer, 1994/1995：13-14）。

にもかかわらず、古典的なリアリストのケナンなどは、冷戦後も冷戦型の同盟の解消ではなく、同盟継続を支持した。なぜなら、近い将来における冷戦型同盟の解消は何よりも同盟国の不安を増大させ、それはアメリカやヨーロッパ地域、アジア太平洋地域での不安と不信を引き起こすと予想されるからである。同盟不在が生む不信と不安を防止し安心させるため、つまり再保証（reassurance）のためである（Kennan, 1993：185, 194-198, 222-224）。具体的には、アメリカが引き続き、特にヨーロッパ地域でのドイツ、アジア太平洋地域での日本に拡大抑止、つまり「核の傘」を提供し、ドイツと日本は兵器体系や対外行動で引き続き一定の戦略的自制を続けるということを意味する。NATOがドイツを内で封じ込め（「二重の封じ込め〔double containment〕」）、日米同盟が日本の軍国主義化の動きに「瓶の蓋」をし続けるということである。NATOの初代事務総長イズメイ卿がいみじくも指摘した通り、NATOの役割は、「ソ連を追い出し、アメリカを引き入れ、ドイツを抑えておく（keep the American in, the Russian out, and the German down）」（土山、二〇一四、三〇二頁：佐瀬、一九九九、六〇頁）ことであった（ある）。

（2）ネオリベラル制度論と同盟

こうした論理は、アイケンベリーをはじめとしたネオリベラル制度論者たちが論じる「相互拘束」の論理と相通ずるところがある。彼らは、同盟国の一方が背信して利得を得て、他方が一方的に損をするというよりも、実際は双方が制度の拘束ないし〝抑制〟を受ける、と論じている。国際制度とは、力や利益をはじめとして、規範やアイディア、ルール、慣行などが基礎となって形成される。ネオリベラル制度論は、安全保障の同盟も国際制度の一つとして捉えるのである。特に相互拘束が存在すれば、相互に〝抑制〟し合えば、たとえ同盟の一方が相対的により大きな戦略的利益を得たとしても、それが他方の安全を脅かさないという保証がある限り、不安の温床とはならない（土山、二〇一四、三〇三頁）。

勢力均衡を重視するウォルツのようなネオリアリストたちは、たとえば、冷戦後の日本は次第にアメリカから距離を置き、日本はやがて独力でその安全を保障できるだけの力（核兵器を含む）を持つと予測していた。これに対して、ネオリベラル制度論は、日米同盟はいっそう緊密になると見て、冷戦後の世界は混沌に向かうという見方には批判的である。たとえばアイケンベリーは、「冷戦の終わりは、世界秩序の終わりというよりも、共産主義世界が崩壊して拡大する西側の秩序のなかに組込まれた」だけと見る（Ikenberry, 1996：91：土山、二〇一四、三二五頁に引用された）。

ネオリベラル制度論によれば、いったん同盟が形成されると、同盟を運営するための制度や官僚組織がつくられ、同盟それ自体が組織化され制度化される。同盟が機能するためには、共同行動をとるための外交・戦略ドクトリンの採用や、兵器体系の決定や調達と運用、そして兵力の使用や配備などについて、同盟国内での原理や規範、ルール、意思決定手続きなどが共有されていなくてはならない、と指摘される（Keohane & Martin, 1995：39–51：McCalla, 1996：Duffield, 1994/1995：Thies, 1989）。ヨーロッパのさまざまな同盟が、表向きは将来の共同防衛のために形成されても、現実には同盟国内での関係調整のために使われてきたという指摘もある（土山、二〇一四、三〇二頁）。こうした指摘は、ＮＡＴＯの三つの役割についてのイズメイ卿の指摘を想起させるものである。

こうして、冷戦後の同盟継続の選択をうまく説明できないリアリズムとネオリアリズムの視角は、たとえば、ネオリベラル制度論の知見で補足・修正される必要があるのである。また、勢力均衡や大国間政治、戦争などを国際社会の制度と捉える英国学派の議論も加味して、同盟理論を再構築する必要があるかもしれない。

（3）コンストラクティヴィズムと同盟

では、コンストラクティヴィズム（構成主義、構築主義）の議論は、どうであろうか。ネオリアリズムとネオリベラル制度論は、どうしてもシステム・レベルの議論に収斂しがちである。国内政治などユニット・レベルの議論が足りない。コンストラクティヴィズムは、ユニット・レベルで、ある概念や政策がどのように構築されるのかについて強い関心を抱く。リアリストが同盟形成の自明の要因としてきた脅威認識についても、コンストラクティヴィズムは、それがはじめから存在しているとは考えない。コンストラクティヴィズムによれば、脅威認識は、国内でそれぞれの価値体系に沿って構築されるものである。たとえば、第一次世界大戦前夜のイギリスにとって主要な脅威は、台頭するドイツであって、それ以上のペースで台頭したアメリカではなかった。また第二次世界大戦後の西ヨーロッパ諸国にとって、当時、最も国力が強かったアメリカは脅威ではなく、異なるイデオロギーを掲げるソ連が脅威であった。二一世紀はじめの今日、アメリカや日本にとって、イギリスやフランスの核兵器は脅威ではないが、北朝鮮（やイラン）の核兵器はごくわずかでも脅威となる（土山、二〇一四、三〇六頁）。

コンストラクティヴィズムの視角から見ると、日本の同盟政策を支えているものは、ネオリアリストが言うような国際システムにおける構造（特に「力の分布」）ではなく、むしろ日本の歴史経験から生まれた国内規範である、ということになる。日本は、太平洋戦争での敗戦の結果、「国家目標達成の手段として軍事力や軍事組織に頼らない」、「二度と戦争を起こさない」という教訓を学んだ。こうした国内規範が、憲法九条を軸とした戦後日本外交を大きく規定し続けてきた。冷戦の終結のように、たとえ国際環境が大きく変わっても、日本の同盟政策を支えている国内規範に大きな変化がない限り、日米同盟は依然として好ましいものとして認識されることになるのである（Katzenstein, 1996：土山、二〇一四、三〇七頁）。

こうして、ネオリアリズムやネオリベラル制度論など合理主義の理論を批判するコンストラクティヴィズムの視角からも、日米同盟の継続は好ましいものとして選択されることになる。同じような論理は、ヨーロッパ地域のドイツにも当てはまるであろう。リアリズムの同盟理論は、コンストラクティヴィズムの視角からも補足・修正される必要があると思われる。

第Ⅲ部　プロセス

第九章　英米の「特別な関係」の形成――一九三九～四五年

われわれは、偉大な民主主義の兵器廠（arsenal）にならなければならない（Dobson, 1995 : 72）。

フランクリン・ローズヴェルト、ラジオでの炉辺談話（一九四〇年一二月二九日）

第二次世界大戦中の英米関係を考察して最初に認識されることは、この時期に両国が作り上げた提携関係の質の高さである。研究の対象として、世界戦略を取り上げようと戦争遂行努力に必要な経済基盤を取り上げようと、また、ヨーロッパにおいてアイゼンハワーが指揮した連合国軍司令部を取り上げようと、英米関係をめぐるどのようなテーマを取り扱う場合にもまず第一に注目させられることは、かつていかなる二国間にも存在したことのない強い協力と自然な融合が、この両国の間にはでき上がっていたということである（Thorne, 1979 : 699 : Baylis, 1984 : chap. 1 の冒頭に引用された）。

クリストファー・ソーン『英米にとっての太平洋戦争』（一九七九年）

一　英米間の対立と協調

（1）英米の「特別な関係」と英米対立

一九三九年九月一日のドイツのヒトラーによる隣国ポーランドへの侵攻を受けて、三日に英仏両国がドイツに宣戦布告し、第二次世界大戦が勃発する。第二次世界大戦の間、英米両国は、「特別な関係（the special relationship）」を形成していく。注目すべきことは、アメリカのフランクリン・ローズヴェルト政権は、第二次世界大戦に参戦する前から、反ファシズムの姿勢を明らかにしており、イギリスを支援する姿勢を見せていたことである。主権国家の中立国と交戦国との間で、歴史上、これほど緊密な関係は結ばれたことはない、というぐらい「特別な関係」になっていく（Louis & Bull, eds., 1986 : Arnold, 2014 : Tate, 2012 : Dumbrell & Schafer, eds., 2009 : Campbell, 2007 : Robert, 2006 : Dumbrell, 2006 : Renwick, 1996 : Bartlett, 1992 : Grayling & Landon, 1988 : Dimblery & Reynolds, 1988 : Brandon, 1988 : Danchev, 1998 : Baylis, 1984 : 橋口、二〇一六、特に序章）。

もう一つ注目すべき点は、情報交換や軍事協力を中心とした「特別な関係」を英米両国が構築していくと同時に、英米間の経済の分野では、深刻な対立も存在していたことである。戦後国際秩序構想をめぐっても、意見の齟齬が生じていた。英米間で特に対立の焦点となったのは、戦後の大英帝国のあり方をめぐる意見の相違であった。戦間期からイギリスは、帝国特恵関税制度を維持してきた。アメリカとしては、この帝国特恵関税制度は戦後の自由貿易の促進にマイナスに働くのではないか、と危惧していたのである（Dobson, 1995 : 73, 79, 85 : 中川、二〇一三、六〜八頁）。

歴史家のソーンがいみじくも指摘する通り、第二次世界大戦中に英米間の特別な関係が存在していたことは事実であるかもしれないが、そのことは両国があくまでも別々の主権国家であって、その国益は合致し得ることもあれば相違し衝突することもあり、また実際に合致したこともあったし、相違し衝突したこともあったという事実を、あいまいにしてはいけないのである（Thorne, 1979 : 701）。

細谷雄一の表現を借りれば、「とりわけ、反植民地主義のイデオロギーを掲げるアメリカと、イギリス帝国の存続に固執していたイギリスとの間で、戦後世界における脱植民地化の行方をめぐって激しい摩擦と確執が繰り広げられた。アメリカ政府は、連合国として地球規模での幅広い戦争協力を進める上で、イギリスの帝国主義イデオロギーこそがその最大の障害になるとみなしており、民族自決の理念を連合国の戦争目的として高らかに掲げる必要を感じていた。他方でイギリス政府は、戦後世界においてイギリスが重要な役割を担うためにも、イギリス帝国の結束を維持し、植民地の人的および物質的資源を活用することが不可欠だと考えていた。そのような帝国としての結束がなければ、イギリスが引き続き世界大国として行動することが困難だったのである。このように、英米両国は戦後秩序をめぐり、いくつかの重要な認識の相違が見られた」（細谷、二〇一六a、一一三〜一一四頁）のである。

「この時代（第二次世界大戦期）の英米協調の性質を理解することは、戦後世界を理解する上できわめて重要である」（細谷、二〇一六a、一一二頁）とも、細谷は指摘する。

（2）「チャーチル要因」

現在から歴史を大きく振り返れば、第一次世界大戦から戦間期、そして第二次世界大戦に至る時期は、イギリスの覇権からアメリカの覇権へ、「パクス・ブリタニカ」から「パクス・アメリカーナ」へと移行するタイミングであった。こうした覇権の交替期、ないし「力の移行（power transition）」期には、国際関係論（ＩＲ）では理論上、特に現実主義者にとっては、覇権戦争ないし大国間戦争が起こる蓋然性が高まるはずであるが（Gilpin, 1981：Kennedy, 1987：Watt, 1984：田中、一九八九：猪口、一九八九：野口、二〇一二：細谷、二〇一一：田中、二〇一一：納家、二〇一三）、英米両国はむしろ、「特別な関係」を形成していったのである。はたしてなぜなのか、またいかにして英米の「特別な関係」は形成されていったのか――。

本章では、第二次世界大戦期に英米両国が、深刻な対立を抱えつつも、いかに「特別な関係」を形成し、戦後国際秩序を構築していったのかを考察する。その際に、可能な範囲で英米両国の国内要因を踏まえる。英米両国の国際交渉のスタンスは、戦争中にもかかわらず、国内要因に少なからず拘束され〝抑制〟されていた。また、国内要因というべきか個人レベルになるが、チャーチル要因も無視できない。当時のイギリスの首相がチャーチルでなければ、英米間であれだけ緊密な特別な関係を形成できなかったのではないか、と多くの歴史家が考えているからである（Edwards, 2017：Johnson, 2015：Dobson & Marsh, eds., 2017：Reynolds, 2005：Gilbert, 2005：Keegan, 2002：Charmley, 1995：Blake & Louis, eds., 1993：ジョンソン、二〇一三：富田、二〇一一：前田、二〇〇七：ドゥデ、二〇一五：河合、二〇一二）。

たとえばレイノルズだが、「戦時同盟は、チャーチルの創作物である」という指摘まである（Reynolds, 1986：17：細谷、二〇一六a、一一三頁に引用された）。チャームリーも、英米間の特別な関係が、チャーチルが作った「人工物」である、と指摘している（Charmley, 1995：3：細谷、二〇一六a、一一三頁に引用された）。ダンチュフも、チャーチルを特別な関係の「主要な福音伝道者（the Evangelist-in-chief）」である、と称している（Danchev, 1998：2：細谷、二〇一三a、一一九頁に引用された）。そのため、大戦中の英米間の特別な関係を理解する上で、チャーチルの果たした役割や、チャーチルのアメリカ観を理解することが不可欠であると言えよう（細谷、二〇〇八b、六三頁）。

二　第二次世界大戦の勃発と英米協調の萌芽——一九三九～四一年

(1) 中立法の改正と「駆逐艦・基地交換協定」

日本軍がアメリカにハワイ真珠湾奇襲攻撃を仕掛ける前から、アメリカは中立国の立場から大きく逸脱して、イギリスを強く支援する政策を遂行していく。このことは、第一次世界大戦期の一九一四年から一七年までの中立国としてのアメリカの経験ときわめて対照的である（Dobson, 1995：chap. 2)。第一次世界大戦期は当初、ウィルソン大統領が国内の孤立主義勢力に配慮して、中立の姿勢を崩さなかった。アメリカが遅れて参戦していくのは、ドイツ軍による潜水艦無差別攻撃でアメリカ人の被害が広がるなかで、イギリス側の同盟の敗北を懸念し始めたからであった（Kennan, 1984：55-73)。

ローズヴェルト大統領は、一九三九年九月三日のラジオ声明で、三七年五月一日に修正された中立法に基づいて、「この国が依然として中立国であり続けること」をアメリカ国民に約束した。他方でローズヴェルトは、「私は、あらゆるアメリカ国民が、思想においても中立であり続けることを求めることはできない」と述べ、「中立であったとしても、何が起きているのかを知る権利はあるのだ。中立であったとしても、自らの良心に対して心を閉ざす必要はないのだ」とも述べている（Dallek, 1979：199：細谷、二〇一六a、一一六頁に引用された）。つまりローズヴェルトは、イギリスやフランスを支援する必要性を感じていたのである。しかし、イギリスを支援するためには、アメリカ議会で一九三七年の中立法を改正しなければなかった。イギリスの運命は、アメリカ国民と議会の意志にかかっていた（細谷、二〇一六a、一一六～一一七頁）。

その後、ローズヴェルト政権は、国内で孤立主義の立場を強くとるアメリカ議会と世論、また法的な制約に直面しながらも（他方で、ヒトラーのドイツが深刻な脅威であるという認識も広がっていたが、世論は「優柔不断の苦悩」にとりつかれていた。Nicholas, 1975：90)、中立法の存在に留意しつつ、次第にイギリス支援を強化していく。「慣習法（コモン・ロー）同盟」である。一九三九年秋から四一年一二月までの期間、その後の「完全な結婚」の基礎がつくられた（Baylis, 1984：xix）。以下、できるだけ時系列に、いくつかの事例をとり上げてみよう。

早くも一九三九年一一月には、ローズヴェルト政権は武器禁輸の措置を廃止し、イギリスへの支援にますます乗り出していく。一一月三日、従来の交戦国に対する武器禁輸が撤廃され、現金支払いと相手国船舶での輸送を条件に輸出を認めた内容で、中立法が改正された。「現金払い・自国船輸送方式」が定められたのである。水本義彦の表現を借りれば、「ただし、アメリカ国内では依然として孤立主義の風潮が強く、中立法の改正はアメリカの参戦決意を示したというよりも、むしろ対英支援の強化による参戦の回避を企図したものであった」（水本、二〇一三、一〇八頁）。

一九四〇年六月一七日のフランスの降伏でドイツによるヨーロッパ支配の脅威を痛感したローズヴェルト大統領は、アメリカ国民を〝教育〟、〝啓蒙〟すべく対英支援の強化を熱心に説いた。まるで将来の参戦に向けた準備に取り組んでいるかのようであった。ローズヴェルトは、共和党の大物で対英支援派のスティムソンとノックスをそれぞれ陸軍省と海軍省の長官に任命し、超党派の体制を築いた（水本、二〇一三、一〇八頁）。一九四〇年七月二日の米国防衛法の成立により、アメリカ軍は再軍備に踏み切っている（Baylis, 1984：8）。

また、チャーチル首相は一九四〇年八月二〇日に下院で行った演説で、英米両国がさらに緊密に結ばれる方向に進むことに厳然たる勢いがあることを強調し、「この過程は、大英帝国と合衆国とがある程度融合していなければならないことを意味している」と述べるとともに、自分はこの方向への進展にいかなる不安も感じていないことを強調した（Baylis, 1984：4）。

一九四〇年九月二日には、ローズヴェルト政権は、イギリスのチャーチル首相の大戦を戦い抜く強い意志を確認した後、ドイツ軍の潜水艦攻撃から死活的な海上航行路を防衛するために老朽化した駆逐艦五〇隻をイギリスに供与することを決定した（チャーチルは就任以来、再三アメリカに要求していた）。その見返りにアメリカは、イギリスからニューファンドランド、バミューダ、バハマ諸島、セント・ルシア、トリニダード、およびイギリス領ギニアの空軍基地および海軍基地を九九年間、使用する権利を得ることができた。この「駆逐艦・基地交換協定」によって、アメリカは自国を防衛するための海外拠点を獲得すると同時に、世界大に軍事力を展開するための重要な足がかりを獲得することになった（Baylis, 1984：3：細谷、二〇一六a、二二〇〜二二二頁：Dobson, 1995：72-73：水本、二〇一三、一〇八頁）。ベイリスは、以下の通り指摘する。

この取り極めこそアングロ＝サクソン・ブロック形成の第一歩であり、また実に歴史上の決定的瞬間であったという見方が広く行われている。同年一一月に行われた大統領選挙に出馬したローズヴェルトは、この取り極めはアメリカの防衛力を高めるものであるとして、その必要性を説くことができた。この説明は単なる釈明ではない。他の多くの協力分野と同様、そこにアメリカの利益が存在したことが決定的に重要な要素であった（Baylis, 1984：3）。

この駆逐艦・基地交換協定の締結から二週間後には、アメリカは平時として建国史上初の選抜徴兵法を制定し、二一歳から三五歳までの男子を登録対象とした（水本、二〇一三、一〇八頁）。

（2）「四つの自由」と武器貸与法の成立

ただし、一九四〇年一一月の大統領選挙を戦うローズヴェルト大統領は、国内の反戦運動の動きを無視できなかった。ローズヴェルトは、大統領選挙の直前、「以前に申しましたが、何度でも申し上げましょう。みなさんの息子さんたちを外国の戦争に送ることはありません」と述べて、国民を安心させている（水本、二〇一三、一〇九頁）。

しかし、一九四〇年一二月二九日には、ローズヴェルトは本章の冒頭で引用した通り、ラジオでの炉辺談話で、「われわれは、偉大な民主主義の兵器廠（arsenal）にならなければならない」と述べ、イギリスへの支援を強化することをアメリカ国民に提案した（Dobson, 1995：72）。また、「アメリカ文明がジェームズタウン、プリマスの岩以来、かくも危険に直面したことはない」とも述べ、拡大する脅威に対抗する必要をアメリカ国民に説いた（佐々木編著、二〇一一、八七頁：細谷、二〇一六a、一二〇頁に引用された）。水本によれば、「アメリカが戦争の局外に立ち続けられるかどうかは、まさにイギリスとドイツの戦い次第であって、対英軍事支援はアメリカ自身の安全保障にとって不可欠だったのである」（水本、二〇一三、一〇九頁）。

この間、一九四〇年八月中旬には、三名のアメリカ軍人がロンドンでイギリス側と話し合い、四一年初頭に、ワシントンでより公式の協議を持つこととなった。この結果、イギリスはアメリカの戦略に無視できない影響を与え、ドイツと日本との戦争に突入した場合には、ドイツの降伏を優先させることが決定された。「ABC第一号計画」と呼ばれる戦略方針である（Baylis, 1984 : 4-5 : Dobson, 1995 : 76）。また米国海軍作戦部長であったスターク海軍大将は、一九四〇年一一月一二日に、アメリカが参戦やむなきに至った場合には、イギリスとの全面的軍事協力を行うべし、という内容の有名な意見書を作成している。「ドッグ計画」として知られる（Baylis, 1984 : 4）。

三選を果たしたローズヴェルト大統領は、一九四一年一月六日の年頭教書で、「枢軸国の専制政治を打倒して民主的な世界を創造する上で必須の『四つの基本的な人間の自由』（言論の自由、信教の自由、欠乏からの自由、恐怖からの自由）を唱えたが、参戦後これがアメリカの戦争目的、戦後国際秩序の理念を形成していくことになるのである」（水本、二〇一三、一〇九頁）。

一九四一年一月二九日から三月二九日まで、英米両国は、ワシントンで英米両国軍の参謀が参加する秘密会議を開催し、英米両国の軍事協力を協議している。このことは、アメリカ参戦後に英米間で軍事協力を発展させるために、きわめて重要な基礎となった（Baylis, 1984 : 6 : 細谷、二〇一六a、一二二頁に引用された）。

同年三月一一日には、ローズヴェルト政権はアメリカ議会で、武器貸与法の成立に成功する。この武器貸与法案は、下院で三一七対七一、上院で六〇対三一の多数をもって可決され、成立した。ローズヴェルトは再度、武器貸与が単に他国を助けるおめでたい行為ではなく、「アメリカの防衛力を高めるための法律」であることを説明した。アメリカはこの武器貸与法の成立以降、本格的なイギリス支援を始めるようになる。イギリスと同じ価値と原則を掲げて、イギリスを支援することによって、ヒトラーの勢力拡大を阻止するよう試みていく（細谷、二〇一六a、一二二頁 : Reynolds, 1986 : 22）。再び水本によれば、「武器貸与法の制定によって中立法は形骸化し、アメリカはイギリスの事実上の同盟国となった。大戦終結までに米政府は、連合国三八カ国に約五〇〇億ドル相当（イギリスに三一〇億ドル、ソ連に一一〇億ドル）を支援していくことになる」（水本、二〇一三、一〇九頁）。

（3）「大西洋憲章」と英米対立

一九四一年八月九日から一二日にかけて、ニューファンドランドの大西洋上で、ローズヴェルト大統領とチャーチル首相は、はじめての首脳会談を開催し、「大西洋憲章」を発表した。チャーチルは大西洋会談直前の下院での演説で、「英語諸国世界(the English-speaking world)」というフレーズを使っていた(細谷、二〇一六a、一一八〜一一九頁)。ローズヴェルトは、チャーチルとの私的な昼食会で、「同じ道を歩むわれわれの政策の指針となるような、何らかの広範な原則」を共同文書の形で示す必要を指摘した(細谷、二〇一六a、一二二〜一二三頁)。八項目にまとめられたその内容は、たとえば第三章でも見た通り、全体主義に対抗する民主主義の原則の提示であった。たとえば、領土不拡大・不変更、統治形態選択の自由(「民族自決」。チャーチルは大英帝国には適用されないように画策した)、自由な政府、通商と天然資源獲得の機会均等(チャーチルはここでも大英帝国には適用されないように画策したが)、航行の自由、社会的正義、武力行使の放棄、軍縮、「一般的安全保障のための広域的で常設的な体制の成立」(ローズヴェルトはまだ戦後国際機構の構想がまとまっておらず、こうしたあいまいな表現になった)などであった(大下・有賀・志邨・平野編、一九八九、一九四〜一九五頁:Marsh, 2017:Brinkley & Facey-Crowther, eds., 1994:Ruggie, 1996:32:Ikenberry, 2001:165, 173-175, 179, 210:八丁、二〇〇三、三四〜三七頁:細谷、二〇一六a、一二二〜一二三頁)。

特に大英帝国をめぐる取り扱いは、第四章でも簡単に見た通り、英米間で深刻な対立が生じた。国務次官のウェルズは、イギリスの帝国特恵関税制度を撤廃させる約束をチャーチルから取りつけようと尽力したが、チャーチルはこれに強く抵抗し、「通商と原材料への均等なアクセス」の原則を掲げた第四項に、「既存の協定上の義務を尊重する(with due respect for their existing obligations)」という文言を入れ、イギリスの帝国特恵関税制度は除外されると解釈する姿勢を見せた。自由貿易の拡大を使命とするハル国務長官は、こうしたチャーチルの姿勢に不満であった(Dobson, 1995:73, 79, 85)。チャーチルとしては、「大英帝国の解体に立ち会うために国王陛下の首席大臣になったわけではない」、という歴史的な使命感を感じていたものと思われる(水本、二〇一三、一一六頁)。ローズヴェルトは、チャーチルの危惧を察し、彼の主張に歩み寄った(Dobson, 1995:chap. 2:中川、二〇一三、六頁)。

しかしその後、大戦中に英米間の力の関係が大きく変化することで、アメリカのローズヴェルト政権が掲げる自由貿易の促進や民族自決の規範と原則が、確実にイギリス帝国に浸透していくことになるのである。そもそも大西洋憲章の第四項が、留保つきながら、イギリスの帝国特恵関税制度の崩壊へとつながる種子を内包するものであった(田所、二〇〇一、三四〜三七頁:

細谷、二〇一六a、一三五〜一三六頁)。民族自決の原則も、大英帝国を崩壊させる種子をまき散らすことにつながる。細谷によれば、「チャーチルの抵抗にもかかわらず、巨大なアメリカの国力を前にして、イギリス帝国は反植民地化の奔流に飲み込まれていく。時代の趨勢は、アメリカが強く求めたように脱植民地化へと向かっていた」という。こうしてチャーチルは、戦争で勝利するために、大西洋憲章であまりに大きな代償を払わなければならなかった。イギリス外務省も、「必要な友好関係を保つためには、基本的には同意し難い政策でもアメリカの要求にはしたがわざるを得ない」と指摘していた(ソーン、一九八九、六〇〜六一頁：細谷、二〇一六a、一二四頁に引用された)。

いずれにせよ、この当時アメリカはまだ中立国であったが、交戦国のイギリスとの間で、第二次世界大戦の戦争目的をまとめ、リベラルな戦後秩序構想を明らかにしたのである。この時期までに、アメリカは大西洋上でイギリスをますます支援しつつ、ドイツに対しては戦略物資の移転を禁じていた。一九四一年八月までに、「アメリカは形式的には中立国でありながら、行動面でも思想面でも、もはや中立の立場ではなかったのである」(Dobson, 1995：73)。

カドガン外務事務次官は当時、本国にイーデン外相宛の電報で、「迅速で驚くべき成果があるわけではないが、その会合が巨大な道徳的な効果を持つ」と伝えていた。またチャーチルは、「このような性質の宣言が出されること」によって、「最終的に日本を〝抑制〟することができる」と述べていた(細谷、二〇一六a、一二二頁)。ただしその後、日本軍の東南アジア地域への南進を食い止めることはできなかった。

(4) 参戦理由を欠くアメリカ

しかし、アメリカが第二次世界大戦に参戦できるタイミングではなかった。大西洋憲章でも、チャーチル政権が求めていたアメリカの参戦の確約を得ることはできなかった。大西洋憲章を通じてアメリカの参戦の確約をとりつけられなかったチャーチルは落胆し、ローズヴェルトの側近のホプキンズ宛に八月二八日に書簡を送り、「大統領が、いかなる関与もしないことを保証して、参戦へとまったく近づいていないということについて、閣議において、そしてさらにはその周辺において、怒濤のような落胆が広がっていることを、お伝えせねばならない。私はこのような状況が、議会においても生じることを懸念している。一九四二年が始まり、ロシアが踏み潰されて、イギリスが再び孤立した状況へと陥ってしまえば、あらゆる種類の危険が迫ってくるであろう」と述べ、「もしあなた方が何らかの形で希望を与えてくれるとすれば、本当に感謝したいと思う」と文章を締めくくっている（細谷、二〇一六a、一二四～一二五頁）。

アメリカが参戦するためには、一九三七年の中立法を大幅に改正する必要があった。またアメリカの国内では、「連合国援助による米国防衛委員会」などイギリスを支援すべきと考える勢力ばかりではなく、孤立主義と反ユダヤを掲げる「アメリカ第一委員会（America First Committee）」のような勢力も存在していた。後者の勢力のスポークス・マンは、冒険家のリンドバーグなどであった（Kazin, 2016：21-22）。彼らは、イギリスは民主主義のためではなく、自らの帝国を防衛するために戦っているのだと唱え、参戦反対運動を活発に展開した（水本、二〇一三、一〇九頁）。他方で、一九四一年二月には、前者の勢力のメンバーでもあったルイスが論説「アメリカの世紀」で、アメリカは、孤立主義から決別して、国際社会で指導的な役割を担うべきだ、と説いている（佐々木編著、二〇一一、八六～八七頁：細谷、二〇一六a、一二一～一二二頁に引用された）。

アメリカ国内（特にアメリカ議会内）の主要な勢力が孤立主義から国際主義へと大きく転換するのは、一九四一年一二月七日の日本軍によるハワイ真珠湾奇襲攻撃とその四日後のドイツのヒトラーによる対米宣戦布告を待たなければならなかった。真珠湾奇襲攻撃でアメリカの参戦が確実になったと歓喜したチャーチルであったが、「日本軍は続けて英海軍の主力艦プリンス・オブ・ウェールズとレパルスを撃沈し、翌一九四二年二月に大英帝国の極東軍事拠点シンガポールを攻め落とした。このことは彼にとって、『英国史上最悪の降伏』であり、第二次世界大戦で最も衝撃的な事件となった」（水本、二〇一三、一一〇頁）。しかしそれ以前から、ローズヴェルト政権が本格的な対英支援に乗り出していたことを改めて強調しておきたい。

また、一九四一年秋にはすでに米独両海軍は、大西洋上で事実上の交戦状態に入っていた。ローズヴェルトは九月に、ドイツの潜水艦によってアメリカの駆逐艦が攻撃されたとして、ドイツとその同盟国イタリアの軍艦に対する米防衛海域内での攻撃を命令した。しかし、水本の表現だが、「ローズヴェルトは決定的な参戦理由を欠いていた。いまだ国内で反参戦派が一定の影響力を維持し、米国民の生活と統治体制を守るには南北アメリカ大陸の防衛に専念して域外の戦争に参戦すべきではないと主張していた」のである。また、「選抜徴兵法がどうにか制定に至ったのも、同法に西半球外に軍隊を派兵しないとの但し書きが付されていたからであった。四一年秋に徴兵法の延長が議会で問題となると、ある議員は、ヨーロッパの戦争にかかわればアメリカの若者の四人に一人をヨーロッパで死なせることになると警告した。下院での徴兵法の延長は、二〇三対二〇二のわずか一票差で可決された」（水本、二〇一三、一一〇頁）。

（5）英米の情報協力

イギリス側の政策は、いかなるものであったのか――。特に注目されるべきは、イギリスからアメリカに対する情報供与・情報協力である。時期を少しさかのぼる。

まず一九四〇年八月に、ティザード卿の率いる科学技術情報使節団がアメリカに派遣された。ティザードは、有名な「ブラック・ボックス」のなかにイギリスの最新の兵器や新発明装置に関する図面や詳細情報を詰めて、訪米したのである。レーダーの開発に著しく重要な役割を果たしたマグネトロンに関する情報に加えて、ジェット・エンジン、化学兵器、艦船防護装置および対潜水艦装置に関する極秘情報がアメリカ側に引き渡された。さらに物理学者のコッククロフト教授は、この時点ではイギリスの方がアメリカよりもはるかに進んでいたウラニウムの研究に関して、アメリカ側と意見交換を行った。ティザード視察団の重要性を総括してアメリカの科学研究所は、これらの技術情報は、「これまでアメリカ海岸に運ばれてきた貨物のうちで最も貴重なものであった」と評価した（Gowing, 1964 : 64 : Baylis, 1984 : 5）。

イギリスでは、第二次世界大戦の前から、高度で洗練された情報収集・解析の能力と経験を持っていた。これに対して、アメリカの情報機関の能力は未発達であった。イギリスはこうしたアメリカとの間で、第二次世界大戦が勃発してからまもなく、機密情報の共有を試みていく。まず一九四〇年五月に、スティーヴンソン大佐がニューヨークの英国安全保障調整局（British Security Co-ordination）のトップに任命された。スティーヴンソンは、チャーチル首相にアクセスできるほどの人物であった。彼は素早く動き出し、ローズヴェルト大統領の信任が厚いドノヴァン大佐に接触し、ドノヴァンの訪英を同年七月で調整した。ドノヴァンは、イギリスのチャーチル政権の第二次世界大戦を戦い抜く強い決意を確認し、帰国後、ローズヴェルトに報告している。それまで、駐英大使のジョセフ・ケネディは、イギリスの交戦意欲に悲観的な報告をしていた。ドノヴァンだけの功績ではないが、彼の帰国後まもなく、先に見た旧式駆逐艦デストロイヤーとイギリス基地との取り引きが英米間で締結されることとなった。またその後、一九四〇年一一月には、英米間ではじめての情報協定が締結された（Dobson, 1995：74）。

スティーヴンソンとドノヴァンは、第二次世界大戦中の英米間の情報協力の中心的人物となっていく。ドノヴァンは、戦略諜報局（ＯＳＳ）と中央情報局（ＣＩＡ）の前身となる情報組織で責任者を務めることとなった。ドノヴァンは、「アメリカのインテリジェンスの父」と呼ばれる。また一九四一年二月に、連邦調査局（ＦＢＩ）捜査官二人が英国特殊情報部（ＳＩＳ）のロンドン事務所へ派遣された時には、イギリス当局は彼らに対して、ブレッチェリーにある英国政府暗号解読研修所（ＧＣ＆ＣＳ）において、枢軸国側の暗号の解読状況について貴重な説明をしている（Baylis, 1984：6）。こうして、大西洋憲章発表の直前の一九四一年七月までに、英米間の情報ネットワークはすでに緊密に共有されていた。アメリカがまだ中立国で、第二次世界大戦に参戦する前であるにもかかわらず、である（Dobson, 1995：74）。

こうしたアメリカの参戦以前からイギリスが積極的に進展させてきた情報共有をめぐる英米間協力は、イギリスが大戦を戦う上で、アメリカの協力を必要としていたためである。一九四〇年五月にイギリスの陸空軍両参謀長は、「極東におけるわが国の利益を守るためには、アメリカに頼らなければならない」と述べている。また同年一〇月には、カドガン外務事務次官は、「アメリカの力と好意に頼って、われわれの重荷を分担してもらう」と述べている（ソーン、一九八九、三二頁：細谷、二〇一六a、一二二頁に引用された）。

チャーチル首相は、一九四〇年一二月八日に、ローズヴェルト大統領への書簡をもって、ドイツ潜水艦の脅威がその深刻度を高めつつあること、そしてイギリスとしてはアメリカからの金融面での支援を渇望していることを訴えた。この書簡をチャーチルは、自分がそれ以前にしたためた手紙のなかで「最も重要な手紙」であると考えていた（Baylis, 1984：7）。ローズヴェルトは、この手紙に深く感動し、先に見た通り、炉辺談話で「われわれは、偉大な民主主義の兵器廠にならなければならない」と述べた。またチャーチルは、一九四一年二月に、「われわれの目的は、アメリカ人を戦争へと招き入れることなのだ」と簡潔に記している。それなくしては、イギリスには勝利の見通しはなかった。アメリカの参戦を確保するために、チャーチル自らが危険な大西洋を渡って、ローズヴェルトとの大西洋会談に臨むことになったのである（Reynolds, 1994b：132：細谷、二〇一六a、一二二頁に引用された）。

（6）転換点としての一九四〇年

木畑洋一が指摘する通り、イギリスは、「国民国家の総力戦」だけではなく、「帝国の総力戦」を戦っていくことになる（木畑、二〇一四、第三章）。水本によれば、「イギリスは国内に限らず、自治領のオーストラリア、ニュージーランド、カナダ、南アフリカと、インドを筆頭とする帝国植民地から兵力・物資を動員した。その意味で、イギリスはドイツに対して孤独な戦いを強いられていたのではなく、帝国を挙げて総力戦を戦っていたのである。大戦中、中立を維持したアイルランド（エール）を除く自治領と五〇もの植民地から約五〇〇〇万人が動員された。特にインドは、国民会議派など対英協力反対派を抱えつつも、二五〇〇万人を派兵し帝国で最大の貢献をした。その結果、インドはイギリス本国に対する発言権を次第に強め、戦後直後の独立の素地を築いていったのである」（水本、二〇一三、一〇八頁）。

時期をさかのぼるが、第二次世界大戦勃発直後の一九三九年九月三日の下院議場で、チャーチルは、「ここで問われているのは、ダンツィッヒのための戦いでもなければ、ポーランドのための戦いでもありません。われわれは、ナチスの専制という疫病から世界全体を救済し、最も尊い人々の命を守るために、戦っているのです」と力強く演説し、チェンバレン戦時内閣の海軍大臣に抜擢された（細谷、二〇一六a、一一五～一一六頁）。

その後、チャーチルは首相となる。チャーチルは、組閣の大命を受けた一九四〇年五月一〇日の心境を以下のように回想している。

ついに私は、全分野にわたって指令を発する権力を持った。私は運命とともに歩いているような気がした。私には戦争のことなら、何でも知っている自信があった。私の生涯のすべては、ただこの時、この一大試練のために準備されたものであるという気がした（チャーチル、二〇〇一A、六三頁：水本、二〇一三、一〇四頁に引用された）。

また首相となったチャーチルは、五月一三日、議会での施政方針演説で、「われわれの目的は何か、と諸君は問うでしょう。

その答えは、勝利の一語に尽きます――いかなる犠牲を払っても勝つこと、あらゆる恐怖にもかかわらず勝つこと、また、いかなる長い困難な道のりであっても、勝つことであります。なぜなら、勝利なくしては、生き延びる道はないのであります」と呼びかけ、イギリス国民の精神を鼓舞した（チャーチル、二〇〇一B、三〇頁：細谷、二〇一六a、一一八頁に引用された）。チャーチルはそもそも、対独宥和（appeasement）に反対していた。

こうして、ヒトラーのドイツとの休戦協定を視野に入れていたネヴィル・チェンバレン首相やハリファックス外相とは異なり、新たな首相となったチャーチルは、断固として戦争を戦い抜く覚悟であった。チャーチルは、ドイツに対して勝利を収めることができると確信していた。ただし、そのためにはアメリカの協力、さらにはアメリカの参戦を得ることが必要であった。アメリカの経済力と軍事力を加えることができれば、ドイツとの戦争に勝利できる、とチャーチルは確信していた。問題は、アメリカがそのようなチャーチルの期待に応えることができるか否かであった。イギリスにはもはや、英米の緊密な同盟関係の構築という選択肢しか残されていなかったのである（細谷、二〇一六a、一一八～一一九頁）。

歴史家のレイノルズは、「一九四〇年」こそが歴史の巨大な転換点であったと論じている。「勝利のためにはもちろんのこと、生存のためにも、歴史に類を見ない規模でのアメリカからの援助がまさに死活的に重要だったのだ」（Reynolds, 2001 : 29 : 細谷、二〇一六a、一一八～一一九頁に引用された。カーショー、二〇一四も参照）。

三　「特別な関係」の形成――一九四一～四三年

（1）日本による真珠湾奇襲攻撃とアメリカの参戦

アメリカが第二次世界大戦に参戦した一九四一年暮れから、連合国側優位に戦況が大きく逆転する四三年までの間の英米間の「特別な関係」は、ほぼ対等な立場という雰囲気があった。つまり、イギリスの政策や決定がアメリカの政策に影響を与える余地が大きかったのである（細谷、二〇一三c）。逆に言えば、アメリカが軍事力を大規模に投入し、著しくパワーを増強させた一九四三年以降は、イギリスは、アメリカのジュニア・パートナーと位置づけられていくことになる。アメリカのローズヴェルト大統領は、チャーチル首相をそのように扱い始め、ソ連のスターリン書記長との利害調整に心を砕いていくようになるのである（Baylis, 1984 : chap. 1 : Dobson, 1995 : 72, 78, 80）。しかし、こうした英米間の非対称的な力の関係にもかかわらず、キャラハン卿のように、「第二次世界大戦期が英米間の特別な関係の絶頂期であった」（Dobson, 1995 : 72）と振り返る人物は多い。

ただし、アメリカにとっての「特別な関係」と、イギリスにとっての「特別な関係」とでは、重要性の重みが違う。英米間の「特別な関係」をより必要として求めたのは常に、力がより弱い立場のイギリス側であった（Baylis, 1984 : xxii : 細谷、二〇一六a、一一三頁：細谷、二〇一三a、一一一～一一二頁：Dumbrell & Schafer, eds., 2009）。「『特別な関係』という概念は、とても問題がある。というのも、一般的にはそれは、より力の小さい国がそれを必要としているからだ」とバークも指摘している（Burk, 2009 : 24 : 細谷、二〇一三a、一一一頁に引用された）。細谷は、「英米間の同盟関係においては、そのようなアメリカとの同盟関係に一般的な非対称がもたらす葛藤と、他方で人種的、文化的、歴史的に緊密な関係がもたらす『特殊性』という双方が見られる。それらをバランスよく考慮することが、重要である」（細谷、二〇一三a、一一二頁）と指摘する。

第一節でも指摘した通り、特にチャーチル首相が「特別な関係」の形成に果たした役割が大きい。チャーチルは、アメリカ人の母親を持ち、英米間の特別な関係を構築する上で、適任の人物であった。何よりも彼は、アメリカの協力なくしては、ドイツのヒトラーとの戦いは勝利できないことをよく承知していた。日本軍がハワイ真珠湾奇襲攻撃を加えた直後には、「イギリス帝国がこのような幸運に恵まれるというのは、めったにないことだった」という趣旨の発言を残している（ソーン、一九八九、二二六～二二七頁：細谷、二〇一六a、一二七頁に引用された）。水本は、「この後（ハワイ真珠湾奇襲攻撃後）両国は、四一年六月以来ドイツと交戦状態にあったソ連と連合国陣営の中核をなす『大同盟（grand alliance）』を形成して独伊日の枢軸国に対峙していくことになる。こうしてヨーロッパとアジア太平洋での二つの戦争が、二大軍事ブロック間で争われる一つの世界大戦へと変貌を遂げたのである」（水本、二〇一三、一一一頁）と指摘する。

真珠湾奇襲攻撃の知らせを受けたチャーチルは、「われわれはいずれにせよ勝利するのだ」と確信したという。回顧録によれば、「残された作業は、われわれの圧倒的な力を、適切に行使するのみである。イギリス帝国、ソ連、そして今やアメリカ合衆国が、あらゆる精神や勢力とともに結束をし、それは私の知識によれば、敵の力の二倍にも三倍にもなるものであった」（Churchill, 1985：539-540：細谷、二〇一六a、一二七頁に引用された）。

真珠湾奇襲攻撃の翌日、ローズヴェルト大統領はチャーチル首相に書簡を送り、「今やわれわれはみな、あなた方や帝国の人々と同じ船に乗っており、その船は決して沈むことはないでしょうし、沈むこともあり得ないでしょう」と述べている（細谷、二〇一六a、一二七頁）。

アメリカの参戦後、英米両国は、第二次世界大戦を戦っていく上で、情報協力だけにとどまらず、軍事トップ間の協力と合同作業から極秘の原子力開発計画まで、広範な軍事協力を行っている。米陸軍参謀総長マーシャル（後の国務長官）によれば、「同盟二国間での最も完全な軍事協力」を実現したのである（水本、二〇一三、一一三頁）。

（2）ワシントンでのアーケイディア会談

まず真珠湾奇襲攻撃直後の英米首脳会談である（Marsh, 2017）。チャーチル首相は、一九四一年一二月下旬に訪米し、ワシントンに三週間も滞在している。この間、チャーチルとローズヴェルトの二人の間の友情は着実に育まれて、英米両国間の協調関係も深まっていった。このアーケイディア会議では、英米首脳会談の他にも（以前に両国軍参謀の間で合意された通り、ドイツ降伏を優先させることを再確認し、この原則を文書にした。「WWⅠ」もしくは「ABC-4／CS1」である。Baylis, 1984：8）、英米両国の陸海空軍の軍事指導者たちもまたそれぞれ会合を開いて、両国の軍の間で戦争協力を緊密に話し合った。チャーチルは一二月二六日、アメリカ議会でもウィットに富んだ演説を行っている。英米間の特別な関係は、一九四二年にピークを迎えることになる（細谷、二〇一六a、一二八～一三一頁）。チャーチルは、この当時を振り返り、「私と大統領の間の関係が、次第にあまりにも強固なものになっていったために、両国間の主たる業務は、私と彼との間の個人的なやり取りによって、実質的に進められていったのである」と語っており（Churchill, 1985：22：細谷、二〇一六a、一三〇頁に引用された）、「われわれはここに、儀礼を超えた深い親しさのなかで、大きな一つの家族として生きている」とも語っている（Baylis, 1984：10：細谷、二〇一六a、一三〇～一三一頁に引用された）。

訪米直前の下院での演説で、チャーチルは、「イギリス帝国のみならず、今やアメリカもまた自らの生存をかけて戦っている。ロシアも生存のために戦い、中国も生存のために戦っている。これら四カ国の、交戦状態にある偉大なコミュニティーの背景には、敵の残酷な支配の下に服従しているヨーロッパのすべての占領された諸国の精神と希望が一列に並んでいる。私が以前に述べたように、人類の五分の四がわれわれの側についているのだ」と述べ、以下の通り指摘している。

われわれの敵たちは、自らの野望、そして「英語諸国世界」を完璧に壊滅させようとする犯罪の結果によって、結びついている。そして、その英語諸国世界こそが、彼らの計画に対する最大の障壁となっているのだ（Churchill, 1985：553：細谷、二〇一六a、一二八頁に引用された）。

こうして、「英語諸国世界」というフレーズを使うことで、英米間の協調関係を強調したのである。アーケイディア会議以降、英米間では、合同戦争遂行機関（the Joint war machine）の設立が速やかに進められ、連合軍の戦争遂行活動に方向性を与え、協力を確立する上で重要な役割を発揮した英米連合参謀本部（The Combined Chief of Staff）や英米連合委員会（the Combined Board）の設置へと進展した（Baylis, 1984：8-10）。

一九四二年一月一日、米英ソを中心とした二六カ国は、大西洋憲章の原則を踏襲した「連合国宣言」を発表した。第一に、対枢軸国への軍事的・経済的資源の全面投入、第二に、連合国間の協力と枢軸国との単独休戦・講和の禁止のわずか二項目からなる内容であったが、独伊日の枢軸国側が共通の戦争目的や軍事戦略を打ち立てられなかったことと比較するならば、その象徴的な意義は大きかった。しかし、連合国宣言直後から米英ソ三大国の関係が緊密になったわけではなかった。水本が指摘するように、一九四三年一一月二八日から一二月一日にかけてのテヘラン会談でローズヴェルトとスターリンが直接顔を合わせるまで、イギリスのチャーチルとイーデン外相が両国を訪問して、米英ソ大同盟の〝蝶番〟の役割を果たしたのである。イギリスは、アメリカとの協力に加えて、一九四二年五月に相互援助条約である英ソ条約を締結し、モスクワとの連携も図っている（水本、二〇一三、一一三頁）。

（3）英米間の原子力共同開発の協力

次に英米間の原子力共同開発の協力である。

一九四二年中頃までに、原子力開発ではアメリカがイギリスを凌ぐようになっていく。一九四〇年秋に、イギリスのティザードと物理学者のコッククロフト教授が訪米した時には、イギリス側がアメリカよりも原子力開発でリードしていることが明らかになっていた（Gowing, 1986：119：細谷、二〇一六a、一三二頁）。この時には、アメリカのブッシュ博士とコナント博士からの原子力共同開発の提案に対して、イギリスがこれを断っている。イギリス政府の科学アドバイザーを務めていたリンデマンは一九四一年八月末、チャーチルに対して、「私は、自分の隣人をいかに信用しようとも、またいかに彼に頼ることがあったとしても、完全に彼のなすがままになるような状態にわが身を置くことには非常に抵抗がある。したがって、この仕事をアメリカ人に押しつけようとは思わない。イギリスとしては、情報交換を継続し、アメリカ人がこの作業を行うべきかどうかといった問題にとらわれることなく、イギリスで生産を開始すればよいと思う」（Baylis, 1984：16）と述べている。

一九四二年中頃までには立場が逆転し、イギリスがアメリカに原子力共同開発を提案して、アメリカが躊躇した。チャーチルは、一九四二年六月のローズヴェルトとのハイドパーク英米首脳会談で、「われわれはただちに情報を一カ所に集め、対等な立場で共同研究を行うべきであり、その成果が出た暁にはそれを平等に分かち合うべきである」と強く提案している（Baylis, 1984：17：Marsh, 2017：細谷、二〇一六a、一三二〜一三三頁）。しかしその後、アメリカは、一九四三年七月まで、原子力分野での英米共同研究を躊躇し続けた。この間、チャーチルは、一九四三年一月のカサブランカ会談と同年五月のワシントン会談で、原子力分野での英米共同研究の必要性を説き続けた（Marsh, 2017）。アメリカ側が躊躇していた理由の一つは、戦争後に対するイギリスの思惑、特に商業用原子力の分野でのイギリスの思惑について、アメリカ議会内に疑念が存在したことであった（Baylis, 1984：17–18）。

しかし、一九四三年七月中旬のブッシュ博士とスティムソン陸軍長官の訪英で、原子力分野での英米共同研究に向けた改善が実現した。その直後の八月一九日のケベック合意では、第一に、英米両国は決してお互いに原子力爆弾を使用しないこと、第二に、相互の同意なしに第三国に原子力爆弾を使用しないこと（相互拒否権）、第三に、他国へ原子力爆弾の情報を渡さないことで、英米両国は合意した。ここまでは対等な関係である。しかし、第四には、戦後のいかなる原子力の商業開発もアメリカ大統領の許可があってはじめてイギリスは享受できる、と規定された（Dobson, 1995：75）。

こうして、英米間で原子力共同開発を極秘に行うことが決定された。この極秘計画は、アメリカでは「マンハッタン計画」、イギリスではコード・ネーム「チューブ・アロイ」と呼ばれた（Dobson, 1995：75：細谷、二〇一六a、一三二～一三三頁）。これ以降、「マンハッタン計画」に参加したイギリス人科学者や技術者たちは、五〇名ほどになる。あるアメリカ人科学者は、イギリス人の協力を評価して、「その協力がなかった場合に要したと思われる期間を少なくとも一年間短縮した」（Baylis, 1984：19）と指摘している。

（4）英米協力の個人的要因

次に個人レベルの英米協力を見てみよう。

英米間の首脳らの人的交流は、きわめて緊密であり、英米間の特別な関係を形成する上で無視できない。特にローズヴェルト大統領とチャーチル首相との間の「特別な関係」が、最も重要であった。二人は、第二次世界大戦期に九回の首脳会談を開催し（＝現代首脳外交の始まり）、一九四九通もの書簡のやり取りを交わしている。これらのことが大戦中の英米両国政府間の意思疎通を円滑なものにした（Dobson, 1995：78：Marsh, 2017：細谷、二〇一六a、一一三頁：水本、二〇一三、一一三頁）。このチャーチルとローズヴェルトの二人の信頼関係、そして友好関係こそが、ドイツのヒトラーとの戦争を勝利に導き、戦後世界の枠組みを形成する上での基礎となったのである（水本、二〇一三、一一二～一一三頁）。

適切な例ではないかもしれないが、チャーチルがワシントンのホワイトハウスに滞在していた一九四一年一二月のクリスマスイブの朝に、チャーチルの寝室の扉を開けたローズヴェルトであったが、チャーチルはちょうど風呂上りで全裸であったという。チャーチルが「ご覧下さい。大統領閣下、私はあなたに何も隠すようなものはありませんよ」と言ったというエピソードも残っている（細谷、二〇一六a、一二九頁）。また、一九四三年一月のカサブランカ英米首脳会談では、枢軸国に対する無条件降伏の要求など重要な決断を二人で下している（水本、二〇一三、一一三頁：Marsh, 2017）。

チャーチルは、訪米中の一九四三年五月には、「アングロ＝サクソン主義（the Anglo-Saxonism）」の言説を語っている。

アメリカと英連邦との間で友愛による連帯（fraternal association）に基づいて協力することなしには、世界の希望をほとんど見い出すことはできません。……なぜアングロ＝サクソンの優越性について、申し訳なさそうにしなければならないのでしょうか。……（必要なことは）世界のそれ以外の諸国に自由の恩恵を送り届けるために、二つの偉大なアングロ＝サクソン文明が結束することだ（Gilbert, 2005：276：細谷、二〇一三a、一二八頁に引用された）。

チャーチルは、一九四三年七月には閣議で、「今世紀は、英語諸国民（the English-speaking people）の世紀となるであろう」とも語っている（細谷、二〇〇八b、五九頁：二〇一三a、一二七頁：Mead, 2007）。第二次世界大戦後には、『英語諸国民の歴史』全四巻をまとめている（Churchill, 2002）。さらに一九四三年九月には、英米間の「特別な関係」について言及している（Dobson, 1995：73）。その後、「特別な関係」というフレーズは、第二次世界大戦後の一九四六年三月五日、ミズーリ州フルトンでの「鉄のカーテン」演説で、チャーチルがこの言葉を用いて戦後の英米協力を訴えたことで、広く広まった。「戦争の確かなる防止も、世界機構の継続的な発展も、私が『英語諸国民』の友愛の連帯と呼ぶものなくしては、手に入れることはできないでしょう。つまりそれは、英連邦および英帝国、そしてアメリカの間の、『特別な関係』を意味します」（Baylis, 1984：xvi）。

英米間の合同幕僚長会議（ＣＣＳ）システムのイギリス側トップの陸軍元帥のディル卿は、マーシャル米陸軍参謀議長をはじめ、ワシントンにアメリカ人の多くの友人を持ち、一九四四年一一月に没するまで、英米間の軍事協力でキーパーソンの一人となっていた。アイゼンハワーは、北アフリカでの軍事作戦で、イギリスのマクミラン（彼の母親もアメリカ人である）との間で、親交を深めている（この友情関係は、第二次世界大戦後に二人が国家の首脳になった時に、「特別な関係」を再構築する上で明らかに役に立った）。また、東南アジア戦線ではマウントバッテン卿が、一九四四年六月のノルマンディー上陸作戦ではアイゼンハワーが指揮を執った（Dobson, 1995：76, 78）。

（5） 大英帝国のあり方をめぐる英米対立

次に英米間の情報協力について、再び簡単に触れたい。

アメリカの参戦後には、一九四三年に英米両国は、イギリスの最高機密のULTRAデータをアメリカに提供するBLUSA協定を締結した。たとえば英米両国は、役割分担をしつつ、ドイツ軍のENIGMAコードを解析していくことになる。英米間の情報コミュニティーの人的交流は緊密になっていった。主権国家間でこれほど高度な情報共有を行った事例は他にない（Dobson, 1995：74）。こうした英米間の情報協力はやがて、カナダやオーストリア、ニュージーランドとも共有していくことになる。第二次世界大戦後に、大戦中の英米情報協力を土台としつつ、アメリカがCIAなど高度で精密な情報コミュニティーを確立し、米ソ冷戦を背景に英米間で情報共有を進展させた。こうした英米間の情報共有は、第二次世界大戦後の英米の「特別な関係」の一つの軸となっていく（第二次世界大戦後の一九四六年三月に、英米両国はUKUSA〔英米通信情報協定〕を締結する。岩間、二〇一三、一一二～一一三頁：細谷、二〇一三a、一四四～一四五頁）。

しかし注意しなければならないが、こうした英米間の特別な関係にもかかわらず、深刻な対立や衝突がなかったわけではなかった。「（第二次世界大戦期の）英米関係も競争・角逐と無縁ではなく、戦時期の両国関係に戦後のイギリスの衰退とパクス・アメリカーナの萌芽を見てとれる」という指摘もある（水本、二〇一三、一〇三頁）。

たとえば大西洋憲章後も、第二次世界大戦後の大英帝国のあり方をめぐる対立は残っていた。英米両国は、戦後の国際通商・貿易体制の具体化に向けて協議を重ねて、まず一九四二年二月に米英相互援助協定が締結された。第四章でも簡単に見たが、その第七条は、アメリカがイギリスに武器貸与などの支援を与える見返りとして、英米両国が「適切な国際措置および国内措置を通じて、すべての人民の自由と福利の本質的な基礎である生産、雇用および製品の交換と消費の拡大を達成すること、国際通商におけるあらゆる形態の差別を撤廃すること、そして関税その他の通商障壁を削減すること」という目的のために共同で行動すると謳った。そのためにとるべき具体的な手段について英米両国ができるだけ早く協議を始める、と述べている（Dobson, 1995：85：中川、二〇一三、七～八頁）。

米英相互援助協定の第七条は、「国際通商におけるあらゆる形態の差別を撤廃すること」を謳っているので、イギリスの帝国特恵関税制度は当然、含まれるように見える。しかし、チャーチル首相がこうした解釈に強く抵抗した。ローズヴェルト大統領は再び譲歩し、帝国特恵関税制度の撤廃は求めないことをチャーチルに非公式に保障して、ようやくこの表現にまとまったという経緯があった。大西洋憲章に続いて英米両国は、戦後の通商・貿易体制に対して、再びあいまいなコミットメントに終わったのである。ハル国務長官を中心に、無差別の貿易自由化を主張するアメリカと、帝国特恵関税制度の存続で譲らないイギリスとの対立は、その後も残ることとなる（Dobson, 1995：85）。

ローズヴェルトをはじめとしたアメリカ人たちは、イギリスに限らずヨーロッパ諸国の植民地支配を嫌悪しており、ローズヴェルトはイギリスに対してその最大の植民地インドの独立を再三求めていたのである（水本、二〇一三、一一六頁）。特に一九四二年春には、ローズヴェルトとチャーチルの間で、インドをめぐる激論が交わされたことがあった（Reynolds, 1986：38；Baylis, 1984：13）。たとえば、武器貸与援助について交渉した時にも、ローズヴェルト政権は、イギリス側に援助と交換に戦後には開放的な貿易・通貨体制に参入し、帝国特恵関税制度とスターリング・ブロックを解体するよう要求している（水本、二〇一三、一一六頁：Louis, 1978：Kent, 1990）。

北フランスに上陸作戦を決行し、第二戦線をすぐに開かずに、まずアフリカで戦闘を戦い（「トーチ作戦」）、地中海地域を重視するイギリスに対してアメリカは、早期のドイツ降伏を求めるのではなく、大英帝国の遺産の維持に固執するその姿勢に冷ややかであった。特にマーシャル大将が反対していた。マーシャル大将は、一九四二年四月に、ホプキンズとともに、より直接的にドイツを敗北に導くための作戦を記した一通の意見書を携えてロンドンを訪問している（Baylis, 1984：11）。イギリスとしては、インドや中東地域へのアクセス路に当たる戦略的な要衝を抑え、戦後ソ連の中欧への勢力拡張を食い止めたかったのである。イギリスは、力の相対的な低下を自覚し、戦後にいかにイギリスの影響力を残すのか腐心していた。また、チャーチルの脳裏には、第一次世界大戦でのヨーロッパ大陸への上陸作戦で大量の犠牲をともなった記憶から第二戦線の形成には消極的であったと思われる。これに対して、アメリカは南北戦争以降、大量の軍事力を一気に投入する戦略文化を持っていた。英米間には、こうした異なる歴史的経験と戦略文化の相違があったのである（Dobson, 1995：77）。軍事戦略をめぐる英米対立としては、特に戦線を拡大するか、またドイツの心臓部に対し狭く鋭い突撃をするかをめぐり、連合軍最高司令官アイゼンハワー将軍とモントゴメリー将軍との間に生じた有名な意見の対立がある（Baylis, 1984：12）。

四　戦後国際秩序の形成へ――一九四三～四五年

（1）転換点としてのテヘラン会談

一九四三年二月のスターリングラードの戦いでソ連軍がドイツ軍に勝利すると、ヨーロッパ地域の戦況は、連合国優位に大きく逆転した。連合国側には戦時首脳会談を開催し、戦争の戦い方を調整し、戦後の国際秩序構想を描き出す余裕が生じるようになっていく。こうして、一九四三年一一月二二日から二六日に英米中のカイロ会談、一一月二八日から一二月一日に英米ソのテヘラン会談が開催された。一九四三年以降、先に見た通り、ローズヴェルト大統領は、イギリスをジュニア・パートナーとして扱い、ソ連のスターリンとの取り引きと妥協に注力していく（Marsh, 2017：バトラー、二〇一七：上）。

特にテヘラン会談が、大きな転換点となった。「スターリングラードの戦いにおけるソ連の勝利、そしてヨーロッパ大陸でのソ連軍の勇敢な戦いを見て、戦争協力と戦後構想の双方において次第にアメリカ政府は、ソ連とのより緊密な協力の重要性を強く認識するようになる。いわば、それまでの米英協力から米ソ協力へと、戦争指導における中軸を転換させていく。……連合国内でイギリスの地位が低下して、戦争が米ソ両国を中心に進められていくことは、イギリス人にとって厳しい現実であった。戦争指導におけるイギリスの影響力が低下するなかで、戦後構想においてイギリス政府は自らの意向を反映させようと試みる」という指摘もある（細谷、二〇一六a、一三二～一三三頁）。同時に、テヘラン会談で米ソ首脳が直接対話する機会を得ると、「ローズヴェルトはスターリンに米英の結託という印象を持たれぬようチャーチルと距離を置くようになる」（水本、二〇一三、一一三頁：Reynolds, 1986：35）という側面も無視できない。

テヘラン会談でローズヴェルトは、自らの戦後の国際安全保障構想である「四人の警察官」構想にソ連の協力を求めたが、スターリンはこれに原則的な支持を与えた。これに対してローズヴェルトは、スターリンが独ソ戦の開始以来繰り返し求めてきたヨーロッパ大陸での「第二戦線」の開設をスターリンに約束した（水本、二〇一三、一一三頁）。

アイゼンハワー連合軍司令官の下で副官を務めていたマクミランは、部下のクロスマンに対して、次のように語っている。

いいかクロスマン、われわれはアメリカ帝国のなかのギリシャ人である。あなたはギリシャ人がローマ人を見るように、アメリカ人を見ることになるだろう。彼らは巨大で、野蛮で、騒がしい人々で、われわれよりも勇敢であると同時により怠惰で、腐敗していると同時に美徳が損なわれていない。われわれは連合軍司令部を、ローマ皇帝クラウディウスの指令の下でギリシャ人奴隷が働くように、静かに動かしていく必要があるのだ（Reynolds, 2007A：65：1986：35：細谷、二〇一六a、一三四〜一三五頁に引用された）。

（2）対日政策をめぐる英米対立

英米同盟内の対立と軋轢は、特に対日戦争の遂行をめぐって発生した。アメリカにとっては、対独戦優先原則を一時よしとしたが、アジア太平洋におけるアメリカの権益や真珠湾での屈辱の故に、日本を降伏させることはイギリスの場合に比して現実に優先順位のより高い問題であった。地中海の場合と同じくアメリカは、東南アジアでの作戦遂行の陰に潜む戦後の体制づくりを狙ったイギリスの意図に、なお強い疑惑を感じていた。アメリカは、日本の進撃に対して連合国側がとるべき方策は、北ビルマを通り、中国へ通じるルートを再開することであると考えていた。アメリカとしては、中国が降伏しないことこそ日本の降伏にとって死活的に重要であるにもかかわらず、イギリスは東南アジア地域での自国の植民地の奪回に心を奪われているると思えた。ベイリスによれば、「アメリカはビルマ以北を眺めていたのに対して、イギリスは南を見ていた」（Baylis, 1984：13：Reynolds, 1986：24, 26）。

東南アジア地域において英米両国軍は、それぞれ別の目的で二つの別々の戦争を戦っていた。こうした関心の相違は、一九四三年から四四年にかけて開催された重要な会議での激論の応酬につながった。アメリカは中国の重要性を強調し、イギリスはマラヤやシンガポールに関心を示すという構図が見られた。当時のアメリカ国民が一般にイギリスに対して抱いていた批判と疑惑は、大統領顧問デーヴィスがホプキンズへの意見書で述べた内容に窺い知ることができる。

最高司令官の諸計画は、同盟国としての中国の重要性および日本の側面にある中国の地理的重要性の双方を、あまりにも軽視し過ぎている。これらの諸計画を見れば、マウントバッテン卿の指揮の主たる関心が、イギリス主導の下に東南アジアの植民地を再び占領することにあることは明らかである。言うまでもなく、アメリカの主要関心事は、日本が最も大きな打撃をこうむる場所を攻撃することである。その場所はスマトラやマラヤではなく、中国東部、台湾、満州、そして日本本土である。これらの最重要地域に対する最も早く、かつ直接的な攻撃手段は、ビルマから中国南東部をまっすぐ横断することである（Baylis, 1984：14）。

ソーンは、対日戦争の遂行をめぐる英米同盟の亀裂の度合いについて、極東をめぐる両国関係は、単に「きわめて貧困であった」ばかりではなく、「戦争中の同盟関係全体に強い軋轢を生ぜしめた」と指摘する。この意味においてソーンは、英米同盟は「本質的にヨーロッパの同盟である」と見ている。「軍事的にも政治的にも極東に関する限り、他の地域について見られたような協力は存在しなかった」とも記している。個人的なつながりもぎくしゃくしたものであり、英米両国政府の「各部局間にも同僚意識はなく」、ヨーロッパにおける軍事作戦に顕著に見られた「相互の率直さも信頼も」、極東地域にはほとんど存在しなかった（Thorne, 1979：725：Baylis, 1984：15に引用された）。

（3）英米の戦後の安全保障秩序構想

またイギリスとアメリカの戦後の安全保障秩序構想には、大きな相違があった。イギリスは、ソ連への警戒感を解いておらず、第二次世界大戦後、英米両国が密接に協力してソ連の勢力拡張を抑止すべきである、という現実主義的な発想に立ち、地域主義の戦後安全保障秩序を構想していた。勢力均衡の外交原則に立脚していたのである。第二次世界大戦後も、英米の「特別な関係」を維持して、それを軸に戦後の国際秩序を主導してくべきである、と考えていた（Dobson, 1994：79-80：細谷、二〇一六a、一三二～一三三頁）。

これに対して、アメリカのローズヴェルト政権は、よりラディカルで、国際主義的な戦後国際秩序構想を描いていた。特にハル国務長官はリベラルな戦後国際経済秩序の構築に並々ならぬ熱意を抱いていた。しかし、ローズヴェルト大統領はやや複雑な人物で、ウィルソン大統領のような理想からは〝卒業〟しており、現実主義的な発想も加味して、戦後の国際秩序を構想する傾向があった。そのため、ソ連を含めた大国の国益を考慮した上での戦後の安全保障秩序を描くようになっていく。また、ローズヴェルトにとっては、国内政治の反対で失敗したウィルソンの二の舞になることを回避する必要があった。このため、ローズヴェルトは、戦後国際秩序を形成するにあたり、国内政治要因に敏感にならざるを得なかった（Dobson, 1995：80：細谷、二〇一六a、一二二～一二三頁）。

ローズヴェルト大統領の戦後国際秩序構想は早い段階では（たとえば大西洋会談の時期）、まだ固まっていなかった。この政策領域で、国際的なリーダーシップを発揮していくのは、第二次世界大戦の戦況がヨーロッパ地域で逆転し、アメリカのパワーが相対的に連合国内でも増大した一九四三年以降である（Dobson, 1995：72, 77, 80）。これに対してイギリスのチャーチル政権は、比較的早い段階から、戦後国際秩序構想を描いていた。特に一九四一年から四三年にかけて、イギリスはアメリカとの交渉で、戦後国際機構の成立に向けて積極的に提案している（細谷、二〇一三c、九一～一一八頁）。国際政治学者のアダム・ロバーツは、「一九四一年以降、新しい国際機構を計画する上で、イギリスこそが鍵となる役割を担った」と書いている（細谷、二〇一六a、一三四頁）。

外務省のジェブが、イギリス政府内でその中心的な役割を担った。ジェブとしては、アメリカやソ連に比してその国力が小さいイギリスにとって、米ソ両国のみで戦後国際秩序を形成するような事態を避けなければならないと考えていた、と細谷は指摘する（細谷、二〇一六a、一三四頁）。こうした不安からジェブはハリファックス駐米大使宛に書簡を送り、以下の通り指摘した。

> われわれは、戦争が終結するまでゆっくりと座っていることなどできないし、その前にわれわれは検討を進めなければならない。そうしなければ、協議すべき事項がなくなってしまうからだ。

また別の機会に、ジェブは、「世界大国としてのイギリスの地位の維持こそが、このようにして、イギリスの戦後構想を計画する主たる目的であった」と明確に述べている（細谷、二〇一六a、一三四頁）。

ローズヴェルト大統領は、戦後国際秩序構想を描く上で、その実現のためにはソ連との協調が必要不可欠である、と考えていた。これに対してイギリスは、ソ連との協調に戦後の国際秩序を委ねることにより悲観的であった。チャーチル政権は、「地域評議会」の上に「世界最高理事会」を位置づけることで、地域主義的な構想を基礎とした戦後国際機構を想定していた。チャーチルはローズヴェルトが、戦後国際機構の成立とソ連の対日参戦確約のため、スターリンに妥協し過ぎているのではないか、と危惧していた。ローズヴェルトにとっては、イギリス流の赤裸々なパワー・ポリティクスの外交政策は選択肢のなかにはなかった。また彼は、（イギリスが想定していたような）地域主義がアメリカを一九二〇年代の時のように孤立主義へ回帰させてしまうことを危惧していた。ローズヴェルトは、イギリスと結託してソ連を追いやってしまうことを望んでいなかったし、イギリスが求めるように、第二次世界大戦後にヨーロッパ地域に軍事的にとどまるつもりもなかった（Dobson, 1995：80；細谷、二〇一三c、一一五頁）。

チャーチル政権のイーデン外相は、一九四三年三月のワシントン訪問と、同年八月の最初のケベック会談で、アメリカ側と戦後国際安全保障構想を話し合った。ここでアメリカは、米英ソ中の四大国が等しい権限を有する国際安全保障構想を提唱している。ローズヴェルトの「四人の警察官」構想に沿った形であった。ここで、イーデン外相はイギリス案を提唱している。これ以降も、戦後の国際安全保障構想をめぐっては、英米間で依然として意見の相違が見られた。しかし、アメリカのパワーが相対的に増大した結果、英米の「特別な関係」の性質にも変化が見られ、アメリカの政策がイギリスの政策よりも選択される可能性が高まっていく。また一九四三年には、ローズヴェルトは、共和党が伝統的な孤立主義を退けたマキナック会議で超党派の合意が実現し、国際主義的なアプローチに自信を深めていた（Dobson, 1995：79–80）。

一九四三年一〇月一九日から三〇日のモスクワ外相会談の成果として、翌一一月一日に、モスクワ四国宣言が発表された。ここでは、米英ソに中国を加えた「四国の合意によって国際的な協力と安全保障の広範な組織を創設すべき諸原則」を提示して、国際連合成立への道筋を示した。それは、アメリカが想定する普遍的な国際機構案であった。国際連合成立へ向けた動きも、イギリスではなく、アメリカが主導するようになる。「戦争におけるイギリスの貢献が相対的に小さくなるとともに、イギリスの影響力はアメリカやソ連のそれと比べると確実に低下していった」と多くの歴史家たちは考えている（たとえば、細谷、二〇一六a、一三五頁）。

一九四四年八月二一日から一〇月七日にかけて、ダンバートン・オークス会議が開催され、国際連合の草案が作成された。ソ連の強い要望もあり、国際連合の安全保障理事会で「四大国」（後にフランスを加えて「五大国」）が拒否権を持つことでほぼ合意を見た。その後、第二戦線の形成で勢力が相対的により回復されたと判断したチャーチルは、一九四四年一〇月九日に、ソ連のスターリンとの会談で、バルカン諸国（ルーマニア、ブルガリア、ハンガリー、ユーゴスラヴィア、ギリシャ）の勢力圏を話し合った。いわゆる「パーセンテージ協定」である。「チャーチルの狙いは、ルーマニアとブルガリアをソ連の勢力圏と認める代わりに、ギリシャでのイギリスの優越を認めさせて帝国権益を維持し、地中海とその周辺地域での英ソの衝突を回避することにあった」（水本、二〇一三、一一四頁）のである。アメリカは、この動きに加わらなかった（Dobson, 1995：79）。ただし、イギリスの地域主義的な国際機構案は退けられたが、皮肉にも西半球はアメリカの勢力圏として維持されていく（Dobson, 1995：80）。

一九四五年二月四日から一一日のヤルタ会談では、国際連合の安全保障理事会の常任理事国（米英ソ中仏）に拒否権を認めることで合意が成立した。また、（フランスを加えた）五大国が構成する軍事参謀委員会が中心となって国連軍を組織して侵略行為に対処するものとされた。第一次世界大戦後の国際連盟よりも、大国主義的な色彩の強い国際機構となる見通しとなった（Reynolds, 2007B：chap. 3：Marsh, 2017：水本、二〇一三、一一六頁）。同年四月二五日から六月二六日にかけて、サンフランシスコ会議が開催され、国連憲章がまとまった（同年一〇月二四日に発効。加藤、二〇〇〇、特に第八章：細谷、二〇一六a、一三五頁：マゾワー、二〇一五B、第七章と第八章：二〇一五A）。こうして、普遍的な国際機構としての国際連合の設立に熱心に取り組んだローズヴェルトであったが、同年四月一二日に病死したため、国連憲章と国際連合の成立を見ることなく、他界したのであった（グッドウィン、二〇一四：ビーヴァー、二〇一五）。

（4）戦後の国際経済秩序構想をめぐる英米関係

次いで、戦後の国際経済秩序構想をめぐる英米関係を見る。

米英相互援助協定の第七条に基づく具体的な手段についての英米間の最初の協議は、一九四三年九月にワシントンで開催された。その後の協議では、通商・貿易だけではなく、雇用政策や競争政策、開発など幅広いテーマが話し合われた。英米両国はこれらの分野で多国間ルールを設定し、その運用にあたる国際機関を設立することで合意した（中川、二〇一三、八頁）。

ただし、この間も、イギリスの帝国特恵関税制度をめぐる英米対立は解消されてはいなかった。アメリカは、自らの高関税政策よりもより差別的な帝国特恵関税制度を問題視した。また、戦間期からの英米両国の経済的なライバル関係は、継続していたのである。たとえば、ソ連と中国により寛大な武器貸与を供与したローズヴェルト政権のある高官は、その理由をソ連と中国は「国際貿易の伝統的な大きな競争相手」ではないからである、と述べている（Dobson, 1995 : 81）。

しかし、ローズヴェルト政権とチャーチル政権は、戦後の国際経済秩序を管理されてはいるが、よりリベラルで開かれたものを目指すことでは、コンセンサスがあった。戦間期の為替レートのカオスと国際貿易の崩壊が国際経済を不安定化させ、ひいては第二次世界大戦へとつながってしまったという歴史の教訓を共有していた。英米両国は、安定的な国際経済秩序の成功なしに、戦後の国際秩序の安定はあり得ない、という点で意見の一致を見ていたのである（Dobson, 1995 : 82-83）。

もちろん、国内には反対勢力が存在した。イギリスでは、帝国主義者と左派の社会主義者が「奇妙な同盟（strange bedfellow）」関係を組み、スターリング通貨圏に基づいた帝国特恵関税制度の維持に強くこだわり、アメリカが提案する戦後国際経済秩序構想に強く反発していた。帝国でもってアメリカの経済支配に対抗すべきである、という主張もあった。ただしこうした勢力は、イギリス国内では少数派であった（Dobson, 1995 : 75）。

アメリカの国内では、議会に攻撃的な経済的浸透と結びついた高関税政策に固執する経済ナショナリズムが共和党の伝統として根強く残っていたが、イギリスと同じく、自由貿易を促進し、安定した為替レートを保証する管理された戦後の国際経済秩序を実現すべきである、という点でコンセンサスが存在していた。またアメリカにとっては、大戦中に大きく成長したアメリカ経済のために、海外の市場がみつからなければ、供給過多で経済が不安定になるという懸念もあった。そのためにもアメリカは、よりリベラルで開かれた戦後国際経済秩序を必要としていた（Dobson, 1995, 82-83）。

イギリス経済は、一九四三年以前の時期から、事実上の破綻状態にあった。また、イギリスに対するアメリカの武器貸与の仕方は、経済問題に精通した歴史家のドブソンによれば、イギリスの国家主権を侵害する側面が少なからずあった。戦後の国際経済秩序構想をめぐっては、イギリスはできる限り長い平常への移行期間を必要としていた。そのため、イギリスにとっては、アメリカは、平常への移行を急ぎ過ぎているように感じていた。アメリカとしては、国内で議会と折り合いをつけていく必要があった上に、戦争が進展するにつれて、政権内でアメリカ企業の利益にとってプラスかマイナスかというビジネスの要因が重視されるようにもなっていた。国内政治上の制約が存在したのである。他方で、経済的にひどく疲弊するイギリスであったが、交渉のレバレッジがないわけではなかった。公式・非公式の政治的経済的な結びつきを他国と多く持ち、スターリング通貨圏と帝国特恵関税制度があったからである（Dobson, 1995：84）。

戦後の国際経済秩序だが、一九四四年七月一日から二二日にかけてのブレトンウッズ会議で、ＩＭＦと国際復興開発銀行（ＩＢＲＤ）の設立で合意を見た。こうして、第二次世界大戦後の国際金融の国際制度が形成された。両機構の創設によって、ドルを世界の基軸通貨（金一トロイオンス＝三五ドルで兌換可能とした上で、各国通貨の交換性を回復）とする固定相場制に基づく新たな国際通貨体制が整備されることになった（Reynolds, 1986：33：Gadzey, 1994：chap. 5：水本、二〇一三、一一五頁）。他方で、通商・貿易をめぐる国際制度の設計は、第二次世界大戦後に持ち越されることとなった。こうしたリベラルで開放的な国際経済秩序を形成した背景には、先に見た通り、戦間期に経済のブロック化が第二次世界大戦を招いたという歴史の教訓があった（もう一つの歴史の教訓は、全体主義の現状変革勢力には、「宥和」ではなく断固とした姿勢をとるべきであるという論理である）。

改めて触れておきたい点は、英米間で緊張や対立も一貫して存在していたということである。水本がいみじくも指摘する通り、「ローズヴェルトはヨーロッパ諸国の植民地支配を嫌悪し、イギリスに対してのその最大の植民地インドの独立を再三求めた。ローズヴェルトは大西洋憲章に民族自決と世界大での通商・天然資源獲得の機会均等の原則を掲げて植民地支配に反対すると同時に、帝国特恵制度などイギリスの排他的な経済制度の解体も企図していた」。また以下の通り指摘される。

武器貸与援助について交渉した際にも、ローズヴェルト政権はイギリス側に、援助と交換に戦後解放的な貿易・通貨体制に参入し、帝国特恵制度とスターリング・ブロックを解体するよう要求していたのだった。……このようにアメリカは対枢軸国戦をイギリスとともに戦う一方で、軍事・経済支援を梃子に英帝国を解体すべく一貫して圧力を行使し続けたのである（水本、二〇一三、一一六頁）。

ただし、本章で詳しく見てきた通り、イギリスとの協力を重視するローズヴェルトはいつでも、最終的にはチャーチルの主張に折れ、対英圧力をあいまいな文言で済ますことを許すのであった（Reynolds, 1986：39）。

最後に原子力開発協力について、簡潔に触れたい。

一九四四年九月にニューヨーク・ハイドパークのローズヴェルト大統領の私邸で、ローズヴェルトとチャーチルは覚書で、「軍事的および商業的目的のためのチューブ・アロイを進展させる英米両政府間の完全な協力は、合同合意によって停止されない場合、あるいは停止されるまで、日本の敗北後も継続されるべきである」と合意している。また、原子爆弾が実用可能となった場合に考えられる標的の一つを日本とすることで合意を見た（Baylis, 1984：19：Dobson, 1995：75：Marsh, 2017）。しかし第二次世界大戦後、英米間の「特別な関係」に翳りが見えていくなかで、ケベック協定とハイドパーク覚書は、反故にされていくのである（Baylis, 1984：chap. 2）。

五　「特別な関係」と第二次世界大戦後の国際秩序

（1）疲弊するイギリスと台頭するアメリカ

英米間の特別な関係についてチャーチルは、「同盟国間に作り上げられた戦争組織のうち、これほど見事に機能したものはかつて存在したことがなかった」（Churchill, 1985：608-609）と述べている。またマーシャル将軍も、戦時下の協力について、「これまでいかなる二つの同盟国間にも実現しなかった軍事活動の完全な融合である」（Baylis, 1984：21）と表現している。二コラスは、「主権国家自身が融合したものでこそないが、その国家意識を融合させるほどの戦争遂行上の緊密な協力関係であった」（Nicholas, 1975：98）という結論を下した。ベイリスは、以下の通り指摘する。

「特別な関係」という言葉が何らかの意味を持つものであるとすれば、それはアメリカが戦争に突入する前後に進展した英米両国の提携関係を意味するものであることには、ほとんど疑問の余地がない。その協力の幅と深さにおいて、人と人との個人的な親しさの度合いにおいて、この両国関係は、他に実例がないとは言い切れないまでも実に、傑出したものであった。……特に終戦近くになって意見の対立や副次的利益の相違が現れたことは見落とすべきではないが、究極的には、両国が目指す共通の目標の達成を妨害するものは何もなかった（Baylis, 1984：21-22）。

第二次世界大戦を契機に、イギリスは国力を相対的により低下させ、国内経済は疲弊した。これに対してアメリカは、その国力を相対的により増大させた。かつイギリスと密接に協議を重ねて、交渉過程では対立と協調の両側面があったが、戦後のリベラルな国際秩序を形成した。イギリスの役割を過小評価してはいけないが、そこにはアメリカのウィルソン流のリベラルな価値観と規範が大きく反映されていた。

第二次世界大戦後のアメリカは、超大国として、戦後の国際秩序で圧倒的な影響力を行使するようになる。これに対してイギリスは、世界最大の帝国として（世界最大の貿易大国で債権国でもあった）、戦争に突入しながらも、戦争の経過とともに圧倒的な資源を有する同盟国のアメリカとソ連を前にして、自国の力の限界を認識しなければならなかった。先に見た通り、一九四〇年一二月の時点で、チャーチルはローズヴェルトに書簡を送り、イギリス経済がすでに破綻状態にあることを伝えている（Dobson, 1995：83-84：細谷、二〇一六a、特に一三五、一三八頁）。

バルフォア駐米公使は、「浮上しつつある新しい認識として、世界大国たるアメリカの周辺に位置するジュニア・パートナーとして、イギリスがみなされつつある。そのようなイギリスが、強大で繁栄した大国としての地位を維持することは、西欧民主主義の価値を擁護して、アメリカの安全保障を確立するためにも、きわめて重要なことであると考えている」と記している（細谷、二〇一六a、一三六頁）。

実際、第二次世界大戦中のアメリカ経済の成長は目覚ましかった。再び水本論文に依拠すれば、工業生産指数を例にとると、世界大恐慌前夜の一九二九年を一〇〇とした場合、ヨーロッパ地域での戦闘が始まった三九年には九九・九％でようやく恐慌以前の水準に戻った程度であったが、四三年の最高時には二三四にまで飛躍的に拡大している。戦時期アメリカでは一五〇〇万人分の雇用が創出され、四一年初頭ではまだ失業率が一五％であったが、参戦後まもなく完全雇用が達成された。世界大恐慌に始まる経済の停滞は、戦前のニューディール政策ではなく、戦時好景気によって完全に克服されたのであった。終戦時、アメリカは一カ国で世界の工業生産のほぼ半分を占め、三分の二の金を保有する覇権国になっていた。こうした圧倒的な経済力と金融力が戦後アメリカの覇権を支えていくことになるのである（水本、二〇一三、一一一頁）。ただし、レイノルズが強調する通り、一九六〇年代後半まで、イギリスはグローバルな大国であり続けたことは看過されてはならない（Reynolds, 1986 : 30, 40）。

（2）第二次世界大戦後の国際安全保障秩序

最後に、やや蛇足のきらいがあるが、第二次世界大戦後の国際秩序形成の行方を簡単に踏まえておこう（ヤルタ会談から第二次世界大戦の終結までについては、ドブズ、二〇一三：バトラー、二〇一七：下を参照）。

まず戦後の国際安全保障秩序についてである。

一九四五年一〇月二四日には、国際連合（国連）が成立する。しかし、一九四七年春以降の米ソ冷戦の開始と激化を受けて、国連の安全保障理事会は機能不全に陥っていく。たとえばアメリカの提案には、ソ連が拒否権を発動することが容易に想定された。一九五〇年六月二五日に勃発した朝鮮戦争で、「国連軍（厳密には、多国籍軍）」が編成され、朝鮮半島に派遣されることになったのは、中国問題でソ連が安全保障理事会を欠席していたためである。朝鮮戦争の前後、アメリカの民主党のトルーマン政権と共和党のアイゼンハワー政権は、国連憲章に掲げられた集団的自衛権の行使を根拠に、北大西洋条約機構（ＮＡＴＯ）をはじめとした反共の同盟を形成していくこととなる。

国内政治では、一九四八年六月一一日に、議会の上院で、ヴァンデンバーグ決議が可決され、第三章でも見た通り、「継続的かつ効果的な自助及び相互援助（continuous and effective self-help and mutual aid）」の条件の下で、平時でもアメリカが軍事同盟を締結することが可能となった。アメリカ議会への政治的な配慮から、「相互互恵（reciprocity）」の原則に基づく必要があったのである。大西洋同盟の形成については、こうしたアメリカの国内政治要因の分析なしに、十分に語ることはできないと思われる。こうして、戦後のアメリカ外交は、伝統的な孤立主義から決別していく（西崎、一九九二、第三章）。

注目すべきことにイギリスは、NATOの加盟国として、アメリカと正式に同盟関係にあり、二国間での同盟というわけではない。戦後のイギリス外交は、帝国ないし連邦（コモンウェルス）と英米間の「特別な関係」、そしてヨーロッパという「三つのサークル」のバランスで展開されていくこととなる（Hanrieder & Auton, 1980 : 181-185 : 橋口、二〇一六、序章 : 細谷、二〇〇五a、一五〜二〇頁）。第二次世界大戦後、イギリスをはじめとしたヨーロッパの植民地は「脱植民地化」を遂げていき、大英帝国は崩壊していく（Louis, 1978 : Kent, 1999 : Harrison, 2009 : Brendon, 2007 : Hyan, 2006 : Louis, 2006 : James, 1994 : Sanders, 1990 : Kramnick, ed., 1979）。そのため英米間の「特別な関係」は、イギリス外交にとって死活的に重要なものであり続けた。またしばらくイギリスは、ヨーロッパ統合の動きに距離を置いていた（細谷編、二〇〇九）。

（3）第二次世界大戦後の国際経済秩序

次に戦後の国際経済秩序である。

第二次世界大戦終結後の一九四五年一二月に英米両国は、国際貿易雇用会議の提案を発表した。アメリカのトルーマン政権は、一九四六年二月の国連の経済社会理事会（ECOSOC）の第一回会合で、国連貿易雇用会議の開催を提案して承認された。その後、準備委員会が設置され、会合を重ねて、ITOの憲章の起草作業を進め、一九四七年一〇月に最終案をまとめた。この時ヨーロッパ地域では、米ソ冷戦がすでに開始されていた。その後、国連貿易雇用会議は、一九四八年三月に、「ITO憲章（ハバナ憲章）」を採択した（中川、二〇一三、八〜九頁 : 池田、一九九六、四七〜五八頁）。

この間アメリカは、ITO憲章の起草過程を終始強力に主導した。アメリカは国連貿易雇用会議準備委員会の第一回会合に先立ち、国連貿易機関憲章草案を公表し、準備委員会のすべての会合に出席したという。帝国特恵関税制度の存続を求めるイギリスの抵抗は続いたが、中川淳司の『WTO』によれば、それはアメリカが主張する無差別の貿易自由化への例外を認めさせるという消極的なものでしかなかった。

先の一九四五年一二月の国連貿易雇用会議の提案には、会議と並行して各国が関税を相互に引き下げて特恵を廃止する交渉の提案が含まれていた。二三カ国が参加して一九四七年四月から一〇月まで、ジュネーブで交渉が行われた。提案国のアメリカが互恵通商協定で採用してきた方式がとられることになった。つまり、二国間交渉を同時並行的に進め、最恵国待遇原則に基づいて交渉結果を全参加国に適用するという方式である。この方式は、「多角的関税交渉」と呼ばれる（中川、二〇一三、九頁）。

多角的関税交渉に参加した国は、貿易拡大のために交渉の成果を早く実施しようと考え、交渉成果を実施するために必要最小限の規定をITO憲章草案から取り込み、譲許表とともにITO憲章の発効前に実施することにした。これが関税及び貿易に関する一般協定（GATT）である。再び中川の『WTO』によれば、ここでの「一般」とは、「多角的」と同義で、多国間の互恵的な通商協定を指している。また、GATTそのものではなく、暫定適用に関する議定書に署名するという方式をとった（GATTそのものも条約ではなく、行政協定であったが）。そのため、暫定適用議定書の実施には議会の承認が必要ない。一九四八年一月一日にアメリカやイギリスなど九カ国が議定書に署名し、GATTはその日から適用されることになった（中川、二〇一三、一〇～一一頁）。

ITO憲章は一九四八年三月に採択され、各国が批准する手続きに入ったが、発効に必要な数の批准を得られなかった。交渉を主導してきたアメリカでは、戦後共和党が議会で多数党となり、農業など国内産業保護が難しくなるという理由で批准に反対した。アメリカ議会はその後も、憲法が定めた議会の関税決定権限を盾に取り、行政府の通商・貿易交渉にさまざまな条件や注文をつけるようになる。「ハル（国務長官）が一九三四年（六月）の互恵通商協定法で封じ込めたはずの国内の保護主義勢力が絶えず議会に圧力をかけ、貿易自由化を進める行政府との軋轢が繰り返されるという構図」であった。イギリスでも反対が強く、批准できなかった。こうした結果、アメリカは、一九五〇年一一月にITO憲章の議会付託を断念することを表明した（中川、二〇一三、一一～一二頁）。

こうして、第二次世界大戦後の通商・貿易の国際レジームは、国内政治要因から、ＩＴＯではなくより暫定的なＧＡＴＴを軸に回していくこととなった。また、ＩＴＯ憲章の批准をめぐる国内交渉では、英米間の特別な関係が何らかのプラスの効果を発揮するというようなことはなかったのである。ただし、その後、ＧＡＴＴでの話し合い、つまりラウンドで、英米両国が協力する場面は、少なからず観察できる（Gadzey, 1994：chap. 3：佐伯、一九九〇）。続く第十章では、第二次世界大戦後に英米間の「特別な関係」がいかに推移したのかを詳しく検討しよう。

第十章　英米の「特別な関係」の再構築とNATOの形成──一九四五～五五年

戦争の確かなる防止も、世界機構の継続的な発展も、私が「英語諸国民」の友愛の連帯と呼ぶものなくしては、手に入れることはできないでしょう。つまりそれは、英連邦および英帝国、そしてアメリカの間の、「特別な関係（the special relationship）」を意味します（Baylis, 1984 : xvi）。

ウィンストン・チャーチル、「鉄のカーテン」演説（一九四六年三月五日）

（NATOの役割は）アメリカを引き込み、ロシアを締め出し、ドイツを抑えておく（ことである。佐瀬、一九九九、六〇頁：土山、二〇一四、三〇二頁：松隈、一九七五年も参照）。

NATO初代事務総長のヘイスティングス・イズメイ卿

一　アメリカの同盟の特質

（1）永続するアメリカの同盟？

建国以来、アメリカは伝統的に、同盟や勢力均衡（BOP）という政策概念をヨーロッパ的な国際秩序の属性として拒否してきた。そのため第二次世界大戦が終わり、ヨーロッパ地域で冷戦が始まり、さらにアジア地域に波及するとアメリカは、西ヨーロッパ諸国や日本と安全保障条約を結んだが、これらを普遍的な国際組織である国際連合の集団安全保障と何らかの形で結びつけることで、旧来の同盟条約ではないという体裁をとった（佐々木、二〇一三、四八頁）。さらに注目すべきことに、これらの安全保障条約によってもアメリカの「単独主義」の伝統は健在であった（佐々木、二〇〇五、二一六～二三九頁）。

北大西洋条約機構（ＮＡＴＯ）にせよ日米同盟にせよ、冷戦期のアメリカの同盟の特徴は、ヨーロッパ諸国のかつての同盟とは異なり、単なる軍事協力に留まるものではなく、経済・文化協力を含む包括的な協力関係を構築することにあった（ＮＡＴＯの場合、それはカナダの提案であったことは見過ごされがちだが）。そこには、米ソ冷戦を「二つの生活様式」をめぐる争いと把握し、ソ連に対抗するアメリカの冷戦観が反映されていた（佐々木、二〇一三、四八～四九頁）。

たしかに冷戦期に、東南アジア条約機構（ＳＥＡＴＯ）など、自然消滅してしまった「ひ弱な同盟」も存在した（マクマン、二〇一四）。しかしＮＡＴＯや日米同盟は、その機能と役割を変化させつつ、冷戦後も生き延びた。冷戦後はＮＡＴＯにせよ日米同盟にせよ、消滅することなく、むしろ拡大・強化されていくこととなった（Goldgeier, 2017 : Peterson, 2014 : parts 3-4 : 金子、二〇〇八、第四章：広瀬、二〇一二a：二〇一二b：吉原・島村、二〇〇〇、一九五～二一七頁：公益財団法人世界平和研究所編、二〇一六：川上、二〇一五：猪口・アイケンベリー・佐藤編、二〇一三：公益財団法人世界平和研究所編、二〇一一：（財）平和・安全保障研究所編、二〇一〇：長島、二〇〇二：グリーン、クローニン編、一九九九：島村、二〇一六a、二〇一一～二一一頁）。特にＮＡＴＯは、機構化・制度化が著しい。「価値の同盟」としての側面もより重要性を増したため、予見し得る将来、これらの同盟が突然、崩壊する蓋然性は低いと言えよう（中山、二〇一三b）。

ＮＡＴＯについて重厚な研究書を残した金子譲によれば、「振り返ってみれば、ＮＡＴＯは、古代ギリシャ時代にペルシアの脅威に備えるために都市国家アテネが紀元前四七八年に結成したデロス同盟以来、最長かつ最も成功した同盟と讃えられる」という（金子、二〇〇八、三四八頁）。

岩間陽子の表現を借りれば、「アメリカがヨーロッパの戦争にかかわるようになった目的は、主観的には自分たちが参加することで、『すべての戦争を終える戦争』を行うことであり、国際政治の性質を変えることであった。『戦争を終焉させる』という動機は、アメリカのヨーロッパへの核心的部分を形成している。それは、国際連盟と国際連合という二つの組織に色濃く反映されている。……ＮＡＴＯの形成過程においては、国連形成を主導した理想がアメリカ国内政治においては強く作用していた」のである。また以下の通り指摘される。

冷戦期のNATOが他の二つの同盟（ホワイト・アングロ＝サクソン諸国の同盟と日米同盟）とまったく異なっていたのは、抑止が究極の目的であり、戦争がもはや不可能な状況のなかで戦争を考え続けたという点に尽きる（岩間、二〇一三、九七頁）。

米ソ核戦争の危険があった冷戦期に、北大西洋条約の第五条の集団的自衛権が発動されたことは幸いなかった（アメリカへの「九・一一」同時多発テロ攻撃後、歴史的にはじめて北大西洋条約の第五条の集団的自衛権が発動されることになる）。

(2) 価値を共有する同盟

細谷雄一が大西洋同盟とイギリスについて、きわめて重要な指摘をしている。長くなるが以下、引用してみよう。「アメリカ政府は冷戦の時代に、『同盟を避ける伝統』と『アングロ＝サクソン主義』という二つの伝統を融合させて、米英関係を中核とする、価値を共有する同盟体制を発展させた。他方で、海外において大規模な駐留をせずにアメリカが同盟に関与できるように、同盟国が大規模な地上兵力を担うことを期待した。それは大西洋同盟においては、一九四八年のヴァンデンバーグ決議に基づいた西欧諸国の防衛力増強に結びつく。また同時に、一九五〇年代前半にはドイツの再軍備を強く求めるアメリカ政府の政策へと帰結する」（細谷、二〇一三、一二九頁）。また、「米英同盟を考える上で重要なことは、それが独自の二カ国間の同盟態勢をつくっているのではなく、大西洋同盟の一部として埋め込まれていることである。たしかに米英同盟が中核となって大西洋同盟が形作られたのだが、それはあくまでも非公式な『特殊性』であって、アメリカもイギリスもNATOという多国間主義的な安全保障機構の一つの加盟国に過ぎないのだ」と述べ、以下の通り指摘する。

またアメリカは、他の加盟国政府の意向に配慮して、NATOのなかでイギリスを特別扱いすることを繰り返し否定してきた。……公式には、加盟国が平等な地位を持つ多国間主義的な安全保障機構でありながら、非公式にはアメリカがその頂点に位置して、そして米英同盟がその中核となる、アングロ＝サクソン諸国を中心とした同盟がNATOの本質であったのだ（細谷、二〇一三、一三〇頁）。

こうして、第二次世界大戦後の英米間の「特別な関係」は、きわめて複雑な関係なのである。さらに細谷によれば、とりわけ第二次世界大戦後初期の時代に、アメリカの国務省内ではヨーロッパ統合への強い共感が見られたという。

それゆえ国務省文書では、イギリスとの緊密な協力関係を維持することを求めながらも、「これらの関係が、ヨーロッパの枠組みのなかでの緊密な連合と矛盾しないようにわれわれは主張すべきである」と記されている。そして、国務省はその結論として、米英間の関係それ自体が「目的ではなく、それは共通の目的を達成するための手段としての用いられるべきだ」と明確に論じている。さらには、他の西欧諸国との関係を考慮して、米英関係が「特別な関係」であると明確化することを避けるべきだと記されている（細谷、二〇一三、一三一頁）。

本章ではNATOの中核部分であり、アングロ＝サクソン同盟の中核部分でもある英米間の「特別な関係」について、第二次世界大戦後の冷却化から再構築への道程をできるだけ詳しく振り返ってみたい。その上で、英米関係と大西洋同盟の形成を分析する。

本章の構成だが第一に、第二次世界大戦直後の英米間の「特別な関係」の冷却化を論じる。第二に、一九四七年春の冷戦の開始と英米の特別な関係の再構築を取り上げる。第三に、一九四八年三月のブリュッセル条約と英米の特別な関係について議論する。第四に、一九四九年四月の北大西洋条約の締結と英米の特別な関係について考察する。その後のアメリカでの国内批准問題も踏まえよう。こうして、英米間の「特別な関係」に注目しつつ、大西洋同盟の形成過程を分析するが、議論を展開する上では、アメリカの国内政治要因にも可能な範囲で注目してみたい。

二　英米の「特別な関係」の冷却化――一九四五～四六年

（1）冷却化する英米の「特別な関係」と英米金融協定

英米両国はまず、第二次世界大戦期に政治経済分野をはじめとして、特に防衛協力の分野で広範囲にわたる「特別な関係」

を形成した。ヒトラーのドイツ（とムッソリーニのイタリアと軍国主義の日本）を共通の敵として、相手国をお互いに必要とする形で国益が一致した結果、英米間に特別な関係が形成された。また英米同盟の「特別な」性質は、感情的親近感、文化的類似性、歴史的つながり、制度の類似性および共通の言語に由来するものである。ベイリスは、以下の通りいみじくも指摘する。

歴史・言語・人情と共通の利益のいずれが「特別な関係」の根底にあるのかという議論は不毛である。どちらもそれぞれなりの役割を明らかに果たしてきているからである。両国関係の特別性は、その関係がこれらの要素のいずれか一つから生じたものではなく、むしろこれらの要素が特別に混ぜ合わさってでき上がったものであるというところにある。……一方で政治的計算により協力を押す進める推進力が生まれ、他方で共通の歴史および文化によりその計算が理解され、そこに愛着と親近感が芽生え、これが同盟をさらに強固なものにしたのである。

国際政治に対する共通の見方や、歴史、文化に根差す共通の価値観は、「国際的にいかに困難な時代にあっても何がしかの共通の利益を見い出す共通の能力」を涵養することに役立ってきたとも指摘される（Baylis, 1984 : xviii）。

こうした英米間の特別な関係は、第二次世界大戦後も長く継続し維持されていくのだが、第二次世界大戦直後の一九四五年から四六年にかけては、大きな意見の相違が表面化し、その関係は急速に冷却した。たとえば英米間では、合同戦争遂行機関が急速に崩壊し、アメリカ側が四五年八月に武器貸与取り極めを突然撤回し、英米連合委員会が廃止され、核兵器の分野における協力がアメリカ側により一方的に終了させられた（Baylis, 1984 : 29 : Dobson, 1995 : 91）。他方で、英米協力がまったくなかったわけではなかった。一九四五年一二月に、アトリー政権は、アメリカから三七億五〇〇〇万ドルの借款を得る金融協定を締結した。水本義彦によれば、「戦勝国でありながらアメリカの支えを得てようやくイギリスは戦後の歩みを始めたのである」（水本、二〇一六、一四一頁 : Wevill, 2012 : chap. 2）。アメリカは一九四六年まで、イギリスの貿易制度を問題視し、イギリスとソ連との間で調停役を果たす政策を推進していたが、イギリス経済の脆弱さを十分に理解していなかったと言ってよい（Perkins, 1986 : 53）。

（2）チャーチルの「鉄のカーテン」演説

こうして英米関係がまさに冷却化していた時期に、チャーチル元首相の「鉄のカーテン」演説が、一九四六年三月五日にミズーリ州フルトンで行われたのである。チャーチルは、この鉄のカーテン演説で一九四〇年以降の時期を強調しつつ、第二次世界大戦期の英米同盟の協力関係がいかに重要であったかを熱く語るとともに、国際秩序の雲行きがあやしくなりつつある第二次世界大戦直後の時期にこそ、英米両国は協力を続けるための手段を持つ必要がある、と指摘した。また、英米両国が親密な関係を継続することこそ自由な制度を有する諸国家の安全を維持するための唯一の手段であると主張し、本章の冒頭でも一部引用した通り次のように述べた。

戦争の確かなる防止も、世界機構の継続的な発展も、私が「英語諸国民」の友愛の連帯と呼ぶものなくしては、手に入れることはできないでしょう。つまりそれは、英連邦および英帝国、そしてアメリカの間の、「特別な関係」を意味します。この友誼に基づく連合には、広い血縁関係に結びつけられた両国国民社会の間の友好増進と相互理解が必要であるとともに、両国の軍事顧問間の親密な関係を継続し、潜在的脅威に関する共同研究を行い、武器や作戦指令書の標準化を図り、軍事技術専門学校の士官や見習い士官の交換に発展していくようにすることが必要であります。さらに、両国が世界中に有するすべての海軍および空軍の基地を共同利用することにより、相互に安全を保障し合っている現在の態勢を維持していくことも、また必要なのであります（Baylis, 1984：xvi）。

この演説がとりわけ重要である理由はいくつかある。まず、冷戦が本格的に開始される以前というタイミングで語られたことである。また、鉄のカーテンがヨーロッパを縦断して引かれているという印象的な表現を使ってみせたことや、英米両国の軍事的協力継続の重要性を強調したことにとどまらず、「特別な関係」という言葉を繰り返し使用し、広く普及せしめたからである（Dobson, 2017：Haglund, 2017：Harbutt, 1988：Reynolds, 2000：chap. 1：Reynolds, 2007A：chap. 14：Baylis, 1984：xvi）。チャーチルの鉄のカーテン演説に先立つ二月には、外交官のケナンがモスクワから、ソ連が掲げる共産主義のイデオロギーの脅威を警告する異例の長文電報をワシントンに送っていた（Kaplan, 1994A：14：Dobson, 1994：95）。やがて英ソ冷戦、さらに米ソ冷戦が開始され（一九四六年の時点では、ソ連のプロパガンダの対象は、ワシントンというよりもロンドンであった）、ソ連の共産主義のイデオロギーに対する脅威認識を共有するようになるにつれて、「特別な関係」と呼びうるほどの防衛分野における協力の幅広い絆が英米間で再構築されていくことになる（Perkins, 1986：53)。

（3）瓦解する英米の「特別な関係」

第二次世界大戦直後の一九四五年から四六年にかけての英米関係の冷却化について、もう少し詳しく触れておく必要があろう。

まず一九四五年八月に、トルーマン大統領は突然、武器貸与法を撤回した。またイギリスへの資金の貸与をめぐって異論が起きた。これらに対してイギリスのアトリー政権は、強い衝撃を受け、やがて英米両国間に敵意が生じ、相互非難が始まった。パレスチナ問題（やイスラエル建国問題）など個別の政策課題についても相互批判が表面化した上に、アメリカ国内ではイギリスの社会主義に対する疑惑が存在していた。再びベイリスによれば、「多くのアメリカ人にとって、堂々たる指導者であるウィンストン・チャーチルに替えて『精彩のない』クレメント・アトリーを選出するというイギリス人の恩知らずな態度は、理解に苦しむところであった。チャーチルが交替させられたこと自体、この同盟を弱体化させるものであった」（Baylis, 1984：29）という。

一九四五年九月には、トルーマン大統領が連合軍の戦争活動の統合に重要な役割を果たした合同会議の多くを解散させると発表した。第二次世界大戦期に広範囲にわたって作成された軍事計画も、ヨーロッパの占領に関わるものを例外として事実上消滅した。第二次世界大戦期の緊密な提携関係が終了し、この時期にはたとえイギリスが攻撃を受けたとしても、「アメリカがイギリスを助けに行くという約束はまったく存在していなかった」（Gowing, 1974：94：Baylis, 1984：30に引用された）。共同戦争組織の象徴ないし中心として威信の高かった英米連合参謀本部は、終戦後しばらくの間、きわめて限定的な機能しか果たしていなかった。防衛分野における協力のうち、この時期に崩壊した最大のものは、核兵器の分野での協力であった。しかも一九四七年から五〇年代初頭にかけて、英米間の防衛分野における協力はかなり改善されていくが、この核兵器の分野での諸困難はこの期間中も未解決のままであった（Baylis, 1984：30-37, 41-45：Dobson, 1995：91-92）。

第二次世界大戦が終結するや否や、核兵器に関する情報の流入は滞りがちになった。一九四五年暮れまでには、アメリカ議会では、核兵器製造の知識は独占すべきであるとの考えが広がっており、四六年八月一日には、アメリカ議会が核兵器に関する他国とのすべての情報交換を禁止するマクマホン法を可決した。この当時アメリカでは、核兵器に関する知識はアメリカ国民だけの手で「神聖に保管」し、適切に組織された国際原子力機関（ＩＡＥＡ）にのみ提供すべきである、という考え方が広く受け入れられていた。こうして、英米間の核兵器の分野における協力はその後数年間にわたり（マクミラン政権期まで）、不可能となった（Nicholas, 1975：90：Baylis, 1984：30）。トルーマン政権は、この事例に限らず、イギリスの要請に応えられない理由として、議会の反対を指摘することがしばしばあった（Perkins, 1986：45-46）。

こうした核兵器の分野における英米協力の停止の結果、イギリスは核兵器製造のための独自の計画に踏み切ることを決定した。一九四七年一月に、アトリー政権は、核兵器の製造に踏み切る決定を下した。アトリー自身、この決断について後年に、以下の通り振り返っている。

われわれはアメリカに対し、自分たちの立場を守らざるを得なかった。自分たちを完全に彼らの手のなかに預けることはできないことであった。彼らの立場が常に明確であるとは限らなかった。かかる時、彼らが撤退し、再び孤立主義に戻る可能性が常に存在するということを、われわれは念頭に置かざるを得なかった。したがって、イギリス製の爆弾製造は、この段階で自らの防衛のために必要不可欠であった。これはＮＡＴＯ結成前のことである点に留意願いたい。

アトリーは大西洋同盟が形成される前に、「イギリスの安全保障を危険にさらすことはできなかった」とも述べている（Baylis, 1984：32-33：Wheeler, 1990）。また一九四七年五月にベヴィン外相が下院で明らかにしたように、イギリスはなお自国を大国である、と考えていたことも無視できない（Reynolds, 1986：29：Baylis, 1984：32）。イギリスの側から見れば、独自の核開発計画こそ、核兵器の分野における失われた英米協力を再生させる手段であるように思えたことも重要である（Baylis, 1984：33）。

（4） 英米両国軍部間の非公式の接触

チャーチルが鉄のカーテン演説を行った一九四六年三月以降、彼が求めた英米両国軍部間の非公式の接触は、水面下で始められつつあった。ソ連との間でドイツをめぐる困難が深まり、三月になってもソ連がイランから撤退しなかったため、安全保障関係者の間で英米両国が知恵を出し合うべきであるという機運が高まったのである（Dobson, 1995：94；Harbutt, 1988）。たとえば、一九四六年七月に、アメリカのフォレスタル海軍長官は、イギリスの政治や軍事の関係者がアメリカとの深い関係や非公式の外交的軍事的協力を求めている、という連絡を受けていた。こうして、英米関係は一九四六年八月のマクマホン法の成立の時点で最も低調な時期を迎えていたが、英米間の防衛分野での協力がいくつかの部門で残存しており、改善し始めていたのである（Baylis, 1984：34-35）。

一九四六年九月には、イギリスの英軍総参謀長のモントゴメリー陸軍元帥の使節団が、カナダとアメリカを歴訪し、第二次世界大戦期に存在した事務レベル協議を継承する可能性を探っている。モントゴメリー使節団の訪米は、防衛分野での提携態勢や非公式の協議態勢が次第に進展しつつあったことの象徴であり、こうした態勢はやがて一九四六年後半になってようやく再び確立されることとなった。たとえば、一九四六年一二月に、英米両国の空軍は協議を行い、訓練方法や戦術、装備および研究に関する第二次世界大戦期の協力を継続する旨で合意した。これを受けて一九四七年一月には、訓練目的のため将校の交換に関する協力の継続について、また米空軍上級将校の英空軍上級将校訪問について、新たな合意が成立した。同様の軍事交流は、英米両国の陸軍間および海軍間でも行われた（Baylis, 1984：35-36）。

一九四六年一二月には、アメリカの海軍省が中心となった協議会が作成した命令が発布され、以下のことが規定されていたという。「戦闘命令を含むアメリカの軍事機密情報、ならびにイギリスとの協力の下に行っている共同研究開発計画やアメリカ自身による研究開発計画に関するあらゆる情報は、イギリス側に提供することができる」。この命令の対象から核兵器の情報は除外されていたが、広範囲にわたる軍事情報が含まれていた（Baylis, 1984：36）。こうして、軍レベルでは非公式の接触が徐々に再開されつつあった。ベイリスは、以下の通り指摘する。

具体的合意文書に署名がなされたわけでもなく、また公式の同盟が成立していたわけでもなかったが、一九四六年から一九四七年初頭にかけての時期に同盟への下地がつくられたことは疑うべくもない（Baylis, 1984：37）。

一九四六年には、英米両国軍部首脳は将来何らかの軍事的危機が発生した場合に、英米両軍が共同作戦を行うことを検討し始めるようになっていた。英米間では、多くの非公式な事務レベルの取り極めや覚書が取り交わされた。一九四六年にはまだ冷戦に突入していたわけではなかったが、英米両国とソ連との間の猜疑心は深まっていく。たとえば、賠償問題やドイツの将来をめぐる問題だけでなく、ポーランドなど東ヨーロッパ諸国をめぐる問題や、イランやトルコをめぐる問題で、英ソ間、さらに米ソ間で意見の食い違いが生じていた（Smith, 1990：Kent, 1990：Fawcett, 1990：Harbutt, 1988）。こうして、ソ連との関係が悪化するにつれて、英米両国はその共通の利益のために第二次世界大戦後の冷却状態から脱出して、より緊密な関係に転じていくことになる。一九四六年一二月には早くも、ドイツにある英米占領地区を統合させる決断が下された（Kaplan, 1994A：12-13, 17：Deighton, 1993：chap. 5：Deighton, 1990）。第二次世界大戦後の二年間に、多くの非公式な事務レベルの取り極めや覚書が取り交わされた。あるアメリカ軍将校は、一九四七年までの間にさまざまなチャンネルを通じて相当多数の「健全なごまかし」が実行されていた、と述べている（Baylis, 1984：37）。

ただし、一九四六年一一月中旬においてはまだ、フォレスタル海軍長官が西ヨーロッパ諸国に対して、アメリカは軍事物資の輸送を十分に行うので、暗黙の軍事的協力関係でもって納得してもらえないものであろうか、と打診している。またその時にフォレスタルは、実際に戦闘が行われる場合にアメリカが西ヨーロッパを支援する、という内容の協定にアメリカが署名する必要があるか、という質問すら行っていた（Baylis, 1984：39）。

三　冷戦の開始がもたらした変化——一九四七年

(1) トルーマン・ドクトリンとマーシャル・プランでの英米の協調

第二次世界大戦後まもなくして、一九四七年春に、ヨーロッパ地域で冷戦が始まった。トルーマン大統領が一九四七年三月一二日にアメリカ議会で演説し、ギリシャとトルコへの軍事支援をイギリスから肩代わりする必要性を強く説くとともに、米ソ間の闘争を「二つの生活様式」をめぐる争いとして描いた。いわゆる「トルーマン・ドクトリン」である。異なる政治体制をめぐる争いとして、冷戦を捉えたのである。アメリカの資本主義とソ連の共産主義のイデオロギーは、お互いに相容れないものであると了解された。また、ソ連の共産主義のイデオロギーの脅威は、中東地域からヨーロッパ地域へと至るものとして描かれた。早くもドミノ的な発想を垣間見ることができる。問題は、イギリスだけでなく、トルーマン政権も、議会の反応を予測できなかったことである。(*Public Papers of the Presidents of the United States*, 1948：178-180：Perkins, 1986：55：Gadzey, 1994：chap. 4：Leffler, 2012：Pero, 2014：Mastny, 2014：石井、二〇〇〇、一六〇～一六一頁：佐々木、二〇一一A、六三～六四頁：西崎、二〇一七a、四五～四七頁：水本、二〇一六、一四二～一四三頁)。再び金子の指摘を紹介しよう。

トルーマン・ドクトリンは、ギリシャやトルコといった限定的な地域における自由と民主主義の擁護を対象としていたものの、ソ連のもたらす共産主義の脅威を前面に掲げたその普遍的レトリックによって、つまり、その論点を伝統的な国家間の権力政治から自由民主主義と全体主義の対決へと移し代えることによって、米国を「西側」世界の庇護者へと変貌させる契機となったのである (金子、二〇〇八、一六頁)。

トルコとギリシャに対する約四億ドルの軍事支援を提供することを提案したトルーマン・ドクトリンは、そもそもイギリス政府からの要請に基づき、イギリスの支援を肩代わりした結果であった。イギリスは、中東地域へのアクセス路の要衝を防衛できないほどに、疲弊していたのである。他方で、イギリスの外務省は一九四七年初頭、イギリスが弱まり、ソ連が脅威となる情勢下で、「アメリカのあまりに大きな自立性は、危険をともなう」と認識していた（Perkins, 1986：46）。

三カ月後の六月五日には、ハーバード大学での卒業式でマーシャル国務長官が、欧州復興援助計画を発表する。翌年の一九四八年四月に経済協力法が制定されて以降、一九五〇年代初頭までに、アメリカから西ヨーロッパ諸国に対して約一三〇億ドルもの大規模な経済支援が注がれていく。イギリスは、この「マーシャル・プラン」の申し出を真っ先に受諾し、これに対するヨーロッパ諸国の受諾を引き出す上で主導的な役割を果たした。イギリスのベヴィン外相は、アメリカとヨーロッパとをより強い絆で徐々に結びつけていった（Wevill, 2012：chap. 5：Baylis, 1984：38：Smith, 1990：Deighton, 2012：Anderson, 1981：Hanrieder & Auton, 1980：chap. 9）。マーシャル・プランの最大の受益国は、イギリスであった。

マーシャル・プランは、あくまでも経済援助だが、これはソ連の共産主義のイデオロギーを封じ込めるための戦略的な手段（「対抗力」）なのであった。ヨーロッパは早くも、政治的かつ経済的に東西に分断されていく（U. S. Department of State, *Bulletin*, 16：1160：Gadzey, 1994：chap. 4：Hitchcock, 2012：石井、二〇〇〇、一六五～一六六頁：佐々木、二〇一一、六六頁：西崎、二〇一七a、四八～四九頁：永田、一九九〇：滝田、二〇一四：水本、二〇一六、一四三頁）。また同時に、ドル以外の通貨による域内の財の交換と決済を促すことによって、すなわち、域内の経済協力を不可避とすることによって、ヨーロッパ経済の立て直しに大きな役割を果たすことになった（金子、二〇〇八、一六頁）。

マーシャル・プランは、ヨーロッパ側のイニシアティブの重要性を強調する内容であった。アメリカとしては、第二次世界大戦後、ヨーロッパ諸国が何らかの一つのまとまりとして統合されていくことが必要である、と判断していた。マーシャル・プランの受け入れ機関として、ヨーロッパ経済協力機構（ＯＥＥＣ、後の経済協力開発機構〔ＯＥＣＤ〕）が発足した。ＯＥＥＣは、ＮＡＴＯと並び、アメリカ主導のヨーロッパ国際秩序の重要な一翼を担う多国間機構となっていく。ヨーロッパ決済同盟（ＥＰＵ）も発足する。これらは、冷戦期の西ヨーロッパ諸国の地域統合の動きにとっても、重要なステップとなっていく（永田、一九九〇、一〇〇～一〇二頁）。

一九四七年五月に国務省政策企画室（ＰＰＣ）の初代室長となっていたケナンは、一九四七年夏には、「封じ込め」の政策概念を明らかにする。『フォーリン・アフェアーズ』誌の七月号にXの匿名で発表した論文「ソヴィエトの行動の源泉」のなかでケナンは、アメリカの対ソ政策は「ソ連邦の膨張傾向に対する長期の、辛抱強い、しかも確固として注意深い封じ込めでなければならない」と主張していた。イギリスのモスクワ大使館のフランク・ロバーツもケナンと認識をほぼ同じくしていた（Kennan, 1984 : 119 : Perkins, 1986 : 53 : 佐々木、二〇一一、六五頁 : Gaddis, 2011 : 佐々木卓也、一九九三、特に第三章 : ルカーチ、二〇一一 : 石井、二〇〇〇、第四章 : 西崎、二〇一七a、四三〜五〇頁 : 高松、一九九八、一四三〜一四六頁)。ケナンは、トルーマン・ドクトリン（や後のＮＡＴＯ）には批判的であったが、国務次官のクレイトンやアチソンらとともに、自らが中心となってとりまとめたマーシャル・プランを「封じ込め」政策の成功例として捉えていた（Kaplan, 1994A : 14-15 : ケナン、二〇〇〇、訳者あとがき）。ベヴィンが一九四七年七月に、「アメリカからの支援がなければ、フランスを失うことになる」という懸念をアメリカ大使に吐露していたことも指摘しておこう（Perkins, 1986 : 53)。

（２）安全保障枠組みをめぐるベヴィン外相の構想

英米両国の協議は当初、西側の利益にとって死活的な分野、特に中近東について行われた。一九四七年八月のペンタゴン会議での話し合いは、同年一〇月一六日から一一月七日にかけて開かれたワシントン会議で一段と進められた。これらの会議では、西側にとっての中近東の戦略的重要性や、中近東の問題について西側が共同歩調をとることの必要性が討議された。再びベイリスの指摘を紹介しよう。

四七年も終わりに近づいた頃、ベヴィンはさらに欲張った包括的安全保障取り極めの締結を考え始めていた。四七年夏の時点では、イギリス軍参謀長たちが軍事計画のために特にソ連を仮想敵国とみなすことを許さなかったベヴィンも、一二月にはソ連に対し、完全に幻滅を感じていた。それ以来、彼の主たる関心事は、西ヨーロッパ諸国をアメリカと密接につながった防衛同盟へ組み入れることに移った（Baylis, 1984 : 38)。

一九四七年が終わる頃には、ドイツ問題が深刻な事態に陥っていく。特に一九四七年一一月の四大国によるロンドン外相会議で、西側諸国はドイツ問題をめぐるソ連との交渉はもはや現実的ではないことを悟るに至る。トルーマン大統領とバーンズ国務長官は、ソ連のスターリン書記長をもはや交渉可能な政治家としてみなさなくなっていた（Deighton, 1993 : chap. 8 ; 1990 : Schwarz, 2012）。もっとも、バーンズ国務長官は、一九四六年九月六日にシュツットガルトで、石炭・鉄鋼資源の不足するアメリカ占領地区と食糧不足に陥ったイギリス占領地区の経済統合を発表し、ドイツの占領政策を転換させる内容を明らかにしていた（Deighton, 1990 : 金子、二〇〇八、一八〜一九頁 : 高松、一九九八、一四三頁）。また先に見た通り、英米両国は一九四六年一二月の時点ですでに、ドイツの占領地区を統合させる決断を下している。

こうしたアメリカの動きは、ソ連を当然、刺激するものであった。たとえばソ連は、一九四七年九月下旬のポーランドでの会議で、各国共産党との情報交換機関となるコミンフォルム（共産党情報局）を結成するとともに、その設立趣旨を資本主義の敵と闘うための共産主義者の団結と規定し、自らの陣営の結束を固めながら、アメリカへの対抗姿勢を強めていった（金子、二〇〇八、一七頁。一九四九年一月には、経済相互援助会議〔COMECON〕が設立されることになる）。

ロンドン外相会議直後の一九四七年一二月、イギリスのベヴィン外相は、フランスのビドー外相と駐英カナダ高等弁務官のロバートソン、アメリカのマーシャル国務長官との会談に臨み、ソ連の動静に対する危機感を語り、連合創設に向けたアメリカの理解と協力を求めている。

私は、見通しうる将来にわたり、ソ連が西側といかなる合理的な取り引きをも行うことはないと確信しており、また、西側の救済が、公式・非公式を問わず、西ヨーロッパにおいて、アメリカや英連邦諸国の後ろ盾を得たある種の連合（union）、つまり、内には自信と活力を鼓舞するような、また、外からは敬意を表されるような道義的かつ物理的な力を結集した組織を構築できるか否かにかかっていると確信している（金子、二〇〇八、二〇頁）。

このベヴィンの発言を重視したマーシャルは、早速その真意を探るべく、イギリスの外務省に特使を派遣した。その結果、ベヴィンが二つの安全保障枠組みを検討していることが明らかとなった。一つは、英仏にベネルクス三カ国を加えた小さな中核部分であり、条約形式によるヨーロッパ独自の強固な枠組みとすることが想定されていた。もう一つは、米加や英連邦諸国によって構成されるやや大きな枠組みであり、これには誓約（commitment）の範囲を幾分緩和した条約を介し、中核部分を支援することが想定されていた。ベヴィンは、チャーチルが鉄のカーテン演説で掲げた「英語諸国民」による「友愛の連帯」の構想では他のヨーロッパ諸国からの反発が必至であると感じていたし、カナダ外相のサンローランが一九四七年九月に国連総会で提起したような、国連の集団安全保障機能を補完する「民主・平和友好諸国の連合（association）」では普遍的過ぎて、本来の目的に供さないと評価していた（Kaplan, 2007：chap. 2：1994B：chap. 4：Smith, 1990：金子、二〇〇八、二一頁）。

一九四七年のアメリカには、北大西洋地域での防衛構想に自ら参加する意思はまだなかったが、ヨーロッパ統合への支持は存在した。たとえば、ダレスが一九四七年一月に、「ヨーロッパ連邦（European federation）」を支持する演説を行い、リップマンやトンプソンら影響力あるジャーナリストたちからも注目を集めていた。議会では、三月二一日のフルブライト上院議員とトマス上院議員による決議が、「国際連合の枠組み内でのヨーロッパ合衆国の形成」を支持していた（Lipgens, 1982：468-470）。

こうした情勢の下で注目すべきことは、イギリスのベヴィン外相とフランスのビドー外相は、アメリカからのマーシャル・プランによる寛大な援助提案にもかかわらず、ソ連の共産主義の脅威をなお依然として強く感じていたことである。はたしてソ連は、アメリカの援助で西ヨーロッパの資本主義諸国が復興し、共産主義諸国よりも優位に立つことを許容するであろうか――。ベヴィンとビドーは、ソ連が西ヨーロッパ地域でも、共産党を支援するなど、介入の度合いを深めるのではないかと懸念を深めていた（Kaplan, 1994A：16-17：1994B：chap. 4）。

四　ブリュッセル条約の締結と英米の「特別な関係」――一九四八年

（1）西欧連合をめぐるベヴィン外相の構想

一九四八年に入ると、一月一三日にベヴィン外相は、アメリカに対してアメリカと英連邦が支援する形で西ヨーロッパに何らかの連合をつくることに関心がある旨を伝えた（Baylis, 1984：38）。またベヴィンは、一九四八年一月二二日に下院で演説し、フランスやオランダ、ベルギー、ルクセンブルグと協調して政治共同体を形成し、最終的には他のヨーロッパ諸国にも門戸を開くことを提案した。ベヴィンは、それまでのあいまいな言辞を排し、はじめて侵略的なソ連の政治的意図に言及するとともに、西ヨーロッパの自由主義諸国の独立を守るための西欧連合（Western Union）の創設を提起した。イタリアや将来の民主化されたドイツの加入を射程に収めるこの構想の目指すものが、ソ連の軍事的脅威に対抗する組織の結成にあることは明白であった（金子、二〇〇八、二一一〜二一二頁）。このベヴィンの演説は、ヨーロッパ大陸から距離を置くイギリス外交の伝統からの大きな逸脱であったが、マーシャル・プランによるアメリカからの要請には合致する内容であった。ただし、アメリカ議会が多額のマーシャル・プランを認めるのかという懸念は残っていた（Perkins, 1986 : 58）。

またこの演説は、アメリカの議会とマスメディアで熱狂的な支持を得た（Kaplan, 1994A : 17-19 ; 1994B : chap. 4）。当時の国務省高官の意見とほぼ重なっていたことも重要であった。たとえば、西ヨーロッパ問題担当のアキレスは、ヨーロッパ問題担当のヒッカーソンに新年のパーティーで、ヨーロッパの大国と錯綜した同盟を結ぶべきではないというワシントン大統領の勧告に縛られない必要性を説きつつ、「われわれは、平時だが西ヨーロッパ諸国との軍事同盟の形成について交渉し、それを直ちに実行すべきだ」（Kaplan, 1994A : 19）と語っている。アキレスとヒッカーソンの二人はその後、北大西洋条約締結の最大の貢献者となっていく。

（2）ブリュッセル条約をめぐる英米関係

問題は、アメリカの孤立主義の伝統をいかに克服しつつ、西ヨーロッパ諸国の防衛面での自助努力と経済統合への機運をいかに低下させないかであった。当時のトルーマン政権内では、ヒッカーソンとケナンが一九四七年三月一七日に締結されたダンケルク条約をモデルとした西欧連合には懐疑的であった。ヒッカーソンは、一九四七年九月二日に締結された全米相互援助条約（リオデジャネイロ条約）をモデルとすべきだと考えていた。マーシャル国務長官とラヴェット国務次官（後の国防長官）は、ベヴィンの演説に一定の共感を示しつつも、アメリカの防衛義務を公にする前に、西ヨーロッパ諸国の防衛面での自助努力の道を明らかにすべきであるという判断から、西ヨーロッパ諸国との軍事同盟には反対であった（Kaplan, 1994A : 19 ; 1994B : chap. 4）。

ベヴィンは、先の下院での演説の数日後、駐米大使を介し、アメリカの関与を引き出すべくラヴェット国務次官にこの構想を打診したが、この西欧防衛の強化に向けたイギリス提案を英米軍事同盟の締結要求とみなしたラヴェットは、言下にこれを拒絶した。第二次世界大戦からの動員解除と緊縮国防予算の下で、アメリカとしては具体的な青写真も提示されないこうしたイギリスの提案を容易に受け入れることはできなかった。こうしたアメリカの反応に接して、英仏両国はアメリカからの支援の受け皿作りを目指して、即座に自助努力を開始する（金子、二〇〇八、二二二頁）。

一九四八年二月中旬に、英仏両国はまずベネルクス三カ国に対して、ドイツを仮想敵に据えた英仏ダンケルク条約に類似する、伝統的な軍事同盟の色彩を含んだ条約の締結を提唱する覚書を個別に送付した。この覚書では、ソ連を刺激する文言を盛り込まないことに加えて、これを二国間条約のネットワークとすることが提起されていた。後者については、仮に西ヨーロッパ側が多国間条約を締結し、アメリカがこれを有効と判断したならば、かえってアメリカに対してこの問題から距離を置く口実を与えかねない、と危惧されたからである。これに対してベネルクス三カ国は、アメリカの示唆にしたがい、一九四七年九月のリオデジャネイロ条約に倣った国連憲章第五一条に規定される地域的な集団防衛機構とすることを提唱した（金子、二〇〇八、二二二頁：Kaplan, 1994B : chap. 4）。

三月一七日にはイギリスとフランス、ベネルクス三カ国との間で、ブリュッセル条約の締結へと至った。英仏両国は、ベネルクス三カ国側の要求を大幅に受け容れて、ブリュッセル条約をまとめた。ブリュッセル条約の正式名称は、「経済、社会および文化的協力、並びに集団的自衛のための条約（Treaty of Economic, Social and Cultural Collaboration and Collective Self-Defence）」となった。ベヴィンの演説の影響もあり、ブリュッセル条約は第一条で、ヨーロッパ経済復興の促進を強調し、ヨーロッパ地域の経済協力を進展させていくことを謳った。続く第二条と第三条でも、経済協力に加えて、民主主義の重視、個人の自由と政治的自由の重視、法の支配に基づく経済的・社会的・文化的協力を謳った。前文と第七条では、「ドイツの攻撃的な政策の復活」の恐れに言及したものの、ソ連の脅威については特定しなかった。ただし第四条は、いずれかの加盟国への攻撃があった場合の他の加盟諸国の協力に関し、個別的及び集団的自衛権を規定した国連憲章第五一条の適用を定め、各国の自動的な参戦を含む条項と解釈された（Kaplan, 1994A : 17–18 : 2007 : chap. 3 : 1994B : chaps. 4, 5 : 金子、二〇〇八、二二三頁）。

ベヴィンの演説とブリュッセル条約にはアメリカの役割についての言及はないが、ベヴィンとビドーは、マーシャル・プランの提案を受けた時点から、西ヨーロッパ地域の安全保障のためには、アメリカからの支援が不可欠である、と早くも認識していた。「ベヴィンにとって、ブリュッセル条約は大西洋同盟の原型であり、アメリカを巻き込む、より幅広い連合への前段階に思えた」とベイリスは指摘する（Baylis, 1984：38；Longden, 2003）。バーネットも、ブリュッセル条約は、「ベヴィンの眼には、アメリカの関与を引き出すために注意深くアレンジされた引き金に他ならなかった」と指摘している。ベヴィンは、アメリカ外交の同盟への忌避感にも敏感であった（Barnet, 1983：129；Perkins, 1986：57）。ブリュッセル条約の締結には、違った解釈もある。一九四八年初頭の段階になってもイギリスの外務省は、アメリカとの大西洋同盟ではなく、フランスを中心とする西ヨーロッパ諸国とその植民地を結集した西欧同盟を構築し、米ソに並ぶ「第三勢力」を形成しようと試みていたという解釈である。たしかに一九五一年まで、イギリスの外務省は、アメリカをヨーロッパに「巻き込む（entangle, pull in）」戦略と同時に、「第三勢力」構想を描いていた形跡がある（細谷、二〇〇一A、第三章；水本、二〇一六、一四五頁を参照）。

（3）ベヴィンの「巻き込み」戦略

アメリカをヨーロッパ地域に「巻き込む」ためには、ブリュッセル条約をこれまでのヨーロッパ地域の伝統的な同盟ではないこと、西ヨーロッパが旧世界から決別したことをアメリカに示す必要があった。ブリュッセル条約は五〇年間、効力を持つとされ、加盟国外相によって構成される諮問理事会（Consultative Counsel）を西欧連合の最高議決機関として設置し、加盟国の国防相による西欧防衛委員会も設置された。こうして、大西洋同盟創設に向けた中核部分が形成された（Kaplan, 1994A：17-18；1994B：chaps. 4, 5；金子、二〇〇八、二三頁）。

この間、一九四八年二月二五日から三月一〇日にかけては、チェコスロヴァキアで議会制民主主義から共産主義の政治体制への政変が起こり、アメリカをはじめとした西側諸国に大きな衝撃を与えていた（Kaplan, 1994A：19；1994B：chap. 4）。ブリュッセル条約にアメリカは加わっていないが、ベヴィン外相とビドー外相の隠された目的は、アメリカを西ヨーロッパの防衛に関与させることにあった。アメリカの関与なしに、ヨーロッパ地域でソ連の脅威に対抗する立場に陥ることを恐れたのである。特にベヴィン外相は、アメリカをヨーロッパ地域に「巻き込む」戦略を練り上げていく（Dobson, 1995 94 : Best, 1986 : chap. 6）。国際政治学者のルンデスタッドの「招かれた帝国（empire by invitation）」という議論である（Lundestad, 1986 : 1990 : 1999 : 2012 : esp. 92-93）。再び水本によれば、「マーシャル・プランのとりまとめとブリュッセル条約策定でのベヴィンの卓越した指導力は、孤立主義的なアメリカの議会や世論を説得して海外軍事関与への支持を取りつける上できわめて重要なものだった」（水本、二〇一六、一四六頁）。

たとえばベヴィンは、同年三月に、マーシャル国務長官に対して、西欧連合、さらにはこれに付随する大西洋安全保障共同計画および地中海安全保障態勢について具体的な提案を行っている。アメリカ側首脳陣からの返答は、まだ正式の約束をする準備はできていないが、イギリスをはじめ他の西ヨーロッパ諸国の協力があれば、それはアメリカが西ヨーロッパに対して何らかの形で政治的支援や物質的援助を供与するための根拠になると考えてもらって結構だ、というものであった。この支援がどのような形で行われるかについては、アメリカの大統領選挙後の一九四八年終わりになるまで明らかにはならなかった（Baylis, 1984 : 38）。

ヨーロッパ地域の危機は、チェコスロヴァキアでの政変にとどまらなかった。一九四八年四月のイタリアの選挙で、組織されたイタリア共産党が大きく躍進するのではないか、と懸念されたのである。トルーマン政権は、国家安全保障会議（NSC）と国務省政策企画室で、軍事介入を含めたさまざまな政策の選択肢を検討した。こうした時期に、ソ連はノルウェーなど北欧諸国にも圧力を加え始め、「第二のチェコスロヴァキア」が深刻に危惧された。イギリスのアトリー政権は、アメリカとカナダに対して、大西洋地域の相互防衛のアプローチについて話し合うことを提案した。ヒッカーソンのノルウェー問題に対する反応も、ベヴィンと同じようなものであった。彼は、西ヨーロッパ諸国が形成する防衛の取り極めに参加したり、支援をするばかりでなく、北大西洋と地中海地域の防衛構想の可能性を模索し始めるのである（Kaplan, 1994A : 20 : 1994B : chap. 5）。

ブリュッセル条約の調印と同じ三月一七日に、トルーマン大統領はアメリカ議会の両院合同会議での特別演説で、ソ連の態度に対する落胆と危惧を表明する一方で、西側文明を死守するためのヨーロッパ統合に向けたこの試みに対して、「アメリカはこれら自由主義諸国に対して、適切な手段を用い、状況が必要とする支援の手を差し伸べるものと確信する……適切で均衡のとれた軍事力が必要である」と述べ、西ヨーロッパ諸国への軍事支援の意思を伝えた（金子、二〇〇八、二四頁）。その直後の四月には議会で、経済協力法が成立する。

（4）北大西洋地域の防衛構想と躊躇するアメリカ

ほぼ同じ時期の三月から四月にかけて、国防総省でアメリカとイギリス、カナダの間で、「北大西洋地域の集団防衛協定」の形成に向けた秘密交渉が実現した。情報漏洩の危険から、フランスはこの秘密交渉から外された。このことは、後にフランスを憤慨させることになるが、当時のアメリカにとっては孤立主義の伝統に無駄に縛られないためにも、情報漏洩はあってはならないことであった。こうして、英米間の特別な関係を軸に開始された三カ国の協議の主題は、早くも条約の作成を前提とした具体的な問題に集約されていった。すなわち、イタリアの加盟の是非やフランスのアルジェリア県を防衛範囲に含むか否かといった問題や、民主主義や経済的・社会的協力といった文言を条約に盛り込むか否かの問題、アメリカからの軍事的支援をめぐる誓約の問題である（金子、二〇〇八、二五頁）。しかし、この秘密交渉は、新しい西欧連合へのアメリカの参加が実現せず、ほとんど成果はなかった（Kaplan, 1994A : 21 : 1994B : chap. 5）。

トルーマン政権が北大西洋地域の防衛構想に躊躇した理由の一つとして、「旧世界」の狡猾な西ヨーロッパ諸国が「新世界」の無知なアメリカを利用し、アメリカの富を獲得しようとしているのではないか、という漠然とした不安があった。西ヨーロッパ諸国が防衛面での自助努力をせずに、アメリカの軍事力に依存し続けることが懸念されたのである。また統合参謀本部（JCS）をはじめとした軍部は、一九四八年の防衛予算が限られている状況下で、西ヨーロッパ諸国を防衛面で助ける余裕はないと感じていた（Kaplan, 1994A : 22 : 1994B : chap. 5）。

一九四八年三月三〇日の国家安全保障会議文書第七号（NSC7）の「ソヴィエトが指導する世界共産主義に関する合衆国の姿勢」は、「世界中の反共産主義勢力の抵抗する意思を強化する」であろう敵への対抗力の強化を提言した（*FRUS, 1948, Volume I* : 545-550）。二週間後の四月一三日のNSC9の「西欧連合と他の関連する自由主義諸国への支援に関する合衆国の姿勢」では、西欧連合へのより幅広い支援を謳ったが、議会の上院の意見も反映して三度の修正を経て、六月二八日に北大西洋地域の諸国へ送付されることとなった（*FRUS, 1948, Volume III*：85-88）。

（5）ヴァンデンバーグ決議とその意義

この間、一九四八年六月一一日には、議会の上院でヴァンデンバーグ決議が、賛成六四、反対四で可決された。トルーマン政権と議会共和党は、密接に連携していた。この結果、第三章でも指摘した通り、憲法上のプロセスにしたがい、国連憲章の下で「継続的かつ効果的な自助及び相互援助（continuous and effective self-help and mutual aid）」の条件を満たすならば、平時でも軍事同盟を締結することが国内政治上、可能となった。繰り返しになるが、アメリカ議会への政治的な配慮から「相互互恵（reciprocity）」の原則に基づく必要があった。アメリカ外交が、孤立主義を乗り越えた歴史的な瞬間であった（Kaplan, 1994A：23：2007：chap. 4：1994B：chap. 5：西崎、一九九二、一一四～一二四、一三四頁）。最終的には、一九四九年四月四日に、北大西洋条約が調印されることになる。

ヴァンデンバーグ決議とその後について、もう少し詳しく検討しておきたい。

アメリカが平時において、ヨーロッパ地域の国々と同盟関係に入り、明示的な軍事保障を与える時、それは旧態依然たる同盟条約ではなく、国連の集団安全保障態勢の一環として位置づける必要があった。ハワイ真珠湾奇襲攻撃後まもなく、孤立主義から国際主義に立場を転換していたヴァンデンバーグ上院議員は、一九四八年には上院外交委員長となっていた。彼は、トルーマン政権との間で密接な協議を重ねた。四月には、マーシャル国務長官とラヴェット国務次官、民主党のコナリー上院議員とともに、北大西洋地域の安全保障問題をめぐる予備会談に臨んでいる。その結果、一九四八年六月にヴァンデンバーグ決議が上院で可決されたのである。

このヴァンデンバーグ決議は、冒頭で「正義に基づく平和並びに人権及び基本的自由の擁護」は国連の効果的な活用による国際協力を必要とすると宣言した上で、「憲法上の手続きにしたがい、国際連合憲章の範囲内で」、（先に見た通り）「継続的かつ効果的な自助及び相互援助を基礎とし、かつ、合衆国の国家的安全に影響のある地域的その他の集団的取り極めに合衆国が憲法上の手続きにしたがって参加することができること」、「合衆国の国家的な安全に影響を及ぼす武力攻撃が発生する場合には第五一条に基づき個別的または集団的自衛権を行使するという合衆国の決意」を表明した（*Congressional Record*, 80 Congress, 2nd Session：7791）。注目すべきことに、カプランや佐々木卓也が指摘する通り、六つの条項から成る決議文のうち、五つが何らかの形で国連に結びつけられていた（Kaplan, 1994A：23；1994B：chap. 5；佐々木、二〇一三、四二頁）。

ヴァンデンバーグ決議に基づいた、アメリカと西ヨーロッパ諸国との国際交渉は、一九四八年七月一日に開始されるが、その道のりは平坦ではなかった。六月二四日から、ベルリン封鎖の国際危機が勃発していたにもかかわらず、である。同じ七月一日には、ＮＳＣ14／1「非ソヴィエト世界の諸国への軍事支援供与に関する合衆国の姿勢」がまとめられ、アメリカと西欧連合との間で開始される交渉が将来、イタリアやアイスランド、ノルウェー、デンマーク、ポルトガル、スウェーデンにまで拡大されることが提言されていた（Kaplan, 1994A：23；1994B：chap. 5）。

たしかに、ベルリン封鎖の危機が勃発すると、早速、ヴァンデンバーグ決議に基づき、八月二〇日から二二日にかけてロードアイランド州ニューポートでアメリカの三軍参謀長会議が開催され、イギリスと西ヨーロッパの防衛のための「偉大な計画」が策定された。第一の計画は、アメリカ軍は「イギリスが主たる役割を果たすことが期待される西ヨーロッパにおいて、戦略指揮に関与すること」であった。これを受けてその直後、モントゴメリー陸軍元帥が最高司令官会議の議長に指名され、またブリュッセル条約加盟国による西欧防衛機構が創設された。第二の計画は、戦時におけるアメリカの行動の主たる指針を定めたことである。アメリカ人を「連合軍最高司令官」に任命することにするなど、この計画はアメリカがヨーロッパの防衛のために行うべき協力の概要を示すものであった。こうして、アメリカの軍事計画は、アメリカと西ヨーロッパとが同盟国として、東側からの侵略に対して共同で立ち向かうという想定に基づくものであった（Kaplan, 2007：chap. 5；1994B：chap. 5；Baylis, 1984：39）。

しかし、これらの計画は、アメリカが形式的に条約上の義務を負うことを想定したものではなかった。アメリカの理想とするところは、西ヨーロッパ諸国が、他の分野と同様、防衛分野においても、相互により強く統合され、そのなかでイギリスが主導的役割を担い、アメリカが外から軍事的支援を提供することであった。しかしイギリスは、西ヨーロッパ諸国の緊密な防衛統合自体にはそれほど強い関心はなく、むしろアメリカが大西洋同盟の一翼を担うことの方により大きな関心を抱いていた

（Baylis, 1984：39）。

（6）ベルリン封鎖のインパクト

大西洋同盟の形成に向けて、ベルリン封鎖が重要な契機を与えたことを無視すべきではない。英米両国を最も重要な構成国とする多数国間防衛条約の成立を促したほか、英米両国に作戦上の直接的な協力を行わせるための好機を提供したからである。一九四八年六月二四日から、封鎖が解除された四九年五月一一日までの間、英米両国空軍は包囲された都市ベルリンに対する共同空輸を行う上で緊密に協力した。一九四八年一〇月には、共同空輸特別作業部隊が編成され、この共同作業の円滑化がさらに進められた（Freedman, 2002：Shlaim, 1983：Harrison, 2014）。

ここに生まれた親密さの度合いや同盟軍としての協力の程度が、第二次世界大戦期の両国の提携関係の水準に達するまでには、あまり長い時間を要しなかった。英米の「特別な関係」の本格的な再生である。ベルリン封鎖の期間に英米両国軍は合計二〇万回以上の飛行を行い、一五〇万トン以上の物資を輸送した。ベヴィンも指摘しているように、平時において達成されたこのような親密さや協力は、第二次世界大戦期に得られたところに匹敵するものであった（Baylis, 1984：39-40）。

しかしこのベルリン封鎖は、もう一つの、長期的にはより大きな利益を英米両国の防衛協力関係に与えた。ベルリン封鎖の危機があまりに大きかったため、一九四八年七月に、イースト・アングリアにある三つのイギリス空軍基地に六〇機のアメリカ空軍Ｂ29スーパーフォートレスが飛来した。同年九月にはその数は増加し、七つのイギリス空軍基地に九〇機が送り込まれた。このアメリカ軍機のイギリス到着は、少なくともその初期においては、軍事的な意味よりもむしろ政治的な意味合いを持つものであり、またこれはアメリカが西ヨーロッパの防衛に関心があることを証明するものであった。Ｂ29自体は核兵器搭載可能であったが、イギリスに飛来したＢ29は一九四九年、五〇年に至るまでは、核兵器が搭載できるように改造されていなかった。しかし、その時以降、一九五〇年代後半に至るまでの間に、イギリスはアメリカの対ソ戦略攻撃の主要な基地の一つとなり、将来におけるソ連との前線になることを避けることはできなくなっていく（Baylis, 1984：40）。

注目すべきことに、基地の使用方法に関して、特にイギリス国内から発信する米軍機にどのような場合に核兵器を搭載するかということについて、公式の合意文書がまったくなかった。一九四八年七月二八日にイギリス下院において、空軍大臣は、アメリカ軍のイギリス駐留は正式の条約に基づくものではなく、「両国空軍の親善と訓練を目的とした非公式で長期の取り極めに基づくものである」ことを明らかにした。アメリカ側もまた、これら航空機の駐留を認めるイギリス側の形式ばらない態度に驚いていたという。アメリカの駐英大使ダグラスは本国より訓令を受け、アメリカ軍機のイギリス駐留がイギリス世論にどのような影響を与えるかについて、イギリス政府は実際に十分に検討し考慮したのかどうか、ベヴィン外相に尋ねたほどである。時期はずれるが一九四九年六月、イギリスに駐留するアメリカ空軍司令官自身が記者会見において、この取り極めが異例のものである点を強調しつつ、以下の通り説明している。

一流の強国が別の強国のなかにいかなる協定もなく乗り込んでいくということは、これまで歴史にはかつてなかったことである。われわれは気軽に来いよと言われ、「喜んで行くよ」と答えたに過ぎない（Baylis, 1984 : 40–41 : Dobson, 1995 : 95）。

（7）ブレーキとしてのアメリカの国内政治要因

北大西洋条約の締結へと至る国際交渉が難航した理由は、アメリカの国内政治にあった。一九四八年がアメリカ大統領選挙の年にあたり、現職の民主党大統領のトルーマンの再選が深刻に危ぶまれていたためである。トルーマン大統領の不人気に加えて、民主党は分裂していた。共和党の大統領候補はデューイで、彼が当選したら、ダレスが国務長官になることがほぼ確定していた。ヴァンデンバーグ上院議員は、大統領選挙の出馬を見送った（Kaplan, 1994A : 23–24 : 1994B : chap. 5）。米欧間で、北大西洋地域の新しい防衛構想がどの国を加盟国とするかをめぐる論争もあった。この問題は、オランダのクレフェンズの提案で、ブリュッセル条約を中核のカルテルとして、北大西洋条約でより緩やかに包括することとなった。イギリスやフランスは、ブリュッセル条約を交渉の梃子にしたいという思惑があり、アメリカは一貫して、本土防衛につながる北大西洋地域の防衛にこだわりを見せていた（*FRUS, 1948, Volume III* : 171）。

いずれにせよアメリカは、慎重かつ漸進的に国際交渉を進める必要があった。新しい北大西洋条約を、合衆国憲法とアメリカ外交の伝統である孤立主義と両立させる必要があったからである。それにしても、交渉開始から条約締結まで、九カ月以上を要したのはなぜか――。たしかに、一九四八年四月のイタリア選挙での共産党の敗北で差し迫った脅威がなくなり、東ヨーロッパ地域では、ユーゴスラヴィアのチトーがソ連のスターリンに反旗を翻して、共産主義圏の団結は早くも崩れていた。ベルリン封鎖の危機も、西側諸国の大空輸作戦の成功により、封鎖解除の交渉が取り沙汰される様相を呈していた（Kaplan, 1994A：26-27：1994B：chap. 5）。

一九四八年に北大西洋条約をめぐる国際交渉が停滞したのは、すでに見た通り、大統領選挙というアメリカの国内政治要因であったが、トルーマン大統領が予想外の再選を果たした後の国際交渉が停滞したのも国内政治が最も重要な要因であった。パーキンスによれば、「トルーマンの再選前も再選後も、彼は議会の意見と世論を無視することはできなかった」（Perkins, 1986：45）のである。再選後に、国務省のマーシャル＝ラヴェットの指導体制は、アチソン国務長官のチームに移行した。アチソンは、マーシャルのチームで働いていた経験があるが、一年半もの間民間に下っており、一九四八年の国際交渉のニュアンスを必ずしも理解していなかった。加えて議会選挙の結果、上院は、共和党多数議会から民主党多数議会へと移行していた。外交委員会委員長は、ヴァンデンバーグ上院議員からコナリー上院議員へと変化した（Kaplan, 1994A：27-28：2007：chap. 7：1994B：chap. 5）。

五　英米の「特別な関係」とＮＡＴＯの形成――一九四九年

（1）北大西洋条約に見るアメリカの単独主義

アチソンの国務省が北大西洋条約の国際交渉を再評価する過程で、米欧間の軋轢は深まっていった。特に一九四九年二月八日に、アチソン国務長官が西ヨーロッパの大使たちに、「上院が北大西洋条約の第五条の文言に反対している」と通告した時には、国際交渉は頓挫しかかった（*FRUS, 1949, Volume IV*：73-75）。第五条は、加盟国が武力攻撃を受けた場合に、国連憲章の第五一条に基づく個別的及び集団的自衛権の発動について言明している。アメリカは第五条で、有事の際の軍事力行使を無条件で約束したわけではなかったのである。条約案の上院審議の過程でアチソン国務長官は、「アメリカの自動的な参戦が義務づけられないように留保すべきである」という民主党のコナリー外交委員長や共和党のヴァンデンバーグ上院議員の主張に直面した。アメリカの軍事的コミットメントに対する憲法上のバリアーが十分に尊重されていない、という反対であった。一九四八年一二月二四日に、上院の外交委員会で、北大西洋条約草案の内容をラヴェット国務次官がうまく説明できなかったことも災いした（Kaplan, 1994A：28；1994B：chap. 5）。

トルーマン政権は、西ヨーロッパ諸国の不満を退けて上院に歩み寄った。アチソン国務長官は第五条をめぐり、有事の際にアメリカがとるべき行動について、アメリカ側に自主的な裁量権を残すように文言を修正することで妥協を図った。そのため、米欧間で調整が図られ、第五条の「必要となる行動（such action as may be necessary）」という字句が修正され、以下の通りの文言となった。

各締約国が……軍事力の使用を含め、必要と認める行動（such action as it deems necessary）を、個別的に及び他の締約国と共同してただちに（forthwith）とる。

北大西洋条約が「各国は（同盟国が軍事攻撃を受け、それに対処する際には）独自の憲法上の手続きにしたがう」と謳ったのも、アメリカ議会の上院での批准を獲得するためであった（Perkins, 1986：59）。こうして、アメリカは起こり得るヨーロッパの戦争に自動的に巻き込まれないための制度的な保証を手にするとともに、憲法上、議会に属する宣戦布告権限を担保した（Kaplan, 1994A：28；2007：chap. 8；1994B：chap. 6；金子、二〇〇八、二八〜二九頁）。注目すべきことに、佐々木が指摘する通り、北大西洋条約の存在にもかかわらず、アメリカの「単独主義」は維持されたのである（佐々木、二〇一三、四三頁）。

（2）同盟形成におけるカナダのイニシアティブ

こうして一九四九年四月四日にようやく、北大西洋条約が調印された（Ireland, 1981；Reid, 1977；Cook, 1989；Kaplan, 1994A：chap. 2；2007：chap. 8；1994B：chap. 6；Trachtenberg, 1999：chap. 4；Briggs, 1994：chap. 3；細谷、二〇〇一A、第六章；金子、二〇

〇八、第一章：佐瀬、一九九九、第二章：谷口、二〇〇〇、第一章）。この条約は「単なる軍事同盟以上」の同盟条約であった。それは前文でまず、国連憲章の目的と原則に対する信念、民主主義の諸原則、個人の自由と法の支配の上に築かれたその国民の自由、共同の遺産と文明の擁護、北大西洋地域の「安定及び福祉の助長」を語っている。その上で第二条で、自由な諸制度の基礎をなす原則の理解の促進、国際経済政策の食い違いの除去、締約国の経済協力を宣言した。これらはカナダの提案を受け容れた結果であった。注目すべきことに、アメリカからの提案ではなかったのである（佐々木、二〇一三、四二頁）。この点を誤認している歴史家も少なくない。

カナダは、大西洋同盟を純然たる軍事同盟ではなく、より幅の広い共同体とすることを期待していた。同盟はすべからく政治的・経済的・社会的意義を持つべきであるという信念や道義的判断に加えて、こうした性格を付与することによって、圧倒的な軍事力を保有するアメリカの突出を封じ込めよう、〝抑制〟しようと考えたからである。しかし、アチソン国務長官が、カナダの提起する人道的同盟ではアメリカ議会の上院の同意を勝ち取れないと冷たく一蹴し、西ヨーロッパ諸国もこれに同調したために、カナダの主張は抽象的な表現にとどめる形で条約に盛り込まれることになった（金子、二〇〇八、二六～二七頁）。

ただし注目すべきことに、トルーマン政権は、北大西洋条約を国連憲章に関係づけて正当化した。たとえば、オースティン国連大使が「国連憲章の目的と原則の実践」と説明し、アチソン国務長官が「国連憲章の枠内での集団的防衛態勢」であると説明した。さらに北大西洋条約は、カナダの提案のおかげで、締約国間の軍事協力のみならず、政治・経済・社会など多面的な分野での提携を約束したものとなっていた。こうした包括的な内容の同盟をもって、アチソン国務長官は、共通の文明、遺産、歴史、そして自由と民主主義を享受する「北大西洋共同体」の産物である、と正当化した。こうしてカナダのイニシアティブによる大西洋同盟の成果を、国内政治で効果的に活用したのである（佐々木、二〇一三、四二～四三頁）。

（3）北大西洋条約のアメリカ国内批准問題

四月四日の北大西洋条約の締結後、七月二一日までアメリカの上院は批准しなかった。孤立主義のアメリカ外交の伝統をやはり再び、乗り越える必要があった。合衆国憲法や国連憲章と符合させる必要もあった。北大西洋条約締結の翌日の四月五日に、ブリュッセル条約の締約国が軍事支援の要請をしてきたことは、タイミングとしては最悪であった（*FRUS, 1949, Volume IV*：285-287）。トルーマン政権内では、ケナンが軍事的なアプローチに過度に偏ると、ソ連に対するＮＡＴＯのイニシアティブの柔軟性が失われる、という反対意見を展開し始めた（*FRUS, 1949, Volume IV*：301）。

トルーマン政権は、コナリー上院議員やヴァンデンバーグ上院議員らと協議を重ね、軍事支援法案の提出を北大西洋条約の批准まで見送ることにした（*FRUS, 1949, Volume I*：288-289）。上院の外交委員会での北大西洋条約をめぐる公聴会では、一五〇名を超える質問者が集まった。極右と極左のイデオローグから、アメリカ共産党や教会関係者、退役軍人たち、労働組合、ビジネス界までさまざまな顔ぶれであった（Kaplan, 1994A：32）。

主な論点は、第一に、平時に軍事同盟を締結することが孤立主義の伝統に与える影響を危惧するもの、第二に、同盟国が攻撃された場合に、自動的に戦争に巻き込まれるのではないかという批判、第三に、左の立場から、国連憲章の精神と符合するのかという批判であった。第一の批判に対しては、アチソン国務長官らがテクノロジーの進歩により、ワシントン大統領の建国の時代とは状況が変化したことが指摘された。またトルーマン政権は、新しい北大西洋同盟について、ブリュッセル条約ではなく、リオデジャネイロ条約をモデルとして想定していた。しかしブリュッセル条約は、北大西洋条約では中核に位置づけられていた。そのため、ジョンソン国防長官が、ブリュッセル条約を「旧世界」の勢力均衡政治を特徴づける軍事同盟の類である、と発言していたことは厄介な問題であった。トルーマン政権としては、ＮＡＴＯは伝統的な同盟とは異なるということを示す必要があったからである（Kaplan, 1994A：32-33：1994B：chap. 7）。

第二の自動的に参戦させられるのではないかという懸念に対しては、第五条で憲法上のプロセスに直接言及している点を強調し、トルーマン政権は批判をかわした。第三のＮＡＴＯが国連憲章の精神と矛盾しないのかという批判に対しては、第一条と第五条、第七条、第一二条が国連憲章に直接言及していることが説明された。問題となったのは、国連憲章の第五一条の「個別的及び集団的自衛権」に依拠する同盟であれば、国連の安全保障理事会への定期的な報告義務が生じる第五三条と第五四条が想定する地域的な取り極めではない、という点であった（Kaplan, 1994A：33-34：1994B：chap. 7）。

こうして、北大西洋条約は、一九四九年七月二一日に、上院で賛成八二、反対一三で批准された。タフトをはじめとした議会指導部が北大西洋条約に反対の立場をとっていたが、この動きに限界が見られたことは、トルーマン・ドクトリンから北大西洋条約調印までに、反共のコンセンサスがほぼ形成されていたことを示していたと言えよう。この点でトルーマン政権は、現時点で振り返れば、孤立主義の伝統を過大評価していたと評価することができるが、当時はたしかに楽観できるような雰囲気ではなかった。コナリー外交委員会委員長は、北大西洋条約案は「武器貸与法以来、最も困難な対外政策の法案であった」（*New York Times*, 29 September 1949）と振り返っている。また相互防衛支援法案も、トルーマン政権が九月二三日にソ連の原爆実験の成功を発表しなければ、一〇月六日に無事に可決されたのかどうか疑わしい（Kaplan, 1994A：35；1994B：chap. 7）。NATOが大規模な軍事力に支えられた真の意味での軍事同盟へと変貌するきっかけもソ連の原爆実験の成功であった。NATOは当初、政治的脅威に対する政治的反応として構築されていたのである（Perkins, 1986：58–59）。

この間、一九四九年七月一四日にトルーマン政権は、有名なブレア・ハウス会議を開催し、核兵器の分野でのイギリスへの情報提供について両院合同協議会の主要委員と議論を交わした。トルーマン大統領をはじめとして、アチソン国務長官やアイゼンハワー元帥はすべてイギリスとの協力の増進を唱え、その主張はマクマホン法の提案者でさえ支持した。しかし、ヴァンデンバーグ上院議員とヒッケンルーパー上院議員が反対を表明した。特にヴァンデンバーグ上院議員は、アメリカはイギリスに対してすでに寛大に経済援助を与えてきていると主張し、アメリカは常に「イギリスのために保釈金をつまされる」ような羽目に陥っていると嘆いた（Baylis, 1984：44）。

（4）残る英米対立

こうして一九四七年以降、英米間の「特別な関係」は再構築され、これを軸に大西洋同盟としてのNATOが形成されていくのだが、核兵器の分野での協力はほとんど進展しなかった。「英米間の原子力分野での協力について、一九四〇年代後半、新しくより強い『特別な関係』という布が織り上げられていたが、これに使われた糸のなかには、原子力協力という糸は含まれていなかったのである」とガウイングは指摘している（Gowing, 1974：242；Baylis, 1984：41に引用された）。

また第二次世界大戦後も、帝国の維持に固執するイギリスと反植民地主義のアメリカという構図は残っていた。たとえばイギリスは、一九四七年八月一五日のインドの独立後、東南アジア地域の植民地への関心を次第に失いつつあったが、依然として自らの勢力圏とみなしていた中東地域では、より強硬な姿勢を貫くのであった。後に一九五六年一〇月二九日に勃発したスエズ戦争でイーデン首相が軍事介入に踏み切るが、それ以前のアトリー政権の時代にも、中東地域への軍事介入の計画は存在していたのである（Dobson, 1995：97）。

他方で経済面で、アメリカのトルーマン政権が、冷戦の進展にともない、グローバリズムから地域主義へと移行したことは、イギリスの帝国特恵関税制度とスターリング圏を容認する動きにつながった。通商・貿易面と金融面でも、イギリスをはじめとした西ヨーロッパ諸国ができる限り、長めの平常の移行期間を確保できたことは幸いであった（Dobson, 1995：95-98）。

トルーマン政権は、西ヨーロッパ諸国が地域統合し、その内側からイギリスがイニシアティブを発揮することを期待していた。しかしイギリスのアトリー政権は、ヨーロッパ統合に一定の距離を置き、帝国とアメリカとの「特別な関係」を軸に戦後外交を展開し始めた。ヨーロッパ統合へのイギリスの消極姿勢は、アメリカとの間で少なからず緊張を生んだ（Perkins, 1986：47）。たとえば、こうしたイギリスの動きに対して、欧州復興プログラム（ＥＲＰ）の責任者のホフマンは憤慨し、一九四九年暮れ、イギリスへのマーシャル・プランの援助停止を迫ろうとするが、イギリスの重要性を認識するアチソン国務長官とウェッブ国務次官に宥められることになった（Dobson, 1995：96）。

またトルーマン政権は会合を重ねて、ＩＴＯ憲章の起草作業を進め、一九四七年一〇月に最終案をまとめた。しかし、一九四六年一一月の議会選挙の結果、経済改革に批判的で、保護主義の傾向がより強い共和党が多数党となったことで、アメリカの交渉力は低下してしまっていた。第九章の終わりでも見た通り、最終的にＩＴＯ憲章の議会批准は断念され、暫定的な措置であるＧＡＴＴでの話し合い（ラウンド）で、その後自由貿易の拡大が図られていくことになる（Dobson, 1995：92）。

六　「二重の封じ込め」と「招かれた帝国」

（1）朝鮮戦争期のアメリカ外交をめぐる大論争

一九五〇年六月二五日にアジア地域で朝鮮戦争が勃発すると、ヨーロッパ地域では、軍事機構としてのＮＡＴＯはより軍事化され、西ドイツの再軍備が政策案として浮上してくる。一九五〇年九月にアメリカは、東ヨーロッパ地域におけるソ連の通常兵力が著しく優勢になってきたことに対抗するため、西ドイツの再軍備を要請した。この要請を行うにあたってアメリカは、もしヨーロッパのＮＡＴＯ加盟国がこのアメリカ提案に同調することを拒む場合には、アメリカはヨーロッパの統一的指揮系統には参画しないかもしれないことを明らかにした（Baylis, 1984：62-63：Kaplan, 1994B：chap. 8）。

こうした西ドイツの再軍備を求める民主党のトルーマン政権の政策は、共和党のアイゼンハワー政権にもそのまま継承されていった。「より安上がりな」封じ込め（cheaper containment）を模索するアイゼンハワー政権にとって、西ドイツの再軍備は有益かつ魅力的な政策案であった（LaFeber, 1994：540-544：西崎、二〇一七、七七〜七九頁）。同じような論理から、アイゼンハワー政権は核抑止に依存した「ニュールック」戦略を採用していく（一九五三年一〇月のＮＳＣ一六二／二による。Dockrill, 1996：12-15：佐々木、二〇〇八、九三頁：岩間、二〇一三、一〇三頁）。

朝鮮戦争では、イギリスはアメリカからの要請に応じて、英連邦軍とイギリス極東艦隊を派遣した。マラヤに軍事介入していた時期にもかかわらず、である。ベイリスによれば、「朝鮮戦争におけるイギリスの貢献は、英米同盟こそ重要であり、ヨーロッパの防衛のためにアメリカの支援が必要である、というイギリス政界の不断の信念の表れであった」。また、イギリスとしては、アメリカに対して、極東において中国と本格的に事を構えることにならぬように用心するよう忠告することにも関心があった。そのような事態になれば、アメリカの関心はヨーロッパの防衛から離れることになるからである（Baylis, 1984：58-59：Perkins, 1986：60）。同盟国イギリスによるアメリカの〝抑制〟である。

たとえば、有名なエピソードだが、トルーマン大統領が核兵器を使用する可能性があることを示唆すると、アトリー首相はすぐさまワシントンへ飛び、アメリカに過激な発言を慎むよう慎重に促した（Perkins, 1986：62：Acheson, 1968：481-482）。イギリスは、ソ連を封じ込めるだけではなく、いざとなれば、同盟国のアメリカが過剰な軍事行動をとることを〝抑制〟することを企図しなければならなかった。イギリスは、アメリカとの「特別な関係」をローマ帝国でのギリシャ人の立場の歴史のアナロジーで語ることがしばしばある。アメリカの若々しい力（strength）や筋力（muscle）をイギリスの知恵（wisdom）や老獪な脳力（brain）で〝抑制〟していく必要性が指摘されるのである（Perkins, 1986：64：Reynolds, 1986：34-35：水本、二〇一六、一五二頁）。朝鮮戦争では、アトリー政権は、中ソ離反の可能性を念頭にして、アメリカの台湾からの撤退や中国の国連加盟を取引材料として、休戦協定を早期に締結する案さえ抱いていた（Perkins, 1986：59-63）。

朝鮮戦争の時期には、アメリカで共和党の孤立主義者たちとトルーマン政権との間で大論争が起こった。トルーマン政権の政策に協力的であった共和党のヴァンデンバーグ上院議員が病に倒れ、一九五〇年一一月、孤立主義的な傾向の強いタフト上院議員が翌年の大統領選挙を睨みながら、自ら共和党を代表する形で、トルーマン政権が進める西ヨーロッパへの経済・防衛支援を抜本的に見直すよう求めたのである。共和党の長老で元大統領のフーヴァーも、ヨーロッパ人自らの手で難攻不落の要塞を築き上げるまで、アメリカは人も物資も送るべきではない、とトルーマン政権に迫った。

これらに対してアチソン国務長官は、アメリカが孤立主義政策に舞い戻ればソ連の西ヨーロッパ支配を許すことになる、と反論した。一九五一年一月八日には、共和党のある上院議員が、「議会の同意を得るまでアメリカ地上軍をヨーロッパでの任務に就かせてはならない」とする決議案を提出した。上院での大論争は、ヨーロッパへの地上軍の派遣の是非から、国際主義的なトルーマン政権と議会の権限をめぐる問題へと変質していった。議会からの批判に対してアチソンは、こうして議会の審議が長引けば、創設の過程にあるＮＡＴＯの統合指揮機構に致命的な打撃を与えると反論し、ヨーロッパに配備するアメリカ軍の目的が、ソ連との戦闘での勝利ではなく、その抑止にある点を強調した。四月上旬、上院は先の決議案を修正し、さらなる派兵には議会の同意なしに行えないとする新たな決議案を賛成四九、反対四三で可決するとともに、ヨーロッパへの四個師団の追加配備に同意した（Chace, 1993：16-17：Leffler, 1992：407-408：金子、二〇〇八、五七～五九頁）。

（2）西ドイツ再軍備をめぐる英米関係

アメリカが推進し始めた西ドイツの再軍備の動きは、隣国のフランスを不安にさせた。チャーチルの「欧州統合軍」創設の提案にヒントを得たフランスは、一九五一年一〇月二四日に、西ヨーロッパの軍事統合を目指す、野心的な「プレヴァン・プラン」を提唱する。一九五二年七月二三日に設立した欧州石炭鉄鋼共同体（ECSC）に始まるヨーロッパ統合の軍事版であった。西ヨーロッパ諸国は、「欧州防衛共同体（EDC）」の設立に向けて動き出す。一九五二年五月二七日には、EDC条約が締結された。しかし、提唱国のフランスの国民議会（下院）で、一九五四年八月三〇日に、EDC条約の批准法案が賛成二六四、反対三一九で否決されてしまう（Kaplan, 2004：16–21；Johnston, 2017：39–79；Dockrill, 1991；水本、二〇一六、一五五～一五六頁；岩間、一九九三；金子、二〇〇八、四八～八二頁）。

アイゼンハワー政権はEDC設立の失敗に大きく失望した。ダレス国務長官は一九五三年末以降、イギリスがヨーロッパの防衛問題の解決にさらにいっそう大きな役割を果たすべきであるとの要求を強めていた。たとえば、一九五三年一二月のバミューダ会談でダレスは、もしこのままの状況が長引くならば、アメリカ議会はNATOに対する強固な支援を続けないかもしれない可能性があることをほのめかした。彼は同月末に行われた記者会見でこのことを繰り返し、もしヨーロッパ防衛共同体が不成立となれば、アメリカの外交政策は「苦悩に満ちた見直し」を迫られる可能性がある、との有名な警告を発した（Hershberg, 1992）。その翌日に行われたイーデンとの会談では、この問題のために英米両国は「アメリカの政策をめぐって岐路」に近づきつつあることを、以下の通り示唆した。

（もし事態が間違った方向に進むならば）アメリカは、極東に重点を置いた形で西半球の防衛政策に方向転換するかもしれない。このことはすぐに明らかにならないかもしれないが、一度その動きが始まればこれを止めることは容易ではない（Baylis, 1984：64；水本、二〇一六、一五六頁）。

EDC条約の批准が否決された段階で、危機意識を深めたイギリスのイーデン外相は、西ヨーロッパ諸国を歴訪し、外交調整に努め、「イーデン・プラン」を提唱する。西ドイツを西欧同盟（WEU）に加盟させ、その下で主権を回復させて西ドイツの再軍備を認め、西ドイツ軍をNATOに加えるという案であった。一九五四年一〇月二三日にパリで開催された関係国会議でパリ協定が成立し、西ドイツの主権回復と同時に再軍備が承認された。翌一九五五年五月五日に、西ドイツの再軍備は実現する。西ドイツは、再軍備とNATO加盟に際して、軍備に上限を設け、ABC兵器（核兵器、生物兵器、化学兵器）を所有しないことを誓約した（こうした西側の動きに対してソ連は五月一四日に、東側の軍事同盟としてワルシャワ条約機構を設立した）。

またイギリスは、フランスをより安心させるため、ヨーロッパの中央部に四個師団またはそれと同等の兵力と第二戦術空軍とを常駐させる、という歴史的な約束を行った。イギリスとヨーロッパの安全保障のために、死活的であるとみなすアメリカの援助約束を確保するためであった。イーデンはチャーチルへの意見書のなかで、「この約束を実施するならば、ドイツとフランスを和解させ、アメリカをヨーロッパに引きつけておくことに成功するでありましょう」と述べている（Eden, 1960 : 149-169 : Kaplan, 1994A : 62-63 : Baylis, 1984 : 64-65 : 細谷、二〇〇五B、一五七～一六四頁：水本、二〇一六、一五六頁）。

こうして再軍備が実現した西ドイツだが、西ドイツはソ連に対してだけではなく、西側の隣国フランスなどにも脅威を抱かせる存在であった。そのために、再軍備された西ドイツ軍をNATO内に組み込むことで、ハンリーダーが言う「二重の封じ込め（double containment）」が図られた。西ドイツの初代首相のアデナウアーは、西側の自由主義のイデオロギーを信奉し、西ドイツを西ヨーロッパ地域の枠組みに組み込むことで、主体的に西ドイツの封じ込めを実現していった。倉科一希がいみじくも指摘する通り、彼はドイツが中立主義に陥り、ヨーロッパ地域の国際秩序が再び、不安定化することを恐れていた（倉科、二〇一三、一二七～一二八頁：板橋、二〇一四）。こうして、NATOは外でソ連を封じ込め、内では西ドイツを封じ込める機能を期待されていく（Hanrieder, 1989 : 6-11, 142-143, 157 : 倉科、二〇〇八：二〇〇六：山本、二〇〇九：倉科、二〇〇三）。

さらに同時に、NATOはアメリカを西ヨーロッパ地域へとコミットメントさせる装置でもあった。NATO初代事務総長のイズメイ卿は、本章の冒頭で引用した通り、NATOの役割について、「アメリカを引き込み、ロシアを締め出し、ドイツを抑えておく（keep the American in, the Russian out, and the German down）」といみじくも指摘している（佐瀬、一九九九、六〇頁：土山、二〇一四、三〇二頁）。大西洋同盟にアメリカは「巻き込まれ」てきた。ルンデスタッドは、先に見た通り、アメリカとヨーロッパとの関係について「招かれた帝国」という議論を展開している。また同時に、「統合による帝国（empire by integration)」でもあった、と論じられる（Lundestad, 1998：細谷、二〇一三a、一二九〜一三〇頁）。アメリカが西ヨーロッパ諸国を統合させることで影響力を行使しようとしてきたというわけである。第二次世界大戦後、アメリカは西ヨーロッパ諸国の地域統合を強く後押ししていく。アメリカにとって統合された西ヨーロッパは、ソ連と冷戦を戦う上でも、死活的に重要であったためである。アメリカは、イギリスのイニシアティブを期待していた。ただしイギリスは、ヨーロッパ統合の動きにしばらく距離を置き続けた。

第十一章　「差別的デタント」の脅威——一九六九〜七一年

（東方政策の憂慮すべき）問題は、進めていく過程をいかにうまく制御していくかにある。もし失敗に終われば、首脳部の政治生命を危うくしかねないし、もし成功すれば、弾みがついて西ドイツ国内の安定を揺るがし、その国際的立場を狂わせる恐れがある（Kissinger, 1979 : 408-409 : Gaddis, 1994）。

ヘンリー・キッシンジャー『ホワイトハウスの時代』（一九七九年）

実際、ドイツの政治指導者がこの路線（東方への働きかけの強化）で行くことに決定したら、アメリカはそれを防ぐことができない。しかし、起こりうる結果に対して、西側が非難を受けることのないようにしなければならない。そして、西ドイツに混乱を増大させるような政策を推し進めたりしないようにしなければならない（Kissinger, 1965 : 215）。

キッシンジャー『混迷のパートナーシップ』（一九六五年）

一　アメリカのデタント政策をいかに捉えるか

（1）米（中）ソ・デタントとヨーロッパ・デタント

一九七〇年代初頭の緊張緩和（détente）のプロセスを仮にここで「モスクワ・デタント」と呼ぶとすれば、それは米中和解と米ソ・デタントだけではなかった。米（中）ソ・デタントに先駆けて西ドイツの東方政策（Ostpolitik）が進展し、そこに米ソ英仏の四大国によるベルリン交渉が加わった。三者は複雑に連関・連結（linkage）しながら、ほぼ同じ時期にそれぞれ合意に達した。さらに欧州安全保障会議と相互均衡兵力削減（後のＣＳＣＥとＭＢＦＲ）が議題に上り、一九六〇年代初頭から東西間で徐々に深化してきた経済交流も水面下で存在していた（佐瀬、一九八一、特に七頁；山本、一九八二、六九〜一一〇頁）。モスクワ・デタントは、いくつものデタントを内包した複合的なプロセスであった。たとえば、ハンリーダーは、一九七〇年代初頭のデタントのプロセスにおいて、ヨーロッパの分断の現状承認と軍備管理とが密接に連結・連関し合っていた点を説得力をもって論じた（Hanrieder, 1989：96–98）。

しかし、米ソ・デタントとヨーロッパ・デタントとの関係は、スティーブンソンがいみじくも指摘したように、「基本的に相互補完的でありながら、一方が他方を制約し〝抑制〟するように機能してきた」のである（Stevenson, 2014：2；スティーブンソンは、デタントを「本来、限定的な和解しかあり得ないほどに国益が根本的に異なる国家間の緊張緩和の過程」と定義した〔chap. 1〕）。実際、西ドイツの東方政策に対するアメリカの反応は次第にアンビヴァレントなものとなっていった。西ドイツが不本意ながら受け容れたヨーロッパの分断の現状承認は、アメリカ自身が一九六〇年代を通じて西ドイツに促してきたものであった。たとえば、エアハルト退陣間近の一九六六年一〇月、ジョンソン大統領はニューヨークでの演説で、「平和で繁栄したヨーロッパというより大きな文脈のなかでドイツ統一を達成するために、われわれはまず東西環境を改善しなければならない」と統一よりもデタントを前に据えた（*Public Papers of the President of the United States*, 1967：1128；Gatzke, 1980：211–212に引用された）。ハーバード大学時代のキッシンジャーは、民主党政権下のアメリカが西ドイツに「東方への働きかけ」を促していたことに批判的であった（Kissinger, 1965：208–212）。またシュワルツは、東方への働きかけの始動をアメリカの政策に帰することに否定的である（Schwartz, 1994：137）。

現状承認は、デタントへの第一歩となる。しかし実際に西ドイツが動き出すと、アメリカはその動きを強く警戒したのである。そもそもアメリカの冷戦期ヨーロッパ政策の基調は、ソ連とドイツに対する「二重の封じ込め」であった。しばしば指摘される「二重の封じ込め（double containment）」とは、第十章でその形成過程を見たが、主にドイツ問題をめぐってソ連と対立する一方で、西ドイツを内に封じ込める裏の側面にも目を向けた議論である（Hanrieder, 1989：96–98, 171–173；1992：195；Bender, 1986–87：98–113；Schwartz, 1995：558；Ninkovich, 1995：chap. 4）。二重の封じ込めの議論は、ヨーロッパ独自の問題（ドイツ問題、国内冷戦、東ヨーロッパのナショナリズムなど）や、〝主体〟としてのヨーロッパ（特にイギリスの役割）といった「ヨーロッパの次元」ないしヨーロッパ要因を強調する冷戦観と大きく関わる（Reynolds, 1994a : 125-138）。

こうした観点に立てば、一九六一年八月一二日から一三日にかけて着工されたベルリンの壁構築を待たずに、アメリカは本音のレベルにおいてヨーロッパの分断の現状維持をすでに承認していたと論じられよう。事実、一九五八年一一月二七日のフルシチョフによる「最後通牒」に対するダレス国務長官の慎重な対応は、アデナウアーをひどく落胆させた（Mogan, 1974 : 20, 88-91）。それ以前にも、不確実性よりも予測可能性を好むアメリカのヨーロッパ政策の保守的な側面は、一九五三年六月一六日からの東ドイツ労働者蜂起や五六年一〇月二三日からのハンガリー動乱への不行動にすでに示されていた（Gaddis, 1987 : 242 : Lynch, 1992 : 18-19, 50-54 : 石井、一九九二）。またソ連が一九五〇年代半ばから一定の範囲においてヨーロッパでのデタントに応じ始めた動機にも、それがヨーロッパの現状の固定化に資するとの思惑があった（Oudenaren, 1991 : 22-23）。

ブラント政権に対して、ナショナルな視野からの再検討を試みる冷戦後の修正論的解釈では、東方政策と西方政策との間で優先順位が逆転していたという点に着目して、彼の東方政策はそれ以前の「東方への働きかけ」からの無視し難い逸脱として捉えられている。この議論を紹介したクラインシュミットは、西側安全保障への修正論を含んだ東方政策に対して、当時キッシンジャーらが抱いた懸念は「正当であった」と論じた（クラインシュミット、一九九四、六二～六三、六九頁）。

（2）〝部分修正〟を重ねるアメリカのデタント政策

アメリカ側の懸念の正否を問うことが本章の趣旨ではないが、以上の点から、一九六九年以降の東方政策と米ソ・デタントとの相互作用は、米欧デタント間の「相互に補完しながら制約し〝抑制〟もする」といったアンビヴァレントな側面を最も如実に示す事例の一つであると言えよう。そこで本章では、東方政策に対するアメリカの反応を扱い、米（中）ソ・デタントと東方政策とが（ベルリン交渉をも含めて）複雑に連結・連関するなか、アメリカの外交政策が東方政策の進展状況に大きく規定され〝抑制〟されながら形成されていった側面に焦点を絞って議論を進める。

それとは対照的に、一般にニクソン政権の外交政策について論じる際、その批判者でさえ（あるいは批判者だからこそ）、彼らがはじめから明確なプログラムに基づいて大戦略（grand strategy）を推進したかのように描きがちであった。たしかにニクソンとキッシンジャーはそれぞれが一九六九年以前から独自の外交哲学を習得しており、しかも彼らがヴェトナム後に描くヴィジョンは、反共イデオロギーに縛られずにアメリカの（そして相手国の）国益（national interest）の観点から米中および米ソの対話を企図する点で、図らずも似通っていた（Isaacson, 1992：334-335：Hoff, 1994：chaps. 5, 6）。また政権移行期には、対ソ政策の原則を「具体性」「自制」「連結」の三点に置くことを申し合わせた。「具体性」の原則とは、「ただ雰囲気を改善したに過ぎないデタントは長続きしない」「緊張の原因たる実際的な問題について交渉しなければならない」という主旨である。また彼らはソ連側の「自制」を引き出すためにはインセンティブと懲罰、〝アメとムチ〟を使い分ける心づもりでいた（Kissinger, 1979：128：Nixon, 1978：344-336）。

しかし政権発足時より、彼らが漠然としたヴィジョンを有していたとは言え、実際の彼らのデタント政策は中ソ対立と同時に、アメリカに先駆けた西ドイツの東方政策の進展状況によっても大きく規定され〝抑制〟され、〝部分修正〟を重ねながら具体化していったとは考えられないか――（Caldwell, ed., 1983：Wilson, 1989：506）。ニクソンに大構想はなかったとするバーネットらの見解もある（Barnet, 1983：290）。バーネットは、ニクソン政権のデタント政策とブラント政権の東方政策について章を設け、「二重のデタント（double détente）」と題している。

本章では、まずブラント政権の東方政策に対してニクソン政権が抱いた脅威認識を整理し、次いで一九六九年一〇月から七一年八月までの東方政策に対するアメリカの反応を考察する。結びの節では、本章の議論から仮説的に導き出される範囲で、米独のデタント構想の比較を試みる。米独デタント構想の比較を試論としてここであえて提示するのは、それが時として見過ごされがちな米欧のデタントの相互関係、とりわけ〝互いに抑制し合う〟側面を解明する手がかりとして有意義だと考えるからである。

二 「差別的デタント」の論理

(1)「差別的デタント」とは何か

ニクソン大統領とその国家安全保障問題担当の大統領補佐官のキッシンジャーは、政権発足当初より、ソ連の「差別的デタント」に強い警戒心を抱いていた。「差別的デタント(differential détente)」とは、端的に言えば、「相手を選り好みしてデタントを図ることであり、「選択的デタント(selective détente)とほぼ同義で使われる。「差別的」、「選択的」という修辞は、ソ連が米ソ・デタントとヨーロッパ・デタントを戦術的に区別することを意味しており、その戦略の目的は西側同盟の足並みを乱すことであった。回顧録のなかでキッシンジャーは、次のように説明している。

ソ連が西ドイツと他のNATO諸国の両方に差し伸べてくる提案の背後にある本当の動機は、選択的デタントを図ることにあった。つまり、一部の諸国とは緊張を緩和するが、アメリカに対しては強硬な姿勢を崩さないというものである。アメリカと同盟諸国との利害の対立を想定してそれを念入りに仕上げるとか、アメリカを緊張緩和の妨害者に仕立てようとすることによって、それは成し遂げられる。戦略がいかなるものであるにせよ、その目的はNATOを分断し、アメリカを孤立させることにある(Kissinger, 1979:132, 410, 530)。

アメリカの西側同盟諸国がデタントを追求するよう国内から圧力を受け、欧州安全保障会議と中欧ヨーロッパの相互均衡兵力削減に積極的な態度をとっている状況下では、差別的デタントが現実に起こりうる見通しがあった(「差別的デタント」を相手陣営の分断化を目論む一種の〝楔戦略〟と捉えるならば、逆にアメリカ自身も東ヨーロッパ諸国に対して「差別化政策」を遂行し、究極的には「チトー化」を期待したことを想起されたい。特にニクソン自身による一九六九年八月のルーマニア訪問は、中ソ対立の激しいさなかに「中国カード」をちらつかせる点で、ソ連を少なからず刺激したものと思われる。つまり、差別化の脅威を警戒しなければならないのは、砕けた表現が許されるならば、米ソともにある程度、お互い様であると言える)。

「差別的デタントを鈍らせよう」とする動きがまず現れたのは、一九六九年四月にワシントンで開催されたNATO閣僚会議において、三月に「ブタペスト・アピール」として東側から提起された欧州安全保障会議とベルリン問題が連結された時であった。西側諸国はベルリンなど具体的な問題でソ連が一定の譲歩を見せることを条件として欧州安全保障会議に参加する、との立場がここで事実上採択され、「欧州安全保障会議は故意に鈍行列車に乗せられることになった」のである（Kissinger, 1979：414-415：Wilson, 1989：501-525：関場、一九九二、一二〇～一二四頁：U. S.Department of State, *Bulletin*, LX-1557：354-456）。

当時外相としてこのNATO閣僚会議に参加していたブラントの眼に、そうした連結方式はどう映ったのか。ニクソンは会議の冒頭、デタント政策を成功させるためには、「同盟国の結束を保つことが肝要である」と述べ、次のように明言したという。

われわれは交渉の時代に向かいつつあり、したがって、ワルシャワ条約加盟諸国との関係に〝適切な〟関心を向けることが肝要となる。西側は選択的デタントに引きずり込まれてはならない。さもなければ、どこでデタントがふさわしく、どこが冷戦を継続させるのに都合がよいのかを決定する自由を、多かれ少なかれソ連に対して与えてしまいかねない。

このニクソンの発言には、「キッシンジャーの筆跡が明らかにうかがえる」とブラントは考えた（Brant, 1976：156）。彼はその会議の席上で、ニクソンが語った「選択的デタント」の論理を逆手にとり、アメリカはソ連との交渉を進める一方で、同盟国に対してソ連の和解的なジェスチャーを拒絶するよう期待することはできないとして、欧州安全保障会議の提案に応じるよう同盟国に働きかけたのであった（Andrianopoulous, 1988：184）。これに他の西ヨーロッパ諸国が前向きに応じる姿勢を示し、アメリカが同盟内で孤立する可能性も出てきたために、先の欧州安全保障会議構想とベルリン問題との連結方式が採択されるに至ったのである。この連結方式は、ブラントの眼にヨーロッパ・デタントへの足かせとは映らなかっただろうか――。

（2）ブラント政権の成立と「差別的デタント」の脅威

ブラントが首相となった一九六九年一〇月以降、その東方政策の進展によって「差別的デタント」の脅威はさらに差し迫ったものとなった。キッシンジャーによれば、ソ連が西ドイツに近づく動機は、中ソ対立への保険と「差別的デタント」戦略の遂行である（Kissinger, 1979：529）。ニクソンとキッシンジャーは、ヨーロッパの分断の現状を容認することにもはややぶさかではなかったが、その代償となる譲歩をソ連側から引き出すつもりであった。たとえば、一九六五年の時点でキッシンジャーは、「ドイツ統一に関する計画は、ドイツの国境という困難で繊細な問題を抜きにしては語れないことを、すべての関係者が強く認識しておく必要がある」としながらも、「実際どの時点で西ドイツが要求をとり下げるかは重要な戦術的問題である」と述べている（Kissinger, 1965：219-220）。いくつかの議題を連結させてソ連側と取り引きしようと図っているキッシンジャーの眼に、ブラント政権の東方政策は〝一方的な〟ものに映った。

もともと東方政策は、実質的な利益を一方的に与えてしまいそうであった――結局ボンにしてみても、自国の分割を受け容れながら、その代償として政治的雰囲気の改善以外のものは得られそうになかった――ので、有利なベルリン協定を結べばその埋め合わせになるはずであった（Kissinger, 1979：824：Hyland, 1987：31）。

つまり、譲歩の内容というよりは譲歩を差し出すタイミングがここでは問題なのであった。しかも、米ソ核戦力の「ほぼ均等（rough parity）」という新たな状況の下で、自らもソ連とのデタントを目論んでいたホワイトハウスにとって、ブラント政権が手をつけたヨーロッパ分断の現状承認は対中和解と並ぶ交渉上の切り札になるはずのものであったに違いない。ニクソンとキッシンジャーが懸念したのは、つまるところ、西ドイツの〝性急さ〟であった、としばしば指摘されるが、それは彼らの危惧の一面を一応言い当てているのである。以上を一言で換言するならば、東方政策が進展するプロセスにおいて、当時のホワイトハウスが危惧した「差別的デタント」の脅威はまず、優れて戦術的な懸念であった。

（3）西ドイツ国内と西側同盟に対する懸念

ただし、東方政策に対してワシントンが抱いた不安は、「差別的デタント」の脅威という戦術的な懸念にとどまらなかった。とりわけキッシンジャーにとっては、東方政策が西ドイツ国内と西側同盟に中長期的に及ぼす影響も気がかりであった。領土問題でのソ連への譲歩（ハンリーダーが言う「諦めの政策」〔Hanrieder, 1980：28〕）は、それへの反動として西ドイツ国内にナショナリズムを呼び起こしかねない。また、西ドイツが自らの地政学上の中心的な位置と増大する力を頼りに独自の目標に向かって進んでいけば、西ドイツがNATOとヨーロッパに溶け込んできたことで保たれてきた微妙な均衡が崩れる恐れがあった。「ラッパロの再来か」との不安が、フランスをはじめとした西側同盟国を「別のモスクワ詣で（another rush to Moscow）」へと誘うからである。フランスなどによる別のモスクワ詣では、長期的な危惧を誘因として短期的にも、つまり交渉の〝結果〟としてばかりかその〝プロセス〟においても起こりうる故、実際問題としては「差別的デタント」と同様、ニクソンとキッシンジャーにとって差し迫った戦術的な懸念ともなりうる（Kissinger, 1979：408-409, 528-529：1982：143-148, 154-159, 731：1994：735-736：1965：208, 215-216：Barnet, 1983：287-288：Hoffmann, 1978：48）。

ブラントの新東方政策は、多くの人々にはデタントを探求する進歩的な政策のように映っていたが、おかしな人間の手にかかると、新しい衣をつけた古典的なドイツ国家主義に転嫁する可能性があるように思われた。ビスマルクからラッパロに至るまで、東西の間を自由に泳ぐのがドイツ国家主義者の外交政策の真髄であった。これとは対照的にアメリカ（とドイツ）の政策は一九四〇年代（後半）以来ドイツをまず西方に、すなわち北大西洋同盟に、次いでヨーロッパ共同体へとしっかりと根づかせることにあった（Kissinger, 1979：409）。

西ドイツが自国の安全保障を依存するNATOから手を引くとはキッシンジャーも考えていなかったが、「西欧の物理的防衛にかかわるもの以外は、西側の政策から少しずつ距離を置こうとする動き」を彼は危惧したのである（Kissinger, 1982：146）。こうした懸念は当時の英仏両国でも共有されていた（Korbel, 1972：194, 200-201）。たとえば、外交政策の分野で基本的に「ゴーリズム」を継承するポンピドー仏大統領も、ドイツを牽制するという目的のため、一九六〇年代以来の政策を一八〇度転換することにもはや躊躇はなかった。東方政策は、ヨーロッパ経済共同体（EEC）へのイギリスの加盟、すなわち「拡大ヨーロッパ」という予期せぬ結果をもたらしたのである（Kissinger, 1979：422：Allin, 1994：40）。

一九七〇年の米仏と米英の首脳会談では、ブラントの東方政策が遅かれ早かれ、潜在的なドイツ国家主義を解き放つことになるのではないか、というのが議論の焦点であった。特にポンピドー大統領は、「もしドイツが戦禍の経験から辛抱することを学びとったとすれば、ドイツ国家主義はいっそう危険である」ばかりか、「ソ連のパートナーとなった西ドイツは、ソ連にとっても西側にとっても危険過ぎる」ため、「デタント政策では西ドイツに先行は許さない決意である」ことを明らかにしたという（Kissinger, 1979：416, 422：Barnet, 1983：292）。

東西の間で駆け引きを試みる奔放で強力なドイツは、そのイデオロギーがどうであれ、ヨーロッパの均衡にとっては古典的な挑戦を構成するものであった。どちら側にドイツが与するかによって、一方が断然優勢な立場に立つからである。こうした事態を阻止するために、というよりもそれを出し抜くために、西側の指導者のそれぞれが（ニクソンも含めて）独自のデタント政策を積極的に展開することにより、ドイツに対して機先を制しようとした。この意味では、東方政策は当初の狙いをはるかに超えた効果を生み出したことになる。それはモスクワ詣で競争の出現に貢献し、時間とともに同盟国間の相互疑念を増幅することになったのである（Kissinger, 1982：146）。

実際問題として「ブラントの政策を脱線させるよう図ることは無意味のこと」だとは、キッシンジャーもニクソンも十分にわきまえていた。なぜなら、アメリカとしても「その代わりに提供できる対案を持ち合わせてはいなかった」からである。ブラントの連立政権が現に実行しつつある政策を綱領として掲げて当選している以上、アメリカとしてもドイツの内政に大々的に介入し、同盟諸国との関係を損なわない限り（フランスでさえ表立っては反対していなかった）、東方政策を「脱線させる」ことはできなかった。東方政策が実際に動き出してしまえば、いかに懸念を抱こうとも、その動きを無理に「脱線させる」よりは、原則的に支持して共同歩調をとらせるように仕向ける方がよりリスクが少ないことをホワイトハウスも認識せざるを得ない。結局、「われわれに許される唯一の選択は、この不可避な事態に建設的な方向性を与えていくことしかなかった」との結論に彼らは達した（Kissinger, 1979：530：1994：735-736）。

ここで、アメリカにとっての「建設的な方向性」とはいかなるものか――。論理的には、交渉の〝プロセス〟において「差別的デタント」の脅威を極力生じさせず、かつ交渉の〝結果〟として、長期的にも西ドイツ国内および西側同盟全体をなるべく不安定にさせない方向性を有していることが、ニクソンとキッシンジャーにとって〝建設的〟たる条件となろう。そして、建設的な方向性へとヨーロッパ・デタントを導いていく手段は「連結」であった。ブラントの東方政策はベルリン交渉と連結されることとなり、さらにはそのベルリン交渉がすでに欧州安全保障会議とリンクされていた。つまり、彼らは東方政策をより幅の広い多国間の交渉枠組みのなかに組み込んで、その動きに〝箍をはめよう〟と目論んだのである。それは同時に、ベルリンや欧州安全保障会議といった同盟全体に関わる重要な交渉が緩慢なペースで行われるよう同盟諸国を説得したに等しい行為である。おそらく、そうしたホワイトハウスのアプローチのなかに、ランドーは同盟国をとり仕切る「大国主義」を感じとり（Landau, 1972：115-118）、ハーシュはその点を皮肉っぽく「天動説のつもりか」と述べたのであろう（Hersh, 1983：206）。しかし、西ドイツはむしろ協調的にアメリカのアプローチにしたがっていくのである。かろうじて議会の過半数を保っているブラントの「小連立」政権は、東方政策に関して、戦後はじめて野党に下ったキリスト教民主同盟（ＣＤＵ）から激しい批判を受けていたため、議会で東方条約を批准させる上で〝満足のいく〟ベルリン協定を必要としていたからである。

以上、本節の議論から明らかなように、「差別的デタント」の脅威という戦術的な懸念にせよ、歴史的な洞察に基づいた中長期的な懸念にせよ、ニクソンとキッシンジャーの東方政策に対する脅威認識は、優れて地政学的なものであったと言えよう。そうした脅威認識に基づく彼らの東方政策批判は、たとえば、歴史家のアッシュが著書のなかで展開した、ブラント政権は東側の反体制の動きに無関心であった、との道徳的な批判とは区別すべきである（Ash, 1993：58-85）。そもそも、力の限界の認識に基づいた「自制」こそ外交の礎と信じるキッシンジャーにとって、相手国の国内問題はデタントの構想とは無関係であった（Barnet, 1983：296-298）。大国間関係では内政不干渉の自制を示したキッシンジャーも（対中ソのデタントが短期間で成果を上げた一因はここにあろう）、第三世界での政策は批判されがちとなる。たとえばホフマンは、キッシンジャーのデタント政策は世界大の視野を有しながら、その焦点は常にソ連との関係に還元されたため、結局「グローバル・コミットメントの罠」に陥ってしまったと批判した（Hoffmann, 1984：237-238）。

従来の研究では、ブラント政権の東方政策に対してニクソン政権が抱いた懸念について、言及はされても、戦術的な懸念と長期的な懸念とが明確に区別されて考察されてきたことはほとんどなかった。実際には両者を厳密に切り離して考えることはできないにせよ、論理上は一度区別して考えてみなければ、たとえばホワイトハウスの危惧は英仏（あるいは国務省）のそれと質的にいかに違っていたのかという点を明確には説明できない。「差別的デタント」という戦術的な危惧は、諸議題あるいは大国間の諸行動を連結させて考える当時のホワイトハウス特有のものである（Kissinger, 1979：128：関場、一九九四、八〇頁：Mogan, 1974：215：Barnet, 1983：292）。また冷戦の終結後、冷戦の文脈がなくなり、ドイツをめぐる「差別的デタント」の脅威は過去の遺物と化したが、中長期的な懸念は関係諸国にとって必ずしも払拭されたわけでもない。この点については、冷戦後もなお日米同盟は「瓶の蓋」といったことが囁かれる日本にとっても、他人事では済まされぬ問題である（Schwartz, 1995：557）。

三　ニクソン政権のネガティブ・リンケージ

（1）独ソ交渉・ベルリン交渉・欧州安全保障会議

一九六九年一〇月一三日、ワシントンの危惧を察してか、ブラントは、新政権の正式発足を待たずに、腹心のバール（小連立政権では総理府次官）を訪米させた。バールは、キッシンジャーとその側近の一人、ゾンネンフェルト国務省参事官との非公式会談のなかで、東方政策に関するブラントの新方針を説明したが、今後もアメリカへの事前通告を怠らないとしながらも、「とにかくそれをやるつもりだと明らかにした」のである（Hersh, 1983：417：Partos, 1993：205）。「政策そのものはもはや討議の対象とはならないことに疑問の余地はなかった。ブラントはわれわれと緊密に協議する、われわれの方も彼に協力する、というのが会談な主な成果であった」とキッシンジャーも回想する（Kissinger, 1979：412）。

ただし、西ドイツからのこうした一方的な通告も、アメリカとしては東方政策失敗の際に責任をとらされるような立場を回避すべきと考えるキッシンジャーにとっては、むしろ都合が良かったとも考えられる（Kissinger, 1965：215）。バールによれば、「彼らは明らかに東方政策に対するブラントの野心的な計画に懐疑的であった」が、ニクソン政権の重要な政策立案がロジャース国務長官ではなく、キッシンジャーのオフィスで行われると読んだバールは、正式の手続きを介さない〝裏チャンネル〟の確立に同意した（Hersh, 1983：416 f.：Kissinger, 1979：411）。

しかし、このバールによる訪米は、ホワイトハウスの東方政策に対する懸念を大きく解消するには至らなかったようである。とりわけバールに対するホワイトハウスの不信感は根強く残った。キッシンジャーによれば、「われわれが知っている前政権の人たちほど、西方の結束に関して献身的であるようには見えなかった。……彼らにとってアメリカとは、適切な方法で西ドイツという秤皿に載せる分銅でしかなかった。何よりも優先させたのは、二つのドイツの関係回復にあった」という（Kissinger, 1979：410-411：1982：143-148：Hersh, 1983：417：Allin, 1994：40：Hyland, 1987：31：Ninkovich, 1995：139）。ハーシュが伝えるところによれば、キッシンジャーの東方政策に対する態度は憎悪にも似て激しいものであったようである（Hersh, 1983：416）。ラッシュ駐独アメリカ大使も、キッシンジャーの態度に「緊張と敵意さえ」感じとっていた（Nelson, 1995：174〔n 68〕）。

東方政策に対するニクソンの反応はキッシンジャーのそれほど激しいものではなかったが、たしかに当初の反応はネガティブなものであった。キッシンジャーの回顧録では、東方政策に対する不信感をニクソンも共有していたことが随所で強調されるが（たとえば、一九七二年二月に訪米したイギリスのウィルソン首相がニクソンの前でブラントの東方政策を強く支持したのに対して、「ニクソンはブラントへの疑惑をいささかも変えていないので、反対するようなことは何もしないと言うだけにとどめた」という〔Kissinger, 1979：416〕）、ニクソン自身の一連の著作からは、当時彼が抱いていた危惧のほどは必ずしも定かではない。

ただし、「同盟国が傍観者として置き去りにされている」との彼の不満は伝えられており、また一九七一年一二月になっても、ブラントは彼から懐疑的な態度を感じとっていた（Barnet, 1983：294, 296）。実際、一九六九年一二月のＮＡＴＯ外相会談では、東方政策を含めた一連の重要な議題を連結させる方針がアメリカの強い要請の下に採用された。「欧州安全保障会議と東西関係についてわれわれは、現実的で慎重なＮＡＴＯの立場を作り出した」とロジャースからの報告を、ニクソンとキッシンジャーは歓喜をもって受諾した。独ソ交渉、ベルリン交渉、そして欧州安全保障会議を相互に連結させることによって、「ブラントの交渉上の立場を強化し、差別的デタントを封じることができる」と彼らは期待したのである（Kissinger, 1979：412, 416：Nelson, 1995：84：U. S. Department of State, *Bulletin*, LXI-1592：627-630）。

（2） 東方政策の進展とモスクワ条約の締結

しかし一九七〇年に入ると、東方政策は緩慢なペースのベルリン交渉を尻目に予想以上に性急な進展を見せることになった。八月一二日には武力不行使を主とした「モスクワ条約」が締結され、オーデル・ナイセ線と東西ドイツ境界線を含む戦後国境は〝不可侵な〟ものとして承認されるのである。西ドイツがソ連とともに、第二次世界大戦後のヨーロッパの現状を容認したのである。次いで一二月七日には「ワルシャワ条約」がこれに続いた。そのため、「ベルリンは今や一切の謎を解く鍵となった」、「デタントのテンポをコントロールすることができた」(Kissinger, 1979：416, 530) との回想とは裏腹に、差別的デタントに対するホワイトハウスの脅威認識は、一九七〇年を通じて拭い去られることはなかったように思われる。たとえ差別的デタントという戦術レベルの懸念がかなりの程度軽減されたとしても、中長期的な危惧はなかなか拭うことはできなかったはずである。実際、二月一六日にキッシンジャーは、「東方政策の最も厄介な側面はもう少し長期的なものである」として、「ドイツの基本的立場をめぐるその種の論争がさらに激しい形で再燃し、ドイツの国内情勢に激動をもたらすのみか、西側同盟諸国の間にパートナーとしてのドイツの信頼性に対する疑念を巻き起こす恐れが大きい」と警告した覚書をニクソンに提出している (Kissinger, 1979：529–530)。

しかしながらやはり、戦術的かつ中長期的な懸念がそれぞれ、彼らの頭のなかで論理的かつ厳密に区別されているわけではなかった。二月一〇日、ソ連が米英仏の三カ国に対してベルリン交渉を二月一八日に開くことを突然提案してきたことから、キッシンジャーはソ連側の焦燥のほどを感じとったが、決して急ごうとしなかった。この時期、ソ連は西ドイツとの交渉をより精力的に進展させていたので、やはり差別的デタントの策略を警戒したのである。彼は大統領に対して、「ソ連提案を受け容れるとともに、ソ連が両交渉を同時並行で進めることによって、わが同盟国を互いに対立させるようなことがないよう、交渉を順序立てて行うようにすべきだ」(Kissinger, 1979：531–532) と提言した。

（3） ベルリン交渉の開始とニクソン政権の引き延ばし戦術

三月二六日、西ドイツのロビイングが功を奏し (Kissinger, 1979：531–532)、ベルリン正式交渉が西ベルリンの米英仏の三カ国の大使と東ベルリンのソ連大使との間で始動することとなった。一九六〇年代にソ連は、ベルリンに関する権限の多くを事実上、東ドイツに移譲してしまっており、西ドイツと西ベルリンとの間の連絡路に関して、東西間に何ら成文協定も結ばれていなかった。西ベルリンへの通行路をソ連に保障させようとする西側の要求は、東ドイツの利害と抵触せざるを得ない。長年の論争で東西間に大きな見解の食い違いが生じていることから、ベルリン交渉が難航するのは必至であった。東側が頑として折れない以上、譲歩をせざるを得ない立場に置かれるのはむしろ西側の方であった。東側は東ドイツ〝国家〟の主権承認、西ベルリンにおける西ドイツの活動制限などを強く要求していた。こうした東側の立場とは対照的に、西側は西ベルリンへの通行改善に主たる関心があった（Kissinger, 1979：405 f.；Hyland, 1987：29；Garthoff, 1994A：135–136）。

したがって、できる限りベルリン交渉を引き延ばすべきであるというのがアメリカの立場であった。「東方政策とベルリン交渉を同時に進めれば、相手を選り好みしてデタントを図る余地をソ連に与えてしまうことになりかねない」との判断である。ニクソンとキッシンジャーにしてみれば、ベルリンはその脆弱さゆえに他の議題と連結されねばならないが、取り引きの材料も十分にないまま急ぐべきではない（Kissinger, 1979：531–532）。かねてからキッシンジャーは、西側にとっての〝試金石〟たるベルリンでの弱腰はその他の地域でのアメリカの「信頼性」を失わせる、そこでは交渉はせずにむしろ対立を続けて分断の非をソ連側に押しつけておくのが得策である、と考えてきた（Kissinger, 1961：128–148, esp. 139）。一方で、ブラントとバールはこれとはまったく反対の立場で、ドイツの東方政策からあまり遅れることなく、ベルリン交渉を進めるべきだと考えていた。

逆にホワイトハウスは、交渉を遅らせればむしろ西側の立場は強まる、と確信していた。なぜなら、ソ連はせっかく結ばれた独ソ条約が批准されるまで待たねばならない立場に置かれるからである。したがってキッシンジャーは、ブラントがベルリン交渉の進展を催促してくる度に、ボンはベルリン交渉をスピードアップしてこれを梃子に利用しようと図り、万が一、自分の東方政策が失敗した際に、その非をアメリカに押しつけようとしているのではないか、とさえ疑っていた。ともかく、こうして米独は、「それぞれの真意を公然と語ることは避けながら、慎重なメヌエットを演じることとなった」（Kissinger, 1979：531–532）のである。

(4) ブラント政権の「ベルリンとの抱き合わせ」戦術

四月上旬、ブラントは訪米し、ホワイトハウスから東方政策に対する〝原則的な〟支持を得た。ブラントは回顧録のなかで、「ニクソンとキッシンジャーとの会談のなかで、われわれの東方政策に対するいわゆる〝疑惑〟に直面したことは一度もなかった」と述べているが、「それは証明できなかったけれども、キッシンジャーは、われわれがいないところでは、われわれがいる前とは微妙に違った意味合いについて語っている、と多くの人間が申し立ててさえいた」(Brant, 1976 : 288) とも語っている。ロジャース国務長官は四月一五日のインタビューで、当時噂されていたワシントンでの東方政策に対する留保を否定している (U. S. Department of State, *Bulletin*, LX-1610 : 566-571 : Kissinger, 1979 : 412, 416 : Nelson, 1995 : 84)。しかし、ブラントの回顧録だが、ワシントン訪問時にキッシンジャーから受けた印象を語るくだりもやや皮肉交じりである。

われわれの東方政策に対するキッシンジャーの関心は生き生きと感じられたが、それは懐疑的な態度に染まっていないでもなかった。その後数年間にもしばしば私は同じような印象を受けたのだが、彼は全体として繊細かつ複雑な東西問題を個人的に指揮監督したがった (Brandt, 1976 : 284 : Barnet, 1983 : 291-293 : McAdams, 1994 : 537-563)。

一九七〇年一月より精力的にモスクワとの交渉を続けてきたバールは五月までに延べ一四回、五〇時間に及ぶ協議をソ連側と行い、合意事項を作業文書原案 (いわゆる「バール・ペーパー」) としてまとめ上げるに至った。バール・ペーパーには、「東方政策の主要な目標はデタントとヨーロッパすべての国境承認である」との言及が随所に見られる (U. S. Department of State, 1986 : 1101-1103)。六月にはその内容がシュプリンガー系新聞に暴露され、西ドイツ国内の論争に一層の拍車をかけた。その結果、〝満足のいく〟ベルリン協定が成立しない限り、対ソ条約が西ドイツ議会で批准を見ないことは、ソ連を含めた諸外国の眼にも明らかとなった。懸案であった六月の地方選挙での勝利に力を得たブラントは、モスクワ交渉を決着させる決意を固め、本格交渉の代表として外相のシェールをモスクワへ派遣した。八月七日には、一一日間にわたるシェール外相とグロムイコ外相による交渉の末、モスクワ条約が仮調印されるに至った。

ここでブラントは正式調印までに重要な外交的措置を講じている。つまり、米英仏の三カ国の在ソ大使館に同文の口上書を渡してモスクワ条約の内容を伝えるとともに、同条約がドイツおよびベルリンに関する四大国の権利とは抵触しない旨を通告する配慮を示したのである。ただし、米英仏はその一方的な通告の方法を快くは思わなかった（佐瀬、一九七三、一一六〜一一七頁：高橋、一九九一、五〇〜五一頁。口上書とそれに対するアメリカの返答については、U. S. Department of State, 1986：1100–1101）。仮調印から五日後、ブラントはモスクワへと赴き、正式調印を済ませるとともに、ブレジネフ書記長と四時間にも及ぶ会談を行った（Hanrieder & Auton, 1980：66–73）。

モスクワ条約締結の直後、デタントの新たな段階について協議するための西側四カ国サミットがブラントによって提起されたが、それはフランスの冷ややかな反応もあって実現は見なかった。しかし、西ドイツ国内では野党のＣＤＵが東方政策の批准の条件として〝満足のいく〟ベルリン協定の成立を強く要求しており、ブラント政権は東方政策を維持するためにもアメリカの支持を何としても必要としていた。ブラントはニクソンへの書簡とバール訪米を通じて、ベルリン交渉のペースアップを婉曲的に求めてきた。ブラントは書簡のなかで、「ベルリン問題が満足できる形で解決されない限り、（モスクワ）条約が発効しないことをソ連側に公式に繰り返し通告してきた」と伝え、「ブレジネフとの会談から判断して、ソ連側は広範なデタントに応じる用意がある」と結論づけた（Hyland, 1987：32：Kissinger, 1979：533）。

（5）「差別的デタント」の脅威とニクソン政権

西ドイツ自身がいわゆる「ベルリンとの抱き合わせ」を主張し始めると、もともと東方政策とベルリン交渉との連結を提唱してきたキッシンジャーは喜ぶどころかこれにむしろ反発を示した。「東方政策を必ず成功させてやらなくてはならない立場にアメリカは置かれた」と彼は感じたのである。彼はニクソンに対して、「ドイツの対ソおよび対東ドイツ交渉とベルリン交渉を巧みに結びつけようとする方策が失敗することになれば、わが国はその身代わりとして非難を浴びる危険がある」（Kissinger, 1979：533）と警告した。

また、ニクソンとキッシンジャーはブラントとは異なり、現時点でソ連が広範なデタントに応じるとは楽観しておらず、むしろ西ドイツから得た譲歩を懐に大事にしまって、ヨーロッパ以外で強硬な態度に転じるのではないかと判断していた。実際、米ソはヨルダン危機を経験したばかりであった。秋にはキューバのシエンフエゴス港で緊張を高める。ソ連との取り引きの材料としてアメリカが手にしているカードは、（中国を除けば）欧州安全保障会議だけであった（Hyland, 1987：32-33）。一〇月のニクソン＝グロムイコ会談のために用意した覚書のなかで、キッシンジャーは大統領に対して、米ソ関係は依然として、「きわめて微妙な段階」にあると述べ、検討を要する課題の一つとして「差別的デタント」を挙げている（Kissinger, 1979：793）。

一〇月一四日の国家安全保障会議（NSC）の協議を受けて一一月一六日にキッシンジャーが署名した国家安全保障決定覚書（NSDM）九一号「ドイツとベルリンに関する合衆国の政策」（以下、NSDM九一と略）は、一九七〇年から七一年までの対ドイツ政策の基調としてまとめられたものである。まずアメリカとしては、西ドイツとNATOとの結びつきを強化するとともに、アメリカのコミットメントに関して西ドイツを安心させることを優先すべきであり、東方政策に関しては、西ドイツと東方との関係を正常化させるという、その〝目的〟に反対はしないものの、その〝結果〟に対する懸念は隠すべきではない、とされた。アメリカが憂慮したのは二点であった。第一に、西ドイツ国内と西側同盟への中長期的なインパクトと、第二に、潜在的な危険性を孕んだソ連と東ヨーロッパ諸国との関係へのインパクト、である（Garthoff, 1994A：127〔fn. 6〕）。東方政策の憂慮すべき結果として、このNSDM九一が東ヨーロッパ諸国のナショナリズムまでも配慮している点は、アメリカにとってデタントが、ヨーロッパ分断の現状を固定化することによって米ソ関係および東西関係全般の安定を図る〝保守的な〟側面を有していた事実を反映していて、興味深いところである。

時代を多少下ることになるが、米ソ勢力圏の安定を願うアメリカの本音は、一九七五年にマスメディアにリークされて注目を浴びた「ゾンネンフェルト・ドクトリン」のなかに如実に示されたと言えよう。「ヨーロッパの船を揺らしてはならない」、「東ヨーロッパ諸国とソ連との間の『有機的な』関係を発展させるよう奨励し、東ヨーロッパの自主化への明確な願望をソ連の強力な地政学的影響力という枠組みのなかでのみ支持を与えることがアメリカの政策でなければならない」という趣旨の発言であった（Aron, 1977：163；Kovrig, 1991：124；Garnet, 1986：210-213；Stevenson, 2014：173；石井、一九九二、八七頁）。

四　ニクソン政権のポジティブ・リンケージ

（1）ブラント政権によるニクソン政権へのロビイング

一九七〇年末、特に一一月頃は、ニクソンが就任一期目で最も辛い時期だったと回想したように（Nixon, 1978：497）、ヴェトナム反戦運動が過熱する一方で、ソ連との駆け引きは平行線を辿り、しかも差別的デタントの脅威にさらされているとホワイトハウスは感じていた。そこへ一一月の中間選挙での敗北が重なった。一二月七日には西ドイツ＝ポーランド間にワルシャワ条約が調印されるが、モーガンによれば、一九七〇年末に東方政策に対するワシントンの危惧は最高潮に達したとされる（Mogan, 1974：213-215；Barnet, 1983：294；Nelson, 1995：95-96）。実際、アチソン元国務長官やクレイ将軍、マックロイやデューイといった、かつてNATO形成と「二重の封じ込め」に尽力した人物たちが、東方政策への不満をホワイトハウスに漏らしていた事実は、当時からの公然の秘密であった。とりわけアチソンは、ブラントのイニシアティブを「無分別なモスクワ詣で競争（mad race to Moscow）」と称し、その危惧のほどを隠さなかった（Brandt, 1976：288；Mogan, 1974：213-214；Hanrieder, 1989：199；Hyland, 1987：31；Barnet, 1983：292-294）。また、キッシンジャー外交にきわめて批判的なことで知られる古参の外交官のボールも、ブラントの東方政策を西側からの危険な離脱だとみなしたが（Ball, 1976：110）、新聞で彼のコラムを読んだニクソンはそのわきに「でかした（Good for him!）」と走り書きをしたとも伝えられている（Nelson, 1995：174〔n 68〕）。

政府間の関係に議論を戻せば、一二月一二日にブラントはニクソンに書簡を送り、批判も交えながら「連続的な会議」をもってベルリン交渉をペースアップするよう強く促してきた。同趣旨の勧告は英仏両国に対してもなされた。英仏が西ドイツの働きかけに応じれば、西側の結束も危ぶまれる。ホワイトハウスは、ベルリン交渉で収拾がつかない事態が生じるのではないか、と恐れた（Kissinger, 1979：800；Nelson, 1995：95-96）。ベルリン交渉の促進を重ねて強く働きかけるために、ブラントはエームケ首相府担当大臣を訪米させてもいる。キッシンジャーはエームケに東方政策への支持を誓約し、安心させているが（Brant, 1976：289；Barnet, 1983：294；Mogan, 1974：213-215）、東方政策に対するワシントンの不満は、たとえば、同一二月サンクレメンテでキッシンジャーのNSCスタッフによって作成された『第二次外交教書』(一九七一年二月二五日に議会に提出された)のなかに如実に反映されることになった。

西側諸国はそもそも同一の国益を共有してはおらず、優先順位や解決策に関して、自動的に合意に達すると期待することはできない。……しかしわれわれの主要な目標は、われわれの政策を調和させ、われわれのデタントへの努力が相互補完的であるように保証することでなければならない。ソ連と一部の西側同盟国に限定された排他的な差別的デタントがうまくいくと考えるのは錯覚であろう。それは同盟間に緊張をもたらしかねない。それはまたデタントへの願望を政治的利益のための道具に変えてしまう。結局それはヨーロッパの和解に貢献するどころか、むしろそれを際限なく引き延ばしてしまうであろう(*Public Papers of the President of the United States*, 1972 : 238)。

こうして、ベルリン交渉を促進せよとの西ドイツの呼びかけを受けて、アメリカとしてもベルリン交渉に積極的に関与せざるを得なくなった。

(2)〝能動的な〟リンケージ政策へ――裏チャンネルの形成

また同時に、いくつかの情勢の変化を受けて、ホワイトハウスの情勢認識も以下のように変化し始めていたのである。まずワルシャワ条約締約直後にポーランドで生じた暴動騒ぎがアメリカにとって複雑で悲観的な情勢を一変させた。ソ連はチェコスロヴァキアの「プラハの春」からわずか二年余りで東ヨーロッパの脆弱さを痛感したことになる。一時的であれ、ボンとのデタントが停止することになれば、両側とのデタントを多少なりとも維持しようとする限り、ソ連にとってアメリカとのデタントの必要性が著しく高まりうるかもしれない。ソ連は東方条約が西ドイツ国内で批准されることを強く求めているが、その条件となるベルリン問題でアメリカは交渉上決定的な発言力を握れるはずである。また、ヨルダンとキューバの危機を乗り切った。何よりも中国との裏チャンネルでは高位会談への手がかりをつかみかけていた。

以上のような点から、「アメリカの交渉上の立場は全体的に強まった」と判断したキッシンジャーは、「ドブルイニンとのチャンネルを試してみる時が来た」とニクソンとNSCスタッフにそれぞれ語っている。クリスマスの直前、ドブルイニン駐米ソ連大使との長時間にわたった非公式会談によって、キッシンジャーの判断はよりたしかなものとなったようである。キッシンジャーが「一部の懸案の争点について、厳格な相互主義の立場から二人のチャンネルを通じた解決を図ることを提案した」ところ、ドブルイニンは譲歩の意思を示してきたのであった。ニクソンとキッシンジャーは一二月末、国際情勢について広範に協議を重ねた（Kissinger, 1979：797–801：Hyland, 1987：34–35）。

この時期を契機に、アメリカのリンケージは大幅な変化をきたすこととなる。これまでのリンケージ政策は、一連の諸議題を相互に結びつけ、それぞれの交渉のテンポをなるべく緩慢に保つことによってソ連の差別的デタント戦略を鈍らせようとする、ある意味で〝受動的な〟リンケージであった。それに対して一九七一年には、ドイツ問題に寄せるソ連側の関心を利用して、ベルリン交渉と戦略兵器制限交渉（SALT）を（さらには「中国カード」と）連結させ、両交渉での行き詰まりをにわかに打開しようと図る、いわば〝能動的な〟リンケージへと政策が変化したのである。その結果、ホワイトハウスは、それまで差別的デタントを恐れて「引き延ばし」を図ってきたベルリン交渉へと積極的に参与していくことになる。

ここで、リンケージ政策が方向転換した原因を改めて考えてみたい。直接的かつ外生的な契機として、先に見たポーランド暴動や対中交渉での手ごたえといった情勢変化も無視し得ないが、より根本的な要因としては、東方政策のさらなる進展により、それまでの受動的なリンケージがもはや機能しなくなっており、リンケージ政策には政策転換の必要性がにわかに生じていたと考えられる。ベルリン交渉を促進せよとの西ドイツからの働きかけは、そうした受動的なリンケージの破綻に拍車をかけるものであった。こうして、リンケージ政策がネガティヴからポジティヴな方向へと転換した一九七〇年末から七一年初頭にかけてのこの時期は、「モスクワ・デタント」が、スティーブンソンの言う「ハイ・デタント」へとエスカレートしていく分水嶺となったのである。

一九七一年一月六日、グロムイコ外相からの覚書がドブルイニンによりキッシンジャーの執務室に届けられ、ベルリン交渉での従来の立場を変えて譲歩をほのめかしてきた。一月九日、キッシンジャーはニクソンの承認を得た上で、グロムイコ外相に対して前向きな回答を送ると同時に、ベルリン交渉をSALTの進展と結びつけること、さらにSALT事態の進展もソ連が攻撃兵器増強を凍結する用意を示すか否かにかかっていることを、ドブルイニンとの裏チャンネルで強く申し出た。この二重の連結方式を指して、伝記作家のアイザックソンは「リンケージのなかにリンケージが組み込まれた複雑な構造」（Isaacson, 1992：323）と表現した。ともかく、ホワイトハウスはソ連に対して、ベルリン交渉とＳＡＬＴで秘密厳守に立った交渉のメカニズムを確立し、交渉のスピードアップを図ることを提案したのである。ドブルイニンは協議のためモスクワに帰国したが、一月二三日には二週間足らずで帰任し、「政治局がアメリカの提案を真剣に検討した」とキッシンジャーに伝えてきた（Kissinger, 1979：801–804：Nixon, 1978：523：Nelson, 1995：95–96）。

こうして、ホワイトハウスがベルリン交渉に裏舞台から積極的に関与することとなった。これまで正式交渉における政策立案は国務省がかなりの権限を有しており、アメリカとしての基本的な立場は、欧州問題担当国務次官のヒレンブラントらによって作成されたものであった（Kohl, 1975：26：Hersh, 1983：419：Hyland, 1987：30）。正式交渉の代表たちのアプローチがあまりに法律主義的過ぎると感じてきたバールは、ベルリン交渉へのキッシンジャーの参与を知り、これを歓迎した。ボン駐在米大使で正式交渉に携わるラッシュも、難局を打開するために裏交渉の必要性を認めた。ホワイトハウスは、自らが積極的にベルリン交渉へと参画していく枠組みのために、西ドイツにいるバールとラッシュに協力を要請した。二月より、バールとラッシュ、キッシンジャーとドブルイニンによる裏チャンネルが始動した。五月一〇日以降は、ボン駐在ソ連大使のファーリン、バールとラッシュの三者による裏チャンネルに焦点は移り、行き詰まりが生じた場合に、キッシンジャーとドブルイニンの裏チャンネルで打開の道を探ることとなった（Kissinger, 1979：801–804, 809–810, 828–829：Hersh, 1983：417, 419–420：Leacocos, 1971–72：Nelson, 1995：96）。

（3）ベルリン交渉とＳＡＬＴとの連結

ベルリン交渉とＳＡＬＴとの連結は当時必ずしも明らかではなかったが、キッシンジャーのアプローチのなかには明瞭に表れていた。

五月二日、ウィーンにおけるＳＡＬＴでソ連代表セミョーノフが、六週間前にキッシンジャーがドブルイニンとの裏チャンネルですでに拒否していた手続き案をアメリカ側の代表スミスに持ちかけてきた。裏舞台ではアメリカにとってさらに有利な方向へと交渉が進んでいることを知らされていなかったスミスは、このソ連側の提案を受諾するよう、ホワイトハウスに強く要請してきた。新聞や議会でもセミョーノフの妥協案を受諾せよとの圧力が高まった（Kissinger, 1979：817-818）。

キッシンジャーは、このいわゆるセミョーノフ事件を、アメリカとの二重の経路を上手く利用してソ連に有利な形に交渉を持ち込もうとする策動だと警戒したが、興味深いことに、このSALTで生じた行き詰まりを打開する抜け道をソ連側のベルリン協定の早期合意への必要性のなかに探ったのである。キッシンジャーは、ファーリンとの間で予定されていた五月一九日の会談を二週間延期するようラッシュに指示し、ベルリン交渉を故意に遅らせる一方で、ドブルイニンとの裏チャンネルではセミョーノフ事件を収拾するよう、強硬な口調で迫る戦術に訴えた。さもなければ、ベルリン交渉と同時にSALTを正式チャンネルにすべて委ねてしまうとも伝えている。

推測の域を出ないが、こうしたキッシンジャーの戦術は、五月三日に東ドイツの社会主義統一党の第一書記のウルブリヒトからホーネッカーへと後継されたことと無関係ではあるまい。ウルブリヒト更迭によって、ソ連が東方条約批准のためにベルリン協定を本気で急いでいる事実が、すべての関係者にとって決定的に明白となったからである。五月二〇日にSALTで一定の合意が成立した後、キッシンジャーはベルリン交渉を再開することをラッシュに許可した（Kissinger, 1979：821, 829：Smith, 1996：159-160：Dobrynin, 1995：214-215）。

（4）ソ連側の一連の譲歩

さらに五月末には、相互均衡兵力削減で話し合いに応じる意思をブレジネフが突然に明らかにしてきた。西側は一九七〇年五月のNATO外相会議で、相互均衡兵力削減を欧州安全保障会議と切り離して交渉するよう提案していた（U. S. Department of State, *Bulletin*, LXII-1617：775：Kissinger, 1979：412, 416：Nelson, 1995：84）。この思いがけない譲歩は、ソ連が原則的に西側の提案する議題設定に基づいてデタントを進めていくことに同調したことを示したばかりではなかった。党員の離反によって議題のすべての過半数を失いつつあった西ドイツの小連立政権にとっては言うまでもなく、アメリカのニクソン政権にとっても時期に適った援護射撃として作用することとなった。なぜなら、アメリカ議会ではマンスフィールド上院議員らが、「ヨーロッパから撤退せよ」との声を強めていたからである。当時ウィーンでSALT交渉団に随行していたガーソフは、「このソ連側の譲歩を、米軍がヨーロッパから撤退したら、ドイツ軍国主義が現れるかもしれないということをモスクワが危惧した結果ではないか」と推測している（Garthoff, 1994A：133：Barnet, 1983：295–296：Mogan, 1974：216）。

こうした一連のソ連側の譲歩は、一九七一年春の党大会においてブレジネフが決定的に権力を掌握した事実ともまた無関係ではなかろう。そして、このブレジネフによる権力掌握は、キッシンジャーの戦術と密接に関連してくるのである。一九六四年一〇月一二日のフルシチョフ解任後、政治局内の指導体制はコスイギン＝ブレジネフ＝ポドゴルヌイのトロイカであり、一九七〇年当時までは外交政策に関して、コスイギンがその最高責任者の地位にあると見られていた（Kissinger, 1979：144, 527, 796：Dobrynin, 1995：207：ＮＨＫ編、一九八一、一八四頁）。一九六九年以降ブレジネフがその権力基盤を徐々に固めつつあったが、そうした政治的流動期にある時、長期的戦略に基づいた外交はあまり期待できず、むしろ戦術的な対応に終始しがちとなる、とホワイトハウスはこれまで判断してきた。まだソ連側に包括的なデタントに応じる用意はないとし、東方政策とベルリン交渉とが同時並行する過程において「差別的デタントの脅威」を常に警戒し続けた根拠の一つは明らかにここにあった。

したがって、「ブレジネフが権力基盤を強固にした今、モスクワはヨーロッパ分断の承認を得るために包括的なデタントに応じてくるに違いない」、「差別的デタントの脅威は大幅に軽減された」とキッシンジャーは情勢を判断したものと思われる。さもなければ、セミョーノフ事件で見せたような駆け引きは戦術的には冒せないはずである。さらに、彼は米中関係との連結で、同様の駆け引きを再度試みることとなる。

（5）ベルリン交渉妥結の決定要因は何か？

ラッシュ、バール、ファーリンからなる非公式交渉では、六月を通じてベルリン協定諸文書の起草が行われていた。会談の度に合意事項がまとまり、報告を受けたキッシンジャーは、大統領に代わってそれぞれの合意事項について検討し、ドブルイニンとの間でそれを調整した。七月七日にはモスクワでの協議から帰国したファーリンが、六月に提示した譲歩をグロムイコがすべて承認してくれた、とラッシュとバールに伝えてきた（Kissinger, 1979：829-830）。こうした折、キッシンジャーはもう一つの指令をラッシュ大使に言い渡し、ニクソンによる北京訪問宣言まで再度ベルリン交渉の引き延ばしを図った。キッシンジャーは、九月の米ソ首脳会談開催は難しいと判断するとともに、ソ連側にベルリンでさらに譲歩するよう用意があると読み、あと一歩まで迫っていたベルリン交渉の締結を再び故意に遅らせたのである。

七月一五日のニクソン訪中宣言後、キッシンジャーはベルリン交渉の再開をラッシュに改めて許可した。「それから一〇日を待たずして、ラッシュ大使らの裏チャンネルは最終的な合意を実現した」と振り返るキッシンジャーは、当然自らのリンケージが有効に働いたと信じている（Kissinger, 1979：829-833：1982：156）。さらに二冊目の回顧録では一九七三年の米欧危機を振り返り、かつては東方政策を「救ってやったのに」とさえ言い切った（Kissinger, 1982：143-148, 154-159, 731）。全体的に自己顕示の表現を控えた回顧録を残したニクソンも、「自らの訪中宣言でベルリン交渉が妥結した」と同じく断定的に述べている（Nixon, 1978：524）。

しかし、ベルリン交渉妥結に何が決定的であったかという問いに関しては、他の当事者は異なった見解を示しているのである。ラッシュ大使は、ベルリン問題には裏交渉が必要であったとは考えるものの（Kissinger, 1979：809-810：Hersh, 1983：419-420）、交渉妥結の鍵が中国とのリンケージであったとは考えていない。彼の判断では、リンケージの要はブラントの東方政策であった。

われわれが交渉している間、ヴェトナム、SALT、中国などはまったく関係がなかった。明らかにわれわれとソ連の関係は複雑に入り組んではいたが、すべてで進展がなければどこかで進展が見られることはないという意味ではなかった。……（交渉のテーブルでは、ニクソン訪中）については囁きすら聞こえなかった。ヘンリー（キッシンジャー）は一度に手を広げ過ぎていて、ベルリン交渉に関してあまり理解していなかった（Hersh, 1983：420）。

また時期が多少ずれるが、当時ブレジネフの助言者であったアルバトフも、一九七二年五月にアメリカによる北ヴェトナムハイフォン湾機雷敷設に直面しながらも、米ソ首脳会談をキャンセルしなかった当時を振り返って、次のように述べている。

キッシンジャーの見方によれば、米ソ国交の維持の必要性をソ連に感じさせるのに決定的な役割を果たしたのは中国だという。しかし実際は、ベルリンの果たした役割の方がずっと大きかった。決定的と言っても良いくらいだ。東ドイツの情勢が決着を見たことはわれわれにとって非常に意味深く、事を荒立て、それを危うくする気にならなかった（Isaacson, 1992 : 22-23）。

そもそも、モスクワは差別的デタントの戦略を推進していたのであろうか――。たとえばネルソンは、デタント研究の著書のなかで、この問いに「否」と答えている（Nelson, 1995 : 129-130）。ソ連は東方政策から得られる副産物程度には差別的デタントを期待していたかもしれないが、それを主目的として西ドイツとのデタントに応じたわけではないし、キッシンジャーが想定していたほど、「仮借なく」、差別的デタントの機会をうかがっていたとは考えにくい。実際ソ連は、差別的デタントから得られるであろう戦術的な利益よりも、ヨーロッパ分断の現状承認という果実の方を選んだのである。

一九七〇年初頭のデタントのプロセスは、それぞれの国の意図が錯綜しており、たしかにいくつもの議題が密接に結びついていたが、そうした現実の世界における連結・連関の網の目は、ニクソンとキッシンジャーが編み出したリンケージ政策の域を大きく超えた複雑な様相を呈していた。本章の議論からも明らかなように、彼らのリンケージ政策も元来、差別的デタントを封じる必要性から生まれたものであった（Hoffmann, 1984 : 239）。デタント政策の骨格たるリンケージは、たとえ交渉の行き詰まり打開のインセンティブとして有効に機能したとしても、その成果を維持していく段階になるともっぱらムチとならざるを得ない。しかもリンケージ戦略の遂行には、アメリカ国民に支持されがたい政策立案の集権化が不可欠となる、とホフマンは論じる（Hoffmann, 1984 : 247 f : Hyland, 1987 : 146）。

また、リンケージ政策の鍵とされたベルリン交渉が持ち上がる最初の契機となった一九六九年二月のベルリン演説において、ニクソン大統領がベルリンは「交渉と和解」の対象となりうるとの希望について語ったのも（U. S. Department of State, *Bulletin*, LX-1552 : 260-262 : Kissinger, 1979 : 412, 416 : Nelson, 1995 : 84）、実はキーシンガー首相とブラント外相のロビイングに促されての演出であった。ニクソンとキッシンジャーは、交渉の可能性を信じてはいなかった（Andrianopoulous, 1988 : 183 : Garthoff,

1994A：136)。しかしニクソンの帰国後、ドブルイニンが裏チャンネルでベルリン問題について交渉する「積極的な可能性」があるとはじめて示唆してきたのである（Kissinger, 1979：407)。

五　米独におけるデタント構想の比較

政治家の最も重要な任務の一つは、どの問題とどの問題とが本当に相互に関係していて、相互に利用できるのかということを理解することである。たいていの場合、政策決定者は、ある問題に関してほとんど選択肢を有していない。結局、さまざまな出来事を関係づけるのは政策ではなくて現実である。政治家の役割は、実際に相互関係が存在する場合に、それを認識することである。別の言い方をすれば、最も好ましい結果を生じさせるためのインセンティブと懲罰との組み合わせを作り出すことである（Kissinger, 1994：717)。

キッシンジャー『外交』（一九九四年）

（1）対ソ脅威認識をめぐる相違

最後に、本章での考察から導き出され得る範囲で、米独のデタント構想について簡単な比較を試みる。むろん一九七〇年初頭のデタントのみを扱った本章の議論から導かれたデタント観の理念型ごときものが、別の時代にもそのまま当てはまるはずもない。しかし冒頭で指摘した通り、今後の研究の課題を浮き彫りにするためにもここであえて仮説的な試論を提示してみたい（Barnet, 1983：296–298：Andrianopoulous, 1988：174–182：Morgenthau, 1974)。

まず第一に、デタント構想の前提となるソ連への脅威認識であるが、アメリカは、差別的デタントの脅威に絶えず神経を尖らせたことからも明らかなように、ヨーロッパ地域においても、ソ連外交の動機のなかにある意味で攻撃的な側面をとらえている。つまり、モスクワは自らの勢力圏の安定を願う一方で、機会があれば西側の分断をも目論んでいる、と考えられているのである。しかし、ニクソンとキッシンジャーは、ソ連がいわゆるマスター・プランにしたがって行動しているとは見ていない。キッシンジャーによれば、ソ連戦略の本質は「仮借な機会主義」である。常に漸進的拡大の機会をうかがっていて、形勢が有利と見れば攻勢に転じるが、不利と見るや退く慎重さも兼ね備えている（Kissinger, 1979：chaps. 5, 26, 28）。したがって、ソ連の攻勢には「用心（precaution）」の政策をもって西側の強い意思を示す必要があるとされる。

この点で彼らは、ナチスの脅威に対処できなかった「宥和」政策の失敗をしばしば引き合いに出す（Kissinger, 1969：6-15, 43-46：Nixon, 1982：32：Hyland, 1987：22）。優れて現実主義的な感覚の持ち主であるニクソンとキッシンジャーは、ソ連が一度のデタントで改心するとは楽観しておらず、インセンティブと懲罰、〝アメとムチ〟をもって絶えずその膨張主義を〝抑制〟していかなければならないと考えている。したがって、「交渉の時代」においても、封じ込めがまったく放棄されたわけではなかった。ニクソンの表現を借りれば、デタントと抑止を同時に図る「実践的（hardheaded）デタント」が遂行されたのである（Nixon, 1988：56-65：Dobrynin, 1995：195, 201, 206）。こうして戦術レベルでは交渉上ソ連側の攻撃的な動機に目を配ったアメリカも、一方で、戦後ソ連のヨーロッパ政策の根幹はあくまでもヨーロッパの現状維持にある点は理解していた。

西ドイツは、アメリカと比較すれば、ソ連のヨーロッパ政策の目的は主として東側陣営にあると見て、交渉上、ある意味で防衛的な動機を想定している。この点は、ソ連とのデタントによって、将来ドイツの「再統一」に対する脅威認識をソ連から取り除くことができると期待していることからも明らかである。西ドイツは、まず政治的にヨーロッパの分断を認め、経済的かつ文化的な交流関係を張りめぐらせるなかで、（遠い将来だが）いずれ再統一に有利な環境が整うはずだと考えている。こうしたアプローチの根底をなすのが、バールの「接近による変化」の概念であって、この考え方によれば、再統一への道はたった一度の行動で決定づけられる性格のものではなく、「いくつもの駅を経由するプロセス」である（高橋、一九九一、二八～三三頁）。後述するブラントの「ヨーロッパ平和秩序」構想は、この「接近による変化」の論理を継承している。

しかし一方では、安全保障上の観点から、西ドイツは最も東側への警戒を怠ってはならぬ地政学的な位置にあるはずである。同時に、東西分断が続く限り、西ドイツは脆弱なままであり続けなければならない。つまり、究極的には、ソ連の動機を無理にでも〝防衛的〟と想定してデタントに乗り出さなければならなくなってくるのである。さしあたり現時点では、ソ連側の動機を〝防衛的〟と信じて交渉を急ぐ姿勢も、安全保障面で時折見せる西ドイツのタカ派的な姿勢もともに、「鉄のカーテン」

に分断されたまま冷戦の前哨に位置するといった、西ドイツに特有の地政学的な条件から要請される表裏一体の行動様式である、と理解しておきたい（ブラント後のドイツ問題については、ベンダー、一九九〇を参照）。この点を十分に検証できない現段階で、「防衛的」との表現が不適切ならば、「接近による変化」の概念は、長期的には交渉における「西側の優位」を想定していると言い換えた方が実はいいかもしれない。それとは対照的に、民主主義国家の集団として世論に晒された西側が基本的には交渉上強い立場にあるとは、ニクソンとキッシンジャーは考えていない。西ドイツと東側との接近で東西どちらが「磁石」となるのかという点においても、キッシンジャーは西ドイツが持つ見通しと見解を異にしており、一九六〇年代から一貫して、西側の優位は「幻想に過ぎない」、「交渉上強い立場に立つのはむしろ東側である」と判断していた（Kissinger, 1965：211-214；1961：136）。

一九七〇年代に東ドイツが憲法改正まで行い、かえって姿勢を硬化させた事実を見れば、キッシンジャーは正しかったが、さらに一〇年間、視点を現在に近づけて、ベルリンの壁が崩壊し、ドイツが統一した事実を見るならば、ブラントとバールの方が正しかった。しかし冷戦が終結した一九八九年の時点でも、彼らは「ヨーロッパとドイツの分断状況が二一世紀までせいぜい五〇年以上は続くだろう」と警告し続けていた（グレースナー、一九九三、二〇〇～二〇四頁）。さしあたり言えることは、一〇年後を念頭に置いた中長期的な視野からの外交政策をアメリカに持ち込もうとしたニクソンとキッシンジャーよりも、半世紀以上の将来を見据えていたブラントとバールの方が、より長期の時間的視野に立っていたということである。ドイツ再統一を「一世一代の嘘」と考えるブラントとバールには他方で、まず両独関係を正常化するという短期的な目標もあった。当面の「諦めの政策」と長期的な構想とは、どちらかいずれに本音があるというわけではなく、矛盾なく不可分に結びついていたと思われる。

（2）地理的な視野の広さをめぐる相違

第二に、地理的な視野の広さの違いから米独のデタント観を比較すれば、アメリカにとってのデタントは世界大の広がりを持ち、西ドイツのそれはヨーロッパ大である。ニクソン政権はソ連と中国への接近を同時に目論んでおり、その結果、ニクソン再選に関わる焦眉の課題であるヴェトナムからの「名誉ある撤退」も可能となるはずであった。彼らの関心は世界大であったが、その関心の焦点はもっぱらソ連に絞られていた。アフリカや中東でのソ連の攻勢は、アメリカの「信頼性」に関わる問題であった。そうした勢力圏の確定がいまだ完遂されていない地域で、米ソは勢力拡大を争った。

ところで、アメリカのヨーロッパ政策にダイナミズムが感じられないのは、視野が世界規模であるが故に、ヨーロッパの視点が抜け落ちてしまうからなのか――。というよりも、アメリカのヨーロッパへの態度には、現状維持をよしとした保守的な傾向が強いのである。核戦力で「ラフ・パリティ」となったソ連との関係を安定させるためにも、米ソ直接対決にエスカレートしうる可能性を秘めた冷戦の主戦場であるヨーロッパにおける勢力圏の安定が重要となるからである（Hanrieder, 1989 : 96-98）。アメリカのデタントにとって、ヨーロッパ政策は優れて静的な性質を帯びる。

一方で、過去の負債を背負う分断国家としての西ドイツは、ブラント政権以前から世界規模の視野や関心を有しておらず、その重心はもっぱら「再統一」という自国の問題に置かれていた。一九六〇年代の西ドイツは、軍備管理を中心に進展しつつあったデタント政策がドイツ分断を固定化してしまうことを恐れるあまり、時代錯誤な〝現状否認〟国家としてデタントの障害とみなされ、同盟内でさえ孤立しかねない状況に置かれていたのである（Hanrieder & Auton, 1980 : 55-66 : McAdams, 1994 : 6, 16-17, 56-57 : Kissinger, 1965 : 20）。一方で、一九六一年八月一二日から一八日にかけてのベルリンの壁構築を間近で眺めたブラントとバールは、ヨーロッパの分断状況が続く限り、ドイツ問題だけを取り上げても解決のチャンスはないとの確信を持つに至ったようである（Brant, 1976 : 20）。バールも同様に証言している（Partos, 1993 : 46）。

ブラント政権は、当面の政策目標としては再統一を事実上「諦め」、その可能性をヨーロッパの将来に委ねることで、「ドイツ問題のヨーロッパ化」を図った。ブラントは画期的な施政方針演説のなかで、「ドイツのなかに二つのドイツがある」との基本認識を示し、西ドイツ首相としてはじめて東ドイツをその正式名称の「ドイツ民主共和国」の名で呼んだ。ただし、両ドイツ関係に依然として「民族の一体性」が存在する以上、「お互いに外国ではなく」、故に「東ドイツを国際法上承認することは考慮され得ない」とした。しかし、単独代表権あるいは再統一への言及がほとんどなされなかったことは、ブラント政権が東ドイツを事実上承認する用意のあることを暗示していた（Brandt, 1969 : 370-372）。

こうした西ドイツの新政策には長期的構想の裏づけがあった。ブラントの「ヨーロッパ平和秩序」は、その内容が必ずしも明らかではないが、軍縮を進め、NATOとワルシャワ条約機構を段階的に解体することによって、ヨーロッパ全体の安全保障秩序を確立する構想であり、究極の目標としてドイツ再統一が描かれていた（Brandt, 1969A：24, 29, 70, 105, 115-116, 151-152, 158, 188）。ブラントは「ヨーロッパ平和秩序」の実現に米ソ超大国のコミットメントは不可欠であるとしているが（Brandt, 1969A：75-78）、同時にその役割については具体的に言及せず、ヨーロッパの独立した役割を示唆している（ブラント、一九七三、二二五〜二五二頁：Brandt, 1972：416-426）。バールは、軍縮と既存の東西安全保障機構の解体の彼方に、独自の「中央ヨーロッパ安全保障システム」を長期構想として描いていたのである（Hahn, 1973：859-880：Bahr, 1973：296-300）。彼は米ソ両超大国がこうした中央ヨーロッパ安全保障構想を望まないことを熟知しており、とりあえずは中期的目標としてのブラントの「ヨーロッパ平和秩序」構想を受け容れていた（平島、一九九四、一三一頁）。両者とも、「軍縮は進めるべきだが、ドイツ分断を固定化してしまうような制度化は避けるべきだ」と考えていた。いずれにせよ、ヨーロッパでは静的な性向を持つアメリカのデタントとは対照的に、西ドイツのデタントはダイナミックなものであったと言えよう。きわめて長期的ながら、既存のヨーロッパ秩序を突き崩すダイナミズムがそこに見てとれるのである。以上の点を考慮すれば、米仏両国が抱いた長期的な懸念はあながちうがった見方ではなかったのかもしれない。

一九七〇年代、こうした対ソ脅威認識と視野の範囲における相違は、東側へのアプローチで米独間に一定の緊張をもたらしたとは考えられないか――。ソ連のSS20配備とアメリカの中性子爆弾製造中止で見せたシュミット首相の強硬姿勢とは裏腹に（Haslam, 1989：89-101）、結局、新冷戦の到来を最も望まなかったのもまた西ドイツであった。世界を視野に入れるアメリカは、中東やアフリカでのソ連の行動に深刻な脅威を感じとったが、視野がヨーロッパに限られる西ドイツにはある程度無関係な出来事であった。一九八〇年代初頭、米ソ新冷戦と呼ばれる頃に、西ドイツは東ドイツとの「小さな東方政策」に改めて乗り出そうとしていた（たとえば、ハンリーダーは「ドイツ・ミニデタント」、アッシュは「第二次東方政策」と呼んでいる。Hanrieder, 1989：211-212：Ash, 1993：chap. VI）。一九七〇年代を通じて、西ドイツは西側のいかなる国よりも東側との経済交流を深めていた（山本、一九八二、八八〜九二頁）。一九八〇年代前半のソ連の天然ガス用パイプラインをめぐる米欧の軋轢では、特に米独デタント観の相違がその根底にあったものと思われる。

＊ 本章は、一九九五年春に一橋大学大学院に提出した修士論文の要約である。その後の研究業績としては、たとえば、以下の研究を参照。Schulz & Schwartz, eds., 2010 : Fink & Schaefer, eds., 2009 : Sargent, 2015 : Hanhimaki, 2013 : 2012 : Schulzinger, 2012 : Gaddis, 2012 : Daigle, 2014 : Xia, 2014 : 齋藤、二〇〇六 : 妹尾、二〇一七 : ショレゲン、二〇一五 : 妹尾、二〇一五 : フォークトマイヤー、二〇一五 : 妹尾、二〇一一 : 二〇〇九 : フルブルック、二〇〇九 : 山本、二〇一〇 : 齋藤、二〇一七。

第十二章　アメリカ議会の復権——一九六九〜七四年

議会の役割は、……行政府が発案した提案を修正し、拒否し、あるいはそれを正当化する役割となってきている（Robinson, 1962：8：斎藤・深谷編一九六五年、八頁に引用された）。

ジェームズ・ロビンソン『議会と対外政策形成』（一九六二年）

一　「議会の復権」？——問題の所在と設定

一九六九年から七四年までの間、「議会の復権」の時期に大統領に対して、アメリカ議会は決定的な影響力を行使し得たのか——。はたして、「復権」と呼びうるほどの成果を残したのか——。あるいは、二院制（bicameral system）で設定された上院と下院との間の「抑制と均衡」が、議会の影響力行使を限定的なものにとどめたのではないか——（Ripley & Lindsay, eds., 1993：Lindsay, 1994：24-32：Johnson, 2006：105-143：Fisher, 2013：chap. 6：Destler, 1984：37-61：Sundquist, 1982：Mann, 1990：Davidson, 1988：Fisher, 1988：阿部、一九八七：織、一九七七：リンドクイスト、一九八二：千葉、二〇一四）。

本章では、第九一議会（一九六九〜七〇年）から第九三議会（一九七三〜七四年）までの議会の復権を二院制の視点から再検討する。そのため、両院協議会（conference committee）でのやりとりに注目する。

議会内での「抑制と均衡」について前史を振り返れば、一九四五年から六八年まで、対外政策では上院（特に外交委員会、さらには外交委員会委員長の一個人）が主要な役割を担っていた。これに対して特に下院は、「受動的かつ消極的な」役割にとどまった。通常、上下両院ともに大統領の政策にしたがい、「黙従」したのである（Lindsay, 1994：29-32：Mott & Rae, 2003：140）。

特に一九五〇年代半ばから六〇年代後半までは、反共のコンセンサスが存在し、「二つの大統領制」（対外政策では強い指導力を発揮するが、国内政策では意外と脆弱）が指摘されていた（Wildavsky, 1980 : Shull, ed., 1991）。

こうして、対外政策で上院と下院がほぼ対等な役割を担うようになるのは、一九七〇年代以降であると想定される（Mott & Rae, 2003 : 140–141）。では、一九六九年から七四年の間に、上院と下院との間で「抑制と均衡」が機能し始めたのか――。あるいは少なくとも、下院が一九七〇年代後半以降、影響力を行使しうる土台を築いたのか――。本章では、以上の点を明らかにしたい。

先行研究は「議会の復権」論と、それに否定的な見方（Less Than Meets the Eyes）がある。また序章と第六章で見た通り、ハンティントンやリンゼイらによって、危機的政策と戦略的政策、構造的政策といった対外政策での政策タイプによって議会の影響力が強弱することが指摘される（Huntington, 1961 : Lindsay, 1994）。対外政策での議会の影響力の手段を、公式か非公式か、また直接か間接かで整理する先行研究もある（Wittkopf, Kegley, Jr. & Scott, eds., 1996 : 406）。第六章で見た通り、対外政策での議会の役割のタイポロジーを、行動主義、黙従、超党派の協調、役割分担などの理念型に分類する研究もある（Crabb, Antizzo & Sarieddine, 2000 : LeLoup & Shull, 2003 : Scott & Crothers, 1998 : 108–37 : Bax, 1977 : 881–904 : Jentleson, 1990 : 146–200）。二院制に関する研究は、対外政策というよりも内政の分野で多く見られる（Longley & Oleszek, 1989 : Baker, 2001 : Oleszek, Oleszek, Rycki & Heniff, 2015 : chap. 8 : Sinclair, 1997 : chap. 4）。

本章では、政策タイプに分けた上で上院と下院、両院協議会での審議を主要な投票行動（key votes）を中心に分析する。

二　戦争権限と議会の復権

（1）国家コミットメント決議と議会の復権

上院は、一九六九年六月二五日に、国家コミットメント決議を賛成七〇、反対一六（共和党、賛成二七、反対一三：民主党、賛成四三、反対三）で可決した。この決議は、一九六七年に提出され、ジョンソン大統領とニクソン大統領が強く反対し、政治問題化して二年間もの間、討論されていた。上院のみの決議のため、法的拘束力は持たないが、一九六四年八月七日のトンキン湾決議以来のアメリカ議会の意思表明であった。あくまでも上院の単独決議だが、一九七三年一一月七日の戦争権限決議につながる「議会の復権」の動きの始まりを意味した（*Congressional Quarterly Almanac*, 1970：99：Lindsay, 1994：83-84：Fisher, 2013：137-139：Howell & Pevehouse, eds., 2007：Irons, 2005：Fisher, 2003：1-21：Westerfeld, 1996：Barnhart, ed., 1987：Nathan & Oliver, 1994：chap. 8：Katzmann, 1990：Blechman, 1990, chap. 6）。

下院は、一二月二日に二日間の討論を経て、正義をともなう平和（peace with justice）決議（H Res 613）を賛成三三四、反対五五（共和党、賛成一七二、反対一：民主党、賛成一六二、反対五四）で可決した。共和党議員で唯一反対票を投じたのは、共和党のレイド議員であった。また、民主党のリベラル派や共和党のハト派は、ニクソン大統領の一一月三日の演説から間もない決議採択に難色を示した。注目すべきことに、下院での復権の動きは、その後も上院と比較して、より緩慢なペースであり続けた（*Congressional Quarterly Almanac*, 1970：98）。

上院は、一二月一五日に防衛予算法案（HR 15090）への修正条項を賛成七三、反対一七で承認した。ラオスとタイへの米軍派遣を禁止する内容で、対外政策で議会の役割を回復する動きの一つであった。ニクソン大統領は比較的早い段階で、「ラオスにアメリカ軍は展開されていない」と語っていた（*Congressional Quarterly Almanac*, 1970：100）。

（2）上院外交委員会のリベラル派の推進力

上院は、一九七〇年六月三〇日に七週間の討論を経て、クーパー＝チャーチ修正条項を賛成五八、反対三七（共和党、賛成一六、反対二六：民主党、賛成四二、反対一一）で承認した。議会承認のない七月一日以降のカンボジアでの軍事活動予算を禁止する内容で、四月のカンボジア秘密侵攻を受け、アメリカ議会で批判が高まっていた。前年のラオスとタイでの軍事活動を禁止した条項とほぼ同じ内容であった。共和党のクーパー議員と民主党のチャーチ上院議員をはじめとした外交委員会のリベラル派の議員たちが中心となって修正条項がまとめられた。クーパー＝チャーチ修正条項は、当初、対外軍事売却権限法案（HR 15628）に追加しようと試みられたが、最終的には補正対外援助授権法案（HR 1911）に付与された（*Congressional*

Quarterly Almanac, 1971：89）。

下院は、七月九日に、上院のクーパー＝チャーチ修正条項を受諾する動きを賛成二三七、反対一五三（共和党、賛成一三八、反対三三：民主党、賛成九九、反対一二〇）で棚上げした。共和党のリーグル議員が両院協議会で同修正条項を受諾するよう求めたが、民主党のヘイズ議員らがこの動きを阻止した。上院の動きを下院が〝抑制〟したのである。こうして、下院でのヴェトナム戦争制限の動きはやはり、上院よりも限定的であった（*Congressional Quarterly Almanac*, 1971：92）。

上院は、九月一日に、マクガヴァン＝ハットフィールド修正条項を賛成三九、反対五五（共和党、賛成七、反対三四：民主党、賛成三二、反対二一）で否決した。一九七一年四月三〇日までに南ヴェトナムでの米軍を二八万人に制限し、七一年一二月三一日までの完全撤退期限を設定する内容であった（ただし、アメリカ軍が危険な状況にある場合には、大統領は撤退を六〇日間延期できる、と規定されていた）。民主党のマクガヴァン議員と共和党のハットフィールド議員による提案であった。防衛調達授権法案への修正条項であったが、本会議で何度も修正された（*Congressional Quarterly Almanac*, 1971：90）。

（3）マンスフィールド修正条項をめぐるせめぎ合い

上院は、一九七一年六月二二日に、マンスフィールド修正条項を賛成五七、反対四二（共和党、賛成一二、反対三二：民主党、賛成四五、反対一〇）で承認した。米軍捕虜の解放が実現するかは未決定のまま、ヴェトナムからの完全撤退を要求し、九カ月の期限を設定した。四つの撤退要求の案が検討された後に、多数党院内総務のマンスフィールド議員が提案した。ニクソン大統領はこれに対して強く反対した。にもかかわらず、上院ではじめて、撤退要求が承認されたのである（*Congressional Quarterly Almanac*, 1972：64-65）。

下院は、一〇月一九日に、両院協議会でマンスフィールド修正条項を下院代表が受諾することを賛成二一五、反対一九三（共和党、賛成一三九、反対三三：民主党、賛成七六、反対一六〇）で禁止した。同修正条項を拒否したに等しかった。下院は、六カ月の撤退期限を検討していた。それまでに上院は、同修正条項を二度、可決していた。ニクソン政権が下院で激しいロビイングを展開し、撤退要求の動きを阻止した。ただし、六月二八日の投票では四四票差であったが、二二票差へと縮小していた

(*Congressional Quarterly Almanac*, 1972 : 67-68)。

上院は、一九七一年一〇月二八日に、対外援助授権法案(HR 9910)からクーパー＝チャーチ修正条項を賛成四七、反対四四(共和党、賛成三〇、反対一一：民主党、賛成一七、反対三三)で削除した。上院外交委員会で付与された修正条項で、南ヴェトナムからの撤退完了のためにだけ、予算編成を認める内容であった。ニクソン大統領が拒否権行使の脅しをかけた。共和党と南部民主党の「保保連合」が、クーパー＝チャーチ修正条項の削除のために投票した(*Congressional Quarterly Almanac*, 1972 : 65)。

下院は、最終日の一二月一六日に、両院協議会で対外援助授権法案のマンスフィールド修正条項の受諾を求めたライアン動議の棚上げを賛成一三〇、反対一〇一(共和党、賛成七八、反対一二：民主党、賛成五二、反対八九：棄権二〇一)で決定した。対外援助授権法案は、上院で一〇月二九日に可決された対外援助授権法案の修正条項に反対する下院代表によって、両院協議会での調整が遅れていた。マンスフィールド修正条項は、マンスフィールド修正条項(HR 9910)の改訂版であった。マンスフィールド修正条項は、六カ月以内にインドシナ半島から撤退することを定めた三つ目のヴァージョンであった。一二月一六日、上院では、外交委員会委員長のフルブライト議員が、下院でのマンスフィールド修正条項の投票を促すため、暫定的な対外援助予算を認める決議をめぐる上院の動きを遅らせていた。下院では、民主党のライアン議員の動議を棚上げする動議を国際関係委員会委員長の民主党のモーガン議員が直ちに提出したのであった。モーガン動議は可決されたが、これを機に、両院協議会での行き詰まりが打開へと向う。しかし、上院は翌日に両院協議会の報告書を受諾したが、下院は翌年の一月一八日まで、投票行動を遅らせた(*Congressional Quarterly Almanac*, 1972 : 68)。

(4) 下院が戦争反対へと向かう

上院は、一九七二年八月二日に、防衛調達法案(HR 15495)に付与されたインドシナ関与の予算削減を求めた修正条項を賛成四九、反対四七(共和党、賛成一一、反対三三：民主党、賛成三八、反対一四)で承認した。二週間前に否決された武器援助授権法案のブルック修正条項とほとんど同じ内容であった。ニクソン大統領が強く反対していたが、一一名の共和党上院議員が賛成に回った。しかし予測された通り下院が、両院協議会で防衛調達法案の最終版の受諾に反対した（*Congressional Quarterly Almanac*, 1973：31）。

下院は、八月一〇日に、対外援助授権法案（HR 16029）からヴェトナム撤退を求めた修正条項の文言を賛成二二九、反対一七七（共和党、賛成一四九、反対二三：民主党、賛成八〇、反対一五九）で削除した。注目すべきことに、下院ではじめて国際関係委員会から（賛成一八、反対一七）、ヴェトナム撤退条項が本会議へと上程された。国際関係委員会と下院民主コーカスが立場を変えたのである。ただし、アルバート下院議長やボッグス多数党院内総務など、下院指導部がまだヴェトナム撤退に反対していた。彼らの立場は、共和党保守派に支持された。こうしてニクソン政権は、これまで大統領のヴェトナム政策を支持してきた下院で、最も深刻な挑戦に直面したのであった（*Congressional Quarterly Almanac*, 1973：33-34）。

（5）戦争予算の削減と戦争権限決議

上院は、一九七三年五月三一日に、第二次一九七三会計年度補正予算法案（HR 7447）のイーグルトン修正条項を賛成六三、反対一九で承認した。同法案の予算だけでなく、それまでの予算もすべて凍結し、ラオスとカンボジアでの軍事活動を制限する内容であった。民主党のイーグルトン議員が提出した。これに先立ち、五月二九日に、イーグルトン修正条項が第二次一九七三会計年度補正予算法案と密接な関係にあることを賛成五五、反対二一（共和党、賛成一八、反対一七：民主党、賛成三七、反対四）で認めたことがより重要であった。ただし、ヴェトナム和平協定の成立後というタイミングであった。五月一〇日に下院も可決していたが、大統領が六月二七日に拒否権を発動した。最終的に、八月一五日までの削減期限の削除で、大統領と議会の間で妥協が成立した（*Congressional Quarterly Almanac*, 1974：930）。

下院は前述の通り、五月一〇日に第二次一九七三会計年度補正予算法案（HR 7447）の修正条項を賛成二一九、反対一八八で承認した。カンボジア空爆を含むインドシナ関与のために、国防総省が他のプログラムから四億三〇〇〇万ドルの予算を補填することを禁じた内容であった。その後、民主党のアダッボ議員が提出したアダッボ修正条項が賛成一九四、反対一八七で可決された。下院はさらにその後、民主党のロング議員が提出した修正条項を賛成二一四、反対一七九（共和党、賛成三五、反対一四三：民主党、賛成一八四、反対四五：反対四五名のうち三八名が南部民主党）で承認した。第二次一九七三年補正予算法案の予算をカンボジアでの軍事活動に使用することを禁止する内容であった（*Congressional Quarterly Almanac*, 1974：933）。

下院は、一一月七日に、戦争権限決議（H J Res 542）に対する大統領の拒否権を賛成二八四、反対一三五（共和党、賛成八六、反対一〇三：民主党、賛成一九八、反対三二）で〝乗り越え（override）〟た。三分の二から、わずか四票差の僅差であった。これは、第九三議会（一九七三〜七四年）ではじめての乗り越えであった。戦争権限決議は、第一に、議会の授権なき戦争を六〇日間以内に限定し、第二に、大統領の署名を必要としない上下議会の共同決議で戦争を終結できる（「立法府拒否権」の一つ）、などを決めた。大統領は一〇月二四日に、「違憲かつ危険」として、拒否権を発動していた。上院での乗り越えは、その実現が予想されていたが（賛成七五、反対一八で乗り越えた）、下院での拒否権の乗り越えは、最後まで目処が立たず、特に注目されていた（*Congressional Quarterly Almanac*, 1974：934：Fisher, 2013：144-153：Milton, ed., 2010：Sanders, ed., 2010：Weinberger, 2009：Briggs, 1994：chap. 8：宮脇、二〇〇四、一五九〜一九六頁）。

（6）インドシナ半島をめぐる論争

一九七三年三月までに、南ヴェトナムからアメリカ軍は撤退していたにもかかわらず、七四年もインドシナ半島をめぐる論争が議会で起こった。下院は、四月四日に、南ヴェトナムとラオスへの軍事援助上限の増加を求めた一九七四会計年度防衛補正授権法案（HR 12565：PL 93-307）のヘバート修正条項を賛成一五四、反対一七七（共和党、賛成九九、反対五〇：民主党、賛成五五、反対一二七）で否決した。既存の一兆一二六〇億ドルの上限に変化はなかった。また一九七四年の下院では、南ヴェトナムへの軍事援助を一〇億ドルから七億ドルに削減することも、一九七五会計年度国防総省予算法案（HR 16243：PL 93-437）の修正条項として可決された（*Congressional Quarterly Almanac*, 1975：977）。

三　軍備管理と議会の復権

（1）ＡＢＭ論争と議会の復権

上院は、一九六九年三月一三日に、核不拡散条約（ＮＰＴ）を賛成八三、反対一五（共和党、賛成三四、反対八：民主党、賛成四九、反対七）で批准した。一九六八年七月に提出されていた。翌八月チェコスロヴァキアでの「プラハの春」と一一月の大統領選挙で、政治問題化していた。ニクソンは大統領になると、上院の「迅速な（prompt）」批准を要求した（*Congressional Quarterly Almanac*, 1970：99）。

上院は八月六日に、セーフガード弾道弾迎撃ミサイル（ＡＢＭ）に反対するスミス修正条項を賛成五〇、反対五〇の同数（共和党、賛成一四、反対二九：民主党、賛成三六、反対二一）で否決した（上院議長が副大統領のため）。一九六八年から、上院で政治問題化していた。対外政策で議会の役割を回復する動きの一つであった。上院での可決は、はじめから僅差が予測されていた。賛否両論で熾烈なロビイング合戦を経て、共和党の多数派と南部民主党の「保保連合」が僅差で勝利した。貿易調達法案（S 2546）に付与された、すべてのＡＢＭを制限する内容のもともとのスミス修正条項は、賛成一一、反対八九で否決されていた。またＡＢＭの研究を制限する修正条項も賛成四九、反対五一で否決された（*Congressional Quarterly Almanac*, 1970：100：Halperin & Clapp, 2006：Weber, 1991：chaps. 4, 5：Blechman, 1990：chap. 3：chap. 6：Crabb & Holt, 1992：chap. 3：Blechman, 1990：109–145：Auerswald & Campbell, 2012：189–212）。

（2）三年目のＡＢＭ論争

上院は、一九七〇年八月一二日に、セーフガードＡＢＭに反対する修正条項を賛成四七、反対五二のわずか五票差の僅差で否決した。修正条項は、共和党のクーパー上院議員と民主党のハート議員が中心になり、まとめられた。ＡＢＭ支持派は、防衛調達授権法案（HR 17123）で自主的に予算額を若干縮小し、セーフガードＡＢＭシステム拡大への支持を確保した。ＡＢＭ

反対派は、下院には少なく、上院に比較的により多数いた（*Congressional Quarterly Almanac*, 1971 : 89-90）。

（3）ABM論争からSALT論争へ

上院は、一九七二年八月三日に、ABM制限条約を賛成八八、反対二で批准した。上院のABM反対派は賛成に転じたのである。ABM制限条約は、五月二六日のニクソン訪ソで、「戦略攻撃兵器制限に関する米ソ間暫定協定（SALTⅠ）」とともに調印された。ABMシステムを二箇所のみに限定する内容であった。モスクワでのデタントで米ソ両国は、「関係の基本原則に関する米ソ宣言（基本原則合意）」も調印していた（*Congressional Quarterly Almanac*, 1973 : 31）。

上院は九月になって、SALTⅠ（S J Res 241）を賛成八八、反対二で批准した。同時に調印されたABM制限条約の批准から、一カ月以上が経過していた。戦略核ミサイルの軍備管理を定めた五年間の暫定協定である。六週間に及ぶ審議を経て、討論打ち切り動議が可決された。しかし、この条約批准に先立つ九月一四日に、上院は、恒久的な攻撃兵器条約で強硬な姿勢をとることを政権に求めるジャクソン修正条項が賛成五六、反対三五（共和党、賛成三〇、反対一一：民主党、賛成二六、反対二四）で可決された。民主党のジャクソン議員の提案であった。ソ連との間で〝ラフ・パリティ〟な攻撃兵器を認め合うことを要求し、さもなければ、ABM制限条約を無効とするという内容であった。外交委員委員長のフルブライトが反対していたが、ニクソン政権の支持を得た。共和党と南部民主党が賛成に回った（*Congressional Quarterly Almanac*, 1973 : 31 : Knopf, 1998 : chap. 6 : Schulzinger, 1987 : 90-97）。

四　対外援助と議会の復権

（1）戦後最低の対外援助額

下院は、一九六九年一二月九日に、対外援助予算法案（HR 15149）を賛成二〇〇、反対一九五の五票差の僅差（共和党、賛成七九、反対九一：民主党、賛成一二一、反対一〇四）で可決した。一六億ドルは、戦後の対外援助プログラムで最低額であった。

韓国・台湾追加援助に対して、共和党の多数派と南部民主党の多くの下院議員たちが反対した（*Congressional Quarterly Almanac*, 1970：98-99：Picard, Groelsema and Buss, eds., 2008：Lancaster, 2007：Riddell, 2007：Epstein, 2012：144-164：川口、一九八四：小川、二〇一一：滝田、一九九九）。

上院は、一二月二〇日に、対外援助予算法案の授権なき台湾追加援助に反対するリベラル派が勝利し、両院協議会の報告書を棚上げするマンスフィールド動議を賛成三九、反対二九（共和党、賛成八、反対一九：民主党、賛成三一、反対一〇）で可決した。下院との再交渉を指示する内容であった（*Congressional Quarterly Almanac*, 1970：100）。

（2）対外援助法案ではじめての否決劇

上院は、一九七一年一〇月二九日に、対外援助授権法案（HR 9910）を賛成二七、反対四一（共和党、賛成一九、反対一五：民主党、賛成八、反対二六）で否決した。対外援助法案ではじめての否決劇となった。反対の理由は、ヴェトナム戦争への反対、アメリカ経済へのダメージの懸念、対外援助の効果への疑念などであり、「奇妙な同盟」が形成された。軍事援助は、「ニクソン・ドクトリン」の主要な手段と位置づけられていた（*Congressional Quarterly Almanac*, 1972：65）。

上院は一九七二年七月二四日に、前年の否決劇から一年も経たずに、対外援助授権法案（S 3390）を賛成四二、反対四八（共和党、賛成一四、反対二九：民主党、賛成二八、反対一九）で否決した。一九七三会計年度に一七億ドルの軍事援助プログラムを授権する内容であった。直前にインドシナ関与の予算削減を求めたブローク修正条項を上院が賛成四六、反対四七で否決されていた。共和党のブローク議員が提出した修正条項であった（*Congressional Quarterly Almanac*, 1973：31）。

上院は一九七三年に、外交委員会で対外援助法案（S 1443）に付与された文言を削除することを求めたスコット修正条項を賛成四八、反対四四（共和党、賛成三七、反対四：民主党、賛成一一、反対四〇）のわずか四票差の僅差で承認した。共和党のスコット議員が提出した。スコット修正条項が削除した文言は、軍事援助顧問団派遣と軍事授与支援プログラムを一九七七年六月三〇日までに停止し、海外での軍事プログラムを七四年六月三〇日までに停止する内容であった。ほとんどの共和党議員がスコット修正条項を支持した（*Congressional Quarterly Almanac*, 1974：931）。

下院は七月二六日に、二八億ドルを授権する対外援助授権法案（HR 9360）を賛成一八八、反対一八三（共和党、賛成六九、反対五二：民主党、賛成一一九、反対九四）の五票差の僅差で可決した。約一二時間の討論のなかで（委員会案から六八〇〇万ドルだけ削減された）、上院だけでなく、下院でも対外援助プログラムへの反対が広がっていることが明らかとなった。背景にはアメリカ経済の低迷があった。また反対派は、「輸出信用開発基金」提案を退けた（*Congressional Quarterly Almanac*, 1974：933）。

（3）対外援助法案、妥協の成立

下院は、一九七四年九月二四日に、大統領がキプロス問題で実質的な進展があると議会に確証を与えるまでトルコへの軍事援助を凍結するローゼンタール＝デュポント修正条項を賛成三〇七、反対九〇（共和党、賛成一一七、反対五二：民主党、賛成一八〇、反対三八）の八三票差で承認した。民主党のローゼンタール議員と共和党のデュポント議員が提出した。七月のトルコのキプロス侵攻を受け、議会で批判が高まっていた。フォード大統領とキッシンジャー国務長官は、議会の動きはキプロス問題の解決をかえって困難にし、アメリカ外交の柔軟性も損なう、と強く批判した。議会側の言い分は、「トルコはアメリカの対外援助法に違反する形でアメリカの武器を侵略に使用したため、援助の継続は違法である」というものであった。ローゼンタール＝デュポント修正条項は、一九七五会計年度まで予算を継続する法案（H J Res 113）に付与された。通常の対外援助法案が可決される見込みがもはやなかったからである。フォード大統領は、ローゼンタール＝デュポント修正条項の二つのヴァージョンに拒否権を二度発動した。一九七四年一二月一〇日まで援助停止を延期することで、大統領と議会の間で妥協が成立した（*Congressional Quarterly Almanac*, 1975：979）。

上院は、一二月四日に、キプロス問題に進展があるまでトルコへの軍事援助を凍結するが、大統領に一九七五年二月半ばまで援助停止を延期することを認める対外援助授権法案（S 3394：PL 93-559）のハンフリー修正条項を賛成五五、反対三六（共和党、賛成三一、反対八：民主党、賛成二四、反対二八）で承認した。民主党のハンフリー議員が提出した。迅速な援助停止を求める民主党のイーグルトン議員の修正条項を修正した内容であった。一時的に効力を持つ決議ではなく、同法案に修正条項として付与されたことで、連邦法として残る可能性が生じた。大統領は、アンカラ政権への援助に制約がないことを望んでいたが、渋々、援助停止の延期という条件で妥協した（*Congressional Quarterly Almanac*, 1975：976）。

上院は、同じ一二月四日に対外援助授権法案（S 3394：PL 93-559）を賛成四六、反対四五（共和党、賛成二三、反対一六：民主党、賛成二三、反対二九）のわずか一票差の僅差で可決した。一九七五会計年度対外援助プログラムは、一〇月に一度否決されていた。二度目のヴァージョンは、約二六億ドルの対外援助予算を授権する内容であった。政権の要求額よりも五億八〇〇〇ドルほど少なかった。法案の内容は本会議でも修正され、無視できない制限をいくつか含んでいた。たとえば、中央情報局（CIA）の隠密活動への制限や、チリや韓国など権威主義体制への援助制限、インドネシアへの援助の上限設定、増加したイスラエルへの援助制限などであった。大統領側はこうした制限に反対していたが、大統領と上院（外交委員会）との間で妥協が成立した（*Congressional Quarterly Almanac*, 1975：976）。

五　通商と議会の復権

（1）自由貿易と保護主義の混在

下院は、一九七〇年一一月一八日に、繊維など輸出割当を決めた保護主義的な通商法案（HR 18970）に関して本会議での修正条項の削除を認めるルール変更のギボンズ修正条項を賛成一九二、反対二〇一（共和党、賛成九一、反対七七：民主党、賛成一〇一、反対一二四）で否決した。保護主義勢力がまだ自由貿易勢力を覆すほどではないことが判明した。共和党と民主党の投票行動は分裂し、典型的な「交差投票」であった。通商法案は、最終的に上院で否決された。下院では、民主党のミルズが委員長の歳入委員会でのみ修正条項が認められるという閉鎖的規則であった（*Congressional Quarterly Almanac*, 1971：92；Cohen, 2000：part III：Destler, 2005：part II：Gibson, 2000：Paarlberg, 1995：Nivola, 1990：安井、二〇一〇）。

（2）通商法案、遅延戦術からの離脱

下院は、一九七三年一二月一〇日に、通商法案（HR 10710）を本会議での審議にかける決議（H Res 657）を賛成二三〇、反

対一四七（共和党、賛成一三六、反対一四：民主党、賛成九四、反対一一三）で可決した。同決議を否決し、本会議での審議を一九七四年まで遅らせるアメリカ労働総同盟・産業別組合会議（ＡＦＬ‐ＣＩＯ）のロビイングが最後まで展開された。規則委員会は、対ソ通商政策と発展途上国への通商特権に関する歳入委員会の文言でのみ、本会議での修正を認めた。歳入委員会は、自由貿易の拡大を志向する法案に保護主義的な修正条項が付与されるのであれば、本会議での審議を見合わせる意向であった。通商法案自体は、その後、賛成二七二、反対一四〇で可決された。大統領に大幅な通商交渉・履行の権限を付与する内容であった。下院はそれまで大統領の要請により、本会議での審議を三度延期してきた。大統領側は、ユダヤ系の移民を対ソ通商と結びつけたジャクソン＝ヴァニック修正条項に反対していた。中東地域での米ソ対立をさらに悪化させる危険があったからである。しかし注目すべきことに、アメリカ議会は、一九七三年末の段階で、対ソ・デタントへのダメージよりも、通商法案の成立を遅らせることの危険を優先させたのである（*Congressional Quarterly Almanac*, 1974：935）。

（3）通商法案の成立

上院は、一九七四年一二月一三日に、通商法案（HR 10710：PL 93-618）で、審議前に討論打ち切り動議を賛成七一、反対一九（共和党、賛成三四、反対四：民主党、賛成三七、反対一五）で採択した。本会議で法案内容に関係ない修正条項が、クリスマスツリーのように付与されることを防ぐためであった。その後、ジャクソン修正条項が賛成八八、反対〇で承認され、通商法案自体は賛成七七、反対四で可決された。名称の通り、民主党のジャクソン議員が提出した。その結果、ホワイトハウスは、一九七五年に通商をめぐる国際交渉を開始することができるようになった（*Congressional Quarterly Almanac*, 1975：976）。

六　国連予算・軍事予算・海外プレゼンス・予算統制と議会の復権

（1）在欧米軍撤退の動きへの大統領の反対

上院は、一九七一年一一月二三日に、ヨーロッパからの撤退を求めた予算委員会の修正条項を賛成三九、反対五四（共和党、賛成五、反対三七：民主党、賛成三四、反対一七）で否決した。防衛予算法案（HR 11731）に付与された修正条項で、在欧米軍を二五万人に限定し、五万人の削減を求める内容であった。大統領側が熾烈なロビイングを展開した。ヨーロッパ撤退の動きは一五票差で否決されたが、五月一九日の段階では二五票差だった（*Congressional Quarterly Almanac*, 1972：65–66）。

（2）国連予算反対の動き

下院は、一九七二年五月一八日に、国連予算に関するデーウィンスキー修正条項を賛成一五六、反対二〇二（共和党、賛成五六、反対九九：民主党、賛成一〇〇、反対一〇三）で否決した。共和党のデーウィンスキー議員が提出した。予算委員会で削減された約二五〇〇万ドルの国連予算を回復し、国連へのアメリカの拠出金を三一・五%から二五%へと削減する修正条項を削除する内容であった。国務省・司法省・商務省予算法案（HR 14989）に付与された。ニクソン政権は、デーウィンスキー修正条項を支持していた。同修正条項の支持者たちは、「アメリカが一方的に国連への拠出金を削減することは違法である」という意見を展開した。しかし、共和党と南部民主党の「保保連合」は、国連で共産主義国や中立国が発言権を増すこと、特に共産主義の中国の国連加盟に狼狽していた。最終的に、上院が削減された国連予算を回復し、両院協議会で二五%の上限が維持されて、実施期限は一九七三年末まで延期された（*Congressional Quarterly Almanac*, 1973：33；Rundquist & Carsey, 2002）。

（3）軍事予算削減と在欧米軍撤退

下院は、一九七三年七月三一日に、軍事調達授権法案（HR 9286）へのアスピン修正条項を賛成二四二、反対一六三（共和党、賛成八二、反対一〇〇：民主党、賛成一六〇、反対六三）の七九票差で承認した。民主党のアスピン議員が提出した。九億五〇〇〇万ドルの大幅削減で、本会議で軍事委員会が編成した軍事予算が削減されるのははじめてであった。インフレを背景に、リベラル派が財政保守と連合した。だがその後、両院協議会で、アスピン修正条項は削除された（*Congressional Quarterly Almanac*, 1974：933）。

上院は、九月二六日に、マンスフィールド修正条項を賛成四九、反対四六（共和党、賛成七、反対三四：民主党、賛成四二、反対一二）で承認したが、同日、賛成四四、反対五一で取り消した。防衛調達法案（HR 9286）に付与され、一九七四年から三年間で五万人を削減する内容であった。はじめて欧州撤退要求が実現したが、同日に投票のやり直しですぐに取り消された。共和党のヤング議員とアイケン議員、民主党のジョンストン議員とマグヌソン議員が賛成から反対へ立場を変えた。民主党のベントセン議員とステニス議員は、第一回目は投票していなかったが、第二回目では反対票を投じた。反対票を投じていた共和党のサクスベ議員と、賛成票を投じていた共和党のパックウッド議員とウィーカー議員は、第二回目は投票しなかった。棄権していた民主党のクラーク議員は、第二回目に賛成票を投じた（*Congressional Quarterly Almanac*, 1974 : 931）。

（4）議会予算執行統制法の成立と軍事予算削減

議会は一九七四年に、上下両院が大統領の予算提案を評価し修正する大幅な権限を認めることにより、連邦予算とアメリカ経済へのインパクトをより規律正しく入念なやり方で検討するための潜在的にきわめて重要な方向性へと踏み出した。下院は六月一八日に、予算の決定への議会の統制を取り戻す枠組みを設定する包括的な予算改革法案（HR 7130 : PL 93-344）についての両院協議会の報告書を賛成四〇一、反対六の圧倒的多数で承認した。一九七六年に完全に効力を持つ新しい法、つまり議会予算執行統制法は、予算に影響する立法に関する議会の迅速な行動のためのタイム・テーブルを規定し、そうした結果、議会は、予算や支出、税、連邦予算赤字・剰余などに関連する決定に関与することになった。

また議会予算執行統制法は、上下両院にそれぞれ、予算プロセスを管轄する議会予算局（ＣＢＯ）のスタッフに支援される予算委員会の設置を定めた。さらに注目すべきことは、間接的な方法の予算プログラムを制限し、大統領による充当された予算の囲い込み、予算不執行（impoundment）を議会が調査し取り消す手続きが定められたことである。こうして議会は、憲法上の予算編成の権限をほぼ取り戻し、内外のあらゆる政策で「財布の紐」を握ることになった（*Congressional Quarterly Almanac*, 1975 : 978 : Thurber, 1988 : Nathan & Oliver, 1994 : chap. 7 : Bacchus, 1997 : 吉原・島村、二〇〇〇、一八三〜一八四頁）。

一九七五会計年度防衛予算ですでに五〇億ドルの削減をほぼ決めていた上院は、フォード政権が要求する八七〇億ドル強の予算案からさらに一一億ドルを削減することを拒絶した。民主党のイーグルトン議員が、国防総省予算法案（HR 16243 : PL

93-437）に追加の予算削減の修正条項を提案した。イーグルトン議員は、上院の歳出予算委員会が五〇億ドルの削減を決定したにもかかわらず（その後、上院で調査されていた）、国防総省の予算は依然として、「国家安全保障に寄与しない無駄なプログラムが全体に行き渡っている」と主張していた。防衛歳出予算小委員会委員長のマクレラン議員が軍事予算のさらなる削減は「間違った方向へ導き、無責任である」と主張した後に、イーグルトン修正条項は、八月一四日に、賛成三七、反対五五で否決された。フォード大統領は、同じ八月一四日に、民主党議員によって課される防衛予算の削減に「深刻な失望」を表明していた。三二名の共和党議員と二三名の民主党議員が、マクレラン議員とフォード大統領の立場を支持した。これに対して、七名の共和党議員と三〇名の民主党議員がさらなる防衛予算の削減を支持した形となった。九月二四日に、最終的に八二六億ドルの防衛予算が決定し、史上最高の予算額となった（*Congressional Quarterly Almanac*, 1975：975）。

七　対等となる上院と下院

議会の復権期に、議会は大統領に対して、決定的な影響力を行使したとは言えない。

たしかに、議会が間接的に影響力を行使する手段は増え、大統領が議会側の動向に配慮せざるを得なくなった。しかし、その影響力が強まったか弱まったかは一概に言えない。なぜなら、大統領にとっては対議会対策が複雑化した反面、どちらかの院で政権の意向に反した政策が追求されても、別の院で阻止できる。ロビイングを集中的に展開しうるからである。

この時期には、上院の「復権」の動きを下院が両院協議会で阻止する、というパターンが見られる。ポピュリズムに流されやすい下院を上院が抑制するという憲法上の想定とは逆のパターンである（議会の復権後、一九九五年からの第一〇四議会では、下院が推し進める『アメリカとの契約』での公約の実現を、上院がある程度抑制した）。

しかし、議会の復権期には、下院が上院との間で、意味のある「抑制と均衡」を機能させる時代に突入したとは言い切れなかった。下院の動きは限定的で、大統領の政策を支持する傾向がまだ残っていた。ただし下院は、上院とほぼ同等の影響力を行使する土台は築いたということはできる。一九七三年一一月七日の戦争権限決議での共同決議、また予算編成権限を議会側に取り戻した七四年七月の議会予算執行統制法は、下院の地位向上に結びついた。こうした結果、一九七〇年代以降、上下両院の法案の内容を調整する両院協議会の意義が向上していく。しかし両院協議会の審議は、非公式で意思決定の内容を推し量ることがきわめて困難である。

もう一つ結論として言えることは、〈共和党大統領と民主党多数議会〉の分割政府の政治状況であったにもかかわらず、「議会の復権」の動きが〝超党派〟であったということである。第七章で見た政党の変容は、まだ完了していなかったと言えよう。

第十三章　共和党多数議会の成立とクリントン外交——一九九四〜二〇〇〇年

今日、アメリカが冷戦時代のようなグローバルな指導力を発揮することを、国民は許さないであろう（*The Washington Post*, May 26, 1993）。

ピーター・ターノフ国務次官補による演説（一九九三年五月）

大統領は自ら外交政策の優先順位を決めなければならない。さもなければ、敵や、あるいはCNNが生中継で伝えるその時々の危機など外的要因によって政策の優先順位が決められてしまうことになる。そんなことでは、アメリカの外交政策は国益を忘れた、場あたり的で受動的なものになってしまいかねない（Bush, 1999B）。

ジョージ・W・ブッシュ大統領候補の外交演説（一九九九年一一月一九日）

一　二つの分水嶺——冷戦の終結と共和党多数議会の成立

（1）外交と国益をめぐるコンセンサスの消滅？

冷戦後はじめてアメリカ大統領として選出されたクリントンは、一九四〇年代後半のトルーマン大統領と同じく、国際秩序を再構築するという歴史的な課題を抱えながらも、一九二〇年代のようにアメリカの国内状況が「内向き」に向かうなかで、その対外政策を遂行していかなければならなかった。政権第一期に安全保障問題担当の大統領補佐官を務めたレイクは、一九九四年一一月中間選挙を目前に控えた一〇月二一日のハーバード大学演説で、クリントン政権が抱えるディレンマをこのように鋭く指摘していた（U. S. Department of State, *Dispatch*, Vol. 5, No. 46：766）。

冷戦終結からほぼ一〇年強が経過した二〇〇〇年前後の国際政治は、アメリカが「唯一の超大国」とみなされる歴史的にも希有な国際環境下にあった。グローバルな規模で、国際システムが単極の構造となったのである（Ikenberry, Mastanduno & Wohlforth, eds., 2011：Ikenberry, ed., 2002）。一方で、冷戦後のアメリカ大統領は、対外政策のために国内でコンセンサスを創り出す能力を失いつつあった。とりわけ議会との関係において、積極的なリーダーシップを発揮できない政治状況にあったのである（Lindsay, 1999）。

二〇〇〇年代はじめのアメリカでは、国際社会にいかにコミットメントしていくのかという点において座標軸が大きく揺れ動いていた。冷戦後の国際社会に対して、アメリカは、封じ込めや新孤立主義ではなく、「関与」を外交上の指標としていくという点では国内にコンセンサスが緩やかにあったものの（共和党は「関与」という言葉を使用することを嫌うが）、それがいかなる関与なのかという点については必ずしも明確ではなかった。そもそもアメリカの「国益」とは何なのか、対外政策の優先順位はどうあるべきなのか、といった問題に対して、国内のコンセンサスが明確に得られにくい状況にあったのである（The U. S. Commission on National Security/21st Century, 2000：7-8：Rice, 2000：Zoellick, 2000：Haass, 1999：Nye, 1999）。

こうした混沌とした状況をさらに加速させていたのは、一九七〇年代以降に顕著な経済の相互依存の深化と情報革命の急速な進展である。冷戦の終結のプロセスが、経済のグローバリゼーションと同時進行で起こった点も看過されてはならない。さらに一九九〇年代後半、クリントン政権下で「強いドル」が容認され、金融の自由化などグローバリゼーションが強力に推進されていたことが、国際情勢をさらに不透明なものにしてしまっていた（Kosterlitz, 1999：納家、一九九九）。

（2）対外政策における大統領の威信の低下

冷戦後のアメリカ大統領は、特に一九九〇年代、冷戦期に見られたような所与のものとしての大統領の威厳を国内外で明らかに失いつつあった。たしかにクリントン大統領の相次ぐスキャンダルは大統領の権威失墜に拍車をかけた。しかしその主たる要因は、単にクリントン大統領個人のパーソナリティーにのみ帰せられるものではない。「クリントン後」の大統領の行動をも制約し〝抑制〟し続けるであろう、個人の資質を超えた要因にも眼を向けていかなければならない。

その主たる要因としては、冷戦の終結によって、ソ連という明白な脅威が喪失し、対外コミットメントの基準が不明確なものになってしまったことがまず容易に指摘できる。「冷戦の終結の仕方が、アメリカの特に保守の勢力に過度の勝利史観をもたらしてしまった」という指摘がある（Westad, 2017：藤原、一九九八b：Gaddis, 1992：chap. 7）。「冷戦の終結が、議会に大統領の外交政策を批判しても政治的に安全だと認識させ、議会の行動主義が活発化した」という指摘もある（Lindsay, 2017：226–227：2012：229–230：2008：204–205）。しかし、さらに注目すべき点は、国際システム・レベルの要因というよりはむしろアメリカの国内政治要因である。

一九九四年一一月の中間選挙によって、共和党が上下両院で多数党となったことは、大統領と議会との関係にきわめて重大な影響を及ぼした。とりわけ下院議会で共和党が多数党を奪回したのは実に四〇年ぶりという歴史的な出来事であり、アメリカの対外政策とその決定過程に大きなインパクトを及ぼすこととなった。第六章で見た通りである。第八四議会（一九五五～五六年）以来四〇年間にわたる〈下院議会における民主党優位〉の構図は、一九六八年一一月の大統領選挙以降に見られた〈大統領職での共和党優位〉の構図よりも長きにわたっており、現代アメリカ政治の一大特徴であった。

第一〇四議会（一九九五～九六年）において、ギングリッチ下院議長率いる議会共和党指導部と一九九四年新人議員たちが「保守革命」について語る時、彼らはアメリカ合衆国憲法に定められている立法府の権限に立ち返るべきであると強く主張していた。元来、大統領と議会との間の対抗関係は、アメリカの政治制度の基本原理に根ざしたものである。歴史的に見れば、「強い大統領」が当然視されていた冷戦期は、むしろ例外的であったと多くの識者は指摘している。また、建国以来の大統領と議会との力関係の歴史的な背景や、憲法上の議会の権限を勘案するならば、いかに一九九五年以降の共和党多数議会成立の意義が大きいものであったかは改めて指摘するまでもない（五十嵐、一九九九：久保、二〇〇二a、六七～六八頁：二〇〇五c：砂田、一九九九、第一〇章：松原、一九九八）。冷戦の終結と共和党多数議会の成立という二大要因によって、現代アメリカ政治における大統領と議会との関係は、憲法にそもそも規定された〈大統領―議会〉像にむしろ近づきつつあったと言えよう。

本章の全体を通じて一貫した問題意識は、以下の点に要約される。つまり、アメリカ大統領は、議会との協力関係を構築することなしに、対外政策を円滑に策定し遂行していくことはもはや困難になってきているということである。また、冷戦期を通じて大統領の外交政策の決定に大きな役割を果たしてきた「外交エスタブリッシュメント」の影響力にも変化が現れてきていることも忘れてはならない。冷戦期においてはホワイトハウス主導で進められてきた対外政策の策定は、冷戦後はますます議会との関係を重視しなければならなくなってきたのである。

リンゼイも、「冷戦の終結によって、それまで議会の行動主義を制約してきた規範や信条が崩壊しつつある」と指摘した上で、クリントン政権の国家安全保障会議（NSC）の上級顧問であったロズナーの発言を、以下の通り引用している。「ビル・クリントンがホワイトハウスからいなくなろうが、統一政府へと戻ろうが、行政府と立法府の関係が伝統的な冷戦期のパターンへと戻ることはないであろう」。ロズナーは、「対外政策のコントロールをめぐる新しい戦争のごときもの（new tag of war）が跋扈することを憂慮する（Lindsay, 1999 : 178）。

たとえば、第一〇四議会の第一会期の五月に、対外援助の大幅な縮小を図る共和党多数議会に対して、クリントン大統領は「アメリカの対外政策を形成する大統領の権限に対する正面からの攻撃に他ならない」と危惧の念を隠さなかった。「過去五〇年間の議会でなされた最も孤立主義的な提案である」とも指摘した。クリストファー国務長官も、共和党多数議会は「対外政策を遂行する大統領の憲法上の権限に対する驚くべき猛攻撃」を仕掛けていると議会の動きを批判した。共和党の側からも、批判の声が上がった。たとえば、ブッシュ・シニア政権で国務長官を務めたイーグルバーガーも、共和党多数議会に対して、「（対外政策における）大統領への制約と要求は、権力の分立への絶対的な攻撃である」と警告を発したのである（Lindsay, 2004 : 183 : 1999 : 175）。

二　冷戦後のブッシュ・シニア外交とクリントン外交

（1）ブッシュ・シニア政権の実務外交と冷戦の終結

ヴェトナム戦争の「敗北」によって、国内で反共のコンセンサスが大きく揺らいだため、「ヴェトナム後」のアメリカ外交も大きく揺れ動くこととなった。対ソ・デタントを志向したニクソン＝キッシンジャーの権力外交にはじまり、カーター政権の人権外交へ、そしてレーガン政権の「強いアメリカ」と新冷戦へと、アメリカ外交は大きく振幅することとなった。レーガン大統領の直感通りに「力による平和」のアプローチがソ連を交渉へと導き（Nordlinger, 1999：36）、次いでブッシュ・シニア政権が実務外交をもって国際システムの変容に対処したことは、冷戦の終結をソフト・ランディングさせることができた大きな要因であったと言える（Fischer, 2012）。「レーガンはリベラルに過小評価され、ゴルバチョフは保守に過小評価されている。しかし、ブッシュ（シニア）は保守とリベラルの双方に評価されていない」という、ブッシュ・シニア政権のＮＳＣでソ連東欧担当部長を務めたコンドレッサ・ライスの指摘は、正鵠を射たものであると言ってよい（Gaddis, 1992：119–132；Garthoff, 1994B；Lebow & Risse-Kappen, 1995；Pipes, 1995）。

そもそも冷戦の主戦場は、ヨーロッパ地域であった（Halle, 1991：215–235）。緊張緩和の動きも、ヨーロッパの分断状況が安定してから顕在化したのであった（石井、二〇〇〇、二一六〜二二〇頁）。かつての二度の世界大戦と同様に、ヨーロッパで始まった冷戦は、ヨーロッパでまず終結することとなった。この冷戦終結のプロセスで、当時のブッシュ・シニア政権は、東西ドイツの再統一やＮＡＴＯの再編と同時に、ソ連・東ヨーロッパ諸国との協調関係を強化するなど、まずヨーロッパ地域の国際秩序の再編にとりかかった（Ikenberry, 2012）。

次いで、一九九一年一〜二月の湾岸戦争後は、中東和平にも外交努力を傾注した。当時ブッシュ・シニア政権は、湾岸危機を中東地域と石油に対する脅威ばかりでなく、国際秩序に対する挑戦とみなし、冷戦後の国際秩序をにらんだ上でこれに対処していこうとしたのであった（Hyland, 1999：5）。ブッシュ・シニア大統領は、冷戦に代わる「新世界秩序（new world order）」のヴィジョンを必ずしも明確に描けていたわけではなかったため、当面は地域ごとの国際秩序づくりを課題とし、ヨーロッパ地域と中東地域をその優先地域としたのである。一九九〇年一〇月三日には早くも、東西ドイツが再統一された（Haftendorn, 2012）。一九九一年七月一日には、東側の軍事同盟、ワルシャワ条約機構が早くも解体した（Bush & Scowcroft, 1998；Baker, 1995；ゴルバチョフ、一九九六；Garthoff, 1994B；上村、二〇一七、一七七〜一九八頁；志田、二〇一七ａ；二〇一七ｂ；森、二〇一四）。

湾岸戦争の勝利によって一時は九〇％を超える支持率を誇ったブッシュ・シニア大統領が、翌一九九二年一一月の大統領選挙で敗北したという事実は、冷戦後の大統領のあり方を考える上できわめて示唆に富むものであった。中東和平の交渉から戻ったベーカー国務長官が、ブッシュ・シニア政権の外交成果をアピールすればするほど、選挙を目前とした有権者は遠ざかっていった。アメリカ国民は冷戦後に選ぶはじめての大統領として、「変化」と「国内経済の再生」、「国民第一主義」を掲げるクリントンを選んだのである。

(2) 内外政策でのクリントン政権の経済重視

一九九三年一月二〇日に発足したクリントン政権は、公約通りに、国内経済の再生を最優先課題とした。対外的には、まずヨーロッパ国際秩序の再編と中東和平に着手した。この点においては、優先地域の国際秩序づくりに取り組んだブッシュ・シニア政権の外交路線を基本的に継承していったと言える (Kirfield, 2000: 29-30: 五十嵐、一九九八、一七~二四頁)。かつてブッシュ・シニアは就任を控えて、外交政策に一〇〇日の準備を要したという。これに対して、「経済サミット」を開催するなど経済政策については万全の準備でワシントン入りしたクリントンは、外交の分野では数日の準備しかしていなかったのである (*Washington Post National Weekly*, October 31/ November 6, 1994: 宮里、一九九五、三五頁)。

クリントン外交に一貫して見られた特徴は、国内問題を優先した経済重視のアプローチであった。選挙中からクリントンは、「外交政策において経済問題を格上げする」、「経済問題にビームのように焦点を絞る」と公約していた。この点で、政権発足時にNSCに倣って国家経済会議（NEC）が新設されたことは象徴的であった。NECは、「国家安全保障政策と経済政策の調整」によって外交政策全体の一貫性を企図したわけではなく、あくまでも国内経済の再生を目的にして、「対外経済政策と国内経済政策との調整」をその中心課題としていたことは注目すべきことである（宮里、一九九八、二二四~二二五頁）。

冒頭に引用した通り、ターノフ国務次官補は一九九三年五月の演説のなかで、「今日、アメリカが冷戦時代のようなグローバルな指導力を発揮することを、国民は許さないであろう」と経済優先の立場を明らかにした。国務省はこの物議を醸した「ターノフ・ドクトリン」と呼ばれた演説を一個人の見解であるとただちに否定したが、多くの外交専門家たちは、彼の発言を当時の政権内部コンセンサスとも言うべきものであるとみなしていた。こうした外交政策における経済要因の浮上は、冷戦の終結がアメリカ外交にもたらした環境変化の一つであり、たとえ共和党が政権の座に就いたとしても、世論の動向が極端に変化しない限り、冷戦期のように経済問題が外交と安全保障の問題に無条件で従属することは考えられなかった（Clarke & Clad, 1995：171-175：Gordon, 1997：13-15：Jones, 1999：64-68：Rielly, 1999）。

こうした国内経済優先というアメリカ外交の原則は、アジア政策においても適用されていった。第一期クリントン政権では、アジア地域に関しては、当初より明確な政策と理念を持ち合わせてはいなかった。一九九二年一一月の大統領選挙で、ブッシュ・シニア政権の対中政策を「弱腰である」と批判したクリントンであったが、中国に対する最恵国待遇（ＭＦＮ）の更新を人権問題と連結・連関させるやり方は、上院のミッシェル多数党院内総務や下院のゲッパート多数党院内総務、ペロシ下院議員（後の下院議長）ら有力な民主党議員たちが主張するものと同じであった（マン、一九九九、三五一～三五二、三九五、四二〇～四二二頁）。クリントン政権は当初、天安門事件後の中国に対しては、人権や台湾、知的所有権などの争点をめぐって対立することとなった。

同時に、同盟国である日本との間で通商摩擦を激化させてしまう。そもそも一九九三年四月の宮澤喜一首相の訪米を準備した際に「対日政策が必要になった」と言われているように、にわか仕立ての対日政策では日米通商交渉がうまく運ぶはずはなかった。この時クリントン政権は、大統領次席補佐官のカッターを中心にＮＥＣで次官レベル会合を頻繁に開き、対日政策のアプローチを検討することとなったのである（デスラー、一九九八、四六頁）。

一九九四年五月末、ロード国務次官補による、いわゆる「ロード書簡」を一つの契機として（*The Washington Post*, May 5, 1994）、アジア政策は一九九五年から九六年にかけてようやく体系化されていくこととなった。この背景には、ペリー国防長官が指摘した「三つの危機」、すなわち一九九三～九四年の北朝鮮の核開発疑惑（一九九四年一〇月に米朝枠組み合意に至った）、九五年九月四日の沖縄少女暴行事件、そして九六年三月の台湾海峡のミサイル危機といった危機に対応していかなければならなかったという事情があったのである（小池、一九九九、四七頁）。

米中関係では、一九九四年五月末にクリントン大統領が対中ＭＦＮと人権とのリンケージを〝切り離す（delink）〟こととなるが、この対中政策の一大転換は、中国市場を念頭に置いた米国企業の経済利益ばかりでなく、当時、北朝鮮核疑惑をめぐって関係が悪化していた米中関係を改善するという目論みもあった（オーバードーファー、一九九八、三七四～三七五頁：Christopher, 1998：152-164）。日米関係では、一九九四年二月のクリントン＝細川の日米首脳会談が「決裂」したことや、日本側の九三年八月一二日の『樋口レポート』などに危機感を覚えたアメリカ側が、ナイ国防次官補の主導権で作成した『東アジア戦略報告（ＥＡＳＲＩ）』を九五年二月二八日に発表し、対日アプローチにおける経済と安全保障とのバランスを再構築していくこととなった。この「ナイ・イニシアティブ」による日米関係の〝ギア・チェンジ〟は、「三つの危機」という状況を踏まえた上で、日米同盟を再構築しようとするものであった（細谷・有賀・石井・佐々木、一九九九、一二九七～一三一三頁：Nye, 1995：船橋、一九九七、一二章）。また、『東アジア戦略報告』発表とほぼ同じタイミングで、『関与と拡大の国家安全保障戦略（*National Security Strategy of Engagement and Enlargement*）』が打ち出されていたことも注目される（The White House, 1995）。ここで言う「拡大（enlargement）」とは民主主義の拡大であり、ＮＡＴＯや日米同盟の拡大（expansion）とは区別される。

（3）クリントン政権二期目の対外政策

「歴史に名前を残す」ことを強く意識したクリントン大統領は、二期目に向けた政策課題として中国問題を強く意識し、中国に対する関与（engagement）をヨーロッパ地域でのＮＡＴＯの東方拡大に並ぶ二期目の政策課題として〝格上げ〟することとなった。一九九六年一一月に大統領に再選されたクリントン大統領は、一一月二〇日のオーストラリア演説で、日本や韓国などアジア同盟国との関係再構築を前提に、対中関与と民主主義の拡大を目指すアジア政策の骨格を明らかにするのである（*Public Papers of the Presidents of the United States*, 1998A：2134-2138）。以上の内容は、翌一九九七年二月四日の一般教書演説で体系化された（*Public Papers of the Presidents of the United States*, 1998B：109-111）。

このように、冷戦後のクリントン政権にはグローバルな世界秩序の構想はなく、まずブッシュ・シニア政権の政策方針を継承し、地域ごとの国際秩序づくりに取り組むことを主要な課題としていた。州知事出身で外交経験にも乏しかったクリントン大統領は、何よりも経済を優先し、対外政策ではヨーロッパ秩序の再編と中東和平というリージョナル・ワークをブッシュ・シニア政権からそのまま引き継いだのであった。冷戦期は、世界規模で国際秩序を構築することが課題であったが、冷戦後は、地域別の優先順位をつける方向で国際秩序づくりを進めていったのである。

ヨーロッパ地域の枠を超え、新しい国際秩序の中核となると思われるＮＡＴＯの東方拡大の動きについては、議会共和党のイニシアティブに後押しされて、政権二期目に本格的に取り組んでいくことになった。一方で、このＮＡＴＯの東方拡大とともに、政権二期目の二大課題とした対中関与は、議会共和党からの激しい批判にさらされることになった。アジア政策全般で政権批判を強める議会共和党は、対北朝鮮でも政策の「見直し」を要求した（中東和平が残されたわずかな任期で実現すれば、クリントン外交にとっては、最大の業績となるにちがいなかった。しかしこの中東政策では、一九九八年一〇月「ワイ合意」にともなう財政歳出を共和党議会が差し控えていた）。

さらに議論を先取りすれば、軍備管理と核不拡散の分野でグローバルな多国間の国際秩序づくりを目指した包括的核実験禁止条約（ＣＴＢＴ）では、クリントン政権は、議会への説得と調整に失敗し、国内での合意形成ができなかった。二〇〇〇年の議会で焦点となった本土ミサイル防衛（ＮＭＤ）の配備推進については、ＣＴＢＴのようなグローバルな規模での多国間主義の動きとは正反対に、単独主義なアプローチを背景として、議会でのコンセンサスが確立されていくこととなった。

三　共和党議会の政策イニシアティブ

(1)『アメリカとの契約』とアメリカ外交

一九九五年から九六年にかけて、クリントン政権は外交と安全保障政策の分野でいくつかの大きな政策転換を遂げていくが、こうしたクリントン外交の変化は、共和党多数議会の成立と無関係ではなかった。冷戦後はじめての中間選挙を控えた一九九四年の九月二七日に、ギングリッチらを中心とした下院議会の共和党は、三六七名の候補者が署名した選挙綱領『アメリカとの契約』を政策公約として掲げた。この『アメリカとの契約』は、財政均衡や犯罪防止、福祉・社会保障改革、家族の強化や減税、規制緩和、国防力の強化など一〇項目の政策提言を掲げていた。

このうち、外交と安全保障に強く関わる国防力の強化の項では、「国家安全保障復活法」の制定によって「強いアメリカ」

を目指し、「国防力の強化および世界におけるアメリカへの信頼を維持するために、いかなる米軍軍隊も国連軍の指揮下には置かず、また国家安全保障関連の財政支出の主要な部分を復活させる」ことが提言されていた。「国家安全保障復活法」の個々の条項において具体的な政策目標としていたのは、主として以下の内容であった（Gingrich, Army, and the House Republicans to Change the Nation, 1994：91–113：Gingrich, 1995：Norquist, 1995：吉原、二〇〇〇ｂ）。

（一）国際連合の平和維持活動（ＰＫＯ）への消極姿勢
（二）本土ミサイル防衛（ＮＭＤ）に取り組み、合衆国の領土と国民を直接守る
（三）北大西洋条約機構（ＮＡＴＯ）の保持と東方拡大の推進

ここには冷戦後の共和党保守派に特徴的に見られる、アメリカ本土の防衛を優先的に強化すべきだという単独主義と、コスト感覚に裏打ちされたプラグマティズムが鋭く反映されていた。共和党保守派によれば、「ソマリアやボスニアに部隊を派遣することは、アメリカそのものの国防任務が一層手薄になることを意味している」。また冷戦後、「ソ連の脅威は地域紛争とテロ活動とに代わられたが、むしろこちらの場合の方が対処次第では費用がかさむ」と主張した。したがって、「アメリカ国防の必要性を包括的に再検討する」ならば、たとえば本土ミサイル防衛に取り組んだ方が「実効的で、むしろ経費も安く済む」というのである。その結果、「第二次大戦以来半世紀近くにわたって、平和維持に非常に効果的であったＮＡＴＯの保持と東方拡大を一層押し進めるべきである」として、ＮＡＴＯの東方拡大を精力的に推進する方向性を支持することになったのである（Silverberg, 1994：16–19：Fallows, 1994：16：Ginpel, 1996：67–78）。

（２）議会による対外政策での議題設定

減税や財政均衡などで「小さな政府」を目指す共和党が、一方で国防力強化を唱えることには矛盾がないわけではない。しかし、クリントン政権になってからというもの、冷戦終結にともなう「平和の配当」で裁量的経費（discretionary spending）の軍事支出が大幅削減された上に、この国防予算内で社会保障関連のポークバレル支出や国連のＰＫＯの経費などが処理される

比率が増えたため、国防力の低下を招いてしまっている、というのが国防費に対する議会共和党の、特に保守派の考え方であった（Norquist, 1995：205, 207-209）。

『アメリカとの契約』で掲げられた政策課題のうち、ギングリッチ議員ら共和党指導部の優先順位は、財政均衡や減税などの内政問題にあり、外交と安全保障の問題は二義的な意義しか持ち合わせていなかったことは明らかであった（Bader, 1996：190-196：Rae, 1998：37-42）。しかし、大統領とアメリカ議会との関係を歴史的に振り返った場合、これまでホワイトハウスのイニシアティブが当然視されてきた外交と安全保障政策の分野において、議会が政策のイニシアティブを発揮し、実現可能なアジェンダを設定したことの意義はもっと注目されるべきである。

ＮＡＴＯとＮＭＤのケースでは、議会のイニシアティブが、クリントン政権の政策スタンスに大きな影響を与えたのであった。とりわけＮＭＤの場合、クリントン政権は共和党議会からの働きかけによって政策上の妥協策を模索していくにあたり、議会内での推進派と反対派の間で「第三の政治的立場」を推進してきたことは明らかであった。もっともこの点は、クリントン大統領が内政のケースと同じく、共和党の保守政策を巧みに取り込んでいったとも考えられる。この点は、『アメリカとの契約』のなかでも低い優先順位しか持たなかったためか、あまり注目されなかった。しかし、外交および安全保障の分野においても、財政均衡や減税などの国内政策と同様に、共和党の政策が中道的な政策として「クリントン流」にアレンジされ、借用されてきたとも言えるのである（Morris, 1998：79-88, 339-340：Hyland, 1999：141-143：Cannon, 2000：20-21, 24）。

四　「一九九六年問題」

（1）選挙参謀としてのモリス

大統領選挙を控えた一九九六年になるとクリントン大統領は、重要な外交政策を決定していく上でも、何よりも世論へのインパクトを最優先した。そしてＮＳＣや国務省の助言を重視せず、選挙アドバイザーのモリスの助言に耳を傾ける場面が多くなったと言われている。たとえば、一九九五年から九六年にかけて議会でも議論となったボスニア派兵をめぐっては、クリントン大統領はモリスを通じて、外交専門家の意見を参考にし、世論に非常に神経を配ったと言われている（Morris, 1998：79-88, 339-340：阿南、一九九九、Ⅶ章）。外交政策を遂行する上で、クリントン大統領ほど世論を意識し、選挙を重視してきた大統領はいない。この点は、クリントン外交を検証していく上で非常に重要なポイントであると思われる。

通商政策の研究で知られるデスラーによれば、クリントン政権第一期の通商・貿易政策は、再選を意識した一九九五年の時点で早くもその多くを先送りするようになった（デスラー、一九九八、五二〜五三頁）。また、NATOの東方拡大の新方針を強く打ち出した一九九六年一〇月二二日のデトロイト演説では、東欧系の票を効率よく獲得できるよう、選挙日程を睨んだタイミングが注意深く計算されていたと指摘される。しかも、このタイミングは、エリツィンの再選を邪魔せぬようロシア大統領選挙後に設定されている（佐瀬、一九九九、一七四〜一七七頁）。モリスは、モスクワで雇われた選挙コンサルタントのドレスナーとクリントン大統領との〝橋渡し〟となった（Morris, 1998：258-260, 336）。

さらに、一九九六年以降は共和党のロット上院多数党院内総務の選挙アドバイザーを務めたモリスが、ロット院内総務とクリントン大統領との間で〝橋渡し〟する役割も担うようにもなった。特に翌一九九七年の化学兵器禁止条約（CWC）の批准では、一九九七年（一九九八会計年度）の予算決議（H Con Res 84）における妥協によって、クリントン大統領とロット院内総務による取り引きが成立したと言われている（Hamilton, 1999：Cohen, 1999a：604-605）。第一〇五議会（一九九七〜九八年）の第一会期（一九九七年）には、ギングリッチ下院議長は、一九九六年選挙で下院の議席を減らし、さらに自らの倫理スキャンダルも加わって、当時そのリーダーシップに陰りが生じていた。そのため、上院のロット多数党院内総務のリーダーシップがクローズ・アップされた。ロット院内総務は、下院議員であった一九八〇年代からギングリッチと盟友関係の保守派でありながら、一方では黒人などマイノリティーを多く抱えたその選挙区事情の故に、プラグマティックな側面も兼ね備えていた。こうしたなかで、モリスを中継した〈クリントン＝ロット〉という〝裏チャンネル〟が機能する余地は十分にあったと言える（Rae, 1,998：182-190：大津留、一九九七、五四頁）。

(2) クリントン政権のアジア政策

一九九六年は、ヨーロッパでのNATOの東方拡大の推進だけでなく、日米・米中関係の進展など、アジアにとっても一大転換点となった。とりわけ台湾海峡のミサイル危機以降の米中関係では、台湾をめぐる米中対立をできるだけ回避しようとする「暗黙の了解」が、その後の米中接近という方向づけを明確にした。一般に大統領選挙では、外交問題は政治の争点とはならないと言われている。一九九六年一一日の大統領選挙でもこの点は例外ではなかった。ところが注目すべきことに、超党派で形成された「国益グループ」が一九九六年夏に秘密裏に訪中した際、「中国問題」を大統領選挙の争点としないこと、またその後、関与を対中政策の基軸とすることで超党派の合意がなされていたと言われている。さらに注目すべき点は、その構成メンバーの顔ぶれである。この超党派の「国益グループ」には、共和党側からマケイン上院議員や当時ギングリッチの側近の一人であった進歩・自由財団(PFF)のアイゼナックに加えて、スコウクロフトやライス、アーミテージなど元政府高官や議会関係者らが名を連ねていたのであった(*America's National Interests*, 1996 : Zoellick, 1996/97 : 13-22)。

日本との同盟強化についても、一九九六年四月一七日の「日米安全保障共同宣言」の土台となった沖縄の基地問題を解決するに際して、かつて共和党政権でアジア政策を担当していたアーミテージがアドバイザーとなるなど超党派外交の形跡が見られたことは注目される(二〇〇〇年一一月の大統領選挙直前に、『アーミテージ＝ナイ・レポート』が超党派でまとめられたのは、突然の出来事ではなかったのである)。日米関係をはじめとした同盟の強化は、対中関与にとって政策的な足がかりとなったと考えられる(船橋、一九九七、二五六〜二七五頁:アーミテージ、一九九六、四〇〜五五頁)。

しかしクリントン政権の二期目となって、共和党議会は政権の対中政策に批判を強めた。その主たる要因は、必ずしも国内政治絡みの背景だけで十分に説明できるものではない。外交専門家も含む共和党側は、クリントン＝ゴア流の対中関与政策が一九九六年夏の超党派合意の枠を逸脱し、あまりに行き過ぎていると考えたのではないだろうか――。

一九九七年から九八年にかけて、クリントン大統領は江沢民国家主席との相互訪問による二度の米中首脳会談において、米中間で「建設的かつ戦略的パートナーシップ」構築を目指すことで合意し、さらに台湾問題では自ら「三つのノー」(台湾独立を認めない、台湾政府を承認しない、台湾の国際機関への加盟を支援しない)を公言するに至った。これに対して議会共和党側は、クリントン政権の対中政策はあまりに経済に偏り過ぎていると批判を強めた。核やミサイル技術の「漏洩」もしくは「スパイ疑惑」の追及で明らかとなったように、共和党側の批判の矛先は、クリントン政権が経済優先の対中関与に熱心なあまり、「安全保障を犠牲にしている」ことにあったのであった。また、日本や韓国の同盟国に立ち寄らずに中国に長期滞在したことは、外交上のバランスを失わせ、アメリカの安全保障にも悪影響を与えた、と考えられた（Pomper & Dalrymple, 1999 : 2177–2178 : Kirfield, 1999c : 2293–2297 : Pomper, 1999 : 691–693 : 長尾・吉崎・佐藤・岡垣、一九九八、一～六三頁）。こうした批判の根底には、対中ビジネスの利権構造をめぐる対立があったと思われる。クリントン政権は中国市場の利権を独り占めしようとしているのではないか、と共和党が疑心暗鬼に陥ったとしても不思議ではない。

五　『アメリカとの契約』とクリントン外交

(1) NATOの東方拡大――米上院審議と「奇妙な同盟者たち」

冷戦終結からその直後の一九九〇年から九三年にかけて、下院では共和党のギルマン議員とハイド議員がNATOの東方拡大の推進を行政府に促す法案を提出し、上院でも民主党のサイモン議員と共和党のブラウン議員がこれに続いた。また上院では、共和党のルーガー議員や民主党のロス議員なども、NATOの東方拡大の推進を強く唱えていた。こうした主張は、先に見た通り、一九九四年九月の『アメリカとの契約』に盛り込まれた（Goldgeier, 2017 : 1999 : 20）。『アメリカとの契約』では、「一九九九年一月までにNATOを拡大すべし」と期限つきの提言がなされていた。

こうした議会の動きに対して、クリントン政権は二期目を見定めた一九九六年の時点までに、第一陣の拡大時期をまず九九年四月の「NATO五〇周年」に設定し、このNATOの東方拡大を対中関与とともに外交上の二大課題としたのであった。クリントン大統領は、九四年一月、プラハでのNATO首脳会談で、NATOの東方拡大はもはや「やるべきか否か」の問題ではなく、「いつ、どのように（when and how）」実行するかという問題だと明言し、旧東欧諸国の加盟を認めてNATOを東方拡大する方針を明らかにしていた（*Public Papers of the Presidents of the United States*, 1995 : 40）。この政策方針は、「民主主義の拡大」を掲げたレイク国家安全保障問題担当大統領補佐官の意見を反映していた(U. S. Department of State, *Dispatch*, Vol. 4, No. 39：658-664)。しかしこの当時、シャリカシュビリ統合参謀本部議長をはじめとする、根強い拡大反対派が軍部には存在しており、政策的には当面の方策として、「平和のためのパートナーシップ(PFP)」が提唱されていた。これはロシアへの配慮だけではなかったのである。

一九九四年にクリントン政権によるNATOの東方拡大の決定は、次のような経緯を辿った。一九九四年夏の時点で、ロシア側の反発も配慮しながら、時間をかけてNATO拡大を達成するという二重方針が決定される。当初クリントン大統領にとって外交の懐刀として知られるタルボットも軍部と同様に慎重論に与していたが、独立国家共同体(CIS)担当特派大使から国務副長官となり、ヨーロッパ全体を見渡す立場となると、NATOの東方拡大の方針に歩み寄った。また一九九四年夏には、ドイツ駐在大使のホルブルックがヨーロッパ担当の国務次官補としてワシントンに戻り、ボスニア・ヘルツェゴビナ和平とNATOの東方拡大を担当することとなった。九月二三日には「一九九五年NATO復活・拡大法案」が共和党側から提案された。一〇月までには国務省とNSCとが、九七年春までに第一陣の加盟国を招聘し、「米露合意」を達成するというスケジュール案を作成した(Goldegeier, 1998：85-90, 94-95, 98-99：Hyland, 1999：93-104)。

一九九四年一一月の中間選挙での民主党の敗北と、その後の共和党の立法イニシアティブは、クリントン大統領をしてNATOの東方拡大へと最終的に決断させた。一九九五年にはボスニア紛争があり、NATOの東方拡大が取り上げられる時間的余裕はなかったが、一一月二一日にはボスニア和平で「デイトン合意」が成立した(Western, 2017)。同合意を執行する「ボスニア平和執行部隊(INFO)」にはロシア軍も参加し、この平和維持活動でのロシアとの提携を背景に、NATO内でも拡大問題を取り上げる態勢が次第に整った。クリントン大統領は一九九六年の大統領選挙キャンペーンでNATOの東方拡大を推進する方針を打ち出していた。デトロイトでの演説でその方針は明らかにされたが、先に見た通り、それは大統領選挙のタイミングを見計らって決定されたと言われている。そして再選後、一九九七年五月のロシアとのヘルシンキ首脳会談で「NATO・ロシア常設合同理事会(PJC)」の設置などについて基本文書を締結した上で、七月のマドリードでのNATO首脳会談で、NATO加盟の第一陣としてポーランド、ハンガリー、チェコの三カ国を招聘することが決定された。拡大実現のために残る障害は、加盟各国の議会による承認、特にアメリカ議会の上院での批准であった（Kaplan, 2004 : chap. 6 : Johnston, 2017 : chap. 6）。

ＮＡＴＯの東方拡大はそもそも下院共和党のイニシアティブによる『アメリカとの契約』のなかで提言されていたものであるため、上院共和党としては、あえて反対することはしなかったものと思われる。また一九九六年までには、ＮＡＴＯの東方拡大に関して、超党派の合意がほぼでき上がっていたとも言われている。しかし実際は、米上院では多数の反対派議員を抱えており、外交専門家とマスメディアは上院批准を必ずしも楽観視してはいなかった。

たとえば、キッシンジャーとブレジンスキーの二人の元国家安全保障問題担当大統領補佐官をはじめ、ブラウン元国防長官やベーカー元国務長官、クリストファー前国務長官とペリー前国防長官などがＮＡＴＯの東方拡大の賛成の論陣を張っていた。これに対して、かつて「封じ込め」を考案したケナンや国家安全保障会議文書六八号（ＮＳＣ68）を作成したニッツェの二人の元国務省政策企画室長、ケネディ＝ジョンソン政権下の国務長官マクナマラ、民主党のナン上院議員、そしてジョンズ・ホプキンス大学ポール・ニッツェ高等国際関係大学院（ＳＡＩＳ）教授のマンデルバウムなどが拡大に反対していた。マスメディアも反対派の『ニューヨーク・タイムズ』と賛成論の『ワシントン・ポスト』とで真っ二つに対立していた（佐瀬、一九九九、一八四〜一八七頁 : Asumus, Kugler & Larrabee, 1997a : 177-200）。

反対論者の論拠は、主に拡大コストとロシアへの配慮にあったが、拡大コストに関しては、上院での批准が近づくにつれ、急速なコストダウンが政治的に演出された（Brzezinski, 1995 : Joffe, 1995 : 22）。後者のロシアへの配慮については、批准審議が佳境を迎えた一九九八年四月の段階で、当のロシア国民がさしたる反発も見せなかったことで、反対派の根拠はにわかに薄らいでいた。さらに、クリントン政権はこの時点までに、第一陣の三カ国と結びついた労働組合や退役軍人、エスニック集団などの支持を巧みにとりつけていたのである（Hyland, 1999 : 146 : Asumus, Kugler & Larrabee, 1997b : 107-112）。

上院の審議過程では、共和党、民主党ともに反対派議員を抱えていたが、彼らはそれぞれ違った理由からＮＡＴＯの東方拡大に反対していた。反対の内訳を見ると、アメリカがこれ以上対外政策へのコミットメントを拡大すべきではないという立場をとる保守的な孤立主義者や、経済改革の遅れを懸念するリベラルなどの勢力、これに加えてロシアとの関係を重視する外交専門家が加わるといった「奇妙な同盟」であった（Isaacs, 1998：32-34）。

批准審議の最終局面となって、NATOの東方拡大は避けられないことを覚悟した奇妙な同盟者たちは、戦術転換を試み、今後の政策に影響を及ぼそうとした。軍事委員会のワーナー議員が提案した修正条項によれば、第一陣の三カ国が加盟した後、少なくとも今後三年間は新規加盟を認めないことを求めた。しかしこれは賛成四一、反対五九で否決されてしまった。ワーナー提案が僅差で否決されたことで、反対派は今後、政策に一定の制約を課すことができる環境を確保した。なぜならば、もし政権側が急いでNATOのさらなる東方拡大を目指したとしても、「反対五九」という票数から明らかなように、上院ではしばらく、三分の二以上の「同意」が得られないからである。ワーナーによる修正条項には、ヘルムズ外交委員長やサーモンド軍事委員長なども賛成票を投じていた（Hyland, 1999：104-105）。NATO加盟は欧州連合（EU）の東方拡大を前提とするという修正条項も否決されている。東方拡大にともなう経費は議会承認を必要とし、またNATOでの米国負担を漸進的に削減するよう同盟国に提案することを大統領に要求したスティーヴンス歳出委員長による修正条項は口頭投票で可決された（*Congressional Digest*, 1999A：107：Kirfield, 1999a：1018-1025）。

こうして一九九八年四月三〇日、NATO東方拡大の第一陣の加盟が上院で承認された。その直後、五月はじめのEU首脳会談では、翌九九年一月から単一共通通貨（ユーロ）を段階的に導入していくことが決定された。こうして一九九八年春の時点で、二一世紀に向けたヨーロッパ国際秩序の概要が明らかになっていたのである。アジアでは、アジア通貨危機が各国に〝伝染〟していく一方で、「戦略的パートナーシップ」を軸とした大国間関係の調整がようやく模索されていた。他方、NATOの東方拡大が審議された一九九八年の議会は、クリントン大統領のスキャンダル発覚で、会期冒頭から「モニカ議会」の様相を呈していた。NATOの東方拡大に関する採択は、秋の中間選挙が近づく前になされた。一一月のギングリッチ辞任から一二月の会期末までに、下院共和党は歴史的な大統領の弾劾に踏み切った。第一〇五議会（一九九七〜九八年）は、「弾劾議会」と記憶されることになるであろう（砂田、一九九九、四一七〜四二七頁）。

ここで注目すべきは、共和党議会の間隙を突いて、選挙直前にもNATOの東方拡大以外でいくつかの重要な立法が議会を通過したという事実である。特に一九九八年（一九九九年会計年度）の包括予算支出法案（HR 4328）では大統領と共和党議会との間で妥協が成立し、九七年には拒否されていたＩＭＦへの拠出金もようやく承認された。というのも、国内でクリスチャン・コアリションなど宗教保守派とつながる共和党議員たちが、国連やＩＭＦなど国際機関への拠出金支払いを国内の中絶問題とリンケージさせ、財政支出に抵抗していたからである（Pomper, 1998 : 2913-2915）。

一方で、議会が大統領に多国間協議の交渉権を付与する「ファスト・トラック」権限の延長問題（S 1269）では、クリントン大統領は一九九四年に引き続き再度、議会からの承認を得ることができなかった。議会民主党のなかで、ＮＡＦＴＡに反対する労働組合系の保護貿易主義的な勢力がなお健在であったことが大きな理由であった（Destler, 1999 : 27-30 : 2005 : 218-228 : Lindsay, 2017 : 226 : 2012 : 230 : 1999 : 175-176 : Hyland, 1999 : 73-76 : *CQ Guide*, 1998 : 111-113 : 佐々木、一九九七、八七、一〇八、一四一頁）。二〇〇〇年一一月の大統領選挙に向けて、スウィーニー会長率いるアメリカ労働総同盟産別会議（ＡＦＬ-ＣＩＯ）がＮＡＦＴＡをクリントンとともに推進したゴアへの支持を早い段階から固めたのは、共和党候補がゴア同様に「自由貿易の積極推進」を誓っている以上、「共和党大統領の誕生より、ゴアの方がましである」という計算からに他ならなかった（Victor & Carney, 1999 : 2480 : *The Hill*, March 1, 2000 : 30）。

（2）ＮＭＤ推進に見るアメリカ議会とクリントン外交

第一〇四議会の第二会期初日にあたる一九九六年一月三日、共和党多数議会は、二〇〇三年までにＮＭＤを配備するよう要求した条項を、二六五〇億ドルを計上した防衛権限法案（HR 1530）のなかに盛り込んだ。これに対してクリントン大統領は、ロシアとの関係を損ないかねないこの条項は認められないとして、拒否権を発動した。一九九六年一一月の大統領選挙では、共和党候補のドールもやはり、ミサイル防衛導入の政策方針をキャンペーンの早い段階から打ち出していた（Hyland, 1999 : 148-149）。共和党議会からの強い突き上げを受けたクリントン大統領は、巧妙に妥協の道を模索したのであった。

再選後の一九九七年になると、クリントン大統領はＮＭＤの開発計画に着手し、多額の予算を投じるようになったのである。この時点でクリントン政権は、ＮＭＤシステムの研究を二〇〇〇年まで三年間推進した上で、その後二〇〇三年までの配備計画を決定するという、いわゆる「三プラス三」の実証・展開計画の政策方針を打ち出した（一九九九年一月になって二〇〇五年までに延長された）。また一九九七年五月、国防総省はＮＭＤ研究のための予算をさらに二三億ドル上乗せし、六年間で想定されていた当初の予算を事実上、倍増させている（O'Hanlon, 1999：78）。

ミサイル防衛には大きく分けて、ＮＭＤと戦域ミサイル防衛（ＴＭＤ）とがあった。米露両国の首脳は一九九七年になって、ＮＭＤとＴＭＤを明確に区別することを目的とし、デタント期の七二年五月二六日に締結されたＡＢＭ制限条約に抵触しないようＴＭＤを改めて定義し直した。ＮＭＤ推進派は現行のＡＢＭ制限条約が引き続き妥当なのかについて疑問を抱いており、特にヘルムズ外交委員会委員長などのように、「条約締結当時の署名国の一方が分裂してしまった現在、ＡＢＭ制限条約はまったく意味を持たない」という極論まで存在していた（Isaacs, 1998：40-41）。

ＴＭＤは、一九九七年九月二三日に日米防衛協力のための指針（ガイドライン）を見直した後の日米関係にとって最優先課題となるものであった。米露両政府はこの合意を拘束力を持つものとしてすでに扱っているが、クリントン政権はより好ましい軍備管理状況が整うことを期待し、同合意の批准を議会に求めなかった（O'Hanlon, 1999：76-77）。以上の点は、ＣＴＢＴ批准問題を考える上でも、きわめて重要な問題であろう。

一九九八年はミサイル防衛推進にとって転換点となった。インドとパキスタンの核実験（一九九八年五月の中旬と下旬）、北朝鮮やイランのミサイル実験など現実の国際政治の動きによって、ＮＭＤ、ＴＭＤともにミサイル防衛推進の動きが大きな勢いを得ることとなったからである。特に一九九八年八月三一日の北朝鮮によるテポドン発射のタイミングは、ラムズフェルト元国防長官を議長とする委員会が提出していた議会報告書の調査結果を裏づける結果となった。このテポドン発射直前に発表された『ラムズフェルド・レポート』は、北朝鮮やイランなどの「ならず者国家（rogue stattes）」が、五年以内にアメリカ本土を攻撃できるミサイルを開発する可能性があることを警告していた。それ以前の行政府側の情報分析によれば、そうした脅威が現実化するまでには「最低でも一〇年はかかる」とみなされていた。『ラムズフェルド・レポート』は一部要約を除き、その全容は未公開である（Garwin, 1998：40-45）。わが国ではＷ・ブッシュ政権の発足まで、『ラムズフェルド・レポート』についてはほとんど言及されてこなかったが、その後の北朝鮮問題を考える上でも、この報告書は示唆に富むものであった。

この当時、ミサイル防衛をめぐる米国内の政策論争において、ＴＭＤは幅広い支持を得ていた。技術的にはいまだ開発途上にあるNMDについては、議会内でも激しい論争を呼んでいた。議会で共和党議員が多数を占めるNMD推進派は、NMDシステムの実戦配備によってアメリカ本土を敵の直接ミサイル攻撃から防衛することを最優先させていた。これに対して、民主党議員が多数を占めるNMD反対派は、軍備管理の推進と核兵器の管理に主眼を置くのであった。したがって、反対派は、NMDの配備によって米露関係が悪化することを懸念するとともに、核兵器の削減と管理体制に支障をきたすことを懸念していた（O'Hanlon, 1999：69：Kirfield, 1999b：1455–1458：*The Hill*, March 29, 2000：10）。

クリントン政権は一九九九年二月、ミサイル防衛配備のための長期計画予算をはじめて計上した。しかし、コーエン国防長官は記者会見の席上、NMD配備の可能性は何よりも技術的成功を前提とし、またそのコストと軍備管理への影響に配慮する、といった条件つきの配備推進を考えていると述べ、クリントン政権のこれまでの基本的スタンスを改めて確認することを怠らなかった（二期目の外交人事の目玉として「超党派人事」が断行され、共和党の上院議員であったコーエンが国防長官に任命されていた）。これに対して議会では、共和党のコクラン上院議員らが中心となり、技術的に可能な限り、早急にNMDを配備するという旨の法案を通過させた。ただし、この法案には、NMDが予算と軍備管理に与える影響を考慮するよう求める修正条項が付与されていた。議会の軍備管理派の上院議員たちは、修正条項の尊重を条件に法案を支持し、七月二二日にクリントン大統領も同様の観点から法案に署名したのである（Towell, 1999：2914–2919：O'Hanlon, 1999：78–79）。

一方で下院では、共和党のウェルドン議員が、民主党のスプラット議員らと共同提案した、「NMDシステムの配備は国家政策である」という趣旨の一文の法案（HR 4：PL 106-38）を共同提案し、賛成三一七、反対一〇五で可決された。その直前の三月一八日には、民主党のアレン議員が、二〇〇〇年夏までの配備決定をクリントン政権に促すが、いくつかの要因に配慮しつつ配備していくという政権側の政策方針を支持する動議を提出していた。しかし、民主党の四分の一以上が共和党とともに反対に回ったため、賛成一五二、反対二六九の反対多数で否決されてしまう。この結果、下院では早急かつ無条件のミサイル防衛配備が超党派の多数に支持されたことが明らかとなった。このアレン動議が否決された直後、一文のウェルドン法案が下院を通過したが、この採決でも、民主党は賛成一〇三、反対一〇二で大きく割れてしまったのである（*Arms Control Today*, Vol. 28, No. 2, March 1999：26：*CQ Outlook*, 1999：14–15）。

（3）CTBT否決劇に見る教訓とその後——本土防衛か軍備管理か

一九九九年一〇月一三日、上院はCTBTの批准案（Treaty Doc 105-28）を賛成四八、反対五一、棄権一の反対多数で否決した。アメリカ大統領がイニシアティブを発揮して締結された国際条約が議会で否決されたのは、第一次大戦後のドイツに対するヴェルサイユ講和条約の批准に失敗した民主党のウィルソン大統領以来の歴史的な出来事であった。クリントン大統領自らがイニシアティブを発揮し、各国にCTBTの成立を要求してきただけに、当事国であるアメリカが批准できなかったことは、大統領の外交上の立場を著しく損なうことになったのである。英仏独の三首相が連名で米上院での批准を要請する共同記事を『ニューヨーク・タイムズ』紙に掲載していたにもかかわらず、このヨーロッパの同盟国の首脳による政策提言は、米上院の審議では無視されてしまった（*International Herald Tribune*, October 9/10, 1999）。CTBT否決直後の一九九九年一二月には、WTOのシアトル会議の決裂やミュンヘンでの国際環境会議でも、クリントン政権は、自国の利益を最優先する単独主義的な交渉スタンスを崩すことはなかった。これらの結果、軍縮問題に限らず、国際社会におけるアメリカのリーダーシップが低下していった（*The Nation*, December 1999：11-21）。

CTBTのケースで興味深いことには、クリントン政権が議会に条約批准案を提出した一九九七年九月以来、これまでほとんど議会に対して批准のための根回しをしてこなかった点である。アメリカでは議会に対する批判はもとより、こうしたクリントン政権を批判する声はかなり強いものがある。もしCTBTがクリントン政権にとって重要な国際条約であるならば、条約締結交渉の段階から交渉団に有力な共和党の上院議員を加えるなど、当初より超党派外交をつくり上げるための努力をしておくべきであった。かつてブッシュ・シニア政権で軍縮問題を担当したバートが指摘するように、ブッシュ・シニア政権ではソ連との軍縮問題を重要視し、早くからホワイトハウスが議会に対するロビイングを行っていたのである（Richard Burt, "Fumble on the Test Ban Treaty," *Washington Post National Weekly*, October 25, 1999）。

さらに上院での実質審議に入ってからも、軍事委員会のワーナー議員やルーガー議員といった、条約批准に大きな影響力を持つ共和党穏健派の取り込みに、ホワイトハウスは失敗したと言わざるを得ない。この点については、オルブライト国務長官の議会との調整能力不足を批判する声もある（ヘルムズ上院議員らとの協議を重ねていたのだが。Lindsay, 1999：182）。元共和党上院議員のコーエン国防長官も、古巣の上院に対して、説得も調整についても何ら有効な役割を果たせなかった。バーガー国家安全保障問題担当大統領補佐官は、一九九七年以降、上院のロット多数党院内総務やギングリッチ下院議員ら議会指導部との協議を重ねていたが、CTBTの批准ではほとんど役に立たなかった（Lindsay, 1999：182）。

実は、審議の過程で二〇〇一年以降まで採決延期を求める書簡が、共和党議員二四名を含む六二名の上院議員によって署名されていた。にもかかわらずホワイトハウスは、彼らに対して何ら効果的な働きかけをすることはなかった。結局採決延期を求める共和党議員たちは、イニシアティブを発揮することができず、やむを得ず反対票を投ずることになってしまったのである（Lowry, 1999：20-21：Simendinger, 1999：2987：*U. S. News & World Report*, October 25, 1999：*The Hill*, December 8, 1999：16）。クリントン政権が本気で真剣にCTBTを成立させたいと考えていたのならば、二四名の共和党上院議員たちに何らかのアプローチをしておくべきであったのではないか――。

CTBTが無駄に〝急いで〟採決されたのは、一九九九年一〇月六日のウィーンでの締結国会議までに批准するように、一部の民主党議員が強く主張したことに端を発していた。クリントン政権が上院審議を実施するよう圧力をかけたことに対して、そもそも条約に反対していたロット多数党院内総務は、わずか二二時間の議論と採決という強行スケジュール案の提示をもってこれに応じたのであった。上院議員全員出席を前提とすれば、三分の二の可決に必要な最低票数である六七議席に足りないことは明らかであった。そのため、共和党のワーナー議員が中心となり、民主党のモイニハン議員らとともに、二〇〇一年以降となる第一〇七議会（二〇〇一～〇二年）まで、採決を延期するよう求める書簡を作成したのであった。また、ダシュル少数党院内総務による全会一致で法案を棚上げしようとする決議は、一部の共和党議員による反対で否決されてしまった。結局、ロット院内総務によって条約批准の手続き動議が出された。この動議は、共和党五五、民主党四五という上院の政党議席分布そのままの数で可決され、続いて条約の批准に対する投票が行われた。投票の結果、条約批准は賛成四八、反対五一の反対多数で否決された（Schwartz, 2000：24-31：*Congressional Digest*, 1999B：299：Lindsay, 2017：226：2012：229：2008：205）。問題とすべき点は、批准賛成に回った共和党議員はわずか四名であり、ルーガー議員といった共和党穏健派や、マケインのような国際主義者が反対に回ったということである。彼らが反対票を投じざるを得ない政治環境を作ったクリントン政権の責任は重大であったと言わざるを得ない。

ＣＴＢＴ否決劇で明らかとなったことは、大統領の名誉がかかわるような重要な外交政策については、議会と十分な協力関係と根回しが必要であるということであった。外交政策における議会との協議や調整の必要性が強く再認識されたのである。

上院でＣＴＢＴが否決された直後、ＮＭＤ配備推進にともなうＡＢＭ制限条約の取り扱いについて、コーエン国防長官は上院との調整に乗り出し、ルーガー議員やコクラン議員、ワーナー軍事委員長、そしてスティーヴンス歳出委員長といった有力な穏健派の共和党議員たちと非公式な協議を持った。また、バーガー国家安全保障問題担当大統領補佐官やタルボット国防次官補らも、主要な民主党上院議員たちとも接触したという。上院議員の側も、ルーガー議員やカイル議員らが中心となって、民主党のレヴィン議員やリーバーマン議員たちと超党派の非公式会合を重ねていると伝えられていた（Towell, 1999：2916）。二〇〇〇年の議会では、ＮＭＤ配備が外交問題の焦点となると早くから予想されていた。クリントン政権はさらに一層、議会側との協議、調整に努める必要があったのである。

ＣＴＢＴの批准に失敗した背景には、シュレジンガー元国防長官やカークパトリック元国連大使、パール元国防次官補、そしてギャフニー元国防次官補といった保守的な外交専門家たちの強い反対論があったことを忘れてはならない。特にシュレジンガーは、批准反対のために議員の説得にあたった（Maggs, 1999：3044-3050）。こうした外交専門家たちの多くが、Ｗ・ブッシュ候補の外交アドバイザー集団の一角を占めていた。Ｗ・ブッシュは、冒頭で引用したはじめての外交演説（一九九九年一一月一九日）のなかで、「現実的な国際主義」を掲げる一方で、「ＣＴＢＴは答えではない」と明言している（Bush, 1999B）。

共和党はＣＴＢＴに反対する根拠として、「ＣＴＢＴには欠陥が多い」ことを挙げ、とりわけ「査察をいくら強化しても、条約は拡散を防止する決定打とはならない」ばかりか、「条約が規定している未臨界実験では、アメリカは信頼性のある軍事力を維持していくことが困難となってしまう」と主張した。この点は、キッシンジャー元国務長官のような現実主義者でさえ、現行のＣＴＢＴには「欠陥が多い」としてＣＴＢＴに反対していた。決議案を「上院に提出された最悪の法案」と痛烈に批判した上院のヘルムズ外交委員会委員長に至っては、ＣＴＢＴを「危険な条約」とまで呼んでいるのである（*Bulletin of the Atomic Science*, July/August 1998：40-41）。

上院が審議に入った一九九九年一〇月の段階で、CTBTには一五五カ国が署名し、この時点ですでに五一カ国が批准していた。これら署名国には、かつて核開発に関心を見せていた南アフリカやブラジル、韓国に加えて、イスラエル、そしてアメリカが「ならず者国家」と警戒するイランなども加わっていた。一九九六年九月一〇日に締結されたCTBTは、グローバルに張り巡らされる「検証」制度によって、核実験を抑止する効果を狙っており、一九九五年四～五月に恒久化された核不拡散条約（NPT）とともに、核拡散を防止する国際レジームとして軍備管理論者に期待されていたのである。

しかし、一九九八年夏にインドとパキスタンが核実験を行い、さらなる核拡散が懸念されるなかでの批准案否決に軍備管理論者は強い危機感を抱いていたが、反対派にとってみれば、インドとパキスタンの公然たる核実験実施によってCTBTの抑止効果はすでに形骸化してしまっていた。インドの核実験を情報機関が事前に探知できなかった点などもCTBTの不備として強く認識されたのである（岩田、一九九八、一三頁：Kirtield, 1998：338-392）。

これに対して軍備管理論者は、CTBTはたしかに不備な点があるかもしれないが、だからといって不必要だということにはならない、と主張していた。「現状ではCTBTに代わる選択肢はない。にもかかわらず、アメリカだけの防衛を考えていたのではあまりに無責任であり、ひいては新たな軍拡競争を招来することになり、結局はアメリカの国益にもマイナスである」と主張したのである。一九六〇年代にはケネディ大統領が「核保有国は一五カ国に達するであろう」と予言していたことを思えば、「軍備管理レジームがこれまで核拡散を最小に抑えてきたという事実は、もっと評価されてもよい」とも主張された（Cirincione, 2000：32-37：Solomon, 1999：3518：Kimball, 1999：3-9：Maggs, 1999：3045）。

(4) CTBT批准とNMD配備問題の連関

アメリカ議会では、CTBTに反対した勢力がNMDの推進派とほぼ重なっていた。逆に、CTBTの賛成派はNMD反対派とほぼ重なり合っていた、という事実は注目すべきことである。安全保障、特に軍備管理の分野では、〈共和党対民主党〉という対立構図がほぼでき上がってしまっていたのである。

本来クリントン政権の思惑としては、第一〇六議会（一九九九～二〇〇〇年）の第二会期（二〇〇〇年）ではCTBTの批准が外交・安全保障の争点として最大の目玉となるはずであった。ところがCTBTが早々と否決されてしまった結果、二〇〇〇年議会で焦点となる次なる外交課題は、NMD配備の推進と中国のWTO加盟の二つの問題であった。

二〇〇〇年春以降には、WTO加盟にともなう恒久的な通常貿易関係（ENTR）を中国に供与すべきかどうかが議会で大きな争点となることはまず避けられなかった。議会としても、二月に下院で圧倒的多数で可決された台湾安全保障強化法案（HR 1838：S 693）などで中国側を牽制しつつ、何らかの条件つきであってもENTR供与に踏み切るといったバランスある対応が迫られることは必至であった（O'Neill, 2000：936–943：Nitschke, 2000：606–609：*The Hill*, March 29, 2000：21）。

またクリントン政権は、二〇〇〇年夏までにNMD配備の可能性について結論を下すことになっていた。NMD配備は明らかに一九七二年五月のABM制限条約に抵触するため、ロシア側はこれまでも強く反発してきた。したがってクリントン政権は、ある程度限定的なNMD配備を推進していく上で、ABM制限条約の修正をめぐってロシアとの合意を目指さなくてはならない。その場合、クリントン政権は国内の議会対策とロシアとの国際交渉とで、典型的な二正面対応を迫られることになった。つまり国内的には超党派のコンセンサスを創り出し、対外的にはロシアとの間でABM制限条約の修正をめぐる交渉を同時に進める必要があったのである。クリントン政権は安全保障の分野で、深刻な「民主主義のディレンマ」に直面していたと言えよう。

こうして、この対露交渉はあくまでも国内政治上の合意の範囲内で達成されなければならない。また一方で、アメリカ国内で納得のいく範囲での条約の見直しをロシア側から引き出すためには、交渉材料としてそれなりの〝見返り〟が求められる（Daalder, Goldgeier ＆ Lindsay, 2000：23–26）。そのためには国内での強力なリーダーシップが必要となるが、はたしてクリントン大統領にそうした指導力があるかどうかは大いに疑問が残るところであった。たとえば、一九九九年六月にエリツィン大統領は、ABM制限条約の見直しでクリントン大統領と一度合意に達していたのだが、引退直前の一九九九年末には中国の江沢民国家主席との会談で、再びアメリカのNMD配備に反対の立場に転じている。一二月一日の国連総会では、NMD配備推進に反対する決議案がロシアが中心となって作成され、賛成八〇、反対四、棄権六八で採択された（*International Herald Tribune*, December 11, 1999）。

アメリカ議会の下院は、二〇〇〇年五月下旬の本会議で、中国に対してＥＮＴＲを供与する法案を賛成多数で可決した。採決結果は、賛成二三七、反対一九七、棄権一で、賛成票二三七のうち一六四は共和党票、政権与党の民主党は賛成七三、反対一三八という内訳となった。また法案には、議会内に中国の人権状況などを定期的に監視し、中国政府が不適当な政策を実施した場合に制裁を勧告する権限を持つ超党派の特別委員会設置を求める条項や、ＷＴＯ加盟後の中国から輸出が膨れ上がった場合、セーフガード（緊急輸出制限）を強化する条項などが定められた。

また六月上旬の米露首脳会談では、クリントン大統領とプーチン大統領は、解体核兵器の余剰プルトニウムの共同破棄やミサイル発射の「共同警戒センター」設立などで合意したものの、最大の争点であったＮＭＤにともなうＡＢＭ制限条約の改定に関しては対立点を解消できなかった。「戦略的安定に関する共同声明」のなかで両国の立場を併記し、継続協議として決着を先送りした。

二〇〇〇年一一月の大統領選挙の結果、共和党のＷ・ブッシュ政権が発足し、Ｗ・ブッシュ政権は一一年一二月一四日にＡＢＭ制限条約からの離脱をロシア政府に伝えた（六カ月後の二〇〇二年六月一三日に、ＡＢＭ制限条約は効力を失った）。ミサイル防衛（ＭＤ）を積極的に推進するためであった（ＮＭＤとＴＭＤの区別はなくなった）。ヨーロッパの同盟国は、米露間での「戦略的安定」が崩れるとして、反対していた。Ｗ・ブッシュ政権の単独主義のアプローチの一つとして、批判する声も少なくなかった。ただし、注目すべきことに、議会の上院では、米露間の戦略的安定を重視する民主党に多い軍備管理派も、「九・一一」同時多発テロの直後ということもあり、Ｗ・ブッシュ政権によるＡＢＭ制限条約からの離脱に目立った反対はできなかった（Lindsay, 2017 : 227 : 2012 : 231 : 2004 : 207）。

六　冷戦後の大統領と議会の課題

（1）冷戦後のアメリカ大統領のリーダーシップ

冷戦後のアメリカ大統領は、今後共和党と民主党が特にアメリカ議会の下院で多数党の座をめぐって熾烈な戦いを繰り広げていくなかで、上院だけではなく、下院との関係をも十分に視野に入れつつ、外交政策を決定していかなければならない。かつての四〇年続いた民主党多数議会とは違って、議会で安定した多数体制を維持できないということは、議会指導部がリーダーシップを発揮し難いということをまず意味している。冷戦後のアメリカ大統領はこのような議会と良好な関係をつくり上げていかない限り、外交政策において強力なリーダーシップを発揮することはできないのである。国務長官や国防長官、NSCスタッフたちにも、議会との調整能力がより一層要求されることになるであろう。

二一世紀はじめに、アメリカはいかなる優先順位をもって外交政策を推進していくのか――。この点は、冷戦後の新しい国際秩序を構築していく課題と大きく関わっている問題であるとともに、二一世紀の大統領にまさに求められているリーダーシップの資質であると言えよう。「クリントン後」の大統領とそのスタッフに特に要求されたことは、外交政策において議会と一定のコンセンサスを創り出していける調整能力である。

冷戦後の大統領とアメリカ議会が、外交政策について国内で一定のコンセンサスを創り出していくためにはどうしたらよいであろうか――。クリントン政権下で国内経済の再生と、さらに財政均衡まで達成した結果、二一世紀はじめのアメリカ大統領に託された課題は、冷戦後の新秩序へのヴィジョンを国際社会に対して提示することであった。そしてアメリカ国民に対しては、こうしたヴィジョンがアメリカの国益に適い、アメリカの外交政策の優先課題であることを明らかにすることであった。アメリカ大統領は、新しい国際秩序の創造にリーダーシップを発揮しながら、国内でのコンセンサス形成にも努めなければならない。そして、「クリントン後」の大統領が議会との関係をいかに良好なものにしていくかに、こうしたヴィジョンの成否がかかっていることは改めて指摘するまでもない。

リンゼイも、一九九九年という比較的に早い段階で、「われわれが目撃している行政府と立法府の関係の変化は、一時的なものではなく体系的なものであるため、議会とホワイトハウスは今や、アメリカの国益を促進しながら、お互いの権限を尊重する新しい協調関係を再構築していく困難な仕事に直面している」と指摘していた。「議会の行動主義がますます増加するため、将来の（クリントン後の）大統領は、自らの対外政策の提案に対して、よりタフな挑戦に直面するであろう」とも指摘されている。なぜならば、対外政策の決定過程がどうしても、より時間がかかり、かつより猥雑なものとなってしまうからであるという。アメリカの対外政策の基軸として「封じ込め」政策に代わる新しい政策のコンセンサスを再構築するという難しい課題に直面したクリントン政権は、一期目に、レイク国家安全保障問題担当大統領補佐官が中心となり、民主主義の「拡大」を打ち出したが、二期目には、そのためのアピールをトーン・ダウンしてしまった。さらにリンゼイは、「セーフティー・ネットを張り巡らすような対外政策のコンセンサスが存在しないため、大統領はこれから、自らの対外政策がいかにアメリカの国益に沿うのか、議会と世論の両方に対して、絶えず定義し、説明し、説得していく必要があるであろう」と指摘した上で、「冷戦後の大統領は、国内政治と同じく、議会の多数の意見の異なる声に耳を傾けつつ、勝利連合を再構築していくことに骨を折らなければならないであろう」と自らの論文を結論づけている（Lindsay, 1999：173, 179–182）。

共和党大統領が実現した場合の外交政策は、W・ブッシュによる一九九九年九月二三日の「国防演説」と冒頭で引用した同年一一月一九日の「外交演説」（Bush, 1999A：1999B）、また外交アドバイザー集団の中核を占めるライスとゼーリックによる二〇〇〇年一・二月号の『フォーリン・アフェアーズ』誌の論文でそのアウトラインがほぼ明らかとなっていた（Rice, 2000：Zoellick, 2000）。保守派と穏健派、いわばレーガン流の強硬派とキッシンジャー＝スコウクロフト流の現実主義者たちとが混在するW・ブッシュの外交アドバイザー集団のなかで、ライスは両者を〝架橋〟する役割をも期待されていた（Waller, 1999：10–13：Brant, 1999：22–23：*Time*, September 20, 1999：51–52：Barnes, 1999：2304–2307）。かつての共和党政権での経歴からも財務と国務の〝橋渡し〟を期待されたゼーリックであるが、本章で分析してきた大統領とアメリカ議会との関係という視点との関連から注目すべきことは、彼が別の論文で「大統領＝議会パートナーシップ」についての政策提言を行っていたことである（Zoellick, 1999/2000：20–41）。ライスは、W・ブッシュ政権一期目で国家安全保障問題担当大統領補佐官、政権二期目には国務長官となった。またゼーリックは、政権一期目に米国通商代表部（USTR）代表、政権二期目にはライス国務長官の下で国務副長官となった。

（2）「第四の教書」と新しい行政協定

二〇〇一年以降の大統領が、外交政策を策定し遂行していく上で、アメリカ議会との良好な関係を保っていくためには、以下のような方策が検討されることが望ましいと考えられる。特に重要な点は、これまで繰り返し強調してきたように、大統領が外交政策の優先順位を提示し、議会との調整能力をいかに発揮していくかが、新しい国際秩序を構築していく上での前提となるということである。

第一に、かつて第一期のニクソン政権が取り入れたような『外交教書』を議会に報告し、政権が目指す外交政策を説明することが検討されるべきである。当時、公民権法をめぐる国内の分裂に加え、ヴェトナム戦争による反共コンセンサスの崩壊や、激化する反戦運動などに直面したニクソンとキッシンジャーは、アメリカ外交政策が抱える課題はきわめて深刻で、かつ「哲学的でさえある」と認識していた。彼らは国務長官さえ迂回した秘密主義で大胆な外交政策の一大転換を成し遂げようとした反面、特に国民の啓蒙と議会との調整と説得の必要性から、外交教書を議会に対して会期ごとに提出する方法を試みていた。当時、国内で主に注目されたのは残念ながら、ヴェトナム政策に関する箇所ばかりであった。しかし実際は、中ソ対立など共産圏内の多極化傾向や、国際システム全体に関しても軍事的な双極と政治経済的な多極との並存状況が同時進行していることへの冷徹かつ多面的な現状認識に加えて、その後の米中和解や米ソ・デタントへの動きを予想させる彼らの外交哲学が、外交教書には随所に盛り込まれていたことを忘れてはならない（President Nixon's Report to Congress, 1970：Kissinger, 1979：155–159）。他方で、キッシンジャーは、実際的な結果をともなった「平和の構造」へのニクソンの言及よりも、アメリカの目的と理想主義へのレーガンのアピールの方が優れていた点を認めている（Kissinger, 1999：115）。

憲法上、大統領は議会に教書を送って、「必要かつ適切な」立法を勧告する権限を持つ（第二条第三節）。『一般教書』や『予算教書』、また経済諮問委員会が作成する『経済報告』の三大教書によるメッセージに加えて、『外交教書』を〝第四の教書〟とするのである。外交政策の遂行にあたっては、大統領によるイニシアティブが不可欠である。そして大統領は、外交政策を展開していく上で、自らが規定する国益と外交上の優先順位について、国民と議会によく説明し、国内でのコンセンサス形成に努力すべきなのである。政策について広く国民に支持されるならば、それは議会との調整上も有効に働くことは言うまでもない。

第二に、外交政策における大統領と議会との協調関係をもたらす枠組みとして、議会での大統領の署名を必要とし法律と同じ効果を持つ「合同決議（Joint Resolition）」に基づく行政協定という方式が検討されるべきである。その実際的なメリットとしては、大統領側が議会との調整を重視することによって、国内での支持を後ろ盾にすることができ、同時に上院での条約への批准同意を取りつける必要もなく、行政協定で柔軟かつ迅速に国際的なリーダーシップを発揮していくことが可能となることが期待されるからである。

特に一九九五年の共和党多数議会の成立以降、外交政策においても自己主張を強めるアメリカ議会は、今後とも、大統領が重要な外交政策を行政協定で処理していくことを〝黙認〟し続けていくであろうか——。また、ＣＴＢＴのように上院の同意を得られず、最重要な国際条約が議会で否決され、アメリカの国際的立場を著しく損なうような事態を招いてしまうのであろうか——。二〇〇一年以降、上院議会の議長を兼ねる副大統領の政治的役割が再検討されることも十分に考えられた（Morris, 1999：155-166）。実際、二〇〇〇年上院選挙の結果は、賛成五〇、反対五〇で引き分けとなり、大統領選挙に勝利した共和党の副大統領チェイニーが議長となるから、共和党多数議会となった。注目されることに、チェイニー副大統領は下院にもオフィスを構えた。「最初の一〇〇日間」でまず議員たちを説得し、特に大型減税を実現するためであった。しかも、リビー副大統領補佐官をはじめ、外交と安全保障のスタッフも幅広く揃えたのである（ゲルマン、二〇一〇：Montgomery, 2009）。

超党派外交は、従来のアメリカの政党に特徴的であった同質性による無党派性、党規律のなさを背景としてこれまで可能となってきた。ところが特に冷戦後、党派性を強めてきた現代のアメリカ政治では、超党派外交を展開することは、相対的により困難な政治環境にある。しかしアメリカは冷戦後でもなお、かつての冷戦期と同様に、国際的には新しい国際秩序の再構築という難しい課題を抱えていることも事実である。こうしたアメリカが置かれている国際状況のなかで、議会との超党派構造の必要性はむしろ潜在的に高まっていると言えよう。冷戦後型の超党派外交の一つのあり方として、〈議会の合同決議に基づく行政協定〉とも呼ぶべき外交装置がある程度制度化されていくならば、国内政治による過度な制約や〝抑制〟から、アメリカの外交政策が国際政治をいたずらに動揺させるという事態を招来しないで済むであろう。

第十四章　二一世紀の日米同盟と中国の台頭――二〇〇一～一五年

アジア太平洋地域は政権にとって最重要事項であり、軍事・外交の重心をこの地域に移していく。
バラク・オバマ大統領のオーストラリア議会演説（二〇一一年一一月一九日）

一　冷戦後における日米同盟の強化

（1）日米安全保障条約の再定義

冷戦の終結後、日米同盟は強化された。背景には、第十三章でも見た通り、東アジア地域で「三つの危機」（北朝鮮核開発疑惑、沖縄少女暴行事件、台湾海峡のミサイル危機）が起こったことで、クリントン政権がアジア政策を見直したことがある。それまで、一期目のクリントン政権は、アメリカ国内経済の再生にビームのように焦点を絞っていた。「平和の配当」の議論の延長で、同盟不要論まで展開されていたのである。しかし冷戦後、ヨーロッパ地域の多国間同盟であるＮＡＴＯと、アジア太平洋地域の「ハブ＆スポークス」の基軸である日米同盟は存続し、むしろ強化された。第八章で見た通りである。

一九九六年四月一七日に、クリントン大統領と橋本龍太郎首相は、「日米安全保障共同宣言」で、日米安全保障条約を〝再定義〟した。日米同盟を日本と極東の防衛のためだけでなく、アジア太平洋地域の秩序の安定に資するものとして位置づけたのである。一九九七年九月二三日には、日米防衛協力のための指針（ガイドライン）が見直された。その後、一九九九年五月二四日には、周辺事態法が国会で可決された。日本政府の見解としては、「周辺」とは地理的概念ではなく、たとえば、朝鮮半島や台湾海峡を常に含むわけではない、と説明された。抑止力を高めるために、あえて〝あいまい〟にされたのである。

「あいまい戦略」である（船橋、一九九八、第八章）。

（2）クリントン政権二期目の対中関与

この間、二期目のクリントン政権は、米中接近を図り「関与」政策をとった。米中両国は、二一世紀に向けて「建設的かつ戦略的なパートナーシップ」を目指すことで合意した。これに対して日中関係は、「善隣友好」の関係にとどまった。日米関係では、「ジャパン・パッシング（素通り）」が懸念された。一九九八年六月下旬から七月上旬にかけての九日間、訪中したクリントン大統領が同盟国の日本と韓国に立ち寄らなかったからである。ただし注目すべきことは、クリントン政権の一期目の最後に、日米同盟が強化された上で、二期目に対中関与が本格化したことである。アメリカとしては、戦略的な手順をきちんと踏んでいる。日本としては必要以上に卑屈になる必要はなかったのである。

では二一世紀の日米同盟は、中国の台頭を受けていかに進展してきたのか――。二一世紀の国際秩序にとって、最も大きな地殻変動となるのは中国の台頭である。これに対抗するのが日米同盟である。大国間関係の相対的な力関係が大きく変化するため、アメリカ中心の単極の構造から、国際システムは双極もしくは多極に向かうことになる。さらに無極に向かうとか、近代そのものが終焉してポスト・モダンの「新しい中世」へと向かう、という議論もある（White, 2012 : Friedberg, 2011 : 島村、二〇一五）。

以下では、まずテロ後の日米同盟のさらなる強化を見る。次いで、中国の台頭と海洋進出の動きを踏まえたい。その上で、アメリカの政策対応と日本の政策対応をそれぞれ考察する。

二　テロ後の日米同盟の強化

二〇〇一年九月一一日の同時多発テロ後、日米同盟はさらに強化された。特に小泉政権下では、アフガニスタン戦争時には「テロ特措法」で海上自衛隊がインド洋上へ派遣された。イラク戦争後には、「イラク特措法」で陸上自衛隊がイラクのサマワへ派遣された。またこの間、アメリカ軍の「変革（transformation）」にともない、グローバルな規模で米軍基地が「再編（realignment）」された（吉崎、二〇〇七：岩間、二〇一一：梅本、二〇〇五：プリスタップ、二〇〇五）。沖縄基地の問題は残ったが、在日米軍基地も「再編」の例外ではなかった（川上、二〇〇五）。ミサイル防衛（ＭＤ）をめぐる日米協力も、着々と進んだ。北朝鮮の弾道ミサイルが当面の脅威だが、中国の弾道ミサイルが潜在的な脅威である（石川、二〇〇六：戸崎、二〇一〇）。日米防衛協力をより容易にするために、日米両軍の相互運用性（Inter-operability）を高める努力も進められた。

こうした日米同盟のさらなる強化の背景には、Ｗ・ブッシュ大統領と小泉純一郎首相の間の個人的な信頼関係があった。一九八〇年代のレーガン大統領と中曽根康弘首相の「ロン＝ヤス」関係が想起された（Bush, 2010 : chaps. 7-8：村田、二〇〇七）。ロン＝ヤス関係以上であった、という意見もある。Ｗ・ブッシュ大統領が首脳会談の合間に、プレスリーの物真似をする小泉首相に親近感を抱いていたことは、よく知られている。二人でキャッチボールするパフォーマンスもあった。

しかしその後、日本の政権はほぼ一年あまりで交代していったため、日米同盟の強化は思うように進展しなかった（村田、二〇〇八）。第一次安倍政権、福田政権、麻生政権、鳩山政権、菅政権、野田政権、再び安倍政権という流れである。特に民主党への政権交代後は、鳩山政権で沖縄の普天間基地の県外移転問題をめぐって日米同盟が〝漂流〟した。ただし、菅政権では二〇一一年三月一一日の東日本大震災を受けて、日本の自衛隊とアメリカ軍が「トモダチ作戦」で密接に連携した（佐藤、二〇一四：森本監修、二〇一〇）。

また野田政権では、二〇一二年九月一一日の尖閣諸島の国有化をめぐって、日中関係が冷え込んだ。中国では激しい反日デモが展開され、日本のショッピング・モールが群衆に襲撃され、日本車が路上でひっくり返された（中国の胡錦濤政権は、反日デモの民衆の不満が、共産党政権への批判へと転化することを恐れていたと思われる）。こうして日中両国の世論は、にわかに冷え込み、日中対立が決定的となった（長島、二〇一三、一〜二六頁）。

三　中国の台頭と海洋進出

(1) 中国の「接近阻止・領域拒否」と海洋進出

二一世紀に入り、中国の台頭は著しいペースで進んだ。二〇〇一年一二月一一日に、中国がWTOに加盟したことが大きかった。二〇一〇年代に入り、国内総生産（GDP）で日本を抜いて、世界第二の経済大国となった。それにともない、軍事力の拡大が図られてきた。アメリカと日本としては、その不透明な軍拡に反対してきた。特に中国は、「接近阻止・領域拒否（A2AD）」の能力を高め、米軍の動きを牽制する能力に注力してきた。アメリカにとって、特に命中精度の高い対艦弾道ミサイル（ASBM）の東風二一D（DF-21D）の開発が脅威となる。アメリカ軍の空母群が、中国の近海に容易に近づけなくなるからである（春原、二〇一二、二五〇〜二五六頁；青山、二〇一六）。

サイバー攻撃も、中国は官民で取り組んでいると見られている。人工衛星破壊実験も実施された。もし戦争となった場合、国防総省のコンピューターが深刻なサイバー攻撃を受け、人工衛星まで破壊されたならば、アメリカ軍のスムーズな軍事展開に大きな支障が出ることになる。二一世紀のアメリカ軍は、コンピューターと人工衛星を介して、密接に連携しつつ、軍事行動を展開するからである。この点は米軍の強みであり、弱みにもなりうる（土屋、二〇一七；川口、二〇一七）。

さらに、地政学的にランド・パワー（陸接国家）の中国は、高度経済成長のおかげでシー・パワー（海洋国家）としての能力を向上させる余裕が生じ、中国は海洋進出を積極的に展開するようになった。そのためベトナムやフィリピン、日本など、近隣諸国との摩擦が生じている。中国は、日本列島から沖縄、台湾、フィリピンとベトナムへとつながる第一列島線へと海洋進出を進めている。当面は、第一列島線までの近海で海洋進出を試みると見られている。しかし中長期的には、伊豆・小笠原諸島からグアム・サイパン島を含むマリアナ諸島群へと至る第二列島線まで海洋進出を図ると想定される（Dyer, 2014 : chap. 1 ; Bader, 2012 : 103-108 ; Kaplan, 2014 : chaps. 1, 2 ; 飯田、二〇一五；川島、二〇一六；小谷、二〇一七）。中国の高官はすでにオバマ政権のアメリカ側に対して、「太平洋には、米中両国が共存できるスペースがある」という趣旨の発言をして、西太平洋からアメリカを排除し、太平洋をアメリカと二分する構想をアメリカ側に伝えている（Dyer, 2014：47-48）。

また中国は、中東地域とアフリカからインド洋を経由して、マラッカ海峡を通るシーレーン（海上交通路）の防衛にすでに乗り出している。「真珠の首飾り」戦略として知られる。アメリカのシーレーン防衛とぶつかるのである（長島、二〇一三、一〇〇～一〇七頁）。包囲される形のインドも警戒感を抱いており、「ダイヤモンドのネックレス」戦略を推し進めている。「真珠よりもダイヤモンドの方が固い」というわけである（Dyer, 2014：chap. 2：Kaplan, 2010）。もし戦争になった場合、マラッカ海峡が封鎖されたならば、中国経済は〝窒息〟してしまう。そのため中国は、軍事政権のミャンマーに接近し、ミャンマー西部ヤカイン州のチャウピュ港から中国の雲南省昆明までを陸上のパイプラインで結んだ。「マラッカ・ディレンマ」を克服する動きである（Dyer, 2014：101-109）。

（2）AIIBとBRICS銀行

通商・貿易の領域では、中国はアメリカが主導する環太平洋経済連携協定（TPP）に対抗して、地域包括的経済連携（RCEP）の締結を試みている。ただし、TPPは二〇一五年一〇月五日にようやく大筋合意に至ったが、RCEPは、インドの消極姿勢もあり、国際交渉が難航している。中国にとっては、中国がすぐに加盟できない高度なルールを設定するTPPは、中国を封じ込める動きと映るに違いない（杉浦、二〇一一：川島、二〇一一）。

ただし国際金融の領域で、中国が主導してアジア・インフラ投資銀行（AIIB）が二〇一五年六月二九日に創設された。創設国は五七カ国のうち五〇カ国が署名し、フィリピンなど七カ国が署名を見送った。イギリスをはじめ、ドイツ、フランス、イタリアなど西ヨーロッパの同盟国がAIIBに加盟したことは、アメリカのオバマ政権を苛立たせた。AIIB創設の署名は見送ったが、南シナ海で領有権問題を抱えるフィリピンまで、AIIBの加盟に関心を抱いている。こうして、AIIBが当初の予想以上の成果を残せたのは、二〇〇〇年に中国など新興国の発言力を増大させるIMF改革が決定されたにもかかわらず、アメリカ議会の反対で、まったくIMF改革が進展しないことへの、各国の苛立ちが背景にあった。また、二〇〇八年九月一五日のリーマン・ショック後、中国は、アメリカが衰退の道を辿りつつあると認識し、比較的に早く回復した中国経済への自信を深めたことも背景にある。

ＡＩＩＢの創設は、アメリカと日本がこれまで主導してきたアジア開発銀行（ＡＤＢ）とＩＭＦ、世界銀行を軸とした既存の国際秩序に挑戦する動きである。アメリカと日本は、中国が主導するＡＩＩＢは、「融資基準など、ガヴァナンスが不透明である」として加盟を見送った。国際社会でアメリカと日本は孤立化した形だが、おそらく無理に慌てる必要はないであろう。しばらく様子を見る余裕が必要である。国際金融の分野で、融資基準が公正なＡＤＢと、融資基準が柔軟なＡＩＩＢで、しばらく二つの枠組みが併存していくのではないか、と思われる。

ＢＲＩＣＳの新開発銀行（ＢＲＩＣＳ銀行）も、二〇一五年七月七日に立ち上がった。ＢＲＩＣＳとは、ブラジル、ロシア、インド、中国、南アフリカの新興国の集まりである。アメリカ主導の単極の国際システムに対抗して、首脳会談を開催するなど多極化に向けた外交の動きを活発化させてきた。アメリカや日本とも戦略的対話を図るインドの立ち位置は微妙である（堀本、二〇一〇）。二〇一四年三月一八日のロシアによるクリミア半島の併合後、ウクライナ情勢をめぐってヨーロッパ地域で孤立化するロシアは、東のアジアに目を向け、中国への接近を強めている。中露間では、エネルギー協力など経済協力がまとまった（下斗米、二〇一四、一五三〜一七七頁）。

ＡＩＩＢとＢＲＩＣＳ銀行で、中国は、アジア地域のインフラ整備でイニシアティブを発揮し、商機を摑みたいところであろう。「一帯一路」というスローガンの下、中国は「陸と海のシルクロード」構想を推し進めようとしている。中国からヨーロッパまでつながる経済成長ベルトを構想しているのである（増田、二〇一七：加茂、二〇一七：武貞、二〇一五、第二章）。この背景には、中国の国内経済で内需がなかなか拡大しない状況下で、外需に新たな活路を見い出す思惑がある。二〇一五年八月一一日から一三日にかけての人民元の切り下げはそのための措置である。また同じ時期、上海の株が暴落したことは、見方によっては、厳しく統制されてきた中国経済が市場に反応するようになった兆候でもある。また中国では、二〇一五年三月五日に開幕した全人代で、李克強首相がＧＤＰ成長率で七％前後を目指す「新常態（坂を上り峠を越える重要な段階）」を打ち出した（濱本、二〇一四、第一章：Roach, 2014）。

二〇一二年一一月一五日に国家主席に就任した習近平は、「中国の夢」を語っている。鄧小平以来の「韜光養晦（能力を隠して外に表さない）」の路線から、はたして逸脱するのであろうか――（Dyer, 2014：52-62：毛利、二〇一七、終章）。かつての中国の勢力圏を回復することを企図しているのであろうか――。中国のナショナリズムの行方も不透明である（宮本、二〇一五、一五八～一八一頁）。「中国のナショナリズムは脆い」と、『ファイナンシャル・タイムズ』紙のダイアーは論じている（Dyer, 2014：chap. 5）。

習政権はアメリカに対して、「新型の大国関係」を締結することを提唱している。オバマ政権は正式には、これに応じる姿勢を見せなかった。ただしスーザン・ライス国家安全保障問題担当の大統領補佐官は、「経済分野では検討してもよい」という発言を繰り返していた。

四　オバマ政権の政策対応

（1）オバマ政権による「アジア旋回」と「再均衡」

こうした中国の台頭と海洋進出を受けて、日米同盟はさらに強化されてきた。まず、アメリカのオバマ政権の政策対応を見てみたい。時期は若干さかのぼる。

オバマ政権としては、政権一期目の当初は、中国との戦略的な対話を深めることで国際秩序を安定化させることを図っていた。第二章でも見た通り、二〇〇九年七月一五日には、クリントン国務長官が「マルチ・パートナーの世界」演説を行い、中国やロシア、インドと戦略的な対話を深めることを明らかにした。その直後の七月二七日と二八日には、米中間で戦略・経済対話（SED）を二日間開催し、安全保障と経済、環境の問題を集中協議した。ところが、二〇〇九年一二月七日から一八日にかけてコペンハーゲンで開催された第一五回国際連合気候変動枠組み条約締約国会議（COP15）で、李克強首相をはじめ中国側が非妥協的な姿勢を見せた直後から、米中関係はぎくしゃくし始めた。その後、チベットやグーグル撤退、台湾へのハイテク兵器売却などの問題で、米中両国は対立を深めた（Clinton, 2014：39-100：Gates, 2014：Panetta, 2014：Steinberg & O'Hanlon, 2014：Campbell, 2016：Bader, 2012：18-25：島村、二〇一四ａ）。

二〇一一年七月二三日にハノイで開催された第一七回東南アジア諸国連合（ASEAN）地域フォーラム（ARF）閣僚会合で、クリントン国務長官は南シナ海における航行の自由は米国の国益であることを強調し、「米国は『南シナ海行動宣言』に則したイニシアティブや信頼醸成措置を促進する用意がある」と指摘した（福田、二〇一一）。

二〇一一年一一月、オバマ政権は中国の脅威の台頭を念頭にして、「アジア旋回（pivot to Asia）」と「再均衡（rebalancing）」を打ち出した。これまで深くコミットメントしてきた中東地域から撤退し、アジア地域に戦力を注ぐ方針を明らかにしたのである。オバマ大統領が一一月一九日にオーストラリア議会で、「アジア太平洋地域は政権にとって最重要事項であり、軍事・外交の重心をこの地域に移していく」と演説し、二五〇〇名の海兵隊をダーウィンに駐留させることを明らかにした。アメリカとしては、中国が想定する第一列島線と第二列島線、さらにオセアニア地域という三重の守りで、中国を牽制する動きを見せたのである（Sestanovich, 2014 : 311-314 : Nina, 2016 : 45-88 : 森、二〇一六：二〇一七c：松崎、二〇一六：滝田、二〇一五b：モチヅキ、二〇一五：渡部、二〇一三：高畑、二〇一三：島村、二〇一四c）。クリントン国務長官も、中国を牽制する内容の論文を『対外政策』誌に掲載した（Clinton, 2011）。

ところが、この間、二〇一〇年一二月一八日からのアフリカのチュニジアでの民主化の動き（「ジャスミン革命」）を契機として、アラブ地域全体で民主化の動きが一時加速した。「アラブの春」である。アメリカのオバマ政権は、「アラブの春」に対して、なかなか明確な政策を打ち出せなかった。特に地域大国のエジプトのムバラク政権は、権威主義体制であるが親米政権であった。アメリカからの軍事援助も多額の規模で供与されていた。二〇一一年一月一四日にチュニジア、二月一一日にエジプトで政権交代が起こったが、オバマ政権の政策対応は後手に回った。同じ二月以降、リビアのカダフィ政権に対して反政府勢力が反旗を翻した。三月一九日以降には、英仏両国が主導する形で空爆がなされ、オバマ政権としては「後方からの指導（leading from behind）」にとどまった（Sestanovich, 2014 : 314-317）。リビアの問題をめぐっては、「武力行使には事前に議会の承認が必要である」という声が議会に存在していたことはあまり知られていない。議会には、オバマ政権の政策決定が「遅過ぎて、非効率である」、「後方からの指導は、アメリカのリーダーシップの発揮の仕方ではない」と批判的な意見と同時に、「議会の承認なき武力行使は違憲である」と批判する声が存在していた（Lindsay, 2017 : 230 : 2012 : 234）。

シリア内戦に対しては、二〇一三年八月一三日にアサド政権が国民に化学兵器を使用したことが明らかとなり、オバマ大統領は「レッドラインを超えた」として武力行使をちらつかせたが、結局、武力行使はせず、ロシアのラブロフ外相の調停案に飛びついた。同盟国のイギリスの議会で、シリアへの武力行使に反対の意見が多数を占め、アメリカ議会でも武力行使への支持はなかなかまとまらなかったためである（Lindsay, 2017 : 230 : 2012 : 234 : Sestanovich, 2014 : 318-319 : 滝田、二〇一五b、二二〜二三頁）。

その直後、二〇一三年一一月二三日に、中国が「防空識別圏（ADIZ）」を尖閣諸島を含む中国の近海に設定したことは、シリア内戦でのオバマ外交の迷走ぶりと無関係ではない（二〇一四年三月のロシアによるクリミア半島の併合も無関係ではあるまい）。

これに対して、オバマ大統領は二〇一四年四月二四日、「日本の施政下にある領土は、尖閣諸島も含めて日米安全保障条約の第五条の適用対象となる」と述べた（『日本経済新聞』二〇一四年四月二五日朝刊）。

（2）「エア・シー・バトル」と「オフショア・バランシング」

A2ADの能力を高め、中国の近海へのアメリカ海軍の接近を阻止し、領域から排除しようとする中国の軍事戦略に対して、アメリカのオバマ政権は、「エア・シー・バトル（ASB）」戦略を描いてきた。空軍と海軍を統合して、中国の脅威に対応しようとする軍事戦略である。コスト面と技術面でエア・シー・バトル戦略には批判もあるが、オバマ政権としては、「エア・シー・バトル」戦略を虎視眈々と推し進めた（Friedberg, 2014 : 73-104 : 春原、二〇一二、二八〇〜二八八頁）。

ウォルトやレインをはじめとした専門家たちは、エア・シー・バトル戦略は現実的な選択肢ではないとして、「オフショア・バランシング」戦略を提言している。地政学的に、中国の近海から一歩距離を置いて、中国を牽制する軍事態勢を整えるべきである、という戦略である（Walt, 2015 : 12, 14 : Layne, 2006 : 159-192 : Dueck, 2015 : 91-107）。米国防大学戦略研究センターのハメスは、さらに一歩距離を置いて、「オフショア・コントロール」戦略を提言している。日本や韓国の軍事貢献をさらに強化して、遠方から中国の海洋進出を牽制しようとする動きである（八木、二〇一二）。

はたして、「オバマ後」の政権は、民主党政権が継続しようが、共和党政権に交代しようが、〝緊縮〟の時代に合わせて〝縮小（retrenchment）〟の外交アプローチに転換するのか——。セスタノヴィッチは、そう問題提起している（Sestanovich, 2014：Epilogue：笹島、二〇一五）。それとも、共和党政権となり、より保守的な外交姿勢から、「レーガン主義」で、特に中国の台頭や流動化する中東情勢、混迷するウクライナ情勢などにより強硬な態度を見せるのであろうか——。トランプ政権の外交のヴィジョンと方向性が、これから大きく注目される。トランプ政権は二〇一七年一二月一八日に『国家安全保障戦略（NSS）』を発表し、レーガン流の「力による平和」のアプローチを打ち出した。

オバマ政権は、政権一期目から経済的な枠組みであるが、TPPを「アジア旋回」と「再均衡」の一つの手段として重要視してきた。二〇一五年六月二九日に、オバマ政権はようやくアメリカ議会から、貿易促進権限（TPA）を承認された。ところが、七月中の大筋合意は、ニュージーランドの土壇場での非妥協的な姿勢で頓挫した。二〇一六年七月の日本の参議院選挙、一一月のアメリカ大統領選挙などの政治日程を考えると、場合によっては、TPPの調印は次期政権まで引き延ばされて、〝漂流〟しかねなかった。ただし、先に見た通り、二〇一五年一〇月に大筋合意に至った。しかしアメリカや日本など、加盟国の国内で議会での批准が必要である。さらに問題となるのは、トランプ大統領が就任早々、公約通りに、TPPからの離脱を表明したことである（三浦秀之、二〇一七）。とり残された形の日本としては、「TPP11」を形成し、アメリカが遠くない将来、TPPの枠組みに戻ってくることを待つばかりである。

五　安倍政権の政策対応

（1）「積極的平和主義」と「地球儀を俯瞰する外交」

第二次安倍政権は、二〇一四年七月一日、集団的自衛権の行使容認を閣議決定した。国内での安全保障法制の整備が必要となるが、一五年九月一九日に安全保障関連法が成立した。後方支援が主体となるが、これで同盟国アメリカとともに戦うことができるようになる。ただし、二〇一五年に入り、国会で安全保障法の整備が進展するにつれて、安倍政権の支持率は低下し、一五年七月には新聞各紙の世論調査結果で三〇％台まで落ち込んだ。かつての政権ならば危険水域である。しかし、民主党をはじめ、今の野党はより弱く、その支持率を上昇させるまでに至っていない。有権者にとって、代替案がない状態なのである。ただし、憲法改正まで視野に入れていた安倍政権としては、大きな痛手であった。

しかし、二〇一七年一〇月二二日の総選挙の結果、自民党は二八〇を越える議席を単独で得て圧勝した。注目すべきは、連立を組む公明党と合わせ、第四次安倍政権は憲法改正の国会発議に必要な三分の二の三一〇議席を上回ったことである。

これまで、第二次および第三次安倍政権は、「積極的平和主義（proactive contribution to peace）」を掲げ、「地球儀を俯瞰する外交（bird-view globe diplomacy）」を展開してきた（櫻田、二〇一五）。安倍首相は、二〇一五年夏までに五〇カ国以上の外国を訪問した。また安倍政権は、日本版の国家安全保障会議（NSC）を設立し、秘密保護法を成立させた。日本独自の『国家安全保障戦略（NSS）』もまとめられた（細谷、二〇一六）。二〇一五年四月二七日には、日米安全保障協議委員会（「二＋二」）で、日米防衛協力のための指針（ガイドライン）がさらに見直された。戦後七〇周年に当たる二〇一五年の八月一四日には、歴史認識問題で「安倍談話」を発表した（添谷、二〇一七、一九四～二〇〇頁）。こうした日本の積極的な外交攻勢を、アメリカのオバマ政権としては基本的に歓迎していた。

さらに、日米豪、日米韓、日米印の三カ国の戦略的連携を重層的に深め、中国や北朝鮮の動きを牽制してきた。地域抑止を強化する動きである。日米豪印による「民主主義国家によるダイヤモンド」構想も打ち出している（長島、二〇一三、一九一～一八四頁：石川、二〇一五、六四～六七頁）。副首相の麻生太郎は、かつて外相の時に、同じような狙いで、「自由と繁栄の弧」構想を明らかにしている（麻生、二〇〇八）。

トランプ政権下の日米同盟としては、北朝鮮や中国の脅威を念頭に、「切れ目のない同盟」の連携を強化する必要があると思われる（細谷、二〇一七）。同盟のマネージメントも重要である（森本、二〇一七）。その際、日本外交はリージョナルではなくグローバルな視野を持ち、国際秩序の再編成の現実をできるだけ冷静かつ慎重に見極める必要がある（中西、二〇一七）。

（2）冷却化する日中・日韓関係

ここで問題となるのは、冷却化する日韓関係である。二〇一二年八月一〇日の李明博大統領の竹島上陸以降、日韓関係は急速に冷え込んだ。さらにその後、朴槿恵大統領の従軍慰安婦問題への強いこだわりと、日本側の歴史認識問題への保守的な取り組みなどにより、日韓関係の関係改善の道筋がほとんど描けなかった。アメリカのオバマ政権としても、日韓関係の関係改善に強い圧力をかけてきた。オバマ政権のアジア政策の中心人物であったリーパットを駐韓米国大使に任命したのも、その動きの一つであった（渡部、二〇一一）。こうしたアメリカからの後押しもあり、日韓国交正常化五〇周年に当たる二〇一五年の一二月二八日、日韓両国は従軍慰安婦問題でようやく一定の合意に至った。ただし、朴政権はその後、国内を説得しなければならなかったが、政治スキャンダルもあり、それは叶わなかった。文在寅政権下でも、懸案の従軍慰安婦像が撤去される見通しは、まったく立っていない。

これに対して、日本の安倍政権とオーストラリアのアボット政権との関係は、きわめて良好であった。二〇一四年七月九日の安倍首相のオーストラリア訪問時には、両国の「二一世紀のための特別なパートナーシップ」まで言及された（島村、二〇一四b）。ただし、二〇一五年九月一四日に、自由党のターンブルが、退陣したアボットに代わり、新しい首相となった。親中派とも、現実主義者ともみなされている。〝特別な〟日豪関係を再構築する必要がある。

第二次および第三次安倍政権は、インドとの関係は戦略的な対話を深めてきたが、インドは中国やロシアともうまくやっている。繰り返しになるが、インドは、絶妙な立ち位置をとっている。

問題は、戦後七〇周年にあたる二〇一五年の八月の時点で、安倍首相が中国の習近平国家主席とまだ二回しか首脳会談を実現していなかったこと、朴大統領とまだ正式に首脳会談を実施していなかったことであった（二〇一五年一一月二日に、安倍首相と朴大統領はようやく二人きりの首脳会談を行った）。背景には、中国と韓国の反日キャンペーンがそれぞれ熾烈化していること、また日本側の歴史認識問題に対する取り組みが中韓両国からは不十分である、と認識されていることがあった。他方で、安倍政権は「戦後レジームからの脱却（breaking away from postwar regime）」を図ってきた。

通商・貿易の面で、日本はアメリカが主導してきたTPPと中国が主導するRCEPの両方にコミットメントしている。中長期的には、TPPとRCEPの間で、〝橋渡し〟の役割を担うことができるかもしれない（問題は、先に見た通り、トランプ政権によるTPP離脱である）。その場合、アジア太平洋経済協力会議（APEC）のアジア太平洋自由貿易圏（FTAAP）の実現へ大きな推進力となるであろう。中長期的には、中国がTPPに加盟することも視野に入れておくべきかもしれない。経済的な相互依存が深まることは、戦争の勃発を決定的に不可能にするわけではないが、お互いに信頼醸成を高めて、戦争が起こる蓋然性を相対的により低下させることが期待できるからである（寺田、二〇一七：三浦、二〇一四）。

六　「牽制と抱擁」「統合と牽制」の両面政策の行方

（1）米中対立の可能性？

中国の当面の政策目標は、中国の近海で海洋進出を試みる、という比較的に控えめなものにとどまっている。ただし中長期的な目標は、より野心的なものである。しかし国際社会の覇権国として、アメリカに取って代わろうというものではない。中国の近海からアメリカを排除したい、という意外と比較的限定的な試みである。もしアメリカと戦争になっても（あるいは、戦争にならないために）、アメリカの軍事行動を困難にするためだけに戦略目標をフォーカスしている。全面戦争で勝利することを目指しているわけではないのである。

経済的にも、中国はたしかに、国際金融面でAIIBの設立を図るなど、アメリカ中心の単極構造に対抗し、多極化を促す動きを強めている。ただし、アメリカのドル体制に真っ向から挑戦して、一気にそれに取って代わろうというものではない。ただし、アメリカの国家安全保障戦略の基本は、それぞれの地域で支配的な覇権国家が出現することを防ぐことにある。ヨーロッパ地域では、ドイツとソ連が支配的な地位を確立することを防ぐために、二度の世界大戦に参戦し、その後、ほぼ半世紀にわたって米ソ冷戦を戦った（ただし、米ソ両国は一度も直接戦っていない。お互いに「戦略的自制」を心がけたのである）。また、アジア地域では、日本の地域覇権の出現を食い止めるために、太平洋戦争を戦っている。

（2）「牽制と抱擁」「統合と牽制」の両面政策

しかしながら、日米同盟対中国の対立構図は、「安全保障のディレンマ」に陥り、戦争が勃発してしまうという最悪のシナリオを回避しなければならない。そのため、日米同盟は、一九七二年二月二一日のニクソン大統領の米中和解以来、中国に対して、基本的に「牽制と抱擁（hedge and embrace）」ないし「統合と牽制（integrate, but hedge）」の両面政策を展開してきたのである。安全保障面では、中国を牽制し〝抑制〟しつつも、経済面では、中国との経済関係を強化し、アメリカ主導の国際的な枠組みに〝取り込む〟、という戦略である（アーミテージ・ナイ・春原、二〇一〇、第二章：島村、二〇一四ｃ）。

ここで問題となるのは、第一に、アメリカと日本はいつまで「牽制と抱擁」ないし「統合と牽制」の両面政策を堅持するのか、という点である。もう一つは、中国がアメリカ主導の国際的な枠組みに組み込まれることで、はたしてその行動が穏健化するのか、という問題である。マンやフリードバーグによれば、中国をアメリカ主導の国際的な枠組みに取り込むことで、その行動を穏健化できると想定するのは〝幻想〟であると言う（Mann, 2007：Friedberg, 2011：島村、二〇一七ａ）。日米同盟と中国との間の対立と協調のダイナミズムがいかなる方向へ向かうのかは、二一世紀の国際秩序の行方を占う試金石となることは間違いない（秋田、二〇〇八：二〇一六）。アジア太平洋地域およびインド洋地域（「インド太平洋」）において、日米同盟と中国の台頭との対立を許容できるような、新しい安全保障のアーキテクチャーを構築する必要性がある（Steinberg & O'Hanlon, 2014：佐橋、二〇一二：神保・東京財団「アジアの安全保障」プロジェクト編、二〇一一）。

第十五章　米中間で「新型の大国関係」は可能か？――二〇一六年まで

豊かになった中国は、現状維持国家にはならず、むしろ地域覇権の達成を決意した攻撃的な国家となるであろう（Mearsheimer, 2001：402）。

ジョン・ミアシャイマー『大国政治の悲劇』（二〇〇一年）

アメリカと中国は、トゥーキュディデースの罠を回避できるであろうか？（Allison, 2017）

グラハム・アリソン『運命づけられた戦争』（二〇一七年）

一　「新型の大国関係」とは何か

二〇一〇年代のアジア地域の戦略環境は、大きく変化を遂げつつある。アジア地域で最も重要なトレンドは、中国の経済力と軍事力が成長し続けており、日本や東南アジア諸国など周辺国と域外覇権国のアメリカがそれに適応しようと反応を見せていることである。周辺国に対する中国の行動は、二〇一〇年から明らかに高圧的なものとなり、場合によっては好戦的である（フリードバーグ、二〇一三、i頁）。サブプライム金融危機からリーマン・ショックへ、二〇〇七年から〇九年までに深刻化した一〇〇年に一度の二一世紀型の世界金融危機で、アメリカが主導してきた「新自由主義」の政策と規範が大きく揺らぐなかで、中国は予測してきたアメリカの凋落を今や確信し、自国の台頭に自信を強めたように見える（Dyer, 2014：12）。

たとえば中国は、南シナ海における海域と資源のほぼすべてを手中に収めるべく領有権を主張し、ベトナムやフィリピンと繰り返し対立している（Kaplan, 2014）。また東シナ海では、中国は尖閣諸島に対して日本に圧力を高めており、漁船や政府の艦船、戦闘機を周辺海域・空域で活動させている。オバマ政権が特に二〇一一年一一月から「アジア旋回」ないし「再均衡」の政策を打ち出すと、アジア地域で中国が正当な地位を占めようとしていることを防ぐために、アメリカが中国を取り囲み、封じ込めることを模索していると、中国は警戒感を隠さなかった（島村、二〇一六a、二〇七頁）。

二〇一二年秋に新しい指導部の顔ぶれが公式に判明した中国は、日本に対して圧力を緩めない一方で、アメリカに対しては「新型の大国関係」を構築することを提案してきた。こうした異なったアプローチの背景には、アメリカへの友好的な政策対応がアメリカの同盟国日本を孤立させるのに役立つという考え方があると思われる（フリードバーグ、二〇一三、ii頁）。「新型の大国関係」とは、中国政府によれば、かつての大国間政治のように衝突と対立が戦争へとエスカレートすることを防ぐために、お互いの「核心的利益」を尊重し合い、「ウィン・ウィン」の関係を構築することを意味する。二〇〇九年七月二七日と二八日にワシントンで開催された第一回戦略・経済対話で、胡錦濤政権下の戴秉国国務主席がはじめて、「相互尊重、和諧相処、合作共赢（相互に尊重し、調和的に共存し、協力的でウィン・ウィン）」と、新型の大国関係の模索を問題提起した（添谷、二〇一六、二二八〜二三〇頁）。はたして、米中間で「新型の大国関係」は可能であろうか——。

二　アメリカの両面政策と不吉な結末

（1）「牽制と抱擁」ないし「統合と牽制」の両面政策、再び

アメリカは、冷戦後ブッシュ・シニア政権からオバマ政権まで驚くべきほどの一貫性をもって、台頭する中国に対して、「牽制と抱擁」ないし「統合と牽制」の両面政策を遂行してきた。中国への関与を模索しつつ、牽制の要素と両立させようとしてきたのである。もちろん、歴代の政権はこれらを組み合わせる度合いにおいて、ニュアンスの違いを見せてきた（島村、二〇一六a、二一二頁）。たとえば、クリントン政権二期目に本格化した「関与と拡大」の国家安全保障戦略と、米中間で二一世紀にむけて「建設的かつ戦略的なパートナーシップ」を模索する政策対応には、関与に偏り過ぎて、牽制の要素が乏し過ぎると、議会共和党から批判が生じた（吉原・島村、二〇〇〇、一九九頁）。W・ブッシュ政権は二期目に、ゼーリック国務副長官

が、中国に対して「責任ある利害共有者（responsible stake-holder）」として大国らしく振る舞うことを強く要請した（The White House, 2006）。オバマ政権は一期目、関与政策を強く志向したが、やがて牽制と〝抑制〟の要素を強め、「アジア旋回」ないし「再均衡」の政策へと移行した。

こうした関与と牽制を組み合わせた戦略には、大きく二つの政策目標があった。第一に、アメリカは、既存のリベラルな国際秩序に挑戦するのではなく、それを強化することに利益があることを中国に理解させることで、特に国際経済秩序に中国を組み込もうとしてきた。中国を封じ込めるのではなく、中国に〝関与〟することで、中国を国際経済秩序に〝関与〟させようというわけである。第二にアメリカは、中間層の成長などのトレンドを間接的に後押しして、中長期的に中国の国内政治システムの民主化につながることに期待を寄せてきた。こうして「関与と拡大」とは、中国に関与することで、中国国内で民主主義が拡大（enlargement）することを期待するものであった（フリードバーグ、二〇一三、iii頁）。

しかし、三〇年以上にわたって中国を分析してきたジャーナリストのマンは、『危険な幻想』で、中国が自由を重んじる民主主義にスムーズに移行するという「心地良いシナリオ」は〝幻想〟だったとわかるであろう、と予言して、次のように警告している。「中国が今のように順調な経済成長を続けるとしても、その政治体制は基本的には変わらないのではないか。今から二五年先、三〇年先、より豊かで、国力の大きくなった中国が、相変わらず一党支配下に置かれ、組織的反対勢力は今と同じように弾圧されているのではないか。その一方で、中国は対外的には開放され、貿易や投資その他の経済的な絆で世界各地と深く結びついている」のではないか（Mann, 2007：10）。

（2）米中対立の可能性、再び

プリンストン大学のフリードバーグも、『支配への競争』で、中国共産党は絶滅に瀕しているどころか、この先何十年も生きながらえる、と予言する。フリードバーグは、中国国内の政治システムが大きく変革し、民主化やリベラル化しなければ、米中間での地政学的な対立と競争は不可避である、と警告する。もちろん、「チャイメリカ（米中間の相互依存の深化）」や核兵器の存在、「責任ある利害共有者（国際制度への統合と「社会化」）」、共通の脅威認識など、米中間の対立を緩和する要素もあるが、大国間の権力移行期にともなう地政学的な競合と、イデオロギーや政治体制の相違は、米中間の地政学的な対立を劇的に緩和することはなく、米中関係を決定的に対立させる方向性に導く、とフリードバーグは論じる（Friedberg, 2011 : chap. 2）。

歴史家のファーガソンは、『憎悪の世紀』で、振り返ってみれば二〇世紀の「本当の物語」は「『西洋の勝利』ではなく、ヨーロッパ帝国の危機と、その結果避けようもなく生じたアジアの復興と西洋の衰退」だと論じている。一九〇〇年までに圧倒的な優位を築いた西洋（この場合、主としてヨーロッパを指す）は、「五〇年戦争」という前例のないほどの暴力と破壊のなかで自らを苦しめていく。ファーガソンが語るところでは、第二次世界大戦は東洋の台頭と西洋の没落の「決定的な転換点」となったという（Farguson, 2006 : lxviii-lxix : Friedberg, 2011 : 22に引用された）。

「パンダ・ハガー（パンダを抱く人）」を自認してきたピルズベリーは、『二〇四九』で、中国のタカ派や保守派、ナショナリストたちは、「過去一〇〇年に及ぶ屈辱に復讐すべく、中国共産党革命一〇〇周年にあたる二〇四九年までに、世界の経済・軍事・政治のリーダーの地位をアメリカから奪取する」という「一〇〇年マラソン」計画を慎重かつ虎視眈々と推し進めてきた、と警告する。「一〇〇年マラソン」の目的は復讐、つまりヨーロッパの大国と日本に味わわされた過去の屈辱を「清算」することであるという。「そうすれば中国は、自国にとって公正な世界、アメリカの支配なき世界を構築できる。そして、第二次世界大戦中のブレトンウッズ会議と大戦後のサンフランシスコ会議で土台が築かれた、アメリカを頂点とする世界秩序を修正することができる」という。また、「タカ派は、この計画は策略によってのみ達成できる、少なくとも、諸外国を怯えさせるような計画など持っていないというそぶりをすべきだ、と考えていた」と指摘される。さらに、「ただ三〇〇年前に誇っていた世界的地位の回復は彼らの悲願である。当時、中国は世界経済のおよそ三分の一を掌握していた。今に移せば、それはアメリカの二倍の力を持つことを意味する、とタカ派は言う」という（Pillsbury, 2015 : 12-13 : アセモグル、ロビンソン、二〇一三）。

他方で、中国に対して同情的なのは、たとえばキッシンジャーである。彼は『中国』で、次の通り指摘する。「自分たちは台頭しているのではない、大国の座に戻ってきたのだと、中国は自認している。……強い中国が世界の経済、文化、政治、軍事に影響を及ぼすのは、世界秩序に対する不自然な挑戦とは彼らは思っていない。むしろあるべき姿への回帰だと考えている」(Kissinger, 2012：546：Shambaugh, 2013, chap. 1 の冒頭で引用された)。

また『世界秩序』では、以下の通り、指摘される。

二一世紀に中国が卓越した地位に「昇った」ことは、決して目新しくはなく、歴史上の図式を再現したに過ぎない。際立った違いは、中国が古代文明の継承者と、ヴェストファーレン・モデルに則った現代の大国の両方になって復帰したことだ。……中国は、将来の国際ルールづくりでは中国が中核となり、ことによると現在広く行われているルールを改定するような方向に、国際秩序が発展することを期待するであろうし、遅かれ早かれ、その期待に沿って行動するだろう(Kissinger, 2015：220, 225)。

三　時代遅れの大国間戦争と新たに台頭する大国間対立

中国はいつ、アメリカを追い抜くのか――。フリードバーグの議論を再び参考にする。よく引用される二〇〇三年のゴールドマン・サックスによる調査では、中国は二〇四一年にアメリカを追い抜くと予測されていた。その五年後、カーネギー財団のケーデルは、二〇三五年が分岐点だと発表した。ノーベル経済学賞受賞者のフォーゲルは二〇一〇年に、「二〇四〇年までに中国はアメリカをはるか遠くに追い抜くだけでなく、アメリカの三倍の規模を持ち、世界経済の四〇%を占める」と予測した。「これこそ、経済的な覇権の姿と言えよう」という(Friedberg, 2011：32-33)。

(1) 米中対立の深層

これまで繰り返し引用してきたフリードバーグは、『支配への競争』のイントロダクションの冒頭で、米中対立の深層について、以下の通り鋭く分析する。「多くの専門家の見解とは異なり、出現しつつある米中対立は、単なる誤解や、変更が容易な誤った政策によるものではなく、変化する国際システムの構造と、米中両国の政治体制の違いに深く根づいたものだ」。まず第一の点について、以下の通り議論を続ける。

歴史を振り返れば、支配的な国家と台頭する国家の関係は不安定で、時には暴力的ですらあった。支配的な国家は自らがつくり上げた既存の国際秩序を守り、引き続き恩恵を得られるようにするが、台頭する国家は現状を窮屈で不公平であると感じ、既存の国際秩序への挑戦者となってでも、彼らが正当に与えられるべきと考えるものを追求する。歴史に繰り返されてきたこのパターンは、現在の米中両国の行動にもはっきり現れている（Friedberg, 2011：1）。

第二の点については、以下の通り議論を進める。「また、イデオロギーの違いが、さらなる不信と不安定さをもたらしている。米中両国は、公然とはそれを認めないように互いに気を使ってはいるものの、相手の根本的な利益を脅かすような戦略目標を持ち合わせている。アメリカは、平和的で漸進的な手段を通じてではあるが、中国を権威主義体制から自由民主主義へ『体制転換（regime change）』させることを目論んでいる。現在の中国指導部が一党独裁体制の維持を望んでいるのは明らかだ。彼らは、共産党政権による継続した統治に対する最も大きな外的脅威としてアメリカを捉えており、西太平洋におけるアメリカの軍事的なプレゼンスと外交上の影響力を抑えることで、最終的に中国が東アジアにおける優越的な国家としてアメリカに取って代わる必要があると感じている」（Friedberg, 2011：1-2）。

これらの指摘に続けて、「最も重要なことに、少なくとも現時点において、米中両国はそれぞれ、時間は自らの見方であると信じているようだ。アメリカの政策決定者は、長期的には経済成長が中国に政治的な自由と永続的な平和をもたらすと確信している。また中国の指導部は、短期的な見通しには明らかに神経質になっているが、長期的に歴史の流れは自国に有利な形で展開すると信じているように見える」と指摘される。アメリカにとって、歴史の流れは不利に働いているのではないか、とフリードバーグは示唆する。

二〇〇八〜〇九年のグローバル金融危機から長引いている後遺症によって、今後一〇年、あるいはそれ以上の期間にわたり、緊縮財政で資金は不十分なものとなる。まさに米中対立が本格化しようとしているこの時期に、アメリカ政府はいつになく厳しい財政規律と向き合わなければならないのだ（Friedberg, 2011：2）。

また、「現在のトレンドが継続すれば、アメリカは中国との地政学的競争に負けてしまうだろう。敗北は一気に到来するのではなく、静かに訪れる可能性が高い。……もし中国による軍拡が進み、アメリカが財政的制約、国内政治からの圧力、さらに誤った戦略的自制によって現状を超える積極的な態度をとらなければ、西太平洋における軍事バランスは急激に中国側に傾き始める。……アメリカのこの地域へのかかわりに疑念が生じれば、中国が持つ経済的な魅力と外交的圧力とが合わさって、アメリカの長年の友人たちはアメリカとの提携のあり方も含めて国家安全保障政策の再検討を強いられることになる」という（Friedberg, 2011：6）。さらに、議論はこう続く。

二〇世紀はじめから、共和党、民主党政権に共通するアメリカ外交の金科玉条は、ユーラシア大陸の両端が潜在的敵対国によって支配されることを防ぐことにあった。……もし西ヨーロッパか東アジアが非友好的な国家の支配に陥ったとすれば、アメリカは市場、技術、死活的資源へのアクセスを拒否されてしまうかもしれない。……さらに、アメリカの政治家は長らく、万が一ヨーロッパやアジアが非民主主義国家の「手に落ちて」しまった場合、自由な世界を築くというアメリカのヴィジョンにも悪影響をもたらすと懸念してきた。……もし不注意や間違い、あるいは意図的な決断で現在の中国にアジア支配を許してしまえば、アメリカの繁栄と安全保障、そして世界に自由を拡大しようとする希望は、著しく後退してしまう（Friedberg, 2011：6-7）。

（2）新しい国際システムの構造

ここで議論を国際システムの構造の変化に戻そう。国際秩序において力の分布が急速にシフトする時につきものの不信や誤算は、米中両国の競争を激化させ、紛争のリスクを高めることになる。世界史では、急成長する国家とそれまで世界を支配してきた国家との間では、暴力の行使に至るような関係が繰り返されてきた。再び、フリードバーグの議論の力を借りる。

大国としての自覚を深めると、国境や国際組織、さらに自らが劣位に置かれている国際的な威信の構造に対して挑戦したくなるものだ。……台頭する国家は「表舞台に自らの居場所」を欲しがる。そのために既存の国際システムの設計者であり、受益者、そして擁護者である大国との間で衝突が引き起こされる。……しかし、結果として生ずる紛争はめったに平和的に解決されない。自らの地域が日増しに脅かされることを知った支配国（または現状維持を志向する国家連合）は、台頭する国家が脅威となる前に攻撃し、破壊しようとする。……新しく台頭する国家が従来の支配国を追い抜こうとする力の移行期には多くの場合、戦争が引き起こされる（Friedberg, 2011：40–41）。

たとえば、国際政治学者のハンティントンは、「イギリス、フランス、ドイツ、日本、ソ連、アメリカの対外的な拡大過程は、その急速な工業化と経済発展の段階に重なっている」と指摘し、一九九〇年代はじめの時点で、中国が「疑いなくこれからの数十年にそのような段階を経験するだろう」と分析していた（Huntington, 1991：12）。同じく、国際政治学者のミアシャイマーも、『大国政治の悲劇』で、「成長し続ける限り、中国は隣国、周辺地域、そして可能であれば世界を支配しようとするだろう」と予測する。本章の冒頭で引用したとおり、「豊かになった中国は、現状維持国家にはならず、むしろ地域覇権の達成を決意した攻撃的な国家となるであろう」という（改訂版では、米中関係についての新しい章が追加された。Mearshimer, 2014：chap. 10）。

『ファイナンシャル・タイムズ』紙記者のダイアーは、『米中 世紀の対立』で、「冷戦終結以降のアメリカ一極化の時代がむしろ異常で、その状態が今急速に終わりつつあるということだ」と指摘する。また、こう指摘する。「大戦前の他の大国と同様、中国は自らの経済的ライフラインの安全保障を他の国に任せたくないという理由から、公海にまで打って出られる海軍を構築中だ。ダボスで喧伝された『問題解決に当たる』中国は、今やはるかに強面の国に取って代わられようとしている。手短に言うなら、地政学が復活したのだ。……中国は単に、強大な力をつけ始めた過去の多くの国と同じように振る舞っているに過ぎない。……北京がむしろ中期的に考えるのは、アメリカのパワーと影響力の基盤を徐々に侵食しつつ、アジアの外へと進出していくことだ。……北京は、わが道を進むための体制づくりの過程にとりかかっている。破壊するのではなく、つくり出そうとしているのだ。……中国が今行っていることに意外なところは何もない。もしあるとしたら、もっと早く始まらなかったということだ。……パワーと影響力を求める本当の闘いとは、地政学的な優位——世界が現実にどのように動くかを規定するルール、制度、力学をめぐる競争なのだ」という（Dyer, 2014：10-12）。

大国間戦争は時代遅れになったかもしれない。まず軍事的には核兵器が存在する。経済的には、相互依存が深化し、冷戦後にはグローバリゼーションが大きく進展した。政治的には、民主主義国家が増大した。さらに現代の国際秩序は、国際機関や国際制度、国際レジームが重層的に張り巡らされている。国際秩序が高度に制度化されてきたのである。こうして、少なくとも大国間では、大きな戦争が突然に勃発する蓋然性は著しく低下した（Russett & Oneal, 2001：大芝、二〇一六、一六二〜一六五頁）。アメリカとヨーロッパ、日本の間で、戦争が起こることはほとんど考えられなくなった。中国の台頭が問題となるのは、イデオロギーと政治体制がアメリカやヨーロッパ、日本と異なるからである。大国間戦争は時代遅れになったかもしれないが、大国間対立や地政学はそうではない（Friedberg, 2011：39）。また、権威主義体制の国家が、民主化へと向かう過程で戦争が起こる蓋然性が高まり、その地域の国際秩序が不安定になる傾向があるということも付け加えておこう（Friedberg, 2011：51）。

四　米中対立の現場

（1）中国の海洋進出の実態

本章の冒頭で述べた通り、特に二〇一〇年以降、中国の海洋進出は活発になってきた。ベトナムとの間では、比較的に早い段階から南シナ海の西沙諸島をめぐって小競り合いが続いてきた。その後、フィリピンとの間でも南シナ海の南沙諸島をめぐって対立を深めてきた。南シナ海では、中国は「九段線」を主張し、東南アジアの海域は歴史的に中国の領有権であった、というかなり強引な主張を展開するようになった。岩礁を埋め立て、その人工島に滑走路を建設したり、レーダーを配備したりしており、軍事目的に使用することを隠していない（Kaplan, 2014：森本編著、二〇一六、第六章）。

同時に、東シナ海では日本に対する圧力を高めてきた。中国の艦船が尖閣諸島周辺に出没したり、飛行機が上空を飛行したりしている。小笠原諸島に大量の漁船が出没し、珊瑚礁をごっそりと持っていったこともある。また、東シナ海海域では潜水艦も頻繁に横行しており、その目的は、海域の調査目的であると思われる（森本編著、二〇一六、第五章）。中国は二〇一三年一

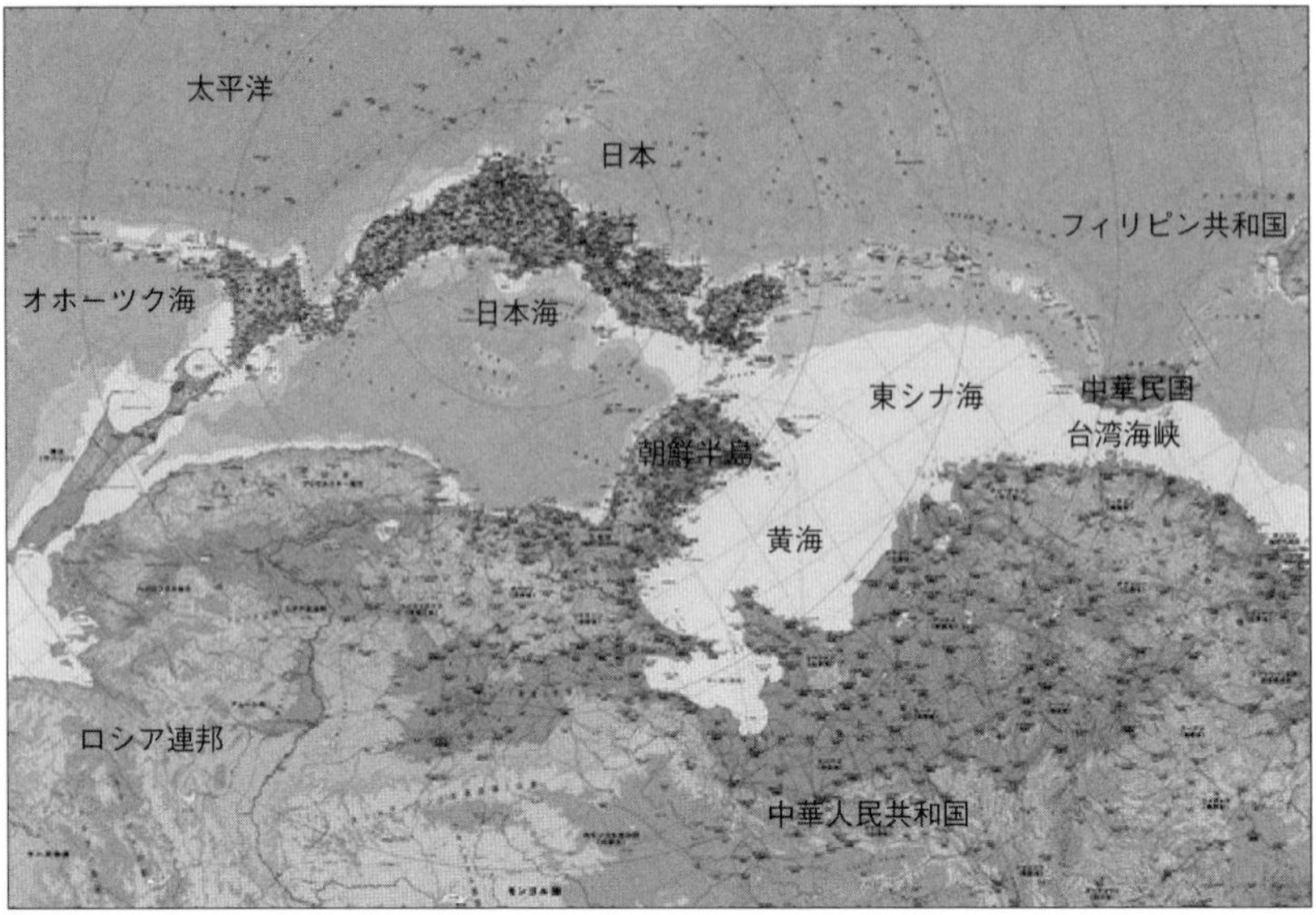

図 15－1　富山県作成の「逆さ地図」

出典：http://www.pref.toyama.jp/cms_sec/1510/kj00000275.html　この地図は富山県が作成した地図（の一部）を転載したものである（平二四情使第二三八号）。

一月二三日には、第十四章でも見た通り、尖閣諸島の上空を含めて、「防空識別圏」を設定した。ちょうどその直前の八月一三日に、シリアのアサド政権が国内で反体制派勢力に対して化学兵器を使用したことが明らかとなり、アメリカのオバマ大統領が「レッドラインを超えた」として一時、軍事介入を示唆しながら、結局のところ、介入しなかった。中国としては、こうしたオバマ政権の求心力低下のタイミングを見計らっての行動であった（島村、二〇一六a）。

中国の海洋進出で問題となっているのは、中国が南シナ海や東シナ海をめぐる問題を、「核心的利益」と位置づけるようになったことである。「核心中の核心的利益」である台湾問題とはレベルが異なるが、これでは妥協の余地がなくなってしまう。

なぜ中国は、海洋進出に積極的になったのか――。冷戦後にソ連など陸の周辺諸国との国境線をめぐる画定作業が終わり、陸軍を縮小することが可能になったことに加えて、ここ三〇年以上、GDPで一〇％に迫る経済成長率にともない、海軍に資源を投入できる余裕が生じたことが挙げられる。地政学的にランド・パワー（陸接国家）である中国が、シー・パワー（海洋国家）として海洋進出に乗り出すことになったのである。ただし地政学的に、中国は日本列島、沖縄、尖閣諸島、台湾、フィリピンへとつながる第一列島線において、海への出入り口を封鎖されている状態にある。

富山県作成の「逆さ地図」を見れば、そのことは一目瞭然である。特に沖縄や台湾は、天然の「不沈空母」のような戦略的な位置に存在する。さらに中国は、大きな困難をともなうが、小笠原諸島からグアムへといたる第二列島線まで、海洋進出を目論んでいる（武貞、二〇一五、二三頁）。これまで、習近平国家主席を含む中国の政治家やタカ派の軍部は、「太平洋には、米中両国が共存できるスペースがある」という趣旨の発言を繰り返し、アメリカに伝えている。第十四章でも見た通りである。中国の究極の目標は、西アジア太平洋地域からアメリカのプレゼンスを縮小させ、中国が地域覇権国となることを目論んでいるのであろう（Dyer, 2014：47-48；島村、二〇一六a、二〇四頁）。

さらに台頭する中国は、中東地域からマラッカ海峡を通じる、シーレーンの防衛に少なからず関心を抱いている。これは、もしアメリカにマラッカ海峡を封鎖された時に、中国経済が〝窒息〟してしまうからである。いわゆる「マラッカ・ディレンマ」である（Dyer, 2014：74-76）。

こうした中国の海洋進出に対するアメリカの政策対応であるが、たとえば、二〇一〇年七月二三日のASEAN地域フォーラム（ARF）閣僚会議終了後の会見で、クリントン国務長官が中国を効果的に牽制した。この発言は、これまで南シナ海の騒動には不介入だったアメリカの政策転換を意味した。第一に、南シナ海における国際法規の遵守はアメリカの国益である。第二に、領土紛争の解決のため、すべての関係国による協調的な外交プロセスをアメリカは支持する。第三に、南シナ海における領土主権をめぐる紛争に対し、いずれの側にも与しない。第四に、「南シナ海行動宣言」を支持する、という発言であった。また、「航行の自由、アジアの海洋コモンズに対する自由なアクセス」はアメリカの国益そのものであり、これを阻害するアクターが出現すれば、アメリカは南シナ海に関与すると強調した（福田、二〇一一）。

また、二〇一一年一一月一九日には、東アジア・サミット（EAS）で、オバマ大統領が、多国間枠組みの下で領有権問題を議論することを提案し、中国の海洋進出を厳しく牽制している（The White House Fact Sheet, 2010）。中国側は、もちろんこうしたアメリカの介入に強く抵抗した。たとえば、「アジアの問題はアジアで解決すべきである」、また「領有権問題は、当事国の二国間で議論すべきである」というわけである。尖閣諸島に対しても、オバマ大統領は二〇一四年四月二四日の訪日時に、日米安全保障条約の第五条の適用範囲であることを表明し、中国の動きを牽制した。しかし、注目すべきは、南シナ海でも東シナ海でも、アメリカのオバマ政権は、領土問題には原則的に中立の立場を貫くことを明らかにしていたことである。万が一、中国といざ紛争になった時に、アメリカが駆けつけてくれるのかはよくわからない。戦略としては良くも悪くも、〝あいまい〟である（森本編著、二〇一六、第一章と第三章）。

（2）非対称性の攻撃能力向上を目指す中国

中国も、アメリカとの戦争を望んでいるわけではない。ただし、まともに太刀打ちできないアメリカに対して、非対称性の攻撃によって、より少ないコストでアメリカの軍事行動を妨害するための軍拡を推し進めてきた。第十四章でも見た通り、アメリカが警戒する「接近阻止・領域拒否（A2AD）」戦略である。特に命中精度の高い対艦弾道ミサイルのDF-21Dを開発し、アメリカの空母群が中国の近海、第一列島線の内部に容易に接近できないように力を注いできた。こうした中国の動きに対して、アメリカのオバマ政権は、「エア・シー・バトル」戦略を描いてきた（島村、二〇一六a、二〇三～二〇四、二〇八頁：Friedberg, 2014）。

この戦略はすでに進行中だが、予算が大幅にかかると見積もられている。二〇〇七～〇九年のグローバル金融危機で、アメリカの財政は逼迫している。〝緊縮〟の時代である。財政縮小のターゲットは、国防予算もその例外ではない。つまり、きわめて厳しい財政規律の下、アメリカは中国の台頭に対応しなければならないのである（Friedberg, 2011：3：島村、二〇一六a、二〇八～二〇九頁：Sestanovich, 2014）。そのため、よりコストがかからない「オフショア・バランシング」（や「オフショア・コントロール」）という安全保障政策がウォルトやレインなどによって提言されてきた（Walt, 2005：12, 14, 125, 222-223, 234, 236, 240-243：Layne, 2006：18, 23-28, 159, 160：今井、二〇一七、二一一～二三〇頁）。第十四章で見た通りである。

中国がアメリカの軍事活動を妨害するために、非対称性の攻撃を仕掛ける上でのもう一つの有効な手段は、アメリカの国防総省や軍部に対して、熾烈なサイバー攻撃を仕掛けることである。アメリカも、この分野では相当の軍事努力を積んでいる。これらの詳細は必ずしも明らかにはなっていないが、米中間の首脳会談では（二〇一三年六月七～八日、一四年一一月一三日、一五年九月二五日、一六年三月三一日)、オバマ大統領が習近平国家主席に繰り返し、この分野で警告を発してきた。米中対立を厭わず、である。アメリカの危機意識を垣間見ることができる(Dyer, 2014 : 48-49 : Shambaugh, 2013 : 296-298)。

また、中国の軍部が衛星攻撃実験を決行したことがある(Dyer, 2014 : 38 : Shambaugh, 2013 : 295-296)。さらに、ゲーツ国防長官の訪中時にステルス戦闘機の飛行実験を実施したこともある。いずれも、政治指導者がこうした動きを感知していなかったような印象をアメリカ側に与えた。そのため、政治指導部は人民解放軍の軍部をきちんと掌握できているのか、アメリカや日本で疑念が生じた(Dyer, 2014 : 34-35 : Shambaugh, 2013 : 294-295)。ただし中国の海洋進出は、高圧的かつ好戦的だが、意外と慎重かつ用意周到で、政治指導部の意向が大きく反映されているように見える。

(3) 国際経済秩序の形成

最後に、国際経済秩序の形成である。アメリカのオバマ政権は、二〇一五年一〇月五日に、TPPの基本合意を実現した。その目的は大きく二つある。第一に、メガFTA(自由貿易協定)の経済的なメリットを享受することと、第二に、外交的に中国への牽制の狙いが込められている。通商・貿易面では、中国はこれに対して、RCEPを推し進めているが、なかなか合意に至らない。しかし、中国は二〇一五年六月二九日、国際金融面でアジア・インフラ投資銀行(AIIB)の創設に成功した。アメリカの同盟国、イギリスやドイツ、フランス、イタリアを含むヨーロッパ諸国も参加した。アメリカと日本は、AIIBの「ガヴァナンスが不透明である」として参加を見送った。中国がAIIBを立ち上げ、ヨーロッパ諸国が多く参加した背景には、第十四章でも見た通り、IMF改革がアメリカ議会の反対で一向に進まないことへの反発があった。こうして中国は、「一帯一路」を掲げ、「陸と海のシルクロード」構想を推し進めることが可能となったのである(島村、二〇一六a、二〇四~二〇六頁)。また中国は海洋進出では、中東地域からインド洋まで触手を伸ばし始めている。「真珠の首飾り」戦略を描いていると想定される(Kaplan, 2010)。

ただし、この「真珠の首飾り」戦略は、アメリカが重視する「航行の自由」の原則とシーレーン防衛の政策とぶつかることになる。二〇一六年五月二九日から三一日にかけて開催された第一五回アジア安全保障会議(シャングリラ・ダイアローグ)で

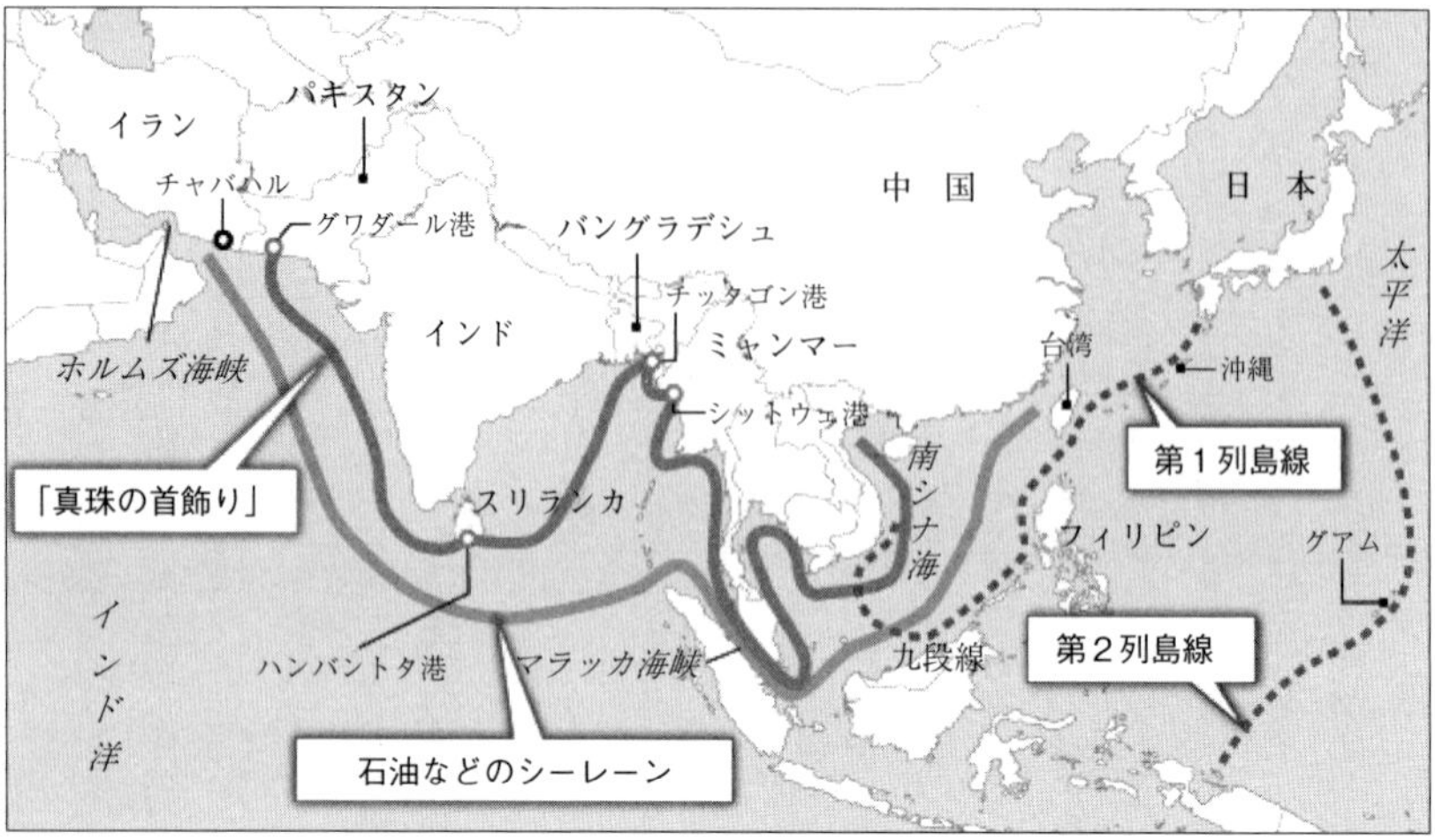

図15－2　「インド太平洋」の地図とシーレーン構想

出典：http://wordleaf.c.yimg.jp/wordleaf/thepage/images/20140926-00000021-wordleaf/20140926-00000021-wordleaf-01e1da6a4f0adf659a3eb781ab74e3beb.jpg

は、オバマ政権のカーター国防長官が、南シナ海での中国の海洋進出をめぐる文脈で中国に対して、「原則（principle）」という言葉を何度も用いて、「原則に立脚した安全保障ネットワーク（Principled Security Network）」を構築することを提唱し、また将来、中国もそれに参加することを強く要請した。カーターが強調した「原則」とは、まず航行の自由であろう（『朝日新聞』二〇一六年六月八日朝刊）。

五　米中「新型の大国関係」の可能性

アメリカ主導のTPPと中国主導のAIIBの対立の背景には、「アジア太平洋地域の国際経済秩序を誰が形成するのか」というせめぎ合いがある。ただし、二〇一六年一一月のアメリカ大統領選挙で、民主党のクリントン大統領候補と共和党のトランプ大統領候補が、TPPに反対の政策姿勢を崩さなかった。アメリカ議会でのTPP批准をめぐって不透明感がにわかに漂っていた。大統領選挙直前の二〇一六年夏から秋にかけてのオバマ政権としては、大統領選挙直後にアメリカ議会にロビイングを活発化させ、「ポスト・オバマ」政権が発足するまでの間に、TPPの議会批准を獲得したいところであった。ところが、二〇一六年一一月の大統領選挙で、共和党のトランプが民主党のクリントンに勝利した。オバマ政権はその直後、TPPの議会批准を見送ることを決定した。トランプが、就任初日にTPPからの離脱意思を通知することを表明していたからである。

二〇〇九年七月の中国共産党における在外使節会議の場で、第二世代の鄧小平以降、長らく主張されてきた「韜光養晦、絶不当頭、有所作為（能力を隠して外に表さない。決して先頭に立たず、できることをする）」という考え方を中国は乗り越えるべきである、という発言が党指導部からあり、中国はそれまでの基本路線を変更することを決めたという。二〇〇九年九月一五日から一八日にかけて開催された四中全会（中国共産党中央委員会第四回全体会議）で、この路線変更が確認されたと伝えられている（Shambaugh, 2013：19；森本編著、二〇一六、一九頁）。また習近平国家主席は、「海洋強国」を標榜しつつ、「中華民族の偉大なる復興」の実現という「中国の夢」を描いている（森本編著、二〇一六、九八頁）。さらに習近平国家主席は、二〇一四年五月二〇日から二一日にかけて上海で開催され、自らが議長を務めた第四回アジア信頼醸成措置会議（ＣＩＣＡ）の首脳会議で、中国の「新アジア主義」とも言える戦略を全世界へ向けて鮮明に表明した。ここで習近平は、「アジアの問題は、アジアの人々によって処理されなければならない。アジアの安全は結局、アジアの人々によって守られなければならない」と指摘している。南シナ海をめぐる領有権争いとアメリカの政策を念頭に置いた発言であると思われる（武貞、二〇一五、四二〜四九頁）。

はたして、アメリカと中国との間で「新型の大国関係」は可能か――。冒頭でのこの問いに対しては、本章で論じてきた議論を踏まえるときわめて困難だと思われる。もちろん、米中両国の行動を慎重にさせるような要因もないわけではない。しかし、国際システムの構造である力の分布の変化と、イデオロギーの相違を踏まえると、米中両国は、二一世紀にますます対立と衝突、競争を繰り返していくと予見できる（本章のニュアンスとは違い、中国の台頭への過剰反応を戒める中国研究者として、たとえば、シャンボーがいる。シャンボーは中国の国際アイデンティティーを「排外主義」「現実主義」「主要国主義」「アジア第一」「グローバル・サウス」「選択的多国間主義」「グローバリズム」の七つの要素から説明する。これらのアイデンティティーのうち、重心は現実主義に根差すという。Shambaugh, 2013：chap. 2）。

アメリカも日本も、台頭する中国に対して緊密に政策協調しつつ、「牽制と抱擁」ないし「統合と牽制」の両面政策で、絶えず絶妙なバランスを保っていく以外に道はないと思われる。ただし牽制の要素は、これから明らかに増えていくに違いない。最悪の事態としては、米中の衝突が不可避となると思われる。こうした蓋然性に対して、はたして日本は準備があるのか――。

第十六章　二〇一六年大統領選挙とトランプ政権の誕生

アメリカ第一主義（America First）で、アメリカを再び偉大にする（Make America Great Again）。
ドナルド・トランプ大統領候補（二〇〇六年）

一　二〇一六年一一月の大統領選挙のプロセス

（1）大統領選挙の仕組み

まず、アメリカ大統領選挙の仕組みのポイントを踏まえたい。

第一に大統領選挙は、一年以上を戦うマラソン・レースである。二年前の中間選挙後の出馬表明から、大統領選挙の年の一月か二月からの予備選挙（primary）と党員集会（caucus）を経て、七～八月の党大会、一〇月のＴＶ（Televised）ディベート、そして本選挙へと至る。そのため、副大統領候補は「ランニング・メイト」と呼ばれる。副大統領候補は通常、大統領候補者の弱点を埋める人物が選ばれる。

第二に大統領選挙は、人口に応じて州ごとに振り分けられる大統領選挙人を奪い合う戦いである。ただし、特に二〇〇〇年一一月の大統領選挙と議会選挙後の「赤と青」「五〇対五〇」に分断されたアメリカ政治では、大票田では勢力がほぼ伯仲している。南部の保守的な州では共和党が勝利し、東西の海に接した州では民主党が勝利する。

第三にしたがって、〝紫〟の「激戦州（battle-ground states）」での勝敗が焦点となる。激戦州には、「スウィング・ボーター（swing voters）」が比較的に多く住んでいる。そのため、激戦州で無党派層の支持を獲得した方が大統領となる。

第四に一九七〇年代以降、アメリカの有権者は、ほぼ三分の一ずつ、分断されてきた。つまり、保守の共和党支持者が三分の一、リベラルな民主党支持者が同じく三分の一、残りの三分の一は中道の無党派層である（西川、二〇一三：吉原編著、二〇〇〇、第一章と第三章：島村、二〇一一c）。

（2）二〇一六年大統領選挙の日程

次いで、二〇一六年一一月の大統領選挙の日程を踏まえる。

まず、二〇一五年の間に、大統領選挙への出馬表明がなされた。その後、大統領候補は、資金集めやブレーン集めなどさまざまな準備を行う。特に政権野党からは通常、一〇名以上が出馬表明する。

二〇一六年に入り、二月一日に、アイオワ州で党員集会が実施された。挑戦者にとっての登竜門となる。二月九日には、ニューハンプシャー州での予備選挙が実施された。赤青紫で、全米の縮図のような州である。アイオワ州以上に、ここでの勝敗が注目される。三月一日に、大きな州も含めた複数の州が同日に予備選挙を行う「スーパー・チューズデイ」が実施され、両党の大統領候補がほぼ絞られた。共和党はトランプ、民主党はヒラリー・クリントンとなった。七月一八日から二一日にかけて、共和党の党大会がオハイオ州のクリーヴランドで開催された。これに対して、七月二五日から二八日にかけて、民主党の党大会がペンシルベニア州のフィラデルフィアで開催された。こうして党大会は、いずれの州も、「激戦州」「スウィング・ステーツ（swing states）」が選ばれた。党大会で、大統領候補と副大統領候補のチケットが、正式に認められた。

九月五日の労働者の日（Labor Day）明けの世論調査結果が、本選挙の結果を占うことになる。九月六日の世論調査は、四九・二％対四六・二％で、クリントンが優位に立った（リアル・クリア・ポリティクスの世論調査の結果、二〇一六）。後れをとるトランプ陣営は、明らかに焦りを感じていたと思われるが、クリントン陣営としては、予想以上の僅差に苛立ちを感じていたという。八月上旬には、七〜八ポイントの差をつけて先行していた。こうして、本選挙での接戦が予測された。これ以降、大統領選挙は、本格化した。九月二六日、一〇月九日と一九日にTVディベートが実施された（一〇月四日には、副大統領候補のTVディベートが実施された）。

一一月八日の本選挙で、共和党のトランプが民主党のクリントンに勝利した。一一月九日から一七年一月一九日にかけて、政権移行期となった。この間、約四〇〇〇名に及ぶ新政権の閣僚や側近、政府高官が指名される（吉野、二〇一七）。二〇一七年一月二〇日に、第四五代大統領としてトランプが就任した（Dodd & Oppenheimer, 2017 : Mead, 2017 : 森、二〇一七b）。

（3）大統領候補者たち

二大政党の大統領候補（と党としての将来の課題）だが、共和党は、一七名の大統領候補者が出馬表明した。「主流派（mainstream, establishment）」対「異端（outsiders）」の戦いとなった。想定外の「トランプ旋風」となる。トランプは共和党大統領候補の立場を固め、ペンスを副大統領候補として指名した。トランプは、「アメリカ第一主義（America First）」と「アメリカを再び偉大にする（Make America Great Again）」をキャッチフレーズとした。これから共和党の課題は、トランプにハイジャックされた党を主流派が取り戻せるか、である（Brooks, 2017）。

これに対して民主党は、クリントンが大本命と見られていたため五名の大統領候補者の出馬表明にとどまった。ところがバーモンド州の上院議員で、社会主義者でユダヤ系のサンダースが旋風を起こし、クリントンを予備選挙で予想以上に苦しめた。最終的には、クリントンが民主党の大統領候補となり、ケインを副大統領候補として指名した。「ともにより強力に（Stronger Together）」をキャッチフレーズとして、オバマ路線の継承を打ち出した。これからの民主党の課題は、若年層の「サンダース・ボーター」の声にいかに耳を傾けるかである。

あまり注目されなかったが、第三政党から、リバタリアン党のルイス・ジョンソンと緑の党のステインが出馬していた。大統領選挙が大接戦になった場合に、キャスティング・ボードを握ることになるはずであった。

二　四つのサプライズ

（1）トランプ旋風

二〇一六年一一月の大統領選挙では、四つのサプライズが見られた。

第一に、トランプ旋風である。特に中間層の下の白人男性の恐れや不安、怒りが背景にあった。トランプは、「破損したアメリカ（crippled America）」を立て直すと公約した。まず経済の問題としては、失業や低賃金、不平等、不正（rigged）のシステムを問題視した。また、グローバリゼーションに反対し、自由貿易の通商や移民、テロリズムを問題視した。政治としては、ワシントン政治の機能不全を厳しく批判した。この点は、共和党のオバマ批判と重なるが、「茶会」など政治活動家からは一定の距離を置いた。トランプは、新しい改革者、変化をもたらす人物としてのアウトサイダーとして振る舞い、変化を求める有権者たちの支持を獲得した。

トランプが共和党の大統領候補となることができた理由の一つが、ルビオ、ジェブ・ブッシュ、クリスティーなど主流派の大統領候補同士が、つぶし合いを演じたことである。また共和党の主流派は、トランプを過小評価していた。マスメディアは、ツイッターでのトランプの発言やつぶやきを繰り返し放送し、トランプの選挙運動をある意味支える結果となった。ただし、ヒスパニック系などの増加により、二〇四〇年代にアメリカは白人国家でなくなる。そのため、二〇一六年のトランプのような選挙戦略で大統領選挙に勝利することは、中長期的には難しいかもしれない。短期的には可能である（Trump, 2015：トランプ、二〇一六A：二〇一六B：二〇一七：トランプ&シュウォーツ、二〇〇八：タイービ、二〇一七：ミルスタイン編、二〇一六：会田、二〇一六A：ワシントン・ポスト取材班・クラニッシュ・フィッシャー、二〇一六：ダントニオ、二〇一六：読売新聞国際部、二〇一六：高濱、二〇一七：NHK取材班、二〇一七：冷泉、二〇一六A：あえば、二〇一六：開高、二〇一六：吉野、二〇一七：池田、二〇一七：小林、二〇一七：藪中、二〇一七：井田、二〇一七：尾形、二〇一七：久保、二〇一七：前嶋、二〇一七a：二〇一七b：二〇一六：三浦璃麗、二〇一七：久保・中山、二〇一六：西川、二〇一六b：石澤、二〇一七）。

(2) サンダース旋風

第二に、サンダース旋風である。サンダースは、「われわれには政治革命が必要だ(We need a political revolution!)」と訴えた。経済としてはグローバリゼーションに反対し、政治などすべての現状への不満を代弁していた。特にウォール・ストリートの億万長者に対する不満に支えられていた。この点で、「ウォール・ストリートを占拠せよ」運動とのつながりを指摘することができる。特に「ミレニアル世代」からの支持を獲得した。アメリカの大学の授業料は、年間五五〇万円を超えることも珍しくない。冷戦の終結によって、社会主義者であることが大きなマイナスとならなかった。サンダースは、トランプと同じく、新しい改革者、変化をもたらす人物としてのアウトサイダーとして振る舞い、変化を求める有権者たちの支持を獲得した。また、クリントンへの不信感(「秘密主義者のヒラリー」「クリントン・キャッシュ」など)も手伝って、サンダースの支持は予想以上に広がりを見せた。

(3) TPPの争点化

第三に、環太平洋経済連携協定(TPP)の争点化である。TPPは、オバマ政権の「アジア旋回」ないし「再均衡」の手段としても重要視されていた。特に民主党議員だが、議会にはTPP反対の意見があった。ただし、知的所有権の問題などで「妥協し過ぎ」と批判的な共和党議員もいた。多くの民主党議員たちがTPPに反対したのは、反グローバリゼーションの労働組合、NGOやNPO、エコノミストからの支持を期待したからである。トランプ、サンダース、クリントンはいずれも、TPPを批判し、不支持を表明した。そのため、もしクリントンが勝利した場合、「レイム・ダック」セッションでの議会批准が期待されたが、最高裁判所判事の指名問題と重なった場合、議会での審議に少なからず支障が生じることが予想されていた(三浦秀之、二〇一七)。

(4) 日本問題の争点化

第四に、日本問題の争点化である。トランプによる日本批判の内容は、三〇年前の一九八〇年代から変化がなかった。サンダース旋風との共鳴も見られた。他方でクリントンは、オバマ路線をほぼ継承することを表明していた。トランプではなく、主流派の大統領候補が共和党の正式候補となっていれば、『アーミテージ＝ナイ・レポート』が作成され、アジア政策、特に日米同盟の強化に対しては、超党派のコンセンサスが形成されたはずである。二〇一六年には、トランプが共和党の大統領候補となったため、こうした動きは見られなかった。

日米関係は、オバマ政権の下で、同盟漂流と日米同盟強化を経験した。自民党の麻生政権から始まって、民主党への政権交代後は、鳩山政権と菅政権、野田政権へと続き、自民党へ政権交代した後は、安倍政権となった。麻生太郎首相との首脳会談は、オバマ大統領としては、はじめての首脳会談であり、日本重視を打ち出した形であった。またクリントン国務長官のアジア歴訪では、同盟国の日本にまず立ち寄った。オバマ政権は、日本の民主党政権下の同盟漂流（普天間基地の移設問題や尖閣諸島国有化問題）に辛抱強く耐えた。その後、安倍政権による集団的自衛権の行使容認や安全保障関連法の制定、日米防衛協力のための指針（ガイドライン）のさらなる見直しなど、日米同盟の強化へと転じたという経緯があった。

三　変化か継続か？

（1）「ポスト・オバマ」政権の政策

大統領選挙の段階で、「ポスト・オバマ」の政権の政策は、いかなるものになると予測されていたのかであるが、トランプ大統領の場合、雇用創出の必要性がまず強調されると考えられていた。また、ＴＰＰなど通商協定の破棄が、容易に予測された。ＮＡＦＴＡは再交渉が指摘されていたし、環大西洋貿易投資パートナーシップ（ＴＴＩＰ）への関心は薄かった。中国や同盟国の日本などに対して、為替操作国としての批判を繰り返していたため、何らかの圧力が高まるものと予測された。またトランプは、同盟国の日本や韓国の負担の分担を問題視し、国家安全保障の「ただ乗り（free ride）」批判を繰り返していた。日本と韓国については、核武装を容認する発言を行ったこともある。ヨーロッパ地域とのＮＡＴＯは、「時代遅れ」として批判していた。トランプの対外政策のヴィジョンは必ずしも明確ではなく、「予測不能」の必要性（unpredictability as a virtue）

が指摘され、取り引きのためには、「選択肢を多く持つべきである」と考えているようであった。政治家としてのキャリアのないトランプには、さまざまな疑問がつきまとっていた。政策の優先順位、政策の実現可能性、閣僚や側近の指名などである（Trump, 2015：chap. 4：ハムレ、二〇一六）。

これに対して、オバマ路線の継承を打ち出していたクリントンが大統領になった場合は、比較的により予測しやすかった。国務長官としての経験から、「アジア旋回」ないし「再均衡」の政策を継承すると予測できた（クリントンは国務長官として、中曽根、岡田、前原、松本、玄葉の五名の外務大臣とつき合った経験を持つ）。クリントンの「アジア旋回」ないし「再均衡」の構成要素としては、二〇一一年一一月の『対外政策』のクリントン論文「アメリカの太平洋世紀（America's Pacific Century）」から、以下の要素が予測できた。第一に、二国間安全保障同盟の強化（strengthen bilateral security alliances）、第二に、新興諸国との協力関係の深化（deepen working relationships with emerging powers）、第三に、地域的な多国間機構への関与（engage with regional multilateral institutions）、第四に、通商と投資の拡大（expand trade and investment）、第五に、広範な軍事プレゼンスの強化（forge a broadly-based military presence）、第六に、民主主義と人権の促進（advance democracy and human rights）である（Clinton, 2011：56-63：三輪、二〇一六：春原、二〇一六）。

二〇一六年一一月の大統領選挙では、クリントンはTPPを支持しなかったが、国務長官としては、「黄金律（golden standard, striking edge）」として重視していた。国務長官として、CNNによれば、少なくとも四五回、TPPに前向きに言及していた。そのため、オバマ政権がレイムダック・セッションに議会での批准を実現すれば、その動きを黙認するのではないか、と予測されていた。

（2）注目されるトランプ政権の顔ぶれ

二〇一六年一一月の大統領選挙の直後、トランプ政権の対外政策（と国内政策）を予測するためには、新政権の顔ぶれと新大統領の就任演説に注目する必要があった。第一に、外交・安全保障チームの顔ぶれである。国家安全保障問題担当大統領補佐官は誰か、国務長官、国務副長官、国務次官補などは誰か、国防長官、国防副長官、国防次官補などは誰か、という点である。第二に、経済チームの顔ぶれである。経済問題担当大統領補佐官は誰か、財務長官、財務副長官、財務次官補などは誰か、商務長官、商務副長官、商務次官補などは誰か、USTRの代表と副代表は誰か、という点である。その他の顔ぶれとして、首席大統領補佐官や行政管理予算局（OMB）局長が誰となるかが注目された。サプライズ人事にも注目する必要があった。

また無視できないのが、大統領とアメリカ議会との関係であった。大統領選挙と議会選挙の結果、「分割政府」となるのか、「統一政府」となるのかが注目された。議会指導部の顔ぶれも重要である。トランプ政権としては、アメリカ議会とのパイプ役は誰が担うのかも注目された。

第一一四議会（二〇一五～一六年）の政治状況は、民主党のオバマ政権が二期目で、上下両院の共和党多数議会との組み合わせで、分割政府の政治状況にあった。上院は、共和党五四、民主党四六の勢力図であった。二〇一六年議会選挙では、もしクリントンが勝利した場合、民主党多数議会に逆転する見通しもささやかれていた。下院は、共和党二四七、民主党一八八の下院の勢力図であった。議会では再選率が高いため、たとえクリントンが勝利しても、共和党多数議会が継続する見通しであった。議会の共和党の主流派がトランプ不支持を表明したのは、議会選挙への影響を恐れていたためであった（また共和党の外交エスタブリッシュメントも、トランプ不支持を表明していた。アメリカのリベラルな国際秩序を維持するためである）。

また二〇一六年の時点では、四対四の最高裁判所の判事で、保守とリベラルのバランスはいかに崩れるかが注目されていた。このことは後述する通り、大統領選挙の結果に無視できない影響を及ぼしうる問題であった。最高裁判事の問題は、特に日本では馴染みがあまりない話題だが、アメリカ人にとってはより身近で馴染みが深い問題である。

同盟国の日本としては、日米同盟のパイプ役は誰かという点が注目された（藪中・白石・飯塚、二〇一七）。

四　大統領選挙（と議会選挙）の結果とトランプ勝利の要因

二〇一六年一一月の大統領選挙では、共和党のトランプが勝利し、議会選挙では、上下両院で共和党多数議会となった。共和党による「統一政府」の成立となり、第一一五議会（二〇一七～一八年）では、大統領と議会を統治する政党の「分割・ねじ

表16-1　2016年大統領選挙（と議会選挙）の結果

大統領選挙の結果						
選挙人獲得数	トランプ	290	クリントン	232		
得票率	トランプ	47.2%	クリントン	47.9%		
議会選挙の結果						
上　院	共和党	54	民主党	44	無所属	2
下　院	共和党	239	民主党	193	無所属	0

れ」が解消されたのである（Sinclair, 2016：Aldrich & Rohde, 2017：中林、二〇一七：足立、二〇一六：トムキン、二〇一七：渡辺、二〇一六：待鳥、二〇一六：冷泉、二〇一六A）。

トランプ勝利の要因（クリントン敗北の要因）を以下で検討してみる。

第一に、白人層（特に中高年男性の労働者、家計は中間の下）からの支持である。拡大する貧富の格差、白人労働者の怒りと絶望、死亡率の上昇などが背景にあった。トランプの政治的正しさ（political correctness：PC）を無視した大放言は、多文化主義でアイデンティティ・クライシスに陥っていた白人労働者の心に響いた。トランプの選挙戦略が功を奏した形であった。

第二に、「ラストベルト（錆びついた工業地帯）」と「激戦州」での勝利である。オハイオ、ミシガン、ウィスコンシン、インディアナ、ペンシルベニアなどのラストベルトでの勝利は大きかった。オハイオやミシガンなど中西部の激戦州は、「ラストベルト」と重なる。激戦州で大票田のフロリダでも、トランプは勝利した。

第三に、予想以上の「隠れトランプ支持者」がいたことである。高収入で高学歴の隠れトランプ支持者、ウォール街での隠れトランプ支持者がいたと見られている。インフラ投資の拡大（大胆な財政出動）と大型減税への期待から、四年間はバブルになるのではないかと判断されたのである。「トランプ・ショック」（一一月九日）から、「トランプ相場」（一一月一〇日以降）へと移行し、株高が継続することとなった。ただし、「トランプ・リスク」（と「地政学リスク」）は残る。

第四に、「一〇月のサプライズ」である。トランプの女性蔑視発言のスキャンダルがまずあったが、クリントンの支持率は上昇しなかった。トランプは、傷つきにくい〝テフロン加工〟の大統領候補であった。他方で、大統領選挙直前に連邦捜査局（FBI）がクリントンの私用メールの再調査を発表したことは、クリントンのイメージ・ダウンにつながった。

第五に、（女性蔑視発言にもかかわらず）女性票でも、トランプが意外と健闘したことがある。クリ

表 16-2　出口調査に見る属性別の投票傾向：

		トランプ（%）	クリントン（%）	その他・回答せず（%）
性別	男性（48%）	53	41	6
	女性（52%）	42	54	4
年齢	18-29歳（19%）	37	55	8
	30-44歳（25%）	42	50	8
	45-64歳（40%）	53	44	3
	65歳以上（15%）	53	45	2
人種	白人層（70%）	58	37	5
	内・大学非進学	72	23	5
	非白人（29%）	21	74	5
年収	25万ドル以上	48	46	6
	～20万ドル	49	48	3
	～10万ドル	48	47	5
	～５万ドル	50	46	4
	～３万ドル	42	42	7
	３万ドル以下	41	53	6
宗教	プロテスタント（27%）	60	37	3
	カトリック（23%）	52	45	3
	モルモン教（１%）	61	25	14
	その他のキリスト教	55	43	2
	ユダヤ教（３%）	24	71	5
	ムスリム（１%）	n/a	n/a	n/a
	その他（７%）	33	58	9
	無宗教（15%）	26	68	6

出典：CNN 出口調査，サンプル数24537
（たとえば，『外交』Vol. 40, November 2016, 44-45頁に引用された）。

ントンは、特に若い女性の支持を獲得できなかった。黒人初の大統領の後であるだけに、「女性初の大統領」に新鮮味が感じられなかったのかもしれない。またヒスパニック票でも、トランプは予想以上に健闘した（二九%）。

第六に、予想以上にクリントンが弱かったという点である。二〇〇八年と一二年の大統領選挙での「オバマ票」を、クリントンは取りこぼした。「冷たい」「嘘つき」「功利的」「傲慢」「スキャンダル塗れ」というクリントンの悪いイメージは、なかなか払拭できなかった。

第七に、〝継続〟よりも〝変化〟を望んだ有権者の心理がある。オバマ路線を継承するクリントンよりも、変化を象徴するトランプに期待が集まったのである。エリートやエスタブリッシュメント、主流派、ワシントン政治、既成政治を象徴するクリントンには、こうした有権者の心理は、マイナスに働いた。アウトサイダーとしてのトランプは、特に利益集団からの献金をほとんど受けとっていなかった。そのため変化が期待できた。

第八に、おそらく最も重要な要因として、最高裁判所の判事が一つ、空席になっていたことを指摘できる。二〇一六年二月一三日に、保守派のスカリアが急死しているのが見つかった。それまでの最高裁判事の九名は、保守派の判事が四名、保守派寄りの中間派が一名、リベラル派が四名という、保守派にやや優位なバランスであった。上院共和党の院内総務のマコーネルは、スカリアの死後まもなく、「次の判事の選択にはアメリカ国民の声が反映されるべきだ。新しい大統領が決まるまで、この空席を埋めるべきではない」と表明していた。オバマは三月に、ガーランドを最高裁の判事に指名するが、上院の共和党議員らは審議に応じず、最高裁判事の決定は、二〇一六年一一月の大統領選挙の結果に委ねられることとなった。

こうして、二〇一六年一一月の大統領選挙は、次期大統領を選ぶだけではなく、最高裁の今後の一〇年、二〇年の方向性をも実質的に決めることになったのである。

たとえば、アメリカの保守思想の系譜を解き明かした歴史家のナッシュは、「『スカリアがもしまだ生きていたら、トランプ氏は当選しなかっただろう』という見方がアメリカにはある。自分もその通りだと思う」と指摘する。「多くの保守層は、『トランプに投票しなればならない。彼は完全ではないだろうが、彼が選ぶ判事は、別の人（クリントン）が選ぶよりはましだろう』と考えたのだ」。だからこそ、トランプ大統領の誕生という「『完全な嵐』が起こった」というわけである（尾形、二〇一七、九六頁）。

またナッシュは、トランプ支持をめぐって起きた保守派内部の対立は、長年の保守思想史の観察でも目にしたことがないほど激しいと見て、トランプ支持派のオルタナ右翼（Alt-Right）は公然と「白人民族主義（white nationalism）」を掲げて、「アメリカの保守主義を根底から組み替えようとしている」という見方を示している。また、「トランプが引き起こしたポピュリズム（Trumpist populism）は、第二次世界大戦後に形成された保守連合のすべての構成グループの基本教義や見解を大胆に否定しようとしている」とも指摘する（会田、二〇一七、七三、一一一〜一一二、一二四、一八七に引用された）。

同じくアメリカの保守主義を研究する会田弘継によれば、「一九五〇年代に形成された新興保守勢力が一九八〇年代までには共和党主流となり、今その主流である保守主義が『トランプ主義』を標榜する新たな勢力『オルタナ右翼』の攻勢に直面し

表 **16－3**　トランプ政権の人事（2017年1月30日時点）

大統領　ドナルド・トランプ……不動産王
副大統領　マイク・ペンス……インディアナ州知事

大統領上級顧問兼首席戦略官　スティーブン・バノン
……選挙戦での最高責任者。ゴールドマン・サックス出身
首席大統領補佐官　ラインス・プリーバス……共和党全国委員長
上級顧問　ジャレッド・クシュナー…長女イヴァンカの夫。不動産・出版事業を手がける。
大統領顧問　ケリーアン・コンウェー*……選挙対策本部長
行政管理予算局長　ミック・マルバニー……サウスカロライナ州下院議員
国家安全保障問題担当大統領補佐官　マイケル・フリン……前国防情報局長
国家安全保障問題担当大統領副補佐官　キャスリーン・マクファーランド*
……FOX テレビの評論家
国家通商問題担当大統領補佐官　ピーター・ナヴァロ
……国家通商会議（NTC）を担当する。カリフォルニア大学アーバイン校教授
国家経済会議（NEC）委員長　ゲーリー・コーン
……ゴールドマン・サックス社長兼最高執行責任者（COO）
国際交渉特別代表　ジェイソン・グリーンブラット…トランプの関連企業で法務を担当
国土安全保障・テロ対策の大統領補佐官　トーマス・ボッサート
……元国土安全保障担当の大統領副補佐官
大統領報道官　ショーン・スパイサー……共和党全国委員会の広報責任者

国務長官　レックス・ティラーソン……米エリクソンモービル CEO
ロバート・ゲーツ元国防長官の推薦，ロシアのプーチン大統領と親交有り
国防長官　ジェームズ・マティス……元中央軍司令官
国家安全保障長官　ジョン・ケリー……海兵隊退役大将
中央情報局（CIA）長官　マイク・ポンペイ……カンザス州下院議員
国連大使　ニック・ヘイリー*……サウスカロライナ州知事

財務長官　スティーブン・ムニューチン……ゴールドマン・サックス出身
商務長官　ウィルバー・ロス……著名な投資家
米国通商代表部（USTR）代表　ロバート・ライトハイザー……元 USTR 次席代表
労働長官　アンドルー・パズダー……CKE レストランツ CEO

司法長官　ジョフ・セッションズ……アラバマ州上院議員
厚生長官　トム・プライス……下院予算委員長
教育長官　ベッツィー・デボス*……米国児童連盟会長
エネルギー長官　リック・ペリー……元テキサス州知事
環境保護局長官　スコット・プルイット……オクラホマ州司法長官
運輸長官　イレーン・チャオ*……元労働長官
内務長官　ライアン・ジンキ……モンタナ州下院議員
住宅都市開発長官　ベン・カーソン……元脳神経外科医
中小企業庁長官　リンダ・マクマホン*……前プロレス団体経営者

注：*は女性。

ている。それが大まかな構図だ」という。「つまり、トランプ大統領というのは、……アイデンティティ・ポリティクスによるリベラル政治の行き詰まりと、ネオコン主導で進んだ戦後保守主義思想運動の崩壊の結果生じた混沌のなかから沸き上がった大衆の衝動に乗り、浮上した政治家である」とも指摘される（会田、二〇一七、一二四、一二四八）。

フクヤマによれば、共和党がトランプに乗っ取られ、民主党がサンダース旋風に揺さぶられたのは、多数の有権者が「腐敗して自己利益しか考えない体制（Establishment）に対し立ち上がり、その浄化を求めて過激なアウトサイダーのもとに向かった」ためである。二〇一六年の大統領選挙の本質は、「大衆の大部分が今直面している格差の拡大・経済停滞に対し、アメリカ民主主義が数十年ぶりにやっと反応したことにある」とも指摘される。また、今政治の争点の中心は「社会階層（class）」問題に移り、人種やジェンダーなど近年の争点は背景に退いた、ともフクヤマは指摘する（Fukuyama, 2016：58-68：会田、二〇一七、八七〜八八に引用された）。

再び会田によれば、「国民経済は内外から溶解が起き、資本家と労働者ではなく、（ライシュが言う）シンボリック・アナリストらと、彼らに奉仕しなければならないルーティン生産・対人サービスの従業者との対立構造が始まった。前者は、国境を越えて国民国家を無視するようにして発展・展開・変貌するグローバルな企業体とともに動く。後者は依然として国民国家と国民経済の枠から抜けられないままだ。二〇一六年の大統領選は、この対立構図を意識して戦われた最初の政治闘争かもしれない」という（会田、二〇一七、五七：Reich, 1991）。

五　トランプ政権の人事構想

トランプ政権の人事は、二〇一七年一月の時点で表16-3の通りであった。その顔ぶれから、トランプ政権の政策が透けて見えてくる。ただしその後、政権発足直後であるにもかかわらず、数名の辞任や解任の人事交替があった。この点は、次節で検討する。

以上のトランプ政権の人事構想から、透けて見えるポイントは何か——（ワインスタイン、二〇一七）。

第一に、バノンの「大統領上級顧問」「首席戦略官」は常設のポストではないが、首席大統領補佐官と同格に位置づけられた。第二に、プリーバス首席大統領補佐官の指名は、ペンス副大統領の指名と同じく、アメリカ議会の共和党主流派と意思疎通を図っていく、という意思の表れであったと思われる。第三に、ペンス副大統領の指名は、「ラストベルト（錆びついた工業地帯）」の白人労働者を取り込む狙いもあった。第四に、異例のことながら、次期副大統領のペンスが、政権移行チームの責任者となった。第五に、経済問題の人事は経済界から、外交・安全保障問題の人事は軍事経験者から登用の構えであった。第六に、国家通商会議（NTC）を新設した。第七に、国際交渉特別代表のポストも新設された。第八に、経済問題人事は、ナヴァロやライトハイザーなど、保護主義色の強い対中強硬派を据えた。経済学と公共政策を専門とするナヴァロには、『米中もし戦わば――戦争の地政学』（ナヴァロ、二〇一六）という著作がある。第九に、国務長官の人事は、難航した。たとえば、ジュリアーニ元ニューヨーク市長が辞退した。第十に、国内問題の人事では、脱オバマ色を強く打ち出した。第十一に、家族や身内（長男トランプ・ジュニア、長女イヴァンカ、娘婿クシュナー、次男エリック、次女ティファニー）の影響力が強いという点である。ただし、家族を閣僚に指名することは法律上、不可能である。しかし、閣僚や大使の人事と違い、大統領補佐官や大統領顧問など側近は、議会（上院）での承認が必要ない。

六　トランプ政権の早期の人事交替劇

（1）異例の人事交替劇

トランプ政権で発足直後にもかかわらず辞任したのは、国家安全保障問題担当大統領補佐官のフリンであった。政権発足からわずか三週間後の二月一三日であった。ロシアとのコネクションが取り沙汰された結果であった（*Financial Times*, 15 February, 2017 : *The New York Times*, 15 February, 2017 : *The New York Times*, 16 February, 2017）。二〇一六年一二月末にフリンが駐米ロシア大使のキスリャクと電話で話した内容が、アメリカの情報当局の傍受記録として残っていた。『ワシントン・ポスト』紙の報道があったのは、フリン辞任のわずか四日前の二月九日であった。フリンは、キスリャクと電話で対ロシア制裁について話し合っていたが、それを政権移行チームのトップであった副大統領になるペンスにも隠していた。フリンの電話を傍受したのは、オバマ政権下の情報当局であった。二〇一六年一一月の大統領選挙の直後、オバマ大統領はホワイトハウスで、フリンはロシアとの関係が深いことを懸念していることをトランプに伝えていたという（尾形、二〇一七、一六一頁）。その後、元陸軍中将のマクマスターが、二月二〇日に、新しい国家安全保障問題担当大統領補佐官に任命された。

五月九日には、トランプ大統領は、ロシア疑惑を捜査していたコミーFBI長官を解任している。「火曜日の虐殺」とも呼ぶべきこの解任劇は、一九七三年一〇月に、ニクソン大統領が、自分や側近たちを調査していた特別検察官を解任した「土曜日の虐殺」と呼ばれる騒動と重なって見える。この解任劇後、ニクソンが捜査を妨害していた疑いが出始め、追い詰められていくきっかけとなった。下院司法委員会が、ニクソンの弾劾訴追案を可決し、さらなる弾劾手続きが進むことを恐れたニクソンは、一九七四年八月九日に辞任した。トランプのロシア疑惑の場合も、大統領が弾劾にかけられる事態に発展するのかどうかは、大統領本人がどこまで疑惑にかかわっていたのかが、最後に問われることになると思われる。トランプは六月七日、コミーの後任に、元司法次官補のレイを指名した。コミーによる議会証言の前日であった（*The New York Times*, June 9, 2017）。レイは、八月二日にFBI長官に就任した。

大統領報道官のスパイサーも、七月二一日に辞任が発表された。後任にサンダース副報道官が昇格した。トランプはその後、ウォール街の投資会社創業者のスカラムーチをホワイトハウスの広報部長に任命し、広報戦略の刷新に着手した。スパイサーの辞任は、スカラムーチの人事に反発したものと見られている。こうして、スパイサーの辞任は、トランプ政権内で緊張が高まっていることを否応なしに示しており、二〇一六年一一月の大統領選期間中のトランプ陣営とロシア政府との〝共謀（collusion）〟疑惑捜査へのホワイトハウスの対応にも影響を与えうる。

トランプは七月二八日には、プリーバス大統領首席補佐官の辞任が明らかにされ、後任にケリー国土安全保障長官を起用したと発表した。トランプ政権の内紛に起因する事実上の更迭で、政権運営の混乱ぶりを改めて露呈した。先に辞任したスパイサー大統領報道官は、政権発足前からのプリーバスの側近であった。

トランプは七月三一日、一〇日前に広報部長に指名したスカラムーチが辞任すると発表した。プリーバス前大統領首席補佐官の後任として同日就任したケリー首席大統領補佐官がスカラムーチの更迭を求め、トランプが解任に踏み切ったという。こうして、七月には、米政権幹部の解任や辞任が相次ぎ、ホワイトハウスは混迷を深めていることが明らかとなった。

(2) バノンの辞任劇

トランプ政権に激震が走ったのは、八月一八日に、大統領の最側近と見られていたバノン大統領上級顧問兼首席戦略官の辞任が発表された時であった(*Financial Times*, 19 August/ 20 August, 2017)。アメリカの政権人事に詳しい足立正彦によれば、バノンをめぐる状況が大きく変化したのは、七月下旬にプリーバス大統領首席補佐官が事実上更迭され、後任に国土安全保障長官からケリーが横滑りする形で就任してからであるという(足立、二〇一七)。ケリーは、トランプ政権発足以降混乱に直面し続けるホワイトハウスに「規律」や「秩序」を確立するため、大統領首席補佐官に起用された。しかし、強烈な個性を持ったバノンは、経済・通商政策をめぐっては、コーン国家経済会議委員長やトランプ大統領の娘婿であるクシュナー上級顧問と娘のイヴァンカ、ディナ・パウエル大統領次席補佐官ら「グローバリスト」と引き続き対立していた。ただし、ラックマンは、バノンの思想は依然として影響力を残す、と指摘する(*Financial Times*, 22 August, 2017)。

さらに、外交・国家安全保障問題でも、共和党主流派の外交姿勢を鮮明にしているマクマスター国家安全保障問題担当大統領補佐官らとアフガニスタン戦略や対中政策などをめぐり対立し、ホワイトハウス内部で次第に孤立を深めていた。八月一二日に、南部ヴァージニア州シャーロッツビルで発生した白人至上主義団体と反対派との衝突をめぐるトランプ大統領の対応にバノンが一定の影響を及ぼしていたのではないかとの批判が高まるなか、バノンの辞任が一八日に発表されたのである。バノン辞任の影響は、外交・安全保障問題で、すぐに表れた。トランプ大統領は八月二一日に、ワシントン郊外のヴァージニア州フォートマイヤー陸軍基地で、新たなアフガニスタン戦略に関する全米向けテレビ演説を行い、アフガニスタンからアメリカ軍が早期撤退した場合、その空白がテロリストにより占められることになるとして、選挙公約だった「撤退」の方針を翻して、増派することを明らかにしたのである(足立、二〇一七)。

九月二九日には、プライス厚生長官を更迭した。チャーター機を不正に使用したことが原因であった。

表16－4　トランプの「最初の一〇〇日間」の政策構想

①	TPP から離脱する意思の通知
②	エネルギー生産に関する規制の廃止
③	ホワイトハウス職員のロビイストへの転身を５年間禁止
④	新たな規制を１つ作る場合，既存の規制を２つ廃止
⑤	米国人労働者の雇用を奪うビザ（査証）の不正使用に関する実態調査
⑥	サイバー攻撃から重要インフラを守る計画の策定

以上、主要な七つのポストが、政権発足直後に交替させられるのは、異例の事態であると言ってよい。

七　トランプ政権の政策構想

トランプ大統領のキャッチフレーズは二つ、先に見た通り、「アメリカ第一主義」と「アメリカを再び偉大にする」であった。

トランプは、二〇一六年一一月二一日に、「ホワイトハウスの政権移行と就任一〇〇日の政策について、最新の計画を米国民に伝えたい」として、二〇一七年一月二〇日の大統領就任初日に政策実現に向けた「大統領令」を出すと啖呵を切った。

またトランプは、「大統領令のリスト作りを政権移行チームに指示した」と明かした上で、表16－4の六項目はリストに含まれると表明した。

以上、これら六項目に共通するのは、トランプが選挙戦で強調してきた「雇用創出」や「汚職の一掃」につながるという点である。またトランプは、ＴＰＰに代わり、アメリカと他国の二国間で、「雇用と産業をアメリカに取り戻す『公正な貿易協定』の交渉を進める」とも語った。

トランプが選挙中の二〇一六年一〇月二二日に発表した大統領就任後の「一〇〇日間計画」（表16－5に詳述）には、一八項目もの政策が盛り込まれていた。これらのうち、大統領就任初日に実行するとした政策が一八項目、就任一〇〇日間以内に法制化を目指す政策が一〇項目であった。

表16－5　2016年10月22日に発表された大統領就任後の「100日間計画」の28項目

○大統領就任初日に実行

「ワシントンから汚職を一掃する」

1　下院議員の任期に期限を設ける憲法修正案を提案
2　連邦職員（軍，治安，公衆衛生分野を除く）新規雇用を凍結
3　新たな規制を１つ作る場合，既存の規制を２つ廃止
4　ホワイトハウス職員，議会職員のロビイスト転身を５年間禁止
5　ホワイトハウス職員による外国政府のためのロビー活動を生涯禁止
6　アメリカ選挙に絡む外国ロビイストの資金調達を禁止

「アメリカの労働者を保護する」

7　NAFTA の再交渉もしくは離脱の意思を表明
8　TPP からの離脱を表明
9　中国を「為替操作国」に指定するよう財務長官に指示
10　アメリカの労働者を不当に扱う貿易慣行の即時撤廃
11　シェール・ガスや石炭などエネルギー生産に関する規制を廃止
12　オバマ政権で中断したエネルギー・インフラ計画の再開
13　国連の気候変動対策への資金拠出を停止
　→「パリ協定」について「注意深く調べている」（10月22日の米紙インタビューで）

「治安を回復する」

14　オバマ大統領が出した憲法違反の大統領令をすべて廃止
15　20人の候補者からスカリア最高裁判事の後任選定を開始
16　移民への寛容政策をとる都市には連邦政府の補助金を廃止
17　罪を犯した200万人以上の不法移民を追放，受け入れを拒む国はビザ発給を停止
　→アメリカの労働者より低賃金で働けるビザの不正使用を実態調査
18　テロの恐れのある地域からは移民受け入れを停止

○就任100日以内に実行

「議会と協力して法制化を目指す」

19　年４％の経済成長を目指し，子供が２人の中間層の家族には35％減税，法人税率は35％から15％に
20　企業の海外移転を阻止するための関税を導入
21　10年間で１兆ドルのインフラ投資を実施
22　学校選択の自由，職業訓練教育を拡大
23　医療保険制度「オバマケア」の廃止
　→「修正されるか，廃止されるかだ」（10月11日の米紙インタビューで）
24　税控除などを通じて子育てと高齢者介護を支援
25　メキシコ政府の負担でメキシコ国境に壁を建設
　→「一部地域はフェンスでも構わない」（10月13日の米テレビのインタビューで）
26　犯罪抑止に向けて警官の訓練予算などを拡大
27　サイバー攻撃からアメリカの重要インフラを守る計画を策定
28　新たな倫理改革によりワシントンから汚職を一掃

出典：読売新聞国際部（2016，特に25頁）。

表16－6　大統領就任日のトランプ政権の基本政策

1　**貿易**
- 貿易協定に違反した国には厳しく対処する。
- アメリカの労働者と企業の利益を優先する。
- TPP からは離脱する。
- NAFTA も再交渉し，公平な合意に達しなければ離脱する。

2　**雇用・経済**
- 今後10年で2500万人の新たな雇用を創出する。
- 年４％の経済成長を目指す。
- 所得税，法人税を引き下げる改革を行う。
- 規制も緩和する。
- 貿易相手で不法，不公正な取引慣行の国には結果がともなうことを示す。

3　**外交**
- 「力による平和」を中心に据える。
- イスラーム過激派組織「イスラーム国（IS)」や他のイスラーム過激派テロ組織の撲滅が最優先課題である。
- 必要に応じ，攻撃的な共同軍事作戦を追求する。
- 国際パートナーと協力してテロ組織の資金源を断ち，情報共有を進め，プロパガンダや勧誘を妨害するサイバー戦争にも取り組む。
- 自ら敵は求めない。
- 旧敵が同盟国になることは喜ばしい。

4　**軍**
- 他国がアメリカの軍事力を上回ることがあってはならない。
- 軍の再構築計画の予算を議会に提出する。
- イランや北朝鮮などの国々からのミサイル攻撃に備えるため，最新鋭のミサイル防衛（MD）システムを開発する。
- サイバー能力も構築する。

5　**治安**
- 暴力犯罪の削減に取り組む。
- 銃所持の権利を認める。
- 合衆国憲法修正第２条を擁護する。
- 国境に壁を作り，不法移民，ギャング，暴力，麻薬の流入を防ぐ。
- 暴力犯罪歴がある不法移民は国外送還する。

6　**エネルギー**
- アメリカの資源を最大限活用する。
- 「気候変動行動計画」などエネルギー産業の負担になってきた不必要な規制を撤廃する。
- シェール・ガス革命も推進する。

出典：ホワイトハウスの HP（https://www.whitehouse.gov/）を参考に筆者が作成。

表 16－7　トランプ大統領就任直後の大統領令

医療保険
• オバマケアの財政負担を抑制する。
社会保険
• 人工妊娠中絶関連施設への補助金支出を禁止する。
貿易
• TPP からの離脱。
雇用
• パイプライン建設作業にアメリカ国民の雇用を義務づけ。
公共投資
• キーストーン・パイプライン建設計画を推進する。
• ダコタアクセス・パイプライン建設計画を推進する。
• インフラ整備の認可手続きを緩和する。
• 環境アセスメントの要件を緩和する。
行政運営
• 政府による新規規制の導入手続きを凍結する。
• 政府機関の新規人員採用を凍結する。

表 16－8　1月下旬に検討されていた大統領令

• メキシコ国境沿いの壁建設などの不法移民対策（壁の建設に向けた財源の確保を命じる）
• メキシコからの不法移民を念頭に，強制送還に非協力的な都市への補助金削減
• シリア難民の受け入れの凍結
• 中東諸国（イラク，イラン，リビア，ソマリア，スーダン，イエメン）へのビザ（査証）発給を制限する。
• 政府職員の汚職一掃
• 企業の海外移転阻止

八　トランプ政権の基本政策

二〇一七年一月二〇日の大統領就任演説の直後に、六つの基本政策が、ホワイトハウスＨＰに掲載された。二〇一六年一〇月二二日に発表された大統領就任後の「一〇〇日間計画」の二八項目から、内容は大幅に縮小されている（表16－6）。

トランプ大統領の大統領令は、二〇一七年一月二六日の時点で、表16－7の通りであった。トランプは、議会承認の必要がない大統領令を連発し、脱オバマの政策を内外で推し進めようとしてきたと言えよう。

また、二〇一七年一月二六日の時点で、準備が整っている大統領令としては、表16－8の政策が検討されていた。こうした大統領令は、政権移行期に約二〇〇近くも用意されたと報じられている。

トランプ政権発足直後に打ち出された一連の大統領令はそのほとんどが、大統領上級顧問兼首席戦略官のバノンが中心になって作成されたものであったという。

こうして、トランプ政権がいくつもの大統領令を準備していたのは、議会共和党との調整や議会の説得が難しいと想定していたからである。実際、トランプ政権は、「最初の一〇〇日間」で、オバマケアの撤廃など主要な政策をめぐって議会の説得にほとんど成功しなかった。ワシントン政治のアウトサイダーで、異形の大統領だからこそ、十分に想定内の事態ではあった。

演説や討論会の場でアドリブで話し続けたトランプだが、彼に選挙戦略がまったくなかったわけではない。二〇一六年八月一七日に選対本部最高責任者に就いたバノンの言葉を引用すれば、それは透けて見えてくる。たとえば、以下の通りである。「自分は白人民族主義者ではない。ナショナリストだ。経済ナショナリストだ」。「グローバリストはアメリカの労働者階級を破綻させ、アジアに中産階級をつくり上げた。これから肝要なのはアメリカ人がまんまとやられたということがないようにすることだ。それが実現できれば、白人票を六〇％だけでなく、黒人票もヒスパニック票も四〇％とって、政権は五〇年間続く」。「ジャクソン（大統領）のポピュリズムみたいに、まったく新しい政治運動を創る。すべては雇用のためだ」。「レーニンは国家を打ち壊した。自分の目標も同じだ。すべてを破壊する。今日のエスタブリッシュメントのすべてを壊す」。「民主党側がアイデンティティ・ポリティクスを論じ続けるほど、こちらの思うつぼだ。毎日、人種差別を言い続けてほしいものだ。左派が人種とアイデンティティに焦点を当てて、こちらが経済ナショナリズムを訴えていけば、民主党を潰せる」（会田、二〇一七、一一六、一二〇、一五〇）。

『ローリングストーン』誌の政治担当記者のタイービは、共和党と民主党という既存の近代政党だけでなく、既存のマスメディアにも批判的である。たとえば、「たしかに民主党は崩壊して当然であった。民主党がトランプ大統領の誕生を許してしまったという事実は、末永くアメリカ史のなかの汚点として語り継がれていくことになるだろう。民主党は二年以上も前からトランプの危険性が指摘されていたにもかかわらず、その警告を無視してきた。トランプへの支持がじわじわと広がっていたのを見て見ぬふりをし、民主党の選挙戦略を批判するものはすべて人種差別主義者や性差別主義者呼ばわりしてこれを排除した。民主党がトランプに関する警告を無視した背景には、アメリカの知的エリートの傲慢さがあった。トランプの台頭はアメリカの『支配階級』に対する反逆だった。その対象は、政治家であり銀行家であり、実業家であり、学者であり、ハリウッドのスターであり、そしてメディアだった。アメリカの指導的な地位にいる人々のすべてが、見たくないものに目をつぶっていた」という（タイービ、二〇一七、三四九）。

また、「共和党の幹部たちが、共和党員は最後は自分たちの指令通りに動いてくれるだろうと思い込んでいたように、われわれメディアも、まさか市民の怒りがそれほどまでに大きなうねりになっているとは、想像できていなかった。頭でっかちの政治アナリストたちのほとんどは、まさかトランプが勝つとは思っていなかった。政治の世界に身を置く人間は、トランプ旋風というのは、減り続けるアメリカのサイレント・マジョリティの焦りと、白人至上主義の悪あがきに煽られただけの、一過性の成り上がりに過ぎないと考え、その激しさを甘く見ていた。たしかにトランプは、粗暴で頭のおかしいやからや陰謀説を信じる落ちこぼれなどを支持層に加えることで、共和党の支持基盤を破壊していた。しかし、だからと言って、いくら何でもトランプに、これまでアメリカが長い年月をかけて築いてきた多文化主義というコンセンサスをひっくり返すほどの力があるとは、誰も思わなかった。……われわれジャーナリストは、共和党や民主党と同じ間違いを犯してしまった。自分たちの影響力を過信するあまり、現場の声に直接耳を傾けることを怠ってしまったのだ。慢心から、自分たちがどれほど多くの人々から嫌われ、信用されていないかに気づかなくなっていた」とも指摘される（タイービ、二〇一七、三五二〜三五三、三五六〜三五七）。

はたして、トランプ政権は、どこへ向かうのか――。続く終章では、始動したばかりのトランプ政権の政策について、暫定的な分析を試みる。

終章　トランプ以後の世界？

われわれが戦い、そして勝利したトランプ大統領職は終わった。
スティーヴン・バノン、二〇一七年八月一八日

一　トランプ政権の対外政策の始動

トランプ大統領は、「アメリカ第一主義（America First）」と「アメリカを再び偉大にする（Make America Great Again）」をキャッチフレーズに大統領選挙を戦った。大統領選挙でのトランプの勝利が持つ重要な含意は、自由や民主主義、資本主義（特に自由貿易の拡大）、法の支配など、リベラルな規範や価値をほとんど語らない大統領を有権者が選択したということである。はたして、アメリカ中心のリベラルな国際秩序は維持されるのか――。それとも、にわかに崩壊へと向かうのか――。アメリカの内外で、議論が高まっている。

トランプ政権の具体的な政策としては、たとえば大統領就任直後に、ＴＰＰからの離脱を大統領令で表明した。ＮＡＦＴＡも、カナダとメキシコと再交渉するという。政権発足直後のイスラーム教の特定国からの難民・移民の入国を禁止する政策は、混乱をもたらした。この時期、トランプ大統領の側近中の側近は、バノン大統領上級顧問兼首席戦略官であった。またトランプ政権は、国家安全保障問題担当大統領補佐官のフリンの早期辞任があったように、「ロシア疑惑」が常につきまとっていくこととなった。五月九日には、第十六章でも見た通り、トランプ大統領は驚くべきことに、ロシア疑惑を捜査していたコミーＦＢＩ長官を解任している。

この間、米中首脳会談が開催された四月六日には、シリア空軍基地へのミサイル攻撃を命じたと記者会見で発表し、シリアのアサド大統領は「独裁者」で、「罪のない市民に恐ろしい化学攻撃を実施した」と批判した。トランプは、記者会見する直前の米中首脳会談で、習近平国家主席にシリアへの空爆の決断を伝えている。このタイミングで、強硬なバノン路線からトランプにとって娘婿のクシュナー上級顧問中心の現実路線へと政策決定の中心が移行し、政策が転換していたことが注目される。ただし、四月下旬までの「最初の一〇〇日間」で、トランプ政権は、最高裁判所の判事にゴーサッチを指名したこと以外に、ほとんど目立った政策の成果を上げることはできなかった。特に議会との調整がうまくいっていないことは明らかであった。

トランプ大統領は六月一日に、クシュナーとイヴァンカの反対を押し切って、「アメリカは、パリの気候変動協定から離脱する」と表明した（*The New York Times*, June 3-4, 2017：*The New York Times*, June 5, 2017：*The New York Times*, June 6, 2017）。オバマ政権下でのキューバとの国交正常化を見直すのではないかと報じられていた最中の決断であった（*The New York Times*, June 2, 2017：Jorge I. Dominguez, "Trump Versus Obama on Cuba," *The New York Times*, June 28, 2017）。パリ協定からの離脱をめぐっては、トランプ政権内の意見は割れていた。たとえば、離脱派は、プルイット環境保護局長官やバノンで、残留派は、クシュナーとイヴァンカに加えて、マクマスター国家安全保障問題担当大統領補佐官やティラーソン国務長官、ペリー・エネルギー長官であった（*The New York Times*, April 21, 2017：*The New York Times*, June 1, 2017）。

政権外では、たとえば、シュルツ元国務長官らが、パリ協定からの離脱に反対している（George P. Shultz and Ted Halstead, "Paris Deal Is Essential," *The New York Times*, May 10, 2017）。ザカリアは、「今日は、アメリカが自由な世界のリーダーの座から降りた日になるだろう」と批判した。アメリカ議会が国際連盟への加入を批准しなかった一九一九年の事態になぞらえ、アメリカの孤立を恐れる報道もあった（Haass, 2017：8：Rana Roroohar, "Politics Fuels Trump's Retreat from Paris," *Financial Times*, 5 June, 2017：*Financial Times*, 3 June/ 4 June, 2017：*The New York Times*, September 14, 2017）。またトランプ政権のパリ協定からの離脱は、皮肉にも気候変動（climate change）問題に積極的な中国の存在感を高める結果となった。

トランプにとって、パリ協定から離脱することは、大統領選挙中の支持者たちへの約束を守ろうとしたからであった、と単純に理解することはできない。背景には、ロシア疑惑でトランプが追い詰められているということがあった。五月以降、トランプ陣営とロシア政府が〝共謀（collusion）〟して、二〇一六年一一月の大統領選挙にロシアが介入していたという疑惑が再び深まっていた。尾形聡彦によれば、「パリ協定に残るか、離脱するかは、一月にトランプ政権ができてからずっと内部で話し合われてきたことだった。三月や四月には『残留派』が力を強めていた時期もあった。しかし、トランプは五月以降、次第に、離脱へと再び傾いていった。それは、ロシア疑惑で追い込まれていく時期に重なる」（尾形、二〇一七、vii頁：*The New York Times*, July 20, 2017：*The New York Times*, June 8, 2017：*The New York Times*, July 22-23, 2017）という。

七月四日には、北朝鮮がミサイル発射実験を断行した。ミサイルは、約四〇分間も飛行し、過去最高の二五〇〇キロ超という高度に達した。このことは、トランプ政権に衝撃を与えた。なぜならば、その飛行経路と到達高度は、「実質的な大陸間弾道ミサイル（ＩＣＢＭ）」との受け止めが出ているからである（*Financial Times*, 5 Jury, 2017：Gideon Rachman, "North Korea and the Dangers of America First," *Financial Times*, 27 June, 2017）。同月二八日も、二発目のＩＣＢＭを発射した。これらのミサイル発射実験に先立ち、マティス国防長官は五月二八日のインタビューで、北朝鮮との軍事衝突について、「もし戦闘となれば、またもしわれわれがこの状況を外交的な手段で解決することができなければ、破滅的な戦争になるだろう」と語っていた（尾形、二〇一七、二四〇～二四一頁：Gordon, 2017）。

七月七日、ドイツのハンブルグで、トランプとプーチンは、首脳会談を開催した。会談は、当初予定されていた三〇分を大幅にオーバーし、二時間一五分に及ぶ異例の長さとなった。ティラーソン国務長官は、両首脳は非常に馬が合った、と説明した。ただし、会談の冒頭で、トランプは二〇一六年一一月の大統領選挙にロシアが介入したことへのアメリカ国内の懸念を伝えたという。ロシア疑惑がさらに深刻化していることの証左であろう（*Financial Times*, 8 July/9 July, 2017：Philip Stephens, "How Trump Has Played Putin's Game," *Financial Times*, 7 July, 2017：*The New York Times*, July 7, 2017：尾形、二〇一七、二五〇頁）。また注目すべきは、議会共和党がトランプに対して、ロシアの脅威の念頭に置いた大西洋同盟の維持という伝統的な対外政策を求めていることである（*The New York Times*, June 20, 2017：横手、二〇一七）。

この間、トランプにとってプラスのニュースもあった。六月二六日に、最高裁判所はトランプが裁判所に跳ね返され続けてきた入国禁止令について、控訴審の判断を一部覆し、入国禁止令の一部執行を認めたのである。一〇月以降に審理し、最終判断を下すという内容であったが、最高裁が一六頁に及ぶ長文の判断を示し、トランプの主張を部分的に受け入れた形となった。決定文のなかでは、保守派の判事のトマスとアリートとともに、トランプが指名したゴーサッチが、少数意見としてトランプ寄りの強硬な見解を示していた。米連邦地裁や控訴審で大統領令を差し止められても、トランプが「最高裁で会おう」という文句を繰り返すのは、ゴーサッチを最高裁判事に送り込むことができたことが背景にあると言ってよい（尾形、二〇一七、九七頁：阿川、二〇一七）。

八月一八日には、第十六章で見た通り、バノンの辞任が発表されており、バノン自身も、辞任発表当日の保守系政治雑誌『ウィークリー・スタンダード』誌の取材に対し、冒頭で引用した通り、「われわれが戦い、そして勝利したトランプ大統領職は終わった（The Trump presidency that we fought for, and won, is over）」と語り、まるでトランプ政権に対する宣戦布告のような内容になっている。これ以降、バノンは、トランプ大統領を取り巻いている「グローバリスト」を標的にした批判を一層強めることが予想された。八月二一日に発表されたアフガニスタン増派をめぐっても、公約をあっさり翻したトランプ政権の方針転換に対し、バノンが会長に復帰したばかりの『ブライトバート・ニュース』は早速、「トランプは方針転換を図り、アフガニスタン増派の方針（Trump Reverses Course, Will Send More Troops to Afghanistan）」と題した記事をアップし、トランプ政権の政策転換を厳しく批判した（足立、二〇一七）。ただし、バノンは辞任後も、「数日おきに、大統領と会っている」という（二一月一五日のNHKの単独インタビューによる）。トランプがバノンに電話で相談している、という報道もあった。

八月二九日には、北朝鮮が日本の上空を通過する形で弾道ミサイルを発射した。このミサイル実験に先立ち、北朝鮮は、グアム島周辺を射程にしたミサイル実験を実施すると声明し、米朝間の緊張は深刻なまでに高まっていた。こうした状況のなか、北朝鮮は九月三日に、六度目の核実験を断行した。北朝鮮は、「ＩＣＢＭ用水爆である」と発表した。トランプ政権が軍事行動で応じないであろうと読んでの、体制維持のための賭けに出たのである（*Financial Times*, September 4, 2017）。さらに北朝鮮は、九月一五日朝に、同国西岸から北東方向に弾道ミサイル一発を発射し、ミサイルは北海道上空を通過して、襟裳岬の東約二〇〇〇キロメートルの太平洋上に落下した（『日本経済新聞』二〇一七年九月一五日夕刊）。

トランプ政権は四月以降、北朝鮮の問題を喫緊の脅威とみなしてきた。トランプ大統領は、中国が北朝鮮への圧力を強めなければ、北朝鮮の核の脅威を取り除くためにアメリカが単独行動に出る、と警告してきた。しかし、北朝鮮による挑発行為は止まらない。『ファイナンシャル・タイムズ』紙のラックマンは、米朝間で誤認が戦争をもたらしかねない、と繰り返し警告している（たとえば、*Financial Times*, 5 September, 2017）。また注目すべきことに、トランプ政権の対北朝鮮政策は、中国頼みで選択肢がほとんどない、という指摘もある（*The New York Times*, July 6, 2017）。先に見たバノンのインタビューによれば、トランプ大統領にとって武力行使の選択肢は限られている。トランプの対北朝鮮政策の要は、「中国を動かす」ことにあるという。アメリカが中国に影響力を行使しうることに楽観的な姿勢を見せている。また北朝鮮をめぐる情勢は、「膠着状態にあるのではなく、進行中である」と指摘された。

トランプ大統領にとってはじめての本格的な外交方針演説となった九月一九日の国連総会演説では、大統領選挙からの「アメリカ第一主義」のスローガンを繰り返しつつ、名詞の「主権（sovereignty）」ないし形容詞の「主権の」という言葉が二〇回以上使われて注目された。ここには、シュトラウス派の西海岸派の影響を見ることができる。彼らは、国家主権や国民（nation）、国境（border）を再確認することを重視しているからである。メキシコからの不法移民やイスラーム教徒の難民・移民の受け入れを拒絶する政策姿勢とも関連するかもしれない（会田、二〇一七、二五一〜二五二）。

トランプ大統領は一〇月一三日、イランの核開発を防止する「核合意」について、「イランは遵守していない」と、ホワイトハウス演説で述べ、議会に制裁発動を要請すると語り、発動しない場合は「核合意を破棄する」とも発言した。トランプ大統領は、イランが弾道ミサイルの開発や拡散、テロ組織支援を行っている、とも非難している。

トランプ大統領は、一一月三日から一四日にかけて、日本と韓国、中国、ベトナム、フィリピンの五カ国（とハワイ州）を訪問した。その後、トランプ大統領は、一一月二〇日に、北朝鮮を「テロ支援国家」に再認定する方針を明らかにした。

トランプ大統領は一二月六日、エルサレムをイスラエルの首都として正式に認めると発表し、歴代政権が継続してきた政策を転換した。ユダヤ系のクシュナー上級顧問の後押しがあったと容易に想定できるが、アラブ諸国をはじめとして国際的な批判を浴びることとなった。

二〇一八年一月はじめには、ジャーナリストのウォルフの『炎と怒り』で、バノンがトランプの親族を批判していることが暴露された。特にバノンは、「（トランプ）ジュニアらは反逆罪に値せず、非愛国的でないと考えたかもしれないが、私はそうだと思う。すぐに連邦捜査局（ＦＢＩ）に伝えるべきだった」と語ったという（Wolf, 2018）。トランプ大統領は、これに対して、一月三日に、「彼は解雇された時に、職を失っただけではなく、正気も失った」、「彼は（大統領選挙の）歴史的な勝利とほとんど関係ない」と批判した。政権辞任後も、バノンは、隠然たる影響力を行使してきたが、一月九日には、『ブライバート・ニュース』の会長を辞任することが発表された。バノンは、トランプと決別しただけでなく、影響力の源泉であるメディアの力も失った形である。こうした結果、二〇一八年一一月の中間選挙に向けて、トランプ大統領と議会の共和党保守派が協調できるようになる」という見方もできるが、二〇二〇年一一月の大統領選挙では、トランプ＝バノン路線では再選を目指せないことを意味しよう。

後述する通り、トランプ政権は、二〇一七年一二月一八日に『国家安全保障戦略（ＮＳＳ）』を発表するが、一二月二二日には、一〇年間で一・五兆ドルの大型減税を実現させた。二〇一八年一一月の中間選挙へのインパクトが注目される。

二　トランプ外交とリベラルな国際秩序の行方？

同盟国がトランプ政権と対峙した際に最も懸念することが、第二次世界大戦後にアメリカが形成し維持してきたリベラルな国際秩序をトランプ政権が維持しなくなるのではないか、という点である。もしリベラルな国際秩序が崩壊するとしたら、赤裸々な地政学が跋扈した国際秩序へと「バック・トゥ・ザ・フューチャー」してしまうのではないか、という懸念である。大統領選挙の間から、もしトランプが勝利したら、リベラルな国際秩序が崩壊しかねないという危惧は、同盟国の間ですでに生じていた。

トランプ政権の対外政策の行方を懸念するネオリベラリストのナイやアイケンベリーは、二〇一七年初頭と春の『フォーリン・アフェアーズ』誌にそれぞれ、「リベラルな国際秩序は維持されるのか？」という内容の論文を掲載している（Nye, 2017：Ikenberry, 2017：Mazarr, 2017：Schake, 2017）。バイデン前副大統領は、アメリカのリベラルな価値を再び語れ、とトランプ政権に迫っている（*The New York Times*, September 15, 2017）。「トランプと同盟国」を特集した『フォーリン・アフェアーズ』誌の九月・一〇月号では、それぞれの同盟国の視点からトランプ政権が論じられ、特に日本の視角からは、「日本こそがリベラルな国際秩序を維持していく上で、応分の貢献をすべき時である」と論じられた（Hikotani, 2017）。同盟国の日本としては、「不透明感」が大きく漂うトランプ政権の政治外交には懸念を抱かざるを得ない。たとえば、『提言日米同盟を組み直す』をまとめた富士山会合の座長である田中明彦は、提言書の冒頭で、以下の通り指摘する。

アメリカにおけるトランプ政権の誕生は、冷戦終結以後の世界秩序に、最大の不確実性をもたらす出来事だった。第二次世界大戦終結以来、軍事・経済双方の圧倒的実力を背景に、自由主義的な理念に基づく世界秩序の構築に最大の影響力を発揮してきたアメリカで、これらの理念に反するのではないかとの疑いを呼ぶ発言を繰り返してきた人物が、大統領選挙に当選したからである（田中、二〇一七）。

トランプ政権の誕生を受けて、アメリカという地政学的リスクを問う議論も出ている（中山、二〇一七b）。また経済的には、トランプ政権の財政出動とインフラ整備を説く経済政策が、バブルを生み、「アメリカ第一主義」の対外経済政策が貿易摩擦を熾烈化させるのではないか、という懸念も生じている（祝迫、二〇一七）。トランプは、九月下旬の国連演説でも、一一月上旬のアジア太平洋経済協力会議（ＡＰＥＣ）での演説でも、「アメリカ第一主義」について語った。同盟国としての役割を見直すべきタイミングに差しかかっていると言えよう（白石、二〇一七）。

ただし、あまり悲観すべきではない、という見解もある。

たとえば、リアリストのハースは、「（トランプ）政権は、対外政策と国際問題についてすでに注目すべき変化を遂げており、初期のアウトサイダーとしてのレトリックと人事をより実態に即した選択（conventional choices）へと転換している」（Haass, 2017 : 2）と指摘する。またハースは、アメリカが熱心に形成し維持してきたリベラルな国際秩序について、「アメリカは、この（リベラルな）秩序から大いに恩恵を受けてきた」（Haass, 2017 : 8）とも述べ、たしかに「その秩序は現在、崩壊しつつある。その多くの構成要素が近代化され補完される必要があり、新しいルールと取り極めが、グローバリゼーションのさまざまな課題に取り組むために必要とされる」（Haass, 2017 : 9）と指摘する。「アメリカの対外政策の戦略的な焦点は、（リベラルな国際秩序の）破棄ではなく、維持と適応である。そうすることによって、アメリカとそれとともに働く意思のある人々は、現在の時代をますます定義するようになりつつある地域とグローバルな課題により取り組むことが可能となる」（Haass, 2017 : 9）とも指摘される。そして、「アメリカの愛国主義は、責任あるグローバルな指導力と両立するやり方で定義し、機能することが可能である」（Haass, 2017 : 9）と結論づけられる。

アブラムズも、ハース論文と同じ号の『フォーリン・アフェアーズ』誌に、「伝統主義者としてのトランプ（Trump the Traditionalist）」というタイトルで論文を掲載し、「（政権発足から）数カ月が経過し、（トランプ）政権の対外政策がますます実態に即した（more conventional）ものとなるにつれて、専門家の予測はますます的外れなものとなりつつある」と指摘し、「誰が共和党の候補となり、大統領選挙の間にいかにイデオロギー過剰であったとしても、複雑な世界での統治と指導の現実は、最終的には、対外政策に対してかなり馴染みの深い共和党のアプローチとなる」と予測して構わない、と分析する（Abrams, 2017 : 10）。「（トランプ政権は）革命的な政権ではないことはすでに明らかである」とも指摘される。「トランプ大統領は通常の大統領ではないかもしれないが、これまでのところ、彼の対外政策は、特筆すべきほどに特筆すべきものではない（remarkably unremarkable）」（Abrams, 2017 : 10）という。

「現実に、トランプは、常態から大いに逸脱しているわけではない」ともアブラムズは指摘し、たしかに「ホワイトハウスには『アメリカ第一主義』のイデオローグが存在したが、彼らは明らかに勢力を失い、その影響力は後退しつつある。大統領の娘婿で、ホワイトハウスで強力な影響力を行使しているジャレッド・クシュナーの対外政策観はまだあまりよく知られていないが、それが主流派から逸脱したものであるという証拠はまったくない。こうして、トランプ政権は、ますます実態に即した形で共和党的である（more and more conventionally Republican）」（Abrams, 2017 : 13）という。「（トランプの）対外政策と国家安全保障の人事任命は、これまでのところ、非常に実態に即した方向性（mostly conventional direction）を示している。もちろん、これは変化する可能性があるが、初期の印象に基づくならば、トランプの時代は、今までにない逸脱というよりは、伝統的なアメリカの対外政策の姿勢にますます従順なものによって特徴づけられるであろう」（Abrams, 2017 : 16）と結論づけられるのである。

『ニューヨーク・タイムズ』紙も、三月二日の一面記事で、トランプ外交が「ますます実態に即した外交になりつつある」と報じていた。また二月四、五日の記事では、「トランプ政権はオバマの対外政策の主要なポイントを継承しつつある」とも報じている（*The New York Times*, March 2, 2017 : *The New York Times*, February, 4-5, 2017）。

ミードは、やや異なる意見である。「ジャクソニアンの反逆」というタイトルの論文で、「アメリカのポピュリズムとリベラル秩序」について論じている。「この七〇年間ではじめて、アメリカの有権者は、戦後のアメリカ外交の中枢に位置づけられてきた政策、理念、制度の価値を重視しない大統領を選出した」（Mead, 2017 : 2）とミードは論文の冒頭で指摘する。ミードは、アメリカの外交思想について、ハミルトニアンとウィルソニアン、ジャクソニアン、ジェファソニアンという四分類を提示する独自の議論を展開してきたことでよく知られる（Mead, 2002）。ミードによれば、「ドナルド・トランプはライバルたちがうまく理解していないポイント、つまり、アメリカ政治では本当に台頭しているのは『ジェファソニアンのミニマリズムではなく、ジャクソニアンのポピュリズムとナショナリズムであること』を機敏に感じとっていた」（Mead, 2017 : 3）という。

要するに、二〇一六年一一月、多くのアメリカ人たちは、特定政党ではなく、むしろ、統治階級とそれに付随するコスモポリタンなグローバルなイデオロギーに対する不信感から投票所へ向かった。トランプ支持者の多くは、特定のプログラムを心配するよりも、むしろ、「アメリカを壊滅へと向かわせているかに見える流れを阻止するために」投票した（Mead, 2017 : 6）。

結論でミードは、「したがって、今後の国際政治上の課題は、リベラルな国際秩序の構築の試みを実態に即したものへと（along conventional line）調整して完遂させることよりも、リベラルな国際秩序の劣化を食い止め、グローバルなシステムのもっと持続可能な基盤を構築することに向けられるはずである。今後の国際秩序は、エリートによるコンセンサス、勢力均衡、政策だけでなく、国内コミュニティーの意向にも左右される。国内コミュニティーは対外的関与から恩恵を確保するだけでなく、外部世界から間違いなく保護されることを求めている」（Mead, 2017 : 7）と指摘する。

トランプ外交を肯定的に評価する論者もいる。たとえばクローニングによれば、トランプ政権は、オバマ政権の二期八年間でより悪化した国際秩序のさまざまな課題に取り組むための新しい対外政策を遂行しつつあるという。たとえば、ネオリベラリストたちが警戒する「アメリカ第一主義」も、まずアメリカ国内経済が強くなければ、強い対外政策のアプローチを打ち出せないではないか、と反論する（Kroenig, 2017）。側近や閣僚も、「ベスト&ブライテスト」たちを揃えたではないか、とも主張する（Kroenig, 2017：31-32）（トランプ＝バノン流の統治に必要な人材の不足を指摘する声が一般的には多かったが）。二一世紀の新しい戦略環境に対応して、戦後七〇年以上アメリカが支えてきたリベラルな国際秩序を再構築する必要性を説くのである（Kroenig, 2017：32-34）。

三　変化と継続のアメリカ外交

一年目のトランプ外交は、オバマ外交の遺産をしらみつぶしに〝リセット〟しているように見えるが、トランプ政権に限らず、いずれの政権も、前政権の内外の政策との違いを出そうと尽力するものである。たとえば、政権一期目のオバマ外交も、米露関係をまずリセットした。オバマ外交の最優先課題として設定されていたのは、イラクとアフガニスタンからできるだけ早期に撤退することであった。これも、安全保障政策での「リセット外交」である。W・ブッシュ外交も政権発足直後は、「ＡＢＣ（anything but Clinton）」と揶揄された。

しかし、前政権の内外の政策をそのまま継続するケースも少なくない。そもそも、政権一期目の特に一年目は、夏や秋まで政権の人事が整わない。各省庁とも次官や次官補といった実務家レベルの人事が揃うまでにはしばらく時間を要する。たとえばクリントン外交はまず、ヨーロッパ地域と中東地域を再編成するというリージョナル・ワークをブッシュ・シニア政権から引き継いだ。第十三章で見た通りである。「力による平和（peace through strength）」で知られるレーガン外交であるが、軍拡を通じて「強いアメリカ」を目指す政策は、カーター政権の後期にすでに始まっていた。またカーター大統領以降、外交の経験を持たない州知事出身の大統領が比較的に多いということも想起されるべきである（オバマ大統領は上院議員出身の大統領であったが、議会経験は浅かった。トランプに至っては、公職に就いた経験がない完全なアウトサイダーである）。

こうしていずれの政権も、前政権からの政策を否定すると同時に、継承することになる。アメリカ外交は、〝変化〟と〝継続〟のブレンドとならざるを得ない。

たとえば、二〇〇六年一一月の中間選挙で、議会選挙としては珍しくイラク問題が争点となり、民主党多数議会へと移行し、共和党は敗北した。W・ブッシュ外交にイエロー・カードが出された形であった。W・ブッシュ政権は、イラク政策の見直しを余儀なくされた。中国政策や北朝鮮政策においても、現実主義のアプローチがとられ、体制転換（regime change）を軍事力の行使で図るようなネオコン流の強硬路線は大きく後退した。つまり、その後の対話路線のオバマ外交との連続性が観察できるのである。

オバマ政権は本書で論じてきたように、〝緊縮〟の時代に、「アメリカ後」の現実を見据えた対外政策を模索した。「唯一の超大国」アメリカの外交の限界を強く認識していたのである。そのために、オバマ外交の政策概念として、「スマート・パワー」や「スマート防衛」、対話路線と多国間主義などが強調された。「アラブの春」にともなうリビア空爆では、「後方からの指導」にとどまった。北朝鮮問題に対しては、「戦略的忍耐（strategic patience）」が語られ、その政策路線は、二〇一五年二月に発表された『国家安全保障戦略（ＮＳＳ）』で格上げされ、政権二期目のオバマ外交の戦略的指針として位置づけられた（The White House, 2015）。

トランプ政権の対外政策は、まるでオバマ外交を否定し続けているように一見見える。「アメリカ第一主義」を掲げ、「アメリカを再び偉大にする」と言う。同盟国に対しては、相応の防衛負担を求めていく姿勢を見せている。しかし、「アメリカ第一主義」でなかった政権はあったであろうか。アメリカの国益（national interest）をいかに定義し、そのための手段としていかなるアプローチをとるかの違いである。また、トランプ政権まで、いずれの政権も同盟国に対して、相応の防衛負担を負うように求めてきた。同盟国にその余力が経済的になかっただけである。

ともにアメリカの力の限界を認識しつつ、オバマ大統領は理想主義とグローバリズムの言葉で対外政策を語り、トランプ大統領はポピュリズムとナショナリズムの言葉で対外政策を語っているに過ぎない、とも捉えられる。トランプ外交の特異性を過度に強調し過ぎてはならない。現実世界に顕在化する姿は大きく異なるが、やっていることは実は大差がない、ということもあるからである。たしかに、「例外主義（exeptionalism）」を超越しようと試みたオバマ外交と、「例外主義」を語らないトランプ外交には、少なからず相違があるかもしれない。

以上の点を踏まえつつ、「トランプ革命」のアメリカ政治外交へのインパクトをできるだけ冷静かつ客観的に分析しなければならない（たとえば、Brands, 2018：佐々木、二〇一七：佐藤、二〇一七：中山、二〇一七c：高濱、二〇一七：佐橋、二〇一七）。おそらく本書が出版される時期には、トランプ政治外交の分析が本格化しているであろう。

はたして、「トランプ・ドクトリン」は発動されるのか――。新興国の台頭や急速なグローバル化の進展を受けて、リベラルな国際秩序は再構築されていくのか――。「帝国の遺産」は、二一世紀の国際秩序にいかなる教訓を指し示すのか――。国内の議会や同盟内政治は、はたしてどこまでトランプ政権の政治外交を〝抑制〟し得るであろうか――。

四　トランプ政権の『国家安全保障戦略（NSS）』

トランプ大統領は、二〇一七年一二月一八日に、外交と安全保障政策の戦略的な指針となる『国家安全保障戦略（NSS）』を発表した。比較的早いタイミングである。同文書は、アメリカ議会への提出が義務づけられている。注目すべきことに、同文書は、中国とロシアをアメリカと第二次世界大戦後の国際秩序に挑む「現状変革勢力」と位置づけ、軍事と経済の両面で力を背景にした強硬姿勢を見せた。「ロシアと中国は、アメリカの権力、影響力、利益に挑戦し、アメリカの安全保障と繁栄を損なおうとしている」と警告を鳴らしている。中国については、「アメリカの戦略的な競争国」とも定義した。

特に、「歴代政権は、中国を第二次世界大戦後の国際秩序に組み入れれば中国を自由主義化できると信じて政策を進めてきた」と指摘した上で、「期待とは逆に、中国は他国の主権を犠牲に勢力を膨張させた」と指摘し、中国を国際社会に〝取り込む〟努力を続けてきたこれまでの外交姿勢を大きく転換させる必要性を説いた。たとえば、「中国がインド太平洋地域でアメリカに取って代わることを目指している」と危機感を表明した。インド太平洋地域で今起きていることは、「国際秩序をめぐる『自由』また『抑圧的な』展望を持つ勢力による地政学的せめぎ合いだ」、また「社会資本投資と貿易戦略で地政学的野心を達成しようとしている」との認識を示している。中国に関して、オバマ政権二期目の二〇一五年二月六日の『国家安全保障戦略』では、「影響力の拡大を注視する」との表現にとどめられていた。

トランプ政権の『国家安全保障戦略』は、オバマ政権二期目の『国家安全保障戦略』で強調されていた四つの戦略の柱から、「価値観」と「世界秩序」を削除し、「力による平和」の堅持と「アメリカの影響力拡大」を、アメリカ国民と国土の防衛と、アメリカの繁栄の促進とともに四つの「死活的利益」に据えた。その上で、地域別の戦略を描いている。また、「核兵器なき世界」という目標は消え、代わりに、核兵器を「平和と安定を守るための戦略の基礎」と位置づけ、「力による平和」の堅持の章で、軍拡と近代化を謳った。「圧倒的な軍事力を持つことは、アメリカの外交官が優位な立場で外交活動を進めることができ、パートナーの協力の下、暴力的な衝突なしに平和的に競争を切り抜ける確率を高める」という。さらに、気候変動問題への言及が消えたことも気がかりである。

地域別の戦略の章では、「中国は経済的な勧誘と懲罰行為を使ったり、言外の軍事行動を起こしたりして、周囲の国々に潜在的な安全確保の必要性を想起させている。南シナ海での軍事施設の建設行為は貿易の自由な流れを危険にさらし、他国の統治権を脅かし、地域の安定を損なわせている。アメリカは自由で開かれた航路の維持のための地域内の協力を支援する」とまず指摘された。「長期にわたる軍事関係を強化し、同盟国と強固な防衛網を構築していく。日本、韓国とミサイル防衛の能力を高めるため協力していく。『一つの中国』原則に基づき、台湾との強いつながりも維持していく」とも指摘している。

ヨーロッパ地域に関しては、ロシアが核戦力を含む軍備拡大や、サイバー空間での他国への干渉によって、ユーラシア大陸を不安定化させていると指摘し、「ロシアの判断ミスによる紛争の危険性が高まっている」と警告した。「アメリカにとって強くて自由主義のヨーロッパは欠かせない存在だ。アメリカは今後も、ヨーロッパの同盟国と深いかかわりを持ち続ける。NATOはすべての加盟国が相応の負担を負えば、より強くなれるだろう」とも指摘された。中東地域に関しては、「中東は今も過激派組織イスラーム国やアルカイダなどテロ組織の生息地である。イランは影響力を高めるため、不安定な地域を利用してきた。アメリカは、地域の繁栄のための触媒になれる。イランの核兵器開発を阻止し、有害な影響力を無効にすべく、同盟国と努力していく」と指摘された。

「アメリカ第一主義」の経済政策については、『国家安全保障戦略』は、「経済の成長と革新が最強の軍隊を維持し、国土を守る」と指摘される。規制緩和や税制改革、インフラ整備に加えて、公平で互恵的な二国間の通商協定の推進や不均衡な貿易の是正などの政策を列挙した。国内向けには、雇用を生み出すことを重視すると同時に、対外的には中国の経済的な台頭に対抗するという狙いが透けて見える。

結論では、「国家安全保障戦略は、アメリカに明確な戦略的な方向性をもたらすものであり、それによって世界におけるアメリカの優位性を再び主張し、わが国の偉大な力を構築するものだ。……アメリカの力により支えられた価値と影響力は、世界をより自由に、より安全に、かつより豊かにする」と指摘された。こうして、軍人出身のマクマスター国家安全保障問題担当大統領補佐官やマティス国防長官らの現実主義の冷徹な安全保障観が反映された形である。トランプ大統領も、同じ一二月一八日に、『国家安全保障戦略』について演説し、「激しい軍事、経済、政治の争いが世界中で行われている」と述べ、同戦略が国益の最大化を目指す現実主義に基づいて策定された点を強調している（The White House, 2017A）。

トランプ大統領は演説で、戦略の大きな方針の一つは、「力による平和の堅持だ」と述べ、中国とロシアは「アメリカの価値や富に挑戦する『ライバル強国』である」と名指しして、警戒感を露わにした。「好むと好まざるとにかかわらず、われわれは新しい競争の時代に入っている。強大な軍事、経済、政治的な抗争が世界中で繰り広げられている」と強調した。

また、北朝鮮の金正恩体制を「アメリカや同盟諸国を脅かすような『ならず者国家』」と批判し、「金体制が世界を脅迫できぬよう、同盟諸国とともに非核化に向けてあらゆる措置を講じる」と強調した。北朝鮮の弾道ミサイルの脅威を念頭に、「重層的なミサイル防衛を構築していく」とも指摘した。「（北朝鮮へ）圧力の最大化を図り、今までで最も重い制裁につながったが、もっとやるべきことがある」、また「戦いに勝利する準備ができていない国家は戦争を防げない」とも主張された。

アメリカの繁栄に重きを置き、知的所有権侵害の問題はともかく、貿易不均衡の是正にまで言及しているのは、気がかりである。トランプ大統領は、「経済安全保障は、国家安全保障である」と強調した。中国を名指ししていないものの、不当とみなす経済活動を「経済的侵略」と呼び、強く批判している（The White House, 2017B）。

二〇一八年一月一九日には、トランプ政権の『国家防衛戦略』が発表された。『国家安全保障戦略』に基づいて、国防総省がまとめた。マティス国防長官は演説で、「テロではなく、大国間の競争がアメリカの国家安全保障の最優先課題だ」と述べ、中国やロシアを「戦略上の競争相手」と位置づけた上で、米軍の態勢強化が必要である、と訴えた。マティス国防長官は、「アメリカは現状変革勢力の増大する脅威に直面している」という危機感を明らかにした。特に中国については、「将来的には地球規模での優位を確立し、アメリカに取って代わろうとしている」とその対外行動を批判した。「ならず者国家」と断じた北朝鮮とイランに対しては、「地域と世界の安定に危機をもたらす不法行為に固執している」と批判した。「伝統的な同盟国に加えて他国との協力関係も強化する」とも述べ、日本を含めたインド太平洋地域などで防衛協力を進める考えが明らかとなった。

二月にもまとめる「核態勢の見直し（NPR）」で、核兵器の役割を拡大する方針を盛り込むことが、一月中旬の時点で、明らかとなった。核攻撃の抑止と反撃に限定せず、通常兵器への反撃にも核兵器の使用を排除しない方針であるという。もしこの方針が決定されたならば、核不拡散条約（NPT）を順守する非核保有国に対して、「核兵器を使用しない」と表明していたオバマ政権からの大きな政策転換となる。

政権発足以来、トランプ政権は、「中露両国との危うい取り引き外交に走りかねない」と危惧されてきただけに、『国家安全保障戦略』が比較的に早くまとめられたことは、一定の評価ができる。ただし、問題がないわけではない。たとえば、「アメリカ第一主義」の堅持と国際連携が両立しうるとトランプ政権は捉えているが、はたしてどこまで可能であろうか――。またこれから、ヨーロッパ地域やインド太平洋地域のリベラルな価値を共有する同盟国は、相応の軍事・安全保障の負担を求められることは間違いない。特に中国やロシア、北朝鮮やイランの脅威に対応するために、アメリカを中心に、「不可欠な同盟国」とされる日本とオーストラリア、インドとの間で、戦略的な対話をより強化することが課題の一つとなろう（Brands, 2018）。

トランプ政権の二〇一七年一二月の『国家安全保障戦略』を、「強いアメリカ」ないし「偉大なアメリカ」の再生のはじまりと見るか、それともアメリカ主導のリベラルな国際秩序の落日と見るか――。その評価は、長い月日が経過した後に、明らかとなるであろう。その時まで、特に主要な大国（地域大国を含む）の間で、誤認や小さなアクシデントをきっかけに、戦争が勃発しないことを祈るばかりである。再び問おう。トランプ政権以後、はたしてリベラルな国際秩序は維持されるであろうか――。

あとがき

自分に変えられるものと自分に変えられないものを見分ける叡智を神よどうか与え給え。
神学者で国際政治学者のラインホルト・ニーバー

本書は、構想二〇年、執筆に数年間を要した——。と言うと格好がつくが、要は、なかなか長い論文をまとめることができなかったということである。本書は、これまで書き溜めておいた一八の論文を一つにまとめたものである。特に二〇一六年と二〇一七年にはそれぞれ、本書出版のために、複数の論文をまとめた。そのため、それぞれの章の内容は一つの論文のように独立しているが、序章で論じた通り「国内政治・同盟内政治・帝国の論理」という三つのレベルから分析しているという点でまとまりがある。タイトルの通り、対外政策の「抑制と均衡」の要因に特に着目して、「アメリカ外交の政治学」をまとめたものである。

「自分の本を書きたい」とはじめて思ったのは、大学二年生の時に、ケナンの『アメリカ外交五〇年』（一九五一年）を読んだ時であった。はじめは、何度読んでも意味がわからなかったが、ものすごく重要な歴史の解釈が展開されているのであろうことは、なんとなく理解できた。有賀貞、宮里政玄編の『概説アメリカ外交史』（一九八三年）と同時並行で、ケナンの本を読み込んだ。このことが、その後の研究の土台となった。ケナンの本は、今まで何度も読み直している。

ケナンの本に出逢ったのは、学部二年生で獨協大学の竹田ゼミに所属し、国際政治学を学び始めた時であった。本屋でなぜか気になり購入したが、はじめはそれほど重要な本だとは理解していなかった。竹田ゼミでは、毎週一冊の本を読み、レポートをまとめ、みなで議論を重ねた。永野隆行、佐藤真千子、水本義彦、八丁由比、堀圭一、市原麻衣子、佐野康子、松村尚子といった先輩後輩に恵まれた。竹田いさみ先生は、優れた研究者であるだけでなく、多くの研究者を輩出したことになる。竹田先生は、研究のため、実に楽しそうに海外を飛び回っていた。今も飛び回っている。そのため、議論に説得力がある。

小生の卒業論文のテーマは、「米中和解――新たな秩序を求めて」で、一九七二年二月の米中接近劇を論じた。一次資料がまだ公開されていない段階で、竹田先生はこのテーマを受け容れてくれた。「王道を目指さず、ニッチなテーマを選べ」と説く竹田先生であるにもかかわらず、である。これ以降、小生は一貫して、一九七〇年代以降のアメリカ政治外交や国際関係に興味関心を抱いてきた。アメリカ政治外交と国際関係の特に「一九七〇年代」を徹底的に分析することが、小生の研究人生のテーマとなった。

一橋大学大学院では、まず石井修先生の下で、冷戦史とアメリカ外交史を改めて一から学んだ。特に博士前期（修士）課程の一年目は、弟子は小生一人だけだったので、マンツーマンでご指導を受けた。きわめて恵まれた貴重な時間であった。修士論文のテーマは、再びニクソン＝キッシンジャー外交を取り上げ、「『差別的デタント』の脅威――西ドイツの東方政策に対するアメリカの反応」とした。まだ一次資料は公開されていなかった。冷戦史研究の権威で、一次資料の裏づけを何よりも重視される石井先生だが、本格的な外交史研究ではない準政治学的なアプローチを受け容れてくれた。こうして小生は、同盟内政治への興味関心を深めることとなった。

同盟内政治に興味関心を抱く上では、石井先生のご指導に加えて、イギリス外交史研究の田中孝彦先生から受けた影響も大きかった。有賀貞先生は、アメリカ政治外交を外交と内政でバランスよく論じる必要性を認識させてくれた（博士後期課程では、西崎文子先生の講義も受講した）。野林健先生と大芝亮先生からは、国際関係論（ＩＲ）を改めて学んだ。

博士後期課程でも石井先生のご指導を受けたが、家庭の事情で長期海外留学はあきらめ、やがて三年間休学し、シンクタンクの研究員として働くようになった。この間、ノルキストの『「保守革命」がアメリカを変える』（一九九六年）の翻訳作業を手伝わせていただくことになり（訳者の久保文明先生と吉原欽一先生にお世話になった）、アメリカの国内政治の重要性を強く認識することになった。一九九四年一一月の中間選挙で、下院で四〇年ぶりに共和党が多数党となったからである。それは、「ニューディール連合」の崩壊を意味した。

こうして、もともと第二次ベルリン危機やキューバ・ミサイル危機、スカイボルト危機をめぐる英米関係で博士論文をまとめようと準備していたが（島村、二〇一六c）、「アメリカ外交の政治学」に目覚めることとなった。しかし、これは苦難の始まりであった。アメリカ議会を中心とした国内政治の要因は、学べば学ぶほど奥が深かった。それまで、アメリカ外交史と国際関係論を学んできた小生にとっては、力量を超えたテーマに挑戦することになっていたのである。特にアメリカ議会の仕組みや対外政策での議会の影響力を理解するために、長い年月を要した。こうした研究の成果はまず、社団法人アジアフォーラム・ジャパン（ＡＦＪ）の吉原欽一先生編著の『現代アメリカの政治権力構造――岐路に立つ共和党とアメリカ政治のダイナミズム』（二〇〇〇年）のなかで取り上げていただいた。今でも心から感謝している。

論文の初出一覧は、以下の通りである。

特に論文「冷戦後の大統領と議会」はもともと、吉原欽一先生との共著であった。小生が執筆した原稿に吉原先生が忌憚のないコメントを下さり、大幅に書き直して、長文の論文となった。この度も、本書を執筆するにあたり、かつての吉原先生とのやりとりから、多くのヒントを得ている。「絶えず日本の国益を考え、研究し続け、論文をまとめよ」と、繰り返し叱咤激励されたことを今でも懐かしく思い出す。小生は、「自分のためだけに研究するな」と理解した。

第一章　「『民主主義のジレンマ』とアメリカ政治外交」『杏林社会科学研究』第二七巻第一号、二〇一一年五月。

第二章　「アメリカ外交――理念外交と権力外交の間」杉田米行編『アメリカを知るための一八章』大学教育出版、二〇一三年：「アメリカ外交と現実主義の伝統」『杏林社会科学研究』第二九巻第一号、二〇一三年六月。

第四章　「アメリカと帝国、『帝国』としてのアメリカ」『杏林社会科学研究』第三三巻第三・四合併号、二〇一七年三月。

第五章　「アメリカに見る『権力の分立』」『杏林社会科学研究』第二七巻第三号、二〇一一年一〇月：「冷戦後の大統領と議会――共和党多数議会の成立とクリントン外交」吉原欽一編著『現代アメリカの政治権力構造――岐路に立つ共和党とアメリカ政治のダイナミズム』日本評論社、二〇〇〇年。

第六章　「圧力団体とロビイング――アメリカ外交をロビーせよ」など石井修・滝田賢治編『現代アメリカ外交キーワード』

有斐閣、二〇〇三年：「〈書評論文〉アメリカ議会と対外政策プロセス」『国際政治（特集：多国間主義の検証）』第一三三号、二〇〇三年八月：「冷戦後の大統領と議会――共和党多数議会の成立とクリントン外交」吉原欽一編著『現代アメリカの政治権力構造――岐路に立つ共和党とアメリカ政治のダイナミズム』日本評論社、二〇〇〇年。

第七章　「現代アメリカの政党の変容」『法学新報（臼井久和先生古希記念号）』第一一七巻第一一～一二号、二〇一一年三月。

第九章　「英米の『特別な関係』の形成――一九三九－一九四五年（上）」『杏林社会科学研究』第三三巻第一号、二〇一七年九月：「英米の『特別な関係』の形成――一九三九－一九四五年（下）」『杏林社会科学研究』第三三巻第二号、二〇一七年一二月。

第十一章　「『差別的デタント』の脅威――西独の東方政策に対するニクソン政権の反応」『一橋研究』第二二巻第一号、一九九七年四月：「ニクソン政権のベルリン政策に見るリンケージ」『一橋研究』第二二巻三号、一九九七年一〇月。

第十三章　「冷戦後の大統領と議会――共和党多数議会の成立とクリントン外交」吉原欽一編著『現代アメリカの政治権力構造――岐路に立つ共和党とアメリカ政治のダイナミズム』日本評論社、二〇〇〇年。

第十四章　「二一世紀の日米関係と中国の台頭」馬田啓一・大川昌利編著『現代日本経済の論点――岐路に立つニッポン』文眞堂、二〇一六年。

第十五章　「米中間で『新型の大国関係』は可能か？」馬田啓一・小野田欣也・西孝編著『グローバル・エコノミーの論点――世界経済の変化を読む』文眞堂、二〇一七年。

この度、本書をまとめるにあたり、恥ずかしながらこれまでの論文に数々の間違いや誤植を多くみつけた。可能な範囲ですべて修正した。

また注で、できる限り新しい研究にも触れている。大幅に書き直したため、原文をほとんどとどめていない論文もある。

論文の転載を許可してくれた出版社や機関に深く感謝する。

さて話を大学院時代の昔話に戻そう。やがて石井修先生がご退官され、納家政嗣先生のご指導を受けることとなった。主に安全保障研究や国際関係論の理論を学んだが、納家先生は歴史にも詳しかった。毎週、納家先生と議論するのは、楽しくて仕方がなかった。理論研究と歴史研究で分野は違うが、納家先生は、石井先生と同じく、研究に対して実に真摯であった。いつも二人の指導教官の背中を見続けて、小生は背筋を伸ばす気持ちになっていた。長期海外留学はあきらめたが、小生は二人の並外れた指導教官に恵まれた。

大学院では、山田敦、高柳彰夫、西村めぐみ、佐藤丙午、伊藤裕子、中嶋啓雄、上原良子、沖村理史、石川卓、高光佳代、杉田尚子、池田亮、宮城大蔵、青野利彦、堀圭一、権容奭、山本健、片山慶隆、和田洋典、松村尚子、山本章子といった優れた先輩後輩、そして同期に恵まれたことも、幸運であった。

しかし、シンクタンクを辞職した後の三〇代は、必ずしも順風満帆な研究生活ではなかった。関東学院大学、中央大学、フェリス女学院大学、青山学院大学、聖心女子大学、聖学院大学という恵まれた教育環境で、「アメリカ政治外交」もしくは「国際関係論」「国際関係史」担当の非常勤講師として教歴を積めたことは誠に幸せであったが、週九コマとなり、夏と春にはそれぞれ二〇〇〇人以上の中間レポートと試験の採点をしなければならなかった。不眠症にも悩まされた。憂鬱な気分を吹き飛ばしてくれたのは唯一、姪の桃花の笑顔であった。研究への意欲をようやく取り戻すきっかけとなったのは、蝋山道雄先生のご自宅での研究会に参加するようになってからであった。こうしたことを言い訳として、なかなかまとまった論文を執筆することができなかった。論文を量産できるようになったのは、杏林大学の常勤の専任講師となってからである。すでに四〇歳になろうとしていた。

何よりも、再び論文をまとめる気概をとり戻せたのは、多くの先生方の励ましによる。二人の指導教官に加えて、特に臼井久和や滝田賢治、齋藤元秀といった大先輩からの励ましがあった。こうした先生方から定期的に直筆のお手紙を頂戴したことを、生涯忘れないだろう。竹田先生からは、たびたびお電話をいただいた。また、石井先生と滝田先生を中心に、山本吉宣、高松基之、関場誓子、井尻秀憲、渡邉啓貴、佐々木卓也、山田敦、沖村理史、石川卓、今井宏平といった先生方とは、「世界とアメリカセミナー」という二泊三日の合同ゼミ合宿を実施してきた。この企画は、一五年間も継続した。四度の学会報告では、高松基之、佐々木卓也、高橋杉雄、伊藤裕子、大津留（北川）智恵子、佐藤丙午、石田淳、滝田賢治、橋口豊、松岡完、秋田茂といった先生方から、貴重なコメントをいただいた。論文にコメントして下さったのは、石井修、納家政嗣、吉原欽一、中村克彦、茶谷展行、永野隆行、沖村理史、石川卓、松岡完、君塚直隆、細谷雄一、佐藤真千子、渡辺剛、中嶋啓雄、水本義彦、山口育人、吉留公太、小川裕子、高光佳絵、山本健、市原麻衣子、山越裕太といった先生方であった。特に石井先生からは、論文をお贈りする度に、お手紙でコメントをいただいている。小生の宝物である。ナウの『アメリカの対外関与』（二〇〇〇三年）の翻訳では、村田晃嗣、石川卓、高橋杉雄といった先生方にお世話になった。村田先生の『レーガン』（二〇一一年）の草稿を拝読させていただいたときには、その執筆の瞬発力に驚いた。フクヤマの『政治の起源』（二〇一三年）の翻訳では、会田弘継さんのずば抜けた英語力に舌を巻く経験をした。「この人こそ、日本の知識人だ」と思った。

『イギリスとアメリカ』（二〇一六年）を出版するための英米関係史研究会で、君塚直隆、細谷雄一、永野隆行、中嶋啓雄、水本義彦、青野利彦、吉留公太、山口育人、山中仁美、藤山一樹、半澤朝彦、鈴木陽一、森聡、山本健、宮城大蔵、松本佐保、三牧聖子といった先生方と、定期的に議論を重ねることができたことも、大いに刺激となった。これは、七年間継続した。東京財団の「現代アメリカ」プロジェクトの研究会では、短期間ではあったが、久保文明、中山俊宏、渡辺将人、前嶋和弘、渡部恒雄、細野豊樹、西川賢、飯山雅史、中林美恵子といった先生方と毎月コラムをまとめるプロジェクトに従事することができた。おかげで、執筆するスピードはより速くなった。納家政嗣先生を中心とした「帝国の遺産」プロジェクトでは、なぜかみんなで鎌倉にハイキングに行った（島村、二〇一七e）。滝田賢治先生を中心とした研究プロジェクトでは、地政学について分析する機会をいただいた（島村、二〇一七b）。国際政治経済（ＩＰＥ）研究会（幹事：勝間田弘、和田洋典、小川裕子）では、報告の機会を二度もいただいた。「本代稼ぎに」と、報告書の執筆や研究会報告の機会を繰り返し提供してくれたのはさきほど述べたＡＦＪの吉原欽一先生である。おかげで、本書を執筆するための学術書はほぼすべて、小生の家にある。問題は、本の重みで自宅が傾いてきたことである。両親に申し訳がない。

本がなかなか売れないこのご時世に、小生のこの分厚い本を出版していただいたミネルヴァ書房の、特に岡崎麻優子さんに、心から感謝したい。

杏林大学からは出版助成をいただいた。特に大川正利先生と橋本雄太郎先生にご尽力していただいた。お礼を申し上げたい。

最後になったが、両親の幸次ときよ子に心から感謝の気持ちを伝えたい。中学卒業とともに働いてきた二人であったが、高校、大学、大学院への進学を快く許して、支えてきてくれた。何よりも二人は、自分自身の頭で考えることの大切さを教えてくれた。父は、実は小生よりも日本の歴史に詳しい。家は歴史の本であふれていた。問題は、NHKの大河ドラマの続きの内容を言い当ててしまうことである。母は、ネガティブ志向であるにもかかわらず、どんな時にも明るさを忘れない性格で、ユーモアのセンスを伝授してくれた。つらい時こそ、歌うのである。塾にも通えぬほど家は貧乏であったが、小生は、二人の子供として生まれてきて、本当に幸せである。

二〇一七年一一月　杏林大学井の頭キャンパスの研究室にて

島村直幸

主要参考文献

〈欧文史料〉

Bush, George W. (1999A), A Period of Consequences (Speech on The Citadel, South Carolina). http://www.georgewbush.com/speeches/defense/citadel.asp

Bush, George W. (1999B), A Distinctly American Internationalism (Speech on Ronald Reagan Presidential Library, Simi Valley, California). http://www/georgewbush.com/speeches/foreinpolicy/foreignpolicy.asp

Congressional Quarterly Almanac, 91th Congress 1st Session, 1969, Vol. XXV (1970), Congressional Quarterly.

Congressional Quarterly Almanac, 91th Congress 2nd Session, 1970, Vol. XXVI (1971), Congressional Quarterly.

Congressional Quarterly Almanac, 92th Congress 1st Session, 1971, Vol. XXVII (1972), Congressional Quarterly.

Congressional Quarterly Almanac, 92th Congress 2nd Session, 1972, Vol. XXVIII (1973), Congressional Quarterly.

Congressional Quarterly Almanac, 93th Congress 1st Session, 1973, Vol. XXVIX (1974), Congressional Quarterly.

Congressional Quarterly Almanac, 93th Congress 2nd Session, 1974, Vol. XXX (1975), Congressional Quarterly.

Congressional Quarterly Almanac, 104th Congress 2nd Session, 1996, Vol. LII (1997), Congressional Quarterly.

Congressional Record, 80 Congress, 2nd Session.

Defence Plannin Guidance (1992). http://www.Yake.edu/strttech/92dpg.html

Foreign Relations of the United States [*FRUS*], *1948, Volume I, General : The United Nations, Part 2,* U. S. Government Printing Office.

FRUS, 1948, Volume III : Western Europe, U. S. Government Printing Office.

FRUS, 1949, Volume IV : Western Europe, U. S. Government Printing Office.

FRUS, 1949, Volume I : Western Europe, U. S. Government Printing Office.

President Nixon's Report to Congress, February 18, 1970（一九七〇年）, *United States Foreign Policy for the 1970's : A New Strategy for Peace,* アメ

リカ大使館広報文化局報道出版部。

Public Papers of the Presidents of the United States : Huryy S. Truman, 1948 (1963), U. S. Government Printing Office.

Public Papers of the Presidents of the United States : Lyndon B. Johnson, 1966 (1967), U. S. Government Printing Office.

Public Papers of the Presidents of the United States : Richard M. Nixon, 1971 (1972), U. S. Government Printing Office.

Public Papers of the Presidents of the United States : Bill Clinton 1994 (1995), U. S. Government Printing Office.

Public Papers of the Presidents of the United States : Bill Clinton 1996 (1998A), U. S. Government Printing Office.

Public Papers of the Presidents of the United States : Bill Clinton 1997 (1998B), U. S. Government Printing Office.

The White House (February 1995), *A National Security Strategy of Engagement and Enlargement.* http://www.dtic.mil/doctrine/doctrine/research/nss.pdf

The White House (June 1, 2002A), President Bush Delivers Graduation Speech at West Point.

The White House (September, 17 2002B), *The National Security Strategy of the United States of America.* https://georgewbush-whitehouse.archives.gov/nsc/nss/2002/

The White House (2004), State of the Union Address. http://www.whitehouse.gov./news/release/2004/01/20040120-7.html

The White House (March 16, 2006), *The National Security Strategy of the United States of America.* https://www.state.gov/documents/organization/64884.pdf

The White House (February 6, 2015), *The National Security Strategy of the United States of America.* nssarchive.us/wp-content/uploads/2015/02/2015.pdf

The White House (December 18, 2017A), *The National Security Strategy of the United States of America.* https://www.whitehouse.gov/wp-content/uploads/2017/12/NSS-Final-12-18-2017-0905.pdf

The White House (December 18, 2017B), Remarks by President Trump on the Administration's National Security Strategy. https://www.whitehouse.gov/briefings-statements/remarks-president-trump-administrations-national-security-strategy/

The White House (January 30, 2018), State of the Union Address. https://www.whitehouse.gov/briefings-statements/president-donald-j-trumps-state-union-address/

The White House Fact Sheet (19 November, 2010), http://iipdigital.usembassy.gov/st/english/texttrans/2011/11/20111119151041su0.2769434.html?

CP.rss=true#axzz1eI9aZnVc
U. S. Department of State, *Documents on Germany 1944–1985* (1986), U. S. Government Printing Office.
U. S. Department of State, *Bulletin*, 16 (15 June, 1947), U. S. Government Printing Office.
U. S. Department of State, *Bulletin*, LX-1552 (March 24, 1969), U. S. Government Printing Office.
U. S. Department of State, *Bulletin*, LX-1557 (April 28, 1969), U. S. Government Printing Office.
U. S. Department of State, *Bulletin*, LXI-1592 (December 17, 1969), U. S. Government Printing Office.
U. S. Department of State, *Bulletin*, LX-1610 (May 4, 1970), U. S. Government Printing Office.
U. S. Department of State, *Bulletin*, LXII-1617 (June 22, 1970), U. S. Government Printing Office.
U. S. Department of State, *Dispatch*, Vol. 4, No. 4 (January 25, 1993), U. S. Government Printing Office.
U. S. Department of State, *Dispatch*, Vol. 4, No. 39 (September 27, 1993), U. S. Government Printing Office.
U. S. Department of State, *Dispatch*, Vol. 4, No. 47 (November 22, 1993), U. S. Government Printing Office.
U. S. Department of State, *Dispatch*, Vol. 5, No. 46 (November 14, 1994), U. S. Government Printing Office.

〈欧文文献〉

Acheson, Dean (1968), *Present at the Creation : My Years in the State Department*, W. W. Norton & Company.
Albright, Madeleine (2003), *Madam Secretary : A Memoir*, Miramax Press.
Allin, Dane H. (1994), *Cold War Illusions : America, Europe, and Soviet Power, 1969–1989*, St. Martin's Press.
Allison, Graham T. and Gregory Treverton, eds. (1992), *Rethinking America's Security : Beyond Cold War to New World Order*, W. W. Norton & Company.
Allison, Graham T. and Philip Zelikow (1999 [1971]), *Essence of Decision : Explaining the Cuban Missile Crisis*, Second Edition, Longman.
Allison, Graham T. (2017), *Destined for War : Can America and China Escape Thucydides's Trap ?*, Scribe.
Ambrosio, Thomas ed. (2002), *Ethnic Identity Groups and U. S. Foreign Policy*, Praeger.
Anderson, Martin (1990 [1988]), *Revolution : The Reagan Legacy*, Expanded and Updated, Hoover Press.
Anderson, Terry H. (1981), *The United States, Great Britain, and the Cold War, 1944–1947*, University of Missouri Press.

Andrianopoulous, Argyris G. (1988), *Western Europe in Kissinger's Global Strategy,* Macmillan Press.

Arnold, Guy (2014), *America and Britain : Was There Ever a Special Relationship ?,* Hurst & Company.

Aron, Raymond (1977), translated by Stephan Cox, *In Defence of Decadent Europe,* Regnery/Gateway.

Aron, Raymond (2009 [1974]), *The Imperial Republic: The United States and the World 1945–1973,* Transaction Publisher.

Art, Robert (2003), *A Grand Strategy for America,* Cornell University Press.

Ash, Timothy Garton (1993), *In Europe's Name,* Random House.

Auerswald, David P. and Colton C. Campbell, eds. (2012), *Congress and the Politics of National Security,* Cambridge University Press.

Bacchus, Willian I. (1997), *The Price of American Foreign Policy : Congress, the Executive, and International Affairs Funding,* The Pennsylvania State University Press.

Bader, Jeffrey A. (2012), *Obama and China's Rise : An Insider's Account of America's Asia Strategy,* Brookings Institution Press.

Bader, John B. (1996), *Taking the Initiative : Leadership Agendas in Congress and the "Contract with America,"* Georgetown University Press.

Baker, III, James A. with Thomas M. DeFrank (1995), *The Politics of Diplomacy : Revolution, War & Peace, 1989–1992,* G. P. Putnam's Sons.

Baker, Ross K. (2001 [1989]), *House and Senate,* Third Edition, W. W. Norton & Company.

Ball, George W. (1976), *Diplomacy for a Crowed World : An American Foreign Policy,* Little, Brown and Company.

Banks, Catherin (2008), *The War Powers Resolution : The Congressional Role over the Use of Military Force,* VDM Verlag Dr. Muller.

Barber, Benjamin (2003), *Fear's Empire : War, Terrorism, and Democracy,* W. W. Norton & Company.

Barkey, Karen and Mark Von Hagen, eds. (1997), *After Empire : Multiethnic Societies and Nation-Building ; The Soviet Union and the Russian, Ottoman, and Habsburg Empires,* Westview Press.

Barnet, Richard J. (1983), *The Alliance : America-Europe-Japan Makers of the Postwar World,* Simon and Schuster.

Barnhart, Michael ed. (1987), *Congress and United States Foreign Policy : Controlling the Use of Force in the Nuclear Age,* State University of New York Press.

Bartlett, C. J. (1992), *The Special Relationship : A Political History of Anglo-American Relations since 1945,* Longman.

Baylis, John, ed. (1977), *British Defence Policy in a Changing World,* Croom Helm.

Baylis, John (1984 [1981]), *Anglo-American Defence Relations 1939–1984 : The Special Relationship,* Second Edition, St. Martin's Press.

Baylis, John (1995), *Ambiguity and Deterrence : British Nuclear Strategy 1945-1964,* Clarendon Press.

Beck, Paul Allen (1997), *Party Politics in America,* Eighth Edition, Addison-Wesley Longman.

Bernanke, Ben S. (2015), *The Courage to Act : A Memoir of a Crisis and Its Aftermath,* W. W. Norton & Company.

Best, Jr., Richard A. (1986), *"Cooperation with Like-Minded Peoples" : British Influence on American Security Policy,* Greenwood Press.

Bevir, Mark (2012), *Governance : A Very Short Introduction,* Oxford University Press.

Bischof, Gunter and Stephen E. Ambrose, eds. (1995), *Eisenhower : A Centenary Assessment,* Louisian State University Press.

Blake, Robert and Wm. Roger Louis, eds. (1993), *Churchill : Major New Assessment of His Life in Peace and War,* Oxford University Press.

Blechman, Barry M. (1990), *The Politics of National Security : Congress and U. S. Defense Policy,* Oxford University Press.

Boot, Max (2002), *The Savage Wars of Peace : Small Wars and the Rise of American Power,* Basic Books.

Bowie, Richard H. and Richard H. Immerman (1998), *Waging Peace : How Eisenhower Shaped an Enduring Cold War Strategy,* Oxford University Press.

Boys, James D. (2015), *Clinton's Grand Strategy : US Foreign Policy in a Post-Cold War World,* Bloomsbury.

Brandon, Henry (1988), *Special Relationships : A Foreign Correspondent's Memoirs from Roosevelt to Reagan,* Atheneum.

Brands, Hal (2018), *American Grand Strategy in the Age of Trump,* Brookings Institution Press.

Brands, H. W. (1995), *The Wages of Globalism : Lyndon Johnson and the Limits of American Power,* Oxford University Press.

Brandt, Willy (1969A), translated by J. Carmichael, *A Policy for Europe,* Holt, Rinehart and Winston.

Brandt, Willy (1976), translated by J. Maxwell Brownjohn, *People and Politics,* Little, Brown & Company.

Bremmer, Ian (2012), *Every Nation for Itself : Winners and Losers in a G-Zero World,* Penguin.

Brendon, Piers (2007), *The Decline and Fall of the British Empire 1781-1997,* Vintage.

Briggs, Philip J. (1994), *Making American Foreign Policy : President-Congress Relations from the Second World War to the Post-Cold War Era,* Second Edition, Rowman & Littlefield, Publishers.

Brinkley, Douglas and David R. Facey-Crowther, eds. (1994), *The Atlantic Charter,* Palgrave Macmillan.

Brooks, Stephen G. and William C. Wohlforth (2008), *World Out of Balance : International Relations and the Challenge of American Primacy,* Princeton University Press.

Brown, Chris (2015), *International Society, Global Polity : An Introduction to International Political Theory,* SAGA.

Brown, Michael E., Sean M. Lynn-Jones, and Steven E. Miller, eds. (1996), *Debating the Democratic Peace,* The MIT Press.

Brzezinski, Zbigniew (1983), *Power and Principle : Memoirs of the National Security Adviser 1977-1981,* Farrar, Straus and Giroux.

Brzezinski, Zbigniew (1997), *The Grand Chessboard : American Primacy and Its Geostrategic Imperatives,* Basic Books.

Brzezinski, Zbigniew (2004), *The Choice : Global Domination or Global Leadership,* Basic Books.

Brzezinski, Zbigniew (2012), *Strategic Vision : America and the Crisis of Global Power,* Basic Books.

Bull, Hedley (1977), *The Anarchical Society : A Study of Order in World Politics,* Macmillan.

Bull, Hedley and Adam Watson, eds. (1984), *The Expansion of International Society,* Oxford University Press.

Burbank, Jane and Frederick Cooper (2010), *Empire in World History : Power and the Politics of Difference,* Princeton University Press.

Burk, Kathleen (2007), *Old World, New World : Great Britain and America from the Beginning,* Grove Press.

Bush, George and Brent Scowcroft (1998), *A World Transformed,* Vintage Books.

Bush, George W. (1999), *A Charge to Keep,* William Morrow and Company.

Bush, George W. (2010), *Decision Point,* Crown Publisher.

Butterfield, H. and Martin Wight, eds. (1966), *Diplomatic Investigations : Essays in the Theory of International Relations,* Cambridge University Press.

Buzan, Barry (2014), *An Introduction to the English School of International Relations,* Polity.

Buzan, Barry and George Lawson (2015), *The Global Transformation : History, Modernity and the Making of Modern International Relation,* Cambridge University Press.

Cain, P. J. and A. G. Hopkins (2016 [1993]), *British Imperialism, 1688-2015,* Third Edition, Routledge.

Caldwell, Dan, ed. (1983), *Henry Kissinger,* Duke University Press.

Campbell, Colin and Beat A. Rockman, eds. (2004), *The George W. Bush Presidency : Appraisals and Prospects,* CQ Press.

Campbell, Colton C., Nicol C. Rae, and John F. Stack, Jr., eds. (2003), *Congress and the Politics of Foreign Policy,* Prentice Hall.

Campbell, Duncan Andrew (2007), *Unlikely Allies : Britain, America and the Victorian Origin of the Special Relationship,* Hambledon Continuum.

Campbell, Kurt M. (2016), *The Pivot : The Future of American Statecraft in Asia,* Twelve.

Carr, Edward Hallett (1964 [1939]), *The Twenty Years' Crisis 1919–1939 : An Introduction to the Study of International Relations*, Harper & Row, Publishers.

Carr, Edward Hallett (1955), *International Relations between World Wars, 1919–1939*, Macmillan.

Casey, Steven ed. (2013), *The Cold War*, Routledge.

Cheney, Dick, with Liz Cheney (2011), *In My Time : A Personal and Political Memoir*, Threshold Editions.

Chace, James (1993), *Acheson : The Secretary of State Who Created American World*, Westview Press.

Charmley, John (1995), *Churchill's Grand Alliance : The Anglo-American Special Relationship* 1940–57, Harcourt Brace & Company.

Christopher, Warren (1998), *In the Stream of History : Shaping Foreign Policy for a New Era*, Stanford University Press.

Churchill, Winston S. (1985), *The Grand Alliance : The Second World War Volume III*, Penguin.

Churchill, Winston S. (2002), *A History of the English-Speaking Peoples*, 4 volumes, Weidenfeld & Nicolson.

Clark, Ian (2005), *Legitimacy in International Society*, Oxford University Press.

Clarke, Jonathan and James Clad (1995), *After the Crusade : American Foreign Policy for the Post-Superpower Age*, Madison Books.

Clarke, Richard A. (2004), *Against All Enemies : Inside America's War on Terror*, The Free Press.

Clinton, Bill and Al Gore (1992), *Putting People First : How We Can All Change America*, Random House.

Clinton, Hillary Radham (2004), *Living History : Memoir*, Scribner.

Clinton, Hillary Rodham (2014), *Hard Choices*, Simon & Schuster Publishers.

Cohen, Edward S. (2001), *The Politics of Globalization in the United States*, Georgetown University Press.

Cohen, Stephen D. (2000), *The Making of United States International Economic Policy : Principles, Problems, and Proposals for Reform*, Fifth Edition, Praeger Publishers.

Coleman, John J. (1996), *Party Decline in America : Policy, Politics, and the Fiscal State*, Princeton University Press.

Commission on America's National Interests (1996), *America's National Interests : A Report from the Commission on America's National Interests*.

Committee on Political Parties, American Political Science Association (1950), *Toward a More Responsible Two-Party System : A Report of the Committee on Political Parties of the American Political Science Association*, Rinehart.

Congressional Digest (1999A), Vol. 78, No. 4, esp. p. 107.

Congressional Digest (1999B), Vol. 78, No. 12, esp. p. 299.

Conley, Richard S. (2003), *The Presidency and Congress and Divided Government,* Texas A&M University Press.

Conley, Richard S., ed. (2005), *Transforming the American Policy : The Presidential George W. Bush and the War on Terrorism,* Pearson Prentice Hall.

Cook, Don (1989), *Forging the Alliance : The Birth of the NATO Treaty and the Dramatic Transformation of U. S. Foreign Policy between 1945 and 1950,* Arbor House/William Morrow.

Cooper, Robert (2003), *The Breaking Nations : Order and Chaos in the Twenty-First Century,* Grove Press.

Corwin, Edward (1957), *The President : Office and Power,* Fourth Revised Edition, New York University Press.

Corwin, Edward (2017 [1917]), *The President's Control of Foreign Relations,* Andesite Press.

Costigliola, Frank and Michael J. Hogan eds. (2014 [1996]), *America in the World : The Historiography of American Foreign Relations since 1941,* Second Edition, Cambridge University Press.

Cox, Michael (1995), *US Foreign Policy after the Cold War : Superpower Without a Mission ?,* Royal Institute of International Affairs.

Cox, Michael, G. John Ikenberry, and Takashi Inoguchi, eds. (2000), *American Democracy Promotion : Impulses, Strategies, and Impacts,* Oxford University Press.

CQ 50 (October 30, 1999).

CQ Guide (1988).

CQ Outlook : Defense and Space : The Challenges Ahead (September 11, 1999).

Crabb, Jr., Cecil V. and Pat M. Holt (1992), *Invitation to Struggle : Congress, the President, and Foreign Policy,* Fourth Edition, CQ Press.

Crabb, Jr., Cecil V. Glenn J., Antizzo, and Leila E. Sarieddine (2000), *Congress and the Foreign Policy Process : Modes of Legislative Behavior,* Louisiana State University Press.

Craig, Gordon A. and Francis L. Loewenheim, eds. (1994), *The Diplomats 1939-1979,* Princeton University Press.

Cummings, Bruce (1981), *The Origin of the Korean War, volume 1 : Liberation and the Emergence of Separate Regimes, 1945-1947,* Princeton University Press.

Cummings, Bruce (1990), *The Origin of the Korean War, volume 2 : The Roaring of the Cataract, 1947-1950,* Princeton University Press.

Curtis, Gerald L., ed. (1994), *The United States, Japan and Asia,* W. W. Norton & Company.

Daalder, Ivo H. and James M. Lindsay (2005 [2003]), *America Unbound : The Bush Revolution on Foreign Policy,* Revised & Updated Edition, John Willy & Sons.

Daalder, Ivo H. and I. M. Destler (2009), *In the Shadow of the Oval Office : Profiles of the National Security Advisers and the Presidents They Served—from JFK to George W. Bush,* Simon & Schuster Publishers.

Dahl, Robert (1950), *Congress and Foreign Policy,* Harcourt, Brace.

Dallek, Robert (1979), *Franklin D. Roosevelt and American Foreign Policy, 1932-1945,* Oxford University Press.

Dallek, Robert (1983), *The American Style of Foreign Policy : Cultural Politics and Foreign Affairs,* Alfret A. Knopf.

Danchev, Alex (1998), *On Specialness : Essays in Anglo-American Relations,* Macmillan.

Darwin, John (2009), *The Empire Project : The Rise and Fall of the British World-System 1830-1970,* Cambridge University Press.

David A. Deese (1994), *The New Politics of American Foreign Policy,* St. Martin's Press.

Davidson, Roger H. and Walter J. Oleszek (1998), *Congress and Its Members,* Sixth Edition, SAGA/CQ Press.

Davidson, Roger H. and Walter J. Oleszek (2000), *Congress and Its Members,* Seventh Edition, SAGA/CQ Press.

Davidson, Roger H. and Walter J. Oleszek (2002), *Congress and its Members,* Eighth Edition, SAGA/CQ Press.

Davidson, Roger H. and Walter J. Oleszek (2004), *Congress and its Members,* Ninth Edition, SAGA/CQ Press.

Davidson, Roger H. and Walter J. Oleszek (2005), *Congress and its Members,* Tenth Edition, SAGA/CQ Press.

Davidson, Roger H. and Walter J. Oleszek (2008), *Congress and its Members,* Eleventh Edition, SAGA/CQ Press.

Davidson, Roger H. and Walter J. Oleszek (2010), *Congress and its Members,* Twelfth Edition, SAGA/CQ Press.

Davidson, Roger H., Walter J. Oleszek and Frances E. Lee (2012), *Congress and its Members, Thirteenth Edition,* SAGA/CQ Press.

Davidson, Roger H. and Walter J. Oleszek (2014), *Congress and its Members,* Fourteenth Edition, SAGA/CQ Press.

Davidson, Roger H. and Walter J. Oleszek (2015), *Congress and its Members,* Fifteenth Edition, SAGA/CQ Press.

Davidson, Roger H., Walter J. Oleszek, Frances E. Lee and Eric Schickler (2017), *Congress and Its Members,* Sixteenth Edition, SAGA/CQ Press.

Davis, James W. (1995 [1987]), *The American Presidency,* Second Edition, Praeger Publishers.

Deconde, Alexander (1992), *Ethnicity, Race and American Foreign Policy : A History,* Northeastern University Press.

Deering, Christopher J. and Steven S. Smith (1997), *Committees in Congress,* CQ Press.

Deibel, Terry L. (2007), *Foreign Affairs Strategy : Logic for American Statecraft,* Cambridge University Press.

Deighton, Anne, ed. (1990), *Britain and the First Cold War,* Palgrave Macmillan.

Deighton, Anne (1993), *The Impossible Peace : Britain, the Division of Germany, and the Origins of the Cold War,* Oxford University Press.

Destler, I. M. (2005 [1986]), *American Trade Politics,* Fourth Edition, Institute for International Economics.

Dimbleby, David and David Reynolds (1988), *An Ocean Apart : The Relationship between Britain and America in the Twentieth Century,* Hodder & Stoughton.

Dittmer, Jason and Joanne Sharp, eds. (2014), *Geopolitics : An Introductory Reader,* Routledge.

Divine, Robert A. (1981), *Eisenhower and the Cold War,* Oxford University Press.

Dobrynin, A. (1995), *In Confidence,* Random House.

Dobson, Alan P. (1988), *The Politics of Anglo-American Economic Special Relationship 1940-1987,* Wheatsheaf Books.

Dobson, Alan P. (1995), *Anglo-American Relations in the Twentieth Century : Of Friendship, Conflict and the Rise and Decline of Superpowers,* Routledge.

Dobson, Alan P. and Steve Marsh eds. (2013), *Anglo-American Relations : Contemporary Perspectives,* Routledge.

Dobson, Alan P. and Steve Marsh, eds. (2017), *Churchill and the Anglo-American Special Relationship,* Routledge.

Dockrill Michael L. and Michael F. Hopkins (2006 [1988]), *The Cold War,* Second Edition, Palgrave.

Dockrill, Saki (1991), *Britain's Policy for West German Rearmament 1950-1955,* Cambridge University Press.

Dockrill, Saki (1996), *Eisenhower's New-Look National Security Policy, 1953-61,* Macmillan Press.

Dodd, Lawrence C. and Bruce I. Oppenheimer, eds. (1997), *Congress Reconsidered,* Sixth Edition, SAGA/CQ Press.

Dodd, Lawrence C. and Bruce I. Oppenheimer, eds. (2001), *Congress Reconsidered,* Seventh Edition, SAGA/CQ press.

Dodd, Lawrence C. and Bruce I. Oppenheimer, eds. (2005), *Congress Reconsidered,* Eighth Edition, SAGA/CQ press.

Dodd, Lawrence C. and Bruce I. Oppenheimer, eds. (2009), *Congress Reconsidered,* Ninth Edition, SAGA/CQ press.

Dodd, Lawrence C. and Bruce I. Oppenheimer, eds. (2013), *Congress Reconsidered,* Tenth Edition, SAGA/CQ press.

Dodd, Lawrence C. and Bruce I. Oppenheimer, eds. (2017), *Congress Reconsidered,* Eleventh Edition, SAGA/CQ Press.

Dodds, Klaus (2014 [2007]), *Geopolitics : A Very Short Introduction,* Second Edition, Oxford University Press.
Doyle, Michael W. (1986), *Empires,* Cornell University Press.
Dueck, Colin (2006), *Reluctant Crusaders : Power, Culture, and Change in American Grand Strategy,* Princeton University Press.
Dueck, Colin (2015), *The Obama Doctrine : American Grand Strategy Today,* Oxford Univerisity Press.
Dumbrell, John (1990), *The Making of US Foreign Policy,* Manchester University Press.
Dumbrell, John (2006), *A Special Relationship : Anglo-American Relations from the Cold War to Iraq,* Second Edition, Palgrave Macmillan.
Dumbrell, John and Axell R. Schafer, eds. (2009), *America's 'Special Relationships' : Foreign and Domestic Aspects of the Politics of Alliance,* Routledge.
Dyer, Geoff (2014), *The Contest of the Century : The New Era of Competition with China-And How America can Win,* Penguin Books.
Eden, Anthony (1960), *The Memoirs of Sir Anthony Eden : Full Circle,* Cassell & Company.
Edwards III, George C. and Philip John Davies (2004), *New Challenges for the American Presidency,* Pearson Longman.
Eichengreen, Barry (2011), *Exorbitant Privilege : The Rise and Fall of the Dollar,* Oxford University Press.
Eisenhower, Dwight D. (1965), *Waging Peace : White House Years : A Personal Account 1956-1961,* Doubleday & Company.
Evans, Peter B., Harold K. Jacobson, and Robert D. Putnam, eds. (1993), *Double-Edged Diplomacy : International Bargaining and Domestic Politics,* University of California Press.
Farah, George (2004), *No Debate : How the Republican and Democratic Parties Secretly Control the Presidential Debates,* Seven Stories Press.
Fenby, Jonathan (2008 [2006]), *Alliance : The Inside Story of How Roosevelt, Stalin & Churchill Won One War and Began Another,* Pocket Books.
Fenno Jr., Richard F. (1973), *Congressmen in Committees,* Little, Brown and Company.
Ferguson, Niall (2004a), *Empire : The Rise and Demise of the British World Order and the Lessons for Global Power,* Basic Books.
Ferguson, Niall (2004b), *Colossus : The Price of America's Empire,* Penguin Books.
Ferguson, Niall (2006), *The War of the World : Twentieth-Century Conflict and the Descent of the West,* Penguin Books.
Ferguson, Niall (2009), *Empire : How Britain Made the Modern World,* Penguin.
Fernald, James Champlin (1899), *The Imperial Republic,* Funk & Wagnalls Company.
Fies, Herbert (1957), *Churchill, Roosevelt, Stalin : The War They Waged and the Peace They Sought,* Princeton University Press.

Fink, Carole and Bernd Schaefer, eds. (2009), *Ostpolitik, 1969-1974 : European and Global Responses,* Cambridge University Press.

Fisher, Louis (1995), *Presidential War Power,* University Press of Kansas.

Fisher, Louis (1997), *Constitutional Conflicts between and the Congress and the President,* Fourth Revised Edition, University Press of Kansas.

Fisher, Louis (2013 [1995]), *Presidential War Power,* Third Edition, University Press of Kansas.

Foner, Eric (1998), *The Story of American Freedom,* W. W. Norton & Company.

Friedberg, Aaron L. (2011), *A Contest for Supremacy : China, America, and the Struggle for Mastery in Asia,* W. W. Norton & Company.

Friedberg, Aaron L. (2014), *Beyond Air-Sea Battle : The Debate over US Military Strategy in Asia,* IISS.

Freedman, Lawrence (1981), *The Evolution of Nuclear Strategy,* Macmillan Press.

Friedman, Thomas L. and Michael Mandelbaum (2011), *That Used to Be Us : How America Fell Behind in the World It Invented and How We Can Come Back,* Farrar, Straus and Giroux.

Frost, Gerald ed. (1988), *The Congress of Phoenix : Rethinking Atlantic Security & Economics,* The AEI Press.

Fukuyama, Francis (1992), *The End of History and the Last Man,* Penguin Books.

Fukuyama, Francis (2004), *State Building : Governance and World Order in the Twenty-First Century,* Profile Books.

Fukuyama, Francis (2006), *America at the Crossroad : Democracy, Power, and the Neoconservative Legacy,* Yale University Press.

Fukuyama, Francis (2011), *The Origins of Political Order : From Prehuman Times to the French Revolition,* Profile Books.

Fukuyama, Francis (2014), *Political Order and Political Decay : From the Industrial Revolutin to the Globalization of Democracy,* Farrar, Srraus and Gioroux.

Gaddis, John Lewis (1972), *The United States and the Origins of the Cold War, 1941-1947,* Columbia University Press.

Gaddis, John Lewis (1987), *The Long Peace : Inquiries int the History of the Cold War,* Oxford University Press.

Gaddis, John Lewis (1992), *The United States and the End of the Cold War : Implications, Reconsiderations, Provocations,* Oxford University Press.

Gaddis, John Lewis (1998), *We Now Know : Rethinking Cold War History,* Oxford University Press.

Gaddis, John Lewis (2005A), *Surprise, Security, and the American Experience,* Harvard University Press.

Gaddis, John Lewis (2005B [1982]), *Strategies of Containment : A Critical Appraisal of American National Security Policy during the Cold War,* Revised and Expanded Edition.

Gaddis, John Lewis (2007), *The Cold War: The Deals, the Spies, the Lies, the Truth,* Penguin.

Gaddis, John Lewis (2011), *George F. Kennan: An American Life,* Penguin Books.

Gadzey, Anthony Tuo-Kofi (1994), *The Political Enonomy of Power: Hegemony and Economic Liberalism,* St. Martin's Press.

Gardner, Richard N., ed. (1966), *Blueprint for Peace: Being the Proposals of Prominent Americans to the White House Conference on International Cooperation,* McGraw-Hill Companies.

Garnet, S. A. (1986), *From Potsdam to Poland,* Praeger Publisher.

Garthoff, Raymond L. (1994A [1985]), *Détente and Confrontation: American-Soviet Relations from Nixon to Reagan,* Revised Edition, The Brookings Institution.

Garthoff, Raymond L. (1994B), *The Great Transition: American-Soviet Relations and the End of the Cold War,* The Brookings Institution.

Gates, Robert M. (2014), *Duty: Memoirs of a Secretary at War,* Alfret A. Knopf.

Gatzke, Hans W. (1980), *Germany and the United States: A Special Relationship,* Harvard University Press.

Gearson, John and Kori Schake, eds. (2002), *The Berlin Wall Crisis: Perspectives on Cold War Alliances,* Palgrave.

Geer, John G., ed. (1998), *Politicians and Party Politics,* The Johns Hopkins University.

Geithner, Timothy F. (2014), *Stress Test: Reflections on Financial Crises,* Crown Publishers.

Gibson, Martha L. (2000), *Conflict amid Consensus in American Trade Policy,* Georgetown University Press.

Giglio, James N. (1992), *The Presidency of John F. Kennedy,* University Press of Kansas.

Gilbert, Martin (2005), *Churchill and America,* The Free Press.

Gilpin, Robert (1981), *War & Change in the World Politics,* Cambridge University Press.

Gingrich, Rep. Newt, Rep. Dick Armey, and the House Republicans to Change the Nation (1994), *Contract with America: The Bold Plan,* Times Books.

Gingrich, Newt (1995), *To Renew America,* Harper Collins Publishers.

Gingrich, Newt and Steve Penley (2011), *Ronald Reagan and the American Ideal,* John F. Blair Publisher.

Ginpel, James G. (1996), *Legislating the Revolution: The Contract with America in Its First 100 Days,* Allyn and Bacon.

Ginsberg, Benjamin and Martin Shefter (1999), *Politics by Other Means: Politicians, Prosecutor, and the Press from Watergate to Whitewater,*

Revised and Updated Edition, W. W. Norton & Company.

Goldstein, Judith and Robert O. Keohane, eds. (1993), *Idea & Foreign Policy : Beliefs, Institutions, and Political Change,* Cornell University Press.

Gordon, Philip H., ed. (1997), *NATO's Transformation : The Changing Shape of the Atlantic Alliance,* Rowman & Littlefield, Publishers.

Gowing, Margaret (1964), *Britain and Atomic Energy 1939-45,* Macmillan.

Gowing, Margaret (1974), *Independence and Deterrence : Britain and Atomic Energy, 1945-52,* Volume 1, Macmillan.

Grayling, Christopher and Christopher Landon (1988), *Just Another Star ? : Anglo-American Relations since 1945,* Harrap.

Graebner, Norman A. (1964), *Ideas and Diplomacy : Readings in the Intellectual Tradition of American Foreign Policy,* Oxford University Press.

Graebner, Norman A., Richard Dean Burns, and Joseph M. Siracusa (2008), *Reagan, Bush, Gorbachev : Revisiting the End of the Cold War,* Praeger Security International.

Graffenreid, Kenneth de, ed. (1999), *The Cox Report,* Regnery Publishing.

Green, John C. and Paul S. Herrnson, eds. (2002), *Responsible Partisanship ? : The Evolution of American Political Parties since 1950,* University Press of Kansas.

Greenspan, Alan (2007), *The Age of Turbulence : Adventures in a New World,* Penguin Books.

Greenstein, Fred I., ed. (2003), *The George W. Bush Presidency : An Early Assessment,* The John's Hopkins University Press.

Gregg III, Gary L. and Mark J. Rozell (2004), *Considering the Bush Presidency,* Oxford University Press.

Gries, Peter Hays (2014), *The Politics of American Foreign Policy : How Ideology Divides Liberal and Conservative over Foreign Policy,* Stanford Security Studies.

Haass, Richard N. (1997), *Reluctant Sheriff,* Council on Foreign Relations Book.

Haass, Richard N. (2005), *The Opportunity,* Public Affairs.

Haig, Jr., Alexanger M. (1984), *Caveat : Realism, Reagan, and Foreing Policy,* Scribner.

Halle, Louis J. (1991 [1967]), *The Cold War as History,* Harper Perennial.

Halperin, Morton H. and Priscilla A. Clapp with Arnold Kanter (2006), *Bureaucratic Politics and Foreign Policy,* Second Edition, Brookings Institution Press.

Hamilton, Alexander, James Madisonm and John Jay (Clinton Rossiter, ed.) (1999 [1961]), *The Federalist Papers,* A Mentor Book.

Hamilton Lee H. with Jordan Tama (2002), *A Creative Tension : The Foreign Policy Roles of the President and Congress,* Woodrow Wilson Center Press.

Hanhimaki, Jussi M. (2013), *The Rise and Fall of Détente : American Foreign Policy and the Transformation of the Cold War,* Potomac Books.

Hanrieder, Wolfram F., ed. (1971), *Comparative Foreign Policy : Theoritical Essays,* David McKay Company.

Hanrieder, Wolfram F., ed. (1974), *The United States and Western Europe,* Winthrop Publisher.

Hanrieder, Wolfram F., ed. (1980), *West German Foreign Policy 1949-1979,* Westview Press.

Hanrieder, Wolfram F., and Graeme P. Auton (1980), *The Foreign Policies of West Germany, France & Britain,* Prentice-Hall.

Hanrieder, Wolfram F. (1989), *Germany, America, Europe : Forty Years of German Foreign Policy,* Yale University Press.

Harbutt, Fraser J. (1988), *The Iron Curtain : Churchill, America, and the Origins of the Cold War,* Oxford University Press.

Hardt, Michael and Antonio Negri (2001), *Empire,* Harvard University Press.

Harrison, Brian (2009), *Seeking a Role : The United Kingdom 1951-1970,* Oxford University Press.

Haslam, Jonathan (1989), *The Soviet Union and the Politics of Nuclear Weapons in Europe, 1969-87,* Macmillan Press.

Heilemann, John and Mark Halperin (2010), *Game Change : Obama and the Clintons, McCain and Palin, and the Race of a Lifetime,* Harper Collins.

Henkin, Louis (1972), *Foreign Affairs and the Constitution,* The Foundation Press.

Herring, George C. (2008), *From Colony to Superpower : U. S. Foreign Relations since 1776,* Oxford University Press.

Hersh, Seymour M. (1983), *The Price of Power,* Summit Books.

Hershey, Marjorie Randon and Paul Allen Beck (2003), *Party Politicss in America,* Tenth Edition, Longman.

Hinckley, Barbara (1994), *Less Than Meets the Eye : Foreign Policy Making and the Myth of the Assertive Congress,* The University of Chicago Press.

Hilliard, Bryan, Tom Lansford, and Robert P. Watson, eds. (2004), *George W. Bush : Evaluating the President at Midterm,* Suny.

Hinsley, F. H. (1967), *Power and the Pursuit of Peace : Theory and Practice in the History of Relations between States,* Cambridge University Press.

Hobsbawm, Eric (1989 [1987]), *The Age of Empire 1875-1914,* Vintage Books.

Hoff, Joan (1994), *Nixon Reconsidered,* Basic Books.

Hoffmann, Stanley (1968), *Gulliver's Troubles, or the Setting of American Foreign Policy,* McGraw-Hill Book Company.

Hoffmann, Stanley (1978), *Primacy or World Order,* McGraw-Hill.

Hoffmann, Stanley with Frederic Bozo (2004), *Gulliver Unbound : America's Imperial Temptation and the War in Iraq,* Rowman & Littlefield, Publishers.

Hogan, Michael J. (1987), *The Marshall Plan : America, Britain and the Reconstruction of Western Europe, 1947-1952,* Cambridge University Press.

Hogan, Michael J., ed. (1991), *The End of the Cold War : Its Meaning and Implications,* Cambridge University Press.

Hogan, Michael J. and Thomas G. Peterson, eds. (2004 [1991]), *Explaining the History of American Foreign Relations,* Second Edition, Cambridge University Press.

Hogan, Michael J. and Thomas G. Peterson, eds. (2016 [1991]), *Explaining the History of American Foreign Relations,* Third Edition, Cambridge University Press.

Holbrooke, Richard (1998), *To End a War,* Revised Edition, The Modern Library.

Holsti, Ole R. (2006), *Making American Foreign Policy,* Routledge.

Holsti, Ole R. (1996), *Public Opinion and American Foreign Policy,* The University of Michigan Press.

Hook, Steven W. and John Spanier (2012), *Amercan Foreign Policy since World War II,* Nineteenth Edition, SAGA/CQ Press.

Hopkins, Daniiel J. and John Sides, eds. (2015), *Political Polarization in American Politics,* Bloomsbury.

Hopkins, Michael F., Michael D. Kandiah and Gillian Staerck, eds. (2003), *Cold War Britain, 1945-1964,* Palagrave.

Howe, Stephen (2002), *Empire : A Very Short Introduction,* Oxford University Press.

Howell, William G., and John C. Pevehouse, eds. (2007), *While Dangers Gather : Congressional Checks on Presidential War Powers,* Princeton University Press.

Hunt, Michael H. (2009), *Ideology and U. S. Foreign Policy,* Yale University Press.

Huntington, Sumuel P. (1961), *The Common Defense : Strategic Programs in National Politics,* Columbia University Press.

Huntington, Samuel P. (1981), *American Politics : The Promise of Disharmony,* The Belknap Press of Harvard University Press.

Huntington, Sumuel P. (1996), *The Clash of Civilizations and the Remaking of World Order,* Simon & Schuster Publishers.

Huntington, Samuel P. (2004), *Who Are We ? : The Challenges to American Identity,* Simon & Schuster Publishers.

Hurrell, Andrew (2007), *On Global Order : Power, Values, and the Constitution of International Society,* Oxford University Press.
Hyan, Ronald (2006), *Britain's Declining Empire : The Road to Decolonisation 1918-1968,* Cambridge University Press.
Hyland, William G. (1987), *Mortal Rivals : Superpower Relations from Nixon to Reagan,* Random House.
Hyland, William G. (1999), *Clinton's World : Remaking American Foreign Policy,* Praeger.
Ikenberry, G. John (2001), *After Victory : Institutions, Strategic Restraint, and the Rebuilding of Order After Major Wars,* Princeton University Press.
Ikenberry, G. John, ed. (2002), *America Unrivaled : The Future of the Balance of Power,* Cornell University Press.
Ikenberry, G. John, ed. (2005 [1989]), *American Foreign Policy : Theoretical Essays,* Fifth Edition, Pearson Longman.
Ikenberry, G. John (2006), *Liberal Order & Imperial Ambition,* Polity.
Ikenberry, G. John, ed. (2010 [1989]), *American Foreign Policy : Theoretical Essays,* Sixth Edition, Pearson Longman.
Ikenberry, G. John (2011), *Liberal Leviathan : The Origins, Crisis, and Transformation of the American World Order,* Princeton University Press.
Ikenberry, G. John, Michael Mastanduno, and William C. Wohlforth, eds. (2011), *International Relations Theory and the Consequences of Unipolarity,* Cambridge University Press.
Ikenberry, G. John, ed. (2014), *Power, Order, and Change in World Politics,* Cambridge University Press.
Ikenberry, G. John, ed. (2015 [1989]), *American Foreign Policy : Theoretical Essays,* Seventh Edition, Pearson Longman.
Immerman, Richard H., ed. (1990), *John Foster Dulles and the Diplomacy of the Cold War,* Princeton University Press.
Immerman, Richard and Petra Goedde, eds. (2013), *The Oxford Handbook of the Cold War,* Oxford University Press.
Indyk, Martin S., Kenneth G. Lieberthal, and Michael E. O'Hanlon (2012), *Bending History : Barak Obama's Foreign Policy,* The Brookings Institution.
Ireland, Timothy P. (1981), *Creating the Entangling Alliance : The Origin of the North Atlantic Treaty Organization,* Greenwood.
Irons, Peter (2005), *War Powers : How the Imperial Presidency Hijacked the Constitution,* Owl Books.
Isaacson, Walter (1992), *Kissinger : A Biography,* Simon & Schuster Publishers.
James, Harold (2006), *The Roman Predicament : How the Rules of International Order Creat the Politics of Empire,* Princeton University Press.
James, Lawrence (1994), *The Rise and Fall of the British Empire,* St. Martin's Press.
Jervis, Robert (2005), *American Foreign Policy in a New Era,* Routledge.

Johnson, Boris (2015), *Churchill Factor : How One Man Made History,* Hodder.

Johnson, Robert David (2006), *Congress and the Cold War,* Cambridge University Press.

Johnston, Seth A. (2017), *How NATO Adapts : Strategy and Organization in the Atlantic Alliance since 1950,* Johns Hopkins University Press.

Joll, James (1990 [1973]), *Europe since 1870 : An International History,* Penguin.

Joll, James and Gordon Martel (2007 [1984]), *The Origins of the First World War,* Third Edition, Pearson Longman.

Jones, Charles O. (1988), *The Trusteeship Presidency : Jimmy Carter and the United States Congress : Carter and U. S. Congress,* Louisiana State University Press.

Jones, Charles O. (1994), *The Presidency in a Separated System,* The Brookings Institution.

Jones, Charles O. (1999), *Clinton & Congress : Risk, Restoration, and Reelection,* University of Oklahoma Press.

Jones, Gordon S. and John A. Marini (1988), *The Imperial Congress : Crisis in the Separation of Powers,* Pharos Books.

Kagan, Robert and William Kristol (2000), *Present Dangers : Crisis and Opportunity in American Foreign and Defense Policy,* Encounter Books.

Kagan, Robert (2008), *The Return of History and the End of Dreams,* Vintage Books.

Kalinovsky, Artemy M. and Craig Daigle, eds. (2014), *The Routledge Handbook of the Cold War,* Routledge.

Kaplan, Lawrence S. (1994A), *NATO and the United States : The Enduring Alliance,* Updated Edition, Twayne Publishers.

Kaplan, Lawrence S. (1994B), *The United States and NATO : The Formative Years,* University Press of Kentucky.

Kaplan, Lawrence S. (2004), *NATO Divided, NATO United : The Evolution of an Alliance,* Praeger Pubulishers.

Kaplan, Lawrence S. (2007), *NATO 1948 : The Birth of the Atlantic Alliance,* Rowman & Littlefield, Publishers.

Kaplan, Morton A. (1968), *Macropolitics : Selected Essays on the Philosophy and Science of Politics,* Aldine Publishing Company.

Kaplan, Robert D. (2010), *Monsoon : The Indian Ocean and the Future of American Power,* Random House.

Kaplan, Robert D. (2013 [2012]), *The Revenge of Geography : What the Map Tells Us about Coming Conflicts and the Battle against Fate,* Random House Trade Paperbacks.

Kaplan, Robert D. (2014), *Asia's Cauldron : The South China Sea and End of a Stable Pacific,* Random House.

Kapstein, Ethan B. and Michael Mastanduno, eds. (1999), *Unipolar Politics : Realism and State Strategies after the Cold War,* Columbia University Press.

Katzenstein, Peter J. (1996), *Cultural Norms and National Security : Police and Military in Postwar Japan,* Cornell University Press.
Katzenstein, Peter J., ed. (1996), *The Culture of National Security : Norms and Identity in World Politics,* Columbia University Press.
nst Fate, Random House Trade Paperbacks.
Keegan, John (2002), *Winston Churchill,* Penguin Book.
Kegley, Jr., Charles W. and Eugen R. Wittkopf (1996), *American Foreign Policy,* Fifth Edition, St. Martin's Press.
Kennan, George F. (1984 [1951]), *American Diplomacy,* Expanded Edition, The University of Chicago Press.
Kennan, George F. (1993), *Around the Cragged Hill : A Personal and Political Philosophy,* W. W. Norton & Company.
Kennedy, Paul (1987), *The Rise and Fall of the Great Powers,* Vintage Book.
Keohane, Robert O. (1984), *After Hegemony : Cooperation and Discord in the World Political Economy,* Princeton University Press.
Keohane, Robert O., ed. (1986), *Neorealism and Its Critics,* Columbia University Press.
Keohane, Robert O. and Joseph S. Nye (2011 [1977]), *Power and Interdependence,* Fourth Edition, Longman.
Key, Jr., V. O. (1964 [1942]), *Politics, Parties, & Pressure Groups,* Fifth Edition, Thomas Y. Crowell Company.
Kindleberger, Charles P. (1973), *The World in Depression, 1929–1939,* University of California Press.
Kinsella, Jr., William E. (1981), *Leadership in Isolation : FDR and the Origins of the Second World War,* Revised Edition, Schenkiman.
Kirtchner, Emil J. and James Sperling, eds. (1992), *The Federal Republic of Germany and NATO,* Macmillan Press.
Kissinger, Henry A. (1957), *A World Restored : Metternich, Castlereagh and the Problems of Peace 1812–1822,* Houghton Miffrin.
Kissinger, Henry A. (1961), *Necessity for Choice : Prospects of American Foreign Policy,* Harper & Brothers.
Kissinger, Henry A. (1965), *Troubled Partnership : A Re-Appraisal of the Alliance,* McGraw-Hill.
Kissinger, Henry A. (1969 [1957]), *Nuclear Weapons and Foreign Policy,* Abridged Edition, W. W. Norton & Company.
Kissinger, Henry A. (1977 [1969]), *American Foreign Policy,* Third Edition, W. W. Norton & Company.
Kissinger, Henry A. (1979), *White House Years,* Little, Brown and Company.
Kissinger, Henry A. (1982), *Years of Upheaval,* Little, Brown and Company.
Kissinger, Henry A. (1994), *Diplomacy,* Simon & Schuster Publishers.
Kissinger, Henry A. (2001), *Does America Need a Foreign Policy ? : Toward a Diplomacy for the 21st Century,* A Touchstone Books.

Kissinger, Henry A. and Gordon Dean (2011 [1957]), *Nuclear Weapons and Foreign Policy,* Literary Licensing, LLC.

Kissinger, Henry A. (2012), *On China,* Second Edition, Penguin Books.

Kissinger, Henry A. (2015), *World Order : Reflections on the Character of Nations and the Course of History,* Penguin Books.

Knopf, Jeffrey W. (1998), *Domestic Society and International Cooperation : The Impact of Protest on US Arms Control Policy,* Cambridge University Press.

Kolko, Gabriel and Joyce Kolko (1972), *The Limits of Power : The World and United States Foreign Policy, 1945-1954,* Harper and Row.

Koh, Harold Hongju (1990), *The National Security Constitution : Shaping Power after the Iran-Contra Affairs,* Yale University Press.

Korbel, Josef (1972), *Détente in Europe : Real or Imaginary ?,* Princeton University Press.

Kovrig, Bennett (1991), *Of Wall and Bridges : The United States & Eastern Europe,* New York University Press.

Kramnick, Isaac, ed. (1979), *Is Britain Dying ? : Perspectives on the Current Crisis,* Cornell University Press.

Kull, Steven and I. M. Destler (1999), *Misreading the Public : The Myth of a New Isolationism,* Brookings Institution Press.

Kunz, Diane B. (1997), *Butter and Guns : America's Cold War Economic Diplomacy,* The Free Press.

Kupchan, Charles A. (2002), *The End of the American Era : U. S. Foreign Policy and the Geopolitics of the Twenty-first Century,* Alfret A. Knopf.

Kupchan, Charles A. (2012), *No One's World : The West, The Rising Rest, and the Coming Global Turn,* Oxford University Press.

LaFeber, Walter (1963), *The New Empire ; An Interpretation of American Expansion 1860-1898,* Thirty-Fifth Anniversary Edition, Cornell University Press.

LaFeber, Walter (1994 [1989]), *The American Age : U. S. Foreign Policy at Home and Abroad 1750 to the Present,* Second Edition, W. W. Norton & Company.

LaFeber, Walter (1995), *The American Search for Opportunity, 1865-1913, The Cambridge History of American Foreign Relations, Volume II,* Cambridge University Press.

LaFeber, Walter (2006 [1967]), *America, Russia, and the Cold War, 1945-2006,* Tenth Edition, McGraw-Hill Companies.

Lake, Anthony (2000), *6 Nightmares : Real Threats in a Dangerous World and How America Can Meet Them,* Little, Brown and Company.

Lancaster, Carol (2007), *Foreign Aid : Diplomacy, Development, Domestic Politics,* Chicago University Press.

Landau, David (1972), *Kissinger : The Uses of Power,* Houghton Milffin Company.

Lauren, Paul Gordon, Gordon A. Craig, and Alexander L. George (2007 [1983]), *Force and Statecraft : Diplomatic Challenges of Our Time,* Fourth Edition, Oxford University Press.

Layne, Christopher (2006), *The Peace of Illusions : American Grand Strategy from 1940 to the Present,* Cornell University Press.

Lebow, Richard Ned and Thomas Risse-Kappen, eds. (1995), *International Relations Theory and the End of the Cold War,* Columbia University Press.

Leffler, Melvyn P. (1992), *A Preponderance of Power : National Security, the Truman Administration, and the Cold War,* Stanford University Press.

Leffler, Melvyn P. (1993), *A Preponderance of Power : National Security, the Truman Administration, and the Cold War,* Stanford University Press.

Leffler, Melvyn P. and David S. Painter, eds. (1994), *Origins of the Cold War : An International History,* Routledge.

Leffler, Melvyn P. and David S. Painter, eds. (2005 [1994]), *Origins of the Cold War : An International History,* Second Edition, Routledge.

Leffler, Melvyn P. and Jeffrey W. Legro eds. (2008), *To Lead the World : American Strategy after the Bush Doctrine,* Oxford University Press.

Leffler, Melvyn P. and O. A. Westad, eds. (2010), *The Cambridge History of the Cold War, 3 volumes,* Cambridge University Press.

LeLoup, Lance T. and Steven A. Shull (2003), *The President and Congress : Collaboration and Combat in National Policymaking,* Second Edition, Longman Publishers.

Lieber, Robert J., ed. (2002), *Eagle Rules? : Foreign Policy and American Primacy in the Twenty-First Century,* Prentice Hall.

Lieber, Robert J. (2005), *The American Era : Power and Strategy for the 21st Century,* Cambridge University Press.

Lindsay, James M. (1994), *Congress and the Politics of U. S. Foreign Policy,* Johns Hopkins University Press.

Linklater, Andrew and Hidemi Suganami (2006), *The English School of International Relations : Contemporary Reassessment,* Cambridge University Press.

Lipgens, Walter (1982), translated by P. S. Falla and A. J. Ryder, *A History of Western Integration,* 1945-1947, Volume 1, Clarendon Press.

Lippmann, Walter (1943), *U. S. Foreign Policy : Shield of the Republic,* Little, Brown and Company.

Lipset, Seymour Martin (1996), *American Exceptionalism : A Double-Edged Sword,* W. W. Norton & Company.

Liska, George (1962), *Nations in Alliance : The Limits of Interdependence,* The Johns Hopkins University Press.

Liska, George (1967), *Imperial America,* Baltimore : Johns Hopkins Press.

Liska, George (1968), *War and Order,* Johns Hopkins Press.

Lobell, Steven E., Norrin M. Ripsman, and Jeffrey W. Taliaferro, eds. (2009), *Neoclassical Realism, the State, and Foreign Policy,* Cambridge University Press.

Longley, Lawrence D. and Walter J. Oleszek (1989), *Bicameral Politics : Conference Committees in Congress,* Yale University Press.

Louis, Wm. Roger (1978), *Imperialism at Bay : The United States and the Decolonisation of the British Empire 1941-1945,* Oxford University Press.

Louis, WM. Roger and Hedley Bull, eds. (1986), *The Special Relationship : Anglo-American Relations since 1945,* Oxford University Press.

Louis, Wm. Roger (2006), *End of British Imperialism : The Scramble for Empire, Suez and Decolonization : Collected Essays,* Second Edition, I.B. Tauris.

Lowi, Theodore J. (1985), *The Personal President : Power Invested Promise Unfulfilled,* Cornell University Press.

Lowi, Theodore J. and Benjamin Ginsberg (2002), *American Government,* Brief Seventh Edition, W. W. Norton & Company.

Lowi, Theodore J., Benjamin Ginsberg, Kenneth A. Shepsle, and Stephen Ansolabehere (2017), *American Government : Power & Purpose,* Fourteenth Edition, W. W. Norton & Company.

Lundestad, Geir (1990), *The American "Empire" and Other Studies of US Foreign Policy in a Comparative Perspective,* Oxford University Press.

Lundestad, Geir (1998), *"Empire" by Integration : The United States and European Integration, 1945-1997,* Oxford University Press.

Lundestad, Geir (2003), *The United States and Western Europe since 1945,* Oxford University Press.

Lundestad, Geir (2012), *The Rise & Decline of the "Empire" : Power and Its Limits in Comparative Perspective,* Oxford University Press.

Lynch, Allen (1992), *The Cold War Is Over-Again,* Westview Press.

Lynn-Jones, Sean M. and Steven E. Miller, eds. (1993), *The Cold War and After : Prospects for Peace,* Expanded Edition, The MIT Press.

Lynch, Timothy J. and Robert S. Singh (2008), *After Bush : The Case for Continuity in American Foreign Policy,* Cambridge Unversity Press.

Maisel, L. Sandy ed. (1998), *The Parties Respond : Changes in American Parties and Campaigns,* Third Edition, Westview Press.

Maisel, L. Sandy ed. (2002), *The Parties Respond : Changes in American Parties and Campaigns,* Fourth Edition, Westview Press.

Malone, David M. and Yuen Foong Khong, eds. (2003), *Unilateralism & U. S. Foreign Policy : International Perspective,* Rienner Publishers.

Mandelbaum, Michael (1981), *The Nuclear Revolution : International Politics before and after Hiroshima,* Cambridge University Press.

Manela, Erez (2007), *The Wilsonian Moment : Self-Determination and the International Origin of Anticolonial Nationalism,* Oxford University Press.

Mann, James (2004), *Rise of the Vulcans : The History of Bush's War Cabinet,* Penguin Books.

Mann, James (2007), *The China Fantasy : Why Capitalism Will not Bring Democracy to China*, Penguin Books.
Mann, James (2009), *The Rebellion of Ronald Reagan : A History of the End of the Cold War*, Penguin Books.
Mann, James (2012), *The Obamanians : The Struggle inside the White House to Redefine American Power*, Viking.
Mann, Michael (2003), *Incoherent Empire*, Verso.
Mann, Thomas E. ed. (1990), *A Question of Balance : The President, the Congress and Foreign Policy*, The Brookings Institution.
Martin, Kimberly Zisk (2004), *Enforcing the Peace : Learning from the Imperial Past*, Columbia University Press.
May, Ernest R. (1961), *Imperial Democracy ; The Emergence of America as a Great Power*, Harper Torchbooks.
May, Ernest R. (1973), *Lessons of the Past : The Use and Misuse of History in American Foreign Policy*, Oxford University Press.
Mayall, James (2000), *World Politics : Progress and Its Limits*, Polity.
Mayer, Frederick W. (1998), *Interpreting NAFTA : The Science and Art of Political Analysis*, Columbia University Press.
Mayhew, David R. (1974), *Congress : The Electoral Connection*, Yale University Press.
Mayhew, David R. (2000), *America's Congress : Actions in the Public Sphere, James Madison through Newt Gingrich*, Yale University Press.
Mayhew, David R. (2005 [1993]), *Divided We Govern : Party Control, Lawmaking, and Investigations, 1946-2002*, Second Edition, Yale University Press.
McAdams, A. James (1994), *Germany Divided : From the Wall to Reunification*, Princeton University Press.
McCann, David and Barry Stauss, eds. (2001), *War and Diplomacy : A Comparative Study of the Korean War and Peloponnesian War*, M. E. Sharpe.
McCormick, James M. (1998), *American Foreign Policy & Process*, Third Edition, E. E. Peacock.
McCormick, James M., eds. (2017), *The Domestic Sources of American Foreign Policy : Insight and Evidence*, Seventh Edition, Rowman & Littlefield, Publishers.
McCormick, Thomas J. (1995 [1989]), *America's Half-Century : United States Foreign Policy in the Cold War and After*, Second Edition, Johns Hopkins University Press.
McNeill, W.H. (1953), *America, Britain, and Russia : Their Cooperation and Conflict, 1941-1946*, Oxford University Press.
Mead, Walter Russell (2002), *Special Providence : American Foreign Policy and How It Changed the World*, Routledge.
Mead, Walter Russell (2004), *Power, Terror, Peace, and War : America's Grand Strategy in a World at Risk*, Alfred A, Knopf.

Mead, Walter Russell (2007), *God and Gold : Britain, America, and the Making of the Modern World,* Vintage.

Mearsheimer, John (2001), *The Tragedy of Great Power Politics,* W. W. Norton & Company.

Mearsheimer, John J. and Stephen M. Walt (2006), *The Israel Lobby and U. S. Foreign Policy,* Farrar, Straus and Giroux.

Mearsheimer, John (2014 [2001]), *The Tragedy of Great Power Politics,* Updated Edition, W. W. Norton & Company.

Melanson, Richard A. and David Mayers, eds. (1989), *Reevaluation Eisenhower : American Foreign Policy in the Fifties,* University of Illynois Press.

Menon, Rajan (2007), *The End of Alliances,* Oxford University Press.

Milton, Arthur C. ed. (2010), *The War Powers Resolution after Thirty-Six Years ; Defense, Security and Strategy,* Nova Science Publishers.

Mogan, Patrick M. and Keith L. Nelson (2000), *Re-Viewing the Cold War : Domestic Factors and Foreign Policy in the East-West Confrontation,* Praeger.

Mogan, Roger (1974), *The United States and West Germany 1945-1973 : A Study in Alliance Politics,* Oxford University Press.

Monteiro, Nuno P. (2014), *Theory of Unipolar Politics,* Cambridge University Press.

Montgomery, Bruce P. (2008), *The Bush-Cheney Administration's Assault on Open Government,* Praeger.

Montgomery, Bruce P. (2009), *Richard B. Cheney and the Rise of the Imperial Vice Presidency,* Praeger.

Moore, James and Wayne Slater (2003), *Bush's Brain : How Karl Rove Made George W. Bush Presidential,* John Wiley & Sons.

Morgenthau, Hans J. (1948), *Politics among Nations : The Struggle for Power and Peace,* Alfret A. Knopf.

Morgenthau, Hans J. and Kenneth W. Thompson, eds. (1950), *Principles and Problems of International Politics,* Alfled A. Knopf.

Morgenthau, Hans J. (1978 [1948]), *Politics among Nations : The Struggle for Power and Peace,* Fifth Edition, Revised, Alfred. A. Knopf.

Morris, Dick (1998 [1997]), *Behind the Oval Office : Getting Reelected Against All Odds,* Second Edition, Renaissance Books.

Mueller, John (1990 [1989]), *Retreat from Doomsday : The Obsolescence of Major War,* University of Rochester Press.

Nathan James A. and James K. Oliver (1994 [1983]), *Foreign Policy Making and the American Political System,* The Johns Hopkins Press.

Nau, Henry R. (1990), *The Myth of America's Decline : Leading the World Economy into the 1990s,* Oxford University Press.

Nau, Henry R. (2002), *At Home Abroad : Identity and Power in American Foreign Policy,* Cornell University Press.

Nelson, Keith L. (1995), *The Making of Détente : Soviet-American Relations it the Shadow of Vietnam,* The Johns Hopkins University Press.

Nelson, Michael, ed. (2000), *The Presidency and the Political System,* Sixth Edition, CQ Press.

Neustadt, Richard E. (1970), *Alliance Politics*, Cambridge University Press.

Neustadt, Richard E. (1990), *Presidential Power and the Modern Presidents : The Politics of Leadership from Roosevelt to Reagan*, The Free Press.

Newton, Jim (2011), *Eisenhower : The White House Years*, Anchor Books.

Nicholas, H. G. (1975), *The United States and Britain*, The University of Chicago Press.

Nicolson, Sir Harold (1988 [1939]), *Diplomacy*, Institute for the Study of Diplomacy.

Ninkovich, Frank (1995), *Germany and the United States : The Transformation of the German Question since 1945*, Updated Edition, Twayne Publishers.

Nixon, Richard M. (1978), *The Memoirs of Richard Nixon*, Grosset & Dunlap.

Nixon, Richard M. (1982), *Leaders*, Warner Books.

Nixon, Richard M. (1988), *1999*, Simon & Schuster Publishers.

North Korea Advisory Group (November 1999), *Report to the Speaker U. S. House of Representatives.* http://www.house.gov/international_relations/nkag/report.htm

Norquist, Grover G. (1995), *Rock the House : History of the New American Revolution*, VYTIA Press.

Nush, George H. (2006 [1976]), *The Conservative Intellectual Movement in America Since 1945*, Isi Books.

Nye, Jr., Joseph S., ed. (1984), *The Making of America's Soviet Policy*, Yale University Press.

Nye, Jr., Joseph S. (1990), *Bound to Lead : The Changing Nature of American Power*, Basic Books.

Nye, Jr., Joseph S. (2002), *The Paradox of American Power : Why the World's Only Superpower Can't Go It Alone*, Oxford University Press.

Nye, Jr., Joseph S. (2004), *Soft Power : The Means to Success in World Politics*, Public Affairs.

Nye, Jr., Joseph S. (2008), *The Power to Lead*, Oxford University Press.

Nye, Jr., Joseph S. (2011), *The Future of Power*, Public Affairs.

Nye Jr., Joseph S. (2013), *Presidential Leadership and the Creation of the American Era*, Princeton University Press.

Nye, Jr. Joseph S. and David A. Welch (2016), *Understanding Global Conflict and Cooperation : An Introduction to Theory and History*, Tenth Edition, Pearson Education.

Obama, Barack (2006), *The Audacity of Hope : Thoughts on Reclaiming the American Dream*, Vintage.

Oleszek, Walter J. (1996), *Congressional Procedures and the Policy Process,* Fourth Edition, SAGA/CQ Press.
Oleszek, Walter J., Mark J. Oleszek, Elizabeth Ryciki, and Bill Heniff Jr. (2015), *Congressional Procedures & the Policy Process,* Tenth Edition, SAGA/CQ Press.
Orde, Anne (1996), *The Eclipse of Great Britain : The United States and British Imeprial Decline, 1895-1956,* St. Martin's Press.
Ornstein, Norman J., Norman J., Thomas E. Mann, and Michael J. Malbin (1999), *Vital Statistics on Congress 1999-2000,* The AEI Press.
Oudenaren, Jan Van (1991), *Détente in Europe : The Soviet Union and the West since 1953,* Duke University Press.
Paarlberg, Robert L. (1995), *Leadership Abroad Begins at Home : U. S. Foreign Economic Policy after the Cold War,* The Brookings Institution.
Panetta, Leon with Jim Newton (2014), *Worthy Fights : A Memoir of Leadership in War and Peace,* Penguin Press.
Partos, Gabriel (1993), *The World that Came in from the Cold : Perspectives from East and West on the Cold War,* Royal Institute of International Affairs.
Patrick, Stewart and Shepard Forman eds. (2002), *Multilateralism & U. S. Foreign Policy : Ambivalent Engagement,* Lynne Rienner Publishers.
Paulson, Jr., Henry M. (2010), *On the Brink : Inside the Race to Stop the Collapse of the Global Financial System,* Business Plus.
Paxton, Robert O. and Nicholas Wahl (1994), *De Gaulle and the United States : A Centennial Reappraisal,* Bloomsbury.
Peterson, James W. (2014), *American Foreign Policy : Alliance Politics in a Century of War, 1914-2014,* Bloomsbury.
Peterson, Paul E., ed. (1994), *The President, the Congress, and the Making of Foreign Policy,* University of Oklahoma Press.
Picard, Louis A., Robert Groelsema, and Terry F. Buss, eds. (2008), *Foreign Aid and Foreign Policy : Lessons for the Next Half*-Century, M. E. Sharpe.
Pierre, Andrew (1972), *Nuclear Politics : The British Experience with an Independent Strategic Force, 1939-70,* Oxford University Press.
Pierson, Paul and Theda Skocpol, eds. (2007), *The Transformation of American Politics : Activist Government and the Rise of Conservatism,* Princeton University Press.
Pillsbury, Michael (2015), *The Hundred-Year Marathon : China's Secret Strategy to Replace America as the Global Superpower,* St. Martin's Griffin.
Pollard, Robert A. (1985), *Economic Security and the Origins of the Cold War, 1945-1950,* Cambridge University Press.
Porter, Andrew (1994), *European Imperialism, 1860-1914 : Study in European History,* Palgrave Macmillan.
Powell, Colin with Joseph E. Persico (1995), *My American Journey,* Ballantine Books.

Quirk, Paul J. and Sarah A. Binder, eds. (2005), *The Legislative Branch,* Oxford University Press.

Rachman, Gideon (2010), *Zero-Sum World : Politics, Power and Prosperity after the Clash,* Atlantic Books.

Rae, Nicol C. (1998), *Conservative Reformers : The Republican Freshmen and the Lessons of the 104th Congress,* M. E. Sharpe.

Reagan, Ronald (1990), *An American Life : The Autobiography,* Simon & Schuster Publishers.

Reich, Robert B. (1991), *The Work of Nations : Preparing Ourselves for 21st Century Capitalism,* Alfred A. Knopf.

Reid, Escott (1977), *Time of Fear and Hope : The Making of the North Atlantic Treaty 1947-1949,* McClellan and Stewart.

Renshon, Stanley A. (2010), *National Security in the Obama Administration : Reassessing the Bush Doctrine,* Routledge.

Renwick, Robin (1996), *Fighting with Allies : America and Britain in Peace and War,* Macmillan Press.

Reynolds, David (2000), *One World Divisible : A Global History since 1945,* Penguin Books.

Reynolds, David (2001), *From Munich to Pearl Harbor : Roosevelt's America and the Origin of the Second World War,* Ivan R. Dee.

Reynolds, David (2005), *In Command of History : Churchill Fighting and Writing the Second World War,* Basic Books.

Reynolds, David (2007A), *From World War to Cold War : Churchill, Roosevelt, and the International History of the 1940s,* Oxford University Press.

Reynolds, David (2007B), *Summits : Six Meetings That Shaped the Twentieth Century,* Basic Books.

Reynolds, David (2009), *America, Empire of Liberty : A New History of the United States,* Basic Books.

Reynolds, David (2013), *The Long Shadow : The Great War and the Twentieth Century,* Simon & Schuster Publishers.

Rice, Condoleezza (2011), *No Higher Honor : A Memoir of My Years in Washington,* Simon & Schuster Publisher.

Riddell, Roger C. (2007), *Does Foreign Aid Really Work ?,* Oxford University Press.

Rieselbach, Leroy N. (1994), *Congressional Reform : The Changing Modern Congress,* CQ Press.

Ripley, Randall B. and James M. Lindsay, eds. (1993), *Congress Resurgent : Foreign Defense Policy on Capitol Hill,* The University of Michigan Press.

Risse-Kappen, Thomas (1995), *Cooperation among Democracy : The European Influence on U. S. Foreign Policy,* Princeton University Press.

Roach, Stephen (2014), *Unbalanced : The Codependecy of America and China,* Yale University Press.

Robinson, James A. (1962), *Congress and Foreign Policy-Making : A Study in Legislative Influence and Initiative,* Dorsey.

Robert, Andrew (2006), *A History of the English-Speaking Peoples since 1900,* Harper Collins Publisher.

Rosati, Jerel A. (1993), *Politics of United States Foreign Policy,* Harcourt Brace College Publishers.

Rosati, Jerel L. and James M. Scott (2014 [2004]), *The Politics of United States Foreign Policy,* Sixth Edition, Wadsworth Publishing Company.
Rosenau, James N., ed. (1969 [1961]), *International Politics and Foreign Policy : A Reader in Research and Theory,* Revised Edition, The Free Press.
Rosenau, James N., Vincent Davis, and Maurice A. East, eds. (1972), *The Analysis of International Politics,* The Free Press.
Rosenau, James N., Kenneth W. Thompson, and Gavin Boyd (1976), *World Politics : An Introduction,* The Free Press.
Rosenau, James N. and Ernst-Otto Czempiel, eds. (1993), *Governance without Government : Order and Change in World Politics,* Cambridge University Press.
Rosenberg, Justein (1994), *The Empire of Civil Society : A Critique of the Realist Theory of International Relations,* VERSO.
Rothkopf, David (2004), *Running the World : The Inside Story of the National Security Council and the Architects of American Power,* Public Affairs.
Rubin, Robert E. and Jacob Weisberg (2003), *In an Uncertain World,* Random House.
Ruggie, John Gerald, ed. (1993), *Multilateralism Matters : The Theory and Praxis of an International Form,* Columbia University Press.
Ruggie, John Gerard (1996), *Winning the Peace : America and World Order in the New Era,* Columbia University Press.
Ruggie, John Gerard (1998), *Constructing the World Polity : Essay on International Institutionalization,* Routledge.
Rumsfeld, Donald (2011), *Known and Unknown : A Memoir,* Sentinel.
Rundquist Barry S. and Thomas M. Carsey (2002), *Congress and Defense Spending : The Distributive Politics of Military Procurement,* University of Oklahoma Press.
Russett, Bruce (1993), *Grasping the Democratic Peace : Principles for a Post-Cold War World,* Princeton University Press.
Russett, Bruce and John Oneal (2001), *Triangulating Peace : Democracy, Interdependence, and International Organizations,* W. W. Norton & Company.
Russett, Bruce (2017), *Triangulating Peace,* Forgetten Books.
Sanders, David (1990), *Losing an Empire, Finding a Role : British Foreign Policy since 1945,* Macmillan.
Sanders. Jeremiah E., ed. (2010), *War Powers Resolution after 34 Years and the Continuing Political Debate : Congressional Policies, Practices and Procedures Series,* Nova Science Publishers.
Sargent, Daniel J. (2015), *Superpower Transformed : The Remaking of American Foreign Relations in the 1970s,* Oxford University Press.
Scott, James M., ed. (1998), *After the End : Making U. S. Foreign Policy in the Post-Cold War World,* Duke University Press.

Schier, Steven E., ed. (2000), *The Postmodern Presidency : Bill Clinton's Legacy in U. S. Politics,* University of Pittsburgh Press.
Schier, Steven E. (2000), *By Invitation Only : The Rise of Exclusive Politics in the United States,* University of Pittsburgh Press.
Schlesinger, Jr., Arthur M. (1973), *Imperial Presidency,* Houghton Mifflin Company.
Schlesinger, Jr., Arthur M. (1999 [1986]), *The Cycles of American History,* A Mariner Books.
Schulz, Matthias and Thomas A. Schwartz, eds. (2010), *The Strained Alliance : U. S.-European Relations from Nixon to Cater,* Cambridge University Press.
Schuman, Frederick, L. (1958 [1933]), *International Politics : The Western State System and the World Community,* Sixth Edition, McGraw-Hill Book Company.
Schwarz, Jr., Frederick A. O. and Aziz Z. Hug (2007), *Unchecked and Unbalanced : Presidential Power in a Time of Terror,* the New Press.
Serfaty, Simon, ed. (1991), *The Media and Foreign Policy,* St. Martin's Press.
Sestanovich, Stephen (2014), *Maximalist : America in the World from Truman to Obama,* Vintage Books.
Shafer, Byron E., ed. (1991), *The End of Realignment ? : Interpreting American Electoral Eras,* University of Wisconsin Press.
Shambaugh, David (2013), *China Goes Global : The Partial Power,* Oxford University Press.
Shenkman, Richard (1999), *Presidential Ambition : Gaining Power at Any Cost,* Harper Perennial.
Shlaim, Avi (1983), *The United States and the Berlin Blockade, 1948-1949 : A Study in Crisis Decision-Making,* University of California Press.
Shull, Steven, ed. (1991), *The Two Presidencies : A Quarter Century Assessment,* Wadsworth Publishing.
Shultz, George P. (1993), *Turmoil and Triumph : My Years as Secretary of State,* Charles Scribner's Sons.
Sinclair, Barbara (1997), *Unorthodox Lawmaking : New Legislative Processes in the U. S. Congress,* CQ Press.
Sinclair, Barbara (2016 [1997]), *Unorthodox Lawmaking : New Legislative Processes in the U. S. Congress,* Fifth Edition, CQ Press.
Singh, Robert, ed. (2003), *Governing America : The Politics of a Divided Democracy,* Oxford University Press.
Singh, Robert (2012), *Barak Obama's Post-American Foreign Policy : The Limits of Engagement,* Bloomsbury Academic.
Smith, Gerald C. (1996), *Disarming Diplomat : The Memoirs of Ambassador,* Madison Books.
Smith, Simon C. (2012), *Ending Empire in the Middle East : Britain, the United States and Post-War Decolonization, 1945-1973,* Routledge.
Snyder, Glen H. (1997), *Alliance Politics,* Cornell University Press.

Sobel, Richard (2001), *The Impact of Public Opinion on U. S. Foreign Policy since Vietnam War*, Oxford University Press.

Spanier, John W. and Eric M. Uslaner (1994 [1989]), *American Foreign. Policy Making and the Democratic Dilemmas*, Sixth Edition, Macmillan Publishing Company.

Spitzer, Robert J. (1993), *President & Congress : Executive Hegemony at the Crossroads of American Government*, McGraw-Hill.

Spykman, Nicholas J. (2008 [1942]), *America's Strategy in World Politics : The United States the Balance of Power*, Transaction Publisher.

Steil, Benn (2014), *The Battle of Bretton Woods : John Maynard Keynes, Harry Dexter White, and the Making of New World Order*, Princeton University Press.

Steinberg, James and Michael E. O'Hanlon (2014), *Strategic Reassurance and Resolve : U. S.-China Relations in the Twenty-First Century*, Princeton University Press.

Stern, Geoffrey (1995), *The Structure of International Society*, Pinter Publishers.

Stevenson, Richard W. (2014 [1985]), *The Rise and Fall of Détente : Relaxations of Tension in US-Soviet Relations, 1953-1984*, Macmillan.

Stockman, David A. (1986), *The Triumph of Politics : Why the Reagan Revolution Failed*, Harper & Row.

Sundquist, James L. (1982), *The Decline and Resurgence of Congress*, The Brookings Institution.

Sundquist, James L. (1983), *Dynamics of the Party System : Alignment and Realignment of Political Parties in the United States*, Revised Edition, The Brookings Institution.

Sundquist, James L. (1992), *Constitutional Reform and Effective Government*, Revised edition, The Brookings Institution.

Taibbi, Matt (2017), *Insane Clown President*, WH Allen.

Takeyh, Ray (2000), *The Origins of the Eisenhower Doctrine and Nasser's Egypt, 1953-57*, St. Martin's Press.

Talbott, John R. (2008), *Obamanomics : How Bottom-up Economic Prosperity Will Replace Trickle-down Economics*, Seven Story Books.

Tate, Simon (2012), *A Special Relationship ? : British Foreign Policy in the Era of American Hegemony*, Manchester University Press.

Taylor, A. J. P. (1991 [1961]), *The Origin of the Second World War*, Penguin.

The U. S. Commission on National Security/21st Century (April 15. 2000), *Seeking A National Strategy : A Concept for Preserving Security and Promoting Freedom, The Phase II Report.*

Thies, Wallace J. (2009), *Why NATO Endures*, Cambrige University Press.

Thorne, Christopher (1979), *Allies of a Kind : The United States, Britain and the War against Japan,* Hamish Hamilton.

Tocqueville, Alexis de (1996 [1835/39]), translated by George Lawrence, *Democracy in America,* Harper Perennial.

Trachtenberg, Marc (1999), *A Constructed Peace : The Making of the European Settlement 1945-1963,* Princeton University Press.

Trachtenberg, Marc ed. (2003), *Between Empire and Alliance : America and Europe during the Cold War,* Rowman & Littlefield, Publishers.

Trump, Donald J. (2015), *Crippled America : How to Make America Great Again,* Threshold Edition.

Turner, Michael J. (2010), *Britain and the World in the Twentieth Century : Ever Decreasing Circles,* Continuum.

Ulam, Adam B. (1974 [1968]), *Expansion and Coexistence : Soviet Foreign Policy, 1917-73,* Second Edition, Praeger Publishers.

Vedrine, Hubert (2008), translated by Philip H. Gordon, *History Strikes Back : How States, Nations, and Conflicts Are Shaping the 21st Century,* Brookings Institution Press.

Wallace J. Thies (1989), *Why NATO Endures,* Cambridge University Press.

Wallerstein, Immanuel (2003), *The Decline of American Power : The U. S. in a Chaotic World,* The New Press.

Wallison, Peter J. (2004), *Ronald Reagan : The Power of Conviction and the Success of His Presidency,* Westview Press.

Walt, Stephen M. (1987), *The Origin of Alliances,* Cornell University Press.

Walt, Stephen M. (2005), *Taming American Power : The Global Response to U. S. Primary,* W. W. Norton & Company.

Waltz, Kenneth N. (1959 [1954]), *Man the State and War : A Theoretical Analysis,* Columbia University Press.

Waltz, Kenneth N. (1967), *Foreign Policy and Democratic Politics : The American and British Experience,* Institute of Governmental Studies Press.

Waltz, Kenneth N. (1979), *Theory of International Politics,* McGraw-Hill.

Warburg, Gerald Felix (1989), *Conflict and Consensus : The Struggle between Congress and the President over Foreign Policymaking,* Harper & Row, Publishers.

Watson, Adam (1992), *The Evolution of International Society,* Routledge.

Watt, D. Cameron (1984), *Succeeding John : America in Britain's Place 1900-1975,* Cambridge University Press.

Wattenberg, Martin P. (1998), *The Decline of American Political Parties, 1952-1996,* Harvard University Press.

Weber, Steve (1991), *Cooperation and Discord in U. S.-Soviet Arms Control,* Princeton University Press.

Weinberger, Seth (2009), *Restoring the Balance : War Power in an Age of Terror,* Praeger.

Wendt, Alexander (1999), *Social Theory of International Politics,* Cambridge University Press.
Westad, Odd Arne ed. (2000), *Reviewing the Cold War : Approaches, Interpretations, Theory,* Frank Caas.
Westad, Odd Arne (2007), *The Global Cold War,* Cambridge University Press.
Westerfield, Donald L. (1996), *War Powers : The President, the Congress, and the Question of War,* Praeger.
Wevill, Richard (2012), *Britain and America after World War II : Bilateral Relations and the Beginnings of the Cold War,* I. B. Tauris.
White, Brain (1992), *Britain, Détente and Changing East-West Relations,* Routledge.
White, Hugh (2012), *The China Choice : Why America Should Share Power,* Black.
White, John Kenneth and Daniel M. Shea (2000), *New Party Politics : From Jefferson and Hamilton to the Information Age,* Bedford/ St. Martin's Press.
White, John Kenneth and Daniel M. Shea (2003 [2000]), *New Party Politics : From Jefferson and Hamilton to the Information Age,* Second Edition, Bedford/ St. Martin's Press.
Wight, Collin (2006), *Agents, Structures and International Relations : Politics as Ontology,* Cambridge University Press.
Wight, Martin, edited by Gabriel Wight and Brian Porter (1991), *International Theory : The Three Tradition,* Leicester University Press.
Wight, Martin, edited by Hedley Bull and Carsten Holbraad (1995 [1978]), *Power Politics,* Leicester University Press.
Wildavsky, Aaron B. (1980), *Art and Craft of Policy Analysis,* Palgrave Macmillan.
Williams, William Appleman (2009 [1959]), *The Tragedy of American Diplomacy,* W. W. Norton & Company.
Wilson, James G. (2002), *The Imperial Republic : A Structural History of American Constitutionalism from the Colonial Era to the Beginning of the Twentieth Century,* Ashgate.
Wilson, Woodrow (1973 [1885]), *Congressional Government,* Merideian Books.
Winand, Pascaline (1993), *Eisenhower, Kennedy, and the Unites States of Europe,* St. Martin's Press.
Wittkopf, Eugene R. and James M. McCormick, eds. (1999), *The Domestic Sources of American Foreign Policy : Insight and Evidence,* Third Edition, Rowman & Littlefield, Publishers.
Wittkopf, Eugene R., Charles W. Kegley, Jr., and James M. Scott, eds. (2003), *American Foreign Policy : Pattern and Process,* Sixth Edition, Thomson, Wadsworth.

Wittkopf, Eugene R. and James M. McCormick, eds. (2004), *The Domestic Sources of American Foreign Policy : Insight and Evidence,* Fourth Edition, Rowman & Littlefield, Publishers.

Wittkopf, Eugene R., Christopher M. Jones, and Charles W. Kegley (2008 [2003]), *American Foreign Policy : Pattern and Process,* Seventh Edition, Thomson, Wadsworth.

Wittkopf, Eugene R. and James M. McCormick, eds. (2008), *The Domestic Sources of American Foreign Policy : Insights and Evidence,* Fifth Edition, Rowman & Littlefield, Publishers.

Wittkopf, Eugene R. and James M. McCormick, eds. (2012), *The Domestic Sources of American Foreign Policy : Insight and Evidence,* Sixth Edition, Rowman & Littlefield, Publishers.

Wolf, Michael (2018), *Fire and Fury : Inside the Trump White House,* Little, Brown.

Woodward, Bob (2002), *Bush at War,* Simon & Schuster Publishers.

Woodward, Bob (2004), *Plan of Attack,* Simon & Schuster Publishers.

Woodward, Bob (2006), *State of Denial : Bush at War, Part III,* Simon & Schuster Publishers.

Woodward, Bob (2008), *The War Within : A Secret White House History 2006-2008,* Simon & Schuster Publishers.

Woodward, Bob (2010), *Obama's Wars : The Inside Story,* Simon & Schuster Publishers.

Woodward, Bob (2012), *The Price of Politics,* Simon & Schuster Publishers.

Young, John W. (1991), *Cold War Europe 1945-1989 : A Political History,* Edward Arnold.

Young, Oran (1994), *International Governance : Protecting the Environment Stateless Society,* Cornell University Press.

Zakaria, Fareed (2009), *The Post-American World,* W. W. Norton & Company.

Zakaria, Fareed (2011 [2009]), *The Post-American World : Release 2.0,* Updated and Expanded, W. W. Norton & Company.

Zelikow, Philip and Condoleezza Rice (1995), *Germany Unified and Europe Transformed : A Study in Statecraft,* Harvard University Press.

〈欧文論文〉

Abramowitz, Alan I. and Kyle L. Saunders (1998), "Party Polarization and Ideological Realignment in the U. S. Electorate, 1976-1994," L. Sandy Maisel, ed., *The Parties Respond : Changes in American Parties and Campaigns,* Third Edition, Westview Press, pp. 128-143.

Abrams, Elliot (2017), "Trump the Traditionalist : A Surprisingly Standard Foreign Policy," *Foreign Affairs,* Vol. 96, No. 4, esp. p. 12.

Adler, Dacid Gray (1988), "The Constitution and Presidential War-Making : The Enduring Debate," *Political Science Quarterly,* Vol. 103, pp. 1-36.

Aldrich, John H. and David W. Rohde (1997), "Lending and Reclaiming Power : Majority Leadership in the House since the 1950s," Lawrence C. Dodd and Bruce I. Oppenheimer, eds., *Congress Reconsidered,* Sixth Edition, SAGA/CQ Press, pp. 29-59.

Ambrose, Stephen E. (1991/1992), "The Presidency and Foreign Policy," *Foreign Affairs,* Vol. 70, No. 1, esp. p. 125.

Asumus, Ronald D., Richard L. Kugler and F. Stephen Larrabee (1997a), "The Cost of NATO Enlargement," Philip H. Gordon, ed., *NATO's Transformation : The Changing Shape of the Atlantic Alliance,* Rowman & Littlefield, Publishers, pp. 177-200.

Asumus, Ronald D., Richard L. Kugler, and F. Stephen Larrabee (1997b), "NATO Enlargement : A Framework for Analysis," Philip H. Gordon, ed., *NATO's Transformation : The Changing Shape of the Atlantic Alliance,* Rowman & Littlefield, Publishers, esp. pp. 107-112.

Auerswald, David P. and Colton C. Campbell (2012), "Congress and National Secerity," David P. Auerswald and Colton C. Campbell, eds., *Congress and the Politics of National Security,* Cambridge University Press, pp. 3-17.

Bahr, Egon Karlheinz (1973), "German Ostpolitik and Super-Power Relations," *Survival,* Vo. XV, No. 6, esp. pp. 296-300.

Banks, William C. and Jeffrey D. Straussman (1999), "A New Imperial Presidency ? : Insight from U. S. Involvement in Bosnia," *Political Studies Quarterly,* Vol. 114, No. 2, pp. esp. 214-217.

Barnes, James A. (1999), "Inside Bush's Campaign Shop," *National Journal,* Vol. 31, No. 32, pp. 2304-2307.

Bax, Frank (1977), "The Legislative-Executive Relationship in Foreign Policy : New Partnership or New Competition," *Orbis,* Vol. 20, pp. 881-904.

Bayris, John (2001), "Exchanging Nuclear Secret : Laying the Foundations of the Anglo-American Nuclear Relationship," *Diplomatic History,* Vol. 25, No. 1, pp. 33-61.

Bender, Peter (1986-87), "The Superpower Squeeze," *Foreign Policy,* No. 65, pp. 98-113.

Bennet, Andrew (2002), "Who Rules the Roost ? : Congressional-Executive Relations on Foreign Policy after the Cold War," Robert J. Lieber ed., *Eagle Rules ? : Foreign Policy and American Primacy in the Twenty-First Century,* Prentice Hall, pp. 47-69.

Bennett, W. Lance (1994), "The Media and the Foreign Policy," David A. Deese, *The New Politics of American Foreign Policy,* St. Martin's Press, pp. 168-188.

Berinsky, Adam J. (2017), "Events, Elites and American Public Support for Military Conflict," James M. McCormick, ed., *The Domestic Sources of*

American Foreign Policy : Insight and Evidence, Seventh Edition, Rowman & Littlefield, Publishers, pp. 103–118.

Bernstein, Richard and Ross H. Munro (1999), "The New China Lobby," Eugene R. Wittkopf and James M. McCormick, eds., *The Domestic Sources of American Foreign Policy : Insight and Evidence,* Third Edition, Rowman & Littlefield, Publishers, pp. 85–93.

Bibby, John F. (2002), "State Party Organizations : Strengthened and Adapting to Candidate-Centered Politics and Nationalization," Maisel, L. Sandy ed., *The Parties Respond : Changes in American Parties and Campaigns,* Fourth Edition, Westview Press, esp. pp. 37–43.

Bibby, John F. (2004), "Political Parties in the United States," http://usinfo.state.gov/products/pubs/election04/parties.htm

Binder, Sarah (1997), "Legislating in Polarized Times," Lawrence C. Dodd and Bruce I. Oppenheimer, eds., *Congress Reconsidered,* Sixth Edition, SAGA/CQ Press, pp. 189–206.

Binder, Sarah and Forrest Maltzman (1997), "Is Advice and Consent Broken ? : The Contentious Politics of Confirming Federal Judges and Justices," Lawrence C. Dodd and Bruce I. Oppenheimer, eds., *Congress Reconsidered,* Sixth Edition, SAGA/CQ Press, pp. 399–420.

Binder, Sarah A. (2005), "Elections, Parties, and Governance," Paul J. Quirk and Sarah A. Binder, eds., *The Legislative Branch,* Oxford University Press, pp. 148–170.

Blechman, Barry M. (1990), "The New Congressional Role in Arms Control," Thomas E. Mann, ed., *A Question of Balance : The President, the Congress and Foreign Policy,* The Brookings Institution, pp. 109–145.

Boylan, Timothy S. (1999), "War Powers Constitutional Balance and the Imperial Presidency Idea at Century's End," *Presidential Studies Quarterly,* Vol. 29, No. 2, esp. pp. 242–246.

Bradley, David S. (2012), "Decolonization, the Global South, and the Cold War, 1919–1962," Melvyn P. Leffler and O. A. Westad, eds., *The Cambridge History of the Cold War, volume 1, Origin,* Cambridge University Press, pp. 464–485.

Brady, David W. and Kara Z. Buckley (1998), "Coalitions and Policy in the U. S. Congress : Lessons from the 103rd and 104th Congresses," L. Sandy Maisel, ed., *The Parties Respond : Changes in American Parties and Campaigns,* Third Edition, Westview Press, pp. 286–315.

Brady David W. and Kara Z. Buckley (2002), "Governing by Coalition : Policymaking in the U. S. Congress," L. Sandy Maisel ed., *The Parties Respond : Changes in American Parties and Campaigns,* Fourth Edition, Westview Press, esp. pp. 241–244.

Brandt, Willy (1969a), "German Foreign Policy," *Survival,* Vol. XI, No. 12, esp. pp. 370–372.

Brandt, Willy (1972), "Germany's Westpoitik," *Foreign Affairs,* Vol. 50, No. 3, pp. 416–426.

Brant, Martha (1999), "Bush Goes Back to School," *Newsweek,* 22-23.

Brooks, David (2017), "How Trump Kills the G. O. P." *The New York Times,* August 30.

Brown, Archie (2012), "The Gorbachev Revolution and the End of the Cold War," Melvyn P. Leffler and O. A. Westad, eds., *The Cambridge History of the Cold War, volume 3, Endings,* Cambridge University Press, pp. 244-266.

Brzezinski, Zbigniew (1995), "A Plan for Europe," *Foreign Affairs,* Vol. 74, No. 1, pp. 26-42.

Burgin, Eileen (1997), "Assesing Congress's Role in the Making of Foreign Policy," Lawrence C. Dodd, Lawrence C. and Bruce I. Oppenheimer, eds., *Congress Reconsidered,* Sixth Edition, SAGA/CQ Press, esp. pp. 298-302.

Burk, Kathleen (2009), "Old World, New World : Great Britain and America from the Beginning," John Dumbrell and Axel Schafer, eds., *America's 'Special Relationships' : Foreign and Domestic Aspects of the Politics of Alliance,* Routledge, esp. p. 24.

Buzan, Barry (1993), "From International System to International Society : Structural Realism and Regime Theory Meet the English School," *International Organization,* Vol. 47, No. 3, pp. 327-352.

Campbell, Andrea Louise (2007), "Parties, Electoral Participation, and Shifting Voting Blocs," Paul Pierson and Theda Skocpol, eds., *The Transformation of American Politics : Activist Government and the Rise of Conservatism,* Princeton University Press, pp. 68-102.

Cannon, Carl M. (2000), "Judging Clinton," *National Journal,* Vol. 32, No. 1, esp. pp. 20-21, 24.

Carter, Ralph G. (1998), "Congress and Post-Cold War U. S. Foreign Policy," James M. Scott, ed., *After the End : Making U. S. Foreign Policy in the Post-Cold War World,* Duke University Press, pp. 108-137.

Cirincione, Joseph (2000), "The Assault on Arms Control," *Bulletin of the Atomic Science,* pp. 32-37.

Clinton, Hillary (2011), "America's Pacific Century," *Foreign Policy,* No. 189, pp. 50-63.

Cohen, Richard E. (1995), "The Transformers," *National Journal,* esp. p. 531.

Cohen, Richard E. (1999a), "The Rise and Fall of Newt," *National Journal,* Vol. 31, No. 10, esp. pp. 604-605.

Cohen, Richard E. (1999b), "Backseat Drivers," *National Journal,* Vol. 31, No. 16, esp. pp. 1032-1034.

Cohen, Richard E. (1999c), "Crackup of the Committees," *National Journal,* Vol. 31, No. 31, pp. 2210-2217.

Cohen, Richard E. and David Baumann (1999), "Speaking Up for Hastert," *National Journal,* Vol. 31, No. 46, esp. p. 3300.

Cohen, Richard E. (2000), "Best Seats in the House," *National Journal,* Vol. 32, No. 10, pp. 680-687.

Coleman, John J. (2000), "Clinton and the Party System in Historical Perspective," Steven E. Schier, ed., *The Postmodern Presidency : Bill Clinton's Legacy in U. S. Politics,* University of Pittsburgh Press, pp. 145-166.

Cooper, Joseph and Garry Young (1997), "Partisanship, Bipartisanship, and Crosspartisanship in Congress since the New Deal," Lawrence C. Dodd and Bruce I. Oppenheimer, eds., *Congress Reconsidered,* Sixth Edition, SAGA/CQ Press, pp. 255-271.

Cooper, Joseph (2017), "The Balance of Power between the Congress and the President : Issues and Dilemmas," Lawrence C. Dodd and Bruce I. Oppenheimer, eds., *Congress Reconsidered,* Eleventh Edition, SAGA/CQ Press, pp. 357-398.

Craig, Campbell (2013), "The Nuclear Revolution : A Product of the Cold War, or Something More?" Richard Immerman and Petra Goedde, eds., *The Oxford Handbook of the Cold War,* Oxford University Press, pp. 360-376.

Cumings, Bruce (1992), "The Wicked Witch of the West is Dead : Long Live the Wicked Witch of the East," Michael J. Hogan, ed., *The End of the Cold War : Its Meaning and Implications,* Cambridge University Press, pp. 87-101, esp. p. 97.

Daalder, Ivo H., James M. Goldgeier, and James M. Lindsay (2000), "Deploying NMD : Not Whether, But How," *Survival,* Vol. 42, No. 1, esp. pp. 23-26.

Daalder, Ivo H. and James Goldgeier (2006), "Global NATO," *Foreign Affairs,* Vol. No. 5, pp. 105-113.

Daalder, Ivo and James Lindsay (2007), "Democracies of the World, Unite," *The American Interest,* Vol. 2, No. 4. https://www.the-american-interest.com/2007/01/01/democracies-of-the-world-unite/

Daalder, Ivo H. and I. M. Destler (2017), "How National Security Advisers See Their Role," James M. McCormick, ed., *The Domestic Sources of American Foreign Policy : Insight and Evidence,* Seventh Edition, Rowman & Littlefield, Publishers, pp. 203-217.

Daigle, Craig (2014), "The Era of Détente," Artemy M. Kalinovsky and Craig Daigle, eds., *The Routledge Handbook of the Cold War,* Routledge, pp. 195-208.

Davidson, Roger H. (1988), "'Invitation to Struggle' : An Overview of Legislative-Executive Relations," *The Annals,* Vol. 499, pp. 9-21.

Dieghton, Anne (1990), "Toward a 'Western Strategy' : The Making of British Policy towards Germany, 1945-46," Anne Deighton ed., *Britain and the First Cold War,* Palgrave Macmillan, pp. 53-70.

Deighton, Anne (2012), "Britain and the Cold War," Melvyn P. Leffler and O. A. Westad, eds., *The Cambridge History of the Cold War, volume 1, Origin,* Cambridge University Press, pp. 112-132.

Destler, I. M. (1984), "Congress," Joseph S. Nye, Jr. ed., *The Making of America's Soviet Policy,* Yale University Press, pp. 37-61.

Destler, I. M. (1999), "Trade Policy at a Cross Roads," *Brookings Review,* Vol. 17, No. 1, pp. 27-30.

Destler, I. M. (2001), "Congress and Foreign Policy at Century's End : Requiem on Cooperation," Dodd, Lawrence C. and Bruce I. Oppenheimer, *Congress Reconsidered,* Seventh Edition, SAGA/CQ Press, esp. pp. 322-327.

Destler, I. M. (2012a), "How National Security Advisers See Their Role," Eugene R. Wittkopf and James M. McCormick, eds., *The Domestic Sources of American Foreign Policy : Insight and Evidence,* Sixth Edition, Rowman & Littlefield, Publishers, pp. 209-222.

Destler, I. M. (2012b), "American Trade Policymaking : A Unique Process," Eugene R. Wittkopf and James M. McCormick, eds., *The Domestic Sources of American Foreign Policy : Insight and Evidence,* Sixth Edition, Rowman & Littlefield, Publishers, pp. 301-318.

Destler, I. M. (2017), "American Trade Policymaking : A Unique Process," James M. McCormick, ed., *The Domestic Sources of American Foreign Policy : Insight and Evidence,* Seventh Edition, Rowman & Littlefield, Publishers, pp. 283-302.

Deudney, Daniel H. (1996), "Binding Sovereigns : Authorities, Structures, and Geopolitics in Philadelphian System," Thomas Biersteber and Cynthia Weber, eds., *State Sovereignty as Social Contract,* Cambridge University Press, pp. 190-239.

Dobson, Alan P. (2017), "Churchill's Fulton Speech and the Context of Shared Values in a World of Dangers," Alan P. Dobson and Steve Marsh, eds., *Churchill and the Anglo-American Special Relationship,* Routledge, pp. 43-63.

Dodd, Lawrence C. and Bruce L. Oppenheimer (1997), "Revolution in the House : Testing the Limits of Party," Lawrence C. Dodd and Bruce I. Oppenheimer, eds., *Congress Reconsidered,* Sixth Edition, SAGA/CQ Press, esp. pp. 42-48.

Dodd, Lawrence C. and Scot Schraufuagel (1997), "Moderate Polarization and Policy Productivity in Congress : From Harding to Obama," Lawrence C. Dodd and Bruce I. Oppenheimer, eds., *Congress Reconsidered,* Sixth Edition, SAGA/CQ Press, pp. 207-236.

Dodd, Lawrence C. and Bruce I. Oppenheimer (1997), "Congress in the Age of Trump : The 2016 National Elections and Their Aftermath," Lawrence C. Dodd and Bruce I. Oppenheimer, eds., *Congress Reconsidered,* Sixth Edition, SAGA/CQ Press, pp. 451-477.

Dodd, Lawrence C. and Bruce I. Oppenheimer (2017), "Congress in the Age of Trump : The 2016 National Elections and Their Aftermath," *Congress Reconsidered,* Eleventh Edition, SAGA/CQ Press, pp. 451-477.

Doyle, Michael (1983a), "Kant, Liberal Legacies, and Foreign Affairs, part 1," *Philosophy and Public Affairs,* Vol. 12, No. 3, pp. 205-235.

Doyle, Michael (1983b), "Kant, Liberal Legacies, and Foreign Affairs, part 2," *Philosophy and Public Affairs,* Vol. 12, No. 4, pp. 1151-1161.

Drezner, Daniel W. (2005), "Values, Interests, and American Grand Strategy," *Diplomatic History,* Vol. 29, No. 3, esp. pp. 429-432.

Duara, Prasenjit (2013), "The Cold War and the Imperialism of Nation-States," Richard Immerman and Petra Goedde, eds., *The Oxford Handbook of the Cold War,* Oxford University Press, pp. 86-104.

Dueck, Colin (2017), "Conservative American Realism," James M. McCormick, ed., *The Domestic Sources of American Foreign Policy : Insight and Evidence,* Seventh Edition, Rowman & Littlefield, Publishers, pp. 43-58.

Duffield, John (1994/ 1995), "NATO's Functions after the Cold War," *Political Science Quarterly,* Vol. 109, No. 5, pp. 763-787.

Dumbrell, John (2013), "Personal Dipilomacy : Relations between Prime Minisiters and Presidents," Alan P. Dobson and Steve Marsh eds., *Anglo-American Relations : Contemporary Perspectives,* Routledge, pp. 82-104.

Edwards, Sam (2017), "The Architecture of a Myth : Constructing and Commemorating Churchill's Special Relationship, c.1919-69," Alan P. Dobson and Steve Marsh, eds., *Churchill and the Anglo-American Special Relationship,* Routledge, pp. 202-222.

Engerman, David C. (2010), "Ideology and the Origins of the Cold War, 1917-1962," Melvyn P. Leffler and Odd A. Westad, eds., *The Cambridge History of the Cold War, volume 1, Origins,* Cambridge University Press, pp. 20-43.

Entman, Robert M. (2017), "How Media Limit Accountablility in Foreign Policymaking : Iraq and Beyond," James M. McCormick, ed., *The Domestic Sources of American Foreign Policy : Insight and Evidence,* Seventh Edition, Rowman & Littlefield, Publishers, pp. 119-132.

Epstein, Susan B. (2012), "Foreign Aid Oversight Challenges for Congress," David P. Auerswald and Colton C. Campbell, eds., *Congress and the Politics of National Security,* Cambridge University Press, pp. 144-164.

Erikson, Robert S. and Gerald C. Wright (1997), "Voters, Candidates, and Issues in Congressional Elections," Lawrence C. Dodd and Bruce I. Oppenheimer, eds., *Congress Reconsidered,* Sixth Edition, SAGA/CQ Press, pp. 61-88.

Evangelista, Matthew (1997), "Domestic Structure and International Change," Michael W. Doyle and G. John Ikenberry, eds., *New Thinking in International Relations Theory,* Westview Press, pp. 202-228.

Evera, Stephen Van (2008), "A Farewell to Geopolitics," Melvyn P. Leffler and Jeffrey W. Legro eds., *To Lead the World : American Strategy after the Bush Doctrine,* Oxford University Press, esp. pp. 14-16.

Fallows, James (1994), "The Republican Promise," *New York Review of Books.*

Fawcett, Louise L'Estrange (1990), "Inviations to Cold War : British Policy in Iran, 1941-47," Anne Deighton ed., *Britain and the First Cold War,* Palgrave Macmillan, pp. 184-200.

Feigenbaum, Evan A. (2017), "China and the World: Dealing with a Reluctant Power," *Foreign Affairs,* Vol. 96, No. 1, pp. 33-40.

Ferguson, Niall (2003), "Hegemony or Empire," *Foreign Affairs,* Vol. 82, No. 5, pp. 154-161.

Fischer, Beth A. (2012), "US Foreign Policy under Reagan and Bush," Melvyn P. Leffler, and O. A. Westad, eds., *The Cambridge History of the Cold War, volume 3, Endings,* Cambridge University Press, pp. 267-288.

Fisher, Louis (1988), "Foreign Policy Power of the President and Congress," *The Annals,* Vol. 499, esp. pp. 149-155.

Fisher, Louis (2017), "Presidential Wars: Understanding Their Causes and Costs," James M. McCormick, ed., *The Domestic Sources of American Foreign Policy: Insight and Evidence,* Seventh Edition, Rowman & Littlefield, Publishers, pp. 183-201.

Fisher, Louis (2003), "The War Power: No Checks, No Balance," Colton C. Campbell, Nicol C. Rae, and John F. Stack, Jr., eds., *Congress and the Politics of Foreign Policy,* Prentice Hall, pp. 1-21.

Forerstel, Karen (2000), "Chairmen's Term Limits Already Shaking Up House," *Congressional Quarterly Weekly,* Vol. 58, No. 13, March 25, pp. 628-634.

Fraser, Cary (2013), "Decolonization and the Cold War," Richard Immerman and Petra Goedde, eds., *The Oxford Handbook of the Cold War,* Oxford University Press, pp. 469-485.

Freedman, Lawrence (2002), "Berlin and the Cold War," John Gearson and Kori Schake, eds., *The Berlin Wall Crisis: Perspectives on Cold War Alliances,* Palgrave, pp. 1-9.

Fukuyama, Francis (2016), "American Political Decay or Renewal?" *Foreign Affairs,* Vol. 95, No. 4, pp. 58-68.

Gaddis, John Lewis (1990), "The Unexpected John Foster Dulles: Nuclear Weapons, Communism, and the Russian," Richard H. Immerman ed., *John Foster Dulles and the Diplomacy of the Cold War,* Princeton University Press, pp. 47-77.

Gaddis, John Lewis (1993), "The Long Peace: Elements of Stability in the Postwar International System," Lynn-Jones, Sean M. and Miller, Steven E. eds., *The Cold War and After: Prospects for Peace,* Expanded Edition, The MIT Press, pp. 1-44.

Gaddis, John Lewis (1994), "Rescuing Choice from Circumstance: The Statecraft of Henry Kissinger," Gordon A. Craig and Francis L. Loewenheim, eds., *The Diplomats 1939-1979,* Princeton University Press, pp. 564-592.

Gaddis, John Lewis (2012), "Grand Strategy in the Cold War," Melvyn P. Leffler and O.A. Westad, eds., *The Cambridge History of the Cold War, volume 2, Crises and Détente,* Cambridge University Press, pp. 1-21.

Gallagher, John and Ronald Robinson (1953), "The Imperialism of Free Trade," *Economic History Review,* Vol. 6, No. 1, pp. 1-15.

Garnett, John C. (1977), "British Strategic Thought," John Baylis, ed., *British Defence Policy in a Changing World,* Croom Helm, esp. pp. 162-164.

Garwin, Richard L. (1998), "The Rumsfeld Report : What We Did," *Bulletin of the Atomic Science,* Vol. 54, No. 6, pp. 40-45.

Gearson, John (2002), "Origins of the the Berlin Crisis of 1958-62," John Gearson and Kori Schake, eds., *The Berlin Wall Crisis : Perspectives on Cold War Alliances,* Palgrave, pp. 10-21.

Geer, John G. (1998), "Campaigns, Party Competition, and Political Advertising," John G. Geer, ed., *Politicians and Party Politics,* The Johns Hopkins University, pp. 186-217.

Graham, Thomas W. (1994), "Public Opinion and U. S. Foreign Policy Decision Making," David A. Deese, *The New Politics of American Foreign Policy,* St. Martin's Press, pp. 190-215.

Goldegeier, James M. (1998), "NATO Expansion : The Anatomy of a Decision," *Washington Quarterly,* Vol. 21, No. 1, esp. pp. 85-90, 94-95, 98-99.

Goldgeier, James M. (1999), "The U. S. Decision to Enlarge NATO : How, When, and What Next ?" *Brookings Review,* Vol. 17, No. 3, esp. p. 20.

Goldgeier, James M. (2017), "NATO Expansion : The Anatomy of a Decision," James M. McCormick, ed., *The Domestic Sources of American Foreign Policy : Insight and Evidence,* Seventh Edition, Rowman & Littlefield, Publishers, pp. 345-360.

Gordon, Philip H. (1997), "Recasting the Altlantic Alliance," Philip H. Gordon, ed., *NATO's Transformation : The Changing Shape of the Atlantic Alliance,* Rowman & Littlefield, Publishers, esp. pp. 13-15.

Gordon, Philip (2017), "A Vision of Trump at War : How the President Could Stumble into Conflict," *Foreign Affairs,* Vol. 96, No. 3, esp. pp. 17-19.

Gowing, Margaret (1986), "Nuclear Weapons and the 'Special Relationship,'" WM. Roger Louis and Hedley Bull, eds., *The Special Relationship : Anglo-American Relations since 1945,* Oxford University Press, esp. p. 119.

Guyatt, Nicholas (2013), "The End of the Cold War," Richard Immerman and Petra Goedde, eds., *The Oxford Handbook of the Cold War,* Oxford University Press, pp. 605-622.

Haass, Richard N. (1979), "Congressional Power : Implications for American Security Policy," *Adelphi Papers,* No. 153, The International Institute for Strategic Studies, esp. pp. 5, 7-10.

Haass, Richard N. (1999), "What to Do with American Primacy," *Foreign Affairs,* Vol. 78, No. 5, pp. 37-49.

Haass, Richard N. (2000), "Imperial America," Paper at the Atlantic Conference. http://www.brook.edu/dybdocroot/viwes/artices/haass/2000imeperial.htm

Haass, Richard N. (2008), "The Age of Nonpolarity," *Foreign Affairs,* Vol. 87, No. 3, pp. 44-56.

Haass, Richard N. (2017), "Where to Go from Here : Rebooting American Foreign Policy," *Foreign Affairs,* Vol. 96, No. 4, esp. p. 7.

Haftendorn, Helga (2012), "The Unification of Germany, 1985-1991," Melvyn P. Leffler and O. A. Westad, eds., *The Cambridge History of the Cold War, volume 3, Endings,* Cambridge University Press, pp. 333-355.

Haglund, David G. (2017), "'Strategic Culture' on the Road to (and from) Fulton : Insititutionalism, Emotionalism, and the Anglo-American Special Relationship," Alan P. Dobson and Steve Marsh, eds., *Churchill and the Anglo-American Special Relationship,* Routledge, pp. 19-42.

Hahn, Walter F. (1973), "West Germany's Ostpolitik," *Orbis,* Vol. 16, No. 4, pp. 859-880.

Hamilton Lee H. and Michael H. Van Dusen (1987), "Making the Separation of Power Work," *Foreign Affairs,* Vol. 57, No. 3, esp. p. 28.

Hamilton, Lee H. (1999), "Congress and U. S. Foreign Policy (Remarks before the Trilateral Commission)". http://www.trilateral.ord/annmtgs/trialog/trlgtxts/t53/ham.htm

Hanhimaki, Jussi M. (2012), "Détente in Europe, 1962-1975," Melvyn P. Leffler and O. A. Westad, eds., *The Cambridge History of the Cold War, volume 2, Crises and Détente,* Cambridge University Press, pp. 198-218.

Hanrieder, Wolfram F. (1992), "The FRG and NATO," Emil J. Kirtchner and James Sperling, eds., *The Federal Republic of Germany and NATO,* Macmillan Press, esp. p. 195.

Harrison, Hope M. (2014), "Belrin and the Cold War Struggle over Germany," Artemy M. Kalinovsky and Craig Daigle, eds., *The Routledge Handbook of the Cold War,* Routledge, pp. 56-73.

Hatcho, Yui (一九九八), "The Making of the Atlantic Charter : A Study of Its Meaning in U. S. Foreign Policy,"『英語文化研究』第一六号、六七～九五頁。

Hathi, Sejal and Bob Kocher (2017), "The Right Way to Reform Health Care," *Foreign Affairs,* Vol. 96, No. 4, pp. 17-25.

Henkin, Louis (1987/1988), "Foreign Affairs and the Constitution," *Foreign Affairs,* Vol. 66, No. 1, esp. p. 287.

Herrnson, Paul S. (2002), "National Party Organizations at the Dawn of the Twenty-First Century," L. Sandy Maisel ed., *The Parties Respond : Changes in American Parties and Campaigns,* Fourth Edition, Westview Press, esp. pp. 54-62.

Hershberg, James G. (1992), ""Explosion in the Offing" : German Rearmament and American Diplomacy, 1953-1955," *Diplomatic History,* Vol. 16, No.

4, pp. 511-549.

Hikotani, Takako (2017), "Trump's Gift to Japan : Time for Tokyo to Invent in the Liberal Order," *Foreign Affairs,* Vol. 96, No. 5, pp. 21-27.

Hirsh, Michael (2002), "Bush and the World," *Foreign Affairs,* Vol. 81, No. 5, esp. p. 30.

Hitchcock, William I. (2012), "The Marshall Plan and the Creation of the West," Melvyn P. Leffler and O. A. Westad, eds., *The Cambridge History of the Cold War, volume 1, Origin,* Cambridge University Press, pp. 154-174.

Hoffmann, Stanley (1984), "Détente," Joseph S. Nye, Jr. ed., *The Making of America's Soviet Policy,* Council on Foreign Relations, pp. 231-263.

Hosansky, David (1995), "GOP Conference Will Consider Limits on Seniority System," *Congressional Quarterly Weekly,* Vol. 52, No. 20, esp. p. 1392.

Hunt, Michael H. (2004), "Ideology," Michael J. Hogan and Thormas G. Paterson, eds., *Explaining the History American Foreign Relations,* Second Edition, Cambridge University Press, pp. 221-240.

Huntington, Sumuel P. (1991), "America's Changing Strategic Interests," *Survival,* Vol. 33, No. 1, esp. p. 12.

Huntington, Samuel P. (1999/2000), "Robust Nationalism," *National Interest,* No. 58, pp. 31-40.

Ikenberry, G. John (1996), "The Myth of the Post Cold War Chaos," *Foreign Affairs,* Vol. 75, No. 3, pp. 79-91.

Ikenberry, G. John (2004a), "Illusions of Empire," *Foreign Affairs,* Vol. 83, No. 2, pp. 102-115.

Ikenberry, G. John (2004b), "The End of the Neo-conservative Moment," *Survival,* Vol. 46, No. 1, pp. 7-22.

Ikenberry, G. John (2012), "The Restructuring of the International System after the Cold War," Melvyn P. Leffler and O. A. Westad, eds., *The Cambridge History of the Cold War, volume 3, Endings,* Cambridge University Press, pp. 535-556.

Ikenberry, G. John (2014), "The Illusion of Geopolitics : The Enduring Power of the Liberal Order," *Foreign Affairs,* Vol. 93, No. 3, esp. p. 80.

Ikenberry, G. John (2017), "The Plot against American Foreign Policy : Can the Liberal Order Survive ?" *Foreign Affairs,* Vol. 96, No. 3, pp. 2-9.

Irie, Akira (2004), "Culture and International History," Michael J. Hogan and Thomas G. Paterson, eds., *Explaining the History American Foreign Relations,* Second Edition, Cambridge University Press, pp. 241-256.

Irvin, Ryan M. (2014), "Decolonization and the Cold War," Artemy M. Kalinovsky and Craig Daigle, eds., *The Routledge Handbook of the Cold War,* Routledge, pp. 91-104.

Isaacs, John (1995), "Right Turn Ahead," *Bulletin of the Atomic Science,* Vol. 51, No. 1, esp. p. 16.

Isaacs, John (1998), "The Senate Strange Bedfellows," *Bulletin of the Atomic Science,* Vol. 54, No. 1, esp. pp. 32-34.

Isaacs, John (1998), "Senate : Test Ban Prospects Shaken," *Bulletin of the Atomic Science,* Vol. 54, No. 4, esp. pp. 40–41.

Jacobson, Gary C. (1997), "Partisanship, Money, and Competition : Elections and the Transformation of Congress since the 1970s," Lawrence C. Dodd and Bruce I. Oppenheimer, eds., *Congress Reconsidered,* Sixth Edition, SAGA/CQ Press, pp. 89–117.

Jackson, Ian (2013), "Economics and the Cold War," Richard Immerman and Petra Goedde, eds., *The Oxford Handbook of the Cold War,* Oxford University Press, pp. 50–66.

Jentleson, Bruce W. (1990), "American Diplomacy : Around the World and along Pennsylvania Avenue," Thomas E. Mann, ed., *A Question of Balance : The President, the Congress and Foreign Policy,* The Brookings Institution, esp. pp. 147–148.

Jervis, Robert (1993), "The Political Effects of Nuclear Weapons : A Comment," Sean M. Lynn-Jones and Miller, Steven E. eds., *The Cold War and After : Prospects for Peace,* Expanded Edition, The MIT Press, esp. pp. 70–80.

Jervis, Robert (1999), "America and the Twentieth Century : Continuity and Change," *Diplomatic History,* Vol. 23, No. 2, pp. 219–238.

Jervis, Robert (2003), "Understanding Bush Doctrine," *Political Science Quarterly,* Vol. 118, No. 3, pp. 365–388.

Joffe, Josef (1995), "Is There Life After Victory ? What NATO Can and Cannot Do," *National Interest,* No. 41, esp. p. 22.

Johnson, Robert David (2012), "Congress and U. S. Foreign Policy before 9/11," David P. Auerswald and Colton C. Campbell, eds., *Congress and the Politics of National Security,* Cambridge University Press, pp. 18–44.

Johnson, Loch K. (2012), "Congress and Intelligence," David P. Auerswald and Colton C. Campbell, eds., *Congress and the Politics of National Security,* Cambridge University Press, pp. 121–143.

Kagan, Robert (2008), "End of Dream, Return of History," Melvyn P. Leffler and Jeffrey W. Legro eds., *To Lead the World : American Strategy after the Bush Doctrine,* Oxford University Press, esp. pp. 36–37.

Kagan, Robert (2001), "The American Empire : A Case of Mistaken Identity," David R. McCann and Barry S. Stauss, eds., *War and Diplomacy : A Comparative Study of the Korean War and Peloponnesian War,* M.E. Sharpe, pp. 49–54.

Kalinovsky, Arthemy M. and Craig Daigle (2014), "Explanations for the End of the Cold War," Artemy M. Kalinovsky and Craig Daigle, eds., *The Routledge Handbook of the Cold War,* Routledge, pp. 371–387.

Kaplan, Fred (2017), "Obama's Decision-Making Style," James M. McCormick, ed., *The Domestic Sources of American Foreign Policy : Insight and Evidence,* Seventh Edition, Rowman & Littlefield, Publishers, pp. 381–395.

Katzmann, Robert A. (1990), "War Powers : Toward a New Accommodation," Thomas E. Mann, ed., *A Question of Balance : The President, the Congress and Foreign Policy,* The Brookings Institution, pp. 35-69.

Kazin, Michael (2016), "Trump and American Populism : Old White, New Bottles," *Foreign Affairs,* Vol. 95, No. 6, esp. pp. 21-22.

Kennedy, Ross A. (2001), "Woodrow Wilson, World War I, and an American Conception of National Security," *Diplomatic History,* Vol. 25, No. 1, pp. 1-31.

Kent, John (1990), "The British Empire and the Origins of the Cold War," Anne Deighton, ed., *Britain and the First Cold War,* Macmillan, pp. 165-183.

Keohane, Robert O. and Lisa Martin (1995), "The Promise of International Theory," *International Security,* Vol. 20, No. 1, pp. 39-51.

Key, Jr., V. O. (1955), "A Theory of Critical Elections," *Journal of Politics,* Vol. 17, pp. 3-18.

Key, Jr., V. O. (1959), "Secular Realignment and the Party System," *Journal of Politics,* Vol. 21, pp. 198-210.

Kimball, Daryl (1999), "What Went Wrong : Repairing the Damage to the CTBT," *Arms Control Today,* Vol. 29, No. 8, pp. 3-9.

Kirtield, James (1998), "At Ground Zero," *National Journal,* Vol. 30, No. 8, pp. 338-392.

Kirfield, James (1999a), "Growing Pains," *National Journal,* pp. 1018-1025.

Kirfield, James (1999b), "Deceptive Engagement," *National Journal,* pp. 1455-1458.

Kirfield, James (1999c), "Periphery Is Out : Russia and China, In," *National Journal,* Vol. 31, No. 32, pp. 2293-2297.

Kirfield, James (1999d), "Old China Hands Wave a Cautionary Flag," *National Journal,* Vol. 31, No. 39, esp. pp. 2736-2737.

Kirfield, James (1999e), "A Return to Isolationism," *National Journal,* Vol. 31, No. 41, esp. pp. 2875-2876.

Kirfield, James (1999/2000), "The Folk Who Live on the Hill," *The National Interest,* No. 58, pp. 48-55.

Kirfield, James (2000), "Episodic Interest," *National Journal,* Vol. 32, No. 1, esp. pp. 29-30.

Kissinger, Henry A. (1992), "Balance of Power Sustained," Graham T. Allison and Gregory Treverton, eds., *Rethinking America's Security : Beyond Cold War to New World Order,* W. W. Norton & Company, pp. 238-248.

Kissinger, Henry A. (1999), "Between the Old Liberal and the New Conservative," *Foreign Affairs,* Vol. 78, No. 3, esp. p. 115.

Kosterlitz, Julie (1999), "Sovereignty's Struggle," *National Journal,* Vol. 31, No. 47/48, pp. 3374-3378.

Koszczuk, Jackie (1999), "Master of the Mechanics Has Kept the House Running," *Congressional Quarterly Weekly,* Vol. 57, No. 48, pp. 2960-2964.

Krauthammer, Charles (1990/1991), "The Unipolar Moment," *Foreign Affairs,* Vol. 70, No. 1, pp. 23-34.

Krauthammer, Charles (2002/2003), "The Unipolar Moment Revisited," *National Interest,* No. 70, pp. 5-13.

Krauthammer, Charles (2001), "The Handred Days," *Time,* December 31, esp. p. 156.

Kriner, Douglas L. (1997), "Congress, Public Opinion, and the Political Costs of Waging War," Lawrence C. Dodd and Bruce I. Oppenheimer, eds., *Congress Reconsidered,* Sixth Edition, SAGA/CQ Press, pp. 421-449.

Kristol William and Robert Kagan (1996), "Toward a Neo-Reaganite Foreign Policy," *Foreign Affairs,* pp. 18-32.

Kroenig, Matthew (2017), "The Case for Trump's Foreign Policy : The Right People, the Right Position," *Foreign Affairs,* Vol. 96, No. 3, pp. 30-34.

Koh, Harold Hongju (1988), "Why the President (Almost) Always Wins in Foreign Affairs : Lessons of the Iran-Contra Affairs," *Yale Law Journal,* Vol. 97, pp. 1255-1342.

Kohl, Wilfrid L. (1975), "The Nixon-Kissinger Foreign Policy System and the US-West European Relations," *World Politics,* Vol. XXVIII, No. 1, esp. p. 26.

Kupchan Charles A. and Peter L. Trubowitz (2007), "Dead Center : Demise of Internationalism in the United States," *International Security,* Vol. 32, No. 2, pp. 7-44.

Kurth, James (1997), "The Adolescent Empire : America and the Imperia Idea," *National Interest,* No. 48, pp. 3-15.

Kurth, James (2005), "Ignoring History : U. S. Democratization in the Muslim World," *Orbis,* Vol. 49, No. 2, pp. 305-322.

Larres, Klaus (2013), "Britain and the Cold War, 1945-1990," Richard Immerman and Petra Goedde, eds., *The Oxford Handbook of the Cold War,* Oxford University Press, pp. 141-157.

Leacocos, John P. (1971-72), "Kissinger's Apparat," *Foreign Policy,* No. 5, pp. 2-27.

Leffler, Melvyn (2012), "The Emergence of an American Grand Strategy, 1945-1952," Melvyn P. Leffler and O.A. Westad, eds., *The Cambridge History of the Cold War, volume 1, Origin,* Cambridge University Press, pp. 67-89.

Lindsay, James M. (1992/1993), "Congress and Foreign Policy : Why the Hill Matter," *Political Science Quarterly,* Vol. 104, No. 4, pp. 607-628.

Lindsay, James M. (1999), "End of an Era : Congress and Foreign Pclicy after the Cold War," Eugene R. Wittkopf and James M. McCormick, eds., *The Domestic Sources of American Foreign Policy : Insight and Evidence,* Third Edition, Rowman & Littlefield, Publishers, pp. 173-183.

Lindsay, James M. (2004), "From Deference to Activism and Back Again : Congress and the Politics of American Foreign Policy," Eugene R.

Wittkopf and James M. McCormick, eds., *The Domestic Sources of American Foreign Policy : Insight and Evidence,* Fourth Edition, Rowman & Littlefield, Publishers, pp. 183–195.

Lindsay, James M. (2008), “The Shifting Pendulum of Power : Executive–Legislative Relations on American Foreign Policy,” Eugene R. Wittkopf and James M. McCormick, eds., *The Domestic Sources of American Foreign Policy : Insights and Evidence,* Fifth Edition, Rowman & Littlefield, Publishers, pp. 199–211.

Lindsay, James M. (2012), “The Shifting Pendulum of Power : Executive–Legislative Relations on American Foreign Policy,” Eugene R, Wittkopf and James M. McCormick, eds., *The Domestic Sources of American Foreign Policy : Insight and Evidence,* Sixth Edition, Rowman & Littlefield, Publishers, pp. 223–238.

Lindsay, James M. (2017), “The Shifting Pendulum of Power : Executive–Legislative Relations on American Foreign Policy,” James M. McCormick, ed., *The Domestic Sources of American Foreign Policy : Insight and Evidence,* Seventh Edition, Rowman & Littlefield, Publishers, pp. 219–235.

Longden, Marin A. L. (2003), “From ‘Hot War’ to ‘Cold War’ : Western Europe in British Grand Strategy, 1945–1948,” Michael F. Hopkins, Michael D. Kandiah, and Gillian Staerck, eds., *Cold War Britain, 1945–1964,* Palagrave, pp. 111–126.

Louis, Wm. Roger (1986), “American Anti-Colonialism and the Dissolution of the British Empire,” WM. Roger Louis and Hedley Bull, eds., *The Special Relationship : Anglo–American Relations since 1945,* Oxford University Press.

Lowry, Richard (1999), “Test–Ban Ban : How the Treaty Went Down,” *National Review,* Vol. LI, No. 21, pp. 20–21.

Lundestad, Geir (1986), “Empire by Invitation ? : The United States and Western Europe, 1945–1952,” *Journal of Peace Research,* Vol. 23, No. 3, pp. 263–277.

Lundestad, Geir (1999), ““Empire by Invitation” in the American Century,” *Diplomatic History,* Vol. 23, No. 2, pp. 189–217.

Maggs, John (1999), “The Senate’s Blast Wave,” *National Journal,* Vol. 31, No. 43, pp. 3044–3050.

Mann, Thomas E. (1990), “Making Foreign Policy : President and Congress,” Thomas E. Mann, ed., *A Question of Balance : The President, the Congress and Foreign Policy,* The Brookings Institution, pp. 1–34.

Marsh, Steve (2013), “The Anglo–American Defence Relationship,” Alan P. Dobson and Steve Marsh eds., *Anglo–American Relations : Contemporary Perspectives,* Routledge, esp. p. 180.

Marsh, Steve (2017), “Personal Diplomacy at the Summit,” Alan P. Dobson and Steve Marsh, eds., *Churchill and the Anglo–American Special*

Relationship, Routledge, pp. 116–141.

Martin, William (1999), "The Christian Right and American Foreign Policy," *Foreign Policy,* No. 114, esp. pp. 77–78.

Mason, Robert (2003), "Political Parties and the Party System," Robert Singh, ed., *Governing America : The Politics of a Divided Democracy,* Oxford University Press, esp. pp. 96–98, 105–106.

Mastanduno, Michael (2005), "The United States Political System and International Leadership : A 'Decidedly Inferior' Form of Government ?," G. John Ikenberry, ed., *American Foreign Policy : Theoretical Essays,* Fifth Edition, Pearson Longman, pp. 248–268.

Mastny, Vojtech (2014), "The Early Cold War and Its Legacies," Artemy M. Kalinovsky and Craig Daigle, eds., *The Routledge Handbook of the Cold War,* Routledge, pp. 32–42.

Maynes, Charles William (2001), "Contending Schools," *National Interest,* No. 63, pp. 49–58.

Mazarr, Michael J. (2017), "The Once and Future Order : What Comes after Hegemony ?" *Foreign Affairs,* Vol. 96, No. 1, pp. 25–32.

McAdams, A. James (1994), "The New Diplomacy of the West Germany Ostpolitik," Gordon A. Craig and Francis L. Loewenheim, eds., *The Diplomats 1939–1979,* Princeton University Press, pp. 537–563.

McCain, John (2007), "An Enduring Peace Built on Freedom : Securing America's Future," *Foreign Affairs,* Vol. 86, No. 6, pp. 19–34.

McCalla, Robert B. (1996), "NATO's Persistence after the Cold War," *International Organization,* Vol. 50, No. 3, pp. 445–475.

McCarty, Nolan (2007), "The Policy Effects of Political Polarization," Paul Pierson and Theda Skocpol, eds., *The Transformation of American Politics : Activist Government and the Rise of Conservatism,* Princeton University Press, pp. 223–255.

McCormick, James M. (2012), "Ethnic Interest Groups in American Foreign Policy," Eugene R. Wittkopf and James M. McCormick, eds., *The Domestic Sources of American Foreign Policy : Insight and Evidence,* Sixth Edition, Rowman & Littlefield, Publishers, pp. 67–87.

Mckinney, Joe and Alan P. Dobson (2013), "The Anglo-American Economic Relationship : Special or Not ?" Alan P. Dobson and Steve Marsh eds., *Anglo-American Relations : Contemporary Perspectives,* Routledge, pp. 129–153.

McNaugher, Thomas L. (1994), "U. S. Forces in East Asia : The Case for Long Time Engagement," Gerald L. Curtis, ed., *The United States, Japan and Asia,* W. W. Norton & Company, pp. 184–215, esp. p. 186.

Mead, Walter Russell (2012), "The Tea Party, Populism, and the Domestic Culture of U. S. Foreign Policy," Eugene R. Wittkopf and James M. McCormick, eds., *The Domestic Sources of American Foreign Policy : Insight and Evidence,* Sixth Edition, Rowman & Littlefield, Publishers, pp.

55–66.

Mead, Walter Russell (2014), "The Return of Geopolitics : The Revenge of the Revisionist Powers," *Foreign Affairs,* Vol. 93, No. 3, esp. pp. 69–71, 77.

Mead, Walter Russell (2017), "The Jacksonian Revolt : American Populism and the Liberal Order," *Foreign Affairs,* Vol. 96, No. 2, pp. 2–7.

Mearsheimer, John J. (1993), "Back to the Future : Instability in Europe after the Cold War," Sean M. Lynn-Jones and Steven E. Miller, eds., *The Cold War and After : Prospects for Peace,* Expanded Edition, The MIT Press, pp. 141–192.

Mearsheimer, John J. (1994/1995), "The False Promise of International Institutions," *International Security,* Vol. 19, No. 3, pp. 5–49.

Mearsheimer, John J. and Stephen Walt (2017), "The Israel Lobby," James M. McCormick, ed., *The Domestic Sources of American Foreign Policy : Insight and Evidence,* Seventh Edition, Rowman & Littlefield, Publishers, pp. 69–83.

Miller, Warren E. (1998), "Party Identification and the Electorate of the 1990s," L. Sandy Maisel ed., *The Parties Respond : Changes in American Parties and Campaigns,* Third Edition, Westview Press, pp. 109–127.

Miller, Warren E. (2002), "Party Identification and the Electorate at the Start of the Twenty-First Century," L. Sandy Maisel ed., *The Parties Respond : Changes in American Parties and Campaigns,* Fourth Edition, Westview Press, pp. 79–98.

Mitchell, Nancy (2012), "The Cold War and Jimmy Carter," Melvyn P. Leffler and O. A. Westad, eds., *The Cambridge History of the Cold War, volume 3, Endings,* Cambridge University Press, pp. 66–88.

Morgenthau, Hans J. (1950), "The Conduct of Foreign Policy," Hans J. Morgenthau and Kenneth W. Thompson, eds., *Principles and Problems of International Politics,* Alfled A. Knopf, esp. p. 107.

Morgenthau, Hans J. (1974), "The United States and Europe in a Decade of Détente," Hanrieder, Wolfram F., ed., *The United States and Western Europe,* Winthrop Publisher, pp. 1–7.

Mott, Jonathan D. and Nicol C. Rae (2003), "The Republican House and Foreign Policy in the 104th Congress and Beyond," Colton C. Campbell, Nicol C. Rae, and John F. Stack, Jr., eds., *Congress and the Politics of Foreign Policy,* Prentice Hall, pp. 139–164.

Muravchik, Joshua (1996), "Affording Foreign Policy : The Problem Is Not Wallet, But Will," *Foreign Affairs,* Vol. 75, No. 2, pp. 8–13.

Nau, Henry R., (2017) "Coservative Internationalism : An Alternative to Realism and Liberal Internationalism," James M. McCormick, ed., *The Domestic Sources of American Foreign Policy : Insight and Evidence,* Seventh Edition, Rowman & Littlefield, Publishers, pp. 59–68.

Nelson, Anna Kasten (1987), "John Foster Dulles and the Bipartisan Congress," *Political Science Quarterly,* Vol. 102, esp. p. 64.

Nelson, Michael (2017), "Person and Office : Presidents, the Presidency, and Foreign Policy," James M. McCormick, ed., *The Domestic Sources of American Foreign Policy : Insight and Evidence,* Seventh Edition, Rowman & Littlefield, Publishers, pp. 173-182.

Nina, Silove (2016), "The Pivot before the Pivot : U. S. Strategy to Preserve the Power Balance in Asia," *International Security,* Vol. 40, No. 4, pp. 45-88.

Nitschke, Lori (2000), "White House in Full Battle Mode in Final Push for China NTR," *Congressional Quarterly Weekly,* Vol. 58, No. 12, pp. 606-609.

Nivola, Pietro S. (1990), "Trade Policy : Refereeing the Playing Field." Thomas E. Mann, ed., *A Question of Balance : The President, the Congress and Foreign Policy,* The Brookings Institution, pp. 201-253.

Nordlinger, Jay (1999), "Star-in Waiting : Meet George W's Foreign-Policy Czrina," *National Review,* Vol. LI, No. 16, esp. p. 36.

Nye, Jr., Joseph S. (1995), "The Case for Deep Engagement," *Foreign Affairs,* Vol. 74, No. 49, pp. 92-102.

Nye, Jr., Joseph S. (1999), "National Interest," *Foreign Affairs,* Vol. 78, No. 4, pp. 22-35.

Nye, Jr., Joseph S. (2017), "Will the Liberal Order Survive ?" *Foreign Affairs,* Vol. 96, No. 1, pp. 10-16.

O'Hanlon, Michael (1999), "Star Wars Strikes Back," *Foreign Affairs,* Vol. 78, No. 6, pp. 69-79.

Olezek, Mark J. and Walter J. Oleszek (2012), "Institutional Challenges Confronting Congress after 9/11 : Partisan Polarization and Effective Oversight," David P. Auerswald and Colton C. Campbell, eds., *Congress and the Politics of National Security,* Cambridge University Press, pp. 45-67.

O'Neill, Robert (1999), "GOP Task Force Takes North Korea to Task," *National Journal,* Vol. 31, No. 43, esp. p. 3062.

O'Neill, Robert (2000), "Dismantling the Great Wall," *National Journal,* Vol. 32, No. 13, pp. 936-943.

Owen, John (2002), "The Foreign Imposition of Domestic Institutions," *International Organization,* Vol. 56, No. 2, pp. 375-409.

Perkins, Bradford (1986), "Unequal Partnership : The Truman Administration and Great Britain," WM. Roger Louis and Hedley Bull, eds., *The Special Relationship : Anglo-American Relations since 1945,* Oxford University Press, pp. 43-64.

Pero, Mario Del (2014), "Incompatible, Universalisms : The United States, the Soviet Union, and the Beginning of the Cold War," Artemy M. Kalinovsky and Craig Daigle, eds., *The Routledge Handbook of the Cold War,* Routledge, pp. 3-16.

Peterson, Mark A. (2000), "The President and Congress," Michael Nelson, ed., *The Presidency and the Political System,* Sixth Edition, CQ Press, esp. p. 475.

Peterson, Paul E. (1994), "The International System and Foreign Policy," Paul E. Peterson, ed., *The President, the Congress, and the Making of Foreign Policy,* University of Oklahoma Press, pp. 3–22.

Pipes, Richard (1995), "Misinterpreting the Cold War : The Hardliners Had It Right," *Foreign Affairs,* Vol. 74, No. 1, pp. 154–160.

Pomper, Miles A. (1998), "Clinton Gains Last-Minute Victories on Foreign Policy Priorities," *Congressional Quarterly Weekly,* Vol. 56, No. 42, esp. pp. 2913–2915.

Pomper, Miles A. (1999), "Keeping the Peace : Where and Why ?" *Congressional Quarterly Weekly,* Vol. 57, No. 12, esp. pp. 691–693.

Pomper, Miles A. and Mary S. Dalrymple (1999), "Capital Hill Is Unimpressed with Patchwork Policy in Asia," *Congressional Quarterly Weekly,* Vol. 57, No. 36, esp. pp. 2177–2178.

Pomper, Gerald M. (1998), "The Alleged Decline of American Parties," John G. Geer, ed., *Politicians and Party Politics,* The Johns Hopkins University, pp. 14–39.

Preston, Thomas, and Margaret G. Hermann (2004), "Presidential Leadership Style and the Foreign Policy Advisory Process," Eugene R. Wittkopf and James M. McCormick, eds., *The Domestic Sources of American Foreign Policy : Insight and Evidence,* Fourth Edition, Rowman & Littlefield, Publishers, pp. 183–195.

Putnam, Robert D. (1993), "Diplomacy and Domestic Politics : The Logic of Two-Level Games," Peter B. Evans, Harold K. Jacobson, and Robert D. Putnam, eds., *Double-Edged Diplomacy : International Bargaining and Domestic Politics,* University of California Press, pp. 431–468.

Quirk, Paul J. and Bruce Nesmith (2000), "Divided Government and Policy Making : Negotiating the Laws," Michael Nelson, ed., *The Presidency and the Political System,* Sixth Edition, CQ Press, pp. 570–594.

Rachman, Gideon (2014), "Revisionist Powers are Driving the World Crises," *Financial Times,* June 30.

Raskolnikov, Alex (2017), "A Tale of Two Tax Plans," *Foreign Affairs,* Nol. 96, No. 4, pp. 26–34.

Reynolds, David (1986), "The Roosevelt, Churchill, and the Wartime Anglo-American Alliance, 1939–1945 : Toward a New Synthesis," WM. Roger Louis and Hedley Bull, eds., *The Special Relationship : Anglo-American Relations since 1945,* Oxford University Press, pp. 17–41.

Reynolds, David (1994a), "The European Dimension of the Cold War," Melvyn Leffler and David S. Painter, eds., *Origins of the Cold War,* Routledge, pp. 125–138.

Reynolds, David (1994b), "'The Atlantic' Flop : British Foreign Policy and the Churchill-Roosevelt Meeting of August 1941," Douglas Brinkley and

David R. Facey-Crowther, eds., *The Atlantic Charter,* Palgrave Macmillan, esp. p. 132.

Rhodes, Edward (2003), "The Imperial Logic of Bush's Liberal Agenda," *Survival,* Vol. 45, No. 1, pp. 133-151.

Rice, Condoleessa (2000), "Promoting the National Interest," *Foreign Affairs,* Vol. 79, No. 1, pp. 45-62.

Rielly, John E. (1999), "Americans and the World : A Survey at Century's End, *Foreign Policy,*" No. 114, pp. 97-113.

Risse-Kappen, Thomas (1996), "Collective Identity in a Democratic Community : The Case of NATO," Peter Katzenstein, ed., *The Culture of National Security : Norms and Identity in World Politics,* Columbia University Press, pp. 357-399.

Rohde, David W. (1994), "Partisanship Leadership and Congressional Assertiveness in Foreign and Defense Policy," David A. Deese, *The New Politics of American Foreign Policy,* St. Martin's Press, pp. 76-101.

Rosen, Stephen (2003), "An Empire, If You Can Keep It," *National Interest,* No. 71, Spring esp. p. 5.

Ruggie, John Gerard (1993), "Multilateralism : The Anatomy of an Institution," John Gerald Ruggie, ed., *Multilateralism Matters : The Theory and Praxis of an International Form,* Columbia University Press, pp. 3-47.

Rumer, Eugene, Richard Sokolsky, and Andrew S. Weiss (2017), "Trump and Russia : The Right Way to Manage Relations," *Foreign Affairs,* Vol. 96, No. 2, pp. 12-19.

Schake, Kori (2017), "Will Washington Abandon the Order ? : The False Logic of Retreat," *Foreign Affairs,* Vol. 96, No. 1, pp. 41-46.

Schmitz, David F. and Vanessa Walker (2004), "Jimmy Carter and the Foreign Policy of Human Rights : The Development of a Post-Cold War Foreign Policy," *Diplomatic History,* Vol. 28, No. 1, pp. 113-143.

Schulzinger, Robert D. (1987), "The Senate, Détente, and SALT I," Michael Barnhart, ed., *Congress and United States Foreign Policy : Controlling the Use of Force in the Nuclear Age,* pp. 90-97.

Schulzinger, Robert D. (2012), "Détente in the Nixon-Ford Years, 1969-1976," Melvyn P. Leffler and O.A. Westad, eds., *The Cambridge History of the Cold War, volume 2, Crises and Détente,* Cambridge University Press, pp. 373-394.

Schwarz, Has-Peter (2012), "The Division of Germany, 1945-1949," Melvyn P. Leffler and O.A. Westad, eds., *The Cambridge History of the Cold War, volume 1, Origin,* Cambridge University Press, pp. 133-153.

Schwartz, Stephen I. (2000), "Outmaneuvered, Outgunned, and Out of Sight," *Bulletin of the Atomic Science,* Vol. 56, No. 1, pp. 24-31.

Schwartz, Thomas Alan (1994), "Victories and Defeats in the Long Twilight Struggle," Diane B. Kunz, ed., *The Diplomacy of the Crucial Decade,*

Columbia University Press, esp. p. 137.

Schwartz, Thomas Alan (1995), "The United States and Germany after 1945," *Diplomatic History,* 19-4, esp. p. 558.

Schweller, Randall L. (1994), "Bandwagoning for Profit : Bringing the Revisionist State Back In," *International Security,* Vol. 19, No, 1, pp. 72-107.

Scott, James M. and A. Lane Crothers (1998), "Out of the Cold : The Post-Cold War Context of U. S. of Foreign Policy," James M. Scott, ed., *After the End : Making U. S. Foreign Policy in the Post-Cold War World,* Duke University Press, pp. 108-137.

Shapiro, Robert Y. and Benjamin I. Page (1994), "Foreign Policy and Public Opinion," David A. Deese, *The New Politics of American Foreign Policy,* St. Martin's Press, pp. 216-235.

Shibusawa, Naoko (2013), "Ideology, Culture, and the Cold War," Richard Immerman and Petra Goedde, eds., *The Oxford Handbook of the Cold War,* Oxford University Press, pp. 32-49.

Shirk, Susan (2017), "Trump and China : Getting to Yes with Beijing," *Foreign Affairs,* Vol. 96, No. 2, pp. 20-27.

Silverberg, David (1994), "American Defense : Stronger in the New Congress ? : The Issues and Options in the 104th Congress," *Armed Forces Journal International,* pp. 16-19.

Simendinger, Alexis (1999), "Behind the Test-Ban Fiasco," *National Journal,* Vol. 31, No. 42, esp. p. 2987.

Simpson, John (2013), "The US-UK Special Relationship : The Nuclear Dimension," Alan P. Dobson and Steve Marsh eds., *Anglo-American Relations : Contemporary Perspectives,* Routledge, pp. 208-240.

Sinclair, Barbara (1998), "Evolution or Revolution ? : Policy-Oriented Congressional Parties in the 1990s," L. Sandy Maisel, ed., *The Parties Respond : Changes in American Parties and Campaigns,* Third Edition, Westview Press, pp. 263-285.

Sinclair, Barbara (1997), "The New World of U. S. Senate," Lawrence C. Dodd and Bruce I. Oppenheimer, eds., *Congress Reconsidered,* Sixth Edition, SAGA/CQ Press, pp. 1-28.

Smith, Raymond (1990), "Ernest Bevin British Officials and British Soviet Policy, 1945-47," Anne Deighton ed., *Britain and the First Cold War,* Palgrave Macmillan, pp. 32-52.

Smith, Steven S. and Gerald Gamm (1997), "The Dynamics of Party Government in Congress," Lawrence C. Dodd and Bruce I. Oppenheimer, eds., *Congress Reconsidered,* Sixth Edition, SAGA/CQ Press, pp. 163-188.

Smith, Steven S. and Eric D. Lawrence (1997), "Party Control of Committees in the Republican," Lawrence C. Dodd and Bruce I. Oppenheimer, eds.,

Congress Reconsidered, Sixth Edition, SAGA/CQ Press, pp. 169-182.

Smith, Tony (2017), "Leberal Internationalism : Why Woodrow Wilson Still Matters," James M. McCormick, ed., *The Domestic Sources of American Foreign Policy : Insight and Evidence,* Seventh Edition, Rowman & Littlefield, Publishers, pp. 31-42.

Snyder, Glenn H. (1984), "The Security Dilemma in Alliance Politics," *World Politics,* Vol. 36, No. 3, pp. 461-495.

Snyder, Glen H. (1990), "Alliance Theory : A Neorealist First Cut," *Journal of International Affairs,* Vol. 44, No. 1, esp. pp. 103-105.

Snyder, Jack (2003), "Imperial Temptation," *National Interest,* No. 71, pp. 29-40.

Snyder, Jack (2004), "One World, Rival Theory," *Foreign Policy,* Vol. 145, pp. 53-62.

Solomon, Burt (1999), "False Prophets," *National Journal,* Vol. 31, No. 50, esp. p. 3518.

Sorauf, Frank J. (1998), "Political Parties and the New World of Campaign Finance," L. Sandy Maisel, ed., *The Parties Respond : Changes in American Parties and Campaigns,* Third Edition, Westview Press, pp. 225-242.

Spratt, Jr., John M. (April/ May, 1999), "Keep the Facts of the Cox Report in Perspective," *Arms Control Today,* Vol. 29, No. 3, esp. pp. 24-25, 34.

Stokes, Bruce (1999), "Lethal Export," *National Journal,* Vol. 31, No. 22, pp. 1454-1475.

Stone, Peter H. (1998), "High-Tech's High Anxiety," *National Journal,* Vol. 30, No. 50, pp. 2926-2931.

Stone, Walter J. and Ronald B. Rapoport (1998), "A Candidate-Centered Perspective on Party Responsiveness : Nomination Activists and the Process of Party Change," L. Sandy Maisel ed., *The Parties Respond : Changes in American Parties and Campaigns,* Third Edition, Westview Press, esp. pp. 85-86.

Strobel, Warren P. (1999), "The CNN Effect : Myth or Reality ?" Eugene R. Wittkopf and James M. McCormick, eds., *The Domestic Sources of American Foreign Policy : Insight and Evidence,* Third Edition, Rowman & Littlefield, Publishers, pp. 85-93.

Taylor, Andre (1996), "Congress Hands President a Budgetary Scalpel," *Congressional Quarterly Weekly,* Vol. 54, No. 13, pp. 864-867.

Tierney, John T. (1993), "Interest Group Involvement in Congressional Foreign and Defense Policy," Randall B. Ripley and James M. Lindsay, eds., *Congress Resurgent : Foreign and Defense Policy on Capitol Hill,* The University of Michigan Press, pp. 89-111.

Tierney, John T. (1994), "Congressional Activism in Foreign Policy : Its Varied Forms and Stimuli," David A. Deese, *The New Politics of American Foreign Policy,* St. Martin's Press, pp. 102-129.

Thuber, James A. (1997), "Centralization, Devolution, and Turf Protection in the Congressional Budget Process," Lawrence C. Dodd and Bruce I.

Oppenheimer, eds., *Congress Reconsidered,* Sixth Edition, SAGA/CQ Press, esp. pp. 325-328.

Thurber, James A. (1988), "The Consequences of Budget Reform for Congressional-Presidential Relations," *The Annals,* Vol. 499, pp. 101-113.

Tilove, Jonathan (1999), "The New Map of American Politics," *The American Prospect,* No. 44, pp. 34-42.

"Tom Delay : 'The Hammer' That Drives the House GOP (1999 〔June 5, 1999〕)," *CQ Guide to Current American Government,* pp. 44-50.

Towell, Pat (1999), "Can U. S. Build Missile Shield without Shedding a Treaty ?" *Congressional Quarterly Weekly,* Vol. 57, No. 47, pp. 2914-2919.

Towell, Pat (2012), "Congress and Defense," David P. Auerswald and Colton C. Campbell, eds., *Congress and the Politics of National Security,* Cambridge University Press, pp. 71-99.

"Trade Agenda Left in Limbo By Failure of Fast Track (1998 〔November 15, 1997〕)," *CQ Guide,* pp. 111-113.

Valone, Stephen (1995), ""Weakness Offers Temptation" : William H. Seward and the Reassertion of the Monroe Doctrine," *Diplomatic History,* Vol. 19, No. 4, pp. 583-599.

Victor, Kirk and Eliza Carney (1999), "Labor's Political Muscle," *National Journal,* Vol. 31, No. 36, esp. p. 2480.

Volden, Craig and Alan E. Wiseman (1997), "Legislative Effectiveness and Problem Solving in the U. S. House of Representatives," Lawrence C. Dodd and Bruce I. Oppenheimer, eds., *Congress Reconsidered,* Sixth Edition, SAGA/CQ Press, pp. 259-284.

Waller, Michael (1990), "National Security," *Insight,* October 25, pp. 10-13.

Walt, Stephen (2005), "Taming American Power," *Foreign Affairs,* Vol. 84, No. 5, pp. 105-120.

Walt, Stephen M. (2009), "Alliances in a Unipolar World," *World Politics,* Vol. 61, No. 1, esp. p. 86.

Walt, Stephen M. (2011), "Alliances in a Unipolar World," Ikenberry, G. John, Michael Mastanduno, and William C. Wohlforth, eds., *International Relations Theory and the Consequences of Unipolarity,* Cambridge University Press, pp. 99-139.

Waltz, Kenneth N. (1986), "Reflections on Theory of International Politics : A Response to My Critics," Robert O. Keohane ed., *Neorealism and Its Critics,* Columbia University Press, esp. pp. 327-328, 343.

Waltz, Kenneth N. (1993), "The Emerging International Structure of International Politics," *International Security,* Vol. 18, No. 2, pp. 44-79.

Waltz, Kenneth N. (1999), "Globalization and Governance," PS Online, December. http://www.mtholyoke.edu/acad/intrel/walglob.htm

Wampler, Robert A. (1995), "Eisenhower, NATO, and Nuclear Weapons : The Strategy and Political Economy of Alliance Security," Gunter Bischof and Stephen E. Ambrose, eds., *Eisenhower : A Centenary Assessment,* Louisian State University Press, pp. 162-190.

Warner, Geoffrey (2013), "Geopolitics and the Cold War," Richard Immerman and Petra Goedde, eds., *The Oxford Handbook of the Cold War,* Oxford University Press, pp. 67–85.

Wendt, Alexander (1992), "Anarchy is What States Make of It : The Social Construction of Power Politics," *International Organization,* Vol. 46, No. 2, pp. 391–425.

Westad, Odd Aene (2000), "The New International History of the Cold War : Three (Possible) Paradigms," *Diplomatic History,* Vol. 24, No. 4, esp. pp. 551–565.

Westad, Odd Aene (2017), "The Cold War and Delusions of Victory," *The New York Times,* August 31.

Western, Jon (2017), "Sources of Humanitarian Intervention : Beliefs, Information, and Advocacy in U. S. Decisions on Somaria and Bosnia," James M. McCormick, ed., *The Domestic Sources of American Foreign Policy : Insight and Evidence,* Seventh Edition, Rowman & Littlefield, Publishers, pp. 315–326.

Wheeler, Nicholas (1990), "The Atlee Government's Nuclear Strategy, 1945–51," Anne Deighton ed., *Britain and the First Cold War,* Palgrave Macmillan, pp. 130–145.

Wight, Martin (1966), "The Balance of Power," H. Butterfield and Martin Wight, eds., *Diplomatic Investigations : Essays in the Theory of International Relations,* Cambridge University Press, pp. 132–148.

Williams, Nick (1997), "Partnership for Peace : Permanent Fixture or Declining Asset ?" Philip H. Gordon, ed., *NATO's Transformation : The Changing Shape of the Atlantic Alliance,* Rowman & Littlefield, Publishers, esp. pp. 221–233.

Wilson, Joan Hoff (1989), "Nixongerizum, NATO, and Détente," *Diplomatic History,* Vol. 13, No. 4, esp. p. 506.

"With Cox Report's Release, Struggle for Consensus Begins (1999 〔May 29, 1999〕)," *CQ Guide to Current American Government,* pp. 57–59.

Wohlforth, William C. (2011), "Gilpinian Realism and International Relations," *International Relations,* No. 25, pp. 499–511.

Xia, Yafeng (2014), "Zhou Enlai and the Sino-American Rapprochent, 1969–1972," Artemy M. Kalinovsky and Craig Daigle, eds., *The Routledge Handbook of the Cold War,* Routledge, pp. 209–222.

Zakaria, Fareed (2016), "Populism on the March : Why the West Is in Trouble," *Foreign Affairs,* Vol. 95, No. 6, pp. 9–15.

Zelizer, Julian E. (2007), "Seizing Power : Conservatives and Congress in Since the 1970s," Paul Pierson and Theda Skocpol, eds., *The Transformation of American Politics : Activist Government and the Rise of Conservatism,* Princeton University Press, pp. 105–134.

Zoellick, Robert B. (1996/97), "China: What Engagement Means," *The National Interest*, No. 46, pp. 13-22.
Zoellick, Robert B. (1999/2000), "Congress and Making of US Foreign Policy," *Survival*, Vol. 41, No. 4, pp. 21-41.
Zoellick, Robert B. (2000), "A Republican Foreign Policy," *Foreign Affairs*, Vol. 79, No. 1, pp. 63-78.

〈日本語文献〉


アイケンベリー、G・ジョン（二〇〇四）（鈴木康雄訳）『アフター・ヴィクトリー――戦後構築の論理と行動』NTT出版。

会田弘継（一九九四）『戦争を始めるのは誰か――湾岸戦争とアメリカ議会』講談社現代新書。

会田弘継（二〇一六A）『トランプ現象とアメリカ保守主義――崩れ落ちる理想国家』左右社。

会田弘継（二〇一六B［二〇〇八］）『〈増補改訂版〉追跡・アメリカの思想家たち』中公文庫。

会田弘継（二〇一七）『破綻するアメリカ』岩波書店。

あえば直道（二〇一六）『トランプ革命』双葉社。

青野利彦（二〇一二）『「危機の年」の冷戦と同盟――ベルリン、キューバ、デタント　一九六一－一九六三年』有斐閣。

明石紀雄（一九九三）『トマス・ジェファソンと「自由の帝国」の理念――アメリカ合衆国建国史序説』ミネルヴァ書房。

阿川尚之（二〇一七）『憲法改正とは何か――アメリカ改憲史から考える』新潮選書。

秋田茂編著（二〇〇四A）『イギリス帝国と二〇世紀　第一巻　パクス・ブリタニカとイギリス帝国』ミネルヴァ書房。

秋田茂（二〇一二）『イギリス帝国の歴史――アジアから考える』中公新書。

秋田浩之（二〇〇八）『暗流――米中日外交三国志』日本経済新聞社。

秋田浩之（二〇一六）『乱流――米駐日安全保障三国志』日本経済新聞社。

秋元英一・菅英輝（二〇〇三）『アメリカ二〇世紀史』東京大学出版会。

秋山和宏・岩崎正洋編著（二〇一二）『国家をめぐるガバナンス論の現在』勁草書房。

浅川光紀（二〇〇一）『アメリカ大統領と外交システム』勁草書房。

麻田貞雄（一九九三）『両大戦間の日米関係――海軍と政策決定過程』東京大学出版会。

アセモグル、グロン＆ジェイムズ・A・ロビンソン（二〇一三）（鬼澤忍訳）『国家はなぜ衰退するのか――権力・繁栄・貧困の起源（上下）』早川書房。

麻生太郎（二〇〇八）『自由と繁栄の弧』幻冬舎文庫。

アタリ、ジャック（二〇〇九）（林昌広訳）『金融危機後の世界』作品社。

阿南東也（一九九九）『ポスト冷戦のアメリカ政治外交』東信堂。

阿部竹松（二〇〇二）『アメリカ合衆国憲法［統治機構］』有信堂。

阿部齊（一九八六）『アメリカ現代政治』東京大学出版会。

阿部齊（一九九三）『アメリカの政治――内政のしくみと外交関係』弘文堂。

阿部齊・久保文明（二〇〇二）『国際社会研究Ｉ　現代アメリカの政治』財団法人放送大学教育振興会。

阿部齊・加藤普章・久保文明（二〇〇五）『北アメリカ［第二版］』自由国民社。

アーミテージ、リチャード・L、ジョセフ・S・ナイ Jr、春原剛（二〇一〇）『日米同盟 vs. 中国・北朝鮮』文春新書。

有賀貞・宮里政玄編（一九九八［一九八三］）『概説アメリカ外交史――対外意識と対外政策の変遷［新版］』有斐閣。

アロン、レイモン（一九八三）（佐藤毅夫・中村五雄訳）『戦争を考える――クラウゼヴィッツと現代の戦略』政治広報センター。

アロン、レイモン（一九八六）（柏岡富英・田所昌幸・嘉納もも訳）『世紀末の国際関係――アロンの最後のメッセージ』昭和堂。

飯坂良明・堀江湛編（一九七九）『ワークブック政治学』有斐閣選書。

飯田敬輔（二〇一三）『経済覇権のゆくえ――米中伯仲時代と日本の針路』中公新書。

飯山雅史（二〇一三）『アメリカ福音派の変容と政治――一九六〇年代からの政党再編成』名古屋大学出版会。

五十嵐武士（一九九五）『戦後日米関係の形成――講和・安保と冷戦後の視点に立って』講談社学術文庫。

五十嵐武士（一九九九）『日米関係と東アジア――歴史的文脈と未来の構想』東京大学出版会。

五十嵐武士（二〇〇一）『覇権国アメリカの再編――冷戦後の変革と政治的伝統』東京大学出版会。

生井英考（二〇〇六）『興亡の世界史　一九　空の帝国――アメリカの二〇世紀』講談社。

イグナティエフ、マイケル（二〇〇三）（中山俊宏訳）『軽い帝国――ボスニア、コソボ、アフガニスタンにおける国家建設』風行社。

池田純一（二〇一七）『〈ポスト・トゥルース〉アメリカの誕生――ウェブにハックされた大統領選』青土社。

池田美智子（一九九六）『ガットからＷＴＯへ――貿易摩擦の現代史』ちくま新書。

池田亮（二〇一三）『植民地独立の起源――フランスのチュニジア・モロッコ政策』法政大学出版会。

石井修編（一九九二）『一九四〇年代ヨーロッパの政治と冷戦』ミネルヴァ書房。

石井修（二〇〇〇）『国際政治史としての二〇世紀』有信堂。

石井修・滝田賢治編（二〇〇三）『現代アメリカ外交キーワード――国際政治を理解するために』有斐閣。

石井修（二〇一五）『覇権の翳り――米国のアジア政策とは何だったのか』柏書房。

板橋拓己（二〇一〇）『中欧の模索――ドイツ・ナショナリズムの一系譜』創文社。

板橋拓己（二〇一四）『アデナウアー――現代ドイツを創った政治家』中公新書。

井田正道（二〇一七）『アメリカ分裂――数字から読みとく大統領選挙』明治大学出版会。

伊藤剛（二〇〇二）『同盟の認識と現実――デタント期の日米中トライアングル』有信堂。

伊藤光利・田中愛治・真渕勝（二〇〇〇）『政治過程論』有斐閣。

伊藤元重・伊藤研究室（二〇〇〇）『通商摩擦はなぜ起きるのか――保護主義の政治経済学』NTT出版。

猪口孝（二〇一二）『ガバナンス』東京大学出版会。

井野瀬久美恵（二〇〇七）『興亡の世界史 一六 大英帝国という経験』講談社。

今井宏平（二〇一七）『国際政治理論の射程と限界――分析ツールの理解に向けて』中央大学出版会。

今田奈帆美（二〇一三）『大国の不安と同盟国の影響力――ベルリン危機をめぐる米独関係』国際書院。

入江昭（一九八三）『米中関係史――敵対と友好のイメージ』サイマル出版会。

入江昭（一九八六）『二十世紀の戦争と平和』東京大学出版会。

入江昭（一九九八）（篠原初枝訳）『権力政治を超えて――文化国際主義と世界秩序』岩波書店。

岩切博史（二〇一一）『W・リップマンと二〇世紀国際政治――鉄人ジャーナリストが見たアメリカ外交』志學社。

岩間陽子（一九九三）『ドイツ再軍備』中央公論社。

ヴァラダン、アルフレード（二〇〇〇）（伊藤剛・村島雄一郎・都留康子訳）『自由の帝国――アメリカン・システムの世紀』NTT出版。

ヴァンス、J・D（二〇一七）（関根光宏・山田文訳）『ヒルビリー・エレジー――アメリカの繁栄から取り残された白人たち』光文社。

ウォーラーステイン、I（二〇〇六）（山下範久訳）『入門・世界システム分析』藤原書店。

ウォーラーステイン、I（二〇一三）（川北稔訳）『近代世界システム（I～Ⅳ）』名古屋大学出版会。

上杉忍（二〇一三）『アメリカ黒人の歴史――奴隷貿易からオバマ大統領まで』中公新書。

鵜飼政志（二〇一四）『明治維新の国際舞台』有志社。

内田満・内山秀夫（一九七六）『政治学を学ぶ』有斐閣。

ウッド、エレン・メイクシンズ（二〇〇四）（中山元訳）『資本の帝国』紀伊國屋書店。

ウッド、ゴードン・S（二〇一六）（中野勝郎訳）『アメリカ独立革命』岩波書店。

梅本哲也（二〇一〇）『アメリカの世界戦略と国際秩序――覇権、核兵器、RMA』ミネルヴァ書房。

江口朴朗（二〇一三）『新版　帝国主義と民族』東京大学出版会。

NHK編（一九八一）『日本の条件　一』日本放送出版協会。

NHK取材班（二〇一七）『総力取材！トランプ政権と日本』NHK出版新書。

遠藤乾編（二〇一四［二〇〇八］）『ヨーロッパ統合史［増補版］』名古屋大学出版会。

遠藤誠治責任編集（二〇一五）『日米安保と自衛隊』岩波書店。

大下尚一・有賀貞・志邨晃佑・平野孝編（一九八九）『史料が語るアメリカ　一五八四〜一九八八――メイフラワーから包括通商法まで』有斐閣。

大柴ひさみ（二〇〇九）『You Tube 時代の大統領選挙』東急エージェンシー。

大芝亮編著（二〇一四）『ヨーロッパがつくる国際秩序』ミネルヴァ書房。

大芝亮（二〇一六）『国際政治理論――パズル・概念・解釈』ミネルヴァ書房。

大嶽秀夫（二〇一三）『ニクソンとキッシンジャー――現実主義外交とは何か』中公新書。

大谷正（二〇一四）『日清戦争――近代日本初の対外戦争の実像』中公新書。

大矢根聡編（二〇一三）『コンストラクティヴィズムの国際関係論』有斐閣。

岡沢憲芙（一九八八）『政党』東京大学出版会。

緒方貞子・半澤朝彦編著（二〇〇七）『グローバル・ガヴァナンスの歴史的変容――国連と国際政治史』ミネルヴァ書房。

尾形聡彦（二〇一七）『乱流のホワイトハウス――トランプ vs. オバマ』岩波書店。

岡部達味（一九九二）『国際政治の分析枠組』東京大学出版会。

岡山裕（二〇〇五）『アメリカ二大政党制の確立――再建期における戦後体制の形成と共和党』東京大学出版会。

岡義武（一九九三）『岡義武著作集　第七巻　国際政治史』岩波書店。

小川健一（二〇一七）『冷戦変容期イギリスの核政策――大西洋核戦力構想におけるウィルソン政権の相克』吉田書店。

小川裕子（二〇一一）『国際開発協力の政治過程――国際規範の制度化とアメリカ対外援助政策の変容』東信堂。

小川浩之（二〇〇八）『イギリス帝国からヨーロッパ統合へ――戦後イギリス対外政策の転換とEEC加盟申請』名古屋大学出版会。

小川浩之（二〇一三）『英連邦――王冠への忠誠と自由な連合』中央公論新社。

越智道雄（一九九八）『ワスプ（WASP）――アメリカン・エリートはどうつくられるのか』中公新書。

小野沢透（二〇一六）『幻の同盟――冷戦初期アメリカの中東政策（上下）』名古屋大学出版会。

オーバードーファー、ドン（一九九八）（菱木一美訳）『二つのコリア』共同通信社。

オーバードーファー、ドン、ロバート・カーリン（二〇一五）（菱木一美訳）『二つのコリア――国際政治の中の朝鮮半島［第三版］』共同通信社。

オーバードーファー、ドン（二〇〇五）（菱木一美・長賀一哉訳）『マイク・マンスフィールド――米国の良心を守った政治家の生涯（上下）』共同通信社。

小尾敏夫（一九九一）『ロビイスト――アメリカ政治を動かすもの』講談社現代新書。

小尾美千代（二〇〇九）『日米自動車摩擦の国際政治経済学――貿易政策アイディアと経済のグローバル化』国際書院。

開高一希（二〇一六）『アメリカはなぜトランプを選んだか』文藝春秋。

カーショー、イアン（二〇一四）（河内隆弥訳）『運命の選択　一九四〇-四一――世界を変えた一〇の決断』白水社。

加藤俊作（二〇〇〇）『国際連合成立史――国連はどのようにしてつくられたか』有信堂。

加藤洋子（一九九二）『アメリカの世界戦略とココム――転機にたつ日本の貿易政策』有信堂。

金子譲（二〇〇八）『NATO北大西洋条約機構の研究――米欧安全保障関係の軌跡』彩流社。

ガバッチア、ダナ・R（二〇一五）（一政〔野村〕史織訳）『移民からみるアメリカ外交史』白水社。

神谷不二（一九九〇［一九六六］）『朝鮮戦争――米中対立の原形』中公文庫。

カルダー、ケント（二〇〇八）（渡辺将人訳）『日米同盟の静かなる危機』ウェッジ。

カルダー、ケント（二〇一四）（ライシャワー東アジア研究センター監修・監訳）『ワシントンの中のアジア――グローバル政治都市での攻防』中央公論新社。

河合秀和（二〇一二［一九七九］）『チャーチル――イギリス現代史を転換させた一人の政治家［増補版］』中公新書。

川上高司（二〇一五）『無極化時代の日米同盟――アメリカの対中宥和政策は日本の「危機の二〇年」の始まりか』ミネルヴァ書房。

川北稔編（一九九八）『世界各国史　一一　イギリス史』山川出版社。

川北稔・木畑洋一編（二〇〇〇）『イギリスの歴史――帝国＝コモンウェルスのあゆみ』有斐閣。

川口融（一九八四）『アメリカの対外援助政策』アジア経済研究所。

川嶋周一（二〇〇七）『独仏関係と戦後ヨーロッパ国際秩序――ドゴール外交とヨーロッパの構築 一九五〇～一九六九』創文社。

川田侃（一九八〇）『国際関係の政治経済学』日本放送出版協会。

川人貞史・吉野孝・平野浩・加藤淳子（二〇〇二）『現代の政党と選挙』有斐閣。

川人貞史（二〇〇四）『選挙制度と政党システム』木鐸社。

カンナ、パラグ（二〇〇九）（玉置悟訳）『「三つの帝国」の時代――アメリカ・EU・中国のどこが世界を制覇するのか』講談社。

カンナ、パラグ（二〇一七）（尼丁千津子・木村高子訳）『「持続性」の地政学――グローバリズムの先にある世界』原書房。

菅英輝（一九九二）『米ソ冷戦とアメリカのアジア政策』ミネルヴァ書房。

菅英輝編著（二〇一〇）『冷戦史の再検討――変容する秩序と冷戦の終焉』法政大学出版会。

菅英輝編著（二〇一四）『冷戦と同盟――冷戦終焉の視点から』松籟社。

菅英輝（二〇一六）『冷戦と「アメリカの世紀」――アジアにおける「非公式帝国」の秩序形成』岩波書店。

北岡伸一（二〇一五）『門戸開放政策と日本』東京大学出版会。

北岡伸一（二〇一七［二〇一一］）『日本政治史――外交と権力〔増補版〕』有斐閣。

吉川元・首藤もと子・六鹿茂夫・望月康恵編（二〇一三）『グローバル・ガヴァナンス論』法律文化社。

吉川元（二〇一五）『国際平和とは何か――人間の安全を脅かす平和秩序の逆説』中公叢書。

紀平英作（一九九六）『パックス・アメリカーナへの道――胎動する戦後世界秩序』山川出版社。

木谷勤（一九九七）『世界史リブレット 四〇 帝国主義と世界の一体化』山川出版社。

木畑洋一（一九九六）『帝国のたそがれ――冷戦下のイギリスとアジア』東京大学出版会。

木畑洋一（一九九七）『世界史リブレット 五四 国際体制の展開』山川出版社。

木畑洋一（二〇〇八）『イギリス帝国と帝国主義――比較と関係の視座』有志舎。

木畑洋一（二〇〇一）『第二次世界大戦――現代世界への転換点』吉川弘文館。

木畑洋一編著（二〇〇七）『イギリス帝国と二〇世紀 第五巻 現代世界とイギリス帝国』ミネルヴァ書房。

木畑洋一・南塚信吾・加納格（二〇一二）『帝国と帝国主義』有志舎。

木畑洋一（二〇一四）『二〇世紀の歴史』岩波新書。

紀平英作・油井大三郎編著（二〇〇六）『グローバリゼーションと帝国』ミネルヴァ書房。

君塚直隆（二〇〇六）『パックス・ブリタニカのイギリス外交――パーマストンと会議外交の時代』有斐閣。

君塚直隆（二〇一〇）『近代ヨーロッパ国際政治史』有斐閣。

君塚直隆（二〇一二）『ベル・エポックの国際政治――エドワード七世と古典外交の時代』中央公論新社。

君塚直隆・細谷雄一・永野隆行編（二〇一六）『イギリスとアメリカ――世界秩序を築いた四百年』勁草書房。

木村和男編著（二〇〇四）『イギリス帝国と二〇世紀 第二巻 世紀転換期のイギリス帝国』ミネルヴァ書房。

木村雅昭（二〇一三）『「グローバリズム」の歴史社会学――フラット化しない世界』ミネルヴァ書房。

草間秀三郎（一九九〇）『ウィルソン外交の国際社会政策構想――多角的国際協力の礎石』名古屋大学出版会。

草野厚（一九八三）『日米オレンジ交渉――経済摩擦をみる新しい視点』日本経済新聞社。

草野厚（一九九一）『アメリカ議会と日米関係』中央公論社。

グッドウィン、ドリス・カーンズ（二〇一四）（砂村榮利子・山下淑美訳）『フランクリン・ローズヴェルト（上下）』中央公論新社。

国松憲人（二〇一六）『ポピュリズム化する世界』プレジデント社。

久保文明・草野厚・大沢秀介編（一九九九）『現代アメリカ政治の変容』勁草書房。

久保文明編（二〇〇三）『G・W・ブッシュ政権とアメリカの保守勢力――共和党の分析』財団法人日本国際問題研究所。

久保文明編（二〇〇五）『米国民主党――二〇〇八年政権奪回への課題』財団法人日本国際問題研究所。

久保文明編（二〇〇七）『アメリカ外交の諸潮流――リベラルから保守まで』財団法人日本国際問題研究所。

久保文明編著（二〇〇九）『オバマ大統領を支える高官たち――政権移行と政治任用の研究』日本評論社。

久保文明編著（二〇一〇）『オバマ政治を採点する』日本評論社。

久保文明・東京財団「現代アメリカ」プロジェクト編著（二〇一二）『ティーパーティ運動の研究――アメリカ保守主義の変容』NTT出版。

久保文明・中山俊宏・渡辺将人（二〇一二）『オバマ・アメリカ・世界』NTT出版。

久保文明・砂田一郎・松岡泰・森脇俊雅（二〇一七［二〇〇六］）『アメリカ政治［第三版］』有斐閣。

クラウゼヴィッツ（一九六八）（篠田英雄訳）『戦争論（上中下）』岩波文庫。

倉科一希（二〇〇八）『アイゼンハワー政権と西ドイツ――同盟政策としての東西軍備管理交渉』ミネルヴァ書房。

グリーン、マイケル、パトリック・クローニン編（一九九九）（川上高司監訳）『日米同盟――米国の戦略』勁草書房。

グールド、イリジャ・H（二〇一六）（森丈夫監訳・松隈達也ほか訳）『アメリカ帝国の胎動――ヨーロッパ国際秩序とアメリカの独立』彩流社。

グレースナー、ゲルト・ヨアヒム（一九九三）（中村登志哉・中村ゆかり訳）『ドイツ統一過程の研究』青木書店。

ケナン、ジョージ・F（二〇〇〇）（近藤晋一・飯田藤次・有賀貞訳）『アメリカ外交五〇年』岩波現代文庫。

ゲルマン、バートン（二〇一〇）（加藤祐子訳）『策謀家チェイニー』朝日新聞出版。

小池洋次（一九九九）『政策形成の日米比較――官民の人材交流をどう進めるか』中公新書。

公益財団法人世界平和研究所編、北岡伸一・渡邉明夫監修（二〇一一）『日米同盟とは何か』中央公論新社。

公益財団法人世界平和研究所編、北岡伸一・久保文明監修（二〇一六）『希望の日米同盟――アジア太平洋の海上安全保障』中央公論新社。

公益財団法人日本国際問題研究所監修、久保文明編（二〇一三）『アメリカにとって同盟とはなにか』中央公論新社。

上坂昇（二〇一〇）『オバマの誤算――「チェンジ」は成功したか』角川 one テーマ二一。

高坂正堯（一九六六）『国際政治――恐怖と希望』中公新書。

高坂正堯（一九八一）『文明が衰亡するとき』新潮社。

高坂正堯（一九七八）『古典外交の成熟と崩壊』中央公論社。

高坂正堯（一九八九）『現代の国際政治』講談社学術文庫。

小林由美（二〇一七）『超一極集中社会のアメリカの暴走』新潮社。

ゴルバチョフ、ミハエル（一九九六）（工藤精一郎・鈴木康雄訳）『ゴルバチョフ回顧録（上下）』新潮社。

齋藤嘉臣（二〇〇六）『冷戦変容とイギリス外交――デタントをめぐる欧州国際政治　一九六四～一九七五年』ミネルヴァ書房。

斎藤眞（一九六二）『アメリカ外交の論理と現実』東京大学出版会。

斎藤眞・深谷満雄編（一九六五）『アメリカの対外政策決定と議会』日本国際問題研究所。

斎藤眞（一九九五）『アメリカとは何か』平凡社ライブラリー。

斎藤眞・古矢旬（二〇一二）『アメリカ政治外交史［第二版］』東京大学出版会。

佐伯尚美（一九九〇）『ガットと日本農業』東京大学出版会。

佐伯啓思（一九九三）『「アメリカニズム」の終焉――シヴィック・リベラリズム精神の再発見』ＴＢＳブリタニカ。

佐伯啓思（二〇一五）『二〇世紀とは何であったのか――西洋の没落とグローバリズム』ＰＨＰ文庫。

酒井哲哉（二〇〇七）『近代日本の国際秩序論』岩波オンデマンドブックス。

坂本一哉（二〇〇〇）『日米同盟の絆——安保条約と相互性の模索』有斐閣。

佐々木卓也（一九九三）『封じ込めの形成と変容——ケナン、アチソン、ニッツェとトルーマン政権の冷戦戦略』三嶺書房。

佐々木卓也（二〇〇八）『アイゼンハワー政権の封じ込め政策——ソ連の脅威、ミサイル・ギャップ論争と東西交流』有斐閣。

佐々木卓也（二〇一一A）『冷戦——アメリカの民主主義的生活様式を守る戦い』有斐閣。

佐々木卓也編著（二〇一一）『ハンドブック アメリカ外交——建国から冷戦後まで』ミネルヴァ書房。

佐々木卓也編（二〇一七A［二〇〇二］）『戦後アメリカ外交史［第三版］』有斐閣。

佐々木隆雄（一九九七）『アメリカの通商政策』岩波新書。

佐々木毅（一九九三）『アメリカの保守とリベラル』講談社学術文庫。

佐々木毅（一九九五）『現代アメリカの自画像——行きづまる中産階級社会』ＮＨＫブックス。

佐々木雄太（一九八七）『三〇年代イギリス外交戦略——帝国防衛と宥和の論理』名古屋大学出版会。

佐々木雄太（一九九七）『イギリス帝国とスエズ戦争——植民地・ナショナリズム・冷戦』名古屋大学出版会。

佐々木雄太・木畑洋一編（二〇〇五）『イギリス外交史』有斐閣。

佐々木雄太編著（二〇〇六）『イギリス帝国と二〇世紀 第三巻 世界戦争の時代とイギリス帝国』ミネルヴァ書房。

佐瀬正盛（一九七三）『西ドイツの東方政策』財団法人日本国際問題研究所。

佐瀬昌盛（一九九九）『ＮＡＴＯ——二一世紀からの世界戦略』文春新書。

佐藤定幸（一九八七）『日米経済摩擦の構図』有斐閣。

佐藤英夫（一九八九）『対外政策』東京大学出版会。

佐藤英夫（一九九一）『日米経済摩擦 一九四五〜一九九〇年』平凡社。

佐橋亮（二〇一五）『共存の模索——アメリカと「二つの中国」の冷戦史』勁草書房。

サンドクィスト、ジェームズ・Ｌ（一九九一）（石田光義監訳）『制度改革の政治学』成文堂。

ジェイクス、マーティン（二〇一四）（松下幸子訳）『中国が世界をリードするとき——西洋世界の終焉と新たなグローバル（上下）』ＮＴＴ出版。

信田智人（一九八九）『アメリカ議会をロビーする——ワシントンのなかの日米関係』ジャパンタイムズ。

篠田英朗（二〇〇七）『国際社会の秩序』東京大学出版会。

篠原初枝（二〇一〇）『国際連盟——世界平和への夢と挫折』中公新書。

下斗米伸夫（二〇〇四）『アジア冷戦』中公新書。

下斗米伸夫（二〇一四）『プーチンはアジアをめざす――激変する国際政治』NHK出版新書。

ジャーヴィス、ロバート（二〇〇八）（荒木義修・泉川泰博・井出弘子・柿崎正樹・佐伯康子・酒井英一・高杉忠明訳）『複雑性と国際政治――相互連関と意図されざる結果』ブレーン出版。

シャーウッド、ロバート（二〇一五）（村上光彦訳）『ルーズヴェルトとホプキンズ』未知谷。

ジョル、ジェームズ（二〇一七［一九九七］）（池田清訳）『第一次世界大戦の起源［改訂版］』みすず書房。

ショレゲン、グレゴーア（二〇一五）（岡田浩平訳）『ヴィリー・ブラントの生涯』三元社。

ジョンソン、ポール（二〇一三）（山岡洋一・高遠裕子訳）『チャーチル――不屈のリーダーシップ』日経BP社。

進藤榮一（二〇〇一）『現代国際関係学――歴史・思想・理論』有斐閣。

神保謙・東京財団「アジアの安全保障」プロジェクト編（二〇一一）『アジア太平洋の安全保障アーキテクチャー――地域安全保障の三層構造』日本評論社。

杉田米行編（二〇一三）『アメリカを知るための一八章――超大国を読み解く』大学教育出版。

鈴木基史（二〇〇〇）『国際関係』東京大学出版会。

鈴木基史（二〇〇七）『平和と安全保障』東京大学出版会。

鈴木康彦（一九九九）『アメリカの政治と社会』国際書院。

スタヴリディス、ジェイムズ（二〇一七）（北川知子訳）『海の地政学――海軍総督が語る歴史と戦略』早川書房。

砂田一郎（一九九九）『新版　現代アメリカ政治――二〇世紀後半の政治社会変動』芦書房。

砂田一郎（二〇〇九）『オバマは何を変えるか』岩波新書。

春原剛（二〇一二）『米中百年戦争――新・冷戦構造と日本の命運』新潮社。

春原剛（二〇一六）『ヒラリー・クリントン――その政策・信条・人脈』新潮新書。

セーガン、スコット、ケネス・ウォルツ（二〇一七）（川上高司監訳、斎藤剛訳）『核兵器の拡散――終わりなき論争』勁草書房。

関栄次（二〇〇三）『日英同盟――日本外交の栄光と凋落』学習研究社。

関場誓子（一九八八）『超大国の回転木馬――米ソ核交渉の六〇〇〇日』サイマル出版会。

妹尾哲志（二〇一一）『戦後西ドイツ外交の分水嶺――東方政策と分断克服の戦略、一九六三～一九七五年』晃洋書房。

総合研究開発機構（ＮＩＲＡ）・横田洋三・久保文明・大芝亮編（二〇〇六）『グローバル・ガバナンス――「新たな脅威」と国連・アメリカ』日本経済評論社。

添谷芳秀（二〇一六）『安全保障を問いなおす――「九条―安保体制」を超えて』ＮＨＫブックス。

添谷芳秀（二〇一七）『日本の外交――「戦後」を読みとく』ちくま学芸文庫。

ソーン、クリストファー（一九八九）（市川洋一訳）『太平洋戦争とは何だったのか――一九四一～四五年』草思社。

タイービ、マット（二〇一七）『暴君誕生――私たちの民主主義が壊れるまでに起こったことのすべて』ダイヤモンド社。

高橋章（一九九九）『アメリカ帝国主義成立史の研究』名古屋大学出版会。

高橋和夫（二〇一三）『現代の国際政治〔改訂版〕』一般財団法人放送大学教育振興会。

高原秀介（二〇〇六）『ウィルソン外交と日本――理想と現実の間　一九一三―一九二一』創文社。

高濱賛（二〇一七）『結局、トランプのアメリカとは何なのか』海竜社。

高光佳絵（二〇〇八）『アメリカと戦間期の東アジア――アジア・太平洋国際秩序形成と「グローバリゼーション」』青弓社。

滝田賢治編著（二〇一四）『アメリカがつくる国際秩序』ミネルヴァ書房。

滝田賢治・大芝亮・都留康子編（二〇一五）『国際関係学――地球社会を理解するために』有信堂。

武貞秀士（二〇一五）『東アジア動乱――地政学が明かす日本の役割』角川 one テーマ二一。

田所昌幸（二〇〇一）『「アメリカ」を超えたドル――金融グローバリゼーションと通貨外交』中央公論新社。

田所昌幸（二〇〇八）『国際政治経済学』名古屋大学出版会。

谷川稔（一九九九）『世界史リブレット 三五 国民国家とナショナリズム』山川出版社。

谷口明丈・須藤功編（二〇一七）『現代アメリカ経済史――「問題国家」の出現』有斐閣。

谷口長世（二〇〇〇）『ＮＡＴＯ――変貌する地域安全保障』岩波新書。

田中明彦（一九八九）『世界システム』東京大学出版会。

田中明彦（一九九六）『「新しい中世」――21世紀の世界システム』日本経済新聞社。

田中明彦・中西寛編（二〇〇四）『新・国際政治経済の基礎知識』有斐閣。

田中明彦（二〇〇九）『ポスト・クライシスの世界――新多極時代を動かすパワー原理』日本経済新聞社。

田中明彦・日本経済研究センター編（二〇一七）『提言 日米同盟を組み直す――東アジアリスクと安全保障改革』日本経済新聞出版社。

ダントニオ、マイケル（二〇一六）（渡辺靖解説、高取芳彦・吉川南訳）『熱狂の王 ドナルド・トランプ』Cross Media Publishing.

千葉明（二〇一四）『なぜアメリカでは議会が国を仕切るのか？――現役外交官が教えるまるわかり米国政治』ポット出版。

チャーチル、ウィンストン（二〇〇一A）（朝日新聞社編訳）『第二次世界大戦 妙』中公文庫。

チャーチル、W・S（二〇〇一B）（佐藤亮一訳）『第二次世界大戦 二』河出書房新社。

チャーナウ、ロン（二〇〇五）（井上廣美訳）『アレグザンダー・ハミルトン伝――アメリカを近代国家につくり上げた天才政治家（上中下）』日経BP社。

土山實男（二〇一四）『安全保障の政治学――焦りと驕り［第二版］』有斐閣。

デスラー、I・M、佐藤英夫編（一九八二）（丸茂明則監訳）『日米経済紛争の解明――鉄鋼・自動車・農産物・高度技術』日本経済新聞社。

デスラー、I・M（一九八七）（宮里政玄訳）『貿易摩擦とアメリカ議会――圧力形成プロセスを解明する』日本経済新聞社。

デスラー、I・M、C・ランドール・ヘニング（一九九〇）（信田智人・岸守訳）『ダラー・ポリティクス――ドルをめぐるワシントンの政治構造』TBSブリタニカ。

寺島実郎・飯田哲也・NHK取材班（二〇〇九）『グリーン・ニューディール――環境投資は世界経済を救えるか』NHK出版生活人新書。

トゥーキュディデース（二〇一四［一九六六］）『戦史（上中下）』岩波文庫。

ドゥデ、ソフィー（二〇一五）（神田順子訳）『チャーチル』祥伝社新書。

ドブズ、マイケル（二〇一三）（三浦元博訳）『ヤルタからヒロシマへ――終戦と冷戦の覇権争い』白水社。

富田浩司（二〇一一）『危機の指導者 チャーチル』新潮選書。

ドライデン、スティーブ（一九九六）（塩飽二郎・石井勇人訳）『通商戦士――米通商代表部（USTR）の世界戦略（上下）』共同通信社。

トランプ、ドナルド、トニー・シュウォーツ（二〇〇八）（相沢真理子訳）『トランプ自伝――不動産王にビジネスを学ぶ』ちくま文庫。

トランプ、ドナルド（二〇一六A）（月谷真紀訳）『トランプ思考――知られざる逆転の成功哲学』PHP研究所。

トランプ、ドナルド（二〇一六B）（岩下慶一訳）『THE TRUMP――傷ついたアメリカ、最強の切り札』ワニブックス。

トランプ、ドナルド（二〇一七A）（岩下慶一訳）『タフな米国を取り戻せ――アメリカを再び偉大な国家にするために』筑摩書房。

トランプ、ドナルド（二〇一七B）（田中孝顕訳）『トランプ 最強の人生戦略』きこ書房。

ナヴァロ、ピーター（二〇一六）（赤根洋子訳）『米中もし戦わば――戦争の地政学』文藝春秋。

ナウ、ヘンリー・R（二〇〇五）（村田晃嗣・石川卓・島村直幸・高橋杉雄訳）『アメリカの対外関与――アイデンティティとパワー』有斐閣。

永井陽之介（二〇一六）『歴史と戦略』中公文庫。

中川淳司（二〇一三）『ＷＴＯ――貿易自由化を超えて』岩波新書。

中嶋啓雄（二〇〇二）『モンロー・ドクトリンとアメリカ外交の基盤』ミネルヴァ書房。

長島昭久（二〇〇二）『日米同盟の新しい設計図――変貌するアジアの米軍を見据えて〔第二版〕』日本評論社。

長島昭久（二〇一三）『「活米」の流儀――外交・安全保障のリアリズム』講談社。

中谷直司（二〇一六）『強いアメリカと弱いアメリカの狭間で――第一次世界大戦後の東アジア秩序をめぐる日米英関係』千倉書房。

永田実（一九九〇）『マーシャル・プラン――自由世界の命綱』中公新書。

中戸祐夫（二〇〇三）『日米通商摩擦の政治経済学』ミネルヴァ書房。

中野聡（二〇〇七）『歴史経験としてのアメリカ帝国――米比関係史の群像』岩波書店。

中野剛志（二〇一四）『世界を戦争に導くグローバリズム』集英社新書。

中野剛志（二〇一六）『富国と強兵――地政経済学序説』東洋経済新報社。

中林美恵子（二〇一七）『トランプ大統領とアメリカ議会』日本評論社。

仲正昌樹（二〇〇八）『集中講義！　アメリカ現代思想――リベラリズムの冒険』ＮＨＫブックス。

中本悟（一九九九）『戦後アメリカの通商政策――戦後における通商法の変遷と多国籍企業』有斐閣。

中山俊宏（二〇一三Ａ）『介入するアメリカ――理念国家の世界観』勁草書房。

中山俊宏（二〇一三Ｂ）『アメリカン・イデオロギー――保守主義運動と政治的分断』勁草書房。

納家政嗣、デヴィッド・ウェッセルズ編（一九九七）『ガバナンスと日本――共治の模索』勁草書房。

納家政嗣（二〇〇三）『国際紛争と予防外交』有斐閣。

納家政嗣・永野隆行編（二〇一七）『帝国の遺産と現代国際関係』勁草書房。

西川賢（二〇一五）『分極化するアメリカとその起源――共和党中道路線の盛衰』千倉書房。

西崎文子（一九九二）『アメリカ冷戦政策と国連　一九四五－一九五〇』東京大学出版会。

西崎文子（二〇〇四）『アメリカ外交とは何か――歴史の中の自画像』岩波新書。

西原正・土山實男監修、（財）平和・安全保障研究所編（二〇一〇）『日米同盟再考――知っておきたい一〇〇の論点』亜紀書房。

西山隆行（二〇一六）『移民大国アメリカ』ちくま新書。

日本国際交流センター編（一九八二）『アメリカ議会 日本の国会――相互依存時代に役だつ日米議会の《機能と実態》』サイマル出版会。

日本国際政治学会編（田中明彦・中西寛・飯田敬輔責任編集）（二〇〇九）『日本の国際政治学 一 学としての国際政治』有斐閣。

日本国際政治学会編（李鍾元・田中孝彦・細谷雄一責任編集）（二〇〇九）『日本の国際政治学 四 歴史の中の国際政治』有斐閣。

日本再建イニシアティブ（二〇一七）『現代日本の地政学――一三のリスクと地経学の時代』中公新書。

日本政治学会編（一九六九）『国際緊張緩和の政治過程』岩波書店。

ノーキスト、グローバー（一九九六）（久保文明・吉原欽一訳）『「保守革命」がアメリカを変える』中央公論社。

野林健・大芝亮・納家政嗣・山田敦・長尾悟（二〇〇七［一九九六］）『国際政治経済学・入門［第三版］』有斐閣。

野村達郎（一九九六）『世界史リブレット 三二 大陸国家アメリカの展開』山川出版社。

バグワティ、J（一九八九）（渡辺敏訳）『保護主義――貿易摩擦の震源』サイマル出版会。

バグワティ、ジャグディシュ、ヒュー・パトリック（一九九一）（渡辺敏訳）『スーパー三〇一条――強まる「一方主義」の検証』サイマル出版会。

橋口豊（二〇一六）『戦後イギリス外交と英米間の「特別な関係」――国際秩序の変容と揺れる自画像、一九五七～一九七四年』ミネルヴァ書房。

長谷川貴彦（二〇一七）『イギリス現代史』岩波新書。

長谷川千春（二〇二〇）『アメリカの医療制度――グローバル化と企業保障のゆくえ』昭和堂。

長谷川雄一（二〇一六）『近代日本の国際認識』芦書房。

ハスラム、ジョナサン（二〇〇七）（角田史幸・川口良・中島理暁訳）『誠実という悪徳――E・H・カー 一八九二－一九八二』現代思潮新社。

バターフィールド、H、M・ワイト編（二〇一〇）（佐藤誠・安藤次男・滝澤邦彦・大中真・佐藤千鶴子・齋藤洋ほか訳）『国際関係理論の探求――英国学派のパラダイム』日本経済評論社。

ハーツ、ルイス（一九九四）（有賀貞訳）『アメリカ自由主義の伝統』講談社学術文庫。

バトラー、スーザン（二〇一七）（松本幸重訳）『ローズヴェルトとスターリン――テヘラン・ヤルタ会談と戦後構想（上下）』白水社。

花井等・木村卓司（一九九三）『アメリカの国家安全保障政策――決定プロセスの政治学』原書房。

浜矩子（二〇〇九）『グローバル恐慌――金融暴走時代の果てに』岩波新書。

濱本良一（二〇一四）『習近平の強権政治で中国はどこへ向かうのか』ミネルヴァ書房。

ハミルトン、A、J・ジェイ、J・マディソン（一九九九）（斎藤眞・中野勝郎訳）『ザ・フェデラリスト』岩波文庫。

ビアード、C・A（一九六八）（斎藤眞・有賀貞訳編）『アメリカ政党史』東京大学出版会。

ビーヴァー、アントニー（二〇一五）（平賀秀明訳）『第二次世界大戦 一九三九～四五（上中下）』白水社。

ピケティ、トマ（二〇一四）（山形浩生・守岡桜・森本正史訳）『二一世紀の資本』みすず書房。

平島健司（一九九四）『ドイツ現代政治』東京大学出版会。

平間洋一（二〇一五）『日英同盟――同盟の選択と国家の盛衰』角川ソフィア文庫。

廣瀬和子・綿貫譲治編（一九九五）『新国際学――変容と秩序』東京大学出版会。

広瀬佳一・吉崎知典編著（二〇一二）『冷戦後のNATO――〝ハイブリッド同盟〟への挑戦』ミネルヴァ書房。

フォークトマイヤー、アンドレアス（二〇一四）（岡田浩平訳）『西ドイツ外交とエーゴン・バール』三元社。

福田毅（二〇一一）『アメリカの国防政策――冷戦後の再編と戦略文化』昭和堂。

藤木剛康（二〇一七）『ポスト冷戦期アメリカの通商政策――自由貿易論と公正貿易論をめぐる対立』ミネルヴァ書房。

藤本一美（一九八八）『アメリカの政治と政党再編成』勁草書房。

藤原帰一（二〇〇二）『デモクラシーの帝国――アメリカ・戦争・現代世界』岩波新書。

藤原帰一（二〇〇七）『国際政治』財団法人放送大学教育振興会。

船橋洋一（一九九七）『同盟漂流』岩波書店。

船橋洋一（一九九八）『同盟を考える――国々の生き方』岩波新書。

ブラウン、アーチー（二〇〇八）（小泉直美・角田安正訳）『ゴルバチョフ・ファクター』藤原書店。

ブラント、W（一九七三）（直井武夫訳）『平和のための戦い』読売新聞社。

フリードバーグ、アーロン（二〇一三）（佐橋亮監訳）『支配への競争――米中対立の構図とアジアの将来』日本評論社。

フリードマン、ジョージ（二〇一五）（夏目大訳）『新・一〇〇年予測――ヨーロッパ炎上』早川書房。

フリン、マイケル（二〇一七）（川村幸城訳）『戦場――元国家安全保障担当補佐官による告発』中央公論新社。

フルブルック、メアリー（二〇〇九）（芝健介訳）『二つのドイツ 一九四五―一九九〇』岩波書店。

古矢旬（二〇〇二）『アメリカニズム――「普遍国家」のナショナリズム』東京大学出版会。

古矢旬（二〇〇四）『アメリカ 過去と現在の間』岩波新書。

古矢旬（二〇〇九）『ブッシュからオバマへ――アメリカ変革のゆくえ』岩波書店。

ベイリス、ジョン（一九八八）（佐藤行雄・重家俊範・宮川眞喜雄訳）『同盟の力学――英国と米国の防衛協力関係』東洋経済新報社。

ペイン、トーマス（一九七六）（小松春雄訳）『コモン・センス　他三篇』岩波文庫。

ベンダー、ペーター（一九九〇）（永井清彦・片岡哲史訳）『ドイツの選択――分断から統一へ』小学館。

細谷千博・綿貫譲治編（一九七七）『対外政策決定過程の日米比較』東京大学出版会。

細谷千博（一九八四）『サンフランシスコ講和への道』中央公論社。

細谷千博・有賀貞・石井修・佐々木卓也（一九九九）『日米関係資料集　一九四五‐九七』東京大学出版会。

細谷雄一（二〇〇一A）『戦後国際秩序とイギリス外交――戦後ヨーロッパの形成　一九四五～一九五一年』創文社。

細谷雄一（二〇〇五A）『大英帝国の外交官』筑摩書房。

細谷雄一（二〇〇五B）『外交による平和――アンソニー・イーデンと二十世紀の国際政治』有斐閣。

細谷雄一（二〇〇七）『外交――多文明時代の対話と交渉』有斐閣。

細谷雄一（二〇〇九）『倫理的な戦争――トニー・ブレアの栄光と挫折』慶應義塾大学出版会。

細谷雄一編（二〇〇九）『イギリスとヨーロッパ――孤立と統合の二百年』勁草書房。

細谷雄一（二〇一三A）『国際秩序――一八世紀ヨーロッパから二一世紀アジアへ』中公新書。

細谷雄一編（二〇一三）『グローバル・ガバナンスと日本』中央公論新社。

細谷雄一（二〇一五）『歴史認識とは何か――日露戦争からアジア太平洋戦争まで』新潮選書。

細谷雄一（二〇一六A）『迷走するイギリス――EU離脱と欧州の危機』慶應義塾大学出版会。

ボニファス、パスカル、ユベール・ヴェドリーヌ（二〇一六）（佐藤絵里訳）『最新世界情勢地図［増補改訂版］』Discover 21。

ボバード、ジェームズ（一九九二）（佐藤英夫訳）『アメリカ貿易は公正か――知られざる保護主義の全貌』日本経済新聞社。

ホフマン、デイヴィット・E（二〇一六）（平賀秀明訳）『死神の報復――レーガンとゴルバチョフの軍拡競争』白水社。

ホフマン、スタンレー（二〇一一）（中本義彦訳）『スタンレー・ホフマン国際政治論集』勁草書房。

ボワイエ、ロベール（二〇一六）（山田鋭夫監修、横田宏樹訳）『作られた不平等――日本、中国、アメリカ、そしてヨーロッパ』藤原書店。

前嶋和弘（二〇一一）『アメリカ政治とメディア――「政治のインフラ」から「政治の主役」に変貌するメディア』北樹出版。

前田靖一（二〇〇七）『帝国に奉じたチャーチル』彩流社。

牧野雅彦（二〇〇九）『ヴェルサイユ条約――マックス・ウェーバーとドイツの講和』中公新書。

益田実（二〇〇八）『戦後イギリス外交と対ヨーロッパ政策――「世界大国」の将来と地域統合の進展、一九四五‐一九五七年』ミネルヴァ書房。

益田実・小川浩之（二〇一三）『欧米政治外交史 一八七一〜二〇一二年』ミネルヴァ書房。

益田実・池田亮・青野利彦・齋藤嘉臣編著（二〇一五）『冷戦史を問いなおす――「冷戦」と「非冷戦」の境界線』ミネルヴァ書房。

マゾワー、マーク（二〇一五A）（池田年穂訳）『国連と帝国――世界秩序をめぐる攻防の二〇世紀』慶應義塾大学出版会。

マゾワー、マーク（二〇一五B）（依田卓巳訳）『国際協調の先駆者たち――理想と現実の二〇〇年』ＮＴＴ出版。

待鳥聡史（二〇一六）『アメリカ大統領制の現在――権限の弱さをどう乗り越えるか』ＮＨＫブックス。

松岡完（二〇〇一）『ベトナム戦争――誤算と誤解の戦場』中公新書。

松岡完（二〇〇三）『ベトナム症候群――超大国を苛む「勝利」への強迫観念』中公新書。

松田武（一九九七）『このままでよいのか日米関係――近未来のアメリカ＝東アジア関係史』東京創元社。

松田武・秋田茂編（二〇〇二）『ヘゲモニー国家と世界システム――二〇世紀をふりかえって』山川出版社。

松原克美（一九九八）『対立の構図――クリントン大統領と議会』東洋出版。

松本俊太（二〇一七）『アメリカ大統領は分極化した議会で何ができるか』ミネルヴァ書房。

マブバニ、キショール（二〇一五）（山本文史訳）『大収斂――膨張する中産階級が世界を変える』中央公論新社。

マンスフィールド、マイク（一九九九）（小池洋次編著）『マンスフィールド――二〇世紀の証言』日本経済新聞社。

マン、ジェームズ（一九九九）（鈴木主税訳）『米中奔流』共同通信社。

三浦俊章編訳（二〇一〇）『オバマ演説集』岩波新書。

水野和夫（二〇〇七）『人々はなぜグローバル経済の本質を見誤るのか』日本経済新聞出版社。

水野和夫（二〇一一）『終わりなき危機 君はグローバリゼーションの真実を見たか』日本経済新聞出版社。

水本義彦（二〇〇九）『同盟の相剋――戦後インドシナ紛争をめぐる英米関係』千倉書房。

三牧聖子（二〇一四）『戦争違法化運動の時代――「危機の二〇年」のアメリカ国際関係思想』名古屋大学出版会。

宮城大蔵（二〇〇一）『バンドン会議と日本のアジア復帰――アメリカとアジアの狭間で』草思社。

宮里政玄（一九八九）『米国通商代表部（ＵＳＴＲ）――米通商政策の決定と代表部の役割』ジャパンタイムズ。

宮里政玄・国際大学日米関係研究所編（一九九四）『クリントン政権の内政と外交』同文館。

宮田智之（二〇一七）『アメリカ政治とシンクタンク――政治運動としての政策研究機関』東京大学出版会。

宮本雄二（二〇一五）『習近平の中国』新潮新書。

宮脇岑生（二〇〇四）『現代アメリカの外交と政軍関係――大統領と連邦議会の戦争権限の理論と現実』流通経済大学出版会。

宮脇昇（二〇〇三）『CSCE人権レジームの研究――「ヘルシンキ宣言」は冷戦を終わらせた』国際書院。

ミルスタイン、セス編（二〇一六）（講談社監訳）『ドナルド・トランプ大いに語る』講談社＋α新書。

三輪裕範（二〇一六）『ヒラリーの野望――その半生から政策まで』ちくま新書。

武者小路公秀（一九七七）『国際政治を見る眼――冷戦から新しい国際秩序へ』岩波新書。

村田晃嗣（一九九八）『大統領の挫折――カーター政権の在韓米軍撤退政策』有斐閣。

村田晃嗣（二〇〇五）『アメリカ外交――苦悩と希望』講談社現代新書。

村田晃嗣（二〇〇九）『現代アメリカ外交の変容――レーガン、ブッシュからオバマへ』有斐閣。

村田晃嗣（二〇一一）『レーガン――いかにして「アメリカの偶像」となったか』中公新書。

村田晃嗣・君塚直隆・来栖薫子・石川卓・秋山信将（二〇一五［二〇〇九］）『国際政治学をつかむ［新版］』有斐閣。

室山義正（二〇〇二）『米国の再生――そのグランドストラテジー』有斐閣。

毛利和子（一九八九）『中国とソ連』岩波新書。

毛利和子（二〇一七）『日中漂流――グローバル・パワーはどこへ向かうか』岩波新書。

毛利健三（一九七八）『自由貿易英国主義』東京大学出版会。

百瀬宏・植田隆子編（一九九二）『欧州安全保障協力会議（CSCE）一九七五-九二』財団法人日本国際問題研究所。

森聡（二〇〇九）『ヴェトナム戦争と同盟外交――英仏の外交とアメリカの選択　一九六四-一九六八年』東京大学出版会。

モリス、ジャン（二〇〇六）（池央耿・椋田直子訳）『パックス・ブリタニカ――大英帝国最盛期の群像（上下）』講談社。

モリス・ジャン（二〇〇八）『ヘブンズ・コマンド――大英帝国の興隆（上下）』講談社。

モリス・ジャン（二〇一〇）『帝国の落日――パックス・ブリタニカ完結篇（上下）』講談社。

森本敏監修（二〇一〇）『漂流する日米同盟――民主党政権下における日米同盟』海竜社。

森本敏編著、金田秀昭・杜進・山田吉彦・飯田将史（二〇一六）『〝海洋国家〟中国にニッポンはどう立ち向かうか』日本実業出版社。

薬師寺泰蔵（一九八九）『テクノヘゲモニー――国は技術で興り、滅びる』中央新書。

安武秀岳（二〇一一）『自由の帝国と奴隷制――建国から南北戦争まで』ミネルヴァ書房。

藪中三十二（二〇一七）『トランプ時代の日米新ルール』PHP新書。

山家公雄（二〇〇九）『オバマのグリーン・ニューディール』日本経済新聞社。

山内昌之・増田一夫・村田雄二郎編（一九九四）『帝国とは何か』岩波書店。

山内昌之（二〇〇四）『帝国と国民』岩波書店。

山影進編著（二〇一二）『主権国家体系の生成――「国際社会」認識の再検証』ミネルヴァ書房。

山岸敬和・西川賢編著（二〇一六）『ポスト・オバマのアメリカ』大学教育出版。

山下範久編（二〇〇六）『帝国論』講談社選書メチエ。

山下範久（二〇〇八）『現代帝国論――人類史の中のグローバリゼーション』NHKブックス。

山下範久・安高啓朗・芝崎厚士編（二〇一六）『ウェストファリア史観を脱構築する――歴史記述としての国際関係論』ナカニシヤ出版。

山田進一（一九七五）『ホワイトハウス――アメリカ民主主義と大統領制』岩波新書。

山田高敬・大矢根聡（二〇一一［二〇〇六］）『グローバル社会の国際関係論［新版］』有斐閣。

山田正喜子（一九八二）『ロビイング――米国議会のパワーポリティクス』日本経済新聞社。

山中仁美（二〇一七A）（佐々木雄太監訳、吉留公太・山本健・三牧聖子・板橋拓己・浜由樹子訳）『戦争と戦争のはざまで――E・H・カーと世界大戦』ナカニシヤ出版。

山中仁美（二〇一七B）『戦間期国際政治とE・H・カー』岩波書店。

山本有造編（二〇〇三）『帝国の研究――原理・類型・関係』名古屋大学出版会。

山本健（二〇一〇）『同盟外交の力学――ヨーロッパ・デタントの国際政治史　一九六八―一九七三』勁草書房。

山本吉宣・武田興欣編（二〇〇六）『アメリカ政治外交のアナトミー』国際書院。

山本吉宣（二〇〇六）『「帝国」の国際政治学――冷戦後の国際システムとアメリカ』東信堂。

山本吉宣（二〇〇八）『国際レジームとガバナンス』有斐閣。

油井大三郎（一九八五）『戦後世界秩序の形成――アメリカ資本主義と東地中海地域、一九四四―一九四七』東京大学出版会。

横手慎二（二〇〇五）『日露戦争史――二〇世紀最初の大国間戦争』中公新書。

横手慎二（二〇一四）『スターリン――「非道の独裁者」の実像』中公新書。

吉野孝・前嶋和弘編著（二〇一〇）『二〇〇八年アメリカ大統領選挙――オバマの当選は何を意味するのか』東信堂。

吉野孝・前嶋和弘編著（二〇一四）『オバマ後のアメリカ政治――二〇一二年大統領選挙と分断された政治の行方』東信堂。

吉野直也（二〇一七）『ワシントン緊急報告 アメリカ大乱』日経ＢＰ社。

吉原欽一編著（二〇〇〇）『現代アメリカの政治権力構造――岐路に立つ共和党とアメリカ政治のダイナミズム』日本評論社。

吉原欽一編著（二〇〇五）『現代アメリカ政治を見る眼――保守とグラスルーツ・ポリティクス』日本評論社。

読売新聞国際部（二〇一六）『トランプ劇場』中央公論新社。

ライシュ、ロバート・Ｂ（二〇一四）（雨宮寛・今井章子訳）『格差と民主主義』東洋経済新報社。

ライシュ、ロバート・Ｂ（二〇一一）（雨宮寛・今井章子訳）『余震（アフター・ショック）――そして中間層がいなくなる』東洋経済新報社。

ライシュ、ロバート・Ｂ（二〇〇八）（雨宮寛・今井章子訳）『暴走する資本主義』東洋経済新報社。

リュアノ＝ボルバラン、Ｊ・Ｃ、Ｓ・アルマン（二〇〇四）（杉村昌昭訳）『グローバリゼーションの基礎知識』作品社。

ルー、デイビッド（二〇〇九）『アメリカ 自由と変革の軌跡――建国からオバマ大統領誕生まで』日本経済新聞社。

ルイス、マイケル（二〇一四）（東江一紀訳）『ブーメラン――欧州から恐慌が返ってくる』文春文庫。

ルカーチ、ジョン（二〇一一）（菅英輝訳）『評伝ジョージ・ケナン――対ソ「封じ込め」の提唱者』法政大学出版局。

冷泉彰彦（二〇一六Ａ）『トランプ大統領の衝撃』幻冬舎新書。

冷泉彰彦（二〇一六Ｂ）『民主党のアメリカ 共和党のアメリカ』日本経済新聞社。

レナード、マーク（二〇〇六）（山本元訳）『アンチ・ネオコンの論理』春秋社。

ロシター、クリントン（一九六四）（後藤一郎・内田満共訳）『アメリカの政治と政党』日本外政学会。

ワシントン・ポスト取材班、マイケル・クラニッシュ、マーク・フィッシャー（二〇一六）（野中香方子・池村千秋・鈴木恵・土方奈美・森嶋マリ訳）『トランプ』文藝春秋。

渡辺昭夫・土山實男編（二〇〇一）『グローバル・ガヴァナンス――政府なき秩序の模索』東京大学出版会。

渡辺昭一編（二〇〇六）『帝国の終焉とアメリカ――アジア国際秩序の再編』山川出版社。

渡邊啓貴（二〇〇八）『米欧同盟の協調と対立――二十一世紀国際社会の構造』有斐閣。

渡邊啓貴編（二〇〇八［二〇〇二］）『ヨーロッパ国際関係史――繁栄と凋落、そして再生［新版］』有斐閣。

渡辺将人（二〇〇八）『オバマのアメリカ――大統領選挙と超大国のゆくえ』幻冬舎新書。

渡辺将人（二〇一六）『アメリカ政治の壁――利益と理念の狭間で』岩波新書。

渡辺靖（二〇一〇）『アメリカン・デモクラシーの逆説』岩波新書。

〈日本語論文〉


会田弘継（二〇一六a）「『トランプ現象』とラディカル・ポリティクス」『青山地球社会共生論集』創刊号、六七～九六頁。

会田弘継・久保文明・細谷雄一（二〇一六b）「鼎談　白人中間層の逆襲──欧米から民主主義の自壊が始まる」『中央公論』、五八～六九頁。

会田弘継（二〇一七a）「忘れ去られた異端者らの復権──トランプ政権誕生の思想史」『Rikkyo American Studies』第三九号、七～三三頁。

青野利彦（二〇一六a）「〈書評論文〉冷戦史研究の現状と課題」『国際政治（特集：市民社会からみたアジア）』第一六九号、一五四～一六三頁。

青野利彦（二〇一六b）「力の凋落と変容する国際秩序への対応　一九六三～七五年」君塚直隆・細谷雄一・永野隆行編『イギリスとアメリカ──世界秩序を築いた四百年』勁草書房、一八八～二一〇頁。

青山瑠妙（二〇一六）「台頭を目指す中国の対外戦略」『国際政治（特集：新興国台頭と国際秩序の変遷）』第一八三号、一一六～一三〇頁。

赤根谷達雄（二〇一〇）「〈書評論文〉グローバル・ガバナンスと国際レジーム研究の諸相」『国際政治（特集：ボーダースタディーズの胎動）』第一六二号、一四三～一五二頁。

阿川尚之（二〇一七）「連邦最高裁の独立と政治への関与」『外交』第四二巻、六一～六七頁。

秋田茂（二〇〇四a）「パクス・ブリタニカとイギリス帝国」秋田茂編『イギリス帝国と二〇世紀　第一巻　パクス・ブリタニカとイギリス帝国』ミネルヴァ書房、一～一七頁。

秋田茂（二〇〇四b）「自由帝国主義と英領インド」秋田茂編『イギリス帝国と二〇世紀　第一巻　パクス・ブリタニカとイギリス帝国』ミネルヴァ書房、一五三～一八六頁。

秋田茂・桃木至朗（二〇一三）「グローバルヒストリーと帝国」秋田茂・桃木至朗編『グローバルヒストリーと帝国』大阪大学出版会、一八～三五頁。

秋田茂（二〇〇八）「イギリス帝国とヘゲモニー」秋田茂・桃木至朗編『歴史学のフロンティア──地域から問い直す国民国家観』大阪大学出版会、特に一二二～一二七頁。

秋山信将（二〇〇七）「核不拡散規範の遵守強化とアメリカ外交」『国際政治（特集：冷戦後世界とアメリカ外交）』第一五〇号、八三～九八頁。

秋山信将（二〇一一）「不拡散政策における普遍性と個別性の相互干渉」『国際政治（特集：「核」とアメリカの平和）』第一六三号、一二五～一三八頁。

麻田貞雄（一九九八［一九八三］）「孤立から介入へ」有賀貞・宮里政玄編『概説アメリカ外交史──対外意識と対外政策の変遷［新版］』有斐閣、一〇二～一三六頁。

足立正彦（二〇一〇）「共和党躍進と今後の米国政治展望」『海外事情』第五八巻、第一二号、一五～二七頁。

足立正彦（二〇一六）「連邦上下両院選挙と今後の政局」『外交』第四〇巻、三四～三七頁。

足立正彦（二〇一七）「『バノン辞任』でトランプ政権を巡る『楽観論』と『悲観論』」http://www.huffingtonpost.jp/foresight/bannon-resignation_a_23178988/

阿南東也（二〇〇七）「〈書評論文〉アメリカ政党復活の諸側面」『国際政治〈特集：国際秩序と国内秩序の共振〉』第一四七号、一六四～一七二頁。

阿部齊（一九八七）「アメリカ連邦議会の後退と復権」日本政治学会編『年報政治学 一九八七年（特集「政治過程と議会の機能」）』、特に一〇一～一〇三頁。

阿部齊（二〇〇二ａ）「合衆国憲法」阿部齊・久保文明『国際社会研究Ⅰ 現代アメリカの政治』財団法人放送大学教育振興会、特に一九～二三頁。

阿部齊（二〇〇二ｂ）「大統領制」阿部齊・久保文明『国際社会研究Ⅰ 現代アメリカの政治』財団法人放送大学教育振興会、特に四六～四八頁。

阿部齊（二〇〇五）「改革の時代」阿部齊・加藤普章・久保文明『北アメリカ〔第二版〕』自由国民社、一一八～一七四頁。

アーミテージ、リチャード（一九九六）「日米関係の近代化」『外交フォーラム：〈緊急増刊〉日本の安全保障』、四〇～五五頁。

有賀貞（一九六九）「Ｉ 協調による抑制――アメリカ」日本政治学会編『年報政治学〈特集：国際緊張緩和の政治過程〉』、一～五二頁。

有賀貞（一九七六）「アメリカ外交の伝統」本間長世編『アメリカと世界』研究社出版、特に二九頁。

有賀貞（一九八二）「一七七八年の仏米条約――革命外交と仏・西の対応」阿部齊・有賀弘・本間長世・五十嵐武士編『アメリカ独立革命――伝統の形成』東京大学出版会、三三一～六二頁。

有賀貞（一九九二）「南アフリカ政策と『アパルトヘイト』体制」有賀貞編『アメリカ外交と人権』公益財団法人日本国際問題研究所、二六五～三一四頁。

有賀貞（一九九八ａ〔一九八三〕）「アメリカ外交の伝統」有賀貞・宮里政玄編『概説アメリカ外交史――対外意識と対外政策の変遷〔新版〕』有斐閣、特に二一～二七頁。

有賀貞（一九九八ｂ〔一九八三〕）「独立から一〇〇年間のアメリカ外交」有賀貞・宮里政玄編『概説アメリカ外交史――対外意識と対外政策の変遷〔新版〕』有斐閣、三〇～五三頁。

飯田敬輔（二〇〇九）「ネオリベラル制度論――国連安保理改革にみる可能性と限界」日本国際政治学会編（田中明彦・中西寛・飯田敬輔責任編集）『日本の国際政治学 一 学としての国際政治』有斐閣、六一～七六頁。

飯田将史（二〇一五）「中国の海洋進出」川島真編『チャイナ・リスク』岩波書店、一七五～一九九頁。

飯山雅史（二〇〇八）「メディアと世論」畠山圭一・加藤普章『世界政治叢書 一 アメリカ・カナダ』ミネルヴァ書房、七九～九九頁。

五十嵐武士（一九九二）「アメリカ政治の『危機』の様相」『思想』第八二二号、二五～五一頁。

五十嵐武士（一九九四）「アイゼンハワー政権の対外政策の解剖」『国際政治（特集：一九五〇年代の国際政治）』第一〇五号、九四〜一一一頁。

五十嵐武士（一九九五）「内政と外交」坂本義和編『世界政治の構造変動 二 国家』岩波書店、三三〜一〇三頁。

五十嵐武士（一九九八）「クリントン政権の『世界秩序構想』」『クリントン政権と議会』日本国際問題研究所、特に一七〜二四頁。

五十嵐武士（一九九九）「政治過程の構造的変化──共和党の多数党化」久保文明・草野厚・大沢秀介編『現代アメリカ政治の変容』勁草書房、二一〜三〇頁。

池田嘉郎（二〇一四）「コーポラティヴな専制から共和制の帝国ソ連へ」池田嘉郎編『第一次世界大戦と帝国の遺産』山川出版社、一六六〜一九〇頁。

石井修（一九七九）「ニューディール政治の変容、一九三六－一九七六年──政党制再編論議を中心に」『地域文化研究』第五巻、一三五〜一六一頁。

石井修（一九八二）「『政治経済戦争』としての米国対外経済政策」『国際政治（特集：冷戦期アメリカ外交の再検討）』第七〇号、一〇〇〜一一九頁。

石井修（一九八三）「米国における政党制再編についての考察──一九五二－一九八二年」『広島法学』第六巻第三号、一〜三五頁。

石井修（一九九二）「アメリカの東ヨーロッパ政策と人権」有賀貞編『アメリカ外交と人権』公益財団法人日本国際問題研究所、特に八七頁。

石井修（一九九二）「冷戦の『五五年体制』」『国際政治（特集：冷戦とその後）』第一〇〇号、三五〜五三頁。

石川卓（一九九七）「世紀末における国際政治理論の状況」『外交時報』第一三三四号、八二〜九七頁。

石川卓（一九九九）「ヨーロッパ分断とアメリカ」五味俊樹・滝田賢治共編『現代アメリカ外交の転換過程』南窓社、八七〜九四頁。

石川卓（二〇〇五）「国際政治理論としての世界システム論」石川卓編『連鎖する世界──世界システムの変遷と展望』森話社、一〇〜四六頁。

石川卓（二〇〇八）「変容する軍備管理・不拡散と『新世界秩序』」『国際安全保障（特集：変容する軍備管理・不拡散と国際秩序）』第三五巻第四号、一〜一六頁。

石川卓（二〇一一）「アメリカからみた日米同盟」竹内俊隆編著『日米同盟論──歴史・機能・周辺諸国の視点』ミネルヴァ書房、特に二八三〜二八五頁。

石川卓（二〇一三）「超大国アメリカにとっての同盟──理論的分析への試論」公益財団法人日本国際問題研究所監修、久保文明編『アメリカにとって同盟とはなにか』中央公論新社、五三〜七六頁。

石川卓（二〇一五）「日米安保のグローバル化」遠藤誠治責任編集『日米安保と自衛隊』岩波書店、特に七〇〜七一頁。

石川卓（二〇一七）「オバマ政権の同盟政策──相対化の逆説的効果」『国際安全保障（特集：オバマ外交の遺産）』第四五巻、第一号、九〜二三頁。

石澤靖治（二〇一七）「勝ち切れなかったクリントン分析」『海外事情』第六五巻、第二号、三七〜五一頁。

石田淳（一九九七）「国際政治理論の現在──対外政策の国内要因分析の復権」『国際問題』第四四七号、特に四五頁。

石田淳（二〇〇〇）「コンストラクティヴィズムの存在論とその分析射程」『国際政治（特集：国際政治理論の再構築）』第一二四号、一一～二六頁。

石田淳（二〇〇七）「序論　国際秩序と国内秩序の共振」『国際政治（特集：国際秩序と国内秩序の共振）』第一四七号、一～一〇頁。

石田淳（二〇一四）「動く標的――慎慮するリアリズムの歴史的文脈」『国際政治（特集：歴史的文脈の中の国際政治理論）』第一七五号、五九～六九頁。

市原麻衣子（二〇〇四）「〈書評論文〉攻撃的リアリズムによる戦争発生の論理」『国際政治（特集：国際政治研究の先端一）』第一三六号、一二八～一四四頁。

伊藤定良（一九九五）「『国民国家』体系の成立」歴史学研究会編『講座世界史　三　民族と国家――自覚と抵抗』東京大学出版会、一一三～一四三頁。

伊藤剛（二〇〇四）「同盟の『拡大』と『多元化』――東アジアの潜在的脅威への対処に関する理論的考察」『国際政治（特集：東アジアの地域協力と安全保障）』第一三五号、一一～二三頁。

伊藤光利（二〇〇〇）「議会と立法過程」伊藤光利・田中愛治・真渕勝『政治過程論』有斐閣、二三〇～二五一頁。

猪口孝（一九八一）「対外政策の国内的源泉と国内政治の国際的源泉」『国際政治（特集：相互浸透システムと国際理論）』第六七号、一四二～一五四頁。

今井宏平（二〇一四a）「第二次世界大戦とアメリカ」滝田賢治編著『アメリカがつくる国際秩序』ミネルヴァ書房、特に九三～九五頁。

今井宏平（二〇一四b）「グローバル化と国際関係論の多様性――非西洋の国際関係論が与える理論的インパクト」星野智編著『グローバル化と現代世界』中央大学出版部、八五～一〇八頁。

今井宏平（二〇一七）「オフショア・バランスの理論的考察」『法学新報（滝田賢治先生古希記念論文集）』第一二三巻、第七号、二一一～二三〇頁。

祝迫得夫（二〇一七）「トランプノミクスがもたらすもの」日本再建イニシアティブ『現代日本の地政学――一三のリスクと地経学の時代』中公新書、一九三～二一四頁。

岩田修一郎（一九九八）「核軍備管理・軍縮の現状と課題」『国際問題』第四六一号、特に一三頁。

岩間陽子（二〇〇一）「日米同盟と米国同盟システムの再編」公益財団法人世界平和研究所編、北岡伸一・渡邉昭夫監修『日米同盟とは何か』中央公論新社、二二九～二五六頁。

岩間陽子（二〇一三）「米国多国間同盟の中のNATO」公益財団法人日本国際問題研究所監修、久保文明編『アメリカにとって同盟とはなにか』中央公論新社、九二～一二〇頁。

植木（川勝）千可子（二〇一〇）「対中政策、米中関係に関わるシンクタンク・研究所」久保文明編『アメリカ政治を支えるもの――政治的インフラストラクチャーの研究』財団法人日本国際問題研究所、三一九～三四六頁。

上林良一（一九七六）「圧力政治の構造と過程」内田満・内山秀夫編『政治学を学ぶ』有斐閣選書、五七～六七頁。

馬田啓一（二〇一六）「アジア太平洋の通商秩序と日米中関係」馬田啓一・大川昌利編著『現代日本経済の論点――岐路に立つニッポン』文眞堂、二二七～二三九頁。

梅本哲也（二〇〇四）「大量破壊兵器、RMA、国際秩序」藤原帰一・李鍾元・古城佳子・石田淳編『国際政治講座 四 国際秩序の変動』東京大学出版会、特に一三九～一四〇頁。

梅本哲也（二〇〇五）「在外米軍の再編――米軍『変革』の文脈で」『国際安全保障（特集：在外米軍の再編）』第三三巻第三号、一～一六頁。

梅本哲也（二〇〇九）「オバマ政権の始動と米国の外交・安全保障政策」『国際安全保障（特集：米国新政権の安全保障政策）』第三七巻第一号、九～二四頁。

梅本哲也（二〇一三）「オバマ政権の世界観と米国の外交・安全保障政策」『国際問題』第六一九号、四〇～五五頁。

梅本哲也（二〇一三）「オバマ政権の外交・安全保障政策――『ドクトリン』、世界観、権力政治」『国際安全保障（特集：オバマ政権の安全保障政策――実績と課題）』第四一巻第三号、一～一一頁。

遠藤泰生（一九九五）「アメリカ合衆国の国家形成――理念の共和国の誕生」歴史学研究会編『講座世界史 二 近代世界への道――変容と摩擦』東京大学出版会、二七三～二九八頁。

大芝亮（二〇〇七［一九九六］）「国際政治経済の見方――理論的枠組み」野林健・大芝亮・納家政嗣・山田敦・長尾悟『国際政治経済学・入門［第三版］』有斐閣、二四～六〇頁。

大津留（北川）智恵子（一九八九）「核戦略と米国議会」『国際政治（特集：転換期の核抑止と軍備管理）』第九〇号、一三九～一五一頁。

大津留（北川）智恵子（一九九七）「アメリカ政治と共和党の動向」『国際問題』第四五五号、特に五四頁。

大津留（北川）智恵子（二〇〇七）「秩序変動の双方向性」『国際政治（特集：国際秩序と国内秩序の共振）』第一四七号、六二～七七頁。

大津留（北川）智恵子（二〇一一）「内政と外交の流れ――一九九二～二〇一〇年」久保文明編『アメリカの政治［増補版］』弘文堂、二二八～二六〇頁。

大津留（北川）智恵子（二〇一七［二〇〇二］）「新しい秩序を模索するアメリカ外交――クリントン政権期の外交」佐々木卓也編『戦後アメリカ外交史［第三版］』有斐閣、一九九～二三六頁。

大庭三枝（二〇〇〇）「国際関係論におけるアイデンティティ」『国際政治（特集：国際政治理論の再構築）』第一二四号、一三七～一六二頁。

岡沢憲芙（一九九四）「政党」片岡寛光・奥島孝康編『アメリカの政治』早稲田大学出版会、特に九〇～九六頁。

岡山裕（二〇〇五）「政党」久保文明編『アメリカの政治』弘文堂、特に一一七～一三二頁。

岡山裕（二〇〇七）「二大政党――争点志向の政治への適応」久保文明・有賀夏紀編『個人と国家のあいだ〈家族・団体・運動〉』ミネルヴァ書房、八七～一〇九頁。

小川浩之（二〇〇九）「脱植民地化とイギリス対外政策――公式帝国・非公式帝国・コモンウェルス」北川勝彦編著『イギリス帝国と二〇世紀　第四巻　脱植民地化とイギリス帝国』ミネルヴァ書房、二五～六八頁。

オブライエン、パトリック・カール（二〇〇二）（秋田茂訳）「パックス・ブリタニカと国際秩序　一六八八～一九一四」松田武・秋田茂編『ヘゲモニー国家と世界システム――二〇世紀をふりかえって』山川出版社、八九～一三四頁。

織完（一九七七）「アメリカの対外政策と国内政治」細谷千博・綿貫譲治編『対外政策決定過程の日米比較』東京大学出版会、一四七～一七八頁。

織完（一九八一）「相互依存と連繋政治理論」『国際政治（特集：相互浸透システムと国際理論）』第六七号、二九～四六頁。

上村直樹（二〇〇八）「対外意識と外交政策」畠山圭一・加藤普章編著『世界政治叢書　一　アメリカ・カナダ』ミネルヴァ書房、一〇一～一二四頁。

上村直樹（二〇一七［二〇〇二］）「冷戦終結外交と冷戦後への模索――レーガン、ブッシュ政権期の外交」佐々木卓也編『戦後アメリカ外交史［第三版］』有斐閣、一七七～一九八頁。

亀井紘（二〇〇六）「第一次世界大戦とイギリス帝国」佐々木雄太編著『イギリス帝国と二〇世紀　第三巻　世界戦争の時代とイギリス帝国』ミネルヴァ書房、二七～五九頁。

加茂具樹（二〇一七）「大国意識に目覚めた中国外交」日本再建イニシアティブ『現代日本の地政学――一三のリスクと地経学の時代』中公新書、六五～八三頁。

川上高司（二〇〇五）「在日米軍再編と日米同盟」『国際安全保障（特集：在外米軍の再編）』第三三巻、第三号、一七～四〇頁。

川上高司（二〇〇八）「ブッシュ政権下の安全保障政策」『海外事情』第五六巻、第一二号、二～三三頁。

川上高司（二〇一一）「緊縮財政下の米国の国防戦略と日米中関係」『海外事情』第五九巻第一〇号、二～一八頁。

川上高司（二〇一二）「米国の『戦略基軸』のアジア・シフトと日米同盟」『海外事情』第六〇巻、第一号、五五～七二頁。

川上高司（二〇一七a）「トランプ政権と日米同盟の行方」『海外事情』第六五巻第二号、二～一三頁。

川上高司（二〇一七b）「ジョン・ケリー外交――オバマ外交の立役者」『海外事情』第六五巻第三号、二～一五頁。

川北稔（二〇〇七）「帝国主義史から帝国史へ――日本におけるイギリス帝国史研究の変遷」木畑洋一編著『イギリス帝国と二〇世紀　第五巻　現代世

界とイギリス帝国』ミネルヴァ書房、三五五～三七九頁。

川口貴久（二〇一七）「サイバー戦争の時代」日本再建イニシアティブ『現代日本の地政学――一三のリスクと地経学の時代』中公新書、一四七～一七二頁。

川島真（二〇一一）「中国から見た日米同盟の評価の変遷」公益財団法人世界平和研究所編、北岡伸一・渡邉昭夫監修『日米同盟とは何か』中央公論新社、一三九～一四八頁。

川島真（二〇一六）「中国の海洋戦略と日米同盟」公益財団法人世界平和研究所編、北岡伸一・久保文明監修『希望の日米同盟――アジア太平洋の海上安全保障』中央公論新社、一一九～一三九頁。

川人貞史（一九九二）「現代アメリカの政党再編成」阿部齊・五十嵐武士編『アメリカ現代政治の分析』東京大学出版会、一二五～一六〇頁。

関志雄（二〇一七）「トランプ政権下の米中通商摩擦の行方」『国際問題』第六六四号、二九～四〇頁。

菅英輝（二〇一〇）「変容する秩序と冷戦の終焉」菅英輝編著『冷戦史の再検討――変容する秩序と冷戦の終焉』法政大学出版会、一～三五頁。

菅英輝（二〇〇九）「アメリカ『帝国』の形成と脱植民地化過程への対応」北川勝彦編著『イギリス帝国と二〇世紀　第四巻　脱植民地化とイギリス帝国』ミネルヴァ書房、一一一～一五二頁。

菅英輝（二〇一四）「冷戦変容と同盟変容」菅英輝編著『冷戦と同盟――冷戦終焉の視点から』松籟社、特に一三頁。

北川勝彦（二〇〇九）「脱植民地化とイギリス帝国」北川勝彦編著『イギリス帝国と二〇世紀　第四巻　脱植民地化とイギリス帝国』ミネルヴァ書房、一～二一頁。

木畑洋一（二〇〇六）「イギリス帝国の崩壊とアメリカ――一九六〇年代アジア太平洋における国際秩序の変容」渡辺昭一編『帝国の終焉とアメリカ――アジア国際秩序の再編』山川出版社、二九七～三〇三頁。

木畑洋一（二〇一二a）「帝国と帝国主義」木畑洋一・南塚信吾・加納格『帝国と帝国主義』有志舎、一～五四頁。

木畑洋一（二〇一二b）「陽の沈まぬ帝国――イギリス帝国論」木畑洋一・南塚信吾・加納格『帝国と帝国主義』有志舎、二三七～二九三頁。

君塚直隆（二〇一六）「忠実なる臣民から手ごわい競争者へ――イギリスから見た英米関係の三〇〇年」君塚直隆・細谷雄一・永野隆行編『イギリスとアメリカ――世界秩序を築いた四百年』勁草書房、一一～五一頁。

キング、デビッド・C（二〇〇二）「政党の分極化と政府への不信」ジョセフ・ナイ、フィリップ・ゼリコウ、デビッド・キング編（嶋本恵美訳）『なぜ政府は信頼されないのか』英治出版、二一一～二四一頁。

久保亨（一九九五）「ヴェルサイユ体制とワシントン体制」歴史学研究会編『講座世界史　六　必死の代案――期待と危機の二〇年』東京大学出版会、

七五～一〇六頁。

久保文明（一九九八）「政治」阿部齊・五十嵐武士編『アメリカ研究案内』東京大学出版会、特に四五～四六頁。

久保文明（二〇〇一）「二〇〇〇年大統領選挙と連邦議会選挙の分析」『国際問題』第四九一号、二～一九頁。

久保文明（二〇〇二a）「連邦議会」阿部齊・久保文明『国際社会研究Ⅰ　現代アメリカの政治』財団法人放送大学教育振興会、特に五九頁。

久保文明（二〇〇二b）「政党と政党政治」阿部齊・久保文明『国際社会研究Ⅰ　現代アメリカの政治』財団法人放送大学教育振興会、一一五～一一七頁。

久保文明（二〇〇三）「共和党の変容と外交政策への含意」久保文明編『G・W・ブッシュ政権とアメリカの保守勢力――共和党の分析』財団法人日本国際問題研究所、二～三三頁。

久保文明（二〇〇五a）「二〇〇四年の敗北と民主党穏健派の苦悩」久保文明編『米国民主党――二〇〇八年政権奪回への課題』財団法人日本国際問題研究所、四～三六頁。

久保文明（二〇〇五b）「ニューディールと第二次世界大戦」阿部齊・加藤普章・久保文明『北アメリカ〔第二版〕』自由国民社、一七六～二二八頁。

久保文明（二〇〇五c）「保守と中道」阿部齊・加藤普章・久保文明『北アメリカ〔第二版〕』自由国民社、三四〇～三六一頁。

久保文明（二〇〇七）「外交論の諸潮流とイデオロギー――イラク戦争後の状況を念頭に置いて」久保文明編『アメリカ外交の諸潮流――リベラルから保守まで』財団法人日本国際問題研究所、二～四七頁。

久保文明（二〇一三）「アメリカ外交にとっての同盟と日米関係――一つの見取り図」公益財団法人日本国際問題研究所監修、久保文明編『アメリカにとって同盟とはなにか』中央公論新社、特に一八頁。

久保文明（二〇一六）「八年目のオバマ外交」『国際問題』第六五三号、六～一五頁。

久保文明・中山俊宏（二〇一六）「誰も『彼ら』の怒りに見向きもしなかった――白人労働者層の『革命』」『外交（特集：技術革新と安全保障）』第四〇巻、一八～二八頁。

久保文明（二〇一七）「トランプ政権および日米関係をめぐって」『公研』第六四一号、五六～八〇頁。

クラインシュミット、ハラルド（一九九四）（岩志津子訳）「ブラント政権の東方政策の再検討」『国際政治（特集：冷戦変容期の国際政治）』第一〇七号、特に六二～六三、六九頁。

倉科一希（二〇〇三）「一九五〇年代後半の米国軍縮・軍備管理政策と同盟関係――ドイツ再統一との連関を巡って」『国際政治（特集：冷戦史の再検討）』第一三四号、四二～五五頁。

倉科一希（二〇〇六）「西独核保有の不安と米国政府の対応――アイゼンハワー政権期」『アメリカ研究』第四〇号、一五九～一七五頁。

倉科一希（二〇一二）「米欧同盟と核兵器拡散問題」『国際政治（特集：「核」とアメリカの平和）』第一六三号、五五～六七頁。

倉科一希（二〇一三）「『アメリカの世紀』と米欧関係――アイゼンハワーとアデナウアー」益田実・小川浩之『欧米政治外交史　一八七一～二〇一二年』ミネルヴァ書房、特に一一七～一一八頁。

高坂正堯（二〇〇四）「勢力均衡」田中明彦・中西寛編『新・国際政治経済の基礎知識』有斐閣、四～五頁。

河野勝（二〇〇一）「『逆第二イメージ論』から『第二イメージ論』への再逆転？」『国際政治（特集：比較政治と国際政治の間）』第一二八号、一一～二九頁。

小谷哲男（二〇一七）「中国が脅かす海洋安全保障」日本再建イニシアティブ『現代日本の地政学――一三のリスクと地経学の時代』中公新書、三三～四六頁。

小泉悠（二〇一七）「ロシアとの関係改善は部分的」『外交』第四二巻、四〇～四三頁。

小林啓治（二〇〇四）「日英同盟締結と帝国日本」木村和男編著『イギリス帝国と二〇世紀　第二巻　世紀転換期のイギリス帝国』ミネルヴァ書房、二九一～三二五頁。

後藤春美（二〇〇六）「イギリスと日本――東アジアにおける二つの帝国」佐々木雄太編著『イギリス帝国と二〇世紀　第三巻　世界戦争の時代とイギリス帝国』ミネルヴァ書房、二一三～二四九頁。

小濱祥子（二〇一六）「外交・安全保障政策――思想、政策とその帰結」山岸敬和・西川賢編著『ポスト・オバマのアメリカ』大学教育出版、一七三～一九五頁。

齋藤嘉臣（二〇一七）「英独関係の中の西ドイツ東方政策、一九六九–一九七二年」菅英輝編著『冷戦変容と歴史認識』晃洋書房、二七四～二九七頁。

五月女律子（二〇〇二）「対外政策決定論の再検討」『国際政治（特集：比較政治と国際政治の間）』第一二八号、一〇〇～一一四頁。

櫻田淳（二〇一五）「『積極的平和主義』と『地球儀俯瞰外交』の源流」『海外事情』第六三巻、第七・八号、四〇～五三頁。

佐々木卓也（二〇〇四）「西欧国家体系とアメリカ外交の軌跡」吉川元・加藤普章編『国際政治の行方――グローバル化とウェストファリア体制の変容』ナカニシヤ出版、特に二七四～二七五頁。

佐々木卓也（二〇〇五）「アメリカ外交と単独主義の伝統」五十嵐暁朗・佐々木寛・高原明生編『東アジア安全保障の新展開』明石書店、二一六～二三九頁。

佐々木卓也（二〇一一a）「序章　『核』とアメリカの平和」『国際政治（特集：「核」とアメリカの平和）』第一六三号、一～一三頁。

佐々木卓也（二〇一三）「アメリカの外交的伝統・理念と同盟――その歴史的展開と日米同盟」公益財団法人日本国際問題研究所監修、久保文明編『アメリカにとって同盟とはなにか』中央公論新社、三一～五二頁。

佐々木卓也（二〇一七a［二〇〇二］）「アメリカの外交的伝統」佐々木卓也編『戦後アメリカ外交史［第三版］』有斐閣、一一～三〇頁。

佐々木卓也（二〇一七b［二〇〇二］）「冷戦の変容とアメリカの蹉跌――アイゼンハワー、ケネディ、ジョンソン政権期の外交」佐々木卓也編『戦後アメリカ外交史［第三版］』有斐閣、七四～一一四頁。

佐々木卓也（二〇一七c［二〇〇二］）「パックス・アメリカーナの揺らぎとデタント外交――ニクソン、フォード、カーター政権期の外交」佐々木卓也編『戦後アメリカ外交史［第三版］』有斐閣、一一六～一五四頁。

佐々木卓也（二〇一七d［二〇〇二］）「理念外交の軍事化とその帰結――G・W・ブッシュ政権期の外交」佐々木卓也編『戦後アメリカ外交史［第三版］』有斐閣、二三八～二七八頁。

佐々木卓也（二〇一七）「『トランプ革命』とアメリカ外交へのインプリケーション」『国際問題』第六六三号、五～一四頁。

佐々木毅（一九九二）「既成のイデオロギーの解体と新たな模索」『思想』第八二一号、五～二四頁。

佐々木雄太（一九九八）「『コンセンサスの政治』からサッチャー主義へ」川北稔編『世界各国史 一一 イギリス史』山川出版社、特に三八四頁。

佐々木雄太（二〇〇六）「世界戦争の時代とイギリス帝国」佐々木雄太編著『イギリス帝国と二〇世紀 第三巻 世界戦争の時代とイギリス帝国』ミネルヴァ書房、一～二四頁。

笹島雅彦（二〇一五）「『第四四半期』のオバマ外交」『海外事情』第六三巻、第二号、四六～六二頁。

佐瀬正盛（一九八一）「安全保障をめぐる米・西欧関係」『国際問題』第二五二号、特に七頁。

佐藤敦子（二〇一五［二〇〇六］）「コンストラクティビズム」吉川直人・野口和彦編『国際関係理論［第二版］』勁草書房、二七一～二九二頁。

佐藤丙午（一九九八）「なぜ多国間主義か？――輸出管理レジームの形成」『新防衛論集』第二一巻、第一号、一～一七頁。

佐藤丙午（二〇〇〇）「ココムからワッセナーへ――不拡散輸出管理はなぜ生まれたか」『一橋論叢』第一二三巻、第一号、一一四～一三〇頁。

佐藤丙午（二〇一五）「二〇一四年中間選挙とアメリカ政治」『海外事情』第六三巻、第二号、三二～四五頁。

佐藤丙午（二〇一六）「戦略的抑制と米国の外交・安全保障政策」『海外事情』第六四巻、第二号、九五～一〇九頁。

佐藤丙午（二〇一七）「二〇一六年大統領選挙と日米関係の展望」『海外事情』第六五巻、第二号、九九～一一〇頁。

佐藤洋一郎（二〇一四）「民主党政権下の日本の対米外交政策とその国内的背景――不明瞭な『変革』からの立て直し」猪口孝監修、猪口孝、G・ジョン・アイケンベリー編『日本・アメリカ・中国』原書房、一〇三～一二三頁。

佐橋亮（二〇一二）「中国の台頭とアジア太平洋における安全保障アーキテクチャの変容」『海外事情』第六〇巻第一号、七三〜九五頁。

佐橋亮（二〇一七）「トランプのビジョンなき対中外交 揺さぶられるアジアの秩序」『中央公論』七月、一二四〜一三一頁。

サンドクイスト、J・L（一九八二）「大統領と連邦議会」日本国際交流センター編『アメリカ議会 日本の国会――相互依存時代に役だつ日米議会の《機能と実態》』サイマル出版会、五、一五頁。

塩川伸明（一九九六）「ペレストロイカ・東欧革命・ソ連解体」歴史学研究会編『講座世界史 一一 岐路に立つ現代社会――混沌を恐れるな』東京大学出版会、四五〜七五頁。

志田淳次郎（二〇一七a）「ジョージ・H・W・ブッシュ政権の在欧米軍削減問題」『法学新報』第一二三巻、第七号、三三一〜三三〇頁。

志田淳次郎（二〇一七b）「『欧州国家』アメリカの自画像――冷戦終結期の米欧関係とG・H・W・ブッシュ外交の基調」『アメリカ研究』第五一号、六七〜八九頁。

篠崎正郎（二〇一一）「『引き留められた帝国』としての英国――コモンウェルスからの撤退政策、一九七四〜七五年」『国際政治（特集：国際政治研究の先端 八）』第一六四号、一二九〜四二頁。

信夫隆司（二〇一四）「〈書評論文〉ウォルツは国際政治理論の世界に何を残したか」『国際政治（特集：中東の政治変動）』第一七八号、一四六〜一五五頁。

芝崎厚士（二〇〇六）「国際関係研究における「帝国」と〈帝国〉」山下範久編『帝国論』講談社選書メチエ、一六七〜二〇八頁。

芝崎祐典（二〇一三）「マクミラン政権の対エジプト政策の転換と英米関係」『国際政治（特集：戦後イギリス外交の多元重層化）』第一七三号、五七〜七〇頁。

島村直幸（一九九七a）「『差別的デタント』の脅威――西独の東方政策に対するニクソン政権の対応」『一橋研究』第二二巻第一号、四月、五九〜八九頁。

島村直幸（一九九七b）「ニクソン政権のドイツ・ベルリン政策に見る『リンケージ』――『ネガティブ・リンケージ』から『ポジティブ・リンケージ』へ」『一橋研究』第二二巻第三号、一二一〜一六五頁。

島村直幸（二〇〇三a）「圧力団体とロビイング――アメリカ外交をロビーせよ」石井修・滝田賢治編『現代アメリカ外交キーワード――国際政治を理解するために』有斐閣、二四〜二五頁。

島村直幸（二〇〇三b）「〈書評論文〉 アメリカ議会と対外政策プロセス」『国際政治（特集「多国間主義の検証」）』第一三三号、一五七〜一七〇頁。

島村直幸（二〇一一a）「現代アメリカの政党の変容――一九七〇年代以降を中心に」『法学新報（臼井久和先生古希記念論文集）』第一一七巻一一・

一二号、七五三～七八五頁。
島村直幸（二〇一一b）「『民主主義のジレンマ』とアメリカ政治外交」『杏林社会科学研究』第二七巻第一号、五一～六八頁。
島村直幸（二〇一一c）「アメリカ大統領選挙 update 1：リック・ペリーの躍進と失速に見る共和党が直面する課題」 https://www.tkfd.or.jp/research/america/a00128
島村直幸（二〇一一d）「アメリカ外交に見る『権力の共有』」『杏林社会科学研究』第二七巻第三号、六一～七五頁。
島村直幸（二〇一三a）「アメリカ外交と現実主義の伝統」『杏林社会科学研究』第二九巻第一号、二五～四九頁。
島村直幸（二〇一三b）「アメリカ外交――理念外交と権力外交の間」杉田米行編『アメリカを知るための一八章――超大国を読み解く』大学教育出版、九七～一〇七頁。
島村直幸（二〇一四a）「二〇一四年アメリカ中間選挙 update 1：中間選挙とアメリカ外交――オバマ外交とは何だったのか」 http://www.tkfd.or.jp/research/project/news.php?id=1318
島村直幸（二〇一四b）「二〇一四年アメリカ中間選挙 update 3：中間選挙とアメリカ外交――三つの脅威と国内政治の対応」 https://www.tkfd.or.jp/research/america/a00278
島村直幸（二〇一四c）「二〇一四年アメリカ中間選挙 update 3：中間選挙とアメリカ外交――中間選挙直前の国際環境とアメリカの対応」 http://www.tkfd.or.jp/research/project/news.php?id=1358
島村直幸（二〇一四d）「二〇一四年アメリカ中間選挙 update 4：中間選挙とアメリカ外交――混合型脅威に直面するレイムダックのオバマ外交」 http://www.tkfd.or.jp/research/project/news.php?id=1380
島村直幸（二〇一五）「国際システムそのものを俯瞰する」馬田啓一・小野田欣也・西孝編著『国際関係の論点――グローバル・ガバナンスの視点から』文眞堂、六七～七九頁。
島村直幸（二〇一六a）「二一世紀の日米同盟と中国の台頭――対立と協調」馬田啓一・大川昌利編著『現代日本経済の論点――岐路に立つニッポン』文眞堂、二〇一～二一五頁。
島村直幸（二〇一六b）「『ポスト・オバマ』の時代背景――世界で『連動する』病理とリスク」『杏林社会科学研究』第三二巻、第二号、二九～六二頁。
島村直幸（二〇一六c）「『特別な関係』の危機と再構築 一九五六～六三年」君塚直隆・細谷雄一・永野隆行編『イギリスとアメリカ――世界秩序を築いた四百年』勁草書房、一六五～一八七頁。

島村直幸（二〇一七a）「米中間の『新型の大国関係』は可能か？」馬田啓一・小野田欣也・西孝編著『グローバル・エコノミーの論点――世界経済の変化を読む』文眞堂、一一三～一二八頁。

島村直幸（二〇一七b）「地政学の復活か――二一世紀の国際秩序」滝田賢治編著『二一世紀国際政治の展望』中央大学出版会、五一～七七頁。

島村直幸（二〇一七c）「アメリカと帝国、『帝国』としてのアメリカ」『杏林社会科学研究』第三二巻第三・四合併号、二五～六〇頁。

島村直幸（二〇一七d）「英米の『特別な関係』の形成――一九三九～一九四五年（上）」『杏林社会科学研究』第三三巻第一号、三七～六〇頁。

島村直幸（二〇一七e）「『帝国』としてのアメリカ――その擁護論と批判者たちについて」納家政嗣・永野隆行編『帝国の遺産と現代国際関係』勁草書房、一六一～一七六頁。

島村直幸（二〇一七f）「英米の『特別な関係』の形成――一九三九～一九四五年（下）」『杏林社会科学研究』第三三巻第二号、三九～六二頁。

清水聡（二〇一〇）「ヨーロッパと冷戦史　一九四五～一九五五年――研究動向と課題」『国際政治（特集：グローバル化の中のアフリカ）』第一五九号、一六二～一七四頁。

シュミット、ブライアン・C（二〇一六）（芝崎厚士構成・訳）「国際関係学史における神話の破壊と歴史記述の転回」山下範久・安高啓朗・芝崎厚士編『ウェストファリア史観を脱構築する――歴史記述としての国際関係論』ナカニシヤ出版、特に一四七～一四八頁。

ジョーンズ、チャールズ・O（一九九一）（川人貞史訳）「分割政府の政府――もう一つの見方」『思想』第八〇四号、一〇五～一二三頁。

白石隆（二〇一七）「アジア旋回と同盟の役割」田中明彦・日本経済研究センター編『提言　日米同盟を組み直す――東アジアリスクと安全保障改革』日本経済新聞出版社、三一～四六頁。

新川健三郎（一九九五）「アメリカの大国化」歴史学研究会編『講座世界史　六　必死の代案――期待と危機の二〇年』東京大学出版会、一三～四三頁。

スガナミ、H（二〇〇一）「〈書評論文〉英国学派とヘドレー・ブル」『国際政治（特集：冷戦の終焉と六〇年代性）』第一二六号、一九九～二一〇頁。

杉浦康之（二〇一一）「中国から見た日米同盟」竹内俊隆編著『日米同盟論――歴史・機能・周辺諸国の視点』ミネルヴァ書房、三〇一～三二八頁。

杉山忠平（一九九六）「バークとペイン――理性と革命の時代に」歴史学研究会編『講座世界史　七「近代」を人はどう考えてきたか』東京大学出版会、九七～一一九頁。

杉山知子（二〇一五［二〇〇六］）「リベラリズム」吉川直人・野口和彦編『国際関係理論［第二版］』勁草書房、一八三～二一〇頁。

須藤季夫（一九九五）「『アイディア』と対外政策決定論」『国際政治（特集：武器移転の研究）』第一〇八号、一三一～一四七頁。

砂田一郎（一九九二）「現代アメリカの政治変動と八〇年体制」『思想』第八二一号、五二～七五頁。

砂田一郎（一九九六）「現代政党組織の変容とその分析視角の再検討――アメリカの政党の場合　再生過程を手がかりに」白鳥令・砂田一郎編『現代

政党の理論』東海大学出版会、一八三～二一四頁。

砂田一郎（二〇〇五）「二〇〇四年選挙で活力を取り戻したリベラル派」久保文明編『米国民主党——二〇〇八年政権奪回への課題』財団法人日本国際問題研究所、三八～六八頁。

砂田一郎（二〇一七［二〇〇六］）「思想・イデオロギー」久保文明・砂田一郎・松岡泰・森脇俊雅『アメリカ政治』有斐閣、特に二二四頁。

角南治彦（一九九四）「K・N・ウォルツの国際構造論に関する一考察」『国際政治（特集：システム変動期の国際協調）』第一〇六号、五六～七〇頁。

関場誓子（一九九二）「アメリカのCSCE政策」百瀬宏・植田隆子編『欧州安全保障協力会議（CSCE）一九七五～九二』財団法人日本国際問題研究所、特に一二〇～一二四頁。

関場誓子（一九九四）「米国外交におけるリンケージの興亡」『国際政治（特集：冷戦変容期の国際政治）』第一〇七号、特に八〇頁。

妹尾哲志（二〇〇九）「バールの構想と分断克服への道——ブラントの東方政策の立役者と冷戦の終焉」『国際政治（特集：冷戦の終焉とヨーロッパ）』第一五七号、五七～六九頁。

妹尾哲志（二〇一三）「デタントと動揺する欧米世界——ニクソンとブラント」益田実・小川浩之『欧米政治外交史 一八七一～二〇一二年』ミネルヴァ書房、二〇一～二二五頁。

妹尾哲志（二〇一五）「ブラント政権の東方政策と独米関係——一九六九～一九七二年」益田実・池田亮・青野利彦・齋藤嘉臣編著『冷戦史を問いなおす——「冷戦」と「非冷戦」の境界線』ミネルヴァ書房、八〇～一〇二頁。

妹尾哲志（二〇一七）「西ドイツの東方政策と『パックス・アメリカーナ』への応戦——バールのヨーロッパ安全保障構想を中心に」葛谷彩・小川浩之・西村邦行編『歴史のなかの国際秩序観——「アメリカの社会科学」を超えて』晃洋書房、一一五～一三二頁。

高木誠一郎（一九八一）「対外政策の概念について」『国際政治（特集：相互浸透システムと国際理論）』第六七号、一二五～一四一頁。

高橋杉雄（二〇〇九）「オバマ政権の国防政策——『ハード・チョイス』への挑戦」『国際安全保障（特集：米国新政権の安全保障政策）』第三七巻第一号、二五～四六頁。

高橋杉雄（二〇一〇a）「核兵器をめぐる諸問題と日本の安全保障」『海外事情』第五八巻、第七・八号、三〇～五一頁。

高橋杉雄（二〇一〇b）「安全保障政策」信田智人編著『アメリカの外交政策——歴史・アクター・メカニズム』ミネルヴァ書房、二〇九～二三八頁。

高橋杉雄（二〇一三）「財政緊縮下の米軍とアジア太平洋地域の抑止態勢」『国際安全保障（特集：オバマ政権の安全保障政策——実績と課題）』第四一巻第三号、六三～七九頁。

高橋進（一九九一）「西欧のデタント」犬童一男・馬場康雄・山口定・高橋進編『戦後デモクラシーの変容』岩波書店、特に五〇～五一頁。

高畑昭男（二〇〇九）「オバマ政権の対中国政策」久保文明編著『オバマ政権のアジア戦略』ウェッジ、一一七～一六五頁。

高畑昭男（二〇一三）「米中戦略・経済対話（SED）とアジア太平洋回帰戦略」久保文明・高畑招男・東京財団「現代アメリカ」プロジェクト編著『アジア回帰するアメリカ――外交安全保障政策の検証』NTT出版、三〇～五五頁。

高松基之（一九八二）「アイゼンハワー政権の対中東政策とスエズ危機」『国際政治（特集：冷戦期アメリカ外交の再検討）』第七〇号、一二〇～一三八頁。

高松基之（一九九四）「チャイナ・ディファレンシャル緩和問題をめぐってのアイゼンハワー政権の対応」『国際政治（特集：一九五〇年代の国際政治』第一〇五号、六〇～七九頁。

高松基之（一九九八［一九八三］）「冷戦の進展と変質」有賀貞・宮里政玄編『概説アメリカ外交史――対外意識と対外政策の変遷［新版］』有斐閣、一三八～一七九頁。

高光佳絵（二〇〇三）「戦間期の『グローバリゼーション』をめぐる日米海軍と英米の対応」『一橋論叢』第一二九巻、第一号、四一～六四頁。

高光佳絵（二〇〇六）「一九三〇年代における経済的相互依存をめぐるアメリカの認識――『グローバリゼーション』と東アジア国際関係」『人文社会科学研究』第一四号、一～一二頁。

滝田賢治（一九九九）「アメリカの対外援助政策――構造と理念の変容」坂本正弘・滝田賢治編著『現代アメリカの研究』中央大学出版部、二〇五～二五〇頁。

滝田賢治（二〇〇三）「多国間主義の再定義とアメリカ外交」『国際政治（特集：多国間主義の検証）』第一三三号、一二～二七頁。

滝田賢治（二〇一四）「アメリカの経済援助政策の源流――マーシャル・プランの再検討」『法学新報』第一二一巻第七・八号、二七五～二九八頁。

滝田賢治（二〇一五a）「勢力均衡政策」滝田賢治・大芝亮・都留康子編『国際関係学――地球社会を理解するために』有信堂、特に一八五～一八七頁。

滝田賢治（二〇一五b）「迷走するオバマ外交」『海外事情』第六三巻、第二号、二三～二六頁。

滝田賢治（二〇一五c）「アメリカ外交七〇年」『海外事情』第六三巻、第七・八号、五四～七二頁。

竹内幸雄（二〇〇四）「アフリカ分割の政治経済学」秋田茂編著『イギリス帝国と二〇世紀 第一巻 パクス・ブリタニカとイギリス帝国』ミネルヴァ書房、二一九～二四八頁。

武田興欣（一九九二）「分割政府論をめぐって」『思想』第八二一号、一四二～一七一頁。

辰巳由紀・中山俊宏（二〇〇八）「米国の対外政策とシンクタンクの役割と機能」『国際問題』第五七五号、一～一三頁。

辰巳由紀（二〇一四）「オバマ政権のアジア太平洋リバランス政策」『海外事情』第六二巻、第七・八号、三五～五一頁。

田所昌幸（二〇〇三）「序章　国際関係の制度化」『国際政治（特集：国際関係の制度化）』第一三二号、一～一四頁。

田中明彦（二〇一一）「パワー・トランジションと国際政治の変容――中国台頭の影響」『国際問題』第六〇四号、五～一四頁。

田中孝彦（一九九四）「パワー・ポリティクスの変容と冷戦――冷戦の終焉が意味するもの」鴨武彦編『講座制機関の世界政治　五　パワー・ポリティクスの変容――リアリズムとの葛藤』日本評論社、六九～一三三頁。

田中孝彦（一九九五）「インドシナ介入をめぐる米英政策対立」『一橋論叢』第一一四巻、第一号、五九～七九頁。

田中孝彦（一九九八）「冷戦構造の形成とパワーポリティクス――西ヨーロッパ vs. アメリカ」東京大学社会科学研究所編『二〇世紀システム　一　構想と形成』東京大学出版会、二一六～二五一頁。

田中孝彦（二〇〇一）「冷戦史研究の再検討――グローバル・ヒストリーの構築に向けて」一橋大学法学部創立五十周年記念論集刊行会編『変動期における法と国際関係』有斐閣、五二三～五四五頁。

田中孝彦（二〇〇三）「序論　冷戦史の再検討」『国際政治（特集：冷戦史の再検討）』第一三四号、一～八頁。

田中孝彦（二〇〇八）「冷戦秩序と歴史の転倒――古いアメリカと新しいヨーロッパ」田中孝彦・青木人志編『〈戦争〉のあとに――ヨーロッパの和解と寛容』勁草書房、一七一～一九八頁。

田中孝彦（二〇〇九）「グローバル・ヒストリー――その分析視座と冷戦史研究へのインプリケーション」日本国際政治学会編（李鍾元・田中孝彦・細谷雄一編集責任）『日本の国際政治学　第四巻　歴史の中の国際政治』有斐閣、三七～五二頁。

溜和敏（二〇一四）「『帝国主義』の時代とアメリカ」滝田賢治編著『アメリカがつくる国際秩序』ミネルヴァ書房、四三～六三頁。

茶谷展行（二〇〇五ａ）「アメリカにおける保守主義運動とは何か」吉原欽一編著『現代アメリカ政治を見る眼――保守とグラスルーツ・ポリティクス』日本評論社、一四九～一九八頁。

茶谷展行（二〇〇五ｂ）「米国における『自由』と『安全』・『秩序』――米国の保守主義における亀裂」国際社会経済研究所監修、原田泉・山内康英編著『ネット社会の自由と安全保障――サイバーウォーの脅威』ＮＴＴ出版、一八七～二一五頁。

土屋大洋（二〇一七）「サイバー安全保障と日米インテリジェンス連携」田中明彦・日本経済研究センター編『提言　日米同盟を組み直す――東アジアリスクと安全保障改革』日本経済新聞出版社、一三九～一六二頁。

土山實男（二〇一五）「日米同盟における『忠誠と叛逆』――同盟の相剋と安全保障のディレンマ」『国際問題』第六四四号、五～一五頁。

デスラー、Ｉ・Ｍ（一九九八）（信田智人訳）「米国政治の変容とその日米関係への影響」細谷千博・信田智人編『新時代の日米関係』有斐閣、特に四六頁。

寺田貴（二〇一七）「ポストTPPの日米通商戦略」日本再建イニシアティブ『現代日本の地政学――一三のリスクと地経学の時代』中公新書。

戸崎洋史（二〇一〇）「ミサイル防衛をめぐる米中露関係と軍備管理」『海外事情』第五八巻、第七・八号、五二～六五頁。

トムキン、ロバート（二〇一七）（石田智範訳）「大統領と議会の『政略結婚』は成るか」『外交』第四二巻、五六～六〇頁。

中居良文（二〇一七）「トランプ政権と米中関係――中国はトランプ政権の誕生をどう受け止めたか」『国際問題』第六六三号、二四～三四頁。

長尾雄一郎・吉崎知典・佐藤丙午・岡垣知子（一九九八）「冷戦後の国際社会と米中関係」『防衛研究所紀要』第一巻、第一号、一～六三頁。

中嶋啓雄（二〇〇〇）「モンロー・ドクトリンとアメリカの対中南米外交　一八二四～一八二八」『国際政治（特集：転換期のアフリカ）』第一二三号、一六一～一七四頁。

中嶋啓雄（二〇一二）「歴史的視座から見たアメリカの安全保障文化――ユダヤ＝キリスト教的伝統・共和党主義・自由主義」『国際政治（特集：安全保障・戦略文化の比較研究）』第一六七号、一四～二六頁。

中嶋啓雄（二〇一六）「イギリス帝国の植民地から西半球の覇権国へ――アメリカから見た米英関係の三〇〇年」君塚直隆・細谷雄一・永野隆行編『イギリスとアメリカ――世界秩序を築いた四百年』勁草書房、五二～八七頁。

中西寛（二〇一七）「世界秩序の再編成と日米同盟の役割」田中明彦・日本経済研究センター編『提言　日米同盟を組み直す――東アジアリスクと安全保障改革』日本経済新聞出版社、五九～八五頁。

永野隆行（二〇〇二）「〈書評論文〉イギリスと戦後東南アジア国際関係」『国際政治（特集：比較政治と国際政治の間）』第一二八号、二一一～二二二頁。

永野隆行（二〇〇三）「東南アジア国際関係の変容とオーストラリア」『国際政治（特集：比較政治と国際政治の間）』第一三四号、八六～一〇二頁。

永野隆行（二〇一六）「新自由主義時代の協調と緊張――一九七五～九〇年」君塚直隆・細谷雄一・永野隆行編『イギリスとアメリカ――世界秩序を築いた四百年』勁草書房、二一一～二三七頁。

中山俊宏（二〇〇五）「アメリカ外交の規範的性格――自然的自由主義と工学的世界観」『国際政治（特集：規範と国際政治理論）』第一四三号、一三～二七頁。

中山俊宏（二〇〇六a）「アメリカにおける保守主義運動の持久力とその限界」山本吉宣・武田興欣編『アメリカ政治外交のアナトミー』国際書院、二七七～二九七頁。

中山俊宏（二〇〇六b）「民主党多数議会と党派政治の行方」『海外事情』第五四巻、第一二号、二～一五頁。

中山俊宏（二〇〇八）「二〇〇八年大統領選挙とイデオロギー状況の流動化」『国際問題』第五六八号、一～一一頁。

中山俊宏（二〇〇九）「アメリカにおける保守主義再考――ジョージ・W・ブッシュ政権後の保守主義運動」五十嵐武士・久保文明編『アメリカ現代政治の構図――イデオロギー対立とそのゆくえ』東京大学出版会、四一～六五頁。

中山俊宏（二〇一一a）「共和党とティーパーティー運動――米保守主義をめぐる新しい動向」『国際問題』第五九九号、一七～二四頁。

中山俊宏（二〇一一b）「二一世紀もアメリカの世紀か」押村高・中山俊宏編著『世界政治を読み解く』ミネルヴァ書房、九九～一一六頁。

中山俊宏（二〇一二）「ティーパーティ運動とインスティチューションの崩壊――フリーダムワークスのワシントンを訪れて」久保文明・東京財団「現代アメリカ」プロジェクト編著『ティーパーティ運動の研究――アメリカ保守主義の変容』NTT出版、一一八～一三六頁。

中山俊宏（二〇一三a）「アメリカの政治的潮流と二〇一二年の大統領選挙」『国際問題』第六一九号、五～一五頁。

中山俊宏（二〇一三b）「『理念の共和国』が結ぶ同盟――国益と価値の共鳴と相克」公益財団法人日本国際問題研究所監修、久保文明編『アメリカにとって同盟とはなにか』中央公論新社、七七～九四頁。

中山俊宏（二〇一五）「〈書評論文〉オバマの対中東政策――期待から幻滅へ」『国際政治（特集：国際政治研究の先端 一二）』第一八〇号、一二六～一三五頁。

中山俊宏・会田弘継（二〇一六）「〈対話〉トランプ現象の底流」『公研』第六三二号、三四～四八頁。

中山俊宏（二〇一七a）「オバマ外交とはなんだったのか」『国際安全保障（特集：オバマ外交の遺産）』第四五巻第一号、一～八頁。

中山俊宏（二〇一七b）「アメリカは地政学リスクとなるか」日本再建イニシアティブ『現代日本の地政学――一三のリスクと地経学の時代』中公新書。

中山俊宏（二〇一七c）「異形の大統領は世界をどこへ連れていくのか」『中央公論』一二月、八〇～八五頁。

納家政嗣（一九九五）「冷戦の終結と国際政治理論」廣瀬和子・綿貫譲治編『新国際学――変容と秩序』東京大学出版会、八一～一〇五頁。

納家政嗣（一九九七）「国際『共治』と安全保障問題の構図」納家政嗣、デヴィッド・ウェッセルズ編『ガバナンスと日本――共治の模索』勁草書房、特に二〇一頁。

納家政嗣（一九九九）「経済安全保障の意義とその展開」納家政嗣・竹田いさみ編『安全保障の新展開』勁草書房、八八～一〇六頁。

納家政嗣（二〇〇二）「人間・国家・国際社会と安全保障概念」『国際安全保障（特集：九・一一以後の国際安全保障）』第三〇巻、第一～二号、三七～五〇頁。

納家政嗣（二〇〇九a）「『ポスト冷戦』の終わり」『アステイオン』第七〇号、八～二六頁。

納家政嗣（二〇〇九ｂ）「ポスト・クライシスの国際政治」『国際問題』第五八六号、五～一四頁。

納家政嗣（二〇一三）「新興国の台頭と国際システムの変容」『国際問題』第六一八号、五～一六頁。

納家政嗣（二〇一七）「国際秩序と帝国の遺産」納家政嗣・永野隆行編『帝国の遺産と現代国際関係』勁草書房、一～二〇頁。

西川賢（二〇一〇）「中間選挙における二大政党の選挙戦術」『海外事情』第五八巻第一二号、二八～三九頁。

西川賢（二〇一三）「民主的選挙の民主化――アメリカ」岩崎正洋編『選挙と民主主義』吉田書店、一八七～二〇〇頁。

西川賢（二〇一六ａ）「アメリカ大統領選挙 UPDATE ３：選挙資金から見る二〇一六年米大統領予備選挙――スーパーＰＡＣ、小口献金、自己資金」https://www.tkfd.or.jp/research/america/a2001 9?id=1640
西川賢（二〇一六ｂ）「ポピュリズムによるアメリカ政治の分断」『国際問題』第六五三号、二六～三七頁。

西川賢（二〇一六ｃ）「政党制――理想と現実の狭間」山岸敬和・西川賢編著『ポスト・オバマのアメリカ』大学教育出版、六一～七九頁。

西川賢（二〇一六ｄ）「規格外の政治家 ドナルド・トランプの実像」『外交』第四〇巻、一一月、一三～一七頁。

西川賢・古賀光生（二〇一七）「〈対話〉分断される社会と世界のゆくえ」『公研』第六四一号、三六～五三頁。

西崎文子（二〇一二）「転換点に立つオバマ外交――戦争『終結』後の課題」『国際問題』第六〇九号、二六～三五頁。

西崎文子（二〇一七ａ［二〇〇二］）「戦後外交の起点――ローズヴェルト、トルーマン政権期の外交」佐々木卓也編『戦後アメリカ外交史［第三版］』有斐閣、三三～七二頁。

西崎文子（二〇一七ｂ［二〇〇二］）「混迷する世界情勢と転換期のアメリカ――オバマ政権期の外交」佐々木卓也編『戦後アメリカ外交史［第三版］』有斐閣、二八〇～三二四頁。

西谷真規子（二〇〇一）「国際世論と国内世論の連関――米国の湾岸危機・戦争に対する外交政策を事例として」『国際政治（特集：比較政治と国際政治の間）』第一二八号、一一五～一二九頁。

西山隆行（二〇一六）「大統領選挙年におけるオバマ政権と議会」『国際問題』第六五三号、一六～二五頁。

野口和彦（二〇一二）「パワートランジッション理論と米中関係」『国際安全保障（特集：パワー概念と安全保障研究）』第三九巻、第四号、七～二〇頁。

野口和彦（二〇一五［二〇〇六］）「リアリズム」吉川直人・野口和彦編『国際関係理論［第二版］』勁草書房、一五三～一八二頁。

野口和彦（二〇一六）「〈書評論文〉単極世界の国際政治理論」『国際政治（特集：国際政治研究の先端 一三）』第一八四号、一五七～一六五頁。

畠山圭一（二〇〇八）「二大政党制と選挙」畠山圭一・加藤普章『世界政治叢書 一 アメリカ・カナダ』ミネルヴァ書房、六一～七八頁。

八丁由比（二〇〇三）「大西洋憲章と多国間主義」『国際政治（特集「多国間主義の検証」）』第一三三号、特に三四～三七頁。

ハムレ、ジョン（二〇一六）（聞き手春原剛）「新政権に問われる『関与』への責任」『外交』第四〇巻、二九～三七頁。

半澤朝彦（二〇〇一）「国連とイギリス帝国の消滅――一九六〇－一九六三年」『国際政治（特集：冷戦の終焉と六〇年代性）』一二六号、八一～一〇一頁。

半澤朝彦（二〇〇五）「中東におけるイギリス・アメリカの『非公式の帝国』の起源」『国際政治（特集：国際政治のなかの中東）』第一四一号、七二～八五頁。

半澤朝彦（二〇〇七）「イギリス帝国の終焉と国連――イギリスの対国連政策（一九六〇～一九六一）」緒方貞子・半澤朝彦編著『グローバル・ガヴァナンスの歴史的変容――国連と国際政治史』ミネルヴァ書房、一八一～二〇二頁。

半澤朝彦（二〇一〇）「液状化する帝国史研究――非公式帝国論の射程」木畑洋一・後藤春美編『帝国の長い影』ミネルヴァ書房、三～二四頁。

広瀬佳一（二〇一二ａ）「冷戦の終焉とＮＡＴＯの模索」広瀬佳一・吉崎知典編著『冷戦後のＮＡＴＯ――〝ハイブリッド同盟〟への挑戦』ミネルヴァ書房、一九～三七頁。

広瀬佳一（二〇一二ｂ）「東方拡大」広瀬佳一・吉崎知典編著『冷戦後のＮＡＴＯ――〝ハイブリッド同盟〟への挑戦』ミネルヴァ書房、三八～五三頁。

広瀬佳一（二〇一七）「揺らぎ始めたＮＡＴＯの連帯」『外交』第四二巻、四四～四七頁。

廣瀬淳子（二〇〇九）「連邦議会におけるイデオロギー的分極化――両院の立法過程と党派性」五十嵐武士・久保文明編『アメリカ現代政治の構図――イデオロギー対立とそのゆくえ』東京大学出版会、一一三～一五五頁。

ファウラー、リンダ・Ｌ（一九九二）（森脇俊雅訳）「候補者、議会、アメリカ民主主義」『思想』第八二二号、一一八～一四二頁。

フクシマ、グレン（二〇一六）「ＴＰＰの政治経済学」『国際問題』第六五二号、一六～二八頁。

福田保（二〇一一）「南シナ海問題における日本の役割と課題」 https://www2.jiia.or.jp/RESR/column_page.php?id=211
藤井篤（二〇一三）「アルジェリア戦争と英仏関係――脱植民地化をめぐる協調の限界」『国際政治（特集：戦後イギリス外交の多元重層化）』第一七三号、一八～四二頁。

藤山一樹（二〇一五）「ヴェルサイユ条約対独軍縮をめぐるイギリス外交　一九二四－一九二七年」『法学政治論究』第一〇四号、一八三～三一四頁。

藤山一樹（二〇一六ａ）「連合国ラインラント占領をめぐるイギリス外交、一九二四－一九二七年」『法学政治論究』第一〇九号、一三三～一六五頁。

藤山一樹（二〇一六ｂ）「冷たい提携の時代――第一次世界大戦から戦間期へ」君塚直隆・細谷雄一・永野隆行編『イギリスとアメリカ――世界秩序

を築いた四百年』勁草書房、八八～一一一頁。

藤原帰一（一九九二）「アジア冷戦の国際政治構造――中心・前哨・周辺」東京大学社会科学研究所『現代日本社会 七 国際化』東京大学出版会、三二七～三六一頁。

藤原帰一（一九九八a）「世界戦争と世界秩序――二〇世紀国際政治への接近」東京大学社会科学研究所編『二〇世紀システム 一 構想と形成』東京大学出版会、二六～六〇頁。

藤原帰一（一九九八b）「冷戦の終りかた――合意による平和から力の平和へ」東京大学社会科学研究所編『二〇世紀システム 六 機能と変容』東京大学出版会、二七三～三〇八頁。

藤原帰一（二〇〇一）「序章 比較政治と国際政治の間」『国際政治（特集：比較政治と国際政治の間）』第一二八号、一～一一頁。

プリスタップ、J、C・ラム（二〇〇五）（長沼亜紀・高橋杉雄訳）「米軍のトランスフォーメーションと東アジアの安全保障」『国際問題』第五三九号、二七～四三頁。

細野豊樹（二〇〇五）「二〇〇四年米大統領選挙・連邦議会選挙の分析」『国際問題』第五三九号、八～二六頁。

細野豊樹（二〇〇七）「民主党の復権――アメリカ中間選挙の分析」『国際問題』第五五九号、一～一三頁。

細野豊樹（二〇〇九）「二〇〇八年アメリカ大統領・連邦議会選挙の分析」『国際問題』第五七九号、四一～六二頁。

細野豊樹（二〇一一）「二〇一〇年中間選挙の結果とアメリカ政治の行方」『国際問題』第五九九号、五～一六頁。

細野豊樹（二〇一二）「ティーパーティ運動がもたらす統治・公共政策における三つの混乱」久保文明・東京財団「現代アメリカ」プロジェクト編著『ティーパーティ運動の研究――アメリカ保守主義の変容』NTT出版、九四～一一二頁。

細野豊樹（二〇一三）「二〇一二年の米国大統領選挙の分析」『国際問題』第六一九号、一六～二七頁。

細谷雄一（一九九八）「英国学派の国際政治理論――国際社会・国際法・外交」『法学政治学論究』第三七号、二三七～二八〇頁。

細谷雄一（二〇〇一a）「アメリカ・同盟・世界秩序――冷戦後アメリカにおける同盟政策の変遷」『国際安全保障（特集：米国の安全保障政策――冷戦終結から九・一一へ）』第二九巻第二号、五～二六頁。

細谷雄一（二〇〇五a）「歴史としてのイギリス外交」佐々木雄太・木畑洋一編『イギリス外交史』有斐閣、特に九、一五～二〇頁。

細谷雄一（二〇〇六）「冷戦の時代のイギリス帝国」佐々木雄太編著『イギリス帝国と二〇世紀 第三巻 世界戦争の時代とイギリス帝国』ミネルヴァ書房、九五～一二八頁。

細谷雄一（二〇〇八a［二〇〇二］）「分断された平和」渡邊啓貴編『ヨーロッパ国際関係史――繁栄と凋落、そして再生［新版］』有斐閣、特に九二

〜九三頁。

細谷雄一（二〇〇八ｂ）「チャーチルのアメリカ」『アステイオン』第六九号、五九〜七五、特に五九頁、六三頁。

細谷雄一（二〇一一）「歴史のなかのパワー・トランジション――イギリスの経験から」『国際問題』第六〇四号、三八〜四六頁。

細谷雄一（二〇一三ａ）「米英同盟と大西洋同盟――『特別な関係』の歴史」公益財団法人日本国際問題研究所監修、久保文明編『アメリカにとって同盟とはなにか』中央公論新社、一二一〜一五六頁。

細谷雄一（二〇一三ｂ）「『パクス・アメリカーナ』の誕生――英米関係と海洋覇権の移行」田所昌幸・阿川尚之編『海洋国家としてのアメリカ――パクス・アメリカーナへの道』千倉書房、一一九〜一四七頁。

細谷雄一（二〇一三ｃ）「国連構想とイギリス外交――普遍主義と地域主義の交錯　一九四一〜四三年」細谷雄一編『グローバル・ガバナンスと日本』中央公論新社、九一〜一二八頁。

細谷雄一（二〇一六ａ）「『特別な関係』の誕生――第二次世界大戦期」君塚直隆・細谷雄一・永野隆行編『イギリスとアメリカ――世界秩序を築いた四百年』勁草書房、一一二〜一三九頁。

細谷雄一（二〇一六ｂ）「日本の国家安全保障戦略と日米同盟」公益財団世界平和研究所編、北岡伸一・久保文明監修『希望の日米同盟――アジア太平洋の海洋安全保障』中央公論新社、一三〜三八頁。

細谷雄一（二〇一七）「『切れ目のない同盟』の連携体制」田中明彦・日本経済研究センター編『提言　日米同盟を組み直す――東アジアリスクと安全保障改革』日本経済新聞出版社、四七〜五七頁。

堀本武功（二〇一〇）「アンビバレントな印中関係」天児慧・三船恵美編『膨張する中国の対外関係――パクス・シニカと周辺国』勁草書房、五五〜八七頁。

ホワイト、Ｎ・Ｊ（二〇〇六）（秋田茂訳）「帝国の残影――イギリスの影響力と東南アジアの脱植民地化」渡辺昭一編『帝国の終焉とアメリカ――アジア国際秩序の再編』山川出版社、一〇六〜一三三頁。

前川一郎（二〇一三）「アフリカからの撤退――イギリス開発援助政策の顛末」『国際政治（特集：戦後イギリス外交の多元重層化）』第一七三号、一五〜二七頁。

前嶋和弘（二〇〇九）「本選挙と選挙運動――争点とその変化」吉野孝・前嶋和弘編著『二〇〇八年アメリカ大統領選挙――オバマの当選は何を意味するのか』東信堂、特に六一〜六三頁。

前嶋和弘（二〇一〇ａ）「非政府アクター」信田智人編著『アメリカの外交政策――歴史・アクター・メカニズム』ミネルヴァ書房、一七五〜二〇六頁。

前嶋和弘（二〇一〇b）「政治インフラとしてのメディア」久保文明編『アメリカ政治を支えるもの――政治的インフラストラクチャーの研究』財団法人日本国際問題研究所、六七～九〇頁。

前嶋和弘（二〇一一）「ソーシャルメディアが変える選挙戦――アメリカの事例」清原聖子・前嶋和弘編著『インターネットが変える選挙――米韓比較と日本の展望』慶應義塾大学出版会、二七～四九頁。

前嶋和弘（二〇一二a）「ティーパーティ運動とソーシャルメディア」久保文明・東京財団「現代アメリカ」プロジェクト編著『ティーパーティ運動の研究――アメリカ保守主義の変容』NTT出版、一三〇～一四七頁。

前嶋和弘（二〇一二b）「予算をめぐる連邦議会の対立激化と二〇一二年選挙のゆくえ」『国際問題』第六〇九号、五～一四頁。

前嶋和弘（二〇一六）「二〇一六年アメリカ大統領選挙を読み解く三つの視点」『海外事情』第六四巻、第二号、一九～三〇頁。

前嶋和弘（二〇一七a）「二〇一六年米国大統領選挙――結果と影響」『海外事情』第六五巻、第二巻、二四～三六頁。

前嶋和弘（二〇一七b）「二〇一六年米国大統領選挙――「取引」「世論」「変化」が生み出す新秩序」川上高司・石澤靖治編『トランプ後の世界秩序――激変する軍事・外交・経済』東洋経済新報社、一一八～一三八頁。

マクマン、ロバート・J（二〇一四）「ひ弱な同盟――冷戦下アジアにおけるアメリカの安全保障関係」菅英輝編著『冷戦と同盟――冷戦終焉の視点から』松籟社、一六九～二〇〇頁。

益尾知佐子（二〇一七）「『グローバル中国』と米中関係の再編」『外交』第四二巻、四八～五一頁。

増田雅之（二〇一七）「中国の『一帯一路』戦略」日本再建イニシアティブ『現代日本の地政学――一三のリスクと地経学の時代』中公新書、二一五～二四〇頁。

益田実（二〇〇六）「第二次世界大戦とイギリス帝国」佐々木雄太編著『イギリス帝国と二〇世紀　第三巻　世界戦争の時代とイギリス帝国』ミネルヴァ書房、六一～九三頁。

益田実（二〇一二）「〈書評論文〉冷戦史の転機、冷戦史研究の転機」『国際政治（特集：戦後日本外交とナショナリズム）』第一七〇号、一七一～一八〇頁。

益田実（二〇一五）「新しい冷戦認識を求めて――多元主義的な冷戦史の可能性」益田実・池田亮・青野利彦・齋藤嘉臣編著『冷戦史を問いなおす――「冷戦」と「非冷戦」の境界線』ミネルヴァ書房、一～二四頁。

待鳥聡史（二〇〇八）「イデオロギーと統治の間で」『アステイオン』第六九号、特に七六頁。

松岡完（一九九四）「一九五〇年代アメリカの同盟再編戦略」『国際政治（特集：一九五〇年代の国際政治）』第一〇五号、八〇～九三頁。

松隈徳仁（一九七五）「ドイツをめぐる冷戦の起源」『国際政治（特集：「冷戦」――その虚構と実像）』第五三号、五四～七一頁。

松崎みゆき（二〇一六）「アメリカの海洋戦略と日米同盟」公益財団法人世界平和研究所編、北岡伸一・久保文明監修『希望の日米同盟――アジア太平洋の海上安全保障』中央公論新社、九三～一一八頁。

松田武（一九九八［一九八三］）「国際政治舞台への登場」有賀貞・宮里政玄編『概説アメリカ外交史――対外意識と対外政策の変遷［新版］』有斐閣、五六～一〇〇頁。

三浦秀之（二〇一四）「アジア太平洋地域経済統合の枠組みをめぐる米中の競争」『杏林社会科学研究』第三〇巻第四号、四九～六四頁。

三浦秀之（二〇一七）「米国のトランプ政権におけるＴＰＰ離脱と通商政策」『杏林社会科学研究』第三三巻第一号、一七～三六頁。

三浦瑠麗（二〇一七）「トランプのアメリカと向き合うには」『公研』第六四四号、五二～八七頁。

水本義彦（二〇一三）「第二次世界大戦と国際・国内社会の変容――チャーチルとローズヴェルト」益田実・小川浩之『欧米政治外交史　一八七一～二〇一二年』ミネルヴァ書房、一〇三～一二五頁。

水本義彦（二〇一六）「戦後世界秩序の共同構築とその限界　一九四七～四六年」君塚直隆・細谷雄一・永野隆行編『イギリスとアメリカ――世界秩序を築いた四百年』勁草書房、一四〇～一六四頁。

宮岡勲（二〇〇九）「コンストラクティビズム――実証研究の方法論的課題」田中明彦・中西寛・飯田敬輔責任編集、日本国際政治学会編『日本の国際政治学　一　学としての国際政治』有斐閣、七七～九二頁。

三宅立（一九九五）「第一次世界大戦の構造と性格」歴史学研究会編『講座世界史　五　強者の論理――帝国主義の時代』東京大学出版会、二二九～二六八頁。

宮里政玄（一九九四）「クリントン政権下の日米関係」宮里政玄・国際大学日米関係研究所編『クリントン政権の内政と外交』同文館、特に一一～一三頁。

宮里政玄（一九九五）「クリントン政権の外交政策の変化と決定過程」『国際問題』第四一九号、特に三五頁。

宮里政玄（一九九八［一九八三］）「対外政策の決定過程」有賀貞・宮里政玄編『概説アメリカ外交史――対外意識と対外政策の変遷［新版］』有斐閣、二一一～二四三頁。

宮田智之（二〇一六）「シンクタンク――『アイディア業界』の変容」山岸敬和・西川賢編著『ポスト・オバマのアメリカ』大学教育出版、一〇四～一二二頁。

ミラー、ウォーレン・E（一九九二）（田中愛治訳）「米国における有権者の構造変動――世代交代論」『思想』第八二一号、七六～九三頁。

村田晃嗣（二〇〇七）「日米関係の新展開――小泉＝ブッシュ時代の遺産と課題」『国際問題』第五五八号、一七～二四頁。

村田晃嗣（二〇〇八ａ）「冷戦後、九・一一以後の日本とアメリカ　一九九〇～二〇〇七年」五百旗頭真編『日米関係史』有斐閣、三一〇～三三一頁。

村田晃嗣（二〇〇八ｂ）「戦後政治外交の展開」畠山圭一・加藤普章編著『世界政治叢書　一　アメリカ・カナダ』ミネルヴァ書房、一二五～一四一頁。

村田晃嗣（二〇〇九）「リアリズム――その日本的特徴」日本国際政治学会編（田中明彦・中西寛・飯田敬輔責任編集）『日本の国際政治学　一　学としての国際政治』有斐閣、四一～六〇頁。

メイゼル、Ｌ・サンディ（一九九二）（砂田一郎訳）「挑戦することなしに相手を倒すことはできない――分割政府　一九九二年とその後」『思想』第八二一号、九四～一一七頁。

モチヅキ、マイク（二〇一五）（遠藤誠治訳）「米国の安全保障戦略とアジア太平洋地域へのリバランス」遠藤誠治編『日米安保と自衛隊』岩波書店、一一一～一四一頁。

森聡（二〇一〇）「中間選挙後のアメリカ連邦議会と対外政策」『海外事情』第五八巻、第一二号、四〇～五八頁。

森聡（二〇一三）「オバマ政権のリバランスと対中政策」『国際安全保障（特集：オバマ政権の安全保障政策――実績と課題）』第四一巻、第三号、二九～四五頁。

森聡（二〇一四）「ドイツ再統一とＮＡＴＯの変容――統一ドイツのＮＡＴＯ帰属合意をめぐる政治と外交」菅英輝編著『冷戦と同盟――冷戦終焉の視点から』松籟社、二五七～二八六頁。

森聡（二〇一六）「アメリカのアジア戦略と中国」公益財団世界平和研究所編、北岡伸一・久保文明監修『希望の日米同盟――アジア太平洋の海洋安全保障』中央公論新社、三九～九一頁。

森聡（二〇一七ａ）「技術と安全保障――米国の国防イノベーションにおけるオートノミー導入構想」『国際問題』第六五八号、二四～三七頁。

森聡（二〇一七ｂ）「トランプ時代のジャクソン主義」『外交』第四二巻、七二～七七頁。

森聡（二〇一七ｃ）「揺れる米国のアジア太平洋戦略」日本再建イニシアティブ『現代日本の地政学――一三のリスクと地経学の時代』中公新書、一三～三二頁。

森本敏（二〇一二）「米国のアジア重視政策と日米同盟」『国際問題』第六〇九号、三六～四八頁。

森本敏（二〇〇六）「ブッシュ政権第二期目の安全保障政策」『海外事情』第五四巻、第一二号、一六～三一頁。

森本敏（二〇一七）「同盟マネジメントと安全保障」田中明彦・日本経済研究センター編『提言　日米同盟を組み直す――東アジアリスクと安全保障改

革』日本経済新聞出版社、一〇一～一三八頁。

八木直人（二〇一二）「海洋の安全保障――エアシー・バトルとオフショア・コントロール」 http://www2.jiia.or.jp/pdf/research_pj/h24rpj03/report-yagi-20121008.pdf
藪中三十二・白石隆・飯塚恵子（二〇一七）「日本はアジアとのパイプ役を担え」『外交』第四二巻、二一～三〇頁。

安井明彦（二〇〇八）「W・ブッシュ政権のレイムダック化と民主党多数議会――党派対立の現状と展望」『国際問題』第五六八号、一二～二三頁。

安井明彦（二〇一〇）「経済外交」信田智人編著『アメリカの外交政策――歴史・アクター・メカニズム』ミネルヴァ書房、二三九～二七九頁。

安井明彦（二〇一六）「米国の格差――広がる政策対応の視点」『国際問題』第六五七号、一三～二三頁。

山岸敬和（二〇一六）「医療政策――政策の経路依存性から見たオバマケア」山岸敬和・西川賢編著『ポスト・オバマのアメリカ』大学教育出版、一四九～一七二頁。

山口育人（二〇一六a）「ブレトンウッズ体制崩壊後の国際通貨制度の再編成――新興国の挑戦から再考する」『国際政治（特集：新興国台頭と国際秩序の変遷）』第一八三号、七三～八六頁。

山口育人（二〇一六b）「英米『特別な経済関係』――世界経済秩序の展開からみる」君塚直隆・細谷雄一・永野隆行編『イギリスとアメリカ――世界秩序を築いた四百年』勁草書房、二六七～二九六頁。

山口昇（二〇一二）「米国のアジア『回帰』と日米同盟」『海外事情』第六〇巻、第七・八号、特に三一～三四頁。

山崎望（二〇〇四）「ウェストファリアと『帝国』との間」『国際政治（特集：グローバルな公共秩序の理論をめざして――国連・国家・市民社会）』第一三七号、一五六～一七一頁。

山中仁美（二〇〇七）「『新しいヨーロッパ』の歴史的地平――E・H・カーの戦後構想の再検討」『国際政治（特集：国際政治研究の先端 四）』第一四八号、一～一四頁。

山中仁美（二〇一四）「戦間期イギリスの国際関係研究における『理論』――チャタムハウスにおけるナショナリズム論をめぐって」『国際政治（特集：歴史的文脈の中の国際政治理論）』第一七五号、一四～二六頁。

山室信一（二〇〇三）「『国民帝国』論の射程」山本有造編『帝国の研究――原理・類型・関係』名古屋大学出版会、一〇七～一二六頁。

山本健（二〇〇九）「ヨーロッパ冷戦史――ドイツ問題とヨーロッパ・デタント」日本国際政治学会編（李鍾元・田中孝彦・細谷雄一編集責任）『日本の国際政治学 四 歴史の中の国際政治』有斐閣、一三三～一四九頁。

山本武彦（一九八二）「『包括的』デタントの政治経済学」佐藤栄一編『安全保障と国際政治』日本国際問題研究所、六九～一一〇頁。

山本武彦（二〇〇〇）「クリントン政権の対中政策と国内政治――『建設的関与』から『建設的曖昧性』へ」『国内問題』第四七九号、三～一一頁。

山本有造（二〇〇三）「『帝国』とはなにか」山本有造編『帝国の研究――原理・類型・関係』名古屋大学出版会、三～三〇頁。

山本吉宣（一九九二）「冷戦と国際政治理論」『国際政治（特集：冷戦とその後）』第一〇〇号、一六～三四頁。

山本吉宣（二〇〇九）「国際システムはまた均衡に向かうか」『アステイオン』第七〇号、二七～四五頁。

山本吉宣（二〇一八）「国際秩序の史的展開」『国際問題』第六六八号、三七～四五頁。

油井大三郎（一九九八［一九八三］）「アメリカ外交とエスニシティ」有賀貞・宮里政玄編『概説アメリカ外交史――対外意識と対外政策の変遷〔新版〕』有斐閣、特に二八七～二八八頁。

横手慎二（二〇一七）「トランプ大統領登場後の米ロ関係――ロシアの対応」『国際問題』第六六三号、一五～二三頁。

吉崎知典（二〇〇四）「国際秩序と米国の先制攻撃論――戦略論の視点から」『国際安全保障（特集：先制・予防攻撃について）』第三一巻第四号、一～一五頁。

吉崎知典（二〇〇七）「米国の同盟政策とNATO――冷戦後の『戦略概念』を中心として」『国際政治（特集：冷戦後世界とアメリカ外交）』第一五〇号、一一五～一三四頁。

吉留公太（二〇一六）「武力による国際秩序の強制的再編とその限界――一九九〇～二〇一五年」君塚直隆・細谷雄一・永野隆行編『イギリスとアメリカ――世界秩序を築いた四百年』勁草書房、二三八～二六六頁。

吉野孝（一九九三）「政党および政党制」阿部齊『アメリカの政治――内政のしくみと外交関係』弘文堂、特に一一九～一二四頁。

吉野孝（一九九五）「候補者中心の選挙過程と政党の役割」五十嵐武士・古矢旬・松本礼二編『アメリカの社会と政治』有斐閣、特に三五～四〇頁。

吉野孝（二〇〇九）「背景としての政党対立」吉野孝・前嶋和弘編著『二〇〇八年アメリカ大統領選挙――オバマの当選は何を意味するのか』東信堂、三～二八頁。

吉野直也（二〇一七）「ワシントン四千人大移動の悲喜こもごも」『外交（特集：動き始めたトランプ政権）』第四二巻、六八～七一頁。

吉原欽一（二〇〇〇a）「新しい共和党と新しい保守」吉原欽一編著『現代アメリカの政治権力構造――岐路に立つ共和党とアメリカ政治のダイナミズム』日本評論社、二～三八頁。

吉原欽一（二〇〇〇b）「新しい保守勢力の台頭」吉原欽一編著『現代アメリカの政治権力構造――岐路に立つ共和党とアメリカ政治のダイナミズム』日本評論社、特に七六～八一頁。

吉原欽一・中村克彦（二〇〇〇）「権力構造の転換と政治資金――アメリカ議会分析の新たな視点」吉原欽一編著『現代アメリカの政治権力構造――

欧米政治外交史　益田実・小川浩之 編著　A5判三五六頁 本体三二〇〇円

ハンドブック アメリカ外交史　佐々木卓也 編著　A5判三四六頁 本体三八〇〇円

現代アメリカの外交　松田武 編著　A5判三〇四頁 本体三〇〇〇円

アメリカの外交政策　信田智人 編著　A5判三三八頁 本体三五〇〇円

モンロー・ドクトリンとアメリカ外交の基盤　中嶋啓雄 著　A5判二五六頁 本体四五〇〇円

アイゼンハワー政権と西ドイツ　倉科一希 著　A5判二八八頁 本体五〇〇〇円

戦後イギリス外交と英米間の「特別な関係」　橋口豊 著　A5判二八八頁 本体六五〇〇円

シリーズ・アメリカ研究の越境

①アメリカの文明と自画像　上杉忍・巽孝之 編著　A5判三六〇頁 本体三五〇〇円

②権力と暴力　古矢旬・山田史郎 編著　A5判三二二頁 本体三五〇〇円

③豊かさと環境　秋元英一・小塩和人 編著　A5判三三六頁 本体三五〇〇円

④個人と国家のあいだ〈家族・団体・運動〉　久保文明・有賀夏紀 編著　A5判三三二頁 本体三五〇〇円

⑤グローバリゼーションと帝国　紀平英作・油井大三郎 編著　A5判三五二頁 本体三五〇〇円

⑥文化の受容と変貌　荒このみ・生井英考 編著　A5判四二四頁 本体四二〇〇円

ミネルヴァ書房

http://www.minervashobo.co.jp/

《著者紹介》

島村　直幸（しまむら・なおゆき）

1970年　東京都生まれ。

2006年　一橋大学大学院博士後期課程満期退学。

現　在　杏林大学総合政策学部講師。

主　著　『帝国の遺産と現代国際関係』（共著）勁草書房，2017年。

『21世紀の国際政治の展望』（共著）中央大学出版会，2017年。

『グローバル・エコノミーの論点――世界経済の変化を読む』（共著）文眞堂，2017年。

『イギリスとアメリカ――世界秩序を築いた四百年』（共著）勁草書房，2016年。

『現代日本経済の論点――岐路に立つニッポン』（共著）文眞堂，2016年。

『国際関係の論点――グローバル・ガバナンスの視点から』（共著）文眞堂，2015年。

『アメリカを知るための18章――超大国を読み解く』（共著）大学教育出版，2013年。

『アメリカの対外関与――アイデンティティとパワー』（共訳）有斐閣，2005年。

『現代アメリカ外交キーワード――国際政治を理解するために』（共著）有斐閣，2003年。

『現代アメリカの政治権力構造――岐路に立つ共和党とアメリカ政治のダイナミズム』（共著）日本評論社，2000年。

MINERVA 人文・社会科学叢書㉖

〈抑制と均衡〉のアメリカ政治外交

――歴史・構造・プロセス――

2018年３月31日　初版第１刷発行　〈検印省略〉

定価はカバーに
表示しています

著　者　島　村　直　幸

発行者　杉　田　啓　三

印刷者　坂　本　喜　杏

発行所　株式会社　ミネルヴァ書房

607-8494　京都市山科区日ノ岡堤谷町１

電話代表　(075)581-5191

振替口座　01020-0-8076

冨山房インターナショナル・新生製本

ISBN 978-4-623-08296-4

Printed in Japan

人名索引

ア 行

カ　行

サ　行

タ 行

ナ　行

ハ　行

マ　行

ヤ　行

ラ・ワ行

事 項 索 引

ア 行

カ　行

サ　行

タ　行

ナ　行

ハ　行

マ　行

ヤ　行

ラ・ワ行

岐路に立つ共和党とアメリカ政治のダイナミズム』日本評論社、特に一二五～一二九頁。

吉原欽一・島村直幸（二〇〇〇）「冷戦後の大統領と議会――共和党多数議会の成立とクリントン政権の外交」吉原欽一編著『現代アメリカの政治権力構造――岐路に立つ共和党とアメリカ政治のダイナミズム』日本評論社、一六九～二三四頁。

吉原欽一（二〇〇一）「共和党多数議会と『新しい権力構造』の創出――アメリカ政治の新しい局面」『国際問題』第四九一号、六一～七七頁。

吉原欽一（二〇〇五）「二〇〇四年大統領選挙をめぐって」吉原欽一『現代アメリカ政治を見る眼――保守とグラスルーツ・ポリティクス』日本評論社、三～二三頁。

リアル・クリア・ポリティクスの世論調査（二〇一六年九月）http://www.realclearpolitics.com/epolls/2016/president/us/general_election_trump_vs_clinton-5491.html#!

ワインスタイン、ケネス（二〇一七）（徳川康広訳）「政権を支えるキーパーソンは誰か」『外交』第四二巻、一二～二〇頁。

和田光弘（二〇〇六）「独立革命・近代世界システム・帝国」紀平英作・油井大三郎編著『グローバリゼーションと帝国』ミネルヴァ書房、特に三二～三七頁。

渡邉昭夫（二〇一五）「Ｅ・Ｈ・カーとハンス・モーゲンソーとの対話」『国際政治（特集：国際政治における合理的選択）』第一八一号、一五九～一六九頁。

渡部恒雄（二〇一〇）「対日政策、日米関係に関わる財団・シンクタンク」久保文明編『アメリカ政治を支えるもの――政治的インフラストラクチャーの研究』財団法人日本国際問題研究所、二八七～三一七頁。

渡部恒雄（二〇一一）「オバマ政権のアジア回帰政策――韓国の役割と日本の歴史認識」谷内正太郎編『【論集】日本の安全保障と防衛政策』ウェッジ、四六～六七頁。

渡部恒雄（二〇一二）「アメリカのＮＡＴＯ戦略」広瀬佳一・吉崎知典編著『冷戦後のＮＡＴＯ――〝ハイブリッド同盟〟への挑戦』ミネルヴァ書房、七三～九五頁。

渡部恒雄（二〇一三）「オバマ政権のアジア回帰に見る対中関与政策の複合性」『海外事情』第六一巻第一号、二一～三八頁。

渡部恒雄（二〇一三）「オバマ政権の対中政策の歴史的な意味」久保文明・高畑昭男・東京財団「現代アメリカ」プロジェクト編著『アジア回帰するアメリカ――外交安全保障政策の検証』ＮＴＴ出版、四～二九頁。

渡部恒雄（二〇一五）「アメリカ大統領選挙 update 1：イラン核合意は外交のオバマケア?」http://www.tkfd.or.jp/research/america/a00326
渡辺将人（二〇〇九）「オバマ政権の対日本政策」久保文明編著『アメリカのアジア戦略』ウェッジ、六七～一一五頁。